Mathematik und Naturwissenschaften

Aristoteles entwirft die klassische Logik.

Euklid erstellt das erste Axiomensystem in der Geschichte der Mathematik (um 300 v. Chr.). Die Mathematik wird Wissenschaft.

Ptolemäos formuliert ein Weltbild der Astronomie (2. Jh. n. Chr.).

Kopernikus (1453–1543) und **Kepler** (1561–1630) verwerfen das ptolemäische System und begründen ein heliozentrisches System der Astronomie.

Descartes legt den Grundstein zur Analytischen Geometrie.

Galilei (1564–1642) und **Newton** (1643–1727) entwickeln die Physik als moderne Erfahrungswissenschaft. Newton begründet parallel zu Leibniz die moderne Differential- und Integralrechnung.

Erläuterung zur tabellarischen Übersicht:
1. Pfeile können sowohl „Beeinflussung" als auch „kritische Abgrenzung" bedeuten.
2. Die Übersicht erhebt nicht den Anspruch einer vollständigen Darstellung der Erkenntnis- und Wissenschaftstheorie.
3. Die Charakterisierungen stellen schlaglichtartige Kennzeichnungen der im Lehrbuch präsentierten Inhalte dar.
4. Philosophen, hinter deren Namen eine Kapitelangabe steht, werden mit Texten im Lehrbuch präsentiert.

Darwin überwindet die aristotelische Naturphilosophie und entwickelt die Evolutionstheorie. Die Biologie wird moderne Erfahrungswissenschaft.

Einstein (1879–1955) [I, 3] modifiziert die Newtonsche Physik und begründet des Relativitätstheorie. **Max Planck, Nils Bohr, Werner Heisenberg** u. a. konzipieren die Quantentheorie.

Moderne Erkenntnis- und Wissenschaftstheorie

Frege (1848–1925)
Russell (1872–1970)
Klärung der logischen Struktur von Sätzen

Logischer Positivismus
Carnap (1891–1970) und **Reichenbach** (1891–1953) [I, 7.1.1]
„Metaphysische" Aussagen sind sinnlos, sinnvoll sind außer mathematischen und logischen Aussagen nur solche, die sich verifizieren lassen.

Kritischer Rationalismus
Popper (1902–1994) [I, 7.1.2]
Wissenschaftliche Aussagen müssen falsifizierbar sein. Die Wissenschaft nähert sich der Wahrheit durch Widerlegung falscher Theorien.

Quine (1908–2000) [I, 7.2.1]
Unser Wissen ist ein Netz von Aussagen, die prinzipiell alle revidierbar sind. Die empirische Untersuchung des Erkenntnisvorgangs

Kuhn (1922–1996) [1, 7.2.2]
Wissenschaftliche Revolutionen geschehen nicht durch Widerlegung von Theorien, sondern durch Wechsel des Paradigmas.

Feyerabend (1924–1994) [I, 7.2.2]
Die Wissenschaft hat keinen besseren Zugang zur Wahrheit als andere Formen der Welterklärung.

W. v. Humboldt (1767–1835) [I, 9.1]
Die Sprache ist das bildende Organ des Gedankens.

Whorf (1897–1941) [I, 9.2]
Das Denken ist abhängig von den grammatischen Formen der jeweiligen Sprache.

Sprachanalytische Philosophie
Wittgenstein (1889–1951) [I, 9.3]
Philosophie ist Sprachkritik. Die Grenzen der Welt sind die Grenzen der Sprache.
I Die Sprache ist ein Bild der Welt.
II Die Sprache ist kein Bild der Welt. Die Bedeutung eines Wortes ist sein Gebrauch im jeweiligen Sprachspiel.

Rorty (geb. 1931) [I, 9.4]
Unterschiedliche Weltbilder sind nicht richtig oder falsch, sie sind unterschiedliche Sprachspiele.

Evolutionäre Erkenntnistheorie
Vollmer (geb. 1943) [I, 8.1]
Die Strukturen unseres Erkenntnisapparats sind Ergebnis der biologischen Evolution.

Radikaler Konstruktivismus
v. Glasersfeld (geb. 1917) [I, 8.2]
Unsere Erkenntnis ist Ergebnis einer subjektiven Konstruktion, Wahrheit ist nicht mehr als Brauchbarkeit von Konstruktionen.

Kirsten Aust   26.07.2005

Marco Höhling   10.   '6
Marius Aust   16.0   Igst.:13

Vorwort

Dieses Buch ist *konzeptionell* für den Philosophieunterricht in der Sekundarstufe II bestimmt. Wie schon der 1995 erschienene Grundband „Zugänge zur Philosophie" versteht sich dieser Folgeband als philosophisches Textlehrbuch. Als solches versucht er die Vorzüge einer Textsammlung mit denen eines Lehrbuchs zu verbinden: die einer Textsammlung, insoweit originale philosophische Texte geboten werden, die eine Auseinandersetzung mit der philosophischen Tradition aus erster Hand gestatten, und die eines Lehrbuchs, insoweit die gebotenen philosophischen Texte durch ihre Anordnung, sie erschließende Einführungen und Aufgabenstellungen so präsentiert werden, dass sie als Antwortversuche auf eine anfangs explizierte Problemstellung aufzufassen sind.

Philosophie stellt sich dem Lernenden somit als Entfaltung je eines explizierten Problemzusammenhangs dar, in der Originalbeiträge philosophischer Autoren zur Sprache kommen und eine fortschreitende Abklärung dieses Problemzusammenhangs vornehmen. Diese innere didaktische Systematik erhält im Zweifelsfall den Vorzug gegenüber dem Prinzip der historischen Chronologie oder der vollständigen Präsentation sog. paradigmatischer Autoren. Damit wird sichergestellt, dass der Unterricht, dem das Lehrbuch zugrunde gelegt wird, einen durchgehenden „roten Faden" verfolgt.

Mit seinen *drei Hauptteilen* „Erkenntnis und Wissenschaft", „Gehirn und Bewusstsein" und „Das Schöne und die Kunst" bietet das Buch die Möglichkeit, speziell für die Jahrgangsstufe 13 in Nordrhein-Westfalen bestimmte Rahmenthemen zu Kursthemen zu konkretisieren und leistet hierzu schon erhebliche Vorarbeit.

Der erste Teil verbindet das Rahmenthema Erkenntnistheorie mit dem Rahmenthema Wissenschaftstheorie, wobei die klassische Erkenntnistheorie in den ersten sechs Kapiteln, die Wissenschaftstheorie in den folgenden drei vorgestellt wird. Im erkenntnistheoretischen Part dominiert die Frage nach der Wirklichkeit und der Möglichkeit, wahres Wissen über sie zu erlangen; im wissenschaftstheoretischen das Problem des Objektivitätsanspruchs wissenschaftlicher Erkenntnis unter Einbezug sprachphilosophischer Aspekte. Bezugsdisziplinen für fachübergreifenden Unterricht und fächerverbindendes Lernen sind hier in erster Linie die Naturwissenschaften sowie die Mathematik; für den neunten Abschnitt auch das Fach Deutsch, soweit es das Thema „Denken – Sprechen – Handeln" bearbeitet. Die sehr detaillierte Textauswahl insbesondere der klassischen erkenntnistheoretischen Positionen Platons, Descartes', Lockes, Humes und vor allem Kants kommt dem wieder auflebenden Interesse an der Lektüre von Ganzschriften entgegen: Die umfangreichen Originalbeiträge erlauben im Zusammenhang mit den kommentierenden Autorentexten und Aufgaben eine intensive Einarbeitung in die genannten Theorien, welche durch Querverbindungen mit den beiden anderen Kapiteln noch vertieft werden kann.

Der zweite Teil „Gehirn und Bewusstsein: Die Frage nach dem Ich" nimmt Bezug auf die Herausforderungen, denen sich die Philosophie auf Grund der neuen Erkenntnisse naturwissenschaftlicher Forschung, insbesondere der Lebenswissenschaften Biologie und Hirnforschung, stellen muss. Dieser Teil legt daher eine Zusammenarbeit mit dem Fach Biologie nahe. Er versucht das Rahmenthema „Philosophische Anthropologie" als Kursthema für die Jahrgangsstufe 13 auszulegen, eine Variante, die der neue Lehrplan für NRW ausdrücklich vorsieht. Dabei steht die Auseinandersetzung mit dem materialistischen Reduktionismus, in deren Zusammenhang das Problem der Freiheit und der Unsterblichkeit der Seele eine bedeutende Rolle spielen, im Zentrum. Wird dieser Teil im Unterricht stärker auf die Frage „Wer bin Ich?" als auf die Beziehung von Bewusstsein und Gehirn zentriert, kann es auch innerhalb des Rahmenthemas „Erkenntnistheorie" ergänzend oder alternativ zu den im ersten Teil gebotenen klassischen Positionen behandelt werden.

Schließlich konkretisiert der dritte Teil „Das Schöne und die Kunst" das Rahmenthema „Philosophische Ästhetik". Er akzentuiert die Frage nach dem Wesen und der Funktion des Schönen und der Kunst und nach deren Zusammenhang. Dabei stehen Überlegungen zum Verhältnis von Kunst, Wahrheit, Wirklichkeit, Schönheit und dem Guten sowie zur Verstehbarkeit und Interpretation von Kunst im Mittelpunkt. Fächerverbindende Arbeit bietet sich naturgemäß mit dem Fach Kunst an, teilweise auch mit dem Fach Deutsch. In diesem Teil stehen die Abbildungen in einem besonders engen Zusammenhang mit den vorgestellten philosophischen Problemen und erhalten daher ein eigenständiges didaktisches Gewicht.

Für die *Benutzung des Buches* gelten die schon im ersten Band der „Zugänge" gegebenen Hinweise. Die Lesbarkeit insbesondere der Originaltexte ist noch einmal verbessert und die zumeist an den Abitur-Anforderungsbereichen des Faches orientierten Aufgabenstellungen sind deutlicher hervorgehoben worden. Einige Biografie-Seiten sind neu hinzugekommen (z. B. Wittgenstein), andere im Hinblick auf die Neubearbeitung des Grundbandes jetzt in Band 2 gesetzt worden (z. B. Descartes). Die geplante Neubearbeitung ist auch der Grund dafür, dass einige Texte z. Zt. noch in beiden Bänden vorkommen. Gegenüber dem ersten Band sind die Texte der Bearbeiter, die philosophische Positionen kritisch würdigen, knapper gehalten, damit die Schülerinnen und Schüler im Sinne einer Lernprogression mehr Raum zum eigenständigen Philosophieren bekommen. Auch wird die (aktuelle) philosophische Diskussion vielfach in Form von Gegenpositionen in den Aufgabenstellungen gespiegelt, sodass hierdurch ebenfalls das selbstständige Philosophieren angeregt werden kann.

Das Buch versucht auch den neueren Entwicklungen im *methodischen Bereich* gerecht zu werden, indem zu alternativen Methoden des Philosophierens (Essay, Begriffsnetz, Gedankenexperiment etc.) Aufgabenstellungen formuliert und Merk- bzw. Wissenskästen abgedruckt werden, die eine Hilfe zum bewussten Umgang mit diesen Methoden sein sollen. Auch wird auf Begriffsklärungen als spezifische Methode der Philosophie und des Philosophieunterrichts durch entsprechende Aufgabenstellungen immer wieder Wert gelegt. Hilfen zur philosophischen Textinterpretation werden in diesem Band durch jeweils konkret auf die Texte bezogene Erschließungsaufgaben gegeben; sie bauen auf die bereits im Anhang des ersten Bandes zu findenden „Hinweise zur methodischen Erschließung von philosophischen Texten" auf. Darüber hinaus kann der in ausgewählten Fällen vorgenommene Einsatz einer „Kommentarspalte" als besondere Erschließungshilfe Schüler/-innen ermutigen, auch vor philosophischen Texten mit hohem Schwierigkeitsgrad nicht zurückzuschrecken. Jeweils am Ende der drei Hauptteile finden sich Hinweise auf weiterführende Literatur, die eine vertiefende Auseinandersetzung mit dem Themenbereich ermöglichen. Weitere relevante Titel lassen sich aus den Einführungen, Aufgabenstellungen und Quellenangaben zu den präsentierten Textpassagen leicht erschließen. Ein Personenregister am Ende des Buches erlaubt eine rasche Orientierung in Hinblick auf die aufgenommenen und ggf. intensiver vorgestellten Philosophen (■ Biografie-Seite), Künstler und sonstige Autoren.

Das Buch verdankt (kritische) Anregungen: Dr. Maria Behre, Sol Gonzalez-Gerndt, Dr. Joachim Kalcher, Gerhard Neuf.
Neurophysiologische Beratung für Teil II: Dr. Johannes Kuchta.

Inhaltsverzeichnis

I	**Erkenntnis und Wissenschaft** 9
	Einführung 11

1	*Platon:*
	Die Idee als Wesen der Welt 13
1.1	Die Herausbildung des Erkenntnisproblems im antiken Griechenland 13
1.2	Wissen ist nicht Wahrnehmen 16
1.3	Vom Ursprung des Begriffs der Gleichheit 18
1.4	Die Ideenlehre 21
1.4.1	Das Sonnengleichnis 21
1.4.2	Das Liniengleichnis 23
1.4.3	Das Höhlengleichnis 25

2	*René Descartes: Das denkende Ich als Grundlage des Erkennens* 33
2.1	Die Herleitung des cogito als absoluter Gewissheit 34
	■ René Descartes 35
2.2	Das Problem der Existenz der Außenwelt 40
2.3	Die Erneuerung der Philosophie nach dem Vorbild der Mathematik 42
2.4	Der systematische Aufbau der Wissenschaften 44

3	*John Locke:*
	Erkennen ist Erfahrung 47
3.1	Es gibt keinen ersten Grundsatz der Philosophie 47
3.2	Vom Ursprung der Ideen 49
3.3	Von den einfachen Ideen zur Konstruktion der Welt 53
3.4	Warum die Existenz der Außenwelt gesichert ist 54
3.5	Primäre und sekundäre Sinnesqualitäten 56

4	*David Hume: Alle Erfahrung ist bloß wahrscheinlich* 59
4.1	Sinneseindrücke und Vorstellungen 60
4.2	Die Assoziationsgesetze der Vorstellungen 61
4.3	Der Gewissheitsgrad der Mathematik und der Erfahrungswissenschaften 62
4.4	Die Analyse der Kausalität 63
4.5	Fiktives Interview mit Hume über Philosophie 66

5	*Immanuel Kant:*
	Das Erkenntnisvermögen als Struktur der Welt 71
5.1	Die kopernikanische Wende der Philosophie 71
5.2	Grundbegriffe der Kantischen Erkenntniskritik 74
5.3	Wie ist Mathematik möglich? 79
5.4	Wie ist Erfahrung möglich? 83
5.5	Wie ist Naturwissenschaft möglich? 87
5.6	Warum ist eine übersinnliche Metaphysik unmöglich? 90

6	*Kritik an Kant und an der Erkenntnistheorie überhaupt* 94
6.1	Georg Wilhelm Friedrich Hegel: Das Erkennen ist kein Werkzeug 94
6.2	Martin Heidegger: Das In-der-Welt-sein als Fundierung des Erkennens 95
6.3	Friedrich Nietzsche: Die Destruktion des Ichs und der Wahrheit 97

7	*Moderne Wissenschaftstheorie* ... 100
7.1	Gewissheit nach dem Vorbild der Naturwissenschaften 100
7.1.1	Hans Reichenbach/Rudolf Carnap: Verifizierbarkeit als Sinnkriterium 102
7.1.2	Karl R. Popper: Wissenschaftlicher Fortschritt durch Falsifikation .. 107
	▪ Karl R. Popper 111
7.2	Erschütterung der wissenschaftlichen Gewissheit 114
7.2.1	Willard Van Orman Quine: Wissen als zusammenhängendes Netz ... 114
7.2.2	Thomas S. Kuhn: Wissenschaftliche Revolutionen als „Paradigmawechsel" 116
	Exkurs: Das ptolemäische und das kopernikanische Weltbild 120
7.2.3	Paul Feyerabend: „Wider den Methodenzwang" 122

8	*Naturalisierung der Erkenntnistheorie* 128
8.1	Gerhard Vollmer: Evolutionäre Erkenntnistheorie 129
8.2	Humberto Maturana/ Ernst von Glasersfeld: Radikaler Konstruktivismus 134

9	*Sprache als Voraussetzung von Erkenntnis* 141
9.1	Wilhelm von Humboldt: Sprache und Denken 143
9.2	Benjamin Lee Whorf: Das linguistische Relativitätsprinzip 144
9.3	Ludwig Wittgenstein: Philosophie als Sprachkritik 149
	▪ Ludwig Wittgenstein 151
9.4	Richard Rorty: Die Kontingenz der Sprache 159
	Schlussbemerkungen 163

II	**Gehirn und Bewusstsein: Die Frage nach dem Ich** 165
1	Wer ist Ich? – der Problemhorizont 167
1.1	Das Leib-Seele-Problem ... 167
1.2	Das Problem des Bewusstseins .. 171

2	*Das Ich als Seele – die Sicht der antiken Philosophie* 173
2.1	Platon/Simmias: Die Seele als unsterblicher Logos oder als Harmonie? 174
2.2	Aristoteles: Die Seele als Form ... 180
2.3	Epikur/Lukrez: Die Seele als Stoff 184

3	*Die Entdeckung des Bewusstseins – die Sicht der Neuzeit* 188
3.1	Hilary Putnam: Das Gehirn im Tank 188
3.2	René Descartes: Das Ich als denkende Substanz 189
	Exkurs: Probleme des cartesischen Dualismus 194
3.3	John Locke: Das Ich als bewusste Identität der Person 196
3.4	David Hume: Das Ich als Bündel von Perzeptionen 199
	Exkurs: Das Ich in der Sicht des Buddhismus 201
3.5	Immanuel Kant: Das Ich als transzendentales Selbstbewusstsein .. 203
3.6	Johann Gottlieb Fichte: Das absolute Selbst als Instanz der Setzung 207
3.7	Friedrich Nietzsche: Das Selbst als Leib 211

4	*Was bleibt vom Ich? – die reduktionistische Sicht der Moderne* 217
4.1	Julien de La Mettrie: Der Mensch als bloße Materie ... 217

	Exkurs: Johannes Kuchta: Biologische Grundlagen der Hirnanatomie und Hirnphysiologie 221	**III**	**Das Schöne und die Kunst** 293
4.2	Antonio Damasio: Die neuronale Basis des vernünftigen Selbst 231	*1*	*Was ist schön? – Schönheitsempfindungen als ästhetisches und ethisches Problem* 296
	Exkurs: Männliches und weibliches Denken 243	1.1	Über Geschmack lässt sich nicht streiten! – ? 296
4.3	Können Computer denken? – Philosophische Probleme Künstlicher Intelligenz 247	1.2	Der goldene Schnitt als Urbild des Schönen? 300
4.3.1	Dietrich Dörner: Die Seele als informationsverarbeitendes System 247	1.3	Sokrates: Gibt es ein Urbild des Schönen? 304
		2	*Wozu ist das Schöne gut?* 307
4.3.2	John R. Searle: Menschliches Verstehen und Künstliche Intelligenz – ein Gedankenexperiment 252	2.1	Gert Kähler: Hässlichkeit als „ästhetische Umweltverschmutzung" 307
4.3.3	Franz von Kutschera: Der Mensch ist keine Maschine 257	2.2	Gefahren der Ästhetisierung 310
4.4	Thomas Nagel: Die Beschreibung von Subjektivität als philosophische Aufgabe 260	2.3	Friedrich Nietzsche: Schönheit als Spiegelung menschlicher Lebenskraft 313
4.5	Thomas Metzinger: Das Ich als Selbstmodell des Gehirns 264	*3*	*Wozu Kunst?* 315
		3.1	Funktionsweisen der Kunst 315
		3.1.1	Kunst als Kult- und Religionsträgerin (Höhlenmalerei) 315
	Exkurs: Der Epiphänomenalismus 273	3.1.2	Kunst als Entlastung (Aristoteles) 317
5	*Kritische Argumentationen gegen den Reduktionismus* 276	3.1.3	Kunst als Bildungsträgerin und Identitätsstifterin (Ikonografie) 319
5.1	Thomas Nagel: Die prinzipielle Differenz des Physikalischen und des Psychischen 276	3.1.4	Kunst als Utopie (Bloch, Sartre) 322
5.2	Karl Raimund Popper: Die Nichtreduzierbarkeit von Selbstbewusstsein und Geist 279	3.1.5	Kunst im Dienst von Weltanschauung (Brecht) 327
5.3	Günter Schulte: Neues Plädoyer für eine Seele ... 284	3.1.6	Die Reglementierung der Kunst durch die Politik (Platon) 330
5.4	Roland W. Henke: Die Unhintergehbarkeit des Ich 288	3.2	Die Lösung der Kunst aus den ihr äußerlichen Zwecksetzungen 340
		3.2.1	L'art pour l'art: Das Werk als Wert in sich (Baudelaire, Benn) 340

3.2.2 Die Entlastung des Bildes von der Abbildfunktion (Kubismus) 343
3.2.3 Der Zweck des Zwecklosen: L'art pour l'art als Widerstand? (Matisse) 344
3.3 Das Bauhaus: Die reine Form im Dienst des Fortschritts 345

4 *Das Schöne und die Kunst aus der Sicht der klassischen deutschen Philosophie* 350
4.1 Baumgarten, Burke, Hume: Subjektiver und objektiver Schönheitsbegriff in der Ästhetik der Aufklärung 350
 ■ David Hume 355
4.2 Immanuel Kant: Interesseloses Wohlgefallen als Voraussetzung für die Allgemeingültigkeit des ästhetischen Urteils 356
4.3 Friedrich Schiller: Das Programm einer ästhetischen Erziehung des Menschengeschlechts 366
4.4 Georg Wilhelm Friedrich Hegel: Die Unfähigkeit der Kunst zum Medium der Wahrheit 373

5 *Die Schönheit des Hässlichen* 380
5.1 Die Abwendung vom Ideal des Schönen in Kunst und Ästhetik 380
5.1.1 Friedrich Schlegel: Die Theorie des Hässlichen 383
5.1.2 Friedrich Nietzsche: Die Lust am Hässlichen 384
5.2 Theodor W. Adorno: Kunst als Negation 385

6. *Die Befreiung der Kunst vom Wahrheitsanspruch* 392
6.1 Friedrich Nietzsche: Kunst als Ausdruck des Lebens .. 392
6.2 Wolfgang Welsch: Pluralismus und Stilvielfalt in der ästhetischen Postmoderne 395

Register 398
Bildquellenverzeichnis 400

Methodische Hinweise
Das Gedankenexperiment 73
Merkmale eines philosophischen Essays 184
Begriffsnetz („Mind-map") ..... 212 f

I
Erkenntnis und Wissenschaft

René Magritte: Die Beschaffenheit des Menschen/La condition humaine (1933). Öl auf Leinwand, 100 x 80 cm. Washington D. C., National Gallery of Art

„Und so sehen wir die Welt: Wir sehen sie als etwas außerhalb von uns Befindliches, obwohl sie nur eine geistige Darstellung dessen ist, was wir in uns erleben."

(Kommentar des Malers zu diesem Bild)

Einführung

1 Was ist auf diesem Gemälde von Magritte draußen, was ist auf der Leinwand? Schaut man durchs Fenster in die Welt oder schaut man auf das Bild im Bild?

Sehen wir die Welt selbst, oder ist unser Bild von der Welt nur ein Bild in unserem Kopf – wie der Maler selbst in seinem Kommentar zu diesem Gemälde sagt?

2 Sieht jeder die Welt anders, also nur sein eigenes Bild? Und sind dann all diese Bilder gleich gut, oder gibt es richtige und falsche?

Das Gemälde von Magritte irritiert – wie die meisten seiner Bilder. Mit einer solchen Irritation – mit dem „Staunen", wie Aristoteles sagt – beginnt die Philosophie. Hier ist es die Irritation darüber, was eigentlich Wirklichkeit ist. Erkennen wir die Welt so, wie sie ist, oder sehen wir nur ein Bild in unserem Kopf? Können wir die Wahrheit über die Welt herausfinden - oder haben sie sogar schon gefunden? Gibt es ein wahres Bild der Wirklichkeit oder nur verschiedene subjektive Ansichten? Gibt es überhaupt eine Wirklichkeit außerhalb des Bewusstseins? Mit solchen Fragen beginnt die philosophische Reflexion über Wirklichkeit und Wahrheit und über die Unterscheidung zwischen sicherem Wissen und bloßer „Meinung".

1 Was können wir sicher wissen?
Ordnen Sie den einzelnen Behauptungen jeweils einen „Gewissheitsgrad" von 1 (ungewiss) bis 4 (völlig gewiss) zu. Überlegen Sie, worauf sich diese Gewissheit jeweils stützt und fassen Sie jeweils die Aussagen in einer Gruppe zusammen, deren Gewissheit auf dem gleichen Grund beruht.

Die Erde ist keine Scheibe. 3
Im Klassenraum ist es wärmer als draußen. 1
2 + 3 = 5 3
Heute abend geht die Sonne unter. 2
Wenn alle Menschen sterblich sind und Sokrates ein Mensch ist, dann ist Sokrates sterblich. 4
1000 000 000 : 1000 = 1 000 000 3
Die Wettervorhersage für übermorgen ist korrekt. 1
Es gibt ein Weiterleben nach dem Tode. 1
Alle Junggesellen sind unverheiratet. 3
Die Tafel im Klassenraum ist grün (bzw. schwarz, grau usw.) 2
Der Mount Everest ist 8863 m hoch. 2
Zitronen schmecken sauer. 2
Der Satz des Pythagoras gilt. 1
Es gibt intelligente Lebewesen auf anderen Planeten. 3
Beim Verbrennen wird Sauerstoff verbraucht. 3
13 ist eine Unglückszahl. 1

Für den antiken Philosophen Platon gibt es sicheres Wissen über die grundlegenden Strukturen der Wirklichkeit, die „Ideen". Diese bilden zugleich den Maßstab für das Schöne und das moralisch Gute, die Fragen nach Wahrheit und Erkenntnis werden noch nicht getrennt von anderen philosophischen Fragen behandelt.
In der Philosophie der Neuzeit entsteht die Erkenntnistheorie als eigenständige philosophische Disziplin. Bevor man über die Welt reflektiert, muss geprüft werden, was das mensch-

liche Erkenntnisvermögen eigentlich leisten kann. Der britische Philosoph Hume nennt dies eine „Untersuchung über den menschlichen Verstand", Kant spricht von der „Kritik der reinen Vernunft". Was ist dabei der sichere Ausgangspunkt alles Erkennens? Für die einen ist es die Sinnlichkeit, das Gesehene, Gehörte oder Gefühlte, für die anderen ist es der Verstand, das menschliche Denken. Das einzig Unbezweifelbare, von dem ich in dieser Untersuchung ausgehen kann, ist das, was in meinem Kopf, in meinem Bewusstsein ist; dies ist seit Descartes die gemeinsame Basis der neuzeitlichen Philosophie. Mit dieser „Wende zum Subjekt" tut sich aber eine Schwierigkeit auf: Wenn Erkenntnis ein „Prozess" ist, der sich ausschließlich in mir abspielt, wie sicher kann ich mir überhaupt sein, etwas außerhalb meiner selbst zu erkennen, oder ist sogar die Existenz der Außenwelt insgesamt zweifelhaft?

Aber auch meine inneren Einsichten sind möglicherweise keine sichere Grundlage des Wissens. Wittgenstein und andere Philosophen des 20. Jahrhunderts stellen diesen Ausgangspunkt von Descartes infrage, Denken und Erkennen setzten für sie Sprache voraus. Wer etwas über das Erkennen herausfinden will, muss zuerst Sprachstrukturen und Sprachgebrauch analysieren. Insoweit die Untersuchung sich dabei auf die Sätze der Wissenschaft konzentriert, wird Erkenntnistheorie zur Wissenschaftstheorie.

Von den unterschiedlichen Antworten, die die Philosophie auf die erkenntnistheoretischen Grundfragen nach Wahrheit und Gewissheit, Denken, Sprache und Wirklichkeit gegeben hat, werden Sie im folgenden einige der wichtigsten kennenlernen.

1 Im Jahre 1977 hat die amerikanische Raumfahrtbehörde NASA eine Sonde in den Weltraum geschossen, die die Aufgabe hatte die äußeren Planeten des Sonnensystems zu erkunden. Damals standen die Planeten in einer Konstellation, die für eine Erkundung besonders günstig war. Dem Satelliten war eine „golden disc" beigefügt, die neben kulturellen Inhalten wie z. B. Musik auch einfache mathematische Berechnungen enthielt. Die NASA erhoffte sich, dass vielleicht eine intelligente Spezies dereinst die Disc finden würde und damit Hinweise auf die Existenz von weiteren intelligenten Lebewesen erhielte.

•	= I	= 1	I--- = 8	$2 + 3 =$	5
••	= I-	= 2	I--I = 9	$8 + 17 =$	25
•••	= II	= 3	I-I- = 10	$5 + \frac{2}{3} =$	$5\frac{2}{3}$
••••	= I--	= 4	II-- = 12	$\frac{1}{2} + \frac{1}{3} =$	$\frac{5}{6}$
•••••	= I-I	= 5	II--- = 24	$\frac{1}{3} + \frac{1}{5} =$	$\frac{9}{15}$
••••••	= II-	= 6	II--I-- = 100 = 10^2	$2 \times 3 =$	6
	III	= 7	IIII-I--- = 1000 = 10^3	$13 \times 28 =$	364

(Aus: http://vraptor.jpl.nasa.gov/voyager)

Versuchen Sie die dargestellten mathematischen Symbole zu entziffern.
Informieren Sie sich mithilfe des Internets über das Voyager-Projekt
(http://vraptor.jpl.nasa.gov).
Welche Vermutung über die Gültigkeit der Mathematik liegt diesem Projekt der NASA zugrunde?

1. Platon: Die Idee als Wesen der Welt

1.1 Die Herausbildung des Erkenntnisproblems im antiken Griechenland

Die Frage, ob es allgemeingültige Wahrheiten gibt, die für alle Menschen und alle Kulturen gültig sind, hat schon seit langer Zeit Menschen beschäftigt, und zwar vor allem diejenigen, die mit anderen Kulturen in Kontakt kamen und begannen die Selbstverständlichkeiten der eigenen Weltsicht infrage zu stellen. In der Kulturgeschichte Europas beginnt eine solche Entwicklung mit der Entstehung der abendländischen Philosophie im antiken Griechenland.

Im fünften Jahrhundert v. Chr. wurde das persische Weltreich von einer Koalition griechischer Stadtstaaten besiegt. In den darauf folgenden Jahrzehnten erlangte die griechische Zivilisation einen großen Aufschwung: Der Handel weitete sich aus, der Reichtum wuchs an. Als Folge des Austausches von Waren ergaben sich auch Berührungspunkte mit anderen Kulturen, mit deren Wertvorstellungen und religiösen Überzeugungen. Modern gesprochen wurde die griechische Zivilisation „weltoffen". Diese Entwicklung hatte auch Auswirkungen auf die Gesellschafts- und Herrschaftsstruktur der griechischen Stadtstaaten. Autoritäre Herrschaftsformen wurden oft durch demokratischere ersetzt, ein größerer Teil der Bevölkerung konnte an den politischen Entscheidungsprozessen mitwirken. In Athen, das zum Kulturzentrum aufstieg, ist dieser Prozess deutlich zu sehen. Es kam nun in den politischen Gremien – in Athen war dies die Volksversammlung – darauf an, seine Mitbürger zu überzeugen: Die Redekunst wurde zu einem Machtfaktor.

Es ist somit nicht verwunderlich, dass nicht wenige Männer in dieser Situation das Studium der Redekunst aufnahmen, in der sie auch Unterricht erteilten. Diese Männer hatten in Beruf und Lebensführung – sie unternahmen weite Reisen – und in den weltanschaulichen

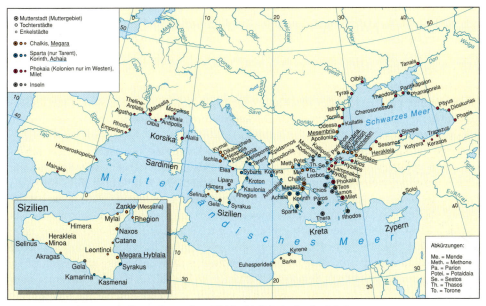

„Wir sitzen um unser Meer wie die Frösche um einen Teich" – Die Kolonisation der Griechen

Grundüberzeugungen viel gemeinsam. Sie wurden als Sophisten bezeichnet. Das griechische Wort „sophistes" kann man mit „Meister" oder „Künstler" übersetzen, was schon anzeigt, dass sie während dieser Zeit eine hohe Wertschätzung genossen. Ihre Forschungen beschränkten sich nicht nur auf die Rhetorik, sie waren überhaupt an praktisch verwertbarem Wissen interessiert, das sie dann gegen Bezahlung weitergaben.

Welche Gemeinsamkeiten weisen ihre Lehren auf, wenn sie sich doch mit einer solchen Vielfalt an Themen beschäftigten? Zum einen ist dies eine Skepsis in der Frage, ob es objektive Wahrheiten gibt. Nach Auffassung der Sophisten kann man weder objektive Sätze über die Welt formulieren noch eine allgemein einsichtige Ethik begründen. Außerdem führte sie die Beschäftigung mit anderen Kulturen, die sie auf ihren ausgedehnten Reisen kennen lernten, zu einem Agnostizismus in religiösen Fragen. Der Sophist Protagoras (um 480–421 v. Chr.) hat beide Überlegungen in dem berühmten „Homo mensura"-Satz zum Ausdruck gebracht: „Der Mensch ist das Maß aller Dinge". Die Lehren der Sophisten waren in dieser Zeit sehr populär und man kann davon ausgehen, dass sie den Zeitgeist der damaligen Epoche bestimmten.

Damit ergeben sich erstaunliche Parallelen zur gegenwärtigen Situation, in der gleichfalls die Ansicht weit verbreitet ist, dass jeder seine eigene Meinung oder gar seine eigene Wahrheit habe. Von vielen Seiten wird überdies die Möglichkeit „ewiger" Wahrheiten grundsätzlich bestritten und diejenigen, welche an der Auffassung festhalten, es könnte vielleicht doch solche Gewissheiten geben, gelten im günstigsten Fall als Anhänger überholter philosophischer oder wissenschaftlicher Ansichten.

Im antiken Griechenland sind es zwei Philosophen, die dem Relativismus und Skeptizismus ihrer Zeitgenossen energisch widersprechen. Damit stecken beide zugleich den Rahmen für die künftige abendländische Philosophie ab und formulieren die Probleme, mit denen sie sich in der Zukunft beschäftigen wird. Der erste von ihnen ist Sokrates (470–399 v. Chr.). Einer der Hauptvorwürfe, die er an die Adresse der Sophisten richtet, besteht darin, dass sie Handreichungen dafür bereitstellten, wie man im Gespräch den Kontrahenten möglichst effektiv übertrumpfen könne. Seiner Meinung nach muss es dagegen im Gespräch darum gehen, sich durch Austausch von Argumenten um die Wahrheit zu bemühen. Seine Lehrtätigkeit unterschied sich in methodischer Hinsicht grundlegend vom Lehrbetrieb, wie er heute an den Schulen und Universitäten üblich ist. Er hielt keine Vorlesungen und Monologe vor einem Fachpublikum, sondern suchte vielmehr das Gespräch mit seinen Mitbürgern, verwickelte sie in philosophische Diskussionen, die oft damit endeten, dass diese – durch die Gegenargumente von Sokrates veranlasst – Irrtümer eingestehen mussten. Sokrates war deshalb bei vielen unbeliebt, ja verhasst. Deswegen wurde er schließlich zum Tode verurteilt und hingerichtet.

Was sind die Kernpunkte von Sokrates Lehre? Diese Frage lässt sich nicht so leicht beantworten, da er nichts Schriftliches hinterlassen hat. So viel scheint sicher zu sein: Sokrates war kompromisslos um die Wahrheit bemüht. Dies erstreckte sich sowohl auf die Erkenntnis der Welt als auch auf die der sittlichen Grundprinzipien. Hat man letztere erkannt, so hat der Philosoph sie auch zur Richtschnur seines Handelns zu machen. In diesem Punkt war Sokrates selbst sehr konsequent: Obwohl er aus dem Gefängnis hätte fliehen können, tat er dies nicht und akzeptierte die Hinrichtung, obwohl er davon überzeugt war, unschuldig zu sein. Er entschloss sich im Gefängnis zu bleiben, weil es seiner Meinung nach vernünftige Gründe gegen eine Flucht gab. Seitdem gilt er vielen als Vorbild im Hinblick auf eine philosophisch begründete Lebensweise: Was man als ethisch richtig erkannt hat, hat man auch in die Praxis umzusetzen.

Der zweite große Widersacher der Sophisten ist Platon (427–347 v. Chr.). Er greift die Problemstellungen und Themen von Sokrates auf und arbeitet sie zum ersten großen System der abendländischen Philosophie aus. Die Begründung wahrer Erkenntnis gehört zu den Kernpunkten seiner Philosophie. Sie ist gleichsam sein philosophisches Projekt.

1 „Es gibt nichts; und wenn es etwas gäbe, könnte man es nicht erkennen; und wenn man es erkennen könnte, könnte man es nicht mitteilen; und wenn man es mitteilen könnte, könnte man es nicht verstehen."
Diskutieren Sie die Aussage dieses dem Sophisten **Gorgias** zugeschriebenen Satzes.

Das Philosophenmosaik aus Torre Annunziata (1. Jh. nach Chr.). Neapel, Museo Nazionale Archelogico

1.2 Wissen ist nicht Wahrnehmen

Platon hat seine Philosophie in Form von Dialogen dargestellt. Als Hauptgesprächspartner tritt in der Regel Sokrates auf, dem Platons Auffassungen in den Mund gelegt werden. In dem folgenden Textbeispiel ist der junge Philosoph Theätet der Widerpart von Sokrates. Die Dialogsequenz geht von der These des Sophisten Protagoras aus, nach der Wissen und Wahrnehmung gleichbedeutend seien. Auch Theätet ist am Anfang der Sequenz von der Gültigkeit dieser These überzeugt. Welche Konsequenzen ergäben sich aus diesem Satz? Da der Inhalt der Wahrnehmungen auch vom Betrachter abhängt, so etwa von der Qualität seiner Sinneswerkzeuge, von seiner Aufmerksamkeit oder einfach von seinem Standort, so wäre alles Wissen subjektiv und relativ. Es ist klar, dass Platon widersprechen muss, andernfalls wäre sein philosophisches Anliegen gescheitert.

Sokrates: Wirst du dich [...] zu dem Zugeständnis verstehen, dass, was man durch einen Sinn wahrnimmt unmöglich durch einen anderen wahrnehmen kann, z. B. das
5 Gehörte nicht durch das Auge, das Gesehene nicht durch das Gehör?
Theätet: Wie sollte ich mich dazu nicht verstehen?
Sokrates: Wenn du also über beide zusammen
10 men etwas durch Denken bestimmst, wird dies wohl kein Wahrnehmen über beide durch den einen oder durch den anderen jener beiden Sinne sein.
Theätet: Nein.
15 *Sokrates:* Was nun Ton und Farbe anlangt, so denkst du doch zunächst dies über beide, dass sie beide sind?
Theätet: Gewiss.
Sokrates: Ferner, dass jedes von beiden von
20 dem anderen verschieden, mit sich selbst aber gleich ist?
Theätet: Wie anders?
[...]
Sokrates: Bist du nicht auch imstande zu
25 prüfen, ob sie beide einander unähnlich oder ähnlich sind?
Theätet: Vermutlich.
Sokrates: Welches wäre nun das Sinnesorgan, durch das du alles dies über beide denkst?
30 Denn weder durch das Gehör, noch durch das Gesicht ist es möglich das Gemeinsame über sie zu erfassen. Ferner liegt auch in Folgendem ein Beweis für unsere Behauptung: Wenn es nämlich möglich wäre, beide daraufhin zu prüfen, ob sie salzig schmecken
35 oder nicht, so weißt du, durch welches Organ du dies erkennen kannst, und dies dürfte weder Gesicht noch Gehör sein, sondern etwas anderes.
Theätet: Unstreitig, und zwar ist es der Sinn, 40
der durch die Zunge wirkt.
Sokrates: Recht so. Wodurch aber wirkt das Vermögen, welches das, wie für alle, so auch für die genannten Wahrnehmungen (Ton und Farbe) Gemeinsame dir anzeigt und 45
dem du das „Ist" beilegst und das „Ist nicht" und worauf sonst noch jetzt eben unsere Fragen führten? Welches sollen deiner Meinung nach die Werkzeuge sein, durch die das Wahrnehmende in uns zu jeder dieser Wahrnehmungen gelangt? 50
Theätet: Du meinst das Sein und Nichtsein und Ähnlichkeit und Unähnlichkeit und Identität und Verschiedenheit, ferner das Eins und was sonst von Zahlen von ihnen 55
ausgesagt wird. Ferner bezieht sich deine Frage nach dem körperlichen Organ, durch welches wir mit der Seele wahrnehmen, offenbar auch auf das Gerade und Ungerade und alles, was damit in Zusammenhang 60
steht.
Sokrates: [...] Eben darauf zielte meine Frage.
Theätet: Ich kann kein Organ dafür nennen, doch will es mir scheinen, als gäbe es dafür 65
gar kein besonderes Organ wie für die einzelnen Sinneswahrnehmungen, vielmehr dürfte wohl die Seele selbst durch ihre eigene Kraft das an allen Gemeinsame betrachtend erfassen. 70

Sokrates: Ja, schön bist du, mein Theätet, in der Tat und nicht, wie Theodoros sagt, hässlich. Denn wer schön Auskunft gibt, der ist auch schön und gut. Aber abgesehen von dem *Schönen* hast du es auch *gut* mit mir gemeint; denn du hast mir eine umständliche Auseinandersetzung erspart, sofern deine Ansicht dahin geht, dass die Seele in ihren Betrachtungen teils durch ihre eigene Kraft, teils durch die körperlichen Vermögen geleitet wird. Denn das war auch meine eigene Ansicht, von der ich wünschte, dass du sie teiltest.

Theätet: Dies ist der Fall.

Sokrates: Zu welchen von beiden gehört nun das Sein? Denn dieses erscheint vor allem als gemeinsamer Begleiter sämtlicher Vorstellungen.

Theätet: Meiner Ansicht nach zu denen, die die Seele allein durch eigene Kraft erfasst.

Sokrates: Auch Ähnlichkeit und Unähnlichkeit und Identität und Verschiedenheit?

Theätet: Ja.

Sokrates: Und weiter: das Schöne und Hässliche und Gute und Schlechte?

Theätet: Auch von diesen scheint sie mir erst recht das Sein in seinen gegenseitigen Verhältnissen zu betrachten, indem sie bei sich das Vergangene und das Gegenwärtige gegen das Zukünftige abwägt.

Sokrates: Nur nicht zu hastig. Wird sie nicht die Härte des Harten durch Betastung wahrnehmen und ebenso die Weichheit des Weichen?

Theätet: Ja.

Sokrates: Das Sein aber und *was* sie sind und den Gegensatz zueinander und weiter auch das Wesen des Gegensatzes versucht unsere Seele selbst zu beurteilen auf Grund eingehender Prüfung und gegenseitiger Vergleichung.

Theätet: Sicherlich.

Sokrates: Drängt sich nun die Wahrnehmung des Ersteren, nämlich alle Eindrücke, die sich durch den Körper der Seele mitteilen, den Menschen und Tieren nicht gleich von Geburt ganz von selbst auf, während die Erwägungen darüber rücksichtlich des Seins und des Nutzens sich nur mit einiger Anstrengung und langsam durch viele Übungen und Unterweisung einstellen, wo sie sich überhaupt einstellen?

Theätet: Gewiss.

Sokrates: Ist es nun wohl dem Teile des Menschen (sc. dem Leibe) möglich, die Wahrheit zu erfassen, der nicht einmal das Sein erfasst?

Theätet: Gewiss nicht.

Sokrates: Wer aber die Wahrheit in einer Sache verfehlt, der kann darüber doch niemals ein Wissen besitzen?

Theätet: Unmöglich.

Sokrates: In den sinnlichen Eindrücken also ist kein Wissen anzutreffen, wohl aber in dem darüber Erschlossenen (in dem, was der Verstand darüber ermittelt). Denn das Sein und die Wahrheit ist allem Anschein nach hier zu erfassen möglich, dort aber unmöglich.

Theätet: So scheint es.

Sokrates: Können nun beide als gleich gelten, trotz ihrer großen Unterschiede?

Theätet: Das wäre nicht recht.

Sokrates: Welchen Namen gibst du nun dem Sehen, Hören, Riechen, Frost und Wärme und was sonst dahin gehört?

Theätet: Wahrnehmen. Welchen sonst?

Sokrates: Insgesamt also nennst du das Wahrnehmung?

Theätet Notwendig.

Sokrates: Und dieses vermag, unserer Behauptung zufolge, die Wahrheit nicht zu erfassen, weil auch nicht das Sein.

Theätet: Nein.

Sokrates: Also auch nicht das Wissen.

Theätet: Nein.

Sokrates: Also, mein Theätet, mit der Gleichsetzung von Wahrnehmung und Wissen wäre es nun zu Ende.

Theätet:. So scheint es, mein Sokrates. Und jetzt erst ist die Verschiedenheit von Wahrnehmung und Wissen ganz klar geworden.

(Platon: Sämtliche Dialoge. Band IV, Theätet. Übers. und hrsg. von Otto Apelt. Felix Meiner Verlag: Hamburg 1998, S. 99–103)

1. Ist Ihrer Meinung nach die These des Theätet richtig, dass nur der unmittelbare Augenschein die Gültigkeit der Sätze über die Realität begründet? Falls nein, geben Sie Gegenbeispiele an, in denen der „Augenschein" ein falsches Bild der Wirklichkeit liefert.
2. Aus welchen Gründen kann man selbst durch die präziseste Beobachtung nach Platon kein Wissen über den beobachteten Gegenstand erlangen?
Berücksichtigen Sie dabei Platons Sichtweise des Seins.
3. Nach Platon ist der Mensch zweigeteilt in Körper und Seele. (Vgl. II, 2. 1)
Welche Bedeutung haben beide für den Erkenntnisprozess?
4. Ist Platons Argumentation im Text überzeugend? Begründen Sie Ihre Entscheidung.

1.3 Vom Ursprung des Begriffs der Gleichheit

In dem Dialog „Phaidon" ist der Nachweis der Unsterblichkeit der menschlichen Seele das zentrale Thema. Dieser Nachweis stützt sich unter anderem darauf, dass wir in der Erkenntnis der Welt auf Begriffe zurückgreifen, die – so Platon – keinen sinnlichen Ursprung haben können. Auf den ersten Blick scheint das Verfahren der Begriffsbildung keine Probleme zu bereiten. Begriffe entstehen dadurch, dass man von den Einzelbeobachtungen abstrahiert und so zur Vorstellung des Allgemein-Begrifflichen gelangt. Gegen eine solche Interpretation gibt es nach Platon gewichtige Einwände. Diese werden im folgenden Text dargelegt und gleichzeitig beantwortet er die Frage, wie man sich die Begriffsbildung nach seiner Auffassung vorzustellen hat. Platon verdeutlicht seine Überlegungen am Beispiel der „Gleichheit".

Sokrates: Sieh zu, ob es damit folgendermaßen steht. Wir nehmen doch an, dass es eine Gleichheit gibt, ich meine nicht des Holzes mit dem Holz noch des Steines mit dem Stein oder sonst etwas der Art, sondern eine andere neben all diesem, die Gleichheit an sich. Wollen wir eine solche annehmen oder nicht?
Simmias: Wir wollen sie annehmen, beim Zeus, und zwar mit voller Entschiedenheit.
Sokrates: Kennen wir auch das Wesen derselben?
Simmias: Ja, gewiss.
Sokrates: Und woher haben wir diese Kenntnis geschöpft? Haben wir nicht aus dem Anblick der eben genannten gleichen Hölzer oder Steine oder was es sonst war jene Vorstellung gewonnen, und zwar als eine von diesen Gegenständen verschiedene? Oder scheint sie dir nicht verschieden? Betrachte es auch noch von dieser Seite. Kommen nicht die gleichen Steine und die nämlichen Hölzer mitunter dem einen gleich vor, dem anderen wieder nicht?
Simmias: Allerdings
Sokrates: Wie, nun? Hast du jemals das Gleiche an sich für ungleich gehalten? Oder die Gleichheit für Ungleichheit?
Simmias: Niemals Sokrates.
Sokrates: Also ist die Gleichheit der sinnlichen Dinge nicht dasselbe wie die Gleichheit an sich.
Simmias: Durchaus nicht, nach meiner Meinung, Sokrates.
Sokrates: Aber aus dem Gleichen der ersteren Art, das doch verschieden ist von dem gleichen der letzteren Art, hast du dir gleichwohl die Vorstellung des letzteren gebildet und sie so gewonnen?
Simmias: Du hast durchaus recht.
Sokrates: Und das letztere ist doch entweder ähnlich oder unähnlich dem, was die Sinnenwelt bietet?
Simmias: Gewiss.

Sokrates: Es macht übrigens gar keinen Unterschied. Wenn man nur von dem Anblick einer Sache zu der Vorstellung einer anderen, gleichviel ob gleichen oder ungleichen, geführt wird, so liegt notwendig Wiedererinnerung vor.
Simmias: Ganz sicher.
Sokrates: Wie nun? Geht es uns mit den Hölzern und den eben genannten sonstigen gleichen Dingen nicht wie folgt? Scheinen sie uns etwa in der Weise gleich zu sein wie das Gleiche an sich oder lassen sie einen Mangel fühlen im Vergleich mit dem Gleichen an sich? Oder nicht?
Simmias: Einen großen Mangel.
Sokrates: Wir sind doch wohl über Folgendes einig: Wenn jemand etwas sieht und dabei auf den Gedanken kommt, dass das, was er oben sieht, einem anderen Seienden ähnlich ist, aber hinter ihm zurücksteht und ihm nicht völlig gleich zu sein vermag, sondern minderwertig ist, so muss notwendig der, der diesen Gedanken fasst, schon von früher her dasjenige kennen, dem es nach seiner Behauptung ähnlich ist, ohne es doch völlig zu erreichen.
Simmias: Notwendig.
Sokrates: Wie nun? Geht es nicht auch uns so mit dem vielen Gleichen und dem Gleichen an sich? Oder nicht?
Simmias: Durchaus so.
Sokrates: Wir müssen also notwendigerweise das Gleiche schon vor der Zeit gekannt haben, wo wir die gleichen Dinge zum erstenmal mit den Augen sahen und den Gedanken fassten, dass zwar alles dies danach strebt, so zu sein wie das Gleiche an sich, aber doch dahinter zurückbleibt.
Simmias: Allerdings.
Sokrates: Aber auch darüber sind wir doch einig, dass wir jenen Gedanken nirgends anderswoher schöpfen und in uns entwickeln können als aus dem Sehen oder Betasten oder einer anderen Sinneswahrnehmung; sie gelten in dieser Beziehung alle gleich.
Simmias: Gewiss, mein Sokrates; für das Ziel unserer Untersuchung gelten sie gleich.
Sokrates: Also auf Grund unserer Sinneswahrnehmungen müssen wir die Vorstellung gewinnen, dass alles durch die Sinneswahrnehmungen als gleich Erkannte dem Gleichen an sich zustrebt, ohne es doch ganz zu erreichen. Oder wie?
Simmias: Ja, so ist es.
Sokrates: Also, ehe wir anfingen zu sehen und zu hören und die übrigen Sinneswahrnehmungen zu haben, mussten wir schon die Kenntnis von dem Wesen des an sich Gleichen gewonnen haben, wenn es uns möglich sein sollte das Gleiche der Sinneswahrnehmung auf jenes zu beziehen, mit der Einsicht, dass alles danach strebt jenem gleich zu sein, ihm aber doch nicht gleichkommt.
Simmias: Das ist das notwendige Ergebnis der Untersuchung, mein Sokrates.
Sokrates: Sahen und hörten wir nun nicht und hatten wir nicht auch die übrigen Sinneswahrnehmungen gleich bei unserer Geburt?
Simmias: Gewiss.
Sokrates. Wir mussten aber doch gemäß unserer Feststellung schon vorher die Kenntnis des Gleichen gewonnen haben?
Simmias: Ja.
Sokrates: Also schon vor unserer Geburt müssen wir sie, wie es scheint, empfangen haben?
Simmias: So scheint es.
Sokrates: Es sind nun also zwei Fälle möglich: Entweder sind wir, nachdem wir sie vor der Geburt empfangen haben, bei der Geburt in ihrem Besitz geblieben; dann kannten wir doch wohl nicht nur vor der Geburt, sondern auch unmittelbar bei der Geburt nicht nur das Gleiche und das Größere und Kleinere, sondern alles insgesamt, was dahin gehört? Denn unsere jetzige Untersuchung geht nicht bloß auf das Gleiche, sondern ebensogut auch auf das Schöne an sich und das Gute und Gerechte und Fromme an sich, kurz, wie gesagt, auf alles, dem wir in unseren in Fragen und Antworten sich bewegenden Verhandlungen das Siegel des „An sich"

aufdrücken. Wir müssen also notwendigerweise die Kenntnis von alledem vor der Geburt empfangen haben.

Simmias: So ist es

Sokrates: Und wenn wir, nachdem wir sie empfangen haben, sie nicht eine nach der andern wieder vergessen haben, so müssen wir immer Wissende und unser Leben lang im Besitze des Wissens sein; denn das Wissen besteht ja eben darin, dass man im Besitz einer Kenntnis bleibt, die man erlangt hat, und ihrer nicht verlustig gegangen ist. Oder verstehen wir, mein Simmias, unter „Vergessen" nicht eben den Verlust einer Kenntnis?

Simmias: Sicherlich, mein Sokrates.

Sokrates: Und nun der zweite mögliche Fall. Wir haben sie, nachdem wir sie vor der Geburt empfangen haben, bei der Geburt verloren, gewinnen aber später durch den auf sie führenden Gebrauch unserer Sinne jene Erkenntnisse wieder, die wir früher einmal besaßen; dann ist doch wohl das, was wir Lernen nennen, nichts anderes als ein Wiedergewinnen uns schon zugehörigen Wissens? Dafür ist aber doch wohl „Wiedererinnerung" die richtige Bezeichnung?

Simmias: Gewiss.

Sokrates: Denn es stellte sich doch als möglich heraus, dass, wenn man einen Gegenstand durch das Auge oder das Ohr oder durch einen anderen Sinn wahrnimmt, man durch ihn auf die Vorstellung eines anderen geführt wird, den man vergessen hatte und mit dem dieser in Zusammenhang stand, gleichviel ob als unähnlich oder als ähnlich.

Also, wie gesagt, eines von beiden: Entweder sind wir im Besitze dieser Kenntnisse geboren und haben sie alle das ganze Leben hindurch oder, was wir „Lernen" nennen, ist nichts weiter als ein späteres Sichwiedererinnern, und das Lernen wäre so Wiedererinnerung.

Simmias: Ja, so verhält es sich, mein Sokrates.

Sokrates: Was wählst du nun, mein Simmias? Dass wir im Besitze des Wissens geboren werden oder dass wir uns später wiedererinnern an das Wissen, das wir früher empfangen hatten?

Simmias: Ich kann mich, Sokrates, im Augenblick nicht entscheiden.

Sokrates: Wie aber? Kannst du dich über folgendes entscheiden und wie denkst du darüber? Kann ein über Kenntnisse gebietender Mann über diese seine Kenntnisse auch Rechenschaft geben oder nicht?

Simmias: Das muss er jedenfalls können, mein Sokrates.

Sokrates: Scheinen dir nun alle Menschen imstande zu sein, über das Rechenschaft zu geben, wovon unsere jetzige Untersuchung handelt? [...]

Simmias: Durchaus nicht alle.

Sokrates: Also erinnern sie sich nur dessen wieder, was sie einst wussten?

Simmias: Unzweifelhaft.

Sokrates: Wann aber empfangen unsere Seelen die Kenntnis davon? Doch nicht seitdem wir Menschen geworden sind?

Simmias: Nein.

Sokrates: Also früher.

Simmias: Ja.

Sokrates: Es kam also, mein Simmias, den Seelen schon vorher ein Dasein zu, ehe sie Menschengestalt annahmen, und zwar ein körperloses, rein geistiges.

(Platon: Sämtliche Dialoge. Übers. und hrsg. von Otto Apelt. Band II, Phaidon. Felix Meiner: Hamburg 1998, S. 56–61)

1 Das Zustandekommen des Begriffs „Gleichheit" erklärt man sich oft auf folgende Weise: Man analysiert verschiedene Gegenstände und stellt ihre Eigenschaften fest. Stimmen sie in den wesentlichen Punkten überein, so gelten die Gegenstände als gleich. Aus welchen Gründen ist diese Deutung nach Platon falsch?

2 Erläutern Sie den Unterschied zwischen der „Gleichheit an sich" und der „Gleichheit, die an Dingen wahrgenommen wird". Welche hat für Platon einen höheren Stellenwert?

3 Erläutern Sie, dass im obigen Text der Nachweis des nichtempirischen Ursprungs der Gleichheit als Beweismittel dient, um die praenatale Existenz der Seele herzuleiten. Ist diese Herleitung überzeugend? Begründen Sie Ihre Stellungnahme.
4 Am Schluss des Dialogs werden zwei Theorien über die Verfügbarkeit des Wissens aufgestellt, das in der Seele eingepflanzt ist. Beschreiben Sie diese Theorien. Welche ist für Platon die richtige? Mit welchem Argument kommt er zu dieser Einschätzung?
5 Einer der Grundbegriffe in Platons Erkenntnislehre ist die „Wiedererinnerung". Erläutern Sie diesen Terminus. Legen Sie dabei Platons Analyse der Gleichheit zugrunde.

1.4 Die Ideenlehre

Es ergibt sich als Resümee, dass nach Platon weder das Erkennen noch die dabei verwendeten Begriffe auf Wahrnehmungen beruhen. Somit zeigt sich die Wahrnehmung als ungeeignet, um eine Erkenntnislehre zu begründen. Platons Konzeption geht folgerichtig von den Ideen aus, die nur durch das Denken erfasst werden können. Die Ideenlehre ist das „Herzstück" seiner Erkenntnistheorie. Fast im gesamten Werk Platons finden sich Hinweise und Erläuterungen zur Ideenlehre. Die folgenden Texte präsentieren sie auf sehr anschauliche Weise in Form von Gleichnissen. Sie sind dem Dialog „Politeia" entnommen.
Ein Gleichnis ist eine bildhafte Erzählung, die auf einen abstrakten Gegenstandsbereich verweist. Es wird als Erklärungsmittel eingesetzt, um schwierige Sachzusammenhänge auf anschauliche Weise zu erläutern. Die Bilder müssen dann bestimmten Gegenständen zugeordnet werden, Zusammenhänge werden durch Analogien erklärt.

1.4.1 Das Sonnengleichnis

Im Sonnengleichnis legt Platon zunächst dar, dass unter den verschiedenen Wahrnehmungsweisen das Sehen eine Sonderstellung einnehme. Beim Hören, Riechen, Fühlen oder Schmecken nehme ich unmittelbar etwas wahr. Beim Sehen sei dies anders. Die Augen bedürften eines Mediums, des Sonnenlichts, um schauen zu können. Natürlich hat die moderne Naturwissenschaft Platon hier längst widerlegt. Man stelle sich nur zwei Astronauten im luftleeren Raum vor. Würde der eine von beiden eine Trommel schlagen, so wären keine Geräusche für seinen neben ihm schwebenden Kollegen zu hören.
In der folgenden Gesprächssequenz beschreibt Platon die Bedeutungsebene des Sonnengleichnisses. Als Gesprächspartner treten Sokrates und Glaukon auf, wobei Sokrates als erster vorträgt:

„Diese Sonne – das kannst du als meine Ansicht verkünden – ist jener Spross des Guten, den sich das Gute als Abbild seiner selbst gezeugt hat: was es selbst in der Welt der Gedanken ist gegenüber dem Verstand und dem Gedachten, das ist die Sonne in der Welt des Sichtbaren gegenüber dem Gesichtssinn und dem Gesehenen."
„Wie? Erkläre mir das noch deutlicher!"

„Von den Augen weißt du es ja: Wenn man sie nicht mehr auf Dinge richtet, deren Farben das Tageslicht beleuchtet, sondern auf solche, die das Dämmern der Nacht [umgibt], dann sind sie stumpf und fast blind, als ob keine Sehkraft in ihnen wäre."
„Richtig!"
„Wenn man sie aber auf Dinge richtet, die die Sonne bestrahlt, dann sehen sie deutlich,

*René Magritte:
Der falsche Spiegel/
Le faux miroir (1935).
Öl auf Leinwand,
19 x 27 cm. Privatbesitz*

und in denselben Augen wohnt jetzt offenbar die Sehkraft."
„Ja!"
„Ebenso stelle es dir in der Seele vor! Wenn sie sich auf das stützt, worauf die Wahrheit und das Seiende leuchtet, dann kommt sie zu Einsicht und Erkenntnis und besitzt offensichtlich Denkkraft. Wenn sie aber auf die Welt schaut, die mit dem Dunkel vermischt ist[1], die wird und vergeht, dann hat sie bloß Meinungen und wird blind, ändert ihre Ansichten bald so, bald anders und erweckt den Eindruck, ohne Verstand zu sein."
„Allerdings."
„Jene Kraft also, die den Objekten des Denkens die Wahrheit und dem erkennenden Subjekt die Kraft des Erkennens gibt, bestimme als die Idee des Guten. Zwar wird sie, die Ursache des Erkennens und der Wahrheit, durch den Verstand erkannt, aber – wiewohl diese beiden, nämlich Wahrheit und Erkenntnis, schön sind – so wirst du dennoch das Rechte treffen, wenn du die Idee des Guten für etwas anderes und für noch schöner hältst als diese beiden. Wie du dort Licht und Sehkraft mit Recht für sonnenähnlich, nicht aber für die Sonne hältst, so tust du hier gut, Erkenntnis und Wahrheit für „gutähnlich", nicht aber – ob das eine oder das andere – für das Gute zu halten; höher noch zu schätzen ist – seinem Wesen nach – das Gute."
„Von einer ganz unglaublichen Schönheit sprichst du da, die uns Erkenntnis und Wahrheit schenkt und noch schöner ist als diese. Du meinst da kaum die Lust!"
„Sei still! Betrachte doch noch besser das Abbild des Guten!"
„Wie?"
„Die Sonne gibt dem Sichtbaren nicht nur die Fähigkeit, gesehen zu werden, sondern auch Werden, Wachstum und Nahrung, ohne selbst dem Werden unterworfen zu sein."
„Wie sollte sie das sein!"
„Also wird den Objekten der Erkenntnis vom Guten nicht nur die Erkennbarkeit gegeben, sondern sie erhalten auch Existenz und Wesen von ihm, das nun nicht selbst ein Seiendes ist, sondern über das Sein an Erhabenheit und Kraft hinausragt."
[…]

(Platon: Der Staat. Übers. und hrsg. von Karl Vretska. Sechstes Buch. Reclam: Stuttgart 1989, S. 321–323)

1   Die Welt, die mit Dunkel vermischt ist: Gemeint ist die sinnlich wahrnehmbare Welt. Hier gibt es nichts Unveränderliches, kein wahrhaft ewiges, gleich bleibendes Sein. Alles Wahrgenommene ist dem ständigen Prozess des Entstehens und Vergehens unterworfen.

1. Welche Gegenstände im Bereich der Erkenntnis entsprechen der Sonne, dem Licht, dem Auge und den gesehenen Objekten?
2. Im Gleichnis werden bestimmte Aussagen über das Verhältnis dieser vier „Objekte" gemacht. Welche Zusammenhänge sollen damit veranschaulicht werden?
3. Nach einer heute weit verbreiteten Ansicht sollte ein Wissenschaftler die Welt so analysieren wie sie ist. Dabei wird vorausgesetzt, dass sie keine ethische Grundausrichtung hat: Sie ist weder an sich gut noch böse, noch hat sie irgend einen, ihr vorgegebenen Sinn. Kann man sich im Ausgang von Platon dieser Sichtweise der Welt anschließen? Begründen Sie Ihre Antwort.

1.4.2 Das Liniengleichnis

Im Liniengleichnis beschreibt Platon die Weisen, wie sich der Mensch mit der Welt auseinandersetzt. Es folgt unmittelbar auf das Sonnengleichnis.

„Bedenke also! Wie wir sagen, gibt es zwei Mächte; die eine ist Herrin über Art und Raum des Erkennbaren, die andere über das Sichtbare – Himmel will ich nicht sagen, um nicht den Anschein eines Wortspiels hervorzurufen. Du hältst also fest: es gibt diese zwei Reiche: das Sichtbare und das Erkennbare."
„Ja!"

„Stelle sie dir wie eine Linie vor, die in zwei ungleiche Teile geteilt ist; nimm die Teile und unterteile sie nochmals in gleichem Verhältnis; der eine stellt das Gebiet des Sichtbaren dar, der andere das des Erkennbaren. Nach ihrer relativen Klarheit und Unklarheit hast du im sichtbaren Teil als einen Abschnitt die Abbilder. Ich verstehe darunter

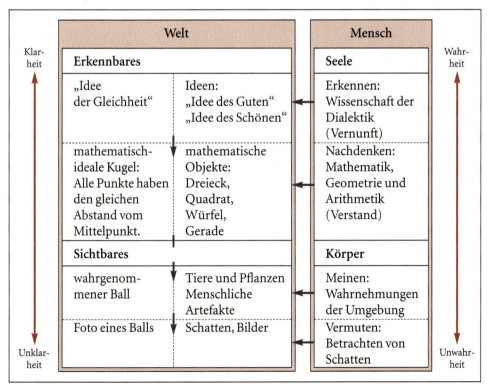

zuerst die Schatten, dann die Spiegelbilder im Wasser und auf allen festen, glatten und glänzenden Gegenständen, und all das Ähnliche – wenn du mich da verstehst?"
„Ich verstehe!"
„Den andern Abschnitt denke dir dann für die Dinge, denen die Bilder ähneln, also die Lebewesen um uns, die ganze Pflanzenwelt und die vielfältigen Geräte menschlicher Erzeugung."
„Gut!"
„Gibst du auch dies zu: In Bezug auf Wahrheit und Unwahrheit verhält sich das Abbild zu seinem Original wie die Meinung zum Wissen?"
„Natürlich!"
„Überlege nun, wie man den Teil des Erkennbaren unterteilen soll."
„Wie denn?"
„Im ersten Abschnitt (des zweiten Teiles) benützt die Seele die Originale (des ersten Teiles), die dort nachgeahmt wurden, als bloße Abbilder und sieht sich gezwungen, auf Grund von Hypothesen zu forschen; dabei geht es ihr hier nicht um einen Urbeginn, sondern um ein festes Endziel. Den anderen Abschnitt durchforscht sie, indem sie von den Hypothesen zum voraussetzungslosen Urgrund fortschreitet, und zwar ohne die Abbilder von vorhin, nur mithilfe der Ideen in methodischem Vorgehen."
„ Ich verstand deine Worte nicht ganz!"
„Also nochmals! Doch wirst du leichter verstehen, wenn ich dies vorausschicke. Du weißt ja wohl, die Leute, die sich mit Geometrie, Rechnen und ähnlichem beschäftigen, bedienen sich dabei gewisser Voraussetzungen, wie der Geraden und Ungeraden, der Figuren, der drei Arten der Winkel und Verwandtes mehr; diese Voraussetzungen machen sie so, als ob sie darüber genau im Klaren wären, und halten es nicht für nötig, sich und anderen darüber Rechenschaft zu geben, da sie ja jedem klar seien; von da gehen sie aus und erreichen in weiterem Fortschritt folgerichtig ihr Ziel dort, wo sie es sich für ihre Untersuchung gesteckt haben."[1]

„Das verstehe ich sehr gut."
„Nun weiter! Sie behelfen sich mit sichtbaren Figuren und untersuchen sie, denken aber dabei nicht an die Figuren, sondern an die Urbilder, denen sie gleichen; so untersuchen sie das Viereck an sich und seine Diagonale, aber nicht die gezeichnete, und ähnlich bei allem andern; die Gebilde, die sie formen und zeichnen, von denen es wieder Schatten und Abbilder im Wasser gibt, diese gebrauchen sie nur als Abbilder und suchen die Urbilder an sich zu erkennen, die man nur durch das reine Denken erkennt."
„Richtig!"
„Dies bezeichnete ich seiner Art nach als erkennbar, doch muss die Seele sich der Hypothesen bedienen, wenn sie forscht; sie geht dabei nicht auf den Urgrund zurück, weil sie nicht über ihre Voraussetzungen hinausgehen kann, sondern bedient sich als Abbilder der Gegenstände der Sinnenwelt, die selbst wieder von den tiefer stehenden Schatten abgebildet und gegenüber diesen wegen ihrer Deutlichkeit besonders geachtet werden."
„Ich verstehe, du sprichst von der Geometrie und verwandten Wissenschaften."
„Nun verstehe auch, was ich über den andern Abschnitt des Erkennbaren sage. Diesen erfasst der denkende Geist selbst mit der Kraft der Dialektik[2], er verwendet die Hypothesen nicht als letzten Grund, sondern als echte „Voraussetzungen", wie Stufen und Stützpunkte; mit ihrer Hilfe dringt er bis zum voraussetzungslosen Urbeginn des Ganzen vor, hält sich an ihm und dann wieder an dem, was von ihm abhängt, und steigt so wieder herab und zurück zum Ende, ohne irgendwo das Sichtbare zu Hilfe zu nehmen, sondern nur mithilfe der Ideen und durch sie und wieder zu ihnen, bei denen er endet."
„Ich verstehe das noch nicht ganz; du sprichst da wohl von einer gewaltigen Aufgabe. So viel jedoch verstehe ich: Du stellst fest, dass die Welt des Seienden und Erkennbaren, die durch die Wissenschaft der Dialektik

erfasst wird, klarer ist als die Welt, welche die so genannten Fachwissenschaften betrachten; denn für sie sind schon die Hypothesen Urgründe; ihre Betrachter werden genötigt, ihren Stoff durch Überlegung, nicht mithilfe der sinnlichen Wahrnehmung zu betrachten; weil sie aber nicht bis zum letzten Urgrund hinaufsteigen, sondern nur von den Hypothesen ausgehen, haben sie deiner Meinung nach keine letzte Erkenntnis um diese Gegenstände, die aber – zusammen mit dem Urgrund – auch rein erkennbar wären. Du nennst also die Methode der Geometriker und ähnlicher nicht eigentliche Erkenntnis, sondern ein Nachdenken, das in der Mitte zwischen dem bloßen Meinen und der eigentlichen Erkenntnis liegt"

„Das hast du ausgezeichnet dargelegt", sagte ich. „Nach diesen vier Teilen nimm auch vier seelische Verhaltensweisen an: Erkenntnis beim höchsten; Nachdenken beim zweiten; dem dritten gib das Meinen und dem letzten das Vermuten³, und ordne sie analog, indem du annimmst, sie hätten in dem Maße an der Klarheit Anteil, in dem sie an der Wahrheit teilhaben."

„Ich verstehe es, bin einverstanden und ordne sie, wie du sagst."

(Platon: Der Staat, Sechstes Buch. Übers. und hrsg. von Karl Vretska. Reclam: Stuttgart 1989, S. 323–326)

1 Platon unterscheidet im Bereich des Erkennbaren zwischen den mathematischen Hypothesen und den Ideen. Dabei darf man die Hypothese nicht als vorläufige Setzung verstehen, die man noch beweisen muss. Vielmehr sind mit Hypothesen die unmittelbar aus der Anschauung entnommenen Grundelemente der Mathematik gemeint. Dies lässt sich am Beispiel der „Gleichheit" verdeutlichen. So können etwa zwei Summen oder zwei Kugeln gleich sein. Für die meisten Mathematiker besteht kein weiterer Klärungsbedarf, was Gleichheit in beiden Fällen jeweils meint, die Gleichheit wird einfach anschaulich vorausgesetzt. Der Dialektiker gibt sich aber erst dann zufrieden, wenn er den Begriff Gleichheit durch das reine Denken erfasst hat. Folglich handelt es sich bei der mathematischen Gleichheit um ein Abbild der Idee der Gleichheit.

2 Dialektik: hier: reine Vernunfttätigkeit als höchste Stufe der Ideenerkenntnis.

3 griech.: Dialektik, dianoia, doxa bzw. pistis, eikasia

1 Erläutern Sie im Kontext des Liniengleichnisses den Begriff Abbildung. Analysieren Sie, welche der vier Teile auf andere überhaupt abgebildet werden können.

2 Erklären Sie, warum Platon die Gegenstände der Mathematik, trotz ihrer „Anschauungsrelikte", der Sphäre des Erkennbaren zuordnet.

3 Erläutern Sie, inwiefern sich die Dialektik von der mathematischen Erkenntnis unterscheidet. Was zeichnet die Dialektik aus?

1.4.3   Das Höhlengleichnis

Im Höhlengleichnis schildert Platon, wie eine falsche, naiv-realistische Weltsicht überwunden und durch die wahre Weltsicht, die Ideenlehre, ersetzt werden kann. Auch hier schließt der Text unmittelbar an das Liniengleichnis an.

„Und nun", fuhr ich fort, „mache dir den Unterschied zwischen Bildung und Unbildung in unserer Natur an dem folgenden Erleben gleichnishaft klar. Stelle dir die Menschen vor in einem unterirdischen, höhlenartigen Raum, der gegen das Licht zu einen weiten Ausgang hat über die ganze Höhlenbreite; in dieser Höhle leben sie von Kindheit, gefesselt an Schenkeln und Nacken, so dass sie dort bleiben müssen und nur gegen vorwärts schauen, den Kopf aber wegen der Fesseln nicht herumdrehen können; aus weiter Ferne leuchtet von oben her hinter ihrem Rücken das Licht eines Feuers, zwischen diesem Licht und den Gefesselten führt ein Weg in der Höhe; ihm entlang stelle dir eine niedrige Wand vor, ähnlich wie bei den Gauklern ein Verschlag vor den Zuschauern errichtet ist, über dem sie ihre Künste zeigen."

„Ich kann mir das vorstellen", sagte Glaukon.

„An dieser Wand, so stell dir noch vor, tragen Menschen mannigfache Geräte vorbei, die über die Mauer hinausragen, dazu auch Statuen aus Holz und Stein von Menschen und anderen Lebewesen, kurz, alles Mögliche, alles künstlich hergestellt, wobei die Vorbeitragenden teils sprechen, teils schweigen."

„Merkwürdig sind Gleichnis und Gefesselte, von denen du sprichst."

„Sie gleichen uns! Denn sie sehen zunächst von sich und den anderen nichts außer den Schatten, die von dem Feuer auf die gegenüberliegende Mauer geworfen werden, verstehst du?"

„Natürlich, wenn sie gezwungen sind, ihre Köpfe unbeweglich zu halten ihr Leben lang."

„Dasselbe gilt auch von den vorüber getragenen Geräten, nicht?"

„Gewiss!"

„Wenn sie sich untereinander unterhalten könnten, da würden sie wohl glauben, die wahren Dinge zu benennen, wenn sie von den Schatten sprechen, die sie sehen."

„Notwendigerweise!"

„Wenn nun weiter das Gefängnis ein Echo hätte von der Wand gegenüber, und wenn einer der Vorübergehenden etwas spräche, dann käme – so würden sie glauben – der Ton von nichts anderem als von dem vorübergehenden Schatten, nicht?"

„Ganz so, bei Zeus!"

„Alles in allem: Diese Leute würden nichts anderes für wahr halten als die Schatten der Geräte."

„Notwendigerweise!"

(Platon: Der Staat. Übers. und hrsg. von Karl Vretska. Siebentes Buch. Reclam: Stuttgart 1989, S. 327 f.)

1 Zeichnen Sie die Höhle so, wie jeder von Ihnen die Schilderung von Platon interpretiert. Vergleichen und diskutieren Sie dann die verschiedenen Darstellungen. Prüfen Sie, ob die Bildinterpretationen mit Platons Beschreibung vereinbar sind. Berücksichtigen Sie dabei folgende Aspekte:
   – Platon beschreibt ausdrücklich eine „unterirdische Höhle".
   – Wo befindet sich das Feuer, innerhalb oder außerhalb der Höhle?
   – Wie verlaufen die Schranke und der Weg im Vergleich zur Höhlenwand, auf welche die Schatten projiziert werden?

2 Man kann Platons Schilderung, „dass allerlei Geräte vorbei getragen werden", als eine Art Puppenspiel auffassen, bei dem allerdings nur deren Schatten zu sehen sind. Entspricht Platons Schilderung eher einem Marionetten- oder einem Handpuppenspiel?

3 Welche Schatten sind überhaupt zu sehen? Berücksichtigen Sie dabei, wo sich die Gefesselten befinden.

4 Wie nehmen sich die Gefesselten selbst wahr?

„Überlege nun Lösung und Heilung aus Ketten und Unverstand, wie immer das vor sich gehen mag – ob da wohl Folgendes eintritt. Wenn etwa einer gelöst und gezwungen würde, sofort aufzustehen und den Kopf umzuwenden, auszuschreiten und zum Licht zu blicken, wenn er bei alledem Schmerz empfände und wegen des Strahlenfunkelns jene Gegenstände nicht anschauen könnte, deren Schatten er vorher gesehen – was, glaubst du, würde er da wohl antworten, wenn man ihm sagte, er habe vorher nur eitlen Tand gesehen, jetzt aber sehe er schon richtiger, da er näher dem Seienden sei und sich zu wirklichen Dingen hingewendet habe; wenn man ihn auf jeden der Vorbeigehenden hinweise und zur Antwort auf die Frage zwänge, was das denn sei? Würde er da

nicht in Verlegenheit sein und glauben, was er vorher erblickt, sei wirklicher als das, was man ihm jetzt zeige?"
„Gewiss!"
„Und wenn man ihn zwänge, ins Licht selbst zu blicken, dann würden ihn seine Augen schmerzen, und fluchtartig würde er sich dem zuwenden, was er anzublicken vermag; dies würde er dann für klarer halten als das zuletzt Gezeigte, nicht?"
„So ist es!"
„Wenn man ihn", fragte ich weiter, „von dort wegzöge, mit Gewalt, den schwierigen und steilen Anstieg hinan und nicht früher losließe, bis man ihn ans Licht der Sonne gebracht hätte, würde er da nicht voll Schmerz und Unwillen sein über die Verschleppung? Und wenn er ans Sonnenlicht käme, da könnte er wohl – die Augen voll des Glanzes – nicht ein einziges der Dinge erkennen, die man ihm nunmehr als wahr hinstellte."
„Nicht sofort wenigstens!"
„Er brauchte Gewöhnung, denke ich, wenn er die Oberwelt betrachten sollte; zuerst würde er am leichtesten die Schatten erkennen, dann die Spiegelbilder der Menschen und der anderen Dinge im Wasser, später sie selbst; hierauf könnte er die Dinge am Himmel und diesen selbst leichter bei Nacht betrachten, aufblickend zum Licht der Sterne und des Mondes, als bei Tag die Sonne und ihr Licht."
„Natürlich!"
„Zuletzt aber könnte er die Sonne, nicht ihr Abbild im Wasser oder auf einem fremden Körper, sondern sie selbst für sich an ihrem Platz anblicken und ihr Wesen erkennen."
„Notwendigerweise!"
„Und dann würde er durch Schlussfolgerung erkennen, dass sie es ist, die die Jahreszeiten und Jahre schafft und alles in der sichtbaren Welt verwaltet und irgendwie Urheberin ist an allem, was sie gesehen haben."
„Klar, so weit würde er allmählich kommen!"
„Nun weiter! Wenn man ihn dann an seine erste Wohnung, an sein damaliges Wissen und die Mitgefangenen dort erinnerte, würde er sich dann nicht glücklich preisen wegen seines Ortswechsels und die anderen bedauern?"
„Gar sehr!"
„Wenn sie damals Ehrenstellen und Preise untereinander ausgesetzt haben und Auszeichnungen für den Menschen, der die vorbeiziehenden Gegenstände am schärfsten erkannt und sich am besten gemerkt hat, welche vorher und welche nachher und welche zugleich vorbeizogen, und daher am besten auf das Kommende schließen könne, wird da nun dieser Mann besondere Sehnsucht nach ihnen haben und jene beneiden, die bei ihnen in Ehre und Macht sind? Oder wird es ihm gehen, wie Homer sagt, er begehre heftig Arbeit, um Lohn zu verrichten bei einem ärmlichen Mann auf dem Lande und alles eher zu erdulden, als wieder nur jene bloßen Meinungen zu besitzen und auf jene Art zu leben?"
„Lieber wird er alles über sich ergehen lassen als dort zu leben!"
„Und dann überlege noch dies: Wenn ein solcher wieder hinabstiege und sich auf seinen Sitz setzte, hätte er da nicht die Augen voll Dunkelheit, da er soeben aus der Sonne gekommen ist?"
„Und wie!"
„Und wenn er dort wieder im Unterscheiden der Schatten mit jenen immer Gefesselten wetteifern müsste, zur Zeit, da seine Augen noch geblendet sind und sich noch nicht umgestellt haben – und diese Zeit der Gewöhnung wird nicht kurz sein! – würde er da nicht ausgelacht werden und bespöttelt, er sei von seinem Aufstieg mit verdorbenen Augen zurückgekehrt; daher sei es nicht wert, den Aufstieg auch nur zu versuchen. Und wenn er sie dann lösen und hinauf führen wollte, würden sie ihn töten, wenn sie ihn in die Hände bekommen und töten könnten!"
„Sicherlich!"

(Platon: Der Staat. Siebentes Buch. Übers. und hrsg. von Karl Vretska. Reclam: Stuttgart 1989, S. 329 f.)

1 Welche physischen, psychischen und kognitiven Reaktionen beschreibt Platon bei den aus den Fesseln Befreiten?
2 Warum ist der Weg aus der Höhle so mühsam und mit solch großen Widerständen behaftet?
3 Legen Sie eine zweispaltige Tabelle an. In der einen Spalte tragen Sie die wesentlichen Elemente und Aspekte des Gleichnisses ein, wie z. B. „Feuer", „Sonne" „Gefesselte", „Lösen der Fesseln", „vorüber getragene Gegenstände" etc. Daneben notieren Sie deren Bedeutung.
4 Man hat vielfach angenommen, dass die oben dargestellte Tötung desjenigen, der die Fesseln löst und die Menschen aus der Höhle herausführen will, eine Anspielung auf den Tod des Sokrates sei. Ist diese Deutung nach Ihrer Einschätzung berechtigt?

„Dieses Bild", fuhr ich fort, „musst du nun, mein lieber Glaukon, als Ganzes mit unseren früheren Darlegungen verbinden. Die Welt des Gesichtssinnes[1] vergleiche mit der Wohnung im Gefängnis, das Feuer in ihr mit der Macht der Sonne. Wenn du dann den Weg hinauf und die Schau der Oberwelt als den Aufstieg der Seele zur Welt des Denkbaren annimmst, dann verfehlst du nicht meine Ansicht, da du sie ja zu hören wünschst. Nur Gott weiß, ob sie auch richtig ist. Das ist nun meine Meinung: In der Welt des Erkennbaren ist die Idee des Guten die höchste und nur mit Mühe erkennbar; wenn man sie aber erkannt hat, dann ergibt sich, dass sie für alles Rechte und Schöne die Ursache ist; sie schafft in der sichtbaren Welt das Licht und seinen Herrn, in der Welt des Denkbaren ist sie selbst die Herrin und hilft uns zu Wahrheit und Einsicht; sie muss jeder schauen, der im eigenen wie im öffentlichen Leben vernünftig handeln will."
„Ich stimme zu, soweit ich es beurteilen kann."
„Wohlan, stimme auch noch im Folgenden zu und wundere dich nicht, wenn die Menschen, die einmal diese Höhe erstiegen, sich nicht mehr um die Angelegenheiten der Menschen kümmern wollen; vielmehr drängen ihre Seelen nach oben, um dort immer zu verweilen; denn das ist natürlich, wenn es dem erzählten Gleichnis entsprechen soll."
„Natürlich!"
„Hältst du es dann weiter für verwunderlich, wenn einer, der von dieser göttlichen Schau herabsteigt in die Jammerwelt der Menschen, sich dann ungeschickt benimmt und recht lächerlich erscheint; noch halb blind und noch nicht an die Dunkelheit ringsum gewöhnt, wird er schon gezwungen, vor Gericht oder anderswo zu streiten [...], und sich herumzuschlagen mit den Rechtsauffassungen der Leute, die niemals die wahre Gerechtigkeit gesehen haben."
„Darüber braucht man sich nicht zu wundern!"
„Wer vernünftig ist, denkt immer daran, dass es zwei Arten und zwei Gründe für die Sehstörungen der Augen gibt, den Übergang vom Licht zum Dunkel und umgekehrt. Denselben Vorgang erkennt er nun bei der Seele; wenn er sie verwirrt sieht und unfähig, etwas anzusehen, dann ist er nicht so unvernünftig, darüber zu lachen, sondern überlegt, ob sie aus dem strahlenderen Leben kommt und, noch nicht ans Dunkel gewöhnt, darin tappt, oder ob sie aus tieferer Unkenntnis ins hellere Leben steigt und vom funkelnden Lichtglanz geblendet ist; danach würde er die eine beglückwünschen zu ihrem Leben und Erleben und die andere bedauern. Und wenn er schon über dies lachen wollte, dann wäre sein Lachen hier weniger lächerlich, als wenn er über die andere lachte, die von oben aus dem Licht kommt."
„Das sagst du sehr richtig."

(Platon: Der Staat. Übersetzt und herausgegeben von Karl Vretska. Siebentes Buch. Reclam: Stuttgart 1989, S. 330–332)

1 Der Gesichtssinn steht hier für das sinnliche Wahrnehmen überhaupt.

1. Im Alltagssprachgebrauch bedeutet das Denkbare das bloß Mögliche, was aber jetzt noch nicht oder sogar in Zukunft überhaupt nicht eintreten wird. Grenzen Sie Platons Verständnis des Denkbaren gegen diese Sichtweise ab.
2. Ist es Ihrer Meinung nach die moralische Pflicht der Menschen, die aufgestiegen sind, wieder herabzusteigen und die Fesseln der Menschen, die sich noch in der Höhle befinden, zu lösen.
3. Warum ist die Idee des Guten „nur mit Mühen erkennbar"?
4. Verdeutlichen Sie, dass Platons Gleichnisse sowohl anthropologische, ethische, erkenntnistheoretische und ontologische (d. h. den Aufbau der Welt betreffende) Aspekte thematisieren. Inwiefern rechtfertigen sie die Möglichkeit allgemeingültiger Erkenntnisse?

Platons Verständnis der Idee ist nicht identisch mit dem, was wir heute im Allgemeinen mit „Begriff" umschreiben. Mit Begriff ist im heutigen Sprachgebrauch oft eine Art Werkzeug oder Hilfsmittel gemeint, das mir die Welt verständlich macht. Er ist danach ein Produkt und Konstrukt meines Erkenntnisvermögens. Für Platon hingegen repräsentieren die Ideen das hierarchisch gegliederte, unveränderliche Wesen der Welt, das wir nur mit unserem Geist (unserer Seele) erfassen können. Sie sind nichts bloß Erdachtes, vielmehr sind sie die objektiven Grundlagen der uns umgebenden Wirklichkeit. Die heute noch weit verbreitete Ansicht, nach der Naturgesetze den Ablauf der Welt bestimmen, kann als Veranschaulichung von Platons Konzeption der Ideen dienen. Denn die Naturgesetze bilden nach dieser Vorstellung sozusagen das Wesen der Welt, ohne selbst konkret wahrnehmbar zu sein.

Platon unterscheidet streng zwischen Ideenwelt und sinnlich wahrnehmbarer Welt. Die letztere ist zwar nicht bloßer Schein, sie hat aber doch einen im Vergleich zu den Ideen geringeren „Realitätsstatus". Es stellt sich natürlich die Frage nach dem Verhältnis dieser beiden „Welten", denn in der alltäglichen Erfahrung sind sie keineswegs getrennt. Aus den Gleichnissen wird deutlich, dass die Ideen deswegen den Vorrang haben, weil sie in der Erscheinungswelt „abgebildet" werden.

Dieser Zusammenhang soll am Beispiel der Aussage „Das ist ein Baum." noch einmal im Sinne der platonischen Erkenntnistheorie geklärt werden. Zunächst ist für Platon klar, dass der Begriff „Baum" nicht durch eine Projektion des Gegenstandes Baum in meinen Geist zustande kommen kann. (Vgl. die Dialogsequenz aus dem „Theätet".) Außerdem scheidet das Erklärungsmodell aus, nach dem dieser Begriff aufgrund einer Abstraktion gebildet wird. (Vgl. die Dialogsequenz aus dem „Phaidon".) Folglich bleibt für Platon nur folgende Interpretation übrig: Dem Geist ist ein gegliederter Kosmos von Bedeutungen gegenwärtig, der nicht nur Teil der Welt ist, sondern die Möglichkeit einer solchen Welt erst begründet. Beobachtet man nämlich seine Umgebung, so präsentiert sich ein Szenario, in dem alles in Bewegung ist. Ich sehe Blätter fallen, Zweige bewegen sich im Wind, ein Stamm verändert seine Farbe je nach Sonneneinstrahlung. Von all dem sage ich aus, dass es sich um ein- und denselben Baum handelt. Dies ist nur dadurch möglich, dass in meinem Geist eine genaue Kenntnis dessen vorhanden ist, was objektiv einen Baum auszeichnet, was sein „An-sich" ausmacht. Dass ich einen Gegenstand als Baum erkenne, ist keineswegs in mein subjektives Belieben gestellt. Das Wahrnehmungsgebilde vor mir hat eine gewisse Ähnlichkeit mit diesem Inhalt, dem Wesen des Baumes. Es erhält seine Bestimmtheit und Klarheit von der Idee Baum her, die mein Geist bereits kennt. Diese Ähnlichkeit veranlasst mich dann zu der Unterstellung, dass die Wahrnehmungen ein identisches Etwas, eben einen Baum präsentieren. Das Denkgebilde Baum ist ein fester Bestandteil der Begriffswelt in meiner Seele, ihm entspricht auf der Seite der Gegenstände die Idee des Baumes, die gar nicht empirisch wahrgenommen werden kann. Im Gegensatz zum Wahrnehmungsobjekt Baum ist sie nicht dem Prozess des Entstehens und Vergehens unterworfen.

Oft wird an dieser Stelle eingewandt, dass die Idee z. B. eines Baumes nur deswegen existiere, weil sie sich im Bewusstsein von Menschen gebildet habe. Das hieße, dass die Ideen letztlich vom Menschen geschaffen würden. Gäbe es demnächst auf der Welt keine Bäume oder Menschen, gäbe es auch die Idee des Baumes nicht. Für Platon dagegen werden die Ideen nicht geschaffen, sondern entdeckt, so wie die Sätze der Mathematik. So wie der Satz des Pythagoras gültig ist, auch wenn es keinen Menschen gäbe, der ihn denkt und von seiner Geltung weiß, so existieren die Ideen überhaupt unabhängig vom menschlichen Denken.

1 Versuchen Sie eine Visualisierung von Platons Erkenntnis- und Realitätsmodell.

Der scharfen Zweiteilung der Welt entspricht eine Aufspaltung des Menschen in Seele und Körper; es ist nicht abwegig, geradezu von einer Isomorphie von Mensch und Welt zu sprechen: Ebenso wie die Ideenwelt die Erscheinungswelt fundiert, sollte die Seele den Körper beherrschen. Der unveränderlichen Ideenwelt entspricht die unsterbliche Seele, der veränderlichen Erscheinungswelt entspricht die Sterblichkeit des Körpers (vgl. II, 2. 1). Auch für die Erkenntnis hat diese strukturelle Gleichheit erhebliche Konsequenzen: Der vollkommenen Erkenntnis der Ideen durch die Seele korrespondiert die unvollkommene Erkenntnis der Erscheinungswelt auf der Grundlage von Wahrnehmungen, die durch den Körper, d. h. mittels der Sinne zustande kommen.

Für Platon sind die Ideen hierarchisch geordnet, wobei die Idee des Guten die Spitze der Ideenpyramide bildet. (Vgl. Sonnen- und Höhlengleichnis). Damit ist für ihn klar, dass die Welt im Kern gut ist. Der Mensch, der die Höherwertigkeit der Ideenwelt im Vergleich zur wahrgenommenen Welt und darüber hinaus den inneren Aufbau der Ideenwelt erkennt, dem also – um in platonischen Bildern zu sprechen – die Fesseln gelöst werden und der dann die Sonne schaut, dieser Mensch wird das Gute zur Richtschnur seines Handelns machen. Nur ein solcher Mensch verdient das Attribut Philosoph. In ihm fallen moralische Einsicht in das Gute und theoretische Erkenntnis der Wahrheit zusammen.

Indem Platon bemüht war, die Möglichkeit objektiven Wissens aufzuzeigen, hat er die Bedeutung des Denkens bei der Konstitution von Erkenntnis herausgestellt. Dass diesen Denkbestimmungen auch Strukturen in der Wirklichkeit entsprechen müssen, war für ihn dabei selbstverständlich. Die Rezeption seiner Ideenlehre ist für uns heute schwierig, weil wir uns von einer solchen Denkweise weit entfernt haben. Das Denken kann nach Platon nicht als physiologischer Prozess, etwa als Gehirntätigkeit, angesehen werden. Vielmehr greift es auf nichtphysiologische Gebilde wie z. B. Begriffe zurück, die sich nicht durch die Gewinnung und „Weiterverarbeitung" von Sinnesdaten erklären lassen, und mittels des Denkens gelangt man zu wahren Aussagen über die Welt. Wahrheit, Geltung und Objektivität werden durch das Denken erfasst. Dies in aller Deutlichkeit herausgearbeitet zu haben, ist vielleicht seine größte philosophische Leistung.

Ganz ähnlich argumentiert auch Gottlob Frege (1848–1925), der als Begründer der modernen mathematischen Logik gilt.

Der von der Philosophie noch unberührte Mensch kennt zunächst Dinge, die er sehen, tasten, kurz, mit den Sinnen wahrnehmen kann, wie Bäume, Steine, Häuser, und er ist überzeugt, dass ein anderer denselben Baum, denselben Stein, den er selbst sieht und tastet, gleichfalls sehen und tasten kann. […]

Auch der unphilosophische Mensch sieht sich bald genötigt, eine von der Außenwelt verschiedene Innenwelt anzuerkennen, eine Welt der Sinneseindrücke, der Schöpfungen seiner Einbildungskraft, der Empfindungen, der Gefühle und Stimmungen, eine Welt der Neigungen, Wünsche und Entschlüsse. Um einen kurzen Ausdruck zu haben, will ich dies mit Ausnahme der Entschlüsse unter dem Wort „Vorstellung" zusammenfassen. […] Wodurch unterscheiden sich die Vorstellungen von den Dingen der Außenwelt?

Zuerst: Vorstellungen können nicht gesehen oder getastet, weder gerochen, noch geschmeckt, noch gehört werden. Ich mache mit einem Begleiter einen Spaziergang. Ich sehe eine grüne Wiese; ich habe dabei den Gesichtseindruck des Grünen. Ich habe ihn, aber ich sehe ihn nicht.

Zweitens: Vorstellungen werden gehabt. Man hat Empfindungen, Gefühle, Stimmungen, Neigungen, Wünsche. Eine Vorstellung, die jemand hat, gehört zu dem Inhalt seines Bewusstseins. Die Wiese und die Frösche auf ihr, die Sonne, die sie bescheint, sind da, einerlei ob ich sie anschaue oder nicht; aber der Sinneseindruck des Grünen, den ich habe, besteht nur durch mich; ich bin sein Träger. Es scheint uns ungereimt, dass ein Schmerz, eine Stimmung, ein Wunsch sich ohne einen Träger selbstständig in der Welt umhertreibe. Eine Empfindung ist nicht ohne einen Empfindenden möglich. Die Innenwelt hat zur Voraussetzung einen, dessen Innenwelt sie ist.

Drittens: Vorstellungen bedürfen eines Trägers. Die Dinge der Außenwelt sind im Vergleich damit selbstständig.

Mein Begleiter und ich sind überzeugt, dass wir beide dieselbe Wiese sehen; aber jeder von uns hat einen besonderen Sinneseindruck des Grünen. Ich erblicke eine Erdbeere zwischen den grünen Erdbeerblättern. Mein Begleiter findet sie nicht; er ist farbenblind. Der Farbeneindruck, den er von der Erdbeere erhält, unterscheidet sich nicht merklich von dem, den er von dem Blatt erhält. Sieht nun mein Begleiter das grüne Blatt rot, oder sieht er die grüne Beere grün? Oder sieht er beide in einer Farbe, die ich gar nicht kenne? Das sind unbeantwortbare, ja eigentlich unsinnige Fragen. Denn das Wort „rot", wenn es nicht eine Eigenschaft von Dingen angeben, sondern meinem Bewusstsein angehörende Sinneseindrücke kennzeichnen soll, ist anwendbar nur im Gebiete meines Bewusstseins; denn es ist unmöglich, meinen Sinneseindruck mit dem eines andern zu vergleichen. Dazu wäre erforderlich, einen Sinneseindruck, der einem Bewusstsein angehört, und einen Sinneseindruck, der einem andern Bewusstsein angehört, in einem Bewusstsein zu vereinigen. Wenn es nun auch möglich wäre, eine Vorstellung aus einem Bewusstsein verschwinden und zugleich eine Vorstellung in einem andern Bewusstsein auftauchen zu lassen, so bliebe doch immer die Frage unbeantwortet, ob das dieselbe Vorstellung wäre. Inhalt meines Bewusstseins zu sein, gehört so zum Wesen jeder meiner Vorstellungen, dass jede Vorstellung eines andern eben als solche von meiner verschieden ist.

Ein drittes Reich muss anerkannt werden. Was zu diesem gehört, stimmt mit den Vorstellungen darin überein, dass es nicht mit den Sinnen wahrgenommen werden kann, mit den Dingen aber darin, dass es keines Trägers bedarf, zu dessen Bewusstseinsinhalten es gehört. So ist z. B. der Gedanke, den wir im pythagoreischen Lehrsatz aussprechen, zeitlos wahr, unabhängig davon wahr, ob irgend jemand ihn für wahr hält. Er bedarf keines Trägers. Er ist wahr nicht erst, seitdem er entdeckt worden ist, wie ein Planet, schon bevor ihn jemand gesehen hat, mit anderen Planeten in Wechselwirkung gewesen ist. […]

Nicht alles ist Vorstellung. So kann ich denn auch den Gedanken als unabhängig von mir anerkennen, den auch andere Menschen ebenso wie ich fassen können. Ich kann eine Wissenschaft anerkennen, an der viele sich forschend betätigen können. Wir sind nicht Träger der Gedanken, wie wir Träger unserer Vorstellungen sind. Wir haben einen Gedanken, nicht, wie wir etwa einen Sinneseindruck haben; wir sehen aber auch einen Gedanken nicht, wie wir etwa einen Stern sehen. Darum ist es anzuraten, hier einen besonderen Ausdruck zu wählen, und als solcher bietet sich uns das Wort „fassen" dar. Dem Fassen der Gedanken muss ein besonderes geistiges Vermögen, die Denkkraft entsprechen. Beim Denken erzeugen wir nicht die Gedanken, sondern wir fassen sie. Denn das, was ich Gedanken genannt habe, steht ja im engsten Zusammenhange mit der Wahrheit. Was ich als wahr anerkenne, von dem urteile ich, dass es wahr sei ganz unabhängig von meiner Anerkennung seiner Wahrheit, auch unabhängig davon, ob ich daran denke. Zum Wahrsein eines Gedanken gehört nicht, dass er gedacht werde. „Tatsachen! Tatsachen! Tatsachen!" ruft der Naturforscher aus, wenn er die Notwendigkeit einer sicheren Grundlegung der Wissenschaft einschärfen will. Was ist eine Tatsache? Eine Tatsache ist ein Gedanke, der wahr ist. Als sichere Grundlage der Wissenschaft aber wird der Naturforscher sicher nicht etwas erkennen, was von den wechselnden Bewusstseinszuständen von Menschen abhängt. Die Arbeit der Wissenschaft besteht nicht in einem Schaffen, sondern in einem Entdecken von wahren Gedanken. Der Astronom kann eine mathematische Wahrheit anwenden bei der Erforschung längst vergangener Begebenheiten, die stattfanden, als auf Erden wenigstens noch niemand jene Wahrheit erkannt hatte. Er kann dies, weil das Wahrsein eines Gedanken zeitlos ist. Also kann jene Wahrheit nicht erst mit ihrer Entdeckung entstanden sein.

Nicht alles ist Vorstellung. Sonst enthielte die Psychologie alle Wissenschaften in sich oder wäre wenigstens die oberste Richterin über alle Wissenschaften. Sonst beherrschte die Psychologie auch die Logik und die Mathematik. Nichts hieße aber die Mathematik mehr verkennen als ihre Unterordnung unter die Psychologie.

(Gottlob Frege: Logische Untersuchungen. Hrsg. u. eingel. von Günther Patzig. Vandenhoeck & Ruprecht: Göttingen 1993, S. 30–53)

1 Erläutern Sie Freges Verständnis des „Gedankens". In welchen Punkten unterscheidet sich der Gedanke einerseits vom Sinneseindruck und andererseits vom wahrgenommenen Gegenstand?

2 Inwiefern ergeben sich Parallelen zu Platons Verständnis der Idee? Wie würden beide Philosophen das „Voyager-Projekt" beurteilen?

3 Erörtern Sie kritische Punkte in Platons Ideenlehre, z. B. die Aufspaltung der Welt in zwei Teile, die Geringschätzung empirischen Wissens usw.

2 René Descartes: Das denkende Ich als Grundlage des Erkennens

Im 17. Jahrhundert ereignet sich ein großer Umschwung in der Philosophie. Diese Richtungsänderung wird durch den Franzosen René Descartes (1596–1650) angestoßen. Vorausgegangen ist eine Krisensituation in fast allen Lebensbereichen, die mittelalterliche Welt ist in Auflösung begriffen. Die Erkundung und Eroberung der Erde durch die Europäer ist im vollen Gange; am Ende steht ein Völkermord an den Indianern und die Versklavung vieler Menschen Afrikas. Die christliche Religion büßt nicht nur zunehmend politische Macht ein, sondern auch den Alleinvertretungsanspruch in geistigen Fragen. Eine große Verunsicherung im Hinblick auf die allgemeinen Lebensverhältnisse geht also einher mit einem neu erwachten Pionier- und Experimentiergeist. Das Zutrauen in die eigene Leistungsfähigkeit – auch in die menschliche Vernunft – wächst.

In seiner Jugend hat sich Descartes in der mittelalterlichen Philosophie kundig gemacht, an vielen Stellen in seinem Werk ist ihr Einfluss noch erkennbar. Die moderne Naturwissenschaft steht erst am Anfang ihrer Entwicklung, Galilei und Kepler sind Zeitgenossen von Descartes. Für seine Philosophie hat die Naturwissenschaft aber keinen hohen Stellenwert. Ganz anders verhält es sich mit der Mathematik. Descartes gelangt zu neuen Erkenntnissen in der Analytischen Geometrie. Der fragwürdigen Philosophie steht eine Mathematik gegenüber, die sich offensichtlich aus gesicherten Erkenntnissen zusammensetzt. Ihre Existenz macht Mut, dass der menschliche Geist, bloß auf sich gestellt, auch in der Philosophie zu fundiertem Wissen gelangen kann. Außerdem fördert der Zeitgeist die Bereitschaft, auch in der Philosophie „ausgetretene Pfade" zu verlassen und einen Neuanfang zu wagen.

Damit ist der Ausgangspunkt von Descartes philosophischem Hauptwerk, den „Meditationen", beschrieben.

Descartes beim morgendlichen Philosophieunterricht am Hof der schwedischen Königin Christine. Gemälde von Pierre-Louis Dumesnil d. J. (Ausschnitt). Schloss Versailles

2.1 Die Herleitung des cogito als absoluter Gewissheit

Erste Meditation:
Woran man zweifeln kann

1. Schon vor Jahren bemerkte ich, wie viel Falsches ich von Jugend auf als wahr hingenommen habe und wie zweifelhaft alles sei, was ich später darauf gründete; darum war ich der Meinung, ich müsse einmal im Leben von Grund auf alles umstürzen und von den ersten Grundlagen an ganz neu anfangen, wenn ich später einmal etwas Festes und Bleibendes in den Wissenschaften errichten wollte. Dies schien mir aber eine ungeheure Aufgabe zu sein und so wartete ich jenes reife Alter ab, auf das kein für wissenschaftliche Forschungen geeigneteres folgen würde. Darum habe ich so lange gezögert, dass ich jetzt eine Schuld auf mich laden würde, wenn ich die Zeit, die mir zum Handeln noch übrig ist, mit Zaudern vergeuden wollte. Da trifft es sich sehr günstig, dass ich heute meinen Geist von allen Sorgen losgelöst und mir ungestörte Muße verschafft habe. Ich ziehe mich also in die Einsamkeit zurück und will ernst und frei diesen allgemeinen Umsturz aller meiner Meinungen vornehmen.

2. Dazu wird es indessen nicht nötig sein, dass ich allen die Falschheit nachweise; dies könnte ich vielleicht niemals erreichen. Da ja schon die Vernunft anrät, bei nicht ganz gewissen und zweifelsfreien Ansichten uns ebenso sorgfältig der Zustimmung zu enthalten wie bei solchen, die ganz sicher falsch sind, so reicht es für ihre Verwerfung insgesamt aus, wenn ich in einer jeden irgendeinen Anlass zum Zweifeln finde. Auch braucht man sie darum nicht einzeln durchzugehen; das wäre eine endlose Arbeit. Da ja bei der Untergrabung der Fundamente alles, was darauf gebaut ist, von selbst zusammenstürzt, werde ich unmittelbar die Prinzipien selbst angreifen, auf die alles sich stützte, was ich früher für wahr hielt.

3. Alles nämlich, was ich bis heute als ganz wahr gelten ließ, empfing ich unmittelbar oder mittelbar von den Sinnen; diese aber habe ich bisweilen auf Täuschungen ertappt und es ist eine Klugheitsregel, niemals denen volles Vertrauen zu schenken, die uns auch nur ein einziges Mal getäuscht haben.

4. Indessen, wenn uns auch die Sinne zuweilen über kleine und ferner liegende Gegenstände täuschen, so ist doch an den meisten andern zu zweifeln gar nicht möglich, ungeachtet ihres sinnlichen Ursprungs; so z. B., dass ich hier bin, am Ofen sitze, meinen Winterrock anhabe, dieses Papier hier mit den Händen berühre und dergleichen. Mit welchem Recht könnte ich leugnen, dass diese Hände, dieser ganze Körper mein sind? – ich müsste mich denn mit gewissen Verrückten vergleichen, deren Gehirn ein hartnäckiger melancholischer Dunst so schwächt, dass sie unbeirrt versichern, sie seien Könige, während sie ganz arm sind, oder sie trügen Purpur, während sie nackt sind, oder sie hätten einen Kopf von Ton oder seien ganz Kürbisse oder aus Glas geblasen. Allein das sind Wahnsinnige, und ich würde ebenso verrückt erscheinen, wenn ich auf mich anwenden wollte, was von ihnen gilt.

5. Gut so! Aber bin ich denn nicht ein Mensch, der nachts zu schlafen pflegt und dann alles das, und manchmal noch viel Unglaublicheres, im Traum erlebt wie jene im Wachen? Wie oft erst glaube ich gar nachts im Traume ganz Gewöhnliches zu erleben; ich glaube hier zu sein, den Rock anzuhaben und am Ofen zu sitzen – und dabei liege ich entkleidet im Bett! Jetzt aber schaue ich sicherlich mit ganz wachen Augen auf dieses Papier. Dieser Kopf, den ich bewege, ist nicht vom Schlaf umfangen. Mit Überlegung und Bewusstsein strecke ich diese Hand aus und empfinde dies auch. So deutlich würde ich nichts im Schlaf erleben. Ja, aber erinnere ich mich denn nicht, dass ich auch von ähnlichen Gedanken in Träumen getäuscht worden bin? Während ich aufmerksamer hierüber nachdenke, wird mir ganz klar, dass nie

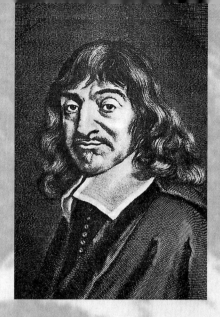

René Descartes
1596–1650

„Ich roste, also bin ich" – diese sicher originelle Aufschrift auf einem betagten Studentenauto variiert den bekanntesten Satz Descartes' doch gar zu freizügig: Dem zweifelnden Ich der cartesischen „Meditationen" sind nämlich ausgedehnte Körper wie Autos in ihrer Existenz ebenso ungewiss wie der materielle Vorgang des Rostens. Aufschluss über die Existenz des Ich kann allein das Denken geben.

Der schon sehr früh dem Denken zugeneigte Descartes wurde 1596 geboren und besuchte das Jesuitenkolleg in La Flèche, die damalige Eliteschule Frankreichs. Wegen seiner schwachen körperlichen Konstitution durfte er dort morgens im Bett bleiben und meditieren, eine Angewohnheit, die er sein Leben lang beibehielt. Nach dem Erwerb eines juristischen Examens in Poitiers ging Descartes 22-jährig zur militärischen Ausbildung nach Holland und fasste dort den Entschluss, sich mathematisch weiterzubilden. So landete er schließlich in Ulm, damals ein Zentrum der Mathematik. Drei Träume zeichneten dort – wie Descartes deutete – sein weiteres Leben als Wissenschaftler vor, das ihn, nach weiteren Reisen innerhalb Europas, ins geistige Zentrum Paris führte.

Ab 1628 zog Descartes sich nach Holland zurück und hoffte, dort ungestört durch den Dreißigjährigen Krieg und die Anfeindungen der katholischen Kirche seinen Studien nachgehen zu können. Denn 1632 wurde Galilei der Ketzerei angeklagt, weil er die Sonne in den Mittelpunkt des Alls gesetzt hatte, und in Frankreich stand auf ein Philosophieren außerhalb der Bibel und der Kirchenväter die Todesstrafe. Deshalb wechselte Descartes in Holland mehrfach den Wohnort und korrespondierte über Deckadressen. 1637 erschien sein erstes Hauptwerk, der „Discours de la Méthode", 1641 sein wichtigstes, die „Meditationes de prima Philosophia". Beide Werke beanspruchen, ein völlig neues Fundament der Philosophie und aller Wissenschaft gelegt zu haben.

Königin Christine von Schweden lud den inzwischen bekannten Philosophen an ihren Hof, um von ihm täglich vor den Regierungsgeschäften Philosophieunterricht zu erhalten. Im Herbst 1649 kam Descartes der Einladung nach langem Zögern nach und bereits am 11. Februar 1650 starb er dort in Schweden. Ob der Philosoph das tägliche frühe Aufstehen im harten schwedischen Winter nicht verkraftete oder ob er vergiftet wurde, worauf neuere Untersuchungen seines Totenschädels hinweisen, ist bis heute nicht endgültig geklärt.

durch sichere Merkmale der Schlaf vom Wachen unterschieden werden kann, und dies macht mich so stutzig, dass ich gerade dadurch fast in der Meinung zu träumen bestärkt werde.

6. Wohlan denn, wir träumen, und unwahr sollen alle jene Einzelheiten sein: dass wir die Augen öffnen, den Kopf bewegen, die Hände ausstrecken, ja sogar, dass wir solche Hände, überhaupt solch einen Körper haben! Gleichwohl aber müssen wir eingestehen, dass uns im Schlaf gleichsam gewisse Malereien erschienen sind, die nur nach dem Vorbilde wirklicher Dinge gebildet werden konnten, und dass darum wenigstens im Allgemeinen Augen, Kopf, Hände und der ganze Körper nicht als eingebildete, sondern als wirkliche Dinge existieren. Denn es können ja selbst die Maler nicht einmal dann, wenn sie Sirenen und Satyrisken[1] in den ungewöhnlichsten Gestalten zu schaffen suchen, diesen in jeder Beziehung neue Eigentümlichkeiten beilegen; sie vermischen vielmehr lediglich Glieder verschiedener Geschöpfe miteinander.

Ja, selbst wenn sie sich vielleicht etwas so Neues ausdenken, dass man überhaupt nie Ähnliches gesehen hat, also etwas völlig Erdichtetes und Unwahres, so müssen doch sicherlich mindestens die Farben wirklich sein, mit denen sie es darstellen. Wenngleich daher auch Augen, Kopf, Hände und Ähnliches im Allgemeinen bloße Einbildungen sein könnten, muss man doch aus ebendemselben Grunde wie oben anerkennen, dass notwendigerweise wenigstens irgendetwas anderes noch Einfacheres und Allgemeineres wirklich sein müsse, aus dem – gleich wie aus den wirklichen Farben – alle jene wahren oder unwahren Bilder von Dingen gestaltet werden, die in unserem Bewusstsein vorhanden sind.

7. Dazu gehört anscheinend die Natur des Körpers im Allgemeinen und seine Ausdehnung, desgleichen die Gestalt der ausgedehnten Dinge, ferner die Quantität, d. h. ihre Größe und Anzahl; ebenso der Ort, an dem sie sind, die Zeit, während der sie dauern, und Ähnliches.

8. Somit könnten wir hieraus wohl zu Recht schließen, dass die Physik, die Astronomie, die Medizin und alle anderen Wissenschaften, die von der Betrachtung der zusammengesetzten Körper abhängen, wenigstens zweifelhaft seien, während die Arithmetik, Geometrie und vergleichbare, die lediglich die einfachsten und allgemeinsten Dinge behandeln und sich wenig darum kümmern, ob diese in Wirklichkeit da sind oder nicht, etwas Sicheres und Unzweifelhaftes enthalten[2]. Denn ob ich nun schlafe oder wache: Zwei und drei geben zusammen fünf und das Quadrat hat nicht mehr als vier Seiten. Es scheint unmöglich, dass so offenbare Wahrheiten in den Verdacht der Falschheit geraten könnten.

9. Nun ist aber meinem Geist eine gewisse althergebrachte Meinung eingeprägt, es gebe nämlich einen Gott, der alles vermag; von ihm sei ich, so wie ich da bin, geschaffen worden. Warum aber soll dieser es nicht etwa so eingerichtet haben, dass es überhaupt gar keine Erde, keinen Himmel, nichts Ausgedehntes, keine Gestalt, keine Größe, keinen Ort gibt und dass trotzdem alles dies mir genauso wie jetzt da zu sein scheint? Wäre es nicht sogar möglich, dass ich mich irre, sooft ich zwei und drei addiere oder die Seiten des Quadrats zähle oder bei irgendetwas anderem, womöglich noch Leichterem; ganz wie meiner Meinung nach die Leute bisweilen in Sachen irren, die sie aufs Allergenaueste zu kennen meinen? Vielleicht hat Gott gar nicht gewollt, dass ich solcher Täuschung anheim falle, heißt er doch der Allgütige. Allein wenn es seiner Güte widersprochen hätte, mich so zu schaffen, dass ich immer getäuscht werde, so würde es auch mit seiner Güte unvereinbar scheinen, dass ich in Einzelfällen getäuscht würde; und doch ist dies gerade der Fall.

10. Vielleicht aber gibt es Menschen, die lieber einen so mächtigen Gott leugnen, als zu glauben, dass alle andern Dinge ungewiss

seien. Wir wollen ihnen nicht entgegentreten und einmal zugeben, alles über Gott Gesagte sei erdichtet [...]: da Täuschung und Irrtum Unvollkommenheiten zu sein scheinen, wird es um so wahrscheinlicher sein, dass ich aus Unvollkommenheit immer irre, je weniger Macht jene dem Urheber meiner Entstehung zuschreiben. Gegen diese Gründe habe ich in der Tat nichts einzuwenden und bin schließlich zu dem Geständnis gezwungen, dass man an allem, was ich einst für wahr hielt, zweifeln könne, und zwar nicht aus Unbedachtsamkeit und Leichtsinn, sondern aus triftigen, wohl überlegten Gründen. Will ich daher etwas Sicheres finden, so muss ich mich bezüglich dieser Meinungen künftig ebenso sorgfältig der Zustimmung enthalten als hätten wir es mit offenbar Falschem zu tun. [...]

12. Ich will also annehmen, dass nicht der allgütige Gott, der die Quelle der Wahrheit ist, sondern ein ebenso böser wie mächtiger und listiger Geist all sein Bestreben darauf richtet, mich zu täuschen; ich will glauben, dass der Himmel, die Luft, die Erde, die Farben, die Gestalten, die Töne und alles außerhalb von uns nur das Spiel von Träumen sei, durch die er meiner Leichtgläubigkeit nachsieht. Mich selbst will ich so ansehen, als hätte ich keine Hände, keine Augen, kein Fleisch, kein Blut noch irgendeinen Sinn, sondern dass ich mir dies bloß einbildete.

Ich will hartnäckig in dieser Meditation verharren, und wenn es dann auch nicht in meiner Macht steht, etwas Wahres zu erkennen, will ich wenigstens, soweit es an mir ist, mit festem Geist mich hüten, etwas Falschem zuzustimmen, damit nicht jener Betrüger, sei er noch so mächtig, noch so listig, irgendwelchen Einfluss auf mich bekomme.

Aber dies Unternehmen ist mühevoll und eine gewisse Trägheit bringt mich zu den Lebensgewohnheiten zurück. Wenn ein Gefangener, der etwa im Traum eine eingebildete Freiheit genoss, nachher zu argwöhnen beginnt, dass er schläft, fürchtet er das Erwachen und hält bei schmeichlerischen Traumbildern lässig die Augen geschlossen; und ich falle von selbst zurück zu den alten Meinungen und fürchte aufzuwachen, damit nicht auf die friedliche Ruhe ein beschwerliches Wachen folge, welches dann nicht in einem Lichtschein, sondern in der undurchdringlichen Finsternis der nunmehr aufgerührten Schwierigkeiten verbracht werden muss.

(René Descartes: Meditationes de prima Philosophia. Meditationen über die Erste Philosophie. Lateinisch/ Deutsch. Übers. und hrsg. v. Gerhart Schmidt. Reclam Verlag: Stuttgart 1994, S. 63–75)

1 Sirenen und Satyrisken: Phantasiegestalten der griech. Sage; ein Mal halb Mädchen, halb Vogel, das andere Mal bocksgestaltige Waldgeister.
2 Descartes meint hier mathematisch erfassbare Wirklichkeitsstrukturen.

1 Charakterisieren Sie Descartes' Zweifel und grenzen Sie ihn vom Zweifel im Alltag ab. Strukturieren Sie die erste Meditation, indem Sie die drei vom Zweifel erfassten Meinungsprinzipien und ihre gedankliche Progression herausarbeiten und das jeweils auf sie bezogene Zweifelsargument darstellen.

2 Prüfen Sie, ob mit den in Zweifel gezogenen Meinungsgrundsätzen alle alltäglichen Gewissheiten erschüttert sind, und bestimmen Sie im Anschluss daran die Situation des Philosophierenden am Schluss der ersten Meditation.

3 Klären Sie, wie nach Descartes' Gedankenführung die Situation des Meditierenden mit der des die Meditation Nachvollziehenden zusammenhängt.

4 Einer von Descartes' philosophischen Widersachern, der Philosoph und Naturforscher Petrus Gassendi (1592–1655), schrieb nach dem Studium der „Meditationen" an den Verfasser, dass er an dessen persönlicher Existenz ohnehin nicht zweifeln würde. Beurteilen Sie diese Äußerung auf dem Hintergrund der vollzogenen Klärung.

Nachdem Descartes in der ersten Meditation alle vermeintlichen Gewissheiten einem radikalen und dabei methodisch fortschreitenden Zweifel ausgesetzt hat, sucht er im Folgenden nach einer unumstößlichen Gewissheit, die vom Zweifel nicht zerstört werden kann.

Zweite Meditation:
Über die Natur des menschlichen Geistes; dass er der Erkenntnis näher steht als der Körper.

Die gestrige Meditation hat mich in so mächtige Zweifel gestürzt, dass ich sie nicht mehr loswerden kann; und doch sehe ich keinen Weg zu ihrer Lösung. Mir ist, als wäre ich unversehens in einen tiefen Strudel geraten und würde so herumgewirbelt, dass ich auf dem Grund nicht Fuß fassen, aber auch nicht zur Oberfläche emporschwimmen kann. Doch ich will den Mut nicht sinken lassen und noch einmal denselben Weg versuchen, den ich gestern gegangen war; ich will also alles beseitigen, was auch nur den Schein eines Zweifels zulässt, genauso, als hätte ich es für gänzlich falsch erkannt; ich will vorwärts dringen, bis ich etwas Gewisses erkenne, sollte es auch nur die Gewissheit sein, dass es nichts Gewisses gibt. Nur einen Punkt, der fest und unbeweglich sei, verlangte Archimedes,[1] um die ganze Erde von ihrer Stelle zu bewegen. Es eröffnet sich ebenfalls eine große Aussicht, wenn ich auch nur das Geringste finden werde, das gewiss und unerschütterlich ist.

Ich nehme also an, alles, was ich wahrnehme, sei falsch; ich glaube, dass nichts von alledem jemals existiert habe, was mir mein trügerisches Gedächtnis vorführt. Ich habe überhaupt keine Sinne, Körper, Gestalt, Ausdehnung, Bewegung und Ort sind Chimären. Was soll da noch wahr sein? Vielleicht dies Eine, dass es nichts Gewisses gibt. Aber woher weiß ich, dass es nicht noch etwas von allem bereits Angezweifelten Verschiedenes gibt, das auch nicht den geringsten Anlass zu einem Zweifel bietet? Gibt es nicht vielleicht einen Gott, oder wie ich denjenigen sonst nennen soll, der mir diese Gedanken einflößt? Doch wozu soll ich dergleichen annehmen, da ich wohl auch selbst ihr Urheber sein könnte? So wäre aber doch wenigstens Ich etwas? Allein ich habe ja bereits geleugnet, dass ich irgendwelche Sinne und irgendeinen Körper habe.

Doch halt, was folgt denn hieraus? Bin ich denn so sehr an den Körper und die Sinne gebunden, dass ich nicht ohne sie sein könnte? Aber ich habe in mir die Annahme gefestigt, es gebe gar nichts in der Welt, keinen Himmel, keine Erde, keine Geister, keine Körper: Also bin doch auch ich nicht da? Nein, ganz gewiss war ich da, wenn ich mich von etwas überzeugt habe. Aber es gibt irgendeinen sehr mächtigen, sehr schlauen Betrüger, der mit Absicht mich immer täuscht. Zweifellos bin also auch Ich, wenn er mich täuscht; mag er mich nun täuschen, soviel er kann, so wird er doch nie bewirken können, dass ich nicht sei, solange ich denke, ich sei etwas.

Nachdem ich so alles genug und übergenug erwogen habe, muss ich schließlich festhalten, dass der Satz „Ich bin, Ich existiere"[2], sooft ich ihn ausspreche oder im Geiste auffasse, notwendig wahr sei.

(René Descartes: Meditationes de prima Philosophia. Meditationen über die Erste Philosophie. Lateinisch/Deutsch. Übers. und hrsg. v. Gerhart Schmidt. Reclam: Stuttgart 1994, S. 77–87)

1 Archimedes: griech. Mathematiker und Physiker (285–212 v. Chr.).
2 „Ich bin, ich existiere": Im lateinischen Original lautet der Text „ego cogito, ego existo". Die in diesem Zusammenhang häufig zitierte Formel „je pense, donc je suis" (cogito, ergo sum) stammt aus einer früheren Schrift Descartes', dem „Discours de la Méthode" (1637).

---

1 Machen Sie den besonderen Gewissheitsgrad der ersten von Descartes gefundenen Wahrheit deutlich. Wieso kann sie nicht in derselben Weise bezweifelt werden wie alles andere vermeintlich sichere Wissen?

2 Erklären Sie, wieso der Übersetzer – die grammatische Form des lateinischen Urtextes aufnehmend – „ich" in der zweiten Meditation zuweilen groß schreibt. Inwiefern ist die erste unumstößliche Gewissheit der „Meditationen" keine ewige Wahrheit?

3 Zeigen Sie auf, was für Descartes das Ich ist, und prüfen Sie, ob sich diese Bestimmung zwingend aus dem vorangehenden Gedankengang ergibt.

4 Gegen die erste cartesianische Gewissheit formulierte Gassendi den Einwand, der Meditierende hätte von Geburt an ununterbrochen denken müssen um zu sein, ja schon im Mutterleib hätte er sein Sein durch Denken aufrechterhalten müssen. Diskutieren Sie den Einwand und achten Sie dabei auf den Unterschied zwischen Selbstvergewisserung und Selbsterzeugung.

5 Bestimmen Sie das gegenüber Platon Neuartige in Descartes' Versuch, zu sicheren Erkenntnissen zu gelangen.

Christoph Napp-Zinn: Hommage à Schlemmer (1975). Kolorierte Federzeichnung, ca. 50 x 70 cm. Im Besitz des Künstlers

6 Die Zentralperspektive wurde von den Malern der Renaissance „entdeckt" und angewendet. Sie versuchten dem Betrachter des Bildes den Eindruck zu vermitteln, dass er das jeweils Dargestellte aus seinem Blickwinkel sehe. Dieser Eindruck entsteht dadurch, dass die Anordnung der Bildelemente einen oder mehrere Punkte heraushebt: die so genannten Fluchtpunkte. Sie markieren die Punkte, auf die der Maler die Konzentration des Betrachters lenken will.

- Welche Fluchtpunkte sind in der grafischen Darstellung erkennbar?
  Lassen sich diese Fluchtpunkte den Perspektiven bestimmter Personen zuordnen?
- Inwiefern lassen sich Parallelen zwischen dem Darstellungsmittel der Zentralperspektive und dem philosophischen Ansatz Descartes' aufzeigen?

7 Gegen die scheinbar unmittelbare Gewissheit des „cogito" wandte **Friedrich Nietzsche** ein:

In jenem berühmten cogito steckt 1) es denkt 2) und ich glaube, dass ich es bin, der da denkt, 3) aber auch angenommen, dass dieser zweite Punkt in der Schwebe
5 bliebe, als Sache des Glaubens, so enthält auch jenes erste „es denkt" noch einen Glauben: nämlich, dass „denken" eine Tätigkeit sei, zu der ein Subjekt, zum mindesten ein „es" gedacht werden müsse – und weiter bedeutet das ergo sum 10 nichts. Aber das ist der Glaube an die Grammatik, da werden schon „Dinge" und deren „Tätigkeiten" gesetzt, und wir sind fern von der unmittelbaren Gewissheit. 15

(Friedrich Nietzsche: Nachlass 1884–1885. Giorgio Colli, Mazzino Montinari [Hrsg.]: Nietzsche. Kritische Studienausgabe. Bd. 11. dtv: München 1999, S. 639 f.)

Nehmen Sie zu diesem Einwand Stellung.

Das Bemühen um begründetes und unbezweifelbares Wissen führt dazu, dass der Geist genötigt wird, seine Aufmerksamkeit auf sich selbst und sein „Innenleben" zu richten. Der auf sich „reflektierende" Geist entdeckt dabei die Vielfalt der eigenen Bewusstseinsinhalte, die durch das Denken begründet werden. Fast unmerklich vollzieht sich hier eine Akzentverschiebung gegenüber der antiken Tradition. Während bei Platon etwa die Ideen als objektive Wesenheiten der Welt und das Wissen, das der Seele eingepflanzt ist, gleichrangig sind, ergibt sich bei Descartes eine deutliche Verlagerung des Schwerpunkts: Wahrheit wird ausschließlich durch das Subjekt im Medium des Denkens konstituiert, das denkende Ich ist der Quell aller Erkenntnis und Gewissheit.

2.2 Das Problem der Existenz der Außenwelt

Man könnte die Meinung vertreten, dass Wahrnehmungen als gesicherte und nicht bezweifelbare Bewusstseinsinhalte der Innenwelt Objekte der Außenwelt repräsentieren. Eine Wahrnehmung kann ich mir nicht einfach ausdenken, vielmehr kommt sie durch Einwirkung von außen zustande, und sie ist inhaltlich durch das Objekt bestimmt. Wenn also Descartes schon von der gesicherten Existenz der Innenwelt ausgeht, so müsste damit auch die Existenz der Außenwelt nachgewiesen sein. Für Descartes ist dies ein Irrtum.

Was nun die Vorstellungen anbetrifft, so können sie, wenn man sie nur an sich betrachtet und sie nicht auf irgend etwas anderes bezieht, nicht eigentlich falsch sein; denn
5 ob mir meine Einbildung nun eine Ziege oder eine Chimäre vorstellt – so ist es doch ebenso wahr, dass ich mir die eine, wie dass ich mir die andere bildlich vorstelle. Auch im Willen selbst oder in den Gemütsbewegun-
10 gen hat man keine Falschheit zu fürchten; denn möchte ich etwas noch so Verkehrtes, ja etwas, was es in aller Welt nicht gibt, wünschen, so bleibt es nichtsdestoweniger wahr, dass ich es wünsche.
15 Es bleiben demnach nur die Urteile übrig,
bei denen ich mich vor Irrtum zu hüten habe. Der vorzüglichste und häufigste Irrtum aber, den man in ihnen finden kann, besteht darin, dass ich urteile, die in mir vorhandenen Vorstellungen seien gewissen au- 20 ßer mir befindlichen Dingen ähnlich oder entsprechend, denn in der Tat würde ich nur die Vorstellungen selbst gewissermaßen als Bewusstseinsbestimmungen betrachten, und sie nicht auf ein anderes beziehen, so 25 könnten sie mir kaum Stoff zum Irrtum geben.

(René Descartes: Meditationes de prima philosophia. Übers. und hrsg. von Lüder Gäbe. Felix Meiner: Hamburg 1959, S. 65)

Wie komme ich aber dazu, von der Existenz real existierender Dinge auszugehen? Wenn ich etwas wahrnehme, so habe ich auf den Entstehungsprozess dieser Vorstellung keinerlei Einfluss. Wenn ich eine Landschaft sehe, so sind weder die Existenz noch der Inhalt dieses „Bildes" von meinem Willen oder Denken abhängig. Es ist einfach vorhanden. Das menschliche Erkenntnisvermögen bringt mich nach Descartes „durch einen unwillkürlichen Trieb zu diesem Glauben" das in den Wahrnehmungen Vorgestellte als unabhängig von mir existierendes Ding anzusehen.

„Denn wie die Triebe […], obschon sie in mir sind, sich dennoch anscheinend von meinem Willen unterscheiden, so gibt es auch in mir vielleicht auch irgendeine andere, mir nur noch nicht genügend bekannte Fähigkeit, die diese Vorstellungen hervorbringt, wie es mir bisher ja stets so schien, als ob sie sich, während ich schlafe, ohne jede Mitwirkung äußerer Dinge in mir bildeten. Schließlich: Selbst wenn sie von Dingen ausgingen, die von mir verschieden sind, so folgt daraus nicht, dass sie diesen Dingen ähnlich sein müssten; meine ich doch oft bei vielen einen großen Unterschied bemerkt zu haben. So finde ich in mir z. B. zwei verschiedene Vorstellungen von der Sonne: Die eine gleichsam aus den Sinnen geschöpft, und diese mag am ehesten zu denen zu zählen sein, die ich für erworben halte; sie lässt mir die Sonne sehr klein erscheinen. Die andere hingegen den Berechnungen der Astronomie entnommene, d. h. gewissen mir angeborenen Begriffen abgewonnenen oder in irgendeiner anderen Weise von mir zustande gebracht; sie zeigt mir die Sonne einigemal größer als die Erde. In der Tat, beide können nicht derselben außer mir existierenden Sonne ähnlich sein, und die Vernunft überzeugt mich, dass ihr die am unähnlichsten ist, die ihr doch am unmittelbarsten entsprungen zu sein scheint.

Dies alles beweist zur Genüge, dass ich bisher nicht auf Grund eines zuverlässigen Urteils, sondern nur aus blindem Trieb geglaubt habe, es existierten gewisse von mir verschiedenen Dinge, die mir ihre Vorstellungen oder Abbilder durch Vermittlung der Sinnesorgane oder sonst irgendwie einflößen.

(René Descartes: Meditationes de prima philosophia. Übers. und hrsg. von Lüder Gäbe. Felix Meiner: Hamburg 1959, S. 69–71)

Die Existenz einer Außenwelt lässt sich also nach Descartes nicht unmittelbar zweifelsfrei nachweisen, lediglich der je eigene Bewusstseinsstrom ist gewiss. Daraus ergäbe sich als eine mögliche Konsequenz, dass die ganze Welt eine Illusion sein könnte. Die Ereignisse, die ich zu erleben vermeine, würde ich – einem Film, den ich auf einer Leinwand verfolge, vergleichbar – in meinem Innern als reine Bewusstseinserlebnisse halluzinieren. Auch andere Menschen und Lebewesen würden in Wirklichkeit nicht existieren. Dieser Standpunkt wird in der philosophischen Literatur als Solipsismus bezeichnet.

Doch Descartes glaubt die Existenz der Außenwelt doch nachweisen zu können. In den „Meditationen" entwickelt er eine Herleitung, die sich aus mehreren Schritten zusammensetzt. Zunächst versucht Descartes die Existenz Gottes zu beweisen. Dazu entwickelt er in der 3. und 5. Meditation gleich zwei Begründungen.

Nachdem die Existenz Gottes als vollkommenes Wesen nachgewiesen ist, so argumentiert Descartes weiter, kann Gott nicht die „unvollkommene" Eigenschaft zugedacht werden, die Menschen grundsätzlich täuschen zu wollen. Damit scheidet die in der ersten Meditation als Zweifelsargument ins Spiel gebrachte Konzeption des „Betrügergottes" aus. Weil die Menschen alle von der Existenz der Außenwelt überzeugt sind und Gott die Menschen nicht täuschen will, so muss die Außenwelt existieren, wenn deren Existenz auch mit vernünftigen Argumenten nicht unmittelbar begründet werden kann.

2.3 Die Erneuerung der Philosophie nach dem Vorbild der Mathematik

Nachdem Descartes auf dem Wege des methodischen Zweifels ein neues sicheres Fundament der Philosophie gefunden hat, gilt es jetzt, darauf ein begründetes philosophisches Lehrgebäude zu errichten. Die Mathematik ist hierfür das große Vorbild. Dies bezieht sich zunächst auf den Inhalt, in weit größerem Maße jedoch auf das methodische Vorgehen. Im nachfolgenden Text formuliert Descartes zunächst vier Regeln, die man für einen gesicherten Erkenntnisfortschritt zu beachten habe. Im Anschluss begründet er, warum sich das an diesen Regeln orientierte Vorgehen der Mathematik als erfolgreich erwiesen habe.

Die Gärten des Schlosses Vaux-le-Vicomte, die von Le Nôtre 1656–1661 angelegt wurden. Auffällig ist der streng geometrische Grundriss der Anlage.

1 Welches Menschenbild und welches Verhältnis des Menschen zur Natur kommt in dieser Anlage zum Ausdruck?

Die erste [Regel] besagte, niemals eine Sache als wahr anzuerkennen, von der ich nicht evidentermaßen erkenne, dass sie wahr ist – d. h. Übereilung und Vorurteile sorgfältig zu vermeiden und über nichts zu urteilen, was sich meinem Denken nicht so klar und deutlich darstellte, dass ich keinen Anlass hätte, daran zu zweifeln.

Die zweite, jedes Problem, das ich untersuchen würde, in so viele Teile zu teilen, wie es angeht und wie es nötig ist, um es leichter zu lösen.

Die dritte, in der gehörigen Ordnung zu denken, d. h. mit den einfachsten und am leichtesten zu durchschauenden Dingen zu beginnen, um so nach und nach, gleichsam über Stufen, bis zur Erkenntnis der zusammengesetztesten aufzusteigen, ja selbst in Dinge Ordnung zu bringen, die natürlicherweise nicht aufeinander folgen.

Die letzte, überall so vollständige Aufzählungen und so allgemeine Übersichten aufzustellen, dass ich versichert wäre, nichts zu vergessen.

(René Descartes: Von der Methode. Übersetzt von Lüder Gäbe. Felix Meiner: Hamburg 1960, S. 15 f.)

In der Tat wage ich zu behaupten, dass die genaue Befolgung dieser kleinen Auswahl von Vorschriften mir eine solche Gewandtheit verschaffte, alle Probleme zu lösen, auf die sich diese zwei Wissenschaften (Geometrie und Algebra) erstrecken, dass ich in zwei oder drei Monaten, die ich auf ihre Untersuchung verwandte – wobei ich mit den einfachsten und allgemeinsten begann und jeden wahren Satz, den ich fand, als Regel zur Auffindung weiterer Sätze benutzte – nicht nur mit mehreren Problemen zum Ziel kam, die ich früher für sehr schwierig gehalten hatte, sondern es mir gegen Ende sogar schien, als könne ich selbst für die noch ungelösten bestimmen, mit welchen Mitteln und inwieweit es möglich wäre, sie zu lösen. Worin ich Ihnen vielleicht nicht sehr eitel vorkomme, wenn Sie bedenken, dass, da es über jede Sache nur eine Wahrheit gibt, jeder, der sie findet, soviel davon weiß, wie man wissen kann; und dass ein Kind z. B., das Arithmetik gelernt hat und eine Addition nach den gelernten Regeln angestellt hat, sicher sein kann, über die betrachtete Summe alles herausgefunden zu haben, was vom Menschengeist überhaupt gefunden werden kann. [...] Was mich aber an dieser Methode am meisten befriedigte, war die Gewähr, die sie mir bot, in allem meine Vernunft zu gebrauchen, wenn nicht vollkommen, so doch wenigstens so gut, wie es in meiner Macht stand; – ferner: dass ich bei ihrer Ausübung merkte, wie mein Geist sich nach und nach daran gewöhnte, seine Gegenstände klarer und deutlicher vorzustellen – und schließlich, dass ich hoffen konnte [...] sie ebenso vorteilhaft auf die Schwierigkeiten anderer Wissenschaften anzuwenden, wie ich es in der Algebra getan hatte. Nicht, dass ich mich zu diesem Zweck getraut hätte, gleich anfangs die Prüfung jeder sich darbietenden Schwierigkeit zu unternehmen, denn gerade das wäre gegen die Ordnung gewesen, die sie vorschreibt. Sondern ich hatte ja beobachtet, dass ihre Prinzipien alle der Philosophie entlehnt sein müssen, in der ich noch keine gewissen Grundlagen fand; daher meinte ich, ich müsse vor allem danach trachten, in ihr solche aufzustellen.

(René Descartes: Von der Methode. Übersetzt von Lüder Gäbe. Felix Meiner: Hamburg 1960, S. 17 f.)

1 Versuchen Sie die Anwendung jeder Regel an geeigneten Beispielen zu veranschaulichen.

2 Welchen Stellenwert haben diese Regeln für die Mathematik und die Philosophie? Auf welches Erkenntnismodell legt sich Descartes hier fest? Versuchen Sie, dieses zu beschreiben.

3 Die bis zum Ende des neunzehnten Jahrhunderts allgemein anerkannte Sichtweise der Mathematik kann kurz so umschrieben werden:
Die Grundlage einer mathematischen Theorie bildet ein System von wenigen, ganz einfachen und unmittelbar einleuchtenden Sätzen. Diese werden als Axiome bezeichnet. Hat man eine bestimmte Vermutung, so muss diese bewiesen werden. Dies bedeutet, dass sie durch logische Schlüsse aus dem Axiomensystem hergeleitet werden muss. Nur so wird aus dieser Vermutung ein mathematischer Lehrsatz. Das Gedankengebäude der Mathematik entsteht also dadurch, dass man mit sehr einfachen „Elementen" beginnt und dann sukzessiv das mathematische Lehrgebäude mithilfe der logischen Regeln und Schlussverfahren darauf aufbaut:
Man deduziert die komplexen, nicht mehr unmittelbar einsichtigen Sätze aus den Axiomen.
Belegen Sie, unter Zuhilfenahme des obigen Textes, dass Descartes auch für die Philosophie einen solchen Aufbau favorisiert.

4 Auch für Platon hatte die Mathematik einen hohen Stellenwert. Für welchen der beiden Philosophen hat die Mathematik wohl die größere Bedeutung?

5 Lässt sich diese Methode auch auf die modernen Naturwissenschaften beziehen? Berücksichtigen Sie im Besonderen, welche Rolle die Naturbeobachtung in diesen Wissenschaften spielt.

2.4 Der systematische Aufbau der Wissenschaften

Im Folgenden stellt Descartes den Aufbau der Wissenschaften dar, wobei die Gesamtheit dieser Wissenschaften für ihn mit der Philosophie identisch ist. Doch dieser Zusammenhang ist nicht unmittelbar ersichtlich. Vielmehr bedarf es einer langen Vorbereitung und Übung, um den systematischen Aufbau zu verstehen.

Zunächst muss, wer noch keine anderen Kenntnisse hat, als die gemeinen und unvollkommenen, [...] vor allen Dingen versuchen, sich eine Moral zu bilden, die genügen kann, um die Handlungen seines Lebens zu regeln; denn das duldet keinen Verzug, da wir vor allen Dingen suchen müssen, richtig zu leben. Sodann muss er auch an das Studium der Logik gehen, [...] die lehrt, seine Vernunft richtig zu leiten, um die noch unbekannten Wahrheiten zu entdecken; und da nun diese hauptsächlich von der Übung abhängt, so ist es gut, wenn er sich lange darin übt, ihre Regeln in betreff der leichten und einfachen Fragen, wie sie in der Mathematik vorliegen, in der Praxis kennen zu lernen.

Wenn er sich dann eine gewisse Übung erworben hat, die Wahrheit in diesen Fragen zu finden, so muss er sich ernsthaft der wahren Philosophie zuwenden, deren erster Teil die Metaphysik ist, welche die Prinzipien der Erkenntnis enthält, wozu die Erklärung der Hauptattribute Gottes, der Immaterialität unserer Seelen und aller klaren und einfachen Begriffe gehört, die es in uns gibt. Ihr zweiter Teil ist die Physik, in der man, nachdem man die wahren Prinzipien der materiellen Dinge[1] gefunden hat, im Allgemeinen untersucht, wie das ganze Universum zusammengesetzt ist, sodann im Besonderen, welches eigentlich die Natur dieser Erde und aller Körper ist, die für gewöhnlich auf ihr und um sie herum gefunden zu werden pflegen, wie der Luft, des Wassers, des Feuers, des Magneten und der übrigen Minerale. Sodann ist auch im Einzelnen zu prüfen die Natur der Pflanzen, die der Tiere und besonders des Menschen, damit er dann in der Folge geeignet gemacht wird, die übrigen Wissenschaften zu finden, die ihm nützlich sind.

Die gesamte Philosophie ist also einem Baume vergleichbar, dessen Wurzel die Metaphysik, dessen Stamm die Physik und dessen Zweige alle übrigen Wissenschaften sind, die sich auf drei hauptsächliche zurückführen lassen, nämlich auf die Medizin, die Mechanik und die Ethik.

Unter Ethik verstehe ich dabei die höchste und vollkommenste Sittenlehre, die, indem sie die gesamte Kenntnis der anderen Wissenschaften voraussetzt, die letzte und höchste Stufe der Weisheit bildet. So wie man nun weder von den Wurzeln noch vom Stamm der Bäume die Früchte pflückt, sondern nur von ihren Zweigen, so hängt auch der hauptsächliche Nutzen der Philosophie von denjenigen ihrer Teile ab, die man erst zu allerletzt lernen kann. [...] Da ich nun voraussah, dass viele Leser Schwierigkeit haben würden, die Grundlagen der Metaphysik zu verstehen, so habe ich versucht, ihre Hauptschwierigkeiten in dem Buche der Meditationen auseinanderzusetzen [...] Auf diese Weise denke ich angefangen zu haben, die ganze Philosophie ordnungsgemäß zu erklären, ohne etwas von dem vergessen zu haben, was den letzten zu behandelnden Gegenständen vorausgehen muss.

(René Descartes: Prinzipien der Philosophie [1647]. Felix Meiner: Hamburg 1922, S. XL–XLIII)

---

1 Die wahren Prinzipien der materiellen Dinge sind die Eigenschaften: Begrenzung, Lage, Veränderungen der Lage, Substanzialität, Dauer und Zahl.

---

1 Wie definiert Descartes hier Metaphysik? Klären Sie ab, wie Metaphysik im heutigen Sprachgebrauch definiert ist und vergleichen Sie die Bedeutungen.

2. Stellen Sie Descartes' „Baum der Erkenntnis" zeichnerisch dar und überlegen Sie, an welcher Stelle man die Mathematik einfügen müsste?
3. Der obige Text weist einige Parallelen zum Höhlengleichnis nach Platon auf. In welchen Punkten stimmen die beiden Texte überein, in welchen unterscheiden sie sich?
4. Aus welchen Gründen sind bestimmte Aspekte des Textinhalts aus heutiger naturwissenschaftlicher Sicht inakzeptabel?

Etwas zugespitzt könnte man die Quintessenz der cartesianischen Philosophie so formulieren: Die Wahrheit wird nicht aus der Wahrnehmung gewonnen, in diesem Punkt stimmt er Platon zu; sie wird aber – anders als in der antiken Philosophie – auch nicht durch die denkende Betrachtung der *Welt* gefunden. Vielmehr schöpft das Subjekt die Wahrheit ausschließlich aus sich selbst (angeborene Ideen; ideae innatae). Alles, was sich seinem Denken als *klar und deutlich* (clare et distincte) zeigt, ist wahr. Damit ist der neuzeitlichen Erkenntnistheorie ihre Bahn vorgezeichnet, die sie bis in das zwanzigste Jahrhundert hinein nicht mehr verlassen wird. In der Nachfolge von Descartes kann Wissen über die Welt nur gewonnen werden, wenn man den „Umweg" über das Subjekt beschreitet, das dieses Wissen begründet und konstituiert. Eine Untersuchung ist fortan unumgänglich, in der geklärt wird, welche Erkenntnisleistungen im Subjekt vorausgesetzt werden müssen, damit Erkenntnis zustande kommt. Eine Erkenntnislehre, welche diesen Aspekt nicht berücksichtigt, erscheint geradezu als naiv.

Descartes hat der Philosophie aber auch einige ungelöste Probleme hinterlassen.

Im Verlauf der Meditationen glaubt er drei Arten von Entitäten nachweisen zu können: eine unendliche Substanz, Gott, und zwei endliche Substanzen: das denkende Ich (res cogitans) und den ausgedehnten Körper (res extensa). Diese Lehre von Descartes hat Anlass zur Kritik gegeben. Einerseits hatte er nämlich gelehrt, dass die beiden endlichen Substanzen vollkommen eigenständig seien. Somit müsste der Mensch aus zwei vollkommen verschiedenen Teilen bestehen. Andererseits musste Descartes aber doch eine gewisse Interdependenz eingestehen und konnte ihre Wechselwirkung nicht erklären, denn der Mensch ist wesentlich auch Einheit von Körper und Geist. Descartes Nachfolger Spinoza (1632–1677) stellte deshalb die ganze Konzeption der drei Substanzen in Frage. Nach ihm existiert nur *eine* unendliche, göttliche Substanz; Geistigkeit und Körperlichkeit sind seiner Meinung nach nur verschiedene Erscheinungsformen dieser einen Substanz. Damit war die Grenze zwischen Gott und Welt beseitigt. Der Welt wird eine göttliche „Innenseite" zugesprochen, einen außerhalb der Welt existierenden Gott kann es demzufolge nicht mehr geben.

Eine weitere „Hinterlassenschaft" der cartesianischen Philosophie ist das Problem der Existenz der Außenwelt. Vielleicht haben erst in diesem Jahrhundert die Philosophen Edmund Husserl (1859–1938) und Martin Heidegger (1889–1976) die überzeugendste Auflösung dieses Problems vorgelegt. Etwas vereinfacht lassen sich ihre Überlegungen wie folgt zusammenfassen: Beide widersprechen einer Theorie des Bewusstseins, nach der dieses eine Art von Behälter darstellt, dessen Inhalte die Vorstellungen sind. Sie verweisen darauf, dass es sich bei den Vorstellungen nicht um selbstständige Entitäten handele, sondern dass sie Inhalte repräsentierten. Man dürfe bei der Analyse der Vorstellungen deren Verweisungscharakter nicht unterschlagen. Bewusstsein könne kein abgekapselter Mikrokosmos sein, sondern es sei seiner Struktur nach Bewusstsein von mir und der Welt. Das Außenweltproblem stelle sich also für Descartes nur dadurch, dass er das Phänomen Bewusstsein nicht angemessen beschreibe.

Im 17. Jahrhundert gelang es den Naturwissenschaften immer stärker, sich zu etablieren und allgemeine Anerkennung zu finden. Mit seiner Trennung von res cogitans und res extensa befördert Descartes einerseits die Objektivierung der Natur, insoweit ihr ein weltloses Erkenntnissubjekt als etwas substanziell anderes gegenübertritt. Andererseits hat Descartes von den Naturwissenschaften keine hohe Meinung, was sich auch auf die geringe Wertschätzung der sinnlichen Wahrnehmung überträgt. Während seines ganzen Lebens hält er an dieser negativen Einstellung gegenüber der Empirie fest. Dies erstaunt umso mehr, weil er mit Galilei in brieflichem Kontakt stand. Für Descartes gründet Erfahrung auf einem unsystematischen Aufsammeln von Beobachtungsdaten. Er ist nicht in der Lage zu erkennen, dass sich die neu konzipierte experimentelle Methode wesentlich von seinem Erfahrungsbegriff unterscheidet. Dass nämlich das naturwissenschaftliche Experiment als Frage an die Natur zu interpretieren ist, die dann mit dessen Durchführung und Interpretation beantwortet wird, darauf vermag er sich noch nicht einzulassen.

3 John Locke: Erkennen ist Erfahrung

Im 17. Jahrhundert gelang es den Naturwissenschaften immer stärker, allgemeine Anerkennung zu finden. Vornehmlich die Physik konnte den Nachweis erbringen, dass Mathematisierung verknüpft mit präziser Naturbeobachtung zu bahnbrechenden neuen Erkenntnissen führen kann. Dazu bedurfte es keiner metaphysischen und rationalistischen Grundlagen mehr. Im Zuge dieser geistigen Orientierung an den Naturwissenschaften bildete sich in England eine empiristische Erkenntnistheorie heraus, welche die sinnliche Erfahrung zur einzigen Quelle von Erkenntnis erhob. Ihre wichtigsten Vertreter sind John Locke (1632–1704) und David Hume (1711–1775).

1 Ein philosophisch interessierter Vater bringt seinen erst wenige Wochen alten Sohn wegen einer ersten medizinischen Kontrolle zum Kinderarzt. Nachdem die Tests abgeschlossen sind, fragt der Vater: „Was sieht mein Sohn überhaupt?" „Seine Sinnesorgane sind voll entwickelt", ist die Antwort, „trotzdem muss stark bezweifelt werden, dass er die Welt so wahrnimmt, wie sie sich für einen Erwachsenen darstellt." Wie denken Sie darüber?

2 Stellen Sie sich vor, ein Blinder könnte plötzlich sehen. Vor ihm auf einem Tisch befinden sich eine Kugel und ein Würfel, die er vorher durch Abtasten kennen gelernt hat. Wäre er Ihrer Meinung nach in der Lage, sie zu identifizieren, bloß indem er die beiden Gegenstände genau anschaut, ohne sie gleichzeitig zu betasten?

Das zweite Problem diskutiert der englische Philosoph John Locke (1632–1704) in seinen Schriften zur Erkenntnistheorie. Er analysiert auch die mögliche Antwort und kommt zu dem Schluss, dass der Blinde nicht in der Lage sei, die beiden Gegenstände zu identifizieren.

3.1 Es gibt keinen ersten Grundsatz der Philosophie

Schon an diesem Beispiel wird deutlich, dass Locke an den Informationen der Sinne und deren Relevanz für das Erkennen interessiert ist. Damit setzt er einen ganz anderen Schwerpunkt als Descartes ein halbes Jahrhundert vor ihm. Die Aufwertung des auf Sinnesdaten aufgebauten Wissens, die Locke vornimmt, markiert eine der Bruchstellen zwischen der Philosophie Descartes' und seiner Erkenntnistheorie. Die Sinnesdaten und die „Verarbeitungsweisen des Verstandes" sind die einzigen Quellen unserer Erkenntnis, so lautet eine seiner Grundüberzeugungen. Descartes Konzeption der „angeborenen Ideen" und der intuitiv gewonnenen Grundsätze muss er ablehnen, weil er sonst die Möglichkeit von Erkenntnissen einräumen müsste, die keine sinnliche Basis hätten.
Die Begründung dieser ablehnenden Haltung ist ihm so wichtig, dass sie das gesamte erste Buch seines Hauptwerks „Versuch über den menschlichen Verstand" ausmacht. Aus der Vielzahl der Gegenargumente sei eines herausgegriffen:
Die meisten der angeblich angeborenen Ideen zeichnen sich durch einen hohen Abstraktionsgrad aus. Wenn es aber solche Ideen gäbe, müssten Kleinkinder sie am besten erkennen. Dies ist aber offensichtlich nicht der Fall. Vielmehr muss man sich schon viel Wissen ange-

eignet und sein Denken sehr geschult haben, um zur Erkenntnis und zum Nachvollzug solcher Sätze zu gelangen.

Lockes Ablehnung angeborener Ideen steht zugleich im Kontext der in Europa beginnenden Epoche der Aufklärung. Wie seine aufklärerische Grundüberzeugung zur Ablehnung angeborener Prinzipien führt, macht der folgende Text deutlich.

Ich bin sicher, dass ich es mir in der folgenden Abhandlung nicht angelegen sein ließ, mich irgendeiner Autorität anzuschließen, noch von ihr abzuweichen. Mein einziges Ziel ist die Wahrheit gewesen; ihr ist mein Denken überall unparteiisch gefolgt, wohin sie auch zu führen schien, unbekümmert darum, ob der Weg die Fußspuren eines anderen aufwies oder nicht. Keineswegs fehlt es mir an der rechten Achtung vor der Meinung anderer Leute; aber schließlich gebührt doch der Wahrheit die höchste Ehre; und ich hoffe, dass man es nicht für anmaßend halten wird, wenn ich behaupte, wir würden vielleicht in der Ermittlung vernünftiger und kontemplativer Erkenntnis größere Fortschritte machen, wenn wir diese an der Quelle, *in der Betrachtung der Dinge selbst* suchten und, um sie zu finden, lieber von unseren eigenen Gedanken als von den Gedanken anderer Gebrauch machten. [...]

Nachdem man erst einige allgemeine Sätze gefunden hatte, die, sobald sie verstanden wurden, nicht anzuzweifeln waren, war es allerdings nur noch ein kurzer und leichter Schritt bis zu der Folgerung, dass jene Sätze angeboren seien. Nachdem dieser Schluss einmal anerkannt war, überhob er die Trägen der Mühe des Forschens und machte allen Fragen der Zweifler bei dem, was einmal als angeboren bezeichnet worden war, ein Ende. Es war für die, die sich als Meister und Lehrer aufspielten, von nicht geringem Vorteil, wenn sie das zum Prinzip aller Prinzipien machten, dass *Prinzipien nicht in Zweifel gezogen werden dürften*. Denn war es erst einmal zum Grundsatz erhoben, dass es angeborene Prinzipien gebe, so sahen sich deren Anhänger gezwungen, *bestimmte* Lehren als angeboren anzuerkennen; damit aber wollte man ihnen den Gebrauch ihrer eigenen Vernunft und Urteilskraft entziehen und sie dazu veranlassen, diese Lehren auf Treu und Glauben anzuerkennen. In dieser Haltung blinder Leichtgläubigkeit ließen sie sich von gewissen Leuten leichter regieren und besser ausnützen, die das Geschick und das Amt hatten, ihnen Prinzipien beizubringen und sie zu lenken. Auch verleiht es einem Menschen keine geringe Macht über den andern, wenn er die Autorität besitzt, Prinzipien zu diktieren und unantastbare Wahrheiten zu lehren oder einem andern das als angeborenes Prinzip aufzuzwingen, was den eigenen Zwecken des Lehrers dienlich sein kann. Hätte man statt dessen untersucht, auf welche Art und Weise die Menschen zur Erkenntnis zahlreicher allgemeiner Wahrheiten gelangen, so würde man gefunden haben, dass sie sich im menschlichen Geiste aus dem gehörig erwogenen Wesen der Dinge selbst ergäben; ferner würde man festgestellt haben, dass sie mithilfe derjenigen Fähigkeiten ermittelt wurden, die ihrer Natur nach bei richtiger Anwendung zur Aufnahme und Beurteilung solcher Wahrheiten geeignet sind. [...]

Alles, was ich zugunsten derjenigen Prinzipien, von denen ich ausgehe, sagen will, ist, dass ich hinsichtlich ihrer Richtigkeit oder Unrichtigkeit lediglich auf die eigene vorurteilsfreie Erfahrung und Beobachtung des Menschen verweisen kann. Das genügt für jemand, der nichts weiter zu tun verspricht, als aufrichtig und freimütig seine persönlichen Vermutungen über einen noch wenig geklärten Gegenstand vorzutragen, ohne eine andere Absicht als die einer unbefangenen Erforschung der Wahrheit zu hegen.

(John Locke: Versuch über den menschlichen Verstand. Band I. Übers. von C. Winckler. Felix Meiner: Hamburg 1981, S. 102–105)

1 Aus welchen Gründen sollte man sich nach Locke nicht unbedingt auf philosophische Autoritäten verlassen?
2 „Wir würden vielleicht in der Ermittlung vernünftiger und kontemplativer Erkenntnis größere Fortschritte machen, wenn wir diese an der Quelle, in der Betrachtung der Dinge selbst suchten." Verdeutlichen Sie, dass diese Anmerkung Lockes in kritischer Absicht auf Descartes' Philosophie bezogen ist.
3 Welche Definition von Wahrheit legt der obige Text zugrunde?
4 Zeigen Sie auf, dass Lockes Ablehnung angeborener Prinzipien auf Wertvorstellungen der Aufklärung zurückgreift. Verdeutlichen Sie dabei, warum angeborene Prinzipien seiner Meinung nach für einen mündigen Menschen inakzeptabel sind.

3.2 Vom Ursprung der Ideen

Nachdem Locke den Ausgangspunkt seiner Erkenntnistheorie geklärt hat, dass es nämlich kein angeborenes Wissen gibt, kann er sich seiner eigentlichen Aufgabe zuwenden: Er beschreibt, aus welchen Elementen unser Wissen besteht und wie sich aus denselben unser Wissen über die Welt aufbaut. Bei der Analyse der Grundbausteine der Erkenntnis zeigt es sich, dass man zwei sehr unterschiedliche Arten von Vorstellungen unterscheiden muss.

Nehmen wir also an, der Geist sei, wie man sagt, ein unbeschriebenes Blatt, ohne alle Schriftzeichen, frei von allen Ideen; wie werden ihm diese dann zugeführt? Wie gelangt er zu dem gewaltigen Vorrat an Ideen, womit ihn die geschäftige schrankenlose Phantasie des Menschen in nahezu unendlicher Mannigfaltigkeit beschrieben hat? Woher hat er all das Material für seine Vernunft und für seine Erkenntnis? Ich antworte darauf mit einem einzigen Worte: aus der *Erfahrung*. Auf sie gründet sich unsere gesamte Erkenntnis, von ihr leitet sie sich schließlich her. Unsere Beobachtung, die entweder auf äußere sinnlich wahrnehmbare Objekte gerichtet ist oder auf innere Operationen des Geistes, die wir wahrnehmen und über die wir nachdenken, liefert unserm Verstand das gesamte *Material* des Denkens. Dies sind die beiden Quellen der Erkenntnis, aus denen alle Ideen entspringen, die wir haben oder naturgemäß haben können.

Wenn unsere Sinne mit bestimmten sinnlich wahrnehmbaren Objekten in Berührung treten, so führen sie dem Geist eine Reihe verschiedener Wahrnehmungen von Dingen zu, die der mannigfach verschiedenen Art entsprechen, wie jene Objekte auf die Sinne einwirken. Auf diese Weise kommen wir zu den *Ideen*, die wir von *gelb, weiß, heiß, kalt, weich, hart, bitter, süß* haben, und zu allen denen, die wir sinnlich wahrnehmbare Qualitäten[1] nennen. Wenn ich sage, die Sinne führen sie dem Geist zu, so meine ich damit, sie führen von den Gegenständen der Außenwelt her dem Geist dasjenige zu, was in demselben jene Wahrnehmungen hervorruft. Diese wichtige Quelle der meisten unserer Ideen, die ganz und gar von unseren Sinnen abhängen und durch sie dem Verstand zugeleitet werden, nenne ich *Sensation*.

Die andere Quelle, aus der die Erfahrung den Verstand mit Ideen speist, ist die Wahrnehmung der Operationen des eigenen Geistes in uns, der sich mit den ihm zugeführten Ideen beschäftigt. Diese Operationen statten den Verstand, sobald die Seele zum Nachdenken und Betrachten kommt, mit einer anderen Reihe von Ideen aus, die durch Dinge der Außenwelt nicht hätten erlangt werden können. Solche Ideen sind:

wahrnehmen, denken, zweifeln, glauben, schließen, erkennen, wollen und all die verschiedenen Tätigkeiten unseres eigenen Geistes. Indem wir uns ihrer bewusst werden und sie in uns beobachten, gewinnen wir von ihnen für unseren Verstand ebenso deutliche Ideen wie von Körpern, die auf unsere Sinne einwirken. Diese Quelle von Ideen liegt ausschließlich im Innern des Menschen, und wenn sie auch kein Sinn ist, da sie mit den äußeren Objekten nichts zu tun hat, so ist sie doch etwas sehr Ähnliches und könnte füglich als *innerer Sinn*[2] bezeichnet werden. Während ich im ersten Fall von Sensation rede, so nenne ich diese Quelle *Reflexion*, weil die Ideen, die sie liefert, lediglich solche sind, die der Geist durch eine Beobachtung seiner eigenen inneren Operationen gewinnt. [...]. Zweierlei Dinge also, nämlich äußere materielle Dinge als die Objekte der *Sensation* und die inneren Operationen unseres Geistes als die Objekte der *Reflexion*, sind für mich die einzigen Ursprünge, von denen alle unsere Ideen ihren Anfang nehmen.

(John Locke: Versuch über den menschlichen Verstand. Band I. Übers. von C. Winckler. Felix Meiner: Hamburg 1981, S. 107–109)

1 Sinnliche Qualitäten bedeuten nach Locke wahrnehmbare Eigenschaften der Dinge außerhalb von mir. Sie sind der mich umgebenden Außenwelt zuzuordnen. Die Sinnesqualitäten muss man von den Ideen unterscheiden, die man einfach als Vorstellungen oder Bewusstseinsinhalte charakterisieren könnte.

2 Mit „innerem Sinn" ist die Fähigkeit des Menschen bezeichnet, den eigenen Gedankenfluss zu „betrachten". Diese Betrachtung ist kein sinnlicher Vorgang im eigentlichen Sinn. Ich kann z. B. kein Sinnesorgan angeben, mit dessen Hilfe sie vorgenommen wird.

Paul Signac: Der Hafen von Saint Tropez (1907). Öl auf Leinwand, 131 x 161,5 cm. Essen, Museum Folkwang

Signac setzte seine Bilder aus farbigen Punkten zusammen. – Inwiefern zeigt sich eine Parallele zur Erkenntnistheorie Lockes?

Bartolomé Esteban Murillo: *Die heilige Familie* (1650). Madrid, Museo del Prado

Wer aufmerksam den Zustand eines neugeborenen Kindes betrachtet, wird wenig Grund zu der Annahme haben, dass es einen reichen Vorrat an Ideen habe, der das Material seiner künftigen Kenntnisse abgeben könnte.
[…] Mögen sich auch die Ideen von naheliegenderen, bekannteren Qualitäten schon einprägen, bevor das Gedächtnis anfängt, ein Register über Zeit oder Reihenfolge zu führen, so kommen einem doch gewisse seltenere Qualitäten oft erst so spät in den Weg, dass sich nur wenige Leute nicht an den Zeitpunkt erinnern können, wo sie ihnen bekannt wurden. Wenn es sich lohnte, so könnte man zweifellos ein Kind so erziehen, dass es sich auch von den gewöhnlichen Ideen nur eine ganz geringe Anzahl aneignete, bis es erwachsen wäre. Da aber alle Wesen, die auf die Welt kommen, von Körpern umgeben sind, die beständig und verschiedenartig auf sie einwirken, so prägen sich dem Geist der Kinder eine Fülle verschiedener Ideen ein, gleichviel, ob man etwas dafür tut oder nicht. Licht und Farben sind überall wirksam, sobald das Auge geöffnet ist; die Töne und bestimmte tastbare Qualitäten üben unfehlbar auf die ihnen entsprechenden Sinnesorgane Reize aus und erzwingen sich den Eintritt in den Geist; doch wird man meines Erachtens ohne Weiteres zugeben, dass, wenn ein Kind, bis es erwachsen wäre, an einem Orte festgehalten würde, wo es nie etwas anderes sähe als die Farben schwarz und weiß, es als Erwachsener ebenso wenig eine Idee von scharlachrot oder grün haben würde, wie jemand eine Idee von dem eigentümlichen Wohlgeschmack der Auster oder der Ananas besitzt, der von Kindheit her nie dergleichen gekostet hat.
Die Menschen gewinnen somit eine größere oder geringere Zahl von einfachen Ideen von außen, je nachdem die Objekte, mit denen sie es zu tun haben, eine größere oder gerin-

gere Mannigfaltigkeit aufweisen; von den Operationen des Geistes im Innern gewinnen sie in dem Maße Ideen, wie sie über diese Operationen nachdenken. Denn obgleich jemand, der die Operationen seines Geistes betrachtet, notwendig zu deutlichen und klaren Ideen von denselben gelangen muss, so wird er doch, falls er seine Gedanken nicht auf sie lenkt und sie *aufmerksam* betrachtet, von diesen Operationen des Geistes und allen dabei zu beobachtenden Vorgängen ebensowenig klare und deutliche Ideen gewinnen, wie sich jemand alle einzelnen Ideen von einer Landschaft oder von den Bestandteilen und Bewegungen eines Uhrwerks aneignen wird, der nicht das Auge auf sie richtet und alle ihre Einzelheiten mit Aufmerksamkeit beachtet. Das Gemälde oder die Uhr mögen so aufgestellt sein, dass er Tag für Tag an ihnen vorbeikommt, und doch wird er von allen ihren Bestandteilen so lange nur eine verworrene Idee haben, bis er sich gewissenhaft bemüht, sie alle einzeln zu betrachten.

Hierin erblicken wir den Grund, warum die meisten Kinder erst ziemlich spät Ideen von den Operationen ihres eigenen Geistes erwerben; ja manche Menschen haben gar ihr ganzes Leben lang von den meisten derselben keine besonders klaren oder vollkommenen Ideen. Dies ist deshalb der Fall, weil diese Operationen zwar beständig im Geist vorgenommen werden, sich aber gleichwohl wie flüchtige Visionen nicht tief genug einprägen, um im Geist klare, deutliche und bleibende Ideen zu hinterlassen, solange nicht der Verstand innerlich sich selber zuwendet, über seine eigenen Operationen nachdenkt und sie zum Gegenstand der Selbstbetrachtung macht. Kinder sind, wenn sie zur Welt kommen, von einer Fülle neuer Dinge umgeben, die durch stete Einwirkung auf die Sinne den Geist fortwährend auf sich lenken, der immer begierig ist, Neues kennen zu lernen, und sich gern an der bunten Mannigfaltigkeit wechselnder Objekte erfreut. So werden die ersten Jahre gewöhnlich damit verbracht, Umschau zu halten. In dieser Zeit ist es die Aufgabe des Menschen, sich mit dem bekannt zu machen, was sich in seiner Umwelt vorfindet; während des Heranwachsens achten sie beständig auf äußere Sensationen und denken selten ernstlich über die Vorgänge in ihrem Innern nach, bevor sie zu reiferen Jahren gelangen; manche freilich tun dies überhaupt kaum jemals.

(John Locke: Versuch über den menschlichen Verstand. Band I. Übers. von C. Winckler. Felix Meiner: Hamburg, 1981, S. 110–112)

1 Erläutern Sie die Bedeutung der Metapher „unbeschriebenes Blatt".

2 Was ist im Sinne Lockes eine Sensation, wie definiert er Reflexion? Erläutern Sie das Verhältnis der beiden zueinander.

3 Warum sind Kinder nach Locke nur eingeschränkt in der Lage, sich die eigenen Reflexionen bewusst zu machen?

4 Nach Locke „verarbeitet" der Verstand die sinnlichen Informationen über die Außenwelt. Außerdem „beobachtet" er auch den eigenen Bewusstseinsstrom und gelangt so erst zur Kenntnis seiner „Tätigkeit". Die daraus hervorgehenden Vorstellungen bezeichnet er beide als „Reflexionen". Erörtern Sie die Probleme, die sich aus dieser Gleichsetzung ergeben können.

3.3 Von den einfachen Ideen zur Konstruktion der Welt

Sinneseindrücke und die innerlich ablaufenden Bewusstseinsprozesse sind die einzigen Grundbausteine unseres Wissens. Im folgenden Textauszug beschreibt Locke, wie sich daraus die Komplexität unserer Erfahrung entwickelt.

Sie [Sensation und Reflexion] allein sind, soviel ich sehen kann, die Fenster, durch die das Licht in diesen *dunklen Raum* [den Verstand] eingelassen wird. Denn meines Erachtens ist der Verstand einem Kabinett gar nicht so unähnlich, das gegen das Licht vollständig abgeschlossen ist und in dem nur einige kleine Öffnungen gelassen wurden, um äußere, sichtbare Ebenbilder oder Ideen von den Dingen der Umwelt einzulassen. [...]

Bisher haben wir diejenigen Ideen betrachtet, bei deren Aufnahme sich der Geist rein passiv verhält. Es sind die obenerwähnten, aus Sensation und Reflexion stammenden einfachen Ideen. Von diesen kann der Geist keine einzige selber schaffen, noch kann er irgendeine Idee haben, die nicht völlig aus ihnen bestünde. Während er sich aber bei der Aufnahme aller seiner einfachen Ideen durchaus passiv verhält, vollbringt er selbstständig verschiedene Handlungen, um aus seinen einfachen Ideen als dem Material und der Grundlage für alles Weitere die übrigen Ideen zu bilden. Diese Tätigkeiten, bei denen der Geist seine Macht über seine einfachen Ideen entfaltet, sind vornehmlich die folgenden drei:

1. Das Kombinieren mehrerer einfacher Ideen zu einer zusammengesetzten. Auf diese Weise entstehen sämtliche *komplexe Ideen*[1].

2. Die zweite Tätigkeit besteht darin, zwei Ideen, seien es einfache oder komplexe, so zusammenzustellen, dass man sie zu gleicher Zeit überblickt, ohne sie doch zu einer einzigen zu verschmelzen. Auf diese Weise erlangt der Geist alle seine *Ideen von Relationen*[2].

3. Die dritte Tätigkeit besteht in der Trennung einer Idee von allen anderen Ideen, die sie in ihrer realen Existenz begleiten. Dies Verfahren nennen wir Abstraktion; dadurch werden alle *allgemeinen Ideen* des Geistes gebildet. [...]

Hinsichtlich dieser Fähigkeit, seine Ideen zu wiederholen und zu verbinden, besitzt der Geist eine große Kraft, die Objekte seines Denkens weit über das hinaus, womit ihn Sensation oder Reflexion ausstatten, zu variieren und zu vervielfältigen. Bei alledem aber bleibt er an die einfachen Ideen gebunden, die aus jenen zwei Quellen stammen und das ursprüngliche Material aller seiner Verbindungen bilden. Denn die einfachen Ideen rühren sämtlich von den Dingen selbst her, und der Geist *kann* weder mehr noch andere Ideen von ihnen haben als die, welche ihm dargeboten werden.[...] Hat er aber einmal diese einfachen Ideen erworben, so ist er nicht mehr allein auf die Beobachtung und auf das von außen sich Darbietende angewiesen; er kann vielmehr aus eigner Kraft die Ideen, die er besitzt, verknüpfen und neue komplexe Ideen schaffen, die sich ihm in dieser Verbindung nie dargeboten haben.

(John Locke: Versuch über den menschlichen Verstand, Band I. Übers. von C. Winckler. Felix Meiner: Hamburg 1981, S. 184–187)

1 Wenn wir ein Tier sehen, zugleich hören und vielleicht sogar noch riechen, so sind diese verschiedenen einfachen, sinnlichen Ideen zu einer komplexen Idee, zur Vorstellung dieses bestimmten Tieres verbunden worden.
2 Eine solche Relation ist die Kausalität.

1 Inwiefern grenzt sich Locke ab von einer naiv-realistischen Abbildtheorie, die Dinge und Strukturen der Welt würden sozusagen fotografisch in unseren Geist abgebildet?

2 Vergleichen Sie die durch Abstraktion gewonnene Idee nach Locke und die platonische Idee.

3.4 Warum die Existenz der Außenwelt gesichert ist

Nach Locke gibt es unter den Erkenntnissen Abstufungen, was den Gewissheitsgrad der jeweiligen Sätze angeht. Den höchsten Gewissheitsgrad haben intuitive Einsichten, es folgen die mathematischen Erkenntnisse.

Auf diese Weise nimmt der Geist wahr, dass *weiß* nicht *schwarz* ist, dass ein *Kreis* kein *Dreieck*, dass *drei* mehr als *zwei* und gleich *eins plus zwei* ist. Derartige Wahrheiten nimmt der Geist auf den ersten Blick wahr, der den betreffenden Ideen gilt; er nimmt diese Wahrheiten durch die reine Intuition, ohne Vermittlung irgendeiner anderen Idee wahr. Diese Art der Erkenntnis ist die klarste und sicherste, die der menschlichen Unzulänglichkeit möglich ist.
[...] Der nächste Grad des Wissens besteht darin, dass der Geist die Übereinstimmung oder Nichtübereinstimmung beliebiger Ideen zwar wahrnimmt, jedoch nicht unmittelbar [...]. Nehmen wir an, der Geist will wissen, ob die drei Winkel eines Dreiecks mit zwei rechten an Größe übereinstimmen oder nicht. Das kann er nicht unmittelbar erkennen, indem er sie einfach vergleicht, denn er kann ja nicht ohne Weiteres die drei Winkel eines Dreiecks mit einem oder zwei beliebigen andern Winkeln zusammenbringen. [...] In diesem Fall muss der Geist andere Winkel ermitteln, denen die drei Winkel seines Dreiecks gleich sind. Wenn er dann jene gleich zwei rechten findet, so weiß er, dass auch diese gleich zwei rechten sind.
Diese vermittelnden Ideen, die dazu dienen, die Übereinstimmung zweier anderer erkennbar zu machen, bezeichnet man als *Beweise*. Wenn auf solche Art Übereinstimmung oder Nichtübereinstimmung klar und deutlich wahrgenommen wird, spricht man von einer *Demonstration*, weil dem Verstand gleichsam *demonstriert* und dem Geist sichtbar gemacht wird, dass sich etwas so und so verhält. [...] Solche durch Beweise vermittelte Erkenntnis ist zwar sicher, doch leuchtet sie nicht ganz so klar und deutlich ein und findet auch nicht so schnell Zustimmung wie die intuitive Erkenntnis.

(John Locke: Versuch über den menschlichen Verstand. Band II. Übers. von C. Winckler. Felix Meiner: Hamburg 1981, S. 175 f.)

Das eigentliche Problem ist das Erfahrungswissen. Über dessen Gewissheitsgrad äußert sich Locke im nachfolgenden Text.

Die Kenntnis, die wir durch unsere Sinne von der Existenz von Dingen außer uns erhalten, ist zwar nicht ganz so gewiss wie unsere intuitive Erkenntnis oder wie die Deduktion unserer Vernunft, welche sich mit klaren, abstrakten Ideen unseres eigenen Geistes befasst, doch ist sie eine Gewissheit, die den Namen Wissen verdient. [...]
Nehmen wir nun an, jemand wollte trotz alledem so skeptisch sein, dass er seinen Sinnen misstraut und behauptet, alles, was wir während unseres ganzen Lebens sehen und hören, fühlen und schmecken, denken und tun, sei nur eine Aufeinanderfolge trügerischer Eingebungen eines langen Traumes ohne jede Realität. Er würde infolgedessen die Existenz aller Dinge und unser gesamtes Wissen von den Dingen in Zweifel ziehen. Ihn müsste ich dann ersuchen, zu erwägen, ob auch er, – wenn alles nur ein Traum ist – nicht nur träumt, dass er diesen Zweifel erhebt. Dann aber wäre nicht viel daran gelegen, dass ihm ein Wachender antwortet. Immerhin möge er, wenn er will, träumen, dass ich ihm folgende Antwort erteile: Die Gewissheit, dass [...] Dinge existieren, ist, wenn wir das Zeugnis unserer Sinne dafür besitzen, nicht nur so groß, wie es unsere

Veranlagung gestattet, sondern auch so groß, wie unsere Verhältnisse es erfordern. Denn da unsere Fähigkeiten nicht dem vollen Umfang alles Seienden angemessen sind, da sie auch nicht eine vollkommene, klare, umfassende Erkenntnis der Dinge, frei von allen Skrupeln und Zweifeln, gestatten, sondern nur zu unserer, das heißt ihrer Besitzer, Selbsterhaltung dienen und den praktischen Bedürfnissen des Lebens angepasst sind, so dienen sie unseren Zwecken gut genug, wenn sie uns nur eine zuverlässige Kunde von denjenigen Dingen vermitteln, die uns zuträglich oder abträglich sind. Wer eine brennende Kerze sieht und die Wirkung ihrer Flamme festgestellt hat, indem er den Finger hineinhielt, wird kaum daran zweifeln, dass hier etwas außer ihm existiert, das ihm Schaden zufügt und ihm heftigen Schmerz verursacht. Das stellt eine ausreichende Sicherheit dar, wenn niemand für das, was seine Handlungen leiten soll, eine größere Gewissheit verlangt als diejenige, die seinen Handlungen selbst zukommt. Wenn es unserm Träumer gefällt, zu prüfen, ob die Gluthitze eines Glasschmelzofens etwa nur das flüchtige Bild in der Einbildung eines Schlaftrunkenen sei, indem er seine Hand hineinsteckt, so wird er vielleicht zu einer Gewissheit erweckt werden, die größer ist, als er gewünscht hat; er wird dann wohl nicht länger daran zweifeln, dass jene Glut etwas mehr ist als bloße Einbildung. Somit ist diese Augenscheinlichkeit so groß, wie wir sie uns nur wünschen können, da sie für uns ebenso gewiss ist wie unsere Empfindungen von Freude und Schmerz, das heißt wie unser Glück und Unglück. Darüber hinaus aber haben wir weder am Wissen noch am Sein ein Interesse. […]

Noch einmal also: Wenn unsere Sinne tatsächlich unserem Verstand eine Idee zuführen, so dürfen wir überzeugt sein, dass *in diesem Augenblick* wirklich ein Ding außer uns existiert, welches auf unsere Sinne einwirkt, sich vermittels ihrer unserem Wahrnehmungsvermögen bemerkbar macht und tatsächlich jene Idee erzeugt, die wir dann wahrnehmen. Wir können dem Zeugnis unserer Sinne nicht so weit misstrauen, dass wir bezweifeln, ob solche *Gruppen* von einfachen Ideen, wie unsere Sinne sie uns vereinigt gezeigt haben, auch wirklich gemeinsam existieren.

Dieses Wissen reicht so weit wie das gegenwärtige Zeugnis unserer Sinne, die sich mit einzelnen Objekten, die auf sie einwirken, beschäftigen, jedoch nicht weiter. Denn wenn ich vor einer Minute eine solche Gruppe von einfachen Ideen, die man gewöhnlich Mensch nennt, zusammen existieren sah und jetzt für mich allein bin, so kann ich nicht dessen gewiss sein, dass derselbe Mensch jetzt noch existiert, weil zwischen seiner Existenz vor einer Minute und seiner gegenwärtigen Existenz kein *notwendiger Zusammenhang* besteht. Auf tausenderlei Art kann er aufgehört haben zu sein, seit mir meine Sinne seine Existenz bezeugten.

(John Locke: Versuch über den menschlichen Verstand. Band II. Übers. von C. Winckler. Felix Meiner: Hamburg 1981, S. 312 und S. 316–318)

1 Verdeutlichen Sie den begrifflichen Unterschied zwischen intuitiver Erkenntnis und Beweis (Demonstration).
2 Worauf gründet nach Locke die Zuversicht, dass die Urteile über die Außenwelt grundsätzlich als „Wissen" verstanden werden?
3 Welchen grundsätzlichen Einwand bringt Locke gegen Descartes' Zweifel an der Außenwelt vor?
4 Descartes hatte in den „Meditationen" die Existenz der Außenwelt nachgewiesen. Welcher grundsätzliche Unterschied besteht zwischen den Nachweisen von Descartes und von Locke?
5 Erörtern Sie, ob ein wahrgenommener Mensch eine „Gruppe von einfachen Ideen" sein kann.

3.5 Primäre und sekundäre Sinnesqualitäten

Die nachfolgenden Textpassagen zählen sicherlich zu denen, die von Lockes Nachfolgern in besonderer Weise aufgegriffen und diskutiert wurden. Dem Text liegt folgendes Problem zugrunde: Selbst wenn die Außenwelt gewiss ist, so ist damit noch keineswegs erwiesen, ob sie durch uns in ihrem Ansichsein adäquat erfasst wird. Locke vertritt die Überzeugung, dass dies teilweise der Fall ist. In bestimmten Hinsichten schreiben wir den Gegenständen aber Eigenschaften zu, die ihnen letztlich nicht zukommen. Locke hat diese als „sekundäre Sinnesqualitäten" bezeichnet und unter diesem Namen hat das Problem auch – bis heute – Eingang in die philosophische Diskussion gefunden.

Locke unterscheidet dabei zwischen den *Sinnesqualitäten* und den *Ideen*. Mit Sinnesqualitäten bezeichnet er Eigenschaften, die wir den *Gegenständen außerhalb von uns* zuschreiben. Mit Ideen werden *Bewusstseinsinhalte in uns* – seien es Wahrnehmungen von Gegenständen oder von den „Tätigkeiten" des Geistes – bezeichnet.

Bei dieser Betrachtungsweise ergeben sich als Qualitäten der Körper: *Erstens* solche, die vom Körper, in welchem Zustand er auch sein möge, völlig untrennbar sind, die er bei allen Veränderungen und Verwandlungen, die er erfährt, bei aller Gewalt, die auf ihn ausgeübt wird, dauernd beibehält, die die Sinne stets in jedem Partikel der Materie entdecken, das groß genug ist, um wahrgenommen zu werden, und die auch der Geist mit jedem Partikel untrennbar verbunden findet, mag letzteres auch zu klein sein, um für sich allein von unsern Sinnen wahrgenommen zu werden. Man nehme zum Beispiel ein Weizenkorn und teile es in zwei Teile, so hat jeder Teil noch Festigkeit, Ausdehnung,

Gestalt und Beweglichkeit; man teile es nochmals, und es behält noch immer dieselben Qualitäten; in dieser Weise teile man weiter, bis die Teile sinnlich nicht mehr wahrnehmbar sind, so muss gleichwohl jedes von ihnen alle jene Qualitäten behalten. Denn eine Teilung (nichts anderes als eine solche bewirken die Mühle, der Mörser oder ein sonstiger Körper, wenn sie einen anderen in sinnlich nicht mehr wahrnehmbare Teilchen zerlegen) kann einem Körper niemals Festigkeit, Ausdehnung, Gestalt oder Beweglichkeit nehmen; sie schafft vielmehr nur zwei oder mehr gesonderte, selbstständige Massen von Materie aus einer vorher einheitlichen; alle diese Massen, die als ebenso viele selbstständige Körper gerechnet werden, machen nach der Teilung eine bestimmte Zahl aus. Diese nenne ich *ursprüngliche oder primäre Qualitäten* der Körper, die, wie wir meines Erachtens beobachten können, einfache Ideen in uns erzeugen, nämlich Festigkeit, Ausdehnung, Gestalt, Bewegung oder Ruhe und Zahl.

Zweitens, solche Qualitäten, die in Wahrheit in den Objekten selbst nichts sind als die Kräfte, vermittels ihrer primären Qualitäten, das heißt der Größe, Gestalt, Beschaffenheit und Bewegung ihrer sinnlich nicht wahrnehmbaren Teilchen, verschiedenartige Sensationen in uns zu erzeugen, wie zum Beispiel Farben, Töne, Geschmacksarten usw. Diese nenne ich *sekundäre Qualitäten*. [...]

Als nächstes haben wir zu betrachten, wie die Körper Ideen in uns erzeugen. Es geschieht offenbar durch einen Impuls, der einzigen für uns denkbaren Weise, wie Körper eine Wirkung ausüben. [...] Da wir nun Ausdehnung, Gestalt, Zahl und Bewegung der Körper von wahrnehmbarer Größe in einer gewissen Entfernung mit den Augen erkennen, so müssen offenbar gewisse Körper, die einzeln nicht wahrnehmbar sind, von ihnen aus zu den Augen gelan-

Die drei Gemälde der Kathedrale von Rouen von Claude Monet zeigen, wie z.B. Lichtveränderungen sich auf die Erscheinung eines Objektes auswirken können.

Von links nach rechts:
Das Portal in der Morgensonne. Harmonie in Blau (1894). Öl auf Leinwand, 91 x 63 cm. Paris, Museé d'Orsay;
Die Kathedrale von Rouen, mittags (1894). Öl auf Leinwand, 100 x 65 cm. Moskau, Puschkin-Museum;
Die Kirche von Rouen am Abend (1894). Moskau, Puschkin-Museum

gen und dadurch dem Gehirn eine bestimmte Bewegung mitteilen, welche die Ideen, die wir von den Körpern in uns tragen, erzeugen.

In derselben Weise, wie die Ideen dieser ursprünglichen Qualitäten in uns erzeugt werden, dürfen wir uns die Erzeugung der Ideen der *sekundären Qualitäten* vorstellen, nämlich durch die Einwirkung von sinnlich nicht wahrnehmbaren Partikeln auf unsere Sinne. […]

Was ich bezüglich der Farben und Gerüche gesagt habe, lässt sich auch auf Geschmacksarten, Töne und andere ähnliche sinnlich wahrnehmbare Qualitäten anwenden; sie sind, gleichviel welche Realität wir ihnen irrtümlicherweise zuschreiben, in Wahrheit in den Objekten selbst nichts anderes als Kräfte, um verschiedenartige Sensationen in uns zu erzeugen, und hängen von den primären Qualitäten, nämlich von Größe, Gestalt, Beschaffenheit und Bewegung der Teilchen, ab. […]

Hieraus ergibt sich, wie mir scheint, ohne weiteres der Schluss, dass die Ideen der primären Qualitäten der Körper Ebenbilder der letzteren sind und dass ihre Urbilder in den Körpern selbst real existieren, während die durch die sekundären Qualitäten in uns erzeugten Ideen mit den Körpern überhaupt keine Ähnlichkeit aufweisen. In den Körpern selbst existiert nichts, was unseren Ideen gliche. Sie sind in den Körpern, die wir nach ihnen benennen, lediglich eine Kraft, jene Sensationen in uns zu erzeugen. Was in der Idee von süß, blau oder warm ist, ist nur eine gewisse Größe, Gestalt und Bewegung der sinnlich nicht wahrnehmbaren Teilchen in den Körpern selbst, die wir so benennen. […]¹

Die erstgenannten können, wie gesagt, meiner Ansicht nach mit Recht als reale, ursprüngliche oder primäre Qualitäten bezeichnet werden, weil sie in den Dingen selbst vorhanden sind, mögen sie nun wahrgenommen werden oder nicht, und weil von ihren verschiedenen Modifikationen die sekundären Qualitäten abhängen.

Die […] anderen Arten sind nur Kräfte, auf andere Dinge verschieden einzuwirken; sie ergeben sich aus den verschiedenen Modifikationen jener primären Qualitäten.

(John Locke: Versuch über den menschlichen Verstand. Übers. von C. Winckler. Felix Meiner: Hamburg 1981, S. 147–156)

1 Schon Descartes hatte die Existenz von Gegenständen der Außenwelt eingeräumt, die aber keine Ähnlichkeit mit unseren Wahrnehmungen aufweisen müssten (vgl. S. 41)

1 Wie erklärt sich Locke den Vorgang der sinnlichen Wahrnehmung?

2 Was versteht Locke unter Primärqualitäten der Dinge, wie sind deren Sekundärqualitäten davon unterschieden?

3 Die Sekundärqualitäten beruhen nach Locke letztlich auf Sinnestäuschungen, die durch die spezifische Ausstattung unseres Wahrnehmungsapparats notwendig hervorgerufen werden. Verdeutlichen Sie hierzu am Beispiel des Urteils „Der Tisch ist braun.", dass die braune Farbe keine Eigenschaft des Tisches ist, sondern dadurch hervorgerufen wird, dass der Tisch in bestimmter Weise auf meine Sinnlichkeit einwirkt. Berücksichtigen Sie hierzu auch die physikalischen Theorien über Absorption und Reflexion von Licht und deren Auswirkung auf Farbeindrücke.

4 Diskutieren Sie die Überzeugungskraft von Lockes Unterscheidung zwischen Primär- und Sekundärqualitäten.
Ist Locke erkenntnistheoretisch naiv, wenn er davon ausgeht, dass der Mensch die Außenwelt wenigstens partiell in ihrem An-sich-sein erfassen kann?
Informieren Sie sich in diesem Zusammenhang über die Erkenntnistheorie **Berkeleys** und ihren zentralen Satz „esse est percipi".

4 David Hume: Alle Erfahrung ist bloß wahrscheinlich

Der schottische Philosoph David Hume (1711–1776) hat die Ungereimtheiten der Erkenntnistheorie Lockes aufgezeigt. Beide Philosophen stimmen zunächst in wesentlichen Punkten überein. Sie bestreiten, dass es angeborenes Wissen geben könne und schlussfolgern, dass alles Wissen einen sinnlichen Ursprung haben müsse. Auch darin, dass die sekundären Sinnesqualitäten keine Eigenschaften der Dinge sind, sind sie gleicher Auffassung. Aber Hume hält – und da geht er über Locke hinaus – die Vorstellung des gesunden Menschenverstandes für abwegig, dass sich Wahrnehmungen überhaupt als Abbildungen einer unabhängig von mir existierenden Außenwelt nachweisen lassen. Dazu müsste ich das Wahrnehmungsbild mit seinem Original, dem wahrgenommenen Gegenstand, vergleichen können. Ich müsste dazu die Perspektive eines Betrachters einnehmen, der den eigenen Erkenntnisprozess beobachtet. Denn wie sollte ich sonst in der Lage sein, das Bild und sein Original als „ähnlich" oder als „übereinstimmend" einzustufen. Dies ist unmöglich. Zum anderen enthalte die Wahrnehmung als solche – so Hume – keinerlei Bezug auf das Subjekt oder das Objekt, sie sei einfach da, trete als bloßes Bewusstseinsphänomen auf.

René Magritte: Der Scharfblick/La clairvoyance (1936). Öl auf Leinwand, 54,5 x 65,5 cm. Courtesy Galerie Isy Brachot, Brüssel

Humes Erkenntnistheorie hat großen Einfluss auf die nachfolgende Philosophie und Wissenschaftstheorie ausgeübt. So hat beispielsweise Kant ausdrücklich erwähnt, dass ihn „Hume aus seinem dogmatischen Schlummer geweckt" habe. Auch viele Vertreter des logischen Positivismus des 20. Jahrhunderts und der Physiker Einstein haben sich ausdrücklich auf Hume berufen.

4.1 Sinneseindrücke und Vorstellungen

Ausgangspunkt für Humes Erkenntnistheorie ist die Unterscheidung von Sinneseindruck (impression) und Vorstellung (idea). Beide werden im folgenden Text erläutert.

Wir wollen deshalb alle Perzeptionen des Geistes in zwei Klassen oder Arten unterteilen, die durch ihre verschiedenen Grade der Stärke und Lebendigkeit unterschieden sind; die schwächsten und am wenigsten lebhaften werden gemeinhin Gedanken (**Thoughts**) oder Vorstellungen (**Ideas**) genannt. Für die andere Art fehlt in unserer Sprache wie in den meisten anderen ein besonderer Name, vermutlich, weil es außer für philosophische Zwecke nicht erforderlich war, sie unter einen allgemeinen Ausdruck oder Namen zu fassen. Wir wollen uns deshalb erlauben, sie Eindrücke (**Impressions**) zu nennen, wobei wir dieses Wort in einem vom üblichen etwas abweichenden Sinne gebrauchen. Unter der Bezeichnung *Eindruck* verstehe ich also alle unsere lebhafteren Perzeptionen, wenn wir hören, sehen, fühlen, lieben, hassen, begehren oder wollen. *Eindrücke* sind von Vorstellungen unterschieden, welche die weniger lebhaften Perzeptionen sind, deren wir uns bewusst sind, wenn wir auf eine der obenerwähnten Wahrnehmungen oder Gemütsbewegungen reflektieren.

Nichts erscheint wohl auf den ersten Blick unbegrenzter als das Denken des Menschen, das sich nicht nur aller menschlichen Macht und Autorität entzieht, sondern sich nicht einmal in den Grenzen von Natur und Wirklichkeit halten lässt. Ungeheuer zu ersinnen und nicht zueinander passende Gestalten und Erscheinungen miteinander zu verbinden kostet die Einbildungskraft nicht mehr Mühe, als sich die natürlichsten und vertrautesten Gegenstände vorzustellen; und während der Leib an einen Planeten gefesselt ist, auf dem er unter Schmerzen und Beschwerden einherkriecht, kann uns das Denken im Nu in die entlegensten Regionen des Universums tragen – oder sogar über das Universum hinaus in das grenzenlose Chaos, wo sich die Natur, wie man annimmt, in totaler Unordnung befindet. Was niemals gesehen wurde und wovon man niemals gehört hat, kann dennoch vorgestellt werden, und nichts übersteigt die Macht des Denkens, mit Ausnahme dessen, was einen absoluten Widerspruch enthält.

Doch obgleich unser Denken diese unbegrenzte Freiheit zu besitzen scheint, werden wir bei näherer Prüfung finden, dass es in Wirklichkeit in sehr enge Grenzen eingeschlossen ist und dass diese ganze schöpferische Kraft des Geistes nur in dem Vermögen besteht, das uns durch die Sinne und Erfahrung gegebene Material zu verbinden, zu transponieren, zu vermehren oder zu verringern.

Denken wir uns einen goldenen Berg, so verbinden wir nur zwei vereinbare Vorstellungen, *Gold* und *Berg*, die uns von früher bekannt sind. Ein tugendhaftes Pferd können wir uns vorstellen, weil wir uns aus unserem eigenen Gefühl die Tugend vorstellen können; und diese können wir mit Gestalt und Aussehen eines Pferdes in Verbindung bringen, das ja ein uns vertrautes Tier ist. Kurz gesagt, der ganze Stoff des Denkens ist entweder aus der äußeren oder der inneren Sinnesempfindung (outward or inward sentiment) abgeleitet: Aufgabe des Geistes und des Willens ist einzig und allein ihre Mischung und Zusammensetzung. Oder, um mich philosophisch auszudrücken: Alle unsere Vorstellungen oder schwächeren Perzeptionen sind Abbilder unserer Eindrücke oder lebhafteren Perzeptionen.

(David Hume: Eine Untersuchung über den menschlichen Verstand. Übers. und hrsg. von Herbert Herring. Philipp Reclam: Stuttgart 1967, S. 32–34)

1 Erläutern Sie Humes Verständnis von Vorstellung und Eindruck.
2 Erklären Sie Humes Einschätzung der Einbildungskraft.
3 Die Ideen werden von Locke in Sensationen und Reflexionen aufgeteilt. Erörtern Sie, ob Humes Konzeption der Vorstellungen und Eindrücke dem Lockeschen Gliederungsschema entspricht.

Die Unterteilung der Ideen in Sinneseindrücke und Vorstellungen hat für Humes Erkenntnistheorie weitreichende Konsequenzen. Denn Sinneseindrücke sind lebhaft und authentisch. Liegt einer Aussage ein Sinneseindruck zugrunde, so gilt sie als wahr. Bezieht sie sich aber auf eine Vorstellung, so ist ihre Wahrheit fraglich. Denn Vorstellungen sind „blass" und scheinen auch im Hinblick auf ihre Entstehung zufällig zu sein. Ich kann ja – wie im Text beschrieben – Inhalte durch meine Einbildungskraft fast beliebig kombinieren und so neue Vorstellungen bilden. Letztlich schränkt Hume diese Willkürlichkeit bei der Entstehung der Vorstellungen dann aber erheblich ein. Er geht nämlich davon aus, dass es spezifische, die Psyche des Menschen bestimmende Assoziationsgesetze gebe.

4.2 Die Assoziationsgesetze der Vorstellungen

1 Führen Sie im Unterricht folgendes Experiment als Partnerarbeit durch:
Geben Sie Ihrem Nachbarn/Ihrer Nachbarin bestimmte Begriffe wie Bild, Wohnzimmer, Verletzung, Hammer, Stuhl etc. vor. Seine/Ihre Aufgabe besteht darin spontan Begriffe zu nennen, die er/sie mit den vorgegebenen Begriffen assoziiert. Notieren Sie seine/ihre Antworten. Vergleichen Sie dann die Antworten, die im Kurs gegeben wurden.
2 Diskutieren Sie, ob und gegebenenfalls welche „Assoziationsgesetze" sich ergeben haben.

Es gibt offenbar ein Prinzip der Verknüpfung (connexion) verschiedener Gedanken oder Vorstellungen des Geistes, und wenn sie im Gedächtnis oder in der Einbildungskraft erscheinen, führt eine die andere gewissermaßen methodisch und regelmäßig ein. Beim ernsthaften Denken oder Gespräch ist das so auffallend, dass jeder einzelne Gedanke, der die regelmäßige Folge oder Kette der Vorstellungen unterbricht, sofort bemerkt und abgewiesen wird.
Selbst in unseren abenteuerlichsten und schwärmerischsten Träumereien, ja in unseren wirklichen Träumen, werden wir finden, sofern wir auf sie reflektieren, dass die Einbildungskraft nicht völlig planlos verlief, sondern dass es zwischen den verschiedenen aufeinander folgenden Vorstellungen doch noch eine Verknüpfung gab. Würde man das zwangloseste und freieste Gespräch niederschreiben, so würde man sofort etwas feststellen, das es in allen seinen Übergängen verknüpfte.
Wo dieses fehlte, könnte derjenige, der den Faden des Gesprächs unterbrach, doch angeben, dass sich in seinem Geiste unmerk-

lich eine Gedankenfolge abgewickelt habe, die ihn allmählich vom Gesprächsthema abgelenkt habe. […]

Für mich ergeben sich nur drei Prinzipien der Vorstellungsverknüpfung, nämlich *Ähnlichkeit (Resemblance)*, raum-zeitliche *Berührung (Contiguity)* und *Ursache oder Wirkung (Cause or Effect)*.

Dass diese Prinzipien der Vorstellungsverknüpfung dienen, wird – wie ich meine – kaum bezweifelt werden. Ein Bild lenkt unsere Gedanken naturgemäß auf das Original; die Erwähnung eines der Wohnräume in einem Gebäude bringt selbstverständlich die Frage oder das Gespräch auf die anderen; und wenn wir an eine Wunde denken, können wir den Gedanken an den ihr folgenden Schmerz kaum vermeiden. Aber dass diese Aufzählung vollständig ist und dass es außer diesen keine anderen Prinzipien der Assoziation gibt, mag sehr schwer zur Zufriedenheit des Lesers oder sogar zur eigenen Zufriedenheit zu beweisen sein.

(David Hume: Eine Untersuchung über den menschlichen Verstand. Übers. und hrsg. von Herbert Herring. Philipp Reclam: Stuttgart 1967, S. 38–40)

1 Vergleichen Sie die Assoziationsgesetze, die Hume angibt, mit denen, welche Sie eventuell selbst erarbeitet haben.

4.3 Der Gewissheitsgrad der Mathematik und der Erfahrungswissenschaften

1 Sind Ihrer Meinung nach die Sätze der Mathematik gesicherter als die Gesetze der traditionellen Naturwissenschaften Physik, Chemie oder Biologie? Falls ja, gibt es dafür einen plausiblen Grund?

Alle Gegenstände menschlichen Denkens und Forschens lassen sich naturgemäß in zwei Arten gliedern, nämlich in *Vorstellungsbeziehungen (Relations of Ideas)* und in *Tatsachen (Matters of Fact)*. Von der ersten Art sind die Lehren der Geometrie, Algebra und Arithmetik, kurz, jede Behauptung von entweder intuitiver oder demonstrativer Gewissheit. *Dass das Quadrat der Hypotenuse dem Quadrat der beiden Katheten gleich ist*, ist ein Satz, der eine Beziehung zwischen diesen Figuren ausdrückt. *Dass drei mal fünf der Hälfte von dreißig gleich ist*, drückt eine Beziehung zwischen diesen Zahlen aus. Sätze dieser Art lassen sich durch bloße Denktätigkeit entdecken, unabhängig davon, ob irgendwo im Weltall etwas existiert. Wenn es auch niemals einen Kreis oder ein Dreieck in der Natur gegeben hätte, würden doch die von Euklid demonstrierten Wahrheiten für immer ihre Gewissheit und Evidenz behalten.

Tatsachen, die zweiten Objekte menschlichen Denkens, sind nicht auf die gleiche Weise verbürgt; auch ist unsere Evidenz von ihrer Wahrheit – wie groß sie auch immer sei – nicht der vorhergehenden vergleichbar. Das Gegenteil jeder Tatsache ist immer möglich, da es niemals einen Widerspruch enthält und vom Geist mit der gleichen Leichtigkeit und Deutlichkeit vorgestellt wird, wie wenn es der Wirklichkeit völlig entspräche. *Dass die Sonne morgen nicht aufgehen wird*, ist ein nicht minder einsichtiger Satz und enthält keinen größeren Widerspruch als die Behauptung, *dass sie aufgehen wird*. Wir würden deshalb vergeblich versuchen, seine Falschheit zu beweisen. Wäre er nachweislich falsch, dann würde er einen Widerspruch enthalten und könnte niemals vom Geiste deutlich vorgestellt werden.

(David Hume: Eine Untersuchung über den menschlichen Verstand. Übers. und hrsg. von Herbert Herring. Philipp Reclam: Stuttgart 1967, S. 41 f.)

1 Aus welchen Gründen sind nach Hume die mathemathischen Lehrsätze unbezweifelbar richtig, warum trifft das auf die Naturwissenschaften nicht zu?
2 Warum lassen sich die Sätze der Naturwissenschaften nicht „beweisen"?
3 In dem folgenden Zitat äußert sich **Albert Einstein** über sein Verständnis der Mathematik:

> An dieser Stelle nun taucht ein Rätsel auf, das Forscher aller Zeiten so viel beunruhigt hat. Wie ist es möglich, dass die Mathematik, die doch ein von aller Erfahrung unabhängiges Produkt des menschlichen Denkens ist, auf die Gegenstände der Wirklichkeit so vortrefflich passt? Kann denn die menschliche Vernunft ohne Erfahrung durch bloßes Denken Eigenschaften der wirklichen Dinge ergründen? Hierauf ist nach meiner Ansicht kurz zu antworten: Insofern sich die Sätze der Mathematik auf die Wirklichkeit beziehen, sind sie nicht sicher, und insofern sie sicher sind, beziehen sie sich nicht auf die Wirklichkeit.
>
> (Philosophisches Kolleg. Arbeitsmaterialien für den Philosophieunterricht. Heft 1: Wissenschaftstheorie. Ausgewählt und bearbeitet von Rudolf Bensch und Werner Trutwin. Patmos: Düsseldorf 1975, S. 43)

Erörtern Sie, ob Einsteins Einschätzung der Mathematik der Bewertung von Hume entspricht.

4.4 Die Analyse der Kausalität

Humes Analyse der Kausalität gilt als sein wichtigster Beitrag zur erkenntnistheoretischen Diskussion. Bemerkenswert ist, dass er dabei völliges „Neuland" betrat. In der ihm vorangegangenen philosophischen Tradition hatte es keine Ausarbeitungen gegeben, auf die er sich hätte beziehen können. Der Ausgangspunkt für seine Überlegungen ist die Frage:
Kann man im Ausgang von einem bestimmten Ereignis (= Ursache) durch bloßes Denken ein zweites Ereignis (= Wirkung) genau vorhersagen?
Ist die Frage mit ja zu beantworten, so wäre die Unterteilung in sichere „Vorstellungswissenschaften" und bloß wahrscheinliche „Tatsachenwissenschaften" gegenstandslos. Man könnte nämlich dann von einem Geschehen a priori, also ohne jede Erfahrung, auf die Existenz eines zweiten Geschehens schließen.

Alle Tatsachen betreffenden Vernunfterwägungen scheinen auf der Beziehung von *Ursache und Wirkung* zu beruhen. Einzig mittels dieser Beziehung können wir über die Evidenz unseres Gedächtnisses und unserer Sinne hinausgehen. Würde man jemanden fragen, weshalb er an eine nicht gegenwärtige Tatsache glaube, z. B., dass sein Freund auf dem Lande oder in Frankreich sei, so würde er einen Grund angeben, und dieser Grund würde eine andere Tatsache sein, etwa ein Brief, den er von ihm erhalten hat, oder das Wissen um seine früheren Entschlüsse und Versprechungen. Fände jemand auf einer einsamen Insel eine Uhr oder eine andere Maschine, würde er daraus schließen, dass einst auf jener Insel Menschen gewesen seien. Alle unsere Gedankengänge über Tatsachen sind von gleicher Art. Dabei wird immer vorausgesetzt, dass eine Verknüpfung zwischen der gegenwärtigen Tatsache und der aus ihr gefolgerten besteht. [...]
Wollen wir somit eine zufriedenstellende Erklärung für das Wesen jener Evidenz der Gewissheit von Tatsachen erlangen, haben wir zu untersuchen, wie wir zur Erkenntnis von Ursache und Wirkung kommen.
Ich wage es, den Satz als allgemeingültig und keine Ausnahme duldend aufzustellen, dass die Kenntnis dieser Beziehung in keinem Falle durch Denkakte *a priori* gewonnen

wird, sondern ausschließlich aus der Erfahrung stammt, indem wir feststellen, dass gewisse Gegenstände immerdar miteinander verbunden sind.

(David Hume: Eine Untersuchung über den menschlichen Verstand. Übers. und hrsg. von Herbert Herring. Philipp Reclam: Stuttgart 1967, S. 42 f.)

1 Stellen Sie sich vor, dass zwei Marmorplatten, deren Oberflächen sehr glatt geschliffen sind, aufeinander gelegt werden. Lässt sich dann die oben liegende Platte problemlos durch Anheben von der unteren Platte lösen?¹ Versuchen Sie sich genau Rechenschaft zu geben, worauf sich Ihre Antwort stützt.

Würde man uns irgendeinen Gegenstand zeigen, und würden wir aufgefordert, die von ihm ausgehende Wirkung zu nennen, ohne frühere Beobachtungen zu Rate zu ziehen, auf welche Weise – so frage ich – muss der Geist dabei verfahren? Er muss sich ein Ereignis erfinden oder ausdenken, das er dem Gegenstand als dessen Wirkung zuschreibt, und es ist klar, dass diese Erfindung völlig willkürlich sein muss. Der Geist kann unmöglich jemals die Wirkung in der mutmaßlichen Ursache finden, nicht einmal durch die sorgfältigste Forschung und Untersuchung. Die Wirkung ist nämlich von der Ursache gänzlich verschieden und kann folglich niemals in ihr entdeckt werden. Die Bewegung der zweiten Billardkugel ist ein von der Bewegung der ersten völlig verschiedenes Ereignis, und in der einen ist nichts vorhanden, was den geringsten Hinweis auf die andere gäbe. Ein Stein oder ein Metallstück, das in die Luft gehoben und dort ohne

Billardspiel. Satirische Darstellung des engl. Karikaturisten James Gillray (1757–1815)

Stütze gelassen wird, fällt unverzüglich; betrachten wir aber die Sache *a priori*, lässt sich wohl dann irgend etwas an dieser Lage entdecken, das eher die Vorstellung einer nach unten gerichteten als die einer nach oben oder anderswohin gerichteten Bewegung im Stein oder Metall hervorbringen kann? [...]

In Wirklichkeit stützen sich alle Erfahrungsbeweise auf die Ähnlichkeit, die wir zwischen Naturobjekten feststellen und durch die wir verleitet werden, Wirkungen ähnlich denen zu erwarten, die wir schon als Folgen solcher Objekte angetroffen haben. [...] Von ähnlich erscheinenden Ursachen erwarten wir ähnliche Wirkungen. Das ist die Summe aller unserer Erfahrungsschlüsse. [...]

Sie [die Erfahrung] zeigt uns nur eine Anzahl gleichförmiger Wirkungen gewisser Dinge und lehrt uns, dass diese Einzeldinge zu dieser bestimmten Zeit solche Kräfte und Vermögen besaßen. Tritt nun ein neues Ding, mit ähnlichen Sinnesqualitäten, auf, erwarten wir ähnliche Kräfte und Vermögen und warten auf eine gleiche Wirkung. Von einem Körper mit der gleichen Farbe und Konsistenz wie Brot erwarten wir gleiche Ernährung und Erhaltung. Das ist aber sicherlich ein Schritt oder Fortschritt des Geistes, der nach Erklärung verlangt. Wenn jemand sagt: *Ich habe in allen früheren Fällen solche Sinnesqualitäten mit solchen geheimen Kräften verbunden gefunden;* und wenn er sagt: *Ähnliche Sinnesqualitäten werden stets mit ähnlichen geheimen Kräften verbunden sein,* macht er sich keiner Tautologie schuldig, und die Sätze sind auch in keiner Hinsicht dieselben. Man sagt, der eine Satz sei eine Folgerung aus dem anderen. Aber man wird zugeben müssen, dass diese Folgerung weder intuitiv noch demonstrativ ist. Welcher Art ist sie dann aber? Zu sagen, sie stamme aus der Erfahrung, lässt die Frage offen; denn alle Folgerungen aus der Erfahrung setzen als ihre Grundlage voraus, dass die Zukunft der Vergangenheit ähnlich sei und dass ähnliche Kräfte mit ähnlichen Sinnesqualitäten verbunden sein werden. Gäbe es irgendeine Vermutung, dass der Lauf der Natur sich ändern und die Vergangenheit keine Regel für die Zukunft geben könnte, dann würde alle Erfahrung nutzlos und könnte keine Herleitung oder Schlussfolgerung veranlassen. Es ist daher unmöglich, dass irgendwelche Erfahrungsbeweise diese Ähnlichkeit der Vergangenheit mit der Zukunft erweisen können, da alle diese Argumente auf der Annahme dieser Ähnlichkeit gründen. Mag der Gang der Dinge bislang auch noch so regelmäßig gewesen sein, so kann das allein – ohne ein neues Argument oder eine neue Folgerung – nicht beweisen, dass es auch in Zukunft so bleiben werde. Vergeblich behauptet man, die Natur der Körper aus früherer Erfahrungen erfasst zu haben. Ihre verborgene Natur und folglich ihre gesamten Wirkungen und ihr Einfluss können sich ohne eine Veränderung ihrer Sinnesqualitäten ändern. Das kommt bisweilen bei einigen Dingen vor.

(David Hume: Eine Untersuchung über den menschlichen Verstand. Übers. und hrsg. von Herbert Herring. Philipp Reclam: Stuttgart 1967, S. 45–56)

1 Die Platten lassen sich nur schwer lösen, da sie aneinander haften.

---

1 Erläutern Sie, welche Bedeutung die Ähnlichkeit für die Humesche Kausalitätsanalyse hat.
2 Verdeutlichen Sie anhand selbstgewählter Beispiele, dass man sich in der alltäglichen Erfahrung an dem Humeschen Grundsatz orientiert: Aus ähnlichen Ursachen resultieren ähnliche Wirkungen.
3 Geben Sie Beispiele an, wie regelmäßige Abläufe sich plötzlich so verändert haben, dass die Regel vollständig außer Kraft gesetzt wurde.
4 Hume weist darauf hin, dass man a priori nicht wissen könne, wie ein Ereignis A eine andere Begebenheit B in seinem Ablauf verursache. Wie verhält es sich aber umgekehrt: Kann man

von einem Geschehen B nicht a priori wissen, dass es eine Ursache A für dieses Geschehen geben muss? Wenn ich z. B. Fußabdrücke im Sand sehe, kann ich dann nicht a priori schlussfolgern, dass – wer auch immer – diese Fußabdrücke hinterlassen hat?

5 Machen Sie folgendes Gedankenexperiment: Angenommen, vorne auf dem Lehrerpult würde ein Stück Kreide aus dem „Nichts auftauchen" und alle Schüler hätten diesen Vorfall beobachtet. Ähnliche Vorfälle werden in den überlieferten Religionen als Wunder bezeichnet.
Wie würden Sie diesen möglichen Vorfall interpretieren? Würden Sie die Möglichkeit eines Wunders ernsthaft in Betracht ziehen?

In dem folgenden Nachtrag erörtert Hume die Bedeutung der Gewohnheit und der psychischen Gesetzmäßigkeiten für die Kausalität.

Was ist nun aus alledem die Schlussfolgerung? Eine ganz simple, obgleich – wie man zugeben muss – eine von den herkömmlichen philosophischen Theorien recht weit entfernte.
Aller Glaube an Tatsachen oder wirkliche Existenz stammt lediglich von einem dem Gedächtnis oder den Sinnen gegenwärtigen Gegenstand und einer gewohnheitsmäßigen Verbindung zwischen diesem und irgendeinem anderen Gegenstand; oder, mit anderen Worten: Nachdem man gefunden hat, dass in vielen Fällen zwei Arten von Gegenständen – Feuer und Hitze, Schnee und Kälte – immer in Zusammenhang standen, wird der Geist, wenn Feuer oder Schnee sich erneut den Sinnen darbieten, aus Gewohnheit dazu gebracht, Hitze oder Kälte zu erwarten und zu *glauben*, dass es eine derartige Qualität gibt und sie sich nun bei eingehenderer Beschäftigung entdecken wird. Dieser Glaube ist das notwendige Resultat, wenn man den Geist in eine solche Lage bringt. Es ist ein seelischer Vorgang (operation of the soul), der in dieser Lage ebenso unvermeidlich ist wie das Gefühl der Liebe, wenn wir Wohltaten empfangen, oder des Hasses, wenn uns Unrecht widerfährt.
Alle diese Vorgänge sind eine Art natürlicher Instinkte, die keine Vernunfttätigkeit, d. h. kein Denk- oder Verstandesprozess jemals hervorzubringen oder zu verhindern vermag.

(David Hume: Eine Untersuchung über den menschlichen Verstand. Übers. und hrsg. von Herbert Herring. Philipp Reclam: Stuttgart 1967, S. 66 f.)

1 Stellen Sie zum Abschluss noch einmal die Aspekte zusammen, welche die Kausalität nach Hume ausmachen. In welchem Teil der menschlichen Natur haben all diese Aspekte ihre Grundlage?
2 Könnte ich nach Hume mich dazu zwingen, beim Handeln und Erkennen einfach auf die Anwendung des Prinzips der Kausalität zu verzichten?

4.5 Fiktives Interview mit Hume über Philosophie

Hume hat eigentlich kein Zutrauen in die Fähigkeit der Vernunft, aus sich heraus zu wirklichen Erkenntnissen zu gelangen. So gesehen ist er ein Vertreter des Skeptizismus. In dem folgenden fiktiven Interview, bei dem die Antworten authentische Hume-Zitate sind, sind Textstellen so aneinander gereiht, dass sie auf diesen Aspekt noch einmal verweisen.

Herr Hume, Sie haben die katholische Religion als „Aberglauben" bezeichnet. Welche Meinung haben Sie denn über die Metaphysik?

Nehmen wir irgendein Buch zur Hand, z. B. über Theologie oder Schulmetaphysik, so lasst uns fragen: *Enthält es eine abstrakte Er-*

örterung über Größe und Zahl? Nein. Enthält es eine auf Erfahrung beruhende Erörterung über Tatsachen und Existenz? Nein. So übergebe man es den Flammen, denn es kann nichts als Sophisterei und Blendwerk enthalten. (1)

Das ist ja ein sehr hartes Urteil! Eigentlich passt es nicht zu einem Mann, dem man allenthalben einen sehr gütigen Charakter unterstellt. Verstehe ich Sie richtig, dass Sie Abhandlungen über „Größe und Zahl", wie Sie sagen, doch etwas Positives abgewinnen können?

Mir scheint, dass die einzigen Gegenstände der abstrakten oder demonstrativen Wissenschaften Größe und Zahl sind und dass alle Versuche, diese vollkommeneren Arten des Wissens über diese Grenzen hinaus auszuweiten, bloße Sophisterei und Blendwerk sind. (2)

Sie halten also die Beschäftigung mit Mathematik für sinnvoll? Würden Sie denn der Philosophie überhaupt keine Daseinsberechtigung zugestehen? Es gibt doch viele Menschen, die die Philosophie für wichtig halten.

Diejenigen, die einen Hang zur Philosophie haben, werden […] ihre Forschungen fortsetzen, weil sie bedenken, dass – außer dem unmittelbaren Vergnügen, das solche Beschäftigung begleitet – philosophische Entscheidungen nichts weiter sind als die methodisch geordneten und berichtigten Reflexionen im alltäglichen Leben. Sie werden aber niemals versucht sein, über das alltägliche Leben hinauszugehen, solange sie die Unvollkommenheit jener Fähigkeiten, die sie anwenden, deren engen Bereich und ungenaue Leistungen beachten. (3)

Die Philosophie ist also bloßer Zubringer für Erfahrung und vielleicht noch für Erfahrungswissenschaft. Eigentlich wird dadurch eine sehr kritische und skeptische Einstellung der Philosophie gegenüber deutlich. Was bedeutet für Sie philosophischer Skeptizismus, welche Inhalte hat er?

Es mag als ein recht gewagter Versuch der Skeptiker erscheinen, die Vernunft *durch Argument und Vernunftschluss zerstören zu wollen. Das aber ist das große Ziel ihrer ganzen Untersuchungen und Auseinandersetzungen. Sie bemühen sich, sowohl Einwände gegen unsere abstrakten als auch gegen die auf Tatsachen und Existenz gerichteten Denkakte zu finden.*

Der Skeptiker täte deshalb besser, auf seinem eigenen Gebiet zu bleiben und jene philosophischen Einwände vorzubringen, die aus gründlicheren Untersuchungen stammen Hier scheint er reichlich Gelegenheit zum Triumph zu haben, wenn er mit Recht behauptet, dass alle unsere Evidenz hinsichtlich einer Tatsache, die über das Zeugnis der Sinne oder des Gedächtnisses hinaus liegt, ganz und gar aus der Relation von Ursache und Wirkung stammt; dass wir keine andere Vorstellung dieser Relation haben als die zweier Gegenstände, die häufig miteinander verbunden *waren; dass wir kein Argument haben, uns zu überzeugen, dass Gegenstände, die in unserer Erfahrung häufig verbunden waren, auch in anderen Fällen in gleicher Weise verbunden sein werden; und dass uns zu diesem Schlusse nichts anderes führt als die Gewohnheit und ein gewisser Naturinstinkt, dem man in der Tat schwerlich widerstehen kann, der jedoch, wie andere Instinkte, irreführend und trügerisch sein kann.*

Wenn der Skeptiker bei diesen Themen bleibt, zeigt er seine Stärke oder vielmehr tatsächlich seine eigene und unsere Schwäche und scheint, zumindest für den Augenblick, alle Sicherheit und Gewissheit zu zerstören. (4)

Aus Ihren Worten ist zu entnehmen, dass Sie sich nicht vollständig mit dem Skeptizismus identifizieren. Ich kann aber nicht erkennen, was Sie eigentlich vom Skeptizismus unterscheidet, mit Ausnahme der Einschätzung der

Mathematik. Die Außenwelt und das Ich sind nach Ihren philosophischen Lehren in Ihrer Existenz nicht schlüssig nachweisbar. Eine viel größere Skepsis ist doch eigentlich gar nicht vorstellbar.

Darin nämlich besteht der hauptsächliche und vernichtendste Einwand gegen den übertriebenen Skeptizismus, dass aus ihm nichts dauerhaft Gutes entstehen kann, solange er in seiner vollen Kraft und Stärke verharrt. Wir brauchen einen solchen Skeptiker nur zu fragen, *was seine Absicht sei und was er mit allen diesen sorgfältigen (curious) Untersuchungen bezwecke.*

Er gerät dann sofort in Verlegenheit und weiß keine Antwort. Ein Anhänger des Kopernikus oder des Ptolemäus, der sein besonderes astronomisches System vertritt, darf hoffen, in seinen Hörern eine feste und dauerhafte Überzeugung hervorzurufen. Ein Stoiker oder ein Epikureer entwickelt Prinzipien, die nicht beständig sein mögen, aber auf Lebensführung und Verhalten wirken. Ein Anhänger des Pyrrho[1] kann aber nicht erwarten, dass seine Philosophie einen bleibenden Einfluss auf unseren Geist haben wird oder, wenn das geschähe, dass ihr Einfluss der Gesellschaft nützlich wäre. Er muss im Gegenteil zugeben – wenn er überhaupt etwas zugeben wird – dass alles menschliche Leben zugrunde gehen müsste, wenn seine Prinzipien allgemein und unverrückbar in Geltung kämen. Alles Denken, alles Handeln würde sofort aufhören, und die Menschen würden in völliger Lethargie verharren, bis die Naturbedürfnisse, weil unbefriedigt, ihrem elenden Dasein ein Ende machen würden.

Ein so fatales Ereignis ist allerdings kaum zu befürchten. Die Natur ist stets stärker als Prinzipien, und wenn auch ein Pyrrhoniker sich und andere durch seine tiefgründigen Gedanken in momentanes Staunen und Verwirrung bringen mag, so wird doch das erstbeste triviale Ereignis in seinem Leben all seine Zweifel und Bedenken verscheuchen. (5)

Sie als Aufklärer sind Skeptiker, um Vorurteile der Metaphysik zu kritisieren, auch um den Preis, dass letztlich nichts mehr an gesichertem Wissen übrigbleibt. Ihr Skeptizismus hat also ein ernsthaftes Anliegen. Aber inhaltlich stimmen Sie doch mit dem übertriebenen Skeptizismus überein?

Ich habe bereits gezeigt, dass der Verstand, wenn er für sich allein und nach seinen allgemeinsten Prinzipien tätig ist, sich gegen sich selbst wendet und jede Gewissheit zerstört, in der Philosophie wie im gewöhnlichen Leben. (6)

Soll man jetzt den Grundsatz aufstellen, auf jegliche Art von rationaler Auseinandersetzung zu verzichten?

Man überlege die Folgen eines solchen Grundsatzes. Alle Wissenschaft und Philosophie schnitte man dadurch vollständig ab. [...] Wofür sollen wir uns nun inmitten dieser Schwierigkeiten entscheiden? Wenn wir jenen Grundsatz annehmen, und jede feiner ausgesponnene Schlussfolgerung verdammen, so verwickeln wir uns in die offenbarsten Absurditäten. Wenn wir ihn zugunsten solcher Schlussfolgerungen verwerfen, so zerstören wir den menschlichen Verstand. Es bleibt uns also nur die Wahl zwischen falscher Erkenntnis oder gar keiner. Und ich für mein Teil weiß nicht, was in diesem Fall das richtige ist. (7)

Wie gehen Sie denn persönlich mit diesen philosophischen Einsichten um, welche Konsequenzen haben diese für Sie?

Die intensive Betrachtung der mannigfachen Widersprüche und Unvollkommenheiten in der menschlichen Natur hat ja derartig auf mich gewirkt und mein Gehirn so erhitzt, dass ich im Begriffe bin, allen Glauben und alles Vertrauen auf unsere Schlüsse wegzuwerfen und keine Meinung für möglicher und wahrscheinlicher anzusehen als jede beliebige andere. Wo bin ich, oder was bin ich? Aus welchen Ursachen leite ich meine Existenz her und welches zukünftige

Dasein habe ich zu hoffen? Um wessen Gunst soll ich mich bewerben und wessen Zorn muss ich fürchten? Was für Wesen umgeben mich? Und auf wen wirke ich oder wer wirkt auf mich? Ich werde verwirrt bei allen diesen Fragen; ich fange an mir einzubilden, dass ich mich in der denkbar beklagenswertesten Lage befinde, dass ich umgeben bin von der tiefsten Finsternis, des Gebrauchs jedes Gliedes und jedes menschlichen Vermögens vollständig beraubt.

Da die Vernunft unfähig ist, diese Wolken zu zerstreuen, so ist es ein glücklicher Umstand, dass die Natur selbst dafür Sorge trägt und mich von meiner philosophischen Melancholie und meiner Verwirrung heilt, sei es, indem sie die geistige Überspannung von selbst sich lösen lässt, sei es, indem sie mich aus ihr durch einen lebhaften Sinneseindruck, der alle diese Hirngespinste verwischt, gewaltsam herausreißt. Ich esse, spiele Tricktrack[2], unterhalte mich, bin lustig mit meinen Freunden. (8)

(1) (David Hume: Eine Untersuchung über den menschlichen Verstand. Übers. und hrsg. von Herbert Herring. Philipp Reclam: Stuttgart 1967, S. 207)
(2) (David Hume: Eine Untersuchung über den menschlichen Verstand. Übers. und hrsg. von Herbert Herring. Philipp Reclam: Stuttgart 1967, S. 204)
(3) (David Hume: Eine Untersuchung über den menschlichen Verstand. Übers. und hrsg. von Herbert Herring. Philipp Reclam: Stuttgart 1967, S. 204)
(4) (David Hume: Eine Untersuchung über den menschlichen Verstand. Übers. und hrsg. von Herbert Herring. Philipp Reclam: Stuttgart 1967, S. 196 u. S. 200)
(5) (David Hume: Eine Untersuchung über den menschlichen Verstand. Übers. und hrsg. von Herbert Herring. Philipp Reclam: Stuttgart 1967, S. 200)
(6) (David Hume: Ein Traktat über die menschliche Natur. Buch I. Felix Meiner: Hamburg 1989, S.345.)
(7) (David Hume: Ein Traktat über die menschliche Natur. Buch I. Felix Meiner: Hamburg 1989, S. 346)
(8) (David Hume: Ein Traktat über die menschliche Natur. Buch I. Felix Meiner: Hamburg 1989, S. 346 f.)

1 antiker Skeptiker
2 Backgammon

1 Besonders hart hat der deutsche Philosoph **Edmund Husserl** (1859–1938) den Humeschen Skeptizismus im folgenden Textauszug kritisiert. Husserl gilt als wichtigster Vertreter der Phänomenologie, einer bedeutenden Strömung der Erkenntnistheorie des 20. Jahrhunderts. Im ersten Abschnitt trägt er in etwas polemischer Form die Quintessenz der Humeschen Erkenntnistheorie vor, um sie dann im Anschluss einer vernichtenden Kritik zu unterziehen:

Wir sagen etwa der „Baum dort" und unterscheiden von ihm seine wechselnden Erscheinungsweisen. Aber immanent seelisch ist nichts da als diese „Erscheinungsweisen". Es sind Datenkomplexe und immer wieder andere Datenkomplexe, freilich miteinander durch Assoziation geregelt, „verbunden", wodurch sich die Täuschung eines erfahrenen Identischen erkläre. Ebenso für die Person: ein identisches „Ich" ist kein Datum, sondern ein unaufhörlich wechselnder Haufen von Daten. Die Identität ist eine psychologische Fiktion. Zu den Fiktionen dieser Art gehört auch die Kausalität, die notwendige Folge. Die immanente Erfahrung zeigt nur ein *post hoc*. Das *propter hoc*, die Notwendigkeit der Folge, ist eine fiktive Unterschiebung. So verwandelt sich in Humes „Treatise" die Welt überhaupt, die Natur, das Universum identischer Körper, die Welt der identischen Personen, danach auch die objektive Wissenschaft, die sie in ihrer objektiven Wahrheit erkennt, in Fiktion. Konsequent müssen wir sagen: Vernunft, Erkenntnis, auch die wahrer Werte, reiner Ideale jeder, auch der ethischen Art – das alles ist Fiktion.

Es ist also in der Tat ein *Bankrott der objektiven Erkenntnis*. Hume endet im Grunde in einen *Solipsismus*. Denn wie sollen Schlüsse von Daten auf Daten die immanente Sphäre überschreiten können? Freilich hat Hume nicht die Frage gestellt, jedenfalls kein Wort darüber gesagt, wie es dann mit der Vernunft steht, der Humes, die diese Theorie als Wahrheit begründet hat, die diese Seelenanalysen durchgeführt, diese Assoziationsgesetze erwiesen hat. Wie „verbinden" überhaupt Regeln assoziativer Zusammenordnung: Selbst wenn wir von ihnen wüssten, wäre das Wissen nicht selbst wieder ein Datum auf der Tafel?

Wie aller Skeptizismus, aller Irrationalismus, hebt auch der Humesche sich selbst auf. So erstaunlich Humes Genie ist, so bedauerlich ist es, dass sich damit nicht ein entsprechend großes philosophisches Ethos paart. Das zeigt sich darin, dass Hume in seiner ganzen Darstellung die widersinnigen Ergebnisse sanft zu umkleiden und ins Harmlose umzudeuten beflissen ist, obschon er […] immerhin die ungeheure Verlegenheit ausmalt, in die der konsequente theoretische Philosoph gerät.[1] Anstatt den Kampf mit dem Widersinn aufzunehmen, statt die vermeintlichen Selbstverständlichkeiten, auf denen dieser Sensualismus und überhaupt der Psychologismus beruht, zu entlarven, um zu einer einstimmigen Selbstverständigung und einer echten Erkenntnistheorie durchzudringen, bleibt er in der bequemen und sehr eindrucksvollen Rolle des akademischen Skeptizismus. Durch dieses Verhalten ist er zum Vater eines noch immer wirksamen schwächlichen Positivismus[2] geworden, der den philosophischen Abgründen ausweicht oder sie oberflächlich verdeckt, sich mit den Erfolgen der positiven Wissenschaften und deren psychologistischer Aufklärung beruhigend.

(Edmund Husserl: Die Krisis der europäischen Wissenschaften und die transzendentale Phänomenologie. Felix Meiner: Hamburg 1996, S. 96 f.)

1 Husserl bezieht sich auf die abschließende Stellungnahme von Hume aus dem fiktiven Interview.
2 Positivismus: Eine im 19. Jahrhundert entstandene philosophische Strömung, die nur wissenschaftlich begründete Ergebnisse als wahr gelten lässt.

Stimmen Sie Husserls Kritik zu?

5 Immanuel Kant: Das Erkenntnisvermögen als Struktur der Welt

Wir leben in einer Welt, in der es Gegenstände, Pflanzen, Tiere und Menschen gibt. Damit gehen wir tagtäglich um, sie sind uns vertraut, von ihrer Existenz sind wir fest überzeugt. Versucht man aber präzise zu erklären, wie diese Kenntnis zustande kommt, so geraten wir schnell in Verlegenheit. Am ehesten scheint noch der Standpunkt plausibel, dass diese Kenntnis aus der Verarbeitung der Informationen herrührt, die wir von unseren Sinnesorganen erhalten. Unser Organismus erhält Informationen von außen und konstruiert aus diesen die Welt.

Schon die britischen Empiristen hatten ähnlich argumentiert und waren dabei in ein Dilemma geraten: Sie waren in ihrer Erkenntnistheorie von der Existenz unmittelbar gegebener Sinnesdaten ausgegangen, die sie für die einzigen authentischen Informationen über die Welt hielten. Lockes Theorie der sekundären Sinnesqualitäten erschütterte zunächst den Glauben, dass die Sinnesdaten die Gegenstände so präsentierten, wie sie in Wirklichkeit sind. Berkeley (1685–1753) und Hume mussten dann sogar erkennen, dass Sinnesdaten weder den Gegenständen ähnlich sein müssen, noch deren Existenz verbürgen. Die Konsequenzen, die beide zogen, sind aber letztlich unbefriedigend. Für Berkeley existiert keine materielle Außenwelt, für Hume endet die Erkenntnistheorie im Skeptizismus. Der Empirismus führt, sicherlich unbeabsichtigt, zu einer unbestreitbaren Einsicht: Nur aus Sinnesdaten lässt sich keine Welt entwerfen. Das aufgezeigte Dilemma kann durch folgende Fragen veranschaulicht werden:

1. Wenn ich Eindrücke wie „braune Farbe", „glatte Oberfläche" und „dumpfes Geräusch, wenn man mit dem Finger darauf klopft" aneinanderreihe, so ergibt dies noch längst nicht den Gegenstand „Tisch". Wenn Sinnesdaten die einzigen Informationen sind, die wir von der Außenwelt erhalten, wie entsteht in unserem Bewusstsein die Vorstellung von Gegenständen?
2. Selbst wenn wir zugestehen, dass Wahrnehmungen von Dingen möglich sind, so sind sie immer subjektiv: Ich nehme die Gegenstände aus einem Blickwinkel wahr, bin ich blind oder taub, so kann ich bestimmte Aspekte des Gegenstandes überhaupt nicht erfassen. Was führt uns zur Überzeugung, dass wir alle denselben Tisch sehen?
3. Können wir darauf vertrauen, gemeinsam in einer Welt zu leben oder gibt es so viele Wahrnehmungswelten, wie es Menschen gibt?

5.1 Die kopernikanische Wende der Philosophie

Der deutsche Philosoph Immanuel Kant (1724–1804) versucht diese Fragen zu beantworten. Seine Erkenntnistheorie wird als kopernikanische Wende der Philosophie bezeichnet, als so groß wird die Zäsur eingeschätzt, welche sie hinterlassen hat. Den Anlass für diese Namensgebung hat Kant selbst geliefert:

> Bisher nahm man an, alle unsere Erkenntnis müsse sich nach den Gegenständen richten; aber alle Versuche über sie a priori etwas durch Begriffe auszumachen, wodurch unsere Erkenntnis erweitert würde, gingen unter dieser Voraussetzung zunichte. […] Man

Das Mausoleum Kants auf der Dominsel in Königsberg – im Vordergrund vor der Domruine

versuche es daher einmal, ob wir nicht in den Aufgaben der Metaphysik damit besser fortkommen, dass wir annehmen, die Gegenstände müssen sich nach unserem Erkenntnis richten, welches so schon besser mit der verlangten Möglichkeit einer Erkenntnis derselben a priori zusammenstimmt, die über Gegenstände, ehe sie uns gegeben werden, etwas festsetzen soll.
Es ist hiermit eben so, als mit den ersten Gedanken des *Kopernikus* bewandt, der, nachdem es mit der Erklärung der Himmelsbewegungen nicht gut fort wollte, wenn er annahm, das ganze Sternheer drehe sich um den Zuschauer, versuchte, ob es nicht besser gelingen möchte, wenn er den Zuschauer sich drehen, und dagegen die Sterne in Ruhe ließ.

(Immanuel Kant: Kritik der reinen Vernunft. Philipp Reclam: Stuttgart 1966, S. 28)

Den Versuch, welchen Kant hier im Ansatz skizziert, könnte man auf folgende Weise beschreiben: Das erkennende Subjekt prägt dem Gegenstand eine bestimmte Struktur auf. Er wird in gewisser Weise durch das Erkennen erst geschaffen. Unter dieser Prämisse wäre es verstehbar, dass wir ein über die bloße Wahrnehmung hinausgehendes Wissen von Gegenständen haben können.

1 Aus welchem Grund könnte sich Kant auf Kopernikus berufen haben?

Das Zitat aus der Vorrede zur „Kritik der reinen Vernunft" macht deutlich, dass Kant dieses Werk als *Gedankenexperiment* versteht. Mit diesem Experiment möchte Kant traditionelle Denk- und Argumentationsstrukturen aufbrechen und einen völlig neuen Weg der Erkenntnistheorie beschreiten. Der Prüfstein dafür, ob die neu eingeschlagene Richtung sinnvoll ist, liegt darin, ob sie sich bei der Problemlösung bewährt.

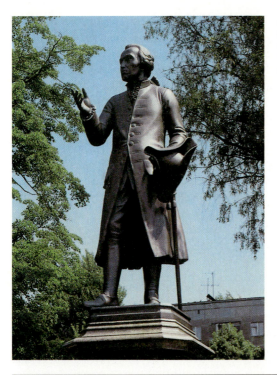

Kant-Denkmal vor der Neuen Universität in Kaliningrad (Königsberg). Die heutige Skulptur ist eine Kopie des Bronzestandbildes von Christian Daniel Rauch (1864), hergestellt von dem Berliner Bildhauer Harald Haake (1992).

Das Gedankenexperiment

Im Gegensatz zu einem naturwissenschaftlichen Experiment, das die Geltung von Hypothesen durch eine reale Versuchsanordnung empirisch im Labor verifizieren bzw. falsifizieren möchte, dient das Gedankenexperiment in der Philosophie dazu, sich auf der Basis hypothetischer Grundannahmen durch rein gedankliche Operationen Klarheit über die Geltung von Theorien, Handlungsprinzipien oder Modellen zu verschaffen oder neue Einsichten zu gewinnen. Die Frage, wie das Treiben der Menschen wohl aus der Perspektive eines Außerirdischen einzuschätzen sei, kann durch die Einnahme eines fremden Blickes von außen neue Einsichten über den Menschen als soziales Wesen vermitteln.

Gedankenexperimente werden zumeist durch Fragen wie „Nehmen wir an, … " „Was wäre, wenn …, „Stellen wir uns vor …" eingeleitet; sie zeigen das fiktive Fundament des Experiments an, dessen Sinn sich erst vom Ergebnis her erschließt. Insofern gehört es zur Durchführung eines Gedankenexperiments, sich erst einmal auf seine fiktiven Grundannahmen einzulassen und von diesen ausgehend die sich ergebenden Konsequenzen zu erörtern.

Über die Diskussion von in der Philosophiegeschichte entwickelten Gedankenexperimenten hinaus kann man sich auch selbst Gedankenexperimente ausdenken. Dabei gibt es grundsätzlich zwei Möglichkeiten: Man entwirft denkmögliche, in sich widerspruchsfreie Grundannahmen und sieht einmal, wohin das Bedenken ihrer Konsequenzen führt (heuristische Funktion); oder man hat sich das Ergebnis vorher klar gemacht und setzt nun ein Gedankenexperiment ein, um seine Plausibilität zu verdeutlichen (demonstrative Funktion).

Kants Gedankenexperiment soll erstens erklären, *wie Mathematik möglich ist.* Fast alle Philosophen, die sich mit erkenntnistheoretischen Fragen auseinander gesetzt haben, waren vom Phänomen der Mathematik fasziniert. Ihre bloße Existenz schien ein Beleg für die Richtigkeit der idealistischen Position zu sein. Macht nicht die Geometrie – völlig ohne jede Beobachtung oder Erfahrung – Aussagen über den Raum? Kann man Zahlen – etwas rein Ausgedachtes – nicht auf die Wirklichkeit anwenden und findet man Zahlenverhältnisse nicht in der Wirklichkeit wieder? Nach Kant ist die Existenz der Mathematik bisher nicht überzeugend philosophisch begründet worden.

Zweitens soll es verständlich machen, wie die *Erfahrung* als Inbegriff unseres Wissens über die Welt *möglich wird.* Das Problem besteht darin, wie aus subjektiven Sinnesdaten – von deren Existenz geht auch Kant aus – ein objektives Erfahrungswissen aufgebaut wird.

Drittens soll es aufzeigen, wie die *Naturwissenschaft,* im Besonderen die klassische Physik, und deren Grundprinzip, die Kausalität, *möglich wird.*

Viertens soll es erklären, *warum die Metaphysik,* welche etwa die Existenz Gottes oder die Unsterblichkeit der Seele zu beweisen sucht, die sich also mit übersinnlichen Themen beschäftigt, prinzipiell *kein begründetes Wissen erlangen kann.*

Zunächst sollen im Folgenden Grundbegriffe der Kantschen Erkenntnistheorie geklärt werden, anschließend wird Kants Lösung der vier Probleme präsentiert.

5.2 Grundbegriffe der Kantischen Erkenntniskritik

Erkenntnisse a priori und empirische Erkenntnisse

Dass alle unsere Erkenntnis mit der Erfahrung anfange, daran ist gar kein Zweifel; denn wodurch sollte das Erkenntnisvermögen sonst zur Ausübung erweckt werden, geschähe es nicht durch Gegenstände, die unsere Sinne rühren und teils von selbst Vorstellungen bewirken, teils unsere Verstandestätigkeit in Bewegung bringen, diese zu vergleichen, sie zu verknüpfen oder zu trennen, und so den rohen Stoff sinnlicher Eindrücke zu einer Erkenntnis der Gegenstände zu verarbeiten, die Erfahrung heißt? *Der Zeit nach* geht also keine Erkenntnis in uns vor der Erfahrung vorher, und mit dieser fängt alle an.

Wenn aber gleich alle unsere Erkenntnis *mit* der Erfahrung anhebt, so entspringt sie darum doch nicht eben alle *aus* der Erfahrung. Denn es könnte wohl sein, dass selbst unsere Erfahrungserkenntnis ein Zusammengesetztes aus dem sei, was wir durch Eindrücke empfangen, und dem, was unser eigenes Erkenntnisvermögen (durch sinnliche Eindrücke bloß veranlasst) aus sich selbst hergibt, welchen Zusatz wir von jenem Grundstoffe nicht eher unterscheiden, als bis lange Übung uns darauf aufmerksam und zur Absonderung desselben geschickt gemacht hat. Es ist also wenigstens eine der näheren Untersuchung noch benötigte und nicht auf den ersten Anschein sogleich abzufertigende Frage: ob es ein dergleichen von der Erfahrung und selbst von allen Eindrücken der Sinne unabhängiges Erkenntnis gebe. Man nennt solche *Erkenntnisse a priori*, und unterscheidet sie von den *empirischen*, die ihre Quellen a posteriori, nämlich in der Erfahrung, haben. [...]

Es kommt hier auf ein Merkmal an, woran wir sicher ein reines[1] Erkenntnis von empirischen unterscheiden können. Erfahrung lehrt uns zwar, dass etwas so oder so beschaffen sei, aber nicht, dass es nicht anders sein könne. Findet sich also *erstlich* ein Satz, der zugleich mit seiner *Notwendigkeit* gedacht wird, so ist er ein Urteil a priori; [...]. *Zwei-*

tens: Erfahrung gibt niemals ihren Urteilen wahre oder strenge, sondern nur angenommene und komparative *Allgemeinheit* (durch Induktion), sodass es eigentlich heißen muss: so viel wir bisher wahrgenommen haben, findet sich von dieser oder jener Regel keine Ausnahme. Wird also ein Urteil in strenger Allgemeinheit gedacht, d. i. so, dass gar keine Ausnahme als möglich verstattet wird, so ist es nicht von der Erfahrung abgeleitet, sondern schlechterdings a priori gültig. Die empirische Allgemeinheit ist also nur eine willkürliche Steigerung der Gültigkeit, von der, welche in den meisten Fällen, zu der, die in allen gilt, wie z. B. in dem Satze: alle Körper sind schwer; wo dagegen strenge Allgemeinheit zu einem Urteile wesentlich gehört, da zeigt diese auf einen besonderen Erkenntnisquell desselben, nämlich ein Vermögen des Erkenntnisses a priori. Notwendigkeit und strenge Allgemeinheit sind also sichere Kennzeichen einer Erkenntnis a priori, und gehören auch unzertrennlich zueinander. […]

Dass es nun dergleichen notwendige und im strengsten Sinne allgemeine, mithin reine Urteile a priori, im menschlichen Erkenntnis wirklich gebe, ist leicht zu zeigen. Will man ein Beispiel aus Wissenschaften, so darf man nur auf alle Sätze der Mathematik hinaussehen; will man ein solches aus dem gemeinsten Verstandesgebrauche, so kann der Satz, dass alle Veränderung eine Ursache haben müsse, dazu dienen; ja in dem letzteren enthält selbst der Begriff einer Ursache so offenbar den Begriff einer Notwendigkeit der Verknüpfung mit einer Wirkung und einer strengen Allgemeinheit der Regel, dass er gänzlich verloren gehen würde, wenn man ihn, wie *Hume* es tat, von einer öftern Beigesellung dessen was geschieht, mit dem was vorhergeht, und einer daraus entspringenden Gewohnheit, (mithin bloß subjektiven Notwendigkeit), Vorstellungen zu verknüpfen, ableiten wollte.

(Aus: Immanuel Kant: Kritik der reinen Vernunft. Philipp Reclam: Stuttgart 1966, S. 49 ff)

1 apriorisches

1 An welchen Stellen im Text argumentiert Kant eher empiristisch, an welchen eher rationalistisch?
2 Erläutern Sie anhand des Textes das Begriffspaar empirisch und a priori.
3 Geben Sie geeignete Beispiele an, um die komparative und die strenge Allgemeinheit zu verdeutlichen.
4 Wodurch unterscheiden sich strenge Allgemeinheit und Notwendigkeit? Machen Sie auch diesen Unterschied an Beispielen klar.

Analytische und synthetische Urteile
Kants Urteilstheorie ist die inhaltliche Grundlage, um seine Sichtweise der Erkenntnis vom Empirismus zu unterscheiden. Die Unterteilung der Urteile in analytische und synthetische gibt das begriffliche Instrumentarium an die Hand, um sich auch gegen den Rationalismus im Sinne Descartes' abzugrenzen.

Kant-Originaltext
In allen Urteilen, worin das Verhältnis eines Subjekts zum Prädikat gedacht wird, […] ist dieses Verhältnis auf zweierlei Art möglich. Entweder das Prädikat B gehört zum Subjekt A als etwas, was in diesem Begriffe A (versteckter Weise) enthalten ist; oder B liegt

Erläuterung von Begriffen
Ein Beispiel eines *Urteils* (bzw. einer Aussage) ist: „Menschen sind sterblich". Für Kant kommt ein solches Urteil dadurch zustande, dass die Begriffe „Mensch" und „Sterblichkeit" vom Verstand, also durch das Denken, objektiv verknüpft werden. Dem Subjektsbegriff „Mensch" wird so das Prädikat „sterblich" zugesprochen.

ganz außer dem Begriff A, ob es zwar mit demselben in Verknüpfung steht. Im ersten Fall nenne ich das Urteil *analytisch*, in dem andern *synthetisch*. [...].

Die ersteren könnte man auch *Erläuterungs-*, die anderen *Erweiterungsurteile* heißen, weil jene durch das Prädikat nichts zum Begriff des Subjekts hinzutun, sondern diesen nur durch Zergliederung in seine Teilbegriffe zerfällen, die in selbigem schon (obgleich verworren) gedacht waren: da hingegen die letzteren zu dem Begriffe des Subjekts ein Prädikat hinzutun, welches in jenem gar nicht gedacht war, und durch keine Zergliederung desselben hätte können herausgezogen werden.

Z. B. wenn ich sage: alle Körper sind ausgedehnt, so ist dieses ein analytisches Urteil. [...] Dagegen, wenn ich sage: alle Körper sind schwer, so ist das Prädikat etwas ganz anderes, als das, was ich in dem bloßen Begriff eines Körpers überhaupt denke. Die Hinzufügung eines solchen Prädikats gibt also ein synthetisches Urteil.

Erfahrungsurteile, als solche, sind insgesamt synthetisch. Denn es wäre ungereimt, ein analytisches Urteil auf Erfahrung zu gründen, weil ich aus meinem Begriffe gar nicht hinausgehen darf, um das Urteil abzufassen, und also kein Zeugnis der Erfahrung dazu nötig habe.

(Immanuel Kant: Kritik der reinen Vernunft. Philipp Reclam. Stuttgart 1966, S. 58 ff.)

Ein Beispiel für ein *analytisches Urteil* ist der Satz „Junggesellen sind unverheiratet." Für diesen Satz ist keine Erfahrung mit Junggesellen erforderlich. Er verdeutlicht nur einen inhaltlichen Bestandteil des Begriffes „Junggeselle". Weitere analytische Urteile zum Begriff „Junggeselle" sind die Sätze: „Junggesellen sind Männer." und „Junggesellen sind nicht geschieden." Analytische Urteile sind also Begriffsanalysen.

Erfahrungsurteile sind *synthetisch*.
Der Satz „Junggesellen sind Eigenbrötler" ist z. B. ein Erfahrungsurteil. Denn ich muss vorher Junggesellen beobachtet haben, um eine solche Aussage machen zu können.
Der Subjektsbegriff „Junggeselle" wird mithilfe der Erfahrung erweitert.

Im Folgenden erläutert Kant an einem Beispiel die analytischen und synthetischen Urteile.

Dass ein Körper ausgedehnt sei, ist ein Satz, der a priori feststeht, und kein Erfahrungsurteil [...].

Ich kann den Begriff des Körpers vorher *analytisch* durch die Merkmale der Ausdehnung, der Undurchdringlichkeit, der Gestalt etc., die alle in diesem Begriffe gedacht werden, erkennen. Nun erweitere ich aber meine Erkenntnis, und, indem ich auf die Erfahrung zurücksehe, von welcher ich diesen Begriff des Körpers abgezogen hatte, so finde ich mit obigen Merkmalen auch die Schwere jederzeit verknüpft, und füge also diese als Prädikat zu jenem Begriffe *synthetisch* hinzu. Es ist also die Erfahrung, worauf sich die Möglichkeit der Synthesis des Prädikats der Schwere mit dem Begriffe des Körpers gründet, weil beide Begriffe, obzwar einer nicht in dem andern enthalten ist, dennoch als Teile eines Ganzen, nämlich der Erfahrung [...] zueinander gehören.

(Immanuel Kant: Kritik der reinen Vernunft. Philipp Reclam: Stuttgart 1966, S. 60)

1 Der Satz „Alle Körper sind ausgedehnt." ist nach Kant analytisch. Stimmen Sie dieser These zu?

2 „Alle Körper sind schwer." ist nach Kant ein empirischer Satz und damit synthetisch. Ist Ihrer Meinung nach ein Körper vorstellbar, der nicht schwer ist?

Wie synthetische Urteile a posteriori, d. h. Erfahrungsurteile, möglich sind, wurde oben beschrieben. Welche Schwierigkeiten sich aber ergeben, wenn man die Möglichkeit synthetischer Urteile a priori zugesteht, erläutert der folgende Text:

Aber bei synthetischen Urteilen a priori fehlt dieses Hilfsmittel [der Erfahrung] ganz und gar. Wenn ich über den Begriff A hinausgehen soll, um einen andern B als damit verbunden zu erkennen, was ist das, worauf ich mich stütze, und wodurch die Synthesis möglich wird, da ich hier den Vorteil nicht habe, mich im Felde der Erfahrung darnach umzusehen? Man nehme den Satz: Alles, was geschieht, hat seine Ursache. [...] Aber der Begriff einer Ursache liegt ganz außer jenem Begriffe, und zeigt etwas von dem, was geschieht, Verschiedenes an, ist also in dieser letzteren Vorstellung gar nicht mit enthalten. Wie komme ich denn dazu, von dem, was überhaupt geschiehet, etwas davon ganz Verschiedenes zu sagen, und den Begriff der Ursache, ob zwar in jenem nicht enthalten, dennoch, als dazu und so gar notwendig gehörig, zu erkennen. Was ist hier das Unbekannte = X, worauf sich der Verstand stützt, wenn er außer dem Begriff von A ein demselben fremdes Prädikat B aufzufinden glaubt, welches er gleichwohl damit verknüpft zu sein erachtet. Erfahrung kann es nicht sein, weil der angeführte Grundsatz nicht allein mit größerer Allgemeinheit, sondern auch mit dem Ausdruck der Notwendigkeit, mithin gänzlich a priori und aus bloßen Begriffen, diese zweite Vorstellung zu der ersteren hinzugefügt hat. Nun beruht aus solchen synthetischen d. i. Erweiterungs-Grundsätzen die ganze Endabsicht unserer spekulativen Erkenntnis a priori; denn die analytischen sind zwar höchst wichtig und nötig, aber nur um zu derjenigen Deutlichkeit der Begriffe zu gelangen, die zu einer sicheren und ausgebreiteten Synthesis, als zu einem wirklich neuen Erwerb erforderlich ist.

(Immanuel Kant: Kritik der reinen Vernunft. Philipp Reclam: Stuttgart 1966, S. 61–63)

1 Analysieren Sie, ob die folgenden Sätze analytisch, empirisch oder synthetisch a priori sind:
   – Jede Wirkung hat eine Ursache.
   – Jede Veränderung hat eine Ursache.
   – Diese Veränderung hat jene Ursache.

Für die Urteile oder Erkenntnisse ergibt sich also folgende tabellarische Übersicht:

	analytisch	synthetisch
a priori	Begriffsanalysen	die meisten Sätze der Mathematik Grundlagen der Physik
a posteriori	Solche Urteile sind nicht möglich.	die empirischen Sätze in den Wissenschaften

Besonders die synthetischen Urteile a priori sind für den Fortgang der „Kritik der reinen Vernunft" von großer Bedeutung. Kant schreibt, dass die Klärung der Frage, wie synthetische Urteile a priori möglich seien, das Leitthema des ganzen Werks sei.

Der Begriff des Transzendentalen
Das Adjektiv „transzendental" umschreibt am treffendsten die methodische Besonderheit der Kantischen Erkenntnistheorie. In den folgenden beiden Sätzen wird es durch Kant definiert.

Ich nenne alle Erkenntnis transzendental, die sich nicht sowohl mit Gegenständen sondern mit unserer Erkenntnisart von Gegenständen, sofern diese a priori möglich sein soll, beschäftigt. […]
Nur die Erkenntnis kann transzendental heißen, dass […] Vorstellungen nicht empirischen Ursprungs seien und […] sich gleichwohl a priori auf Gegenstände der Erfahrung beziehen können.

(Immanuel Kant: Kritik der reinen Vernunft. Philipp Reclam: Stuttgart 1966, S. 74 und S. 125)

Aufgabe der transzendentalen Erkenntnis ist es also, offenzulegen und zu verdeutlichen, wie wir zu Sätzen a priori gelangen. Kant will klären, welche Leistungen des Erkenntnisvermögens als notwendig angesetzt werden müssen, damit die Möglichkeit synthetischer Sätze a priori einsichtig wird.
Transzendentale Erkenntnisse sind als „psychische Abläufe" nicht beobachtbar, sondern nur im Ausgang von ihren Leistungen als deren notwendige Voraussetzungen erschließbar.

Kant in geselliger Tafelrunde. Gemälde von Emil Doerstling (um 1900).

Kant lud regelmäßig nachmittags Freunde zum Essen ein, wobei philosophische Themen nicht angesprochen werden durften.
Erörtern Sie, ob der Maler mit der Darstellung der Tafelrunde eine bestimmte Absicht verband. Berücksichtigen Sie dabei, dass dieses Bild ca. 100 Jahre nach Kants Tod gemalt wurde.

5.3 Wie ist Mathematik möglich?

1 Was unterscheidet die Mathematik von den Regeln eines Schachspiels und der Schachtheorie?

2 In der mittelalterlichen Philosophie und selbst in der Neuzeit versuchte man die Existenz Gottes und die Unsterblichkeit der Seele zu beweisen. Die Unsterblichkeit der Seele glaubte man z. B. auf folgende Art herleiten zu können:

Die Seele ist (ihrem Begriff nach) einfach. Was einfach ist, hat keine Teile, aus denen es zusammengesetzt ist. Was keine Teile hat, kann nicht vergehen.
Ist damit Ihrer Meinung nach die Unsterblichkeit der Seele nachgewiesen?

3 Haben nach Ihrer Meinung ein Beweis der Mathematik und der oben beschriebene zur Unsterblichkeit der Seele die gleiche Beweiskraft? Berücksichtigen Sie dabei, dass die Mathematik und die Metaphysik gleichermaßen auf Grundlagen a priori beruhen.

Wie kann die Mathematik etwas objektiv Gültiges über die Welt aussagen, ohne sich dabei auf Erfahrungen zu stützen? Eine Antwort darauf ist: Ein paar gute Mathematiker hatten ein paar geniale Ideen und so passt die Mathematik zufällig zur Welt, genau wie ein Schlüssel zufälligerweise in ein Schloss passen kann.

Kant war davon überzeugt, dass die Mathematik im Gegensatz zur Logik nicht nur formale, sondern auch inhaltliche Aussagen über die Welt macht. Mathematik setzt sich für ihn im Wesentlichen nicht aus analytischen, sondern aus synthetischen Sätzen a priori zusammen. Indem er sich die Aufgabe gestellt hatte, die Möglichkeit aller synthetischen Urteile a priori in einer transzendentalen Untersuchung darzulegen, wird die Beantwortung der Frage nach der Möglichkeit von Mathematik zum Thema seiner philosophischen Analyse. Um das Problem zu lösen, muss zunächst der Aufbau des menschlichen *Erkenntnisvermögens* beschrieben werden.

Kant-Originaltext

Unsre Erkenntnis entspringt aus zwei Grundquellen des Gemüts, deren die erste ist, die Vorstellungen zu empfangen (die **Rezeptivität der Eindrücke**), die zweite das Vermögen, durch diese Vorstellungen einen Gegenstand zu erkennen (**Spontaneität der Begriffe**); durch die erstere wird uns ein Gegenstand *gegeben*, durch die zweite wird dieser im Verhältnis auf jene Vorstellung (als bloße Bestimmung des Gemüts) *gedacht*. Anschauung und Begriffe machen also die Elemente aller unsrer Erkenntnis aus, so dass weder Begriffe, ohne ihnen auf einige Art korrespondierende Anschauung, noch Anschauung ohne Begriffe, ein Erkenntnis abgeben können. Beide sind entweder rein oder empirisch. *Empirisch,* wenn Empfindung (die die wirkliche Gegenwart des Gegenstandes voraussetzt), darin enthalten ist, *rein* aber, wenn der Vorstellung keine

Begriffserläuterungen

Die *Rezeptivität,* von Kant auch Sinnlichkeit genannt, ist der passive Teil des Erkenntnisvermögens. Sie nimmt Sinneseindrücke auf und präsentiert sie als Wahrnehmungen.

Mit *Spontaneität* meint Kant nicht die Fertigkeit eines Menschen, spontan handeln zu können. Vielmehr ist damit die Fähigkeit des Erkenntnisvermögens beschrieben, das Angeschaute aktiv mittels des Denkens begrifflich zu bestimmen.
In jedem Erkenntnisprozess müssen beide Teile mitwirken: Das Denken bedarf eines präsentierten Inhalts, um sich darauf beziehen zu können. Das Angeschaute benötigt das Denken, um erkannt zu werden, der Wahrnehmungsinhalt wird durch den Verstand begrifflich bestimmt. Ich kann eine Wahrnehmung haben, aber zu *wissen,* dass ich ein *Haus* sehe, setzt die Bestimmungsleistung des Denkens voraus, die sich in Urteilen ausdrückt, z. B. in dem Satz: „Dies ist ein Haus".

Empfindung beigemischt ist. Man kann die letztere die Materie der sinnlichen Erkenntnis nennen. Daher enthält reine Anschauung lediglich die Form, unter welcher etwas angeschaut wird, und reiner Begriff allein die Form des Denkens eines Gegenstandes überhaupt. Nur allein **reine Anschauungen oder Begriffe** sind a priori möglich, **empirische** nur a posteriori.

Wollen wir die *Rezeptivität* unseres Gemüts, Vorstellungen zu empfangen, sofern es auf irgend eine Weise affiziert wird, Sinnlichkeit nennen; so ist dagegen das Vermögen, Vorstellungen selbst hervorzubringen, oder die *Spontaneität* des Erkenntnisses, der *Verstand*. Unsere Natur bringt es so mit sich, dass die *Anschauung* niemals anders als *sinnlich* sein kann, d.i. nur die Art enthält, wie wir von Gegenständen affiziert werden. Dagegen ist das Vermögen, den Gegenstand sinnlicher Anschauung zu denken, der Verstand. Keine dieser Eigenschaften ist der andern vorzuziehen. Ohne Sinnlichkeit würde uns kein Gegenstand gegeben, und ohne Verstand keiner gedacht werden. Gedanken ohne Inhalt sind leer, Anschauungen ohne Begriffe sind blind. […] Beide Vermögen, oder Fähigkeiten, können auch ihre Funktionen nicht vertauschen. Der Verstand vermag nichts anzuschauen, und die Sinne nichts zu denken. Nur daraus, dass sie sich vereinigen, kann Erkenntnis entspringen.
(Immanuel Kant: Kritik der reinen Vernunft. Philipp Reclam: Stuttgart 1966, S. 119 f.)

Ich kann einzelne Gegenstände anschauen. Ein *Begriff* enthält immer gemeinsame Merkmale vieler Gegenstände, er ist somit allgemein.
Wenn ich ein Tier sehe, so habe ich eine *empirische Anschauung*.
Unter dem Begriff „Katze" stelle ich mir die gemeinsamen Merkmale aller Lebewesen einer bestimmten Tiergattung vor. Dieser Begriff stützt sich auf Beobachtung und Erfahrung. Er kann somit als Beispiel eines *empirischen Begriffs* gelten.

Eine Kugel, einen Quader oder eine Gerade kann ich mir bildhaft vorstellen. Vor meinem „inneren Auge" erscheint dann ein bestimmter, natürlich nur vorgestellter Gegenstand. Ich habe eine *reine Anschauung*, weil diese Anschauung ja nicht auf einer wirklichen Beobachtung beruht.
Ich kann auch darüber nachdenken, welche gemeinsamen Eigenschaften alle von mir vorgestellten Kugeln haben und komme zu dem Schluss, dass alle Punkte der Oberfläche vom Mittelpunkt dieselbe Entfernung haben, ich habe mir einen *reinen Begriff* der Kugel gebildet.

1 Was unterscheidet Anschauung, Denken und Erkennen?
2 Lässt sich Kants These, dass das Denken einer Anschauung bedarf, um zur Erkenntnis zu gelangen, mit Platons und Descartes' Sicht des Erkennens vereinbaren? Begründen Sie Ihre Antwort. Berücksichtigen Sie hierzu auch das Liniengleichnis von Platon.

Die Existenz apriorischer Begriffe hat schon die idealistische und rationalistische Tradition gelehrt. (Vgl. 1.2) Anders verhält es sich bei den Anschauungen. Dass es auch apriorische Anschauungen gibt und damit apriorische Elemente unserer Sinnlichkeit, diese These hat Kant in die philosophische Diskussion eingebracht.
Weil apriorische Anschauungen nachweisbar sind, kann sich das Denken auf sie beziehen und es entstehen wirkliche Erkenntnisse. Diese sind synthetische Sätze a priori. Hier liegt der Schlüssel zum Verständnis der Mathematik.

Raum und Zeit als apriorische Formen der Anschauungen

1. Haben die Sinnesdaten Einfluss auf die Raum- und Zeitvorstellung? Glauben Sie, dass z. B. ein Blinder eine andere Raum- und Zeitvorstellung hat als jemand, der sehen kann?
2. Beschreiben Sie, wie ein Mensch Ihrer Meinung nach zur Vorstellung von Raum und Zeit gelangt.
3. Wäre eine räumlich-zeitliche Welt ohne Gegenstände vorstellbar?
4. Könnte man sich umgekehrt eine Anordnung von Gegenständen vorstellen, die nicht in einer Raum-Zeitwelt enthalten wäre?
5. Ist die Welt aus mehreren Räumen zusammengesetzt oder sind die endlichen Räume nur Teile eines einzigen, sie umfassenden Raumes?

Im folgenden Text analysiert Kant die Bedeutung von Raum und Zeit für unsere Wahrnehmungen.

Vermittelst des äußeren Sinnes, (einer Eigenschaft unsres Gemüts) stellen wir uns Gegenstände als außer uns, und diese insgesamt im Raume vor. [...]
Der innere Sinn, vermittelst dessen das Gemüt sich selbst, oder seinen inneren Zustand anschauet, gibt zwar keine Anschauung von der Seele selbst, als einem Objekt; allein es ist doch eine bestimmte Form, unter der die Anschauung ihres innern Zustandes allein möglich ist, so, dass alles, was zu den innern Bestimmungen gehört, in Verhältnissen der Zeit vorgestellt wird. Äußerlich kann die Zeit nicht angeschaut werden, so wenig wie der Raum, als etwas in uns. Was sind nun Raum und Zeit? Sind es wirkliche Wesen? Sind es zwar nur Bestimmungen, oder auch Verhältnisse der Dinge, aber doch solche, welche ihnen auch an sich zukommen würden, wenn sie auch nicht angeschaut würden, oder sind sie solche, die nur an der Form der Anschauung allein haften, und mithin an der subjektiven Beschaffenheit unseres Gemüts, ohne welche diese Prädikate gar keinem Dinge beigeleget werden können?

(Aus: Immanuel Kant: Kritik der reinen Vernunft. Philipp Reclam: Stuttgart 1966, S. 84)

1. Was meint Kant mit äußerem, was mit innerem Sinn? Lassen sich diese mit bestimmten Sinnesorganen identifizieren?
2. Welche Eigenschaften haben Raum und Zeit, und worin unterscheiden sie sich?

Für Kant steht fest, dass Raum und Zeit keine „wirklichen Wesen" sind, sondern „an der subjektiven Beschaffenheit unseres Gemüts" haften. Sie sind also keine empirischen Eigenschaften der Dinge, sondern apriorische Zutaten unseres Erkenntnisvermögens. Im folgenden Text begründet Kant dies in Bezug auf den Raum.

1) Der Raum ist kein empirischer Begriff, der von äußeren Erfahrungen abgezogen worden. Denn damit gewisse Empfindungen auf etwas außer mich bezogen werden, (d.i. auf etwas in einem andern Orte des Raumes, als darin ich mich befinde,) imgleichen damit ich sie als außer und *nebeneinander*, mithin nicht bloß verschieden, sondern als in verschiedenen Orten vorstellen könne, dazu muss die Vorstellung des Raumes schon zum Grunde liegen. Demnach kann die Vorstellung des Raumes nicht [...] durch Erfahrung erborgt sein, sondern diese äußere Erfahrung ist selbst nur durch gedachte Vorstellung allererst möglich.

2) Der Raum ist eine notwendige Vorstellung a priori, die allen äußeren Anschauungen zum Grunde liegt. Man kann sich niemals eine Vorstellung davon machen, dass kein Raum sei, ob man sich gleich ganz wohl denken kann, dass keine Gegenstände darin angetroffen werden. Er wird also als die Bedingung der Möglichkeit der Erscheinungen, und nicht als eine von ihnen abhängende Bestimmung angesehen, und ist eine Vorstellung a priori, die notwendiger Weise äußeren Erscheinungen zum Grunde liegt.

(Aus: Immanuel Kant: Kritik der reinen Vernunft. Philipp Reclam: Stuttgart 1966, S. 85 f)

1 Warum ist nach Kant die Raumvorstellung a priori?

Die Modi der Zeit sind nach Kant das Nacheinander- und das Zugleichsein. Ich veranschauliche mir die Zeit als Gerade, deren Punkte die Zeitpunkte repräsentieren. Sie ist – im Gegensatz zum Raum – ein Teil meines inneren Erlebens. Alle Wünsche, Gefühle, alle Vorstellungen werden als zeitliche Phänomene von mir registriert. Da die äußeren Wahrnehmungen auch als Bewusstseinsphänomene aufgenommen werden, ist die Zeit somit in allen Wahrnehmungen enthalten, während der Raum nur die äußeren Wahrnehmungen betrifft; bekanntlich hat ein inneres Erlebnis keine räumliche Ausdehnung. Da die Zeit wie der Raum auch eine *apriorische Anschauungsform* ist, können Gegenstände nur als in Raum und Zeit ausgedehnt angeschaut werden. Die Apriorität von Raum und Zeit hat eine wichtige Konsequenz, sie macht die Existenz der Mathematik verständlich. Bezogen auf den Raum begründet sie die Möglichkeit der Geometrie.

Geometrie ist eine Wissenschaft, welche die Eigenschaften des Raums synthetisch und doch a priori bestimmt. […] Denn die geometrischen Sätze sind insgesamt apodiktisch, d. i. mit dem Bewusstsein ihrer Notwendigkeit verbunden, z. B. der Raum hat nur drei Abmessungen; dergleichen Sätze aber können nicht empirische oder Erfahrungsurteile sein, noch aus ihnen geschlossen werden. […]
Wie kann nun eine äußere Anschauung [die des Raumes] dem Gemüte beiwoh-

Die Zeit selbst ist nicht wahrnehmbar, die Dinge sind aber in der Zeit wahrnehmbar.

nen, die vor den Objekten selbst vorhergeht […]? Offenbar nicht anders, als so fern sie bloß im Subjekte […] ihren Sitz hat, also nur als Form des äußeren *Sinnes* überhaupt. Also macht allein unsere Erklärung die *Möglichkeit der Geometrie* als einer synthetischen Erkenntnis a priori begreiflich.

(Aus: Immanuel Kant: Kritik der reinen Vernunft. Philipp Reclam: Stuttgart 1966, S. 88)

1 Erläutern Sie, wie die Geometrie als ein System von synthetischen Sätzen a priori möglich ist.
2 Sind Punkte und Geraden als Elemente der Geometrie im Sinne Kants Gegenstände einer reinen Anschauung oder erkannte Objekte?
3 Kant schreibt: „Der Raum hat drei Abmessungen". Informieren Sie sich über Einsteins Relativitätstheorie und analysieren Sie, ob man im Ausgang von dieser Theorie der These Kants zustimmen kann.

5.4 Wie ist Erfahrung möglich?

1 Stellen Sie sich vor: Zwei Personen wandern gemeinsam, um fernab vom städtischen Trubel die Natur zu genießen. Person A ist ein großer Bewunderer der einheimischen Tier- und Pflanzenwelt und hat diese auch eingehend studiert. Person B hat eigentlich keine biologischen Interessen und Kenntnisse. Sie schätzt vielmehr die frische Luft und die Entspannung, die eine solche Unternehmung für sie mit sich bringt. Man befragt beide nachher, was sie gesehen haben. Beschreiben Sie die möglichen Antworten.
2 Ist Ihrer Meinung nach die Antwort zulässig, dass Person A mehr sieht als Person B?

In den beiden Aufgaben geht es um den Zusammenhang zwischen der Wahrnehmung und dem Erfahrungswissen, das man aus den Wahrnehmungen gewinnt. Nicht einzelne Sinnesdaten, sondern Wahrnehmungen als Komplexe von Sinnesdaten stehen für Kant am Anfang des Erkenntnisprozesses. Die Wahrnehmungen enthalten eine „Mannigfaltigkeit" von Inhalten, die „synthetisiert werden", so die Kantische Diktion, sie sind immer schon räumlich und zeitlich strukturiert. Bei der Aufnahme der Sinnesdaten verhält sich das erkennende Subjekt passiv. In unserem Beispiel haben die beiden Spaziergänger ständig Wahrnehmungen der näheren Umgebung, sie sind der Ausgangspunkt für alle darauf aufbauenden Erkenntnisse. Die Person A wird im Wesentlichen nicht mehr wahrnehmen als die Person B. Sie wird aber sicherlich mehr erkennen, weil sie sich vorher mithilfe des Verstandes eine viel differenziertere Begrifflichkeit erworben hat, die sie nun einsetzen kann, um bestimmte Zusammenhänge zu erfassen. Im folgenden Text erörtert Kant die Rolle des Verstandes bei der Erfahrung:

Allein die *Verbindung* […] eines Mannigfaltigen überhaupt, kann niemals durch Sinne in uns kommen, […] denn sie ist ein Actus der Spontaneität der Vorstellungskraft, und, da man diese, zum Unterschiede von der Sinnlichkeit, Verstand nennen muss, so ist alle Verbindung, wir mögen uns ihrer bewusst werden oder nicht, es mag eine Verbindung des Mannigfaltigen der Anschauung oder mancherlei Begriffe […] sein, eine Verstandeshandlung, die wir mit der allgemeinen Benennung *Synthesis* belegen würden, um dadurch zugleich bemerklich zu machen, dass wir uns nichts, als im Objekt verbunden, vorstellen können, ohne es vorher selbst verbunden zu haben, und unter al-

len Vorstellungen die *Verbindung* die einzige ist, die nicht durch Objekte gegeben, sondern nur vom Subjekte selbst verrichtet werden kann, weil sie ein Actus seiner Selbsttätigkeit ist. […]
Aber der Begriff der Verbindung führt außer dem Begriffe des Mannigfaltigen, und der Synthesis desselben, noch den der Einheit desselben bei sich. Verbindung ist Vorstellung der *synthetischen* Einheit des Mannigfaltigen Die Vorstellung dieser Einheit kann also nicht aus der Verbindung entstehen, sie macht vielmehr dadurch, dass sie zur Vorstellung des Mannigfaltigen hinzukommt, den Begriff der Verbindung allererst möglich.

(Immanuel Kant: Kritik der reinen Vernunft. Philipp Reclam: Stuttgart 1966, S. 173 ff.)

Der Verstand fasst also die Inhalte der Anschauung unter Einheitsgesichtspunkten zusammen. In anderen Textstellen fügt Kant hinzu, dass sich diese Zusammenfassung anhand von Urteilen vollzieht. Dabei greift der Verstand auf Begriffe zurück, die als Prädikate in diesen Urteilen verwendet werden.

Zurück zu unserem Beispiel. Einer der beiden Spaziergänger stellt fest: „Dies ist eine Eiche." Wie muss man diese Aussage im Sinne Kants interpretieren? Der Sprecher hat aus der Vielzahl von Sinneseindrücken diejenigen herausgefiltert, die für diese Erkenntnis relevant sind. Bei der Betrachtung der Blätter könnte er festgestellt haben, dass sie alle eine Form haben, die für eine Eiche charakteristisch ist, er könnte aber auch auf Grund der äußeren Gestalt des Baumes zu dieser Aussage gelangt sein. Die Abstraktion erlaubt also die Einordnung unter einen Begriff, und diese ermöglicht das Urteil und damit Erfahrungserkenntnis.

Der Verstand greift also beim Erkennen auf Begriffe zurück. Nach Kant lassen sich alle begrifflichen Bestimmungen auf insgesamt zwölf Grundbegriffe reduzieren, die er – in Anlehnung an Aristoteles – als Kategorien bezeichnet.

Tafel der Kategorien

1. Quantität:
Einheit
Vielheit
Allheit

2. Qualität:
Realität
Negation
Limitation

3. Relation:
der *Inhärenz* und Subsistenz
(substantia et accidens)
der *Kausalität* und Dependenz
(Ursache und Wirkung)
der *Gemeinschaft*
(Wechselwirkung zwischen dem Handelnden und Leidenden)

4. Modalität:
Möglichkeit – Unmöglichkeit
Dasein – Nichtsein
Notwendigkeit – Zufälligkeit

(Immanuel Kant: Kritik der reinen Vernunft. Philipp Reclam: Stuttgart 1966, S. 140)

Der Gebrauch der Kategorien soll an einigen Beispielen verdeutlicht werden.
Wenn ich einen Sandhaufen sehe, kann ich diesen als *Einheit* („Haufen aus Sand") oder als Vielheit von Sandkörnern auffassen. Ich habe entweder die Kategorie der „*Einheit*" oder der „*Vielheit*" angewendet. Je nach Gebrauch erhalte ich verschiedene Gegenstände, obwohl die zugrunde liegende Anschauung gleich ist.

Die *Kategorie der „Realität"* erlaubt mir, dem Gegenstand eine Eigenschaft als objektive Bestimmung zuzuschreiben. Ich sage z. B. „Die Blume ist rot." Damit zeige ich an, dass ich die Blume nicht bloß subjektiv als rot erlebe, sondern dass sie unabhängig davon in Wirklichkeit rot ist.

Die Anwendung der *Substanzkategorie* lässt sich an folgenden Sätzen demonstrieren: „Das Rote ist ein blumiges." und „Die Blume ist rot." Es ist offensichtlich, dass nur der zweite Satz sinnvoll ist. Ich kann die Begriffe „Blume" und „rot" nur so aufeinander beziehen, dass „Blume" ein Etwas ist, über das die Eigenschaft „rote Farbe" ausgesagt wird. „Blume" ist der Substanz-, „rot" der Akzidenzbegriff.

In der Bestimmung nach den *Kategorien der Modalität* gewinne ich keine neuen Einsichten über den jeweiligen Begriff. Es geht vielmehr darum, ob es einen diesem Begriff entsprechenden Gegenstand geben könnte (Möglichkeit), wirklich gibt (Dasein) oder geben muss (Notwendigkeit). Es könnte z. B. sein, dass es im Sonnensystem einen weiteren Planeten geben könnte; wirklich ist er nur, wenn ich seine Existenz wahrnehmen kann; notwendig ist seine Existenz, wenn nach den Gesetzen der Astronomie bestimmte Phänomene nur durch seine Existenz erklärt werden können. Keine dieser Bestimmungen erweitert allerdings unser Wissen über die Eigenschaften dieses Planeten wie etwa seine Größe, seine Oberflächenbeschaffenheit etc.

Durch die Anwendung der Kategorien kann ich Inhalte der Anschauung begrifflich bestimmen, nur so gelange ich zu wirklichen Einsichten. Man könnte vermuten, dass die sinnliche Anschauung Objekte präsentiert. Nach Kant werden aber in einer sinnlichen Anschauung lediglich räumlich überformte Ansammlungen von sinnlichen Informationen vorgestellt. Komplexe von Sinnesdaten sind aber (noch) keine erkannten Gegenstände. Zu dieser Einsicht war Kant durch die Auseinandersetzung mit Humes Erkenntnistheorie gelangt. Mit den Sinnesdaten wird auch nicht deren objektive Verknüpfung übermittelt. Wenn die Sinnlichkeit keine objektive Einheit von Sinnesdaten herstellen kann, muss sie durch den Verstand hervorgebracht werden.

Der Verstand konstituiert nicht nur *objektives Wissen,* sondern der Verstandesgebrauch ist auch die Voraussetzung dafür, dass *Objekte* für mich *existieren.* Wie man sich das vorzustellen hat, erläutert der nachfolgende Text.

Das erste reine Verstandeserkenntnis also, worauf sein ganzer übriger Gebrauch sich gründet, welches auch zugleich von allen Bedingungen der sinnlichen Anschauung ganz unabhängig ist, ist nun der Grundsatz der ursprünglichen synthetischen Einheit der Apperzeption[1]. So ist die bloße Form der äußeren sinnlichen Anschauung, der Raum, noch gar keine Erkenntnis; er gibt nur das Mannigfaltige der Anschauung a priori zu einem möglichen Erkenntnis. Um aber irgend etwas im Raume zu erkennen, z. B. eine Linie, muss ich sie *ziehen,* und also eine bestimmte Verbindung des gegebenen Mannigfaltigen synthetisch zu Stande bringen, so, dass die Einheit dieser Handlung zugleich die Einheit des Bewusstseins (im Begriffe einer Linie) ist, und dadurch allererst ein Objekt (ein bestimmter Raum) erkannt wird.

Die synthetische Einheit des Bewusstseins ist also eine objektive Bedingung aller Erkenntnis, nicht deren ich bloß selbst bedarf, um ein Objekt zu erkennen, sondern unter der jede Anschauung stehen muss, *um für mich Objekt zu werden,* weil auf andere Art, und ohne diese Synthese, das Mannigfaltige sich nicht in einem Bewusstsein vereinigen würde.

(Immanuel Kant: Kritik der reinen Vernunft. Philipp Reclam: Stuttgart 1966, S. 180)

1   Selbstbewusstsein

Kant stellt im Text einen Zusammenhang zwischen Objekt- und Selbstbewusstsein her. Als Ausgangspunkt für dessen Darstellung wählt er ein Beispiel: Ich müsse eine Linie ziehen, um sie zu erkennen. Wenn ich etwas im Raum als Linie identifiziere, so setzt dies voraus, dass durch den Verstand in meinem Bewusstsein Teile der Linie aneinander gereiht wurden und mir diese Verbindung als Einheit bewusst wird. Ich muss hierzu Vorstellungen und Bewusstseinszustände verknüpfen. Wo finde ich in meinem Bewusstsein Hinweise auf eine solche Verbindung von Vorstellungen? Es gibt einen wesentlichen Anhaltspunkt, denn alle Vorstellungen sind *meine Vorstellungen*. Das Selbstbewusstsein ist der Punkt, in dem alle Vorstellungen fokussiert sind. Kant bringt diesen Sachverhalt an anderer Stelle auf die Formel: Das „Ich denke" muss alle meine Vorstellungen begleiten können. (Vgl. II, 3.5) Wo es aber eine Einheit gibt, muss diese hergestellt worden sein. Demzufolge kann ein „tätiges" Selbstbewusstsein unterstellt werden, das Vorstellungen in einem, nämlich in meinem Bewusstsein vereint. Das tätige Selbstbewusstsein ist nichts anderes als der Verstand, der nach bestimmten objektiven Vorgaben, den Kategorien, sinnliche Informationen in einem Bewusstsein vereint und damit zugleich aus sinnlichen Daten ein Objekt „formt". Diese kategoriale Einheit der Vorstellungen unterscheidet sich grundlegend von einer assoziativen Verknüpfung der Vorstellungen, wie sie von Hume vertreten wurde. Darauf weist Kant im folgenden Text hin.

Nach den Letzteren (den Gesetzen der Assoziation) würde ich nur sagen können: Wenn ich einen Körper trage, so fühle ich einen Druck der Schwere; aber nicht: er, der Körper ist schwer, welches so viel sagen will, als, diese beiden Vorstellungen sind im Objekt, d. i. ohne Unterschied des Zustandes des Subjekts, verbunden und nicht bloß in der Wahrnehmung (so oft sie auch wiederholt sein mag) beisammen.

(Immanuel Kant: Kritik der reinen Vernunft. Philipp Reclam: Stuttgart 1966, S. 184)

Ich bin also in der Lage zwischen der subjektiv erlebten Schwere und der objektiven Eigenschaft eines Körpers, dass er eine bestimmte Masse hat, zu unterscheiden. Diese Unterscheidung macht es nachvollziehbar, dass mir ein Gegenstand als erkanntes Objekt „entgegensteht".

Die synthetische Einheit des Selbstbewusstseins ist kein individuelles psychisches Phänomen, es meint auch nicht das je individuelle Ich, das durch die eigene Lebensgeschichte geprägt ist. Sie ist eine transzendentale Voraussetzung aller Objektivität und des Objektbewusstseins. Man könnte sie als „allgemeines Selbstbewusstsein" bezeichnen, welches allen Menschen gemeinsam ist. Indem es Objektivität konstituiert, garantiert es Intersubjektivität und dadurch die Gewissheit, dass wir alle in derselben Welt leben.

1 Angenommen, ein Kind wird taub und blind geboren. Kann dieses Kind Ihrer Meinung von der Existenz einer Außenwelt wissen? Falls ja, auf welche Weise würde es Ihrer Meinung nach zu einer solchen Kenntnis gelangen? Informieren Sie sich über die Schriftstellerin Helen Keller.

2 Stellen Sie sich Folgendes vor: Ein neugeborenes Kind wäre vollkommen unfähig, sinnliche Informationen aufzunehmen und konnte mithilfe der Medizin am Leben erhalten werden. Wäre dies Kind in der Lage, ein Bewusstsein aufzubauen? Begründen Sie Ihre Antwort.

3 Wäre Ihrer Meinung nach ein menschliches Bewusstsein denkbar, das über kein Ich-Bewusstsein verfügt?

4 Wie hängen Raumvorstellung, Bewusstsein und die synthetische Einheit der Apperzeption zusammen?

5 Meine bisherigen Erlebnisse könnten meine Persönlichkeit, meine Art zu denken und zu empfinden, meine moralischen Wertmaßstäbe geprägt haben. Welcher Zusammenhang besteht zwischen diesem „empirischen Ich", das ich wahrnehme, und dem transzendentalen Ich der synthetischen Einheit der Apperzeption?

6 Informieren Sie sich in II, 3.5 ausführlicher über Kants Theorie des Selbstbewusstseins. Vergleichen Sie das „Ich denke" nach Kant mit dem cartesianischen „cogito".

5.5 Wie ist Naturwissenschaft möglich?

Es gibt nach Kant bestimmte synthetische Sätze a priori, die die Rahmenbedingungen für die Naturwissenschaften formulieren. Ein Beispiel ist der Satz: „Alle Veränderungen geschehen nach dem Grundsatz von Ursache und Wirkung." Seine Geltung ist jedoch problematisch, wie der Wissenschaftsjournalist Paul-Heinz Koesters deutlich macht:

Unser Wissen besteht aus Sätzen wie: „Weil die Sonne aufgeht, wird es hell, weil ich Brot esse, werde ich satt, weil es heiß ist, schmilzt die Butter, weil ich Gas gebe, fährt das Auto schneller" usw. Alle diese Sätze besitzen eine Gemeinsamkeit: Sie sprechen von einer Ursache, die eine Wirkung auslöst. Die Wahrheit solcher Sätze ermöglicht uns erst, uns in der Welt zurechtzufinden und in ihr zu leben. Denn wir erklären uns alle Vorgänge im Himmel und auf Erden damit, dass Dinge bzw. Ereignisse andere Dinge bzw. Ereignisse bewirken. Doch einen Beweis für unsere unumstößliche Wahrheit können wir nicht vorlegen. Denn wir beobachten gar nicht, dass die Butter wegen der Hitze schmilzt, sondern wir nehmen lediglich wahr, dass die Butter weich wird, nachdem die Hitze eingesetzt hat. Die beiden Ereignisse stellen sich also uns nur in einem zeitlichen Zusammenhang dar. Dass die eintretende Hitze und die schmelzende Butter auch ursächlich oder innerlich miteinander verknüpft sind, geht aus dem Vorgang nicht hervor. Denn im ersten Ereignis (Hitze) steckt, wenn wir es isoliert betrachten, kein Anhaltspunkt, der auf das zweite Ereignis (Schmelzende Butter) hinweist. Und so geht es auch mit der Sonne: Es wird nicht hell wegen der Sonne, sondern es wird hell, nachdem die Sonne anfängt zu scheinen. Wir nehmen wiederum nur einen zeitlichen Zusammenhang wahr, behaupten aber einen kausalen. Wenn uns aber die Dinge und Ereignisse keinen Beweis dafür liefern, dass sie nach dem Prinzip von Ursache und Wirkung ablaufen, so haben wir logisch gesehen auch kein Recht dazu, dies zu behaupten.

(Paul-Heinz Koesters: Deutschland deine Denker. Gruner und Jahr: Hamburg 1980, S. 203)

Kant selbst verdeutlicht seine Lösung des Problems an zwei Beispielen.

So ist [...] die Apprehension des Mannigfaltigen[1] in der Erscheinung eines Hauses, das vor mir steht, sukzessiv. Nun ist die Frage: ob das Mannigfaltige dieses Hauses selbst auch in sich sukzessiv sei, welches freilich niemand zugeben wird. [...]
Jede Apprehension einer Begebenheit ist [...] eine Wahrnehmung, welche auf eine andere folgt. Weil dieses aber bei aller Synthesis der Apprehension so beschaffen ist, wie ich oben an der Erscheinung eines Hauses gezeigt habe, so unterscheidet sie sich dadurch noch nicht von andern. Allein ich bemerke auch: dass, wenn ich an einer Erscheinung, welche ein Geschehen enthält, den vorhergehenden Zustand der Wahrnehmung A, den folgenden aber B nenne, dass B auf A in der Apprehension nur folgen, die Wahrnehmung A aber auf B nicht folgen, sondern nur vorhergehen kann.

Ich sehe z. B. ein Schiff den Strom hinab treiben. Meine Wahrnehmung seiner Stelle unterhalb folgt auf die Wahrnehmung der Stelle desselben oberhalb dem Laufe des Flusses, und es ist unmöglich, dass in der Apprehension dieser Erscheinung das Schiff zuerst unterhalb, nachher aber oberhalb des Stromes wahrgenommen werden sollte. Die Ordnung in der Folge der Wahrnehmungen in der Apprehension ist hier also bestimmt, und an dieselbe ist die letztere gebunden.

In dem vorigen Beispiele von einem Hause konnten meine Wahrnehmungen in der Apprehension von der Spitze desselben anfangen, und beim Boden endigen, aber auch von unten anfangen, und oben endigen, imgleichen rechts oder links das Mannigfaltige der empirischen Anschauung apprehendieren. In der Reihe dieser Wahrnehmungen war also keine bestimmte Ordnung, welche es notwendig machte, wenn ich in der Apprehension anfangen müsste, um das Mannigfaltige empirisch zu verbinden. Diese Regel aber ist bei der Wahrnehmung von dem, was geschieht, jederzeit anzutreffen, und sie macht die Ordnung der einander folgenden Wahrnehmungen (in der Apprehension dieser Erscheinung) *notwendig*.

(Immanuel Kant: Kritik der reinen Vernunft. Philipp Reclam: Stuttgart 1966, S. 270–272)

1 Apprehension des Mannigfaltigen oder Synthesis der Apprehension ist ein konkret ablaufender Wahrnehmungsprozess, bei dem einfach die Wahrnehmungen faktisch aneinander gereiht und in dieser Reihenfolge bewusst werden. Sie darf nicht mit der „kategorialen Synthesis" verwechselt werden.

1 In beiden Fällen, bei der Beobachtung das Hauses und der des Schiffes, folgen Wahrnehmungen in der Zeit aufeinander. Welcher grundlegende Unterschied besteht nach Kant zwischen beiden Wahrnehmungsabläufen?

Wenn die Reihenfolge der Wahrnehmungen nicht umkehrbar ist, geht das erkennende Subjekt davon aus, dass es ein in seinem Ablauf objektiv bestimmtes Geschehen wahrnimmt. Die notwendige Abfolge der Wahrnehmungen in der Zeit wird durch die Kategorie der Kausalität begründet. Sobald ich also eine Bewegung registriere, betrachte ich das in der Zeit vorangehende Ereignis als Verursacher des in der Zeit nachfolgenden. Hume hatte die Frage gestellt: Was berechtigt uns einen kausalen Zusammenhang zu unterstellen, wo wir lediglich einen zeitlichen wahrnehmen? Die Antwort von Kant lautet: Ein Geschehen ist als Geschehen überhaupt nur verstehbar, weil der zeitliche Zusammenhang ein Resultat der Anwendung der Kategorie der Kausalität ist. Die kausale Verbindung tritt also zur zeitlichen nicht hinzu, sondern die kausale begründet sie.

Die große Bedeutung der Kausalität für die Naturwissenschaft ist offensichtlich. Denn das Hauptgeschäft des Wissenschaftlers besteht darin, für bestimmte Phänomene oder Ereignisse Erklärungen zu finden. Dies ist gleichbedeutend damit, dass man deren Ursachen aufdecken muss. Apriorische Prinzipien wie das Kausalprinzip sind für Kant nicht nur möglich, sondern sogar notwendig, um Objektivität zu begründen; ohne das Kausalprinzip wäre „Bewegung" als Geschehen in der Welt gar nicht vorstellbar. Die vollständige Determination des Naturgeschehens durch die Kausalität gilt deshalb, weil es eine Welt sonst nicht gäbe. „Wunder", bei denen die Kausalität außer Kraft gesetzt wäre, kann es für Kant deshalb nicht geben.

1 Angenommen, etwas setzt sich in Bewegung. Ist es vorstellbar, dass dieses Ereignis keine Ursache hat?
2 Welches Grundanliegen verbindet Hume mit seiner Analyse der Kausalität?
3 Zeigen Sie die unterschiedlichen Ergebnisse auf, die sich bei Humes und Kants Analyse der Kausalität ergeben.

Mit der Beantwortung der Frage, wie Naturwissenschaft möglich ist, wird zugleich die Erörterung eines anderen Problems abgeschlossen: *Wie sind synthetische Urteile a priori möglich?* Gültige synthetische Sätze a priori gibt es, weil sie sich zum einen auf Zeit und Raum als Formen der Anschauung beziehen, und zum anderen, weil der Verstand anhand der Kategorien Anschauungen und Erfahrungen im vorhinein strukturiert und dadurch eine Erfahrungswelt schafft. Raum und Zeit sowie die Kategorien garantieren, dass es eine objektive und damit intersubjektive Wirklichkeit gibt.

Die Apriorität von Raum und Zeit führt außerdem zu einer grundlegenden Unterscheidung der Gegenstände in *Erscheinungen* und *Dinge an sich*. Mit Erscheinung ist der von mir als Subjekt in Zeit und Raum wahrgenommene Gegenstand gemeint, während das Ding an sich dessen Existenzweise beschreibt, wie sie unabhängig von meiner Art des Wahrnehmens beschaffen sein mag. Indem Kant Raum und Zeit als subjektive, gleichwohl für alle Menschen notwendige „Zutaten" des menschlichen Erkenntnisvermögens nachgewiesen hat, macht es keinen Sinn mehr zu sagen, man nehme die Gegenstände wahr, wie sie an sich beschaffen sind, denn wir sehen sie ja durch die „Brille" der Raum-Zeitlichkeit. Dieses bedeutet nicht, dass unsere Wahrnehmungen Schein sind, denn das Wahrgenommene ist real. Es ist nur geprägt durch Raum und Zeit. Das Ding an sich ist demzufolge ein Grenzbegriff. Er beinhaltet die Vorstellung eines Objekts, wie es unabhängig von unserer Sinnlichkeit beschaffen sein mag, diese Beschaffenheit können wir uns aber nicht einmal vorstellen, geschweige denn erkennen. Raum und Zeit sowie die Kategorien verzerren nicht unsere Wahrnehmungen und Erkenntnisse der Welt, sondern sie sind Garanten dafür, dass es eine Wirklichkeit als Welt von Objekten überhaupt gibt.

1 Der folgende Text ist einem Brief vom 22. 3. 1801 entnommen, den der Schriftsteller **Heinrich v. Kleist** an Wilhelmine v. Zenge geschrieben hat. In ihm schildert Kleist seine Rezeption der Kantischen Erkenntnistheorie und deren Bedeutung für sein Leben:

Vor kurzem ward ich mit der neueren sogenannten Kantischen Philosophie bekannt – und Dir muss ich jetzt daraus einen Gedanken mitteilen, indem ich nicht fürchten darf, dass er Dich so tief, so schmerzhaft erschüttern wird, als mich. Auch kennst Du das Ganze nicht hinlänglich, um sein Interesse vollständig zu begreifen. Ich will indessen so deutlich sprechen, als möglich. Wenn alle Menschen statt der Augen grüne Gläser hätten, so würden sie urteilen müssen, die Gegenstände, welche sie dadurch erblicken, sind grün – und nie würden sie entscheiden können, ob ihr Auge ihnen die Dinge zeigt, wie sie sind, oder ob es nicht etwas zu ihnen hinzutut, was nicht ihnen, sondern dem Auge gehört. So ist es mit dem Verstande. Wir können nicht entscheiden, ob das, was wir Wahrheit nennen, wahrhaft Wahrheit ist, oder ob es uns nur so scheint. Ist das letzte, so ist die Wahrheit, die wir hier sammeln nach dem Tode nicht mehr – und alles Bestreben, ein Eigentum sich zu erwerben, das uns auch in das Grab folgt, ist vergeblich –.
Ach, Wilhelmine, wenn die Spitze dieses Gedankens Dein Herz nicht trifft, so lächle nicht über einen andern, der sich tief in seinem heiligsten Innern davon verwundet fühlt. Mein einziges, mein höchstes Ziel ist gesunken, und ich habe nun keines mehr. Seit diese Überzeugung, nämlich, dass hienieden keine Wahrheit zu finden ist, vor meine Seele trat, habe ich nicht wieder ein Buch angerührt. Ich bin untätig in meinem Zimmer umhergegangen, ich habe mich an das offene Fenster gesetzt, ich bin hinausgelaufen ins Freie, eine innerliche Unruhe trieb mich zuletzt in Tabagien und *Kaffeehäuser*, ich habe Schauspiele und Konzerte besucht, um mich zu zerstreuen, *ich habe sogar, um*

mich zu betäuben, eine Torheit begangen, die Dir Karl lieber *erzählen mag* als *ich, und dennoch war* der einzige Gedanke, den meine Seele in diesem äußeren Tumulte mit glühender Angst bearbeitete, immer nur dieser: dein einziges, dein höchstes Ziel ist gesunken – […]

(Heinrich von Kleist: An Wilhelmine von Zenge [22. März 1801]. In: Heinrich von Kleist: Sämtliche Werke und Briefe II. Hanser: München 1970, S. 634)

Ist Kleists Interpretation der Kantischen Erkenntnistheorie Ihrer Meinung nach richtig? In welchen Punkten kann man ihr zustimmen, in welchen Punkten nicht?

5.6 Warum ist eine übersinnliche Metaphysik unmöglich?

Kants Überlegungen zur „Kritik der reinen Vernunft" zeigen nicht nur, wie wir erkennen, sie zeigen auch, was wir nicht erkennen können. In der traditionellen Metaphysik war man davon überzeugt, die Unsterblichkeit der Seele und die Existenz Gottes durch reines Nachdenken beweisen zu können. Kant weist im Einzelnen nach, dass solche Beweise sämtlich auf Fehlschlüssen beruhen. Ein Beispiel ist seine Widerlegung des *ontologischen Gottesbeweises,* der in der Metaphysik Descartes' einen hohen Stellenwert hatte. In dessen Variante dieses Beweises bedeutet die Vorstellung Gottes den Inbegriff eines vollkommenen Wesens, und da der Begriff Vollkommenheit die Existenz einschließe, müsse Gott existieren. Kant hält dem entgegen, dass z. B. Güte, Allmacht und Allwissenheit Eigenschaften sind, die mit dem Begriff Gottes verbunden sind. „Gott ist allmächtig" ist also ein analytischer Satz. Die Existenz zählt aber nicht zu den Merkmalen eines Begriffs: „Die Existenz ist kein reales Prädikat", so Kant, wobei „real" hier „sachhaltig" bedeutet. (Vergleiche auch die Erläuterungen zu den Kategorien.) Folglich ist „Gott existiert" ein synthetischer Satz. Synthetische Sätze können aber nur wahr sein, wenn sie sich auf Anschauungen beziehen. Im ontologischen Gottesbeweis wird aber vom Begriff Gottes – ohne jede Anschauung – auf seine Existenz geschlossen. Also ist dieser logische Schluss falsch.

Als Schlussfolgerung aus Kants Erkenntnistheorie ergibt sich, dass allgemeingültiges Wissen nur dann möglich ist, wenn sich Denken auf anschaulich Gegebenes bezieht. Die unsterbliche Seele und Gott können weder – wie die Gegenstände der Geometrie – in einer reinen Anschauung noch in einer empirischen Wahrnehmung präsentiert werden. Folglich kann man über sie keine gesicherten inhaltlichen Aussagen machen.

Auch die menschliche Willensfreiheit – ebenfalls ein wichtiges Thema der traditionellen Metaphysik – ist für Kant durch bloßes Nachdenken nicht erkennbar, weil sie nicht empirisch wahrgenommen werden kann. Jede Handlung ist ein Geschehen in der Erscheinungswelt und muss sich durch andere Ereignisse erklären lassen, z. B. die Bewegung meiner Hand durch ihre physiologischen Ursachen. Die Naturkausalität muss daher einerseits als universales Prinzip vorausgesetzt werden, ohne das es überhaupt keine Natur gäbe. Selbst bei psychischen Abläufen und bei Handlungen sucht z. B. der Psychologe berechtigterweise nach Ursachen. Andererseits gilt das Kausalprinzip nach Kant nur für die Erscheinungswelt, denn erst der Verstand erzeugt die kausale Struktur der Welt durch die kategoriale Bestimmung des anschaulich Gegebenen nach Ursache und Wirkung. Daher wäre es *denkbar,* dass der Mensch als vernünftiges Wesen, das in dieser Hinsicht in der Erscheinungswelt nicht vorkommt, von „außen" in die Erscheinungswelt eingreift. Wenn ein Mensch aus vernünftigen moralischen Überlegungen heraus handelt, so können wir diese Motivation als eine zweite Verursachung neben den erkennbaren natürlichen Ursachen dieser Handlung annehmen.

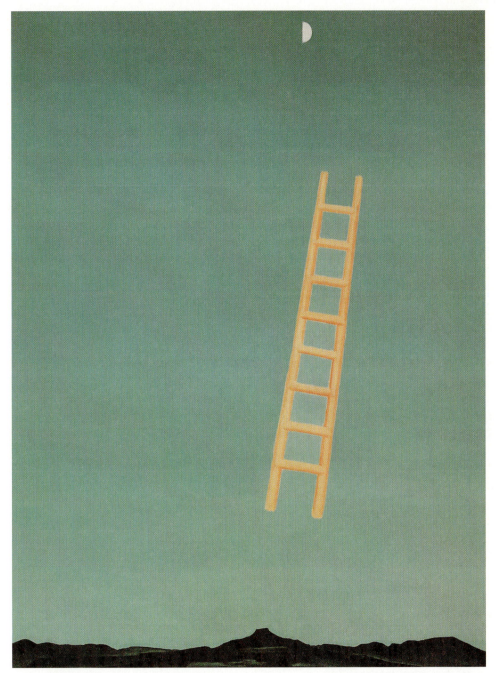

Georgia O'Keeffe: Leiter zum Mond (1958). Öl auf Leinwand, 101,6 x 76,2 cm. New York, Collection Emily Fisher-Landau

Die Pointe des Kantischen Gedankens besteht darin, dass er in der Frage von *Freiheit und Naturkausalität* das *Entweder-Oder* der klassischen Metaphysik in ein mögliches „*Sowohl-als-auch*" umwandelt. Kants Unterscheidung zwischen Ding-an-sich und Erscheinung schafft damit den Raum, um sich Willensfreiheit in einer kausal determinierten Welt der Erscheinungen vorstellen - aber nicht erkennen – zu können. Die Denkmöglichkeit einer Kausalität aus Freiheit schafft für Kant die Grundlage für die Ethik. (Vgl. auch „Zugänge" 1, „Die Auflösung des Freiheitsproblems bei Kant")

1 Verdeutlichen Sie an einem Beispiel, dass es möglicherweise Sinn macht zugleich psychische Gesetzmäßigkeiten und Denkakte als Ursachen von Handlungen anzunehmen.

Die beiden folgenden Darstellungen sind Versuche die Erkenntnistheorie von Kant zu visualisieren. Das zweite Bild wurde von einer Studentin gemalt. Die urwüchsige Flusslandschaft im Vordergrund steht für die Sinnlichkeit, die Burganlage im Bildhintergrund symbolisiert den Ausgangspunkt des Denkens. Es ergibt sich folgende Alternative: Entweder kann sich das Denken ausschließlich innerhalb der Burg bewegen, oder es kann die Burg verlassen und anschließend verschiedene Richtungen einschlagen.

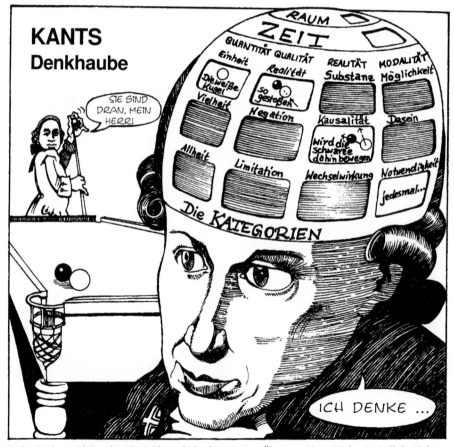

Richard Osborne: Philosophie. Eine Bildergeschichte für Einsteiger. Übers. von Birger Brinkmeier. Wilhelm Fink: München 1995, S. 110

Zeichnung: Anneke Hansen

1 Versuchen Sie wichtige Aspekte der Kantischen Philosophie mit bestimmten Bildelementen zu identifizieren.
2 Welche der beiden Darstellungen visualisiert Kants Erkenntnistheorie am treffendsten?
3 Versuchen Sie selbst ein Bild zu Kants Erkenntnistheorie zu entwerfen.

6 Kritik an Kant und an der Erkenntnistheorie überhaupt

Kants Lehren leiten besonders in Deutschland eine kreative Phase der Philosophie ein, die durch seine Gedanken inspiriert wird. Das transzendentale Selbstbewusstsein wird z. B. bei Fichte (1762–1814) zum absoluten Ich, das sich als Tätigkeit die Welt erschafft. Fichte hebt damit Kants Trennung von Sinnlichkeit und Verstand ebenso auf wie die von Erkenntnissubjekt und Objekt. Bei den Vertretern des Deutschen Idealismus wie Fichte und Hegel (1770–1831) setzt sich die Ansicht durch, dass Kant auf halbem Weg stehen geblieben sei, seine Philosophie müsse demzufolge noch vollendet werden. Seine Konzeption des Dings an sich, seine Skepsis gegenüber einer spekulativen Metaphysik werden von den Vertretern des Deutschen Idealismus abgelehnt.

Die philosophischen Systeme Fichtes und Hegels sind von ihrem Selbstverständnis her keine Erkenntnistheorien mehr, sondern metaphysische Systeme, die Kants Erkenntniskritik zu überwinden suchen. Kants Philosophie markiert das Ende der klassischen Erkenntnistheorie. Obwohl im 19. Jahrhundert versucht wird, im Ausgang von Kant die erkenntnistheoretische Diskussion wieder aufzunehmen, wird sie im 20. Jahrhundert durch die Wissenschaftstheorie ersetzt.

Die kritische Grundhaltung der Erkenntnistheorie gegenüber soll im Folgenden beispielhaft durch Texte von Hegel, Heidegger und Nietzsche dokumentiert werden.

6.1 Georg Wilhelm Friedrich Hegel: Das Erkennen ist kein Werkzeug

Für Hegel ist Kant Repräsentant der Erkenntnistheorie. Diese wird von Hegel aus dem Horizont seines eigenen metaphysischen Systems und dessen Erkenntniszuversicht grundsätzlich abgelehnt. Seine Kritikpunkte trägt er in dem folgenden Textauszug vor:

Das Erkennen wird vorgestellt als ein Instrument, die Art und Weise, wie wir uns der Wahrheit bemächtigen wollen; ehe man also an die Wahrheit selbst gehen könne, müsse man zuerst die Natur, die Art seines Instruments erkennen. Es ist tätig; man müsse sehen, ob dies fähig sei, das zu leisten, was gefordert wird, – den Gegenstand zu packen; man muss wissen, was es an dem Gegenstand ändert, um diese Änderungen nicht mit den Bestimmungen des Gegenstandes selbst zu verwechseln. Es ist, als ob man mit Spießen und Stangen auf die Wahrheit losgehen könnte. […] Das Erkenntnisvermögen untersuchen heißt, es erkennen. Die Forderung ist also diese: man soll das Erkenntnisvermögen erkennen, ehe man erkennt; es ist dasselbe wie mit dem Schwimmenwollen, ehe man ins Wasser geht. Die Untersuchung des Erkenntnisvermögens ist selbst erkennend, kann nicht zu dem kommen, zu was es kommen will, weil es selbst dies ist, – nicht zu sich kommen, weil es bei sich ist. […]

Inzwischen, wenn die Besorgnis, in Irrtum zu geraten, ein Misstrauen in die Wissenschaft[1] setzt, welche ohne dergleichen Bedenklichkeiten ans Werk selbst geht und wirklich erkennt, so ist nicht abzusehen, warum nicht umgekehrt ein Misstrauen in dies Misstrauen gesetzt und besorgt werden soll, dass diese Furcht zu irren schon der Irrtum selbst ist. In der Tat setzt sie etwas und zwar manches als Wahrheit voraus und stützt darauf ihre Bedenklichkeiten und Konsequenzen, was selbst vorher zu prüfen ist, ob es Wahrheit sei.

(Georg Wilhelm Friedrich Hegel: Vorlesungen über die Geschichte der Philosophie III. Theorie-Werkausgabe Bd. 20. Hrssg. v. Eva Moldenhauer und Karl Markus Michel. Suhrkamp: Frankfurt/M. 1971, S. 333 f.)

1 Wissenschaft: Hegel meint damit seine eigene metaphysische Systemphilosophie

1 Welche Aspekte der Kantischen Erkenntnistheorie könnte Hegel gemeint haben, wenn er schreibt, das Erkennen werde als ein Instrument vorgestellt?
2 Erläutern Sie das Zitat: „Man muss wissen, was es an dem Gegenstand ändert, um diese Änderungen nicht mit dem Gegenstand selbst zu verwechseln."
Ist damit die Erkenntnistheorie Kants angemessen wiedergegeben?
3 Aus welchen prinzipiellen Gründen enthält jede Erkenntnistheorie nach Hegel einen Selbstwiderspruch?
4 Sind Ihrer Meinung nach die Kritikpunkte Hegels an der Erkenntnistheorie im Allgemeinen und an der kantischen Variante im Besonderen berechtigt?

6.2 Martin Heidegger: Das In-der-Welt-sein als Fundierung des Erkennens

Schon Karl Marx (1818–1886) hatte den Vorrang der praktischen Betätigung, der Arbeit, vor dem Erkennen betont. Im 20. Jahrhundert vertritt der amerikanische Pragmatismus in dieser Frage einen ähnlichen Standpunkt. Auch Martin Heidegger (1889–1976) stellt in seinem philosophischem Hauptwerk „Sein und Zeit" die gleiche These auf: Der unmittelbare und primäre Weltbezug wird durch menschliche Tätigkeit hergestellt. Außerdem hat Heidegger das Verhältnis von Mensch und Welt neu bestimmt. Beide Momente fließen in seine Kritik an der traditionellen Erkenntnistheorie ein:
Wenn man in seiner Lebensgeschichte zurückblickt und sich die ersten bewussten Momente der eigenen Existenz ins Gedächtnis bringt, wird man nie auf ein bloßes „Ich" stoßen. Vielmehr ist dieses „Ich" immer schon verknüpft mit einer Umwelt. Man hat dieses oder jenes getan, man befand sich an diesem oder jenen Ort.
Damit ist der Ausgangspunkt von Heideggers Verständnis des Menschen schon angedeutet. Es macht keinen Sinn ein weltloses „Subjekt" als Ausgangspunkt für eine Analyse des Menschen anzusetzen. Deshalb vermeidet er die für den Menschen in der klassischen Erkenntnistheorie gebräuchliche Bezeichnung „Subjekt" und benutzt stattdessen das Wort „Dasein". Das Ich ist für Heidegger immer auf Welt hin orientiert, es existiert nur als Bezogenheit auf Welt. Das Ich erschafft sich gleichsam, indem es sich in der Welt engagiert. Im täglichen „Besorgen", im Hantieren mit den Dingen, in der Kommunikation mit den Menschen hat es sich mit seiner Umwelt vertraut gemacht. Das Dasein hat sich Welt „erschlossen". Diese Struktur, die sich durch die Praxis herausgebildet hat und in die Ich und Welt immer schon eingebettet sind, in der ich mir immer schon eine Deutung der eigenen Existenz und der Welt, ein „Seinsverständnis" gegeben habe, bezeichnet Heidegger als „In-der-Welt-sein". Es bildet den thematischen Hintergrund, wenn er die Erkenntnisheorie kritisiert.

Wenn über dieses [das Erkennen] […] reflektiert wird, ist zunächst gegeben ein Seiendes, genannt Natur, als das, was erkannt wird. An diesem Seienden ist das Erkennen selbst nicht anzutreffen. Wenn es überhaupt „ist", dann gehört es einzig dem

Seienden zu, das erkennt. Aber auch an diesem Seienden, dem Menschending, ist das Erkennen nicht vorhanden. In jedem Falle ist es nicht so äußerlich feststellbar wie etwa leibliche Eigenschaften. Sofern nun das Erkennen diesem Seienden zugehört, aber nicht äußerliche Beschaffenheit ist, muss es „innen" sein. Je eindeutiger man nun festhält, dass das Erkennen zunächst und eigentlich „drinnen" ist, ja überhaupt nichts von der Seinsart eines physischen und psychischen Seienden hat, um so voraussetzungsloser glaubt man in der Frage nach dem Wesen der Erkenntnis und der Aufklärung des Verhältnisses zwischen Subjekt und Objekt vorzugehen. Denn nunmehr erst kann ein Problem entstehen, die Frage nämlich: Wie kommt dieses erkennende Subjekt aus seiner inneren „Sphäre" hinaus in eine „andere und äußere"? Wie kann das Erkennen überhaupt einen Gegenstand haben, wie muss der Gegenstand selbst gedacht werden, damit am Ende das Subjekt ihn erkennt, ohne dass es den Sprung in eine andere Sphäre zu wagen braucht? Bei diesem vielfach variierenden Ansatz unterbleibt aber durchgängig die Frage nach der Seinsart dieses erkennenden Subjekts, dessen Seinsweise man doch ständig unausgesprochen immer schon im Thema hat, wenn über sein Erkennen gehandelt wird. Zwar hört man jeweils die Versicherung, das Innen und die „innere Sphäre" des Subjekts sei gewiss nicht gedacht wie ein „Kasten" oder ein „Gehäuse". Was das „Innen" der Immanenz aber positiv bedeutet, darin das Erkennen zunächst eingeschlossen ist, und wie der Seinscharakter dieses „Innenseins" des Erkennens in der Seinsart des Subjekts gründet, darüber herrscht Schweigen. Wie immer aber auch diese Innensphäre ausgelegt werden mag, sofern nur die Frage gestellt wird, wie das Erkennen aus ihr „hinaus" gelange und eine „Transzendenz" gewinne, kommt an den Tag, dass man das Erkennen problematisch findet, ohne zuvor geklärt zu haben, wie und was dieses Erkennen denn überhaupt sei, das solche Rätsel aufgibt. In diesem Ansatz

Heidegger in seiner Hütte im Schwarzwald, in die er sich oft zurückzog.

bleibt man blind gegenüber dem, was mit der vorläufigsten Thematisierung des Erkenntnisphänomens schon unausdrücklich mitgesagt wird: Erkennen ist ein Seinsmodus des Daseins als In-der-Welt-sein, es hat seine […] Fundierung in dieser Seinsverfassung. Diesem Hinweis auf den phänomenalen Befund – Erkennen ist eine Seinsart des In-der-Welt-seins – möchte man entgegenhalten: mit einer solchen Interpretation des Erkennens wird aber doch das Erkenntnisproblem vernichtet; was soll denn noch gefragt werden, wenn man voraussetzt, das Erkennen sei schon bei seiner Welt, die es doch erst im Transzendieren des Subjekts erreichen soll? […]

Wenn wir jetzt danach fragen, was sich an dem phänomenalen Befund des Erkennens selbst zeigt, dann ist festzuhalten, dass das Erkennen selbst vorgängig gründet in einem Schon-sein-bei-der-Welt, als welches das Sein von Dasein wesenhaft konstituiert. Dieses Schon-sein-bei ist zunächst nicht lediglich ein starres Begaffen eines puren Vorhandenen. […] Damit Erkennen als betrachtendes Bestimmen des Vorhandenen möglich sei, bedarf es vorgängig einer Defizienz des besorgenden Zu-tun-habens mit der Welt. Im Sichenthalten von allem Herstellen, Hantieren u. dgl. legt sich das Besorgen in den jetzt noch einzig verbleibenden Modus des In-Seins, in das Nur-noch-verweilen bei … Auf dem Grunde dieser Seinsart zur Welt, die das innerweltlich begegnende Seiende nur noch in seinem puren Aussehen begegnen lässt, und als Modus dieser Seinsart ist ein ausdrückliches Hinsehen auf das so Begegnende möglich.

(Martin Heidegger: Sein und Zeit. Max Niemeyer: Tübingen 1993, S. 60 f.)

1 Wie entsteht nach Heidegger das Erkenntnisproblem? Warum ist dieses Problem eigentlich unlösbar?
2 Warum verschwindet das Erkenntnisproblem, wenn man Heideggers Konzeption des In-der-Welt-seins zugrunde legt?
3 Erörtern Sie die Auswirkungen, die Heideggers Analyse des Erkenntnisproblems für die Wissenschaften hat.

Heideggers Analyse der Erkenntnis bedeutet eine Aufwertung der Lebenswelt. Da nämlich Erkenntnis und somit auch Wissenschaft auf dieser aufbauen, ist es keineswegs zulässig diese zu missachten oder zu übergehen. Die klassische Erkenntnistheorie hat diesen Fehler gemacht. Daraus hat sich eine falsche Sichtweise des Subjekts, des Objekts und der Erkenntnis ergeben, die eine vermeidbare philosophische Aporie zur Folge hatte. In das gleiche Dilemma manövriert sich die gegenwärtige Wissenschaft, wenn sie z. B. den Menschen als Ding oder, wie Heidegger formuliert, als „Vorhandenes" einstuft. (Vgl. II, 5.4)

6.3 Friedrich Nietzsche: Die Destruktion des Ichs und der Wahrheit

Als die weitestgehende Kritik an der Erkenntnistheorie kann der Standpunkt Friedrich Nietzsches (1844–1900) angesehen werden. Im folgenden Text wendet sich Nietzsche besonders gegen Descartes' Auffassung, dass alles Wissen durch ein denkendes Subjekt begründet werde, und gegen Platons Grundeinstellung, nach der philosophisches Räsonnement als Suche nach Wahrheit zu interpretieren sei. Aber auch die Erkenntnistheorie Kants und Fichtes (vgl. II, 3.5) ist mit gemeint.

„Dass aber „unmittelbare Gewissheit", ebenso wie […] „Ding an sich", eine *contradictio in adjecto*[1] in sich schließt, werde ich hundertmal wiederholen: man sollte sich doch endlich von der Verführung der Worte losmachen! Mag das Volk glauben, dass Erkennen ein zu Ende-Kennen sei, der Philosoph muss sich sagen: wenn ich den Vorgang zerlege, der in dem Satz „ich denke" ausgedrückt ist, so bekomme ich eine Reihe von verwegenen Behauptungen, deren Begründung schwer, vielleicht unmöglich ist, – zum Beispiel, dass ich es bin, der denkt, dass überhaupt ein Etwas es sein muss, das denkt, dass Denken eine Tätigkeit und Wirkung seitens eines Wesens ist, welches als Ursache gedacht wird, dass es ein „Ich" gibt, endlich, dass es bereits feststeht, was mit Denken zu bezeichnen ist – dass ich *weiß*, was Denken ist. Denn wenn ich nicht darüber mich schon bei mir entschieden hätte, wonach sollte ich abmessen, dass, was eben geschieht, nicht vielleicht „Wollen" oder „Fühlen" sei? Genug, jenes „ich denke" setzt voraus, dass ich meinen augenblicklichen Zustand mit andern Zuständen, die ich an mir kenne, *vergleiche*, um so festzusetzen, was er ist: wegen dieser Rückbeziehung auf anderweitiges „Wissen" hat er für mich jedenfalls keine unmittelbare Gewissheit. – An Stelle jener „unmittelbaren Gewissheit", an welche das Volk im gegebenen Falle glauben mag, bekommt dergestalt der Philosoph eine Reihe von Fragen der Metaphysik in die Hand, recht eigentliche Gewissensfragen des Intellekts, welche heißen: „Woher nehme ich den Begriff Denken? Warum glaube ich an Ursache und Wirkung? Was gibt mir das Recht, von einem Ich, und gar von einem Ich als Ursache, und endlich noch von einem Ich als Gedanken-Ursache zu reden?" Wer sich mit der Berufung auf eine Art *Intuition* der Erkenntnis getraut, jene metaphysischen Fragen sofort zu beantworten, wie es der tut, welcher sagt: „ich denke und weiß, dass dies wenigstens wahr, wirklich, gewiss ist" – der wird bei einem Philosophen heute ein Lächeln und zwei Fragezeichen bereitfinden. „Mein Herr", wird der Philosoph ihm vielleicht zu verstehen geben, „es ist unwahrscheinlich, dass sie sich nicht irren; aber warum auch durchaus Wahrheit?"

(Friedrich Nietzsche: Jenseits von Gut und Böse. Erstes Hauptstück: Von den Vorurteilen der Philosophen. Friedrich Nietzsche: Werke III. Hrsg. v. Karl Schlechta. Ullstein TB: Frankfurt/M. – Berlin – Wien 1969, S. 25 f.)

[1] contradictio in adjecto: Widerspruch in der Beifügung. Beispiel: Ein animalischer Mensch

1 Aus welchen Gründen beinhaltet das „ich denke" keine unmittelbare Gewissheit?
2 Belegen Sie am Text, dass sich Nietzsches Kritik auch auf Kants Erkenntnistheorie beziehen lässt.
3 Warum ist die Wahrheit als solche für Nietzsche fragwürdig?

Nietzsches Philosophie markiert eine Abgrenzung zur traditionellen, an Platon orientierten europäischen Tradition. Noch gravierender sind die Auswirkungen auf das Paradigma der neuzeitlichen Bewusstseinsphilosophie in der Nachfolge Descartes'. Mit Nietzsche beginnt eine Entwicklung, die im 20. Jahrhundert das denkende Subjekt aus dem Zentrum philosophischer Analyse hinausdrängt. Die Existenz eines Ichs als „Träger" des Denkens und Erkennens ist fragwürdig geworden. Dasselbe trifft auf die Wahrheit als Endzweck des Philosophierens zu. Während man in der Antike noch glaubte, zur Wahrheit durch denkende Betrachtung der Welt gelangen zu können, stand für Descartes und auch noch für Kant fest, dass das Erkenntnissubjekt die Wahrheit verbürgt. Nietzsche zweifelt die Existenz dieses Ichs an und damit zugleich die Möglichkeit von Letztbegründung. Seine Philosophie hat dazu beigetragen, dass ein prinzipieller Relativismus in der Philosophie des 20. Jahrhunderts an Bedeutung gewonnen hat.

Ljubow Sergejewna Popowa: Der Philosoph (1915). St. Petersburg, Staatliches russisches Museum

Lassen sich Ihrer Meinung nach Parallelen herstellen zwischen Popowas Bild und der Descartes-Kritik Nietzsches? Berücksichtigen Sie dabei auch das Bild auf S. 39.

7 Moderne Wissenschaftstheorie

7.1 Gewissheit nach dem Vorbild der Naturwissenschaften

In den Schriften eines berühmten Philosophen findet sich die folgende Stelle: „Die Vernunft ist die Substanz wie die unendliche Macht, sich selbst der unendliche Stoff alles natürlichen und geistigen Lebens, wie die unendliche Form, die Betätigung dieses ihres Inhalts. Die Substanz ist sie, nämlich das, wodurch und worin alle Wirklichkeit ihr Sein und Bestehen hat."[1]
Solche sprachlichen Erzeugnisse machen manchen Leser ungeduldig, und er würde wahrscheinlich das Buch am liebsten ins Feuer werfen, da er kein Wort davon versteht. [...] Stellen wir uns einmal einen Naturwissenschaftler vor, der gewöhnt ist, seine Worte so zu gebrauchen, dass jeder Satz einen Sinn hat. Seine Behauptungen sind so formuliert, dass er immer in der Lage ist, ihre Wahrheit zu beweisen. Er hat nichts dagegen, wenn sich in diesem Beweis lange und komplizierte Gedankengänge finden, und er hat keine Angst vor abstrakter Logik. Aber er verlangt, dass die abstrakten Gedankengänge in Verbindung stehen mit dem, was seine Augen sehen und seine Ohren hören und seine Finger fühlen. Was würde ein geschulter Naturwissenschaftler zu dem obigen Zitat sagen? Die Worte „Stoff" und „Substanz" sind ihm nicht unbekannt. Er hat sie oft in Beschreibungen von Experimenten benutzt [...]. Aber was für eine Art Stoff ist nun die Basis für alles natürliche und geistige Leben? [...] Wahrscheinlich will er [der Philosoph] sagen, dass sich alle Geschehnisse in der Welt so vollziehen, dass sie einem vernünftigen Zweck dienen. Das ist wenigstens eine verständliche Annahme, wenn ihre Wahrheit auch fragwürdig ist. Wenn das aber alles ist, was der Philosoph sagen will, warum muss er es auf so dunkle Weise ausdrücken?

(Hans Reichenbach: Der Aufstieg der wissenschaftlichen Philosophie. Friedrich Vieweg Verlag: Braunschweig 1968, S. 13–14)

1 Das Zitat stammt aus Hegels Einleitung zu seiner Geschichtsphilosophie

1 Was kritisiert Hans Reichenbach, der Autor dieses Textes, an der Philosophie und was stellt er ihr entgegen?

2 Teilen Sie sein Unbehagen an der Philosophie und halten Sie seine Kritik für berechtigt?

Die Kritik an der Philosophie, sie sei bloß haltlose Spekulation, führe – anders als die Einzelwissenschaften – zu keinen sicheren Ergebnissen und mache keine wirklichen Fortschritte, ist nicht neu; Hume, Kant und viele andere sahen dies ähnlich und hatten die Philosophie auf den „sicheren Weg einer Wissenschaft" bringen wollen. Am Anfang des 20. Jahrhunderts erhielt diese Kritik aber eine neue Bedeutung. Auf der einen Seite hatten sich inzwischen die Naturwissenschaften und große Teile der Philosophie immer weiter voneinander entfernt; während die Naturwissenschaften gewaltige Fortschritte machten und das Leben der Menschen zunehmend prägten, gab es in der Philosophie viele einander widersprechende und zum Teil sehr spekulative Schulen wie z. B. die Hegels. Auf der anderen Seite hatten verschiedene Philosophen und Logiker (Frege, Russell u. a.) Ende des 19. Jahrhunderts eine neue an der Mathematik orientierte Logik entwickelt, die eine genauere Analyse

Nach dem „Anschluss" Österreichs (1938): Adolf Hitler spricht auf einer Kundgebung vom Balkon der Wiener Hofburg.

mathematischer, naturwissenschaftlicher und philosophischer Aussagen und Probleme ermöglichte.

Dies war der Ausgangspunkt für eine Gruppe von Philosophen, bei der Suche nach sicherem Wissen – der Aufgabe der Erkenntnistheorie seit Platon – neue Wege zu beschreiten, mit den Naturwissenschaften als Vorbild und den Mitteln der neuen Logik als Analyseinstrument. Man nennt diese Gruppe den „Wiener Kreis", da viele ihrer wichtigsten Mitglieder in den 20er- und 30er-Jahren des 20. Jahrhunderts in Wien arbeiteten. Wien war damals ein wichtiges geistiges Zentrum mit bedeutenden Künstlern, Komponisten, Schriftstellern und Wissenschaftlern, darunter viele jüdischer Herkunft (z. B. Freud, Popper und Wittgenstein). Nach dem „Anschluss" Österreichs an Deutschland und der Verfolgung durch die Nationalsozialisten emigrierten fast alle Mitglieder des Wiener Kreises in angelsächsische Länder. Zusammen mit ähnlich orientierten Philosophen in England vertraten sie den so genannten *„logischen Positivismus"* – auch „Neopositivismus" oder „logischer Empirismus" genannt –, und begründeten damit die *„analytische Philosophie"*, die sich auf die logische und sprachliche Analyse philosophischer Probleme konzentriert. Mit ihren umfangreichen Untersuchungen zur Grundlegung der Naturwissenschaften leisteten die Positivisten entscheidende Beiträge zur philosophischen Disziplin der „Wissenschaftstheorie". Sie können hier nicht im Einzelnen dargestellt werden, im Folgenden geht es vielmehr um den grundsätzlichen Ansatz dieser philosophischen Richtung. Ihr Programm beschreibt der oben schon zu Wort gekommene Philosoph Hans Reichenbach folgendermaßen:

Es ist ein weit verbreiteter Glaube, dass Philosophie und Spekulation unzertrennlich sind. Man ist der Ansicht, dass dem Philosophen keine Methoden zur Verfügung stehen, die zu objektiver Wahrheit führen, [...] dass die Philosophie mit Wissenschaft nichts zu tun hat. Das vorliegende Buch ist mit der Absicht geschrieben, eine entgegengesetzte Auffassung zu begründen. [...] Es behauptet, dass es eine wissenschaftliche Einstellung in der Philosophie gibt und immer gegeben hat, und will zeigen, wie aus dieser Einstellung eine wissenschaftliche Philosophie entsprungen ist, welche in der modernen Wissenschaft das Handwerkszeug dazu gefunden hat, Probleme zu lösen, die in vergangenen Zeiten das Opfer blinden Ratens geworden waren. Das Buch will den Beweis dafür erbringen, dass Philosophie der Spekulation entwachsen und zur Wissenschaft geworden ist.

(Hans Reichenbach: Der Aufstieg wissenschaftlichen Philosophie. Friedr. Vieweg Verlag: Braunschweig 1968, S. 6)

Grundgedanken dieses Programms sowie einige Stationen seiner weiteren Entwicklung und kritischen Veränderung sollen nun vorgestellt werden.

Dieses Haus entwarf der Philosoph Ludwig Wittgenstein, der dem Wiener Kreis nahe stand, für seine Schwester.

Vergleichen Sie die Architektur des Hauses mit der von Häusern aus dem 19. Jahrhundert und überlegen Sie, inwiefern hier Grundeinstellungen der positivistischen Philosophie zum Ausdruck kommen. Informieren Sie sich auch über das Konzept des „Bauhauses" (vgl. III, 3.3).

7.1.1 Hans Reichenbach/Rudolf Carnap: Verifizierbarkeit als Sinnkriterium

Hans Reichenbach (1891–1953) und Rudolf Carnap (1891–1970) gehören zu den Philosophen des Wiener Kreises, die Anfang des 20. Jahrhunderts einen Neuanfang in der Philosophie versuchen. Sie verfolgen dabei eine doppelte Absicht: Sie wollen die Philosophie auf eine sichere Grundlage stellen und sich zugleich von den für sinnlos gehaltenen spekulativen Sätzen der herkömmlichen Metaphysik abgrenzen. Den entscheidenden Unterschied zwischen den Aussagen der Einzelwissenschaften und denen der Metaphysik sehen sie darin, dass die einzelwissenschaftlichen Aussagen auf eine für jedermann nachvollziehbare Weise geprüft werden können. In der Mathematik geschieht dies mit den Mitteln der Logik, in den empirischen Wissenschaften in letzter Instanz durch Beobachtung, z. B. im Experiment. Die Aussagen der traditionellen Philosophie lassen sich dagegen weder rein logisch begründen noch durch Beobachtungen überprüfen. An ihre Stelle sollen daher in der Philosophie des Wiener Kreises Untersuchungen zur logischen Struktur der Wissenschaft bzw. der Erkenntnis treten.

Dazu gehört vor allem die Frage, wie sich Theorien auf Beobachtungen zurückführen lassen. Für die modernen Empiristen ist wie für Locke und Hume die Erfahrung der Ausgangspunkt aller Erkenntnis. „Der logische Aufbau der Welt" – so der charakteristische Titel eines Hauptwerks von Carnap – beginnt für sie mit einfachen Beobachtungssätzen, „Basis-" oder „Protokollsätze" genannt, in denen bestimmte Beobachtungen oder „Erlebnisse" ausgedrückt werden. Aus den Basissätzen sollen mit den Mitteln der modernen Logik alle unsere

(wissenschaftlichen) Theorien über die Welt abgeleitet werden. Logik und Mathematik sind lediglich Werkzeuge dazu, Beziehungen zwischen den empirischen Sätzen herzustellen: Die Logik enthält die Regeln für den korrekten Gebrauch der Sprache, die Mathematik untersucht, welche formalen Aussagen sich analytisch aus ihren Axiomen ableiten lassen. Es gibt also für den logischen Positivismus nur empirische und analytische Sätze, keine synthetischen Sätze a priori im Sinne Kants (vgl. 5.2).
Aussagen, die weder rein logischer Art sind noch auf Erfahrung beruhen, halten Carnap und Reichenbach schlicht für „sinnlos". Der „Sinn" oder die „Bedeutung" eines Satzes ist für sie nämlich nicht ein (evtl. subjektives) geistiges Etwas, sondern die Methode seiner „Verifikation" (d. h. der Bestätigung seiner Wahrheit) in der Erfahrung, wie Hans Reichenbach im folgenden Text erklärt:

Eine Zeichenverbindung, von der man entweder zeigen kann, dass sie wahr ist, oder zeigen kann, dass sie falsch ist, wird sinnvoll genannt. Dieser Begriff ist sehr wichtig, weil wir uns oft mit Zeichenverbindungen befassen, deren Wahrheit oder Falschheit im Augenblick noch unbestimmt ist, deren Wahrheitscharakter wir aber später feststellen können. Jeder nichtverifizierte Satz, wie „morgen wird es regnen", ist von diesem Typus.
Der Hinweis auf Verifizierbarkeit ist ein notwendiger Bestandteil einer Theorie des Sinnes sprachlicher Ausdrücke. […]
Sätze können auf verschiedene Weise verifiziert werden. Die einfachste Methode des Wahrheitsentscheids ist die direkte Beobachtung; aber nur eine kleine Gruppe von Sätzen kann so verifiziert werden, wie z. B. „es regnet", oder „Peter ist größer als Paul". Wenn sich ein Beobachtungssatz auf die Vergangenheit bezieht, sehen wir eine Verifizierung auch dann als möglich an, wenn es keinen Beobachter dieses vergangenen Ereignisses gegeben hat; so ist z. B. der Satz „es hat am 28. November im Jahre 4 n. Chr. auf der Insel Manhattan geschneit", verifizierbar und daher sinnvoll, da es ja einen Beobachter dort hätte geben können. […]
Man hat eingewendet, dass die Frage nach dem Sinn eine subjektive Angelegenheit sei, dass man einem anderen nicht beweisen kann, was er mit einem Satz meint, und dass man es jedem überlassen soll, seine Worte in dem Sinne zu gebrauchen, wie es ihm angemessen erscheint. […] Dieser Einwand beruht jedoch auf einem Missverständnis der Verifizierbarkeitstheorie. […] Der wissenschaftliche Philosoph ist von Haus aus tolerant und erlaubt jedem, zu meinen, was er will. Er sagt nur: Wenn jemand unverifizierbare Bedeutungen gebraucht, dann können seine Worte nicht den Grund für seine Handlungen angeben. Was man tut, bezieht sich immer auf die Zukunft, und Aussagen über die Zukunft können nur soweit in mögliche Erfahrungen übersetzt werden, als sie verifizierbar sind.

(Hans Reichenbach: Der Aufstieg der wissenschaftlichen Philosophie. Friedr. Vieweg Verlag: Braunschweig ²1968, S. 287–290)

Mithilfe des positivistischen Sinnkriteriums, das den Sinn eines Satzes daran festmacht, dass er verifizierbar ist, nimmt Rudolf Carnap im folgenden Text eine Abgrenzung der sinnvollen Aussagen der Wissenschaft von den sinnlosen der Metaphysik vor.

Von den griechischen Skeptikern bis zu den Empiristen des 19. Jahrhunderts hat es viele *Gegner der Metaphysik* gegeben. […] Durch die Entwicklung der *modernen Logik* ist es möglich geworden, auf die Frage nach Gültigkeit und Berechtigung der Metaphysik eine neue und schärfere Antwort zu geben. […] Auf dem Gebiet der *Metaphysik* (einschließlich aller Wertphilosophie und Normwissenschaft) führt die logische Analyse zu dem negativen Ergebnis, dass *die vorgeblichen Sätze dieses Gebietes gänzlich sinnlos sind.* […]

Wenn wir sagen, dass die sog. Sätze der Metaphysik *sinnlos* sind, so ist dies Wort im strengsten Sinn gemeint. […] Im strengen Sinn *sinnlos* ist eine Wortreihe, die innerhalb einer bestimmten, vorgegebenen Sprache gar keinen Satz bildet. Es kommt vor, dass eine solche Wortreihe auf den ersten Blick so aussieht, als sei sie ein Satz; in diesem Falle nennen wir sie einen *Scheinsatz.* Unsere These behauptet nun, dass die angeblichen Sätze der Metaphysik sich durch logische Analyse als Scheinsätze enthüllen. […]

Worin besteht nun die *Bedeutung eines Wortes*? Welche Festsetzungen müssen in Bezug auf ein Wort getroffen sein, damit es eine Bedeutung hat? […] Erstens muss die *Syntax* des Wortes festliegen, d.h. die Art seines Auftretens in der einfachsten Satzform, in der es vorkommen kann; wir nennen diese Satzform seinen *Elementarsatz.* Die elementare Satzform für das Wort „Stein" ist z.B. „x ist ein Stein"; in Sätzen dieser Form steht an Stelle von „x" irgendeine Bezeichnung aus der Kategorie der Dinge, z.B. „dieser Diamant", „dieser Apfel". Zweitens muss für den Elementarsatz S des betreffenden Wortes die Antwort auf folgende Frage gegeben sein, die wir in verschiedener Weise formulieren können:

1. Aus was für Sätzen ist S *ableitbar,* und welche Sätze sind aus S ableitbar?
2. Unter welchen Bedingungen soll S *wahr,* unter welchen falsch sein?
3. Wie ist S zu *verifizieren*?
4. Welchen *Sinn* hat S?

[…] Bei vielen Wörtern, und zwar bei der überwiegenden Mehrzahl aller Wörter der Wissenschaft, ist es möglich, die Bedeutung durch Zurückführung auf andere Wörter (Definition) anzugeben. Z. B.: „,Arthropoden' sind Tiere mit gegliedertem Körper, gegliederten Extremitäten und einer Körperdecke aus Chitin." Hierdurch ist für die elementare Satzform „das Ding x ist ein Arthropode" die vorhin genannte Frage beantwortet; es ist bestimmt, dass ein Satz dieser Form ableitbar sein soll aus Prämissen von der Form „x ist ein Tier", „x hat eine Körperdecke aus Chitin", und dass umgekehrt jeder dieser Sätze aus jenem Satz ableitbar sein soll. Durch diese Bestimmungen über Ableitbarkeit (in anderer Ausdrucksweise: über das Wahrheitskriterium, die Verifikationsmethode, den Sinn) des Elementarsatzes über „Arthropode" ist die Bedeutung des Wortes „Arthropode" festgelegt. In dieser Weise wird jedes Wort der Sprache auf andere Wörter und schließlich auf die in den sog. „Beobachtungssätzen" oder „Protokollsätzen" vorkommenden Wörter zurückgeführt. Durch diese Zurückführung erhält das Wort seine Bedeutung.

[…]

Nehmen wir beispielsweise an, jemand bilde das neue Wort „babig" und behaupte, es gäbe Dinge, die babig sind, und solche, die nicht babig sind. Um die Bedeutung dieses Wortes zu erfahren, werden wir ihn nach dem Kriterium fragen: Wie ist im konkreten Fall festzustellen, ob ein bestimmtes Ding babig ist oder nicht? Nun wollen wir zunächst einmal annehmen, der Gefragte bleibe die Antwort schuldig; er sagt, es gebe keine empirischen Kennzeichen für die Babigkeit. In diesem Falle werden wir die Verwendung des Wortes nicht für zulässig halten.

Wenn der das Wort Verwendende trotzdem sagt, es gebe babige und nicht babige Dinge, nur bleibe es für den armseligen, endlichen Verstand des Menschen ein ewiges Geheimnis, welche Dinge babig sind und welche nicht, so werden wir dies für leeres Gerede ansehen. Vielleicht wird er uns aber versichern, dass er mit dem Wort „babig" doch etwas meine. Daraus erfahren wir jedoch nur das psychologische Faktum, dass er irgendwelche Vorstellungen und Gefühle mit dem Wort verbindet. Aber eine Bedeutung bekommt das Wort hierdurch nicht. Ist kein Kriterium für das neue Wort festgesetzt, so

besagen die Sätze, in denen es vorkommt, nichts, sie sind bloße Scheinsätze.
[...]

Bei vielen Wörtern der Metaphysik zeigt sich nun, dass sie die soeben angegebene Bedingung nicht erfüllen, dass sie also ohne Bedeutung sind.

Nehmen wir als *Beispiel* den metaphysischen Terminus „Prinzip" (und zwar als Seinsprinzip, nicht als Erkenntnisprinzip oder Grundsatz). Verschiedene Metaphysiker geben Antwort auf die Frage, was das (oberste) „Prinzip der Welt" (oder „der Dinge", „des Seins", „des Seienden") sei, z. B.: das Wasser, die Zahl, die Form, die Bewegung, das Leben, der Geist, die Idee, das Unbewusste, die Tat, das Gute und dergl. mehr.

Um die Bedeutung, die das Wort „Prinzip" in dieser metaphysischen Frage hat, zu finden, müssen wir die Metaphysiker fragen, unter welchen Bedingungen ein Satz von der Form „x ist das Prinzip von y" wahr und unter welchen er falsch sein soll [...]. Der Metaphysiker antwortet ungefähr so: „x ist das Prinzip von y" soll heißen, „y geht aus x hervor", „das Sein von y beruht auf dem Sein von x" [...] oder dergl. Diese Worte aber sind vieldeutig und unbestimmt. Sie haben häufig keine klare Bedeutung. [...]

Ein anderes Beispiel ist das Wort „Gott". [...] Im *mythologischen* Sprachgebrauch hat das Wort eine klare Bedeutung. Es werden mit diesem Wort (bzw. mit den Parallelwörtern anderer Sprachen) zuweilen körperliche Wesen bezeichnet, die etwa auf dem Olymp, im Himmel oder in der Unterwelt thronen, und die mit Macht, Weisheit, Güte und Glück in mehr oder minder vollkommenem Maße ausgestattet sind. Zuweilen bezeichnet das Wort auch seelisch-geistige Wesen, die zwar keinen menschenartigen Körper haben, aber doch irgendwie in den Dingen oder Vorgängen der sichtbaren Welt sich zeigen und daher empirisch feststellbar sind. Im *metaphysischen* Sprachgebrauch dagegen bezeichnet „Gott" etwas Überempirisches. Die Bedeutung eines körperlichen oder eines im Körperlichen steckenden seelischen Wesens wird dem Wort ausdrücklich genommen. Und da ihm keine neue Bedeutung gegeben wird, so wird es bedeutungslos. Allerdings sieht es häufig so aus, als gäbe man dem Wort „Gott" eine Bedeutung auch im Metaphysischen. Aber die Definitionen, die man aufstellt, erweisen sich bei näherem Zusehen als Scheindefinitionen; sie führen entweder auf logisch unzulässige Wortverbindungen [...] oder auf andere metaphysische Wörter zurück (z. B. „Urgrund", „das Absolute", „das Unbedingte", „das Unabhängige", „das Selbstständige" und dergl.), aber in keinem Fall auf die Wahrheitsbedingungen seines Elementarsatzes. [...]

Ebenso wie die betrachteten Beispiele „Prinzip" und „Gott" sind auch die meisten anderen *spezifisch metaphysischen Termini ohne Bedeutung*, z. B. „Idee", „das Absolute", „das Unbedingte", das „Unendliche", „das Sein des Seienden", „das Nicht-Seiende", „Ding an sich" [...] usw. Mit diesen Ausdrücken verhält es sich nicht anders als mit dem Wort „babig" in dem früher erdachten Beispiel. Der Metaphysiker sagt uns, dass sich empirische Wahrheitsbedingungen nicht angeben lassen; wenn er hinzufügt, dass er mit einem solchen Wort trotzdem etwas „meine", so wissen wir, dass damit nur begleitende Vorstellungen und Gefühle angedeutet sind, durch die das Wort aber keine Bedeutung erhält. Die metaphysischen angeblichen Sätze, die solche Wörter enthalten, haben keinen Sinn, besagen nichts, sind bloße Scheinsätze.

(Rudolf Carnap: Überwindung der Metaphysik durch logische Analyse der Sprache. In: Rudolf Carnap/Hans Reichenbach [Hrsg.]: Erkenntnis. Bd. 2 zugleich Annalen d. Philosophie. Bd. 10. Meiner: Leipzig 1931, S. 219–227)

1 Suchen Sie sich einen beliebigen Satz und einen beliebigen Begriff aus und geben Sie dessen jeweiligen Sinn (bzw. seine Bedeutung) auf die von Reichenbach und Carnap vorgeschlagene Weise an.

2 Welche der folgenden Aussagen ist nach dem positivistischen Sinnkriterium „sinnvoll"
(und welche „sinnlos")?
   a) Die Erde ist eine Scheibe.
   b) Die Idee der Gleichheit liegt aller Gleichheit zugrunde (vgl. 1.1).
   c) Im Weltall gibt es intelligente Lebewesen.
   d) Auf dem Berg Olymp wohnen die Götter.
   e) Die Seele ist unsterblich.
   f) Der Mensch stammt vom Affen ab.
   g) Das Ich muss die Ansprüche des Es und des Über-Ich berücksichtigen.
   h) Das gesellschaftliche Sein bestimmt das Bewusstsein.

3 Überlegen Sie, welche Bereiche der Wissenschaften und anderer Wissensformen dem positivistischen Sinnkriterium zufolge sinnlose Sätze enthalten.
Halten Sie diese Charakterisierung für gerechtfertigt?
Wo würden Sie selbst die Grenze zwischen „sinnvollen" Sätzen über die Welt und „sinnlosen (Schein)aussagen" ziehen? (Denken Sie z. B. an theologische Aussagen wie „Gott ist allmächtig" oder an Horoskope oder andere „abergläubische" Behauptungen.)

4 Entweder ist das empiristische Sinnkriterium selbst ein sinnloser Satz, weil es den beiden von ihm allein zugelassenen Klassen sinnvoller Sätze [den logisch-mathematischen und den empirisch-wissenschaftlichen] nicht angehört [...]; oder es ist ein bloßer Vorschlag zur Regelung des Sprachgebrauchs; dann brauchte sich niemand nach ihm zu richten, wenn er einen anderen, z. B. den traditionellen Sprachgebrauch vorzieht. [...] Schließlich kann man in dem Carnapschen Prinzip den Versuch sehen, eine Grenzlinie deutlich nachzuzeichnen, die zwischen logisch-mathematischen oder empirisch-wissenschaftlichen Sätzen einerseits und andererseits den Sätzen der Metaphysik verläuft. [...] Jedoch auch in dieser Interpretation kann sein Versuch nicht als gelungen gelten: Erstens liegt die von ihm gezogene Grenze nicht dort, wo sie mit guten Gründen vermutet werden müsste, und zweitens genügt die Grenzziehung noch nicht, metaphysische Sätze als sinnlos zu charakterisieren.

(Günther Patzig: Nachwort. In: Rudolf Carnap: Scheinprobleme in der Philosophie. Berlin 1928. Suhrkamp: Frankfurt/Main 1966, S.116 f.)

Halten Sie diese Kritik des Philosophen Günther Patzig an Carnaps Sinnkriterium für überzeugend?

Die Forderung der Positivisten, den Sinn eines Satzes durch die Angabe der Erlebnisse, die ihn verifizieren, zu erklären, hatte Konsequenzen für die Wissenschaften, darunter auch die, die bisher ganz anders vorgegangen waren, so z. B. Teile der Biologie und die Sozialwissenschaften. Bei der wissenschaftlichen Beschreibung tierischen (oder menschlichen) Verhaltens begnügt man sich heute im Allgemeinen nicht mehr mit eher vagen Aussagen, deren Sinn jedermann klar zu sein scheint – z. B. „dies Tier verhält sich aggressiv" –, sondern beschreibt (evtl. sogar mithilfe von Tabellen zum Ankreuzen zu einzelnen Bewegungen) genau, welches beobachtbare Verhalten diesen Satz verifizieren soll.

1 Geben Sie ein Verifikationsverfahren (man nennt dies auch eine „Operationalisierung") an zu
   – einer traditionell formulierten Aussage aus einem tierkundlichen Buch (z. B.: „Brehms Tierleben"),

- der soziologischen Aussage „Viele Jugendliche – einer bestimmten Gegend – haben rechtsradikale Ansichten".
  Was spricht für ein solches Vorgehen? In welchen Fällen halten Sie es für sinnvoll (oder notwendig), in welchen eventuell nicht?

2 Erörtern Sie die Problematik der verifikationistischen Sinntheorie an folgenden Beispielen:
- Auf die Frage danach, was Intelligenz sei, antworten viele IQ-Forscher: Intelligenz ist, was der Intelligenztest misst.
- Um die Probleme ihrer Patienten zu erkennen, verwenden viele Psychologen standardisierte Fragebögen, in denen vorgegebene Antworten angekreuzt werden.
- Empirisch orientierte Politikwissenschaftler gehen bei der Untersuchung der Frage, ob ein Staat demokratisch ist, nicht von dem Verständnis der Demokratie als „Volksherrschaft" aus, sondern von den in den existierenden Demokratien üblichen politischen Prozeduren.

3 Die Philosophen Adorno und Horkheimer kritisieren das positivistische Sinnkriterium grundsätzlich. Für sie ist der positivistische Ausgang von dem in der Beobachtung „unmittelbar Vorfindlichen" nicht wirkliche Erkenntnis, da dabei übersehen werde, dass diese scheinbar offensichtlichen Tatsachen selbst erst das Produkt historischer Prozesse und weltanschaulicher Interpretationen seien. Sie setzen einem solchen Vorgehen das Konzept einer Wissenschaft entgegen, die die bestehenden Verhältnisse an – im positivistischen Verständnis metaphysischen – Maßstäben kritisch misst.
Verdeutlichen Sie sich die Positivismus-Kritik von **Adorno** und **Horkheimer** anhand der Beispiele aus Aufgabe 2 und diskutieren Sie, ob diese Kritik zutreffend ist.

Dem Positivismus, der das Richteramt der aufgeklärten Vernunft antrat, gilt in intelligible Welten auszuschweifen nicht mehr bloß als verboten, sondern als sinnloses Geplapper. [...] Was als Triumph subjektiver Rationalität erscheint, die Unterwerfung alles Seienden unter den logischen Formalismus, wird mit der gehorsamen Unterordnung der Vernunft unters unmittelbar Vorfindliche erkauft. Das Vorfindliche als solches zu begreifen, den Gegebenheiten nicht bloß ihre abstrakten raumzeitlichen Beziehungen abzumerken, bei denen man sie dann packen kann, sondern sie im Gegenteil als die Oberfläche, als vermittelte Begriffsmomente zu denken, die sich erst in der Entfaltung ihres gesellschaftlichen, historischen, menschlichen Sinnes erfüllen – der ganze Anspruch der Erkenntnis wird preisgegeben. Er besteht nicht im bloßen Wahrnehmen, Klassifizieren und Berechnen, sondern gerade in der bestimmenden Negation des je Unmittelbaren.

(Th. W. Adorno/M. Horkheimer: Dialektik der Aufklärung. Fischer: Frankfurt/Main 1988, S. 32/33)

7.1.2 Karl R. Popper: Wissenschaftlicher Fortschritt durch Falsifikation

1 Stellen Sie sich vor, dass Sie als Forscher eine kleine Insel entdeckt haben und dort auf bisher unbekannte Tiere stoßen.
Nehmen Sie an, sie beobachten einen Vogel (drei, zwanzig Vögel) einer neu entdeckten Art, der Shreebles. Er ist blau. Wie viel Prozent der Shreebles sind Ihrer Erwartung nach blau? Warum erwarten Sie diesen Prozentsatz?
Wie viele blaue Shreebles müssten Sie finden, um aussagen zu können, dass alle Shreebles blau sind?
Diese Fragen waren Teil eines Experiments zur psychologischen Erforschung des menschlichen Denkens (nach Strube u.a.: Kognition. In: Görz [Hrsg.]: Einführung in die K.I. München 2000).

Die positivistischen Wissenschaftstheoretiker versuchten alle Aussagen auf die Bestätigung einfacher Beobachtungssätze durch die unmittelbare Erfahrung zurückzuführen. Dabei stellte sich jedoch die Frage, wie man von solchen Sätzen über einzelne Beobachtungen („dieser Stein fällt jetzt mit dieser Geschwindigkeit") überhaupt zu allgemeinen Gesetzen („alle Körper fallen...") kommt. Wie der Philosoph Karl R. Popper (1902–1994) im folgenden Text zeigt, ist ein solcher Schluss von besonderen Sätzen auf allgemeine Gesetze, ein so genannter „Induktionsschluss", problematisch. Die positivistischen Philosophen erörterten unterschiedliche Möglichkeiten, den Induktionsschluss dennoch zu rechtfertigen, u.a. durch die Einführung von Wahrscheinlichkeiten. Popper dagegen schlug in seinem grundlegenden wissenschaftstheoretischen Buch „Logik der Forschung" einen völlig anderen Weg vor.

Das Problem der Induktion

Die empirischen Wissenschaften können nach einer weit verbreiteten, von uns aber nicht geteilten Auffassung durch die so genannte induktive Methode charakterisiert werden [...]. Als induktiven Schluss oder Induktionsschluss pflegt man einen Schluss von *besonderen Sätzen*, die z. B. Beobachtungen, Experimente usw. beschreiben, auf *allgemeine Sätze*, auf Hypothesen oder Theorien zu bezeichnen.

Nun ist es aber nichts weniger als selbstverständlich, dass wir logisch berechtigt sein sollen, von besonderen Sätzen, und seien es noch so viele, auf allgemeine Sätze zu schließen. Ein solcher Schluss kann sich ja immer als falsch erweisen: Bekanntlich berechtigen uns noch so viele Beobachtungen von weißen Schwänen nicht zu dem Satz, dass alle Schwäne weiß sind. Die Frage, ob und wann induktive Schlüsse berechtigt sind, bezeichnet man als Induktionsproblem.

Man kann das Induktionsproblem auch als die Frage nach der Geltung der allgemeinen Erfahrungssätze, der empirisch-wissenschaftlichen Hypothesen und Theoriensysteme, formulieren. Denn diese Sätze sollen ja „aufgrund von Erfahrung gelten"; Erfahrungen (Beobachtungen, Ergebnisse von Experimenten) können wir aber vorerst nur in besonderen Sätzen aussprechen. Spricht man von der „empirischen Geltung" eines allgemeinen Satzes, so meint man, dass seine Geltung auf die von besonderen Erfahrungssätzen zurückgeführt, also auf induktive Schlüsse gegründet werden kann. Die Frage nach der Geltung der Naturgesetze ist somit nur eine andere Form der Frage nach der Berechtigung des induktiven Schlusses. [...]

Unsere im Folgenden entwickelte Auffassung steht in schärfstem Widerspruch zu allen induktionslogischen Versuchen; man könnte sie etwa als Lehre von der *deduktiven Methodik der Nachprüfung* kennzeichnen. [...]

Ausschaltung des Psychologismus

Wir haben die Tätigkeit des wissenschaftlichen Forschers eingangs dahin charakterisiert, dass er Theorien aufstellt und überprüft.

Die erste Hälfte dieser Tätigkeit, das Aufstellen der Theorien, scheint uns einer logischen Analyse weder fähig noch bedürftig zu sein: An der Frage, wie es vor sich geht, dass jemandem etwas Neues einfällt – sei es nun ein musikalisches Thema, ein dramatischer Konflikt oder eine wissenschaftliche Theorie –, hat wohl die empirische Psychologie Interesse, nicht aber die Erkenntnislogik. Diese interessiert sich nicht für *Tatsachenfragen* (Kant: „quid facti"), sondern nur für *Geltungsfragen* („quid juris") – das heißt für Fragen von der Art, ob und wie ein Satz begründet werden kann; ob er nachprüfbar ist; ob er von gewissen anderen Sätzen logisch abhängt oder mit ihnen in Widerspruch steht usw. Damit aber ein Satz in diesem Sinn erkenntnislogisch untersucht werden kann, muss er bereits vorliegen; jemand muss ihn formuliert, der logischen Diskussion unterbreitet haben.

Wir wollen also scharf zwischen dem Zustandekommen des Einfalls und den Methoden und Ergebnissen seiner logischen Diskussion unterscheiden und daran festhalten, dass wir die Aufgabe der Erkenntnistheorie oder Erkenntnislogik (im Gegensatz zur Erkenntnispsychologie) derart bestimmen, dass sie lediglich die Methoden der systematischen Überprüfung zu untersuchen hat, der jeder Einfall, soll er ernst genommen werden, zu unterwerfen ist. […]

Die deduktive Überprüfung der Theorien

Die Methode der kritischen Nachprüfung, der Auslese der Theorien, ist nach unserer Auffassung immer die folgende: Aus der vorläufig unbegründeten Antizipation, dem Einfall, der Hypothese, dem theoretischen System, werden auf logisch-deduktivem Weg Folgerungen abgeleitet; diese werden untereinander und mit anderen Sätzen verglichen, indem man feststellt, welche logischen Beziehungen (z. B. Äquivalenz, Ableitbarkeit, Vereinbarkeit, Widerspruch) zwischen ihnen bestehen. […]

[Besonders wichtig bei der Überprüfung der neuen Theorie ist nach Popper die „Prüfung durch empirische Anwendung der abgeleiteten Folgerungen":]

Auch hier ist das Prüfungsverfahren ein deduktives: Aus dem System werden (unter Verwendung bereits anerkannter Sätze) empirisch möglichst leicht nachprüfbare bzw. anwendbare singuläre Folgerungen („Prognosen") deduziert und aus diesen insbesondere jene ausgewählt, die aus bekannten Systemen nicht ableitbar sind bzw. mit ihnen in Widerspruch stehen. Über diese – und andere – Folgerungen wird nun im Zusammenhang mit der praktischen Anwendung, den Experimenten usw., entschieden. Fällt die Entscheidung positiv aus, werden die singulären Folgerungen anerkannt, *verifiziert*, so hat das System die Prüfung vorläufig bestanden; wir haben keinen Anlaß, es zu verwerfen. Fällt eine Entscheidung negativ aus, werden Folgerungen *falsifiziert*, so trifft ihre Falsifikation auch das System, aus dem sie deduziert wurden.

Die positive Entscheidung kann das System immer nur vorläufig stützen; es kann durch spätere negative Entscheidungen immer wieder umgestoßen werden. Solange ein System eingehenden und strengen deduktiven Nachprüfungen standhält und durch die fortschreitende Entwicklung der Wissenschaft nicht überholt wird, sagen wir, dass es sich *bewährt*. […] Auch durch ihre verifizierten Folgerungen können Theorien niemals als „wahr" oder auch nur als „wahrscheinlich" erwiesen werden.

(Karl R. Popper: Logik der Forschung. J. C. B. Mohr: Tübingen [10]1994, S. 3–8)

1 Welche Schwierigkeiten hat eine „induktionslogische" Begründung der Wissenschaft und wie möchte Popper sie vermeiden?

2 Der Chemiker Kekulé erzählt […], dass er lange Zeit erfolglos versucht hatte, eine Strukturformel für das Benzol-Molekül aufzustellen, als er eines Abends im Jahre 1865 die Lösung seines Problems fand, während er vor seinem Kamin döste. Als er in die Flammen starrte, schienen ihm die Atome in schlangenförmigen Linien zu tanzen. Plötzlich bildete eine der Schlangen einen Ring, indem sie ihren eigenen Schwanz ergriff und dann vor ihm umeinanderwirbelte, wie um ihn zu verspotten. Blitzartig wachte Kekulé auf: er war auf die mittlerweile berühmte und bekannte Idee gestoßen, die Molekularstruktur von Benzol durch einen hexagonalen Ring darzustellen. (G. Hempel: Philosophie der Naturwissenschaften. München 1974, S. 27)
Erläutern Sie an diesem Beispiel Poppers Unterscheidung von „Erkenntnispsychologie" und „Erkenntnislogik" bzw. – wie er es an anderer Stelle nennt – von „Entdeckungszusammenhang" und „Begründungszusammenhang".

3 Stellen Sie die Induktion und Poppers Methode der deduktiven Überprüfung in einem Schaubild dar.

4 Im astronomischen System des Ptolemäus drehen sich alle Himmelskörper auf festen Schalen um die Erde (vgl. den Exkurs: „Das ptolemäische und das kopernikanische System", S. 120–121). Galileo beobachtete mit seinem neu entwickelten Fernrohr in der Nähe des Planeten Jupiter vier kleinere Himmelskörper; während Jupiter auf seiner bekannten Bahn weiterzog, sah man diese „Monde" erst östlich, dann westlich des Jupiters stehen bzw. hinter ihm verschwinden.
Inwiefern wird durch Galileos Beobachtungen das System des Ptolemäus „falsifiziert"? Führen Sie dazu die einzelnen Schritte einer „deduktiven Überprüfung" durch „empirische Anwendung" im Sinne Poppers durch.

5 Informieren Sie sich über weitere Beispiele von Falsifikationen (natur)wissenschaftlicher Theorien (z. B. die Entdeckungen von Pasteur, das Michelson-Morley-Experiment und die Äthertheorie der klassischen Physik etc.).

Ausgehend von seinen Überlegungen zur Falsifikation formuliert Popper ein neues *Abgrenzungskriterium* zur Unterscheidung von empirischer Wissenschaft und „Metaphysik":

Der [...] Positivismus will nur jene Sätze als „wissenschaftlich" oder „legitim" anerkennen, die sich auf elementare Erfahrungssätze [...] logisch zurückführen lassen. [...] Dieser Abgrenzungsversuch scheitert aber am Induktionsproblem. Der positivistische Radikalismus vernichtet mit der Metaphysik auch die Naturwissenschaft: Auch die Naturgesetze sind auf elementare Erfahrungssätze logisch nicht zurückführbar. [...]
Wollen wir den positivistischen Fehler, die naturwissenschaftlich-theoretischen Systeme durch das Abgrenzungskriterium auszuschließen, vermeiden, so müssen wir dieses so wählen, dass auch Sätze, die nicht verifizierbar sind, als empirisch anerkannt werden können.
Nun wollen wir aber doch nur ein solches System als empirisch anerkennen, das einer *Nachprüfung* durch die „Erfahrung" fähig ist. Diese Überlegung legt den Gedanken nahe, als Abgrenzungskriterium nicht die Verifizierbarkeit, sondern die Falsifizierbarkeit des Systems vorzuschlagen; mit anderen Worten: Wir fordern zwar nicht, dass das System auf empirisch-methodischem Wege endgültig positiv ausgezeichnet werden kann, aber wir fordern, dass es die logische Form des Systems ermöglicht, dieses auf dem Wege der methodischen Nachprüfung negativ auszuzeichnen: *Ein empirisch-wissenschaftliches System muss an der Erfahrung scheitern können.*

(Karl R. Popper: Logik der Forschung. Mohr: Tübingen [10]1994, S. 9 f., 14 f.)

1 Wie unterscheidet sich Poppers Abgrenzungskriterium von dem Carnaps?

2 Popper war mit Alfred Adler bekannt, dem Begründer einer wichtigen psychoanalytischen Schule, für die der „Minderwertigkeitskomplex" eine zentrale Rolle spielt.

Ich berichtete ihm [...] über einen Fall in der Beratungsstelle, der mir nicht sehr ‚adlerianisch' vorkam. Er aber hatte nicht die geringste Schwierigkeit, ihn im Sinne seiner Theorie als einen Fall von Minderwertigkeitsgefühlen zu diagnostizieren, obwohl er das Kind nicht einmal gesehen hatte. Ich war darüber etwas schockiert und fragte ihn, was ihn zu dieser Analyse berechtigte.
„Meine vieltausendfältige Erfahrung", war seine Antwort; worauf ich mich

Karl R. Popper

1902–1994

Karl Popper wurde 1902 in Wien geboren. Seine Eltern, konvertierte Juden, gehörten zum Wiener Bildungsbürgertum, der Vater, ein sozial engagierter Rechtsanwalt, förderte seine intellektuellen, die Mutter seine musikalischen Interessen. Der 16-jährige Popper verließ die Schule vorzeitig, besuchte die Universität als Gasthörer, war Mitarbeiter von Alfred Adler, einem der Väter der Psychoanalyse, und engagierte sich politisch in der sozialistischen Bewegung. Später studierte er Mathematik und Naturwissenschaften, machte eine Tischlerlehre, promovierte in Philosophie und arbeitete bis 1935 als Hauptschullehrer.

Schon in dieser Zeit richtete sich sein Interesse auf zwei ganz unterschiedliche Gebiete, Naturwissenschaft und Politik. An der Physik faszinierte ihn, dass ihre Hypothesen überprüfbar und widerlegbar waren, während die sozialistischen Theorien auch nach Fehlschlägen – Popper erlebte die blutige Niederschlagung von Arbeiteraufständen – nicht revidiert wurden. In seiner „Logik der Forschung" von 1934 entwickelte er den Gedanken, dass sich Wissenschaft durch die grundsätzliche Vorläufigkeit und Widerlegbarkeit ihrer Hypothesen definiere und sich damit von den Weltanschauungen des Marxismus und der Psychoanalyse, von denen er sich enttäuscht abgewandt hatte, unterscheide.

Rechtzeitig vor dem Einmarsch der Nationalsozialisten in Österreich ging Popper mit seiner Frau 1937 in die Emigration nach Neuseeland, viele seiner Verwandten wurden im Holocaust ermordet. Er arbeitete als Philosophiedozent und schrieb als Beitrag zum geistigen Kampf gegen Faschismus und Stalinismus mehrere Bücher, u. a. „Die offene Gesellschaft und ihre Feinde". Darin setzte er sich mit den philosophischen Grundlagen der totalitären Ideologien auseinander und propagierte eine „offene Gesellschaft", in der wie in der Wissenschaft von der Vorläufigkeit allen Wissens ausgegangen wird. 1945 erhielt er einen Ruf an die Universität London und lebte bis zu seinem Tode im Jahre 1994 in England. Mittlerweile war Popper einer der berühmtesten Philosophen seiner Zeit, 1965 wurde er in den Ritterstand erhoben (Sir Karl). Zeit seines Lebens hatte er freundschaftlichen Kontakt zu wichtigen Naturwissenschaftlern und Philosophen, u.a. den Wissenschaftstheoretikern des Wiener Kreises, und diskutierte mit bedeutenden Denkern wie Albert Einstein, Werner Heisenberg und Konrad Lorenz. Unermüdlich engagierte er sich in den philosophischen und politischen Diskussionen seiner Zeit.

nicht enthalten konnte zu erwidern: „Und mit diesem Fall ist Ihre Erfahrung jetzt eine vieltausend-und-einfältige!"

Was ich meinte, war, dass seine Tausende von früheren Beobachtungen vielleicht nicht besser fundiert waren als die neue, dass jede von ihnen im Lichte ‚früherer Erfahrung' interpretiert wurde und gleichzeitig als eine neue Bestätigung gezählt wurde. Aber was, so fragte ich mich, wurde damit bestätigt? Nicht mehr als die Tatsache, dass ein Fall im Sinne der Theorie gedeutet werden konnte. Das aber bedeutet sehr wenig, so dachte ich, denn jeder nur denkbare Fall konnte ja im Sinne von Adlers Theorie gedeutet werden; aber auch ebenso gut im Sinne von Freuds Theorie.

(Karl R. Popper: Vermutungen und Widerlegungen, Teilband I. J. C. B. Mohr: Tübingen [10]1994, S. 49)

Popper bringt dieses Beispiel zur Verdeutlichung seiner Forderung nach Falsifizierbarkeit wissenschaftlicher Theorien. Erläutern Sie den Zusammenhang.

Überlegen Sie, welche Erklärungsmodelle aus der Psychoanalyse („Verdrängungen", „Komplexe" etc.) Sie kennen und inwiefern diese ebenfalls geeignet sind, jede Art menschlichen Verhaltens zu erklären.

Wie müssten nach Popper psychologische Erklärungen (um)formuliert werden, um als empirisch-wissenschaftlich gelten zu können? Verdeutlichen Sie sich dies an Beispielen.

In seinen späteren Arbeiten fasst Popper seine wissenschaftstheoretische Position folgendermaßen zusammen:

Obwohl wir uns in der Wissenschaft so gut als möglich bemühen, die Wahrheit aufzufinden, sind wir uns doch des Umstandes wohl bewusst, dass wir nie sicher sein können, ob wir sie besitzen. Wir haben in der Vergangenheit aus vielen Enttäuschungen gelernt, dass wir niemals Endgültigkeit erwarten dürfen; und wir haben gelernt, nicht mehr enttäuscht zu sein, wenn unsere wissenschaftlichen Theorien versagen; denn wir können in den meisten Fällen mit großer Zuverlässigkeit feststellen, welche von zwei vorgelegten Theorien die bessere ist. […] Denn wenn sie sich voneinander unterscheiden, dann werden sie zu verschiedenen Voraussagen führen, die sich oft experimentell überprüfen lassen; und auf der Basis eines solchen Experimentum crucis können wir manchmal entdecken, dass die neue Theorie gerade dort zu befriedigenden Resultaten führt, wo die alte versagt. Wir können also sagen, dass wir auf unserer Suche nach der Wahrheit die wissenschaftliche Sicherheit durch den wissenschaftlichen Fortschritt ersetzt haben. Und diese Ansicht von der wissenschaftlichen Methode wird durch die Entwicklung der Wissenschaft bestätigt. Denn die Wissenschaft entwickelt sich nicht […] durch eine allmähliche enzyklopädische Anhäufung wesentlicher Information, sondern auf eine weit mehr revolutionäre Weise; sie schreitet fort durch kühne Ideen, durch die Verbreitung neuer und höchst seltsamer Theorien (wie etwa der Theorie, dass die Erde nicht flach ist, oder dass der „metrische Raum" nicht flach ist) und durch die Verwerfung der alten.

Aber diese Auffassung der wissenschaftlichen Methode bedeutet, dass es in der Wissenschaft kein „*Wissen*" in dem Sinne gibt, in dem Platon und Aristoteles das Wort verstanden haben, in dem Sinne nämlich, in dem es Endgültigkeit einschließt; in der Wissenschaft besitzen wir nie einen hinreichenden Grund zu der Annahme, dass wir die Wahrheit erreicht haben. Was wir gewöhnlich „wissenschaftliche Erkenntnis" nennen, ist in der Regel nicht ein Wissen in diesem Sinn, sondern eine Information über die verschiedenen rivalisierenden Hypothesen und über die Weise, in der sie sich in verschiedenen Prüfungen bewährt haben; in der Sprache von Aristoteles und Platon ausgedrückt, ist diese „Erkenntnis", dieses „Wissen" eine Information, die die späteste und die am besten geprüfte wissenschaftliche „*Meinung*" betrifft. Diese Auffassung bedeutet weiterhin, dass es in der Wissenschaft keine Beweise gibt (reine Mathematik und Logik sind natürlich ausgenommen). In den empirischen Wissenschaften, die uns allein Information über die Welt, in der wir leben, verschaffen können, kommen keine Beweise vor, wenn wir unter einem „Beweis" ein Argument verstehen, das die Wahrheit einer Theorie ein für allemal begründet. (Hingegen ist es möglich, wissenschaftliche Theorien zu widerlegen.) Andrerseits geben uns die Mathematik und die Logik, die beide Beweise zulassen, keine Auskunft über die Welt, sondern sie entwickeln nur die Werkzeuge zu ihrer Beschreibung. Wir können daher sagen[...]: „Insofern sich die Sätze einer Wissenschaft auf die Wirklichkeit beziehen, müssen sie falsifizierbar sein, und insofern sie nicht falsifizierbar sind, beziehen sie sich nicht auf die Wirklichkeit."

(Karl R. Popper: Die offene Gesellschaft und ihre Feinde Band 2. Übers. v. Paul K. Feyerabend. UTB: München ⁶1980, S. 18–20)

An die Stelle der endgültigen Wahrheit tritt die „Wahrheitsähnlichkeit":

Wir haben zwar in den empirischen Wissenschaften niemals genügende Argumente für die Behauptung, wir hätten tatsächlich die Wahrheit erreicht; aber wir können starke und recht gute Argumente dafür haben, dass wir uns der Wahrheit ein Stück genähert haben; das heißt, dass die Theorie T_2 ihrem Vorgänger T_1 vorzuziehen ist, jedenfalls im Lichte aller bekannten Vernunftargumente. Darüber hinaus können wir die wissenschaftliche Methode und einen guten Teil der Wissenschaftsgeschichte als das vernünftige Verfahren zur Annäherung an die Wahrheit erklären.

(Karl R. Popper: Objektive Erkenntnis. Hoffmann u. Campe: Hamburg 1973, S. 71)

1 Setzen Sie die allgemeinen Ausführungen Poppers zur Entwicklung der Wissenschaft in Zusammenhang mit seinen speziellen forschungslogischen Überlegungen in den Abschnitten davor.

2 „Insofern sich die Sätze einer Wissenschaft auf die Wirklichkeit beziehen, müssen sie falsifizierbar sein, und insofern sie nicht falsifizierbar sind, beziehen sie sich nicht auf die Wirklichkeit." Was bedeutet diese Aussage Poppers für die Mathematik und die Philosophie?

3 Vergleichen Sie die Auffassung Poppers, Platons und Kants zur Möglichkeit sicheren „Wissens" (im Gegensatz zur bloßen „Meinung").

4 In seinem Buch „Die offene Gesellschaft und ihre Feinde" setzt sich Popper mit der Sozialphilosophie von Platon und Marx auseinander. Er kritisiert deren Konzept einer radikalen Neugestaltung der Gesellschaft – vergleichbar dem Reinigen und Neubemalen einer Leinwand – und setzt ihm seine Vorstellung von schrittweisen Reformen entgegen:

Wir können jederzeit nur durch Versuch und Irrtum lernen, also dadurch, dass wir Irrtümer machen und unsere Erfahrungen verbessern. [...] Es ist daher *unvernünftig, anzunehmen, dass eine völlige Rekonstruktion unserer sozialen Welt sogleich zu einem arbeitsfähigen System führen wird.* Wegen des Mangels an Erfahrungen sollten wir eher erwarten, dass sich zahlreiche Irrtümer einstellen werden, die sich nur durch einen langen und arbeitsreichen Prozess kleiner Berichtigungen beseitigen lassen, also durch jene rationale Methode schrittweiser Reformen, deren Anwendung wir befürworten. Aber diejenigen, die diese Methode nicht schätzen, weil sie sie für nicht genügend radikal halten, müssten dann ihre frisch konstruierte Gesellschaft wieder auslöschen und von neuem mit einer reinen Leinwand beginnen.

(Karl R. Popper: Die offene Gesellschaft und ihre Feinde. Bd. I. UTB: München ⁷1992, S. 199)

Untersuchen Sie, wie bei Platon (vgl. 1) und bei Popper erkenntnistheoretische und sozialphilosophische Vorstellungen zusammenhängen. Ist Ihrer Ansicht nach ein „Wissen" im Sinne Platons eine notwendige Voraussetzung für eine radikale Neugestaltung der Gesellschaft?

7.2 Erschütterung der wissenschaftlichen Gewissheit

Auf der Suche nach Gewissheit hatten Carnap und Popper Modelle von Erkenntnis entwickelt, die sich am Vorbild der Naturwissenschaften orientierten. Andere Wissenschaftstheoretiker wie die im Folgenden präsentierten Philosophen Quine, Kuhn und Feyerabend bezweifelten jedoch, dass diese Modelle das Vorgehen der Naturwissenschaften richtig darstellten, und stellten die Gewissheit der Wissenschaftstheorie und der naturwissenschaftlichen Erkenntnisse selbst in Frage.

7.2.1 Willard Van Orman Quine: Wissen als zusammenhängendes Netz

Für die Positivisten und Popper ist die Unterscheidung zwischen Erfahrung und Erfahrungswissenschaft einerseits und Logik und Sprache andererseits grundlegend. Erfahrungsurteile beziehen sich auf die Wirklichkeit, die Aussagen der Logik bzw. der Sprachanalyse sowie der Mathematik dagegen sind zwar apriori gültig, aber sie sind rein analytisch bzw. formal, sie erweitern unser Wissen von der Welt nicht. Der amerikanische Philosoph Willard Van Orman Quine (1908–2000), einer der wichtigsten Logiker und Erkenntnistheoretiker des 20. Jahrhunderts, hält aus logischen und sprachanalytischen Gründen die Unterscheidung zwischen empirischen synthetischen Urteilen und analytischen Urteilen für undurchführbar. Damit stellt er den grundsätzlichen Ansatz des Positivismus und auch den Poppers in Frage. Sein als *Holismus* (von griech. holos = ganz) bekanntes Gegenmodell beschreibt er folgendermaßen:

Die Gesamtheit unseres sogenannten Wissens oder Glaubens, angefangen bei den alltäglichsten Fragen der Geografie oder der Geschichte bis hin zu den grundlegendsten Gesetzen der Atomphysik oder sogar der reinen Mathematik und Logik, ist ein von Menschen geflochtenes Netz, das nur an seinen Rändern mit der Erfahrung in Berührung steht. Oder, um ein anderes Bild zu nehmen, die Gesamtwissenschaft ist ein Kraftfeld, dessen Randbedingungen Erfahrung sind. Ein Konflikt mit der Erfahrung an der Peripherie führt zu Anpassungen im Inneren des Feldes. Wahrheitswerte müssen über einige unserer Aussagen neu verteilt werden. Die Umbewertung einiger Aussagen zieht aufgrund ihrer logischen Zusammenhänge die Umbewertung einiger anderer Aussagen nach sich – die logischen Gesetze wiederum sind nur gewisse weitere Aussagen des Systems, gewisse weitere Elemente des Feldes. Wenn wir eine Aussage neu bewertet haben, müssen wir einige andere neu bewerten, die entweder logisch mit der ersten verknüpft

sind oder selbst Aussagen logischer Zusammenhänge sind. Doch das gesamte Feld ist so sehr durch seine Randbedingungen, durch die Erfahrung unterdeterminiert, dass wir eine breite Auswahl haben, welche Aussagen wir angesichts einer beliebigen individuellen dem System zuwiderlaufenden Erfahrung neu bewerten wollen. […]
Wenn diese Sehweise richtig ist, ist es irreführend, von dem empirischen Gehalt einer individuellen Aussage zu reden, insbesondere, wenn es um eine weit von der Erfahrungsperipherie des Feldes entfernte Aussage geht. Weiterhin wird es albern, eine Grenzlinie zwischen synthetischen Aussagen, die abhängig von der Erfahrung wahr sind, und analytischen Aussagen, die wahr sind, egal, was da kommen mag, zu suchen. Jede beliebige Aussage kann als wahr aufrechterhalten werden, was da auch kommen mag, wenn wir nur anderweitig in dem System ausreichend drastische Anpassungen vornehmen. Selbst eine Aussage ganz nahe der Peripherie kann angesichts gegenläufiger Erfahrung als wahr aufrechterhalten werden, indem mit Halluzination argumentiert wird oder indem gewisse Aussagen jener Art berichtigt werden, die logische Gesetze genannt werden. Umgekehrt ist ebenso keine Aussage unrevidierbar. Die Revision selbst des logischen Gesetzes des ausgeschlossenen Dritten wurde vorgeschlagen, um damit eine Vereinfachung der Quantenmechanik zu erreichen[1]; und worin liegt der grundsätzliche Unterschied zwischen einer solchen Verschiebung und derjenigen mit der Kepler Ptolemäus verdrängte, Einstein Newton und Darwin Aristoteles?
Der Anschaulichkeit halber habe ich von verschiedenen Abständen von einer sinnlichen Peripherie gesprochen. Lassen Sie mich jetzt versuchen, diesen Gedanken zu klären, ohne dabei Metaphern zu Hilfe zu nehmen. Gewisse Aussagen scheinen […] in merkwürdig engem Zusammenhang mit sinnlicher Erfahrung zu stehen – dies in einer selektiven Weise, sodass bestimmte Aussagen mit bestimmten Erfahrungen in Zusammenhang stehen. Solche Aussagen, die mit bestimmten Erfahrungen besonders eng in Zusammenhang stehen, nenne ich, bildlich ausgedrückt, der Peripherie nahe. […]
[In „engem Zusammenhang" zu einer bestimmten Erfahrung steht für Quine eine Aussage dann, wenn man sie bei einer gegenteiligen Erfahrung wahrscheinlicher revidieren würde als andere.]
So können wir uns beispielsweise gegenläufige Erfahrungen vorstellen, an die wir sicherlich unser System dadurch würden anpassen wollen, dass wir genau die Aussage neubewerten, dass in der Goethestraße Backsteinhäuser stehen, und dazu noch einige damit zusammenhängende Aussagen über denselben Gegenstand. […] Eine gegenläufige Erfahrung kann, wie ich betont habe, durch verschiedene alternative Neubewertungen in verschiedenen alternativen Bereichen des Gesamtsystems untergebracht werden; doch in den Fällen, die wir uns gerade vorstellen, würde uns unsere natürliche Neigung, das Gesamtsystem so wenig wie möglich zu stören, anhalten, unsere Revisionen auf jene spezifischen Aussagen über Backsteinhäuser […] zu richten. Man empfindet diese Aussagen daher als schärfer empirisch gerichtet als hochgradig theoretische Aussagen der Physik oder der Logik oder der Ontologie. Aussagen der zuletztgenannten Art kann man sich in dem gesamten Netz als relativ zentral stehend denken, was nichts anderes heißt, als dass sich hier kaum ein bevorzugter Zusammenhang mit irgendwelchen bestimmten Sinnesdaten aufdrängt.

(Willard Van Orman Quine: Zwei Dogmen des Empirismus. In: Ders.: Von einem logischen Standpunkt: Neun logisch-philosophische Essays. Übers. v. P. Bosch. Ullstein: Frankfurt/M., Berlin, Wien 1979, S. 47–48)

1 In der klassischen Logik ist eine Aussage entweder wahr oder falsch; für die Quantenphysik wurde eine neue Logik vorgeschlagen, in der es neben „wahr" und „falsch" noch einen weiteren Wahrheitswert „unbestimmt" gibt.

1 Stellen Sie das Bild des Feldes, mit dem Quine seine Theorie veranschaulicht, grafisch dar. Verdeutlichen Sie sich dazu an Beispielen, welche Aussagen mehr im Zentrum, welche mehr an der Peripherie des Feldes liegen und was das bedeutet. Welche Auswirkungen hätte es z. B. auf ihr Weltbild, wenn Sie Zeuge eines „Wunders" würden?
Woran macht Quine es fest, dass bestimmte Aussagen „als schärfer empirisch gerichtet" empfunden werden?

2 Vergleichen Sie Quines Überlegungen mit denen von Carnap, Popper und Kuhn.

7.2.2 Thomas S. Kuhn: Wissenschaftliche Revolutionen als „Paradigmawechsel"

Ein Physiker in der Zeit vor Einstein nimmt Newtons Mechanik und sein Gravitationsgesetz N sowie die akzeptierten Randbedingungen A und berechnet mit ihrer Hilfe die Bahn eines eben entdeckten kleinen Planeten p. Aber der Planet weicht von der berechneten Bahn ab. Glaubt unser Newtonianer, dass die Abweichung von Newtons Theorie verboten war und dass ihr Beweis die Theorie N widerlegt? – Keineswegs. Er nimmt an, dass es einen bisher unbekannten Planeten p' gibt, der die Bahn von p stört. Er berechnet Masse, Bahn etc. dieses hypothetischen Planeten und ersucht dann einen Experimentalastronomen, seine Hypothese zu überprüfen. Aber der Planet p' ist so klein, dass selbst das größte vorhandene Teleskop ihn nicht beobachten kann: Der Experimentalastronom beantragt einen Forschungszuschuss, um ein noch größeres Teleskop zu bauen. In drei Jahren ist das neue Instrument fertig. Wird der unbekannte Planet p' entdeckt, so feiert man diese Tatsache als einen neuen Sieg der Newtonschen Wissenschaft. – Aber man findet ihn nicht. Gibt unser Wissenschaftler Newtons Theorie und seine Idee des störenden Planeten auf? – Nicht im mindesten! [...] Man schlägt entweder eine neue noch spitzfindigere Hilfshypothese vor, oder ... die ganze Geschichte wird in den staubigen Bänden der wissenschaftlichen Annalen begraben, vergessen und nie mehr erwähnt.
(Zumindest bis ein neues Forschungsprogramm das Programm Newtons überholt, das fähig ist, dieses bisher unzugängliche Phänomen zu erklären. In diesem Fall wird das Phänomen wieder ausgegraben und als ein „entscheidendes Experiment" inthronisiert.)

(Imre Lakatos/Allen Musgrave: Kritik und Erkenntnisfortschritt, Friedrich Vieweg: Braunschweig 1974, S. 97)

1 Wird in dieser – fiktiven! – Episode aus der Wissenschaftsgeschichte Newtons Theorie widerlegt? (Was würde Popper dazu sagen?)

Popper berief sich mit seinem Grundsatz, dass durch einzelne Beobachtungen allgemeine Theorien nicht bewiesen, aber widerlegt werden können, auf die Beschreibung dessen, wie erfolgreiche Wissenschaft vorgeht, und seine Überlegungen haben das Selbstverständnis vieler Naturwissenschaftler geprägt. Es war daher eine Provokation für die Wissenschaftstheorie, als der amerikanische Wissenschaftshistoriker Thomas S. Kuhn (1922–1996) in seiner 1962 erschienenen Untersuchung „Die Struktur wissenschaftlicher Revolutionen" behauptete, die Entwicklung der Naturwissenschaften habe sich ganz anders abgespielt, als man bisher geglaubt hatte. Kuhns Buch hatte eine für ein philosophisches Buch sensationelle öffentliche Wirkung, seine Begriffe „Paradigma" und „Paradigmawechsel" sind – wenn auch häufig missverstanden – in den allgemeinen Sprachgebrauch eingegangen.

Kuhn unterscheidet in seiner Untersuchung zwei verschiedene Phasen der Wissenschaftsentwicklung: Phasen der „normalen Wissenschaft" und „wissenschaftliche Revolutionen". In Phasen der „normalen Wissenschaft" richtet sich das Vorgehen der Wissenschaftler nach einem anerkannten *„Paradigma"*.

In diesem Essay bedeutet „normale Wissenschaft" eine Forschung, die fest auf einer oder mehreren wissenschaftlichen Leistungen der Vergangenheit beruht, Leistungen, die von einer bestimmten wissenschaftlichen Gemeinschaft eine Zeitlang als Grundlagen für ihre weitere Arbeit anerkannt werden. Heute werden solche Leistungen in wissenschaftlichen Lehrbüchern [...] geschildert [...]. Bevor solche Bücher Anfang des neunzehnten Jahrhunderts [...] populär wurden, erfüllten viele der berühmten Klassiker der Wissenschaft eine ähnliche Funktion. Die *Physik* des Aristoteles, der *Almagest* des Ptolemäus, Newtons *Principia* und *Opticks*, [...] – diese und viele andere Werke dienten indirekt eine Zeitlang dazu, für nachfolgende Generationen von Fachleuten die anerkannten Probleme und Methoden eines Forschungsgebietes zu bestimmen. Sie vermochten dies, da sie zwei wesentliche Eigenschaften gemeinsam hatten. Ihre Leistung war neuartig genug, um eine beständige Gruppe von Anhängern anzuziehen, die ihre Wissenschaft bisher auf andere Art betrieben hatten, und gleichzeitig war sie noch offen genug, um der neuen Gruppe von Fachleuten alle möglichen ungelösten Probleme zu stellen. Leistungen mit diesen beiden Merkmalen werde ich von nun an als „Paradigmata" bezeichnen.

(Thomas S. Kuhn: Die Struktur wissenschaftlicher Revolutionen. Übers. v. H. Vetter. Suhrkamp: Frankfurt/Main ²1976, S. 25)

Die Arbeit der Wissenschaftler in Phasen *„normaler Wissenschaft"* beschreibt Kuhn folgendermaßen:

Von denen, die nicht tatsächlich Fachleute in einer ausgereiften Wissenschaft sind, erkennen nur wenige, wie viel „Aufräumarbeit" [...] ein Paradigma übrig lässt, und wie faszinierend diese Arbeit tatsächlich sein kann. Das aber gilt es zu verstehen. Aufräumtätigkeiten sind das, was die meisten Wissenschaftler während ihrer gesamten Laufbahn beschäftigt, und sie machen das aus, was ich hier normale Wissenschaft nenne. Bei näherer Untersuchung, sei sie historisch oder im modernen Labor, erscheint dieses Unternehmen als Versuch, die Natur in die vorgeformte und relativ starre Schublade, welche das Paradigma darstellt, hineinzuzwängen. In keiner Weise ist es das Ziel der normalen Wissenschaft, neue Phänomene zu finden; und tatsächlich werden die nicht in die Schublade hineinpassenden oft überhaupt nicht gesehen. [...]
Wenn aber das Ziel der normalen Wissenschaft nicht bedeutende substanzielle Neuheiten sind [...], warum werden dann diese Probleme überhaupt in Angriff genommen? [...]
Ein normales Forschungsproblem zu einem Abschluss bringen heißt, das Erwartete auf einem neuen Weg erreichen, und es erfordert die Lösung einer Vielzahl umfangreicher instrumenteller, begrifflicher und mathematischer Rätsel. Derjenige, der sich erfolgreich zeigt, erweist sich als Experte im Rätsellösen, und die Herausforderung durch das Rätsel ist ein wichtiger Teil dessen, was ihn vorwärts zu treiben pflegt. Es ist kein Kriterium für die Güte eines solchen Rätsels, dass seine Lösung in sich interessant oder wichtig ist. Im Gegenteil, die wirklich drängenden Probleme, zum Beispiel ein Heilmittel für Krebs oder das Konzept für einen dauerhaften Frieden, sind oft überhaupt keine Rätsel, weitgehend deshalb, weil sie vielleicht keine Lösung haben. [...]
Wir haben schon gesehen, dass eines der

Dinge, die eine wissenschaftliche Gemeinschaft mit einem Paradigma erwirbt, ein Kriterium für die Wahl von Problemen ist, von welchen – solange das Paradigma nicht in Frage gestellt wird – vermutet werden kann, dass sie eine Lösung haben. In weitem Maße sind dies die einzigen Probleme, welche die Gemeinschaft als wissenschaftlich anerkennt oder welche in Angriff zu nehmen sie ihre Mitglieder ermutigt. Andere Probleme, einschließlich vieler, die früher Norm gewesen waren, werden als metaphysisch abgelehnt, als Angelegenheit einer anderen Disziplin betrachtet oder manchmal einfach für zu problematisch gehalten, um Zeit daran zu verschwenden.[…] Einer der Gründe für den offenbar schnellen Fortschritt der normalen Wissenschaft ist, dass man sich bei ihr auf Probleme konzentriert, an deren Lösung nur Mangel an Scharfsinn hindern könnte.

(Thomas S. Kuhn: Die Struktur wissenschaftlicher Revolutionen. Übers. v. H. Vetter. Suhrkamp: Frankfurt/Main ²1976, S. 38, S. 50–51)

Unter bestimmten Umständen gerät die normale Wissenschaft jedoch in eine Krise. Es tauchen zunehmend „Anomalien" auf, Erscheinungen, die mit den Mitteln des herrschenden Paradigmas nicht zu erklären sind. Häufen sich solche Anomalien, entsteht eine Krise, und wird dann eine ganz andere Erklärung angeboten, die zumindest einige der bisherigen Anomalien erklären kann, kommt es zu einer *wissenschaftlichen Revolution*, einem *Paradigmawechsel*.

Sehen wir uns zuerst einen besonders berühmten Fall von Paradigmawechsel an, das Auftauchen der Kopernikanischen Astronomie.[1] Als ihr Vorläufer, das Ptolemäische System, in den beiden letzten Jahrhunderten vor Christus und den beiden ersten nach ihm entwickelt wurde, war es bewundernswert erfolgreich in der Voraussage der veränderlichen Positionen von Fixsternen und Planeten. Kein anderes System des Altertums hatte so gut funktioniert. Für die Fixsterne wird die Ptolemäische Astronomie heute noch weitgehend als technische Näherung verwendet; für die Planeten waren die Voraussagen des Ptolemäus ebenso gut wie die des Kopernikus. Aber bewundernswert erfolgreich zu sein, bedeutet bei einer wissenschaftlichen Theorie niemals, vollkommen erfolgreich zu sein. In bezug auf die Planetenpositionen und die Präzession von Tag- und Nachtgleiche stimmten die aufgrund des Ptolemäischen Systems gemachten Voraussagen niemals ganz mit den besten verfügbaren Beobachtungen überein. Die weitere Reduzierung jener geringen Diskrepanzen bildete ein Gutteil der Hauptprobleme normaler astronomischer Forschung für viele Nachfolger des Ptolemäus […]. Eine Zeitlang hatten die Astronomen allen Grund zu der Annahme, dass diese Versuche ebensolchen Erfolg haben würden wie jene, die zum Ptolemäischen System geführt hatten. Bei einer einzelnen Unstimmigkeit waren die Astronomen ausnahmslos in der Lage, sie durch bestimmte Korrekturen im Ptolemäischen System der zusammengesetzten Kreise auszuschalten. Mit der Zeit aber konnte jemand, der den Endeffekt der normalen Forschungsbemühungen der vielen Astronomen betrachtete, feststellen, dass die Kompliziertheit der Astronomie viel schneller wuchs als ihre Exaktheit, und dass eine Diskrepanz, die an der einen Stelle korrigiert wurde, wahrscheinlich an einer anderen zu einer neuen führte. […]

Im dreizehnten Jahrhundert konnte Alfons X. verkünden, dass Gott, hätte er ihn bei der Erschaffung des Universums konsultiert, guten Rat erhalten hätte. Im sechzehnten Jahrhundert behauptete Kopernikus' Mitarbeiter Domenico da Novara, dass ein so schwerfälliges und ungenaues System, wie es das Ptolemäische geworden war, unmöglich der Natur entsprechen könne. […] Am Anfang des sechzehnten Jahrhunderts begann eine wachsende Zahl der besten Astronomen

Europas zu erkennen, dass das astronomische Paradigma bei Anwendungen auf seine eigenen traditionellen Probleme versagte. Diese Erkenntnis war die Voraussetzung für die Ablehnung des ptolemäischen Paradigmas durch Kopernikus und für dessen Suche nach einem neuen. [...]

Wir wollen also annehmen, dass Krisen eine notwendige Voraussetzung für das Auftauchen neuer Theorien sind, und fragen als nächstes danach, wie die Wissenschaftler auf sie reagieren. Einen ebenso offenkundigen wie wichtigen Teil der Antwort können wir finden, indem wir erst einmal festhalten, was Wissenschaftler niemals tun, wenn sie mit Anomalien konfrontiert werden, und seien diese noch so schwerwiegend und lang andauernd. Wenn sie auch beginnen mögen, den Glauben zu verlieren und an Alternativen zu denken, so verwerfen sie doch nicht das Paradigma, das sie in die Krise hineingeführt hat. Das heißt also, sie behandeln die Anomalien nicht als Gegenbeispiele, obwohl Anomalien im Vokabular der Wissenschaftstheorie genau das sind. [...] Wenn eine wissenschaftliche Theorie einmal den Status eines Paradigmas erlangt hat, wird sie nur dann für ungültig erklärt, wenn ein anderer Kandidat vorhanden ist, der ihren Platz einnehmen kann. Kein bisher durch das historische Studium der wissenschaftlichen Entwicklung aufgedeckter Prozess hat irgendeine Ähnlichkeit mit der methodologischen Schablone der Falsifikation durch unmittelbaren Vergleich mit der Natur. Diese Bemerkung bedeutet nicht, dass Wissenschaftler nicht wissenschaftliche Theorien ablehnten oder dass Erfahrung und Experiment für den Prozess, in welchem sie es tun, nicht wesentlich seien. Sie bedeutet aber [...], dass der Urteilsakt, der die Wissenschaftler zur Ablehnung einer vorher anerkannten Theorie führt, niemals nur auf einem Vergleich jener Theorie mit der Natur beruht. Die Entscheidung, ein Paradigma abzulehnen, ist immer gleichzeitig auch die Entscheidung, ein anderes anzunehmen, und das Urteil, das zu dieser Entscheidung führt, beinhaltet den Vergleich beider Paradigmata mit der Natur *und* untereinander.

(Thomas S. Kuhn: Die Struktur wissenschaftlicher Revolutionen. Übers. v. H. Vetter. Suhrkamp Verlag: Frankfurt/Main ²1976, S. 80–82, 90)

1 Vgl. den Exkurs S. 120/121

1. Der naturwissenschaftlich orientierten Medizin wird häufig vorgeworfen die psychischen Ursachen körperlicher Krankheiten zu vernachlässigen.
Wie lässt sich dieses Problem von Kuhns Beschreibung der „normalen Wissenschaft" her erklären? Suchen Sie selbst ähnliche Beispiele.

2. Erläutern Sie am Beispiel des Übergangs vom ptolemäischen zum kopernikanischen Weltbild (vgl. den Exkurs: „Das ptolemäische und das kopernikanische Weltbild", S. 120/121) den Unterschied der Theorien Poppers und Kuhns. Inwiefern unterscheiden sich die „anomalen" Erfahrungen bei Kuhn von den „falsifizierenden" bei Popper?

3. Schreiben Sie einen fiktiven Dialog zwischen Popper und Kuhn (und ggf. Feyerabend, vgl. 7.2.3), in dem die beiden (bzw. drei) Philosophen über die richtige Interpretation der von Kuhn beschriebenen Beispiele aus der Wissenschaftsgeschichte streiten.

4. Kuhns „Die Struktur wissenschaftlicher Revolutionen" ist nach einer amerikanischen Untersuchung (vgl. The New Criterion 18/10, 6/2000, www.newcriterion.com) das meistzitierte Buch in geistes- und sozialwissenschaftlichen Zeitschriften. Wie lässt sich ein solcher Erfolg gerade bei diesen Wissenschaften – die im Buch gar nicht behandelt werden – erklären?

5. Mehrere Philosophen (z. B. R. Rorty, vgl. 9.4) haben Kuhns Theorie vom Paradigmawechsel auf die Philosophie übertragen. Was bedeutet dies für die Erkenntnistheorie und welche Probleme ergeben sich aus einer solchen Position?

Exkurs: Das ptolemäische und das kopernikanische Weltbild

Durch genaue Beobachtung des Sternenhimmels hatten die Menschen in vielen Kulturen ein umfangreiches Wissen über die Fixsterne und die Bahnen der Sonne, des Mondes und der Planeten. Die Astronomen im antiken Griechenland waren die ersten, die sich dabei von mythischen Vorstellungen lösten und ein System entwickelten, das die Bahnen der Himmelskörper mit den Mitteln der Geometrie erklärte. Schon im 5. Jahrhundert v. Chr. waren sie davon überzeugt, dass die Erde eine Kugel ist. Umstritten war jedoch die Frage, ob die Erde oder die Sonne der Mittelpunkt des Weltalls ist. Schon Philolaos und später Aristarch vertraten ein heliozentrisches Weltbild. Dies setzte sich aber nicht durch, wegen religiös motivierter Widerstände und auch, weil es viele Erscheinungen nicht erklären konnte. Die meisten Astronomen, unter ihnen Aristoteles, waren Anhänger des geozentrischen Systems und entwickelten es ständig weiter. Seine für Jahrhunderte im Wesentlichen gültige abschließende Form erhielt es 140 n. Chr. durch den Astronomen Ptolemäus.

Das ptolemäische Weltbild
Die Erdkugel steht im Mittelpunkt des Weltalls, umgeben von der Luft und dann vom Feuer. Um sie kreisen auf sieben festen Sphären (Kugeln bzw. Schalen) der Mond, die Sonne und die damals bekannten fünf Planeten, darüber liegt die Sphäre der Fixsterne. Da sich die Planeten – von der Erde aus gesehen – auf Schleifenbahnen bewegen, beschrieb Ptolemäus ihre Bewegung durch die Kombination mehrerer Kreisbewegungen („Epizyklen").
Zu Beginn der Neuzeit waren die Gebildeten – auch innerhalb der Kirche – Anhänger des ptolemäischen Systems – einschließlich der Kugelgestalt der Erde. Unverzichtbar für die kirchliche Lehre war dabei, dass die Erde der Mittelpunkt des Universums war. Um allen be-

Das ptolemäische Weltbild

obachteten Bewegungen der Himmelskörper gerecht zu werden, hatte man aber inzwischen das ptolemäische System um immer neue zusätzliche Kreisbewegungen erweitert und es damit sehr kompliziert gemacht. Daher schlug Nikolaus Kopernikus (1473–1543) – unter dem Einfluss der wiederentdeckten griechischen Wissenschaft – erneut ein heliozentrisches Weltbild vor, das die Bewegungen der Planeten auf einfachere Weise erklären konnte.

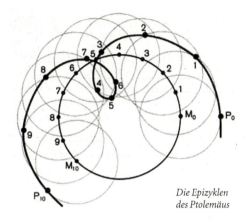

Die Epizyklen des Ptolemäus

Das kopernikanische Weltbild

Die Sonne steht im Mittelpunkt des Weltalls, umkreist von den Planeten, unter ihnen die Erde, die selbst vom Mond umkreist wird. Die scheinbare Bewegung der Sonne sowie die scheinbaren Schleifenbahnen der Planeten lassen sich so aus der Bewegung der Erde, von der aus sie beobachtet werden, erklären.

Das System des Kopernikus lieferte zunächst keine besseren Vorhersagen als das des Ptolemäus und stand außerdem im Widerspruch zur zeitgenössischen Physik (nach der Wolken oder fallende Gegenstände hinter einer sich drehenden Erde zurückbleiben müssten). Durch die Entdeckung der Jupitermonde durch Galileo Galilei und seine neue Physik sowie durch die Verbesserungen Keplers – elliptische statt kreisförmiger Planetenbahnen – setzte sich das neue Weltbild aber schließlich gegen den Widerstand der Kirche durch.

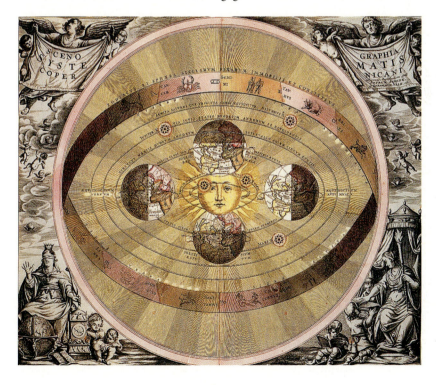

Das kopernikanische Weltbild

7.2.3 Paul Feyerabend: „Wider den Methodenzwang"

Der in Österreich geborene und später in den USA lebende Wissenschaftstheoretiker Paul Feyerabend (1924–1994) untersuchte wie Thomas Kuhn die historische Entwicklung der Naturwissenschaften, kam zu ähnlichen Ergebnissen, zog daraus aber weitaus radikalere philosophische Schlussfolgerungen. In seinem berühmt gewordenen Buch „Wider den Methodenzwang" (Originaltitel: „Against method") zeigt er zunächst an einigen Fallbeispielen – vor allem der Mechanik und Astronomie Galileis – detailliert auf, dass die Forscher sich hier nicht an die von der Wissenschaftstheorie (vor allem Poppers) aufgestellten Regeln hielten, sondern sich über Regeln der Wissenschaft und der Logik hinwegsetzten, Tatsachen, die ihrer Theorie widersprachen, ignorierten und sich auch an außerwissenschaftlichen (metaphysischen, religiösen etc.) Vorstellungen orientierten. Er fasst seine Erkenntnisse folgendermaßen zusammen:

Die Wissenschaften haben keine gemeinsame Struktur, es gibt keine Elemente, die in jeder wissenschaftlichen Untersuchung vorkommen, die aber in anderen Bereichen fehlen. [...]
Erfolgreiches Forschen gehorcht nicht allgemeinen Regeln – es verlässt sich bald auf den einen, bald auf den anderen Maßstab, und die Schachzüge, die es fördern, werden dem Forscher oft erst nach Vollendung der Forschung klar. Eine Wissenschaftstheorie, die Maßstäbe für *alle* wissenschaftlichen Tätigkeiten aufstellt und sie durch Hinweis auf eine Rationalitätstheorie autorisiert, sieht vielleicht sehr eindrucksvoll aus – aber sie ist viel zu grob und einseitig, als dass sie den Wissenschaftlern bei ihrem Geschäft helfen könnte.

(Paul Feyerabend: Wider den Methodenzwang. Übers. v. H. Vetter. Suhrkamp: Frankfurt/Main [7]1983, S. 376)

Wesentlich bei neuen Theorien ist für Feyerabend besonders eines: Sie sind häufig nicht Erweiterungen oder Widerlegungen der alten Theorien, sondern enthalten eine völlig neue Beschreibung der Welt, die mit der bisherigen nicht kommensurabel, d. h. vergleichbar (genauer: an einem gemeinsamen Maßstab messbar) ist.

Es gibt inkommensurable wissenschaftliche Theorien, die scheinbar denselben Gegenstand haben [...]. Untersuchen wir nun, wie inkommensurable Theorien zustande kommen.
Die wissenschaftliche Forschung, sagt Popper, *beginnt* mit einem Problem und schreitet fort zu seiner *Lösung*. Diese Kennzeichnung berücksichtigt nicht, dass Probleme falsch formuliert sein können, dass man hinter Eigenschaften von Dingen und Vorgängen her sein kann, die es nach späteren Auffassungen gar nicht gibt. Solche Probleme werden nicht *gelöst*, sie werden *aufgelöst* und aus dem Bereich der sinnvollen Forschung ausgeschieden. Beispiele sind das Problem der absoluten Geschwindigkeit der Erde, [...] und das wichtige Problem, ob ein Inkubus[1] Nachkommen direkt erzeugen kann oder sich dazu menschlichen Samens bedienen muss. Das erste Problem wurde durch die Relativitätstheorie aufgelöst, die die Vorstellung der absoluten Geschwindigkeit außer Kraft setzt. [...] Das [zweite] Problem wurde, wenn auch weniger eindeutig, durch die moderne Psychologie und Physiologie wie auch durch die mechanistische Kosmologie von Descartes aufgelöst. [...]
Inkommensurable Theorien lassen sich [...] widerlegen durch Heranziehung ihrer jeweils eigenen Art der Erfahrung, d. h. durch Aufdeckung der *inneren Widersprüche*, an denen sie leiden. (Beim Fehlen vergleichbarer Alternativen sind diese Widerlegungen freilich ziemlich schwach [...].) Ihre *Gehalte* lassen sich nicht vergleichen. [...] Es bleiben

ästhetische Urteile, Geschmacksurteile, metaphysische Vorurteile, religiöse Bedürfnisse, kurz, *es bleiben unsere subjektiven Wünsche:* die fortgeschrittensten und allgemeinsten Bereiche der Wissenschaft geben dem einzelnen eine Freiheit zurück, die er in ihren einfacheren Teilen zu verlieren schien. [...]

Man kann sicher nicht annehmen, dass zwei inkommensurable Theorien es mit ein und demselben objektiven Sachverhalt zu tun haben [...]. Wenn man also nicht annehmen will, dass sie es mit überhaupt nichts zu tun haben, so muss man zugeben, dass sie von verschiedenen Welten handeln, und dass die Veränderung durch den Übergang von der einen Theorie zur anderen zustandegekommen ist. [...] Diese Redeweise setzt nicht mehr eine von unserer wissenschaftlichen Tätigkeit unberührte objektive Welt voraus. Man gibt zu, dass die Forschung einen entscheidenden Einfluss selbst auf die festgefügtesten Bestandteile des Kosmos hat. Man gibt zu, dass die Welt, in der wir leben, von uns nicht nur erkannt, sondern durch unseren Erkenntnisprozess auch fortwährend neu geschaffen wird.

(Paul Feyerabend: Wider den Methodenzwang. Übers. v. H. Vetter. Suhrkamp: Frankfurt/Main ⁷1983, S. 355 f., 369–371)

1 Inkubus: Im mittelalterlichen Hexenglauben ein Teufel, der Geschlechtsverkehr mit Hexen hat

Am Schluss seines Buches fasst Feyerabend seine Resultate zusammen und zieht daraus praktische Schlussfolgerungen.

Das Bild der Wissenschaft des 20. Jahrhunderts in den Augen der Wissenschaftler und Laien ist bestimmt durch technische Wunder wie das Farbfernsehen, die Mondflüge, den Infrarotgrill sowie durch ein ziemlich vages, aber noch immer recht einflussreiches Gerücht oder Märchen über die Art, wie diese Wunder zustande kommen.
Nach diesem Märchen entsteht der Erfolg der Wissenschaft aus einer subtilen Verbindung von Erfindergeist und Kontrolle. Die Wissenschaftler haben *Ideen.* Und sie haben spezielle *Methoden* für die Verbesserung von Ideen. Die wissenschaftlichen Theorien haben die methodische Prüfung bestanden. Sie liefern eine bessere Darstellung der Welt als Ideen, die diese Prüfung nicht bestanden haben.
Das Märchen erklärt, warum die moderne Gesellschaft die Wissenschaft auf besondere Weise behandelt und ihr Vorrechte einräumt, derer sich andere Institutionen nicht erfreuen. [...] Fast alle Wissenschaftsgebiete sind Pflichtfächer in unseren Schulen. Die Eltern eines sechsjährigen Kindes können entscheiden, ob ihm die Grundlagen des Protestantismus oder des Judentums oder überhaupt keine Religion vermittelt werden soll, aber auf dem Gebiet der Wissenschaften haben sie kein solches Recht. Physik, Astronomie, Geschichte *müssen* gelernt werden. Sie können nicht durch Magie, Astrologie oder das Studium von Sagen ersetzt werden. [...]
Schließlich unterscheidet sich die Art, wie wissenschaftliche Gedanken anerkannt oder verworfen werden, grundsätzlich von demokratischen Entscheidungsverfahren. Man akzeptiert wissenschaftliche Gesetze und wissenschaftliche Tatsachen, man lehrt sie in den Schulen, man legt sie wichtigen politischen Entscheidungen zugrunde, ohne dass jemals über sie abgestimmt worden wäre. [...]
Kein Wissenschaftler wird zugeben, dass Abstimmungen auf seinem Fachgebiet eine Rolle spielten. Tatsachen, Logik und Methodologie entscheiden allein – das erzählt uns das Märchen. Doch wie entscheiden die Tatsachen? Welche Funktion haben sie beim Erkenntnisfortschritt? Man kann Theorien nicht aus ihnen *ableiten.* Man kann auch kein negatives Kriterium angeben, z. B. gute Theorien seien widerlegbare Theorien, de-

nen aber noch keine Tatsache widerspricht. Ein Falsifikationsprinzip, das Theorien ausscheidet, weil sie nicht mit den Tatsachen übereinstimmen, würde die gesamte Wissenschaft beseitigen müssen (oder zugeben müssen, dass große Teile von ihr nicht widerlegbar sind). Auch der Gedanke, eine gute Theorie *erkläre mehr* als ihre Konkurrenten, ist nicht sehr wirklichkeitsnah. Gewiss: neue Theorien sagen oft Neues voraus – doch fast stets auf Kosten des bereits Bekannten. Was die Logik anlangt, so erkennen wir, dass selbst ihre einfachsten Forderungen in der wissenschaftlichen Praxis nicht erfüllt *sind* und wegen der Komplexität des Materials auch gar nicht erfüllt sein *können*. [...] Man erkennt: Tatsachen allein sind nicht stark genug, um zur Annahme oder Ablehnung wissenschaftlicher Theorien zu veranlassen, sie lassen dem Denken einen *zu weiten* Spielraum; Logik und Methodologie andererseits scheiden zu viel aus, sie sind *zu eng*. Zwischen diesen beiden Extremen liegt das sich immerfort wandelnde Reich menschlicher Ideen und Wünsche. Und eine genaue Analyse erfolgreicher Schritte im Wissenschaftsspiel („erfolgreich" vom Standpunkt der Wissenschaft selbst) zeigt in der Tat, dass es einen weiten Freiheitsspielraum gibt, der eine Vielfalt der Ideen *verlangt* und die Anwendung demokratischer Verfahren (Diskussion und Abstimmung) *gestattet,* der aber durch Machtpolitik und Propaganda versperrt ist. [...]
Es ist Zeit, sie [die Wissenschaftler] in ihre Grenzen zu verweisen und ihnen eine bescheidenere Stellung in der Gesellschaft zu geben. Dieser Vorschlag, den nur wenige unserer wohldressierten Zeitgenossen annehmen wollen, scheint im Gegensatz zu gewissen einfachen und allbekannten Tatsachen zu stehen.

Ist es nicht eine Tatsache, dass ein ausgebildeter Arzt besser befähigt ist, eine Krankheit zu erkennen und zu heilen, als ein Laie oder ein Medizinmann aus einer primitiven Gesellschaft? [...] Muss man nicht zugeben, dass die Technik seit dem Aufstieg der modernen Wissenschaft ungeheure Fortschritte gemacht hat? [...]
Die Fragen erreichen ihren polemischen Zweck nur, wenn man annimmt, die Ergebnisse der Wissenschaft, *die niemand bestreitet,* seien ohne jede Mitwirkung außerwissenschaftlicher Faktoren entstanden und könnten auch durch solche nicht verbessert werden, und wenn man weiterhin annimmt, dass sie allein den Mantel des Erfolges tragen. [...] Diese Voraussetzungen sind notwendig, um den Fragen die beabsichtigte polemische Spitze zu verleihen. Und keine von ihnen hält einer genaueren Prüfung stand. [...]
Die Astronomie zog Nutzen aus dem Pythagoreismus und der Platonischen Vorliebe für Kreise[1], die Medizin aus der Kräuterkunde, der Psychologie, der Metaphysik, der Physiologie von Hexen, Hebammen, weisen Männern, Wanderapothekern. [...] Auch heute kann die Wissenschaft aus unwissenschaftlichen Beimischungen Nutzen ziehen und tut es auch. Ein Beispiel [...] ist die Wiedererweckung der traditionellen Medizin im kommunistischen China. Als die Kommunisten in den 50er Jahren Krankenhäuser und medizinische Fakultäten zwangen, die Ideen und Methoden aus dem „Lehrbuch der inneren Medizin des Gelben Kaisers" zu lehren und bei der Krankenbehandlung anzuwenden, waren viele westliche Fachleute [...] entsetzt und sagten den Niedergang der chinesischen Medizin voraus. Genau das Gegenteil geschah. Akupunktur, Moxibustion, Pulsdiagnose führten zu neuen Erkenntnissen, neuen Behandlungsmethoden, neuen Problemen für den westlichen wie für den chinesischen Arzt. [...]
Verbindet man diese Feststellung mit der Erkenntnis, dass die Wissenschaft keine besondere Methode besitzt, so ergibt sich, dass die Trennung von Wissenschaft und Nichtwissenschaft nicht nur künstlich, sondern auch dem Erkenntnisfortschritt völlig

abträglich ist. Wenn wir die Natur verstehen und unsere materielle Umgebung beherrschen wollen, dann müssen wir *alle* Ideen, *alle* Methoden verwenden, nicht nur einen kleinen Ausschnitt aus ihnen. Die Behauptung aber, außerhalb der Wissenschaft gebe es keine Erkenntnis […] ist nichts als ein weiteres und höchst bequemes Märchen. In primitiven Kulturen gibt es ausführlichere Klassifikationen von Tieren und Pflanzen als in der heutigen wissenschaftlichen Zoologie und Botanik, es gibt Heilmittel, deren Wirkung die Ärzte in Erstaunen setzt […], es gibt dort Mittel zur Menschenbeeinflussung, an deren Existenz die Wissenschaft lange Zeit nicht glaubte (Wodu), […] in der älteren Steinzeit gab es eine hochentwickelte und international bekannte Astronomie, die mit den Tatsachen übereinstimmte *und gleichzeitig* emotional befriedigte, *die sowohl physikalische als auch soziale Probleme löste* (was man von der modernen Astronomie nicht behaupten kann) und auf sehr einfache und sinnreiche Weise geprüft wurde (steinerne Sternwarten in England und im Südpazifik, astronomische Schulen in Polynesien). […] Zu allen Zeiten trat der Mensch seiner Umwelt mit wachen Sinnen und einer fruchtbaren Intelligenz gegenüber, zu allen Zeiten machte er unglaubliche Entdeckungen, zu allen Zeiten kann man von seinen Ideen lernen.

[…]

Wir, die Bürger einer freien Gesellschaft, müssen entscheiden, ob wir den Chauvinismus der Wissenschaft widerspruchslos hinnehmen oder durch öffentliches Handeln überwinden wollen. […] Der Weg zu diesem Ziel ist klar. Eine Wissenschaft, die behauptet, über die einzig richtige Methode und die einzig brauchbaren Ergebnisse zu verfügen, ist Ideologie und muss vom Staat und insbesondere vom Bildungswesen getrennt werden. Man mag sie lehren, aber nur denen, die sich entschlossen haben, sich diesen besonderen Aberglauben zu eigen zu machen.

(Paul Feyerabend: Wider den Methodenzwang. Übers. v. H. Vetter. Suhrkamp Verlag: Frankfurt/Main ⁷1983, S. 385–395)

1 Vgl. den Exkurs „Das ptolemäische und das kopernikanische Weltbild", S. 120/121

1 Verdeutlichen Sie sich den Begriff der Inkommensurabilität von Welterklärungen an Beispielen wie den folgenden:
 a Vergleichen Sie die wissenschaftliche Naturerklärung mit einer animistischen, die in jedem Naturvorgang die Wirkung von „Geistern" sieht.
 b Informieren Sie sich über die chinesische Theorie der „Meridiane", der Energiebahnen im Körper. Sie spielen eine entscheidende Rolle bei der Akupunktur, ihre Existenz hat die westliche Wissenschaft allerdings (noch?) nicht nachgewiesen: Kann man erwarten, dass es für die Wirksamkeit der Akupunktur eine wissenschaftliche Erklärung im Sinne der westlichen Medizin gibt? Oder sind die westliche wissenschaftliche und die traditionelle chinesische Sichtweise inkommensurabel? Gibt es die Meridiane „wirklich" oder nur im Weltbild der chinesischen Medizin?

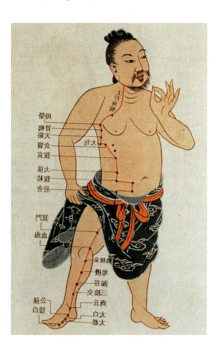

c In der – häufig erfolgreichen – homöopathischen Medizin werden Heilmittel dadurch gewonnen, dass bestimmte Stoffe „in einer genau vorgeschriebenen Anzahl Schüttelschlägen" mit einem Lösungsmittel vermengt und dabei in einem Verhältnis von 1:10 bis zu 1:1000 und mehr verdünnt werden. Während damit nach den Gesetzen der Chemie evtl. kein Molekül des verdünnten Stoffes mehr in der verabreichten Dosis der Medizin enthalten ist, verweisen die Homöopathen auf die „tiefere Erkenntnis", dass die Information des Heilmittels in nicht-materieller Form an das Lösungsmittel gebunden und dem Körper des Patienten weitergegeben wird. (Zitate nach http://homepages.go.com/naturheilkunde/homoeopathie.htm).
Wie beurteilen Sie die Erklärung der Homöopathen für ihre Heilerfolge?

2 Diskutieren Sie Feyerabends These, dass die inkommensurablen Welterklärungen von verschiedenen Welten handeln. Welche erkenntnistheoretischen Voraussetzungen und Konsequenzen hat eine solche Behauptung?

3 Zur These der Inkommensurabilität führt der amerikanische Philosoph Hilary Putnam aus:

Die These der Inkommensurabilität besagt, dass Ausdrücke, die in einer anderen Kultur verwendet werden [...], im Hinblick auf Sinn oder Bezug nicht mit *unseren* Ausdrücken gleichgesetzt werden können. Wissenschaftler mit verschiedenen Paradigmen hausen, wie Kuhn sagt, in „verschiedenen Welten". [...] Diesmal lautet die Erwiderung, dass wir andere Sprachen – oder auch nur frühere Stufen unserer eigenen Sprache – gar nicht übersetzen könnten, wenn diese These wirklich zuträfe. [...] Falls Feyerabend (und Kuhn, wenn er in besonders inkommensurabler Stimmung ist) recht hätten, könnten wir die Angehörigen anderer Kulturen – einschließlich der Wissenschaftler des siebzehnten Jahrhunderts – begrifflich nur als Lebewesen erfassen, die auf Reize reagieren (und u. a. Geräusche hervorbringen, die dem Englischen oder Italienischen auf seltsame Weise ähneln). Es ist völlig inkohärent, wenn man uns weismachen will, Galileis Begriffe seien „inkommensurabel", und *dann fortfährt, sie ausführlich zu schildern.* [...]
Wir sind durch unsere grundlegenden Auffassungen darauf festgelegt, nicht nur das gegenwärtige Zeitsegment unserer selbst, sondern auch unsere früheren Selbste, unsere Vorfahren und die Angehörigen fremder Kulturen von gestern und heute als *Personen* zu behandeln, und das bedeutet, [...], dass man ihnen gemeinsame Bezüge und gemeinsame Begriffe zuschreibt, wie verschieden die *Auffassungen*, die wir ihnen ebenfalls beimessen, auch sein mögen. [...] Wie verschieden unsere Erkenntnisvorstellungen und Rationalitätsauffassungen auch sein mögen – selbst mit der groteskesten Kultur, die wir überhaupt zu interpretieren vermögen, haben wir immer noch einen riesigen Grundstock von Annahmen und Überzeugungen gemeinsam in Bezug auf das, was vernünftig ist.

(Hilary Putnam: Vernunft, Wahrheit und Geschichte. Suhrkamp: Frankfurt 1990, S. 156–157, 162)

Erörtern Sie die Argumente von Feyerabend und Putnam zur Inkommensurabilität und wenden Sie sie auf die oben angeführten Beispiele an.

4 An den Schulen einiger Bezirke in den USA wird die Schöpfungsgeschichte der Bibel als Alternative zur Evolutionstheorie gelehrt. Feyerabend begrüßt, dass es gelungen sei, „eine einseitige Darstellung des Ursprungs des Menschen durch eine mehr pluralistische Darstellung zu ersetzen. Auch wird jetzt die Abstammungslehre nicht mehr als eine Tatsache, sondern als eine Hypothese vorgetragen". Der Philosoph Herbert Schnädelbach bemerkt dazu: „Wenn es

auch wünschenswert ist, dass alle wissenschaftlichen Theorien als Hypothesen gelehrt werden: Man kann sicher sein, dass die Schöpfungsgeschichte nicht als Hypothese gelehrt werden wird, denn sie ist keine." (Herbert Schnädelbach: Against Feyerabend. In: Hans Peter Duerr [Hrsg.]: Versuchungen. Suhrkamp: Frankfurt/M. 1980, S. 311)
Erörtern Sie – im Ausgang von dieser Bemerkung – , ob es einen grundsätzlichen Unterschied zwischen wissenschaftlichen und anderen Erklärungen gibt.

5 Wie beurteilen Sie Feyerabends Vorschläge zum Umgang mit mythischen (oder esoterischen) Weltbildern, „alternativen" Heilverfahren etc.? Sollte man beispielsweise
- andere Welterklärungen gleichberechtigt mit der Wissenschaft an Schulen und Universitäten lehren,
- alle Heilverfahren gleichstellen (z. B. bei der Krankenkasse),
- bei politischen Entscheidungen auch z. B. Astrologen als Experten zu Rate ziehen?

Begründen Sie Ihre Position erkenntnistheoretisch.
Verfassen Sie ein philosophisches Gutachten zu einer der angesprochenen Fragen (etwa als Experte für eine Parlamentsanhörung).

6 In einem Artikel zum Thema „Wissenschaft als Kunst" (Psychologie Heute 9/1983) vergleicht Feyerabend die verschiedenen „Denkstile" der Wissenschaft (und anderer Erkenntnisformen) mit den Stilen in der Kunst; wie in der Kunst seien auch in der Wissenschaft alle Stile gleichberechtigt und könne kein Stil einen Anspruch auf die wahre Darstellung der Wirklichkeit erheben.
Gibt eines der beiden abgebildeten Porträts die Wirklichkeit besser wider?
Halten Sie Feyerabends Verständnis der Wissenschaft als Kunst für angemessen?

Pablo Picasso: Porträt des Schneiders Soler (1903). Öl auf Leinwand, 100 x 70 cm. Leningrad, Eremitage

Pablo Picasso: Porträt von Wilhelm Uhde (1920). Öl auf Leinwand, 81 x 60 cm. Saint Louis, Sammlung Joseph Pulitzer Jr.

8 Naturalisierung der Erkenntnistheorie

Nicht nur die Erkenntnis- und Wissenschaftstheorie untersucht das menschliche Erkennen, auch die empirischen Wissenschaften machen es immer mehr zum Gegenstand ihrer Forschung. Die moderne Biologie, besonders die Hirnforschung, sowie die Forschungen von Psychologen und Computerwissenschaftlern zur menschlichen und künstlichen Intelligenz haben in den letzten Jahrzehnten eindrucksvolle Fortschritte gemacht (vgl. Teil II). Damit steht die Erkenntnistheorie vor der Frage, inwieweit sie diese Ergebnisse in ihre Theorien einbringen kann oder muss. Einen radikalen Vorschlag dazu machte schon 1968 der amerikanische Philosoph Willard Van Orman Quine (1908–2000). Er geht dabei von seiner Überzeugung aus, dass die positivistische Wissenschaftstheorie Carnaps bei dem Versuch, sicheres Wissen zu begründen, ebenso gescheitert sei wie die traditionelle Erkenntnistheorie (vgl. 7.2.1).

Man erkannte, dass das Unterfangen, empirische Wissenschaften in streng logischer Weise auf unmittelbare Erfahrung zu gründen, hoffnungslos war. Die kartesische Suche nach Gewissheit war die unterschwellige Motivation der Erkenntnistheorie, […] aber man sah ein, dass diese Suche aussichtslos ist. […].

Aber wozu all diese erfinderischen Rekonstruktionen, all dieser Zauber? Letztlich sind ja die Reizungen der eigenen Sinnesrezeptoren das einzige, was man hatte, um zu seinem Bild von der Welt zu kommen. Warum sollte man nicht einfach zu ermitteln suchen, wie diese Konstruktion wirklich vorgeht? Warum sollte man sich nicht der Psychologie zuwenden? […]

Die Erkenntnistheorie oder etwas Ähnliches erhält ihren Platz innerhalb der Psychologie und somit innerhalb der empirischen Wissenschaften. Sie studiert ein empirisches Phänomen, nämlich ein physisches menschliches Subjekt. Diesem menschlichen Subjekt wird ein bestimmter, experimentell kontrollierter Input gewährt – z. B. bestimmte Bestrahlungsmuster in ausgesuchten Frequenzen –, und zur rechten Zeit liefert das Subjekt als Output eine Beschreibung der dreidimensionalen Außenwelt und ihres Verlaufs. Die Beziehung zwischen dem mageren Input und dem überwältigenden Output ist die Beziehung, zu deren Untersuchung uns, grob genommen, die Gründe anspornen, die die Erkenntnistheorie immer motiviert haben: nämlich herauszufinden, in welcher Beziehung die Beobachtung zur Theorie steht und auf welche Weise jemandes Theorie über die Natur über alle Beobachtungen, die man je machen könnte, hinausgeht.

(Willard Van Orman Quine: Naturalisierte Erkenntnistheorie. In: Ders.: Ontologische Relativität und andere Schriften. Übers. v. W. Spohn. Reclam: Stuttgart 1975, S. 103–105, 115)

Auch ohne diese Begründung von Quine unbedingt zu teilen haben viele zeitgenössische Philosophen sich wie er das Ziel einer *Naturalisierung der Erkenntnistheorie* gesetzt; d. h. die menschliche Erkenntnis soll zum Objekt naturwissenschaftlicher Untersuchung werden wie jeder andere Gegenstand der Natur. Dies gilt sowohl für die „philosophy of mind", den neuen Schwerpunkt der analytischen Philosophie (vgl. II, 4 u. 5) als auch für andere Richtungen wie die „Evolutionäre Erkenntnistheorie" und den „Radikalen Konstruktivismus", die im Folgenden vorgestellt werden.

8.1 Gerhard Vollmer: Evolutionäre Erkenntnistheorie

Das Facettenauge der Insekten besteht aus lauter Einzelaugen, die ein Mosaik von Einzelbildern liefern. Da die Einzelaugen nur auf (fast) senkrecht einfallende Lichtstrahlen reagieren, wird auch die kleinste Bewegung wahrgenommen. Bienen und andere Insekten sehen außerdem auch ultraviolettes Licht.

Fische, Vögel und viele Pflanzenfresser unter den Säugetieren haben weit auseinanderstehende Augen und daher ein sehr weites Gesichtsfeld. Raubtiere und Klettertiere haben vorn liegende Augen, die ein besseres stereoskopisches Sehen und damit eine bessere Entfernungsabschätzung ermöglichen.

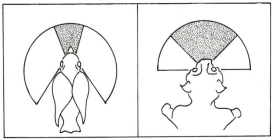

1 Versuchen Sie sich das „Weltbild" einer Biene vorzustellen?
2 Wie kann man in den beiden Beispielen die besondere Form der Augen bzw. ihre unterschiedliche Lage erklären?

Bienen sehen ultraviolettes Licht, Hunde riechen unglaublich viel, Fledermäuse hören Ultraschall. Diese Tiere nehmen also eine ganz andere Welt wahr als wir und ihre spezielle Form der Wahrnehmung hat jeweils einen Nutzen für ihr Überleben. Auf der anderen Seite haben wir mit Hilfe unseres Verstandes die Möglichkeit solche Unterschiede überhaupt erst festzustellen. Welche Rolle spielt dies alles für unsere Erkenntnis, warum nehmen wir gerade so wahr, wie wir es tun, und welchen Überlebensvorteil haben unser Verstand und unser Erkenntnisvermögen?
Betrachtet man Erkenntnis naturwissenschaftlich, so stellt sich auch die Frage nach ihrer biologischen Funktion. Der berühmte Verhaltensforscher Konrad Lorenz versuchte als einer der ersten, entscheidende philosophische Fragen der Erkenntnis von der Evolutionstheorie her zu beantworten. Gerhard Vollmer (geb. 1943), Naturwissenschaftler und Philosoph, stellt ähnliche Überlegungen zu einer „*Evolutionären Erkenntnistheorie*" an.

Wenn überhaupt Erkenntnis über die Welt möglich sein soll, so muss unser Erkenntnisapparat gerade für solche Reize empfindlich sein, die von der Umwelt angeboten, von den
5 realen Objekten ausgesandt werden. Eine solche Passung liegt nun auch tatsächlich vor […]. Der Begriff der „Passung" hat dabei drei Aspekte.
Erstens passt unser Erkenntnisapparat in dem Sinne auf die Welt, wie ein Werkzeug auf das Werkstück passt […]. In diesem Sin- 10
ne passt das menschliche Auge zum Tages-

licht, zum Strahlungsmaximum des Sonnenlichts und zum optischen Fenster der Atmosphäre.[…]

Zweitens ist Erkenntnis nützlich, indem sie nämlich für das Überleben einen Vorteil bietet. Ist aber Erkenntnis nützlich in diesem Sinne, so ist es auch die Passung zwischen äußeren Bedingungen und subjektivem Erkenntnisapparat. Wir sehen also jede derartige Passung als *Vorteil* an.

Die Tatsache, dass unsere subjektiven Erkenntnisstrukturen gut auf die realen Strukturen passen in dem Sinne, dass durch ihr Zusammenspiel Erkenntnis möglich wird, bedeutet nicht, dass diese Erkenntnis, diese interne Rekonstruktion äußerer Strukturen, immer korrekt sein müsste. Wir wissen zum Beispiel, dass Farben, Töne, Geruch und Geschmack ganz subjektiv sind. […] Passung schließt also nicht immer Strukturgleichheit ein. […]

Drittens […] passen einige subjektive Strukturen sogar in dem Sinne auf die Welt, dass sie mit ihnen *übereinstimmen.* Dann gibt es eine gewisse Strukturgleichheit, eine partielle Isomorphie zwischen subjektiven und objektiven Strukturen.

Beispielsweise sehen (rekonstruieren) wir die Dinge der äußeren Welt dreidimensional und wissen zugleich aus der Physik, dass sie wirklich dreidimensional sind. Wenn wir verschiedene Farben *sehen*, dann sind die Wellenlängen auch *tatsächlich* verschieden. Wenn immer wir Unterschiede *wahrnehmen,* dann gibt es auch einen Unterschied in der Realität.

Die Umkehrung gilt nicht: Nicht alle Unterschiede, die in der Welt (objektiv) existieren, werden von uns erkannt; unser Auflösungsvermögen ist beschränkt, und wir versuchen, es durch instrumentelle Hilfsmittel zu verbessern. […]

Offenbar hat die Begrenztheit unserer Sinne das Überleben der menschlichen Art nicht verhindert. So finden wir nicht nur in den Leistungen, sondern auch in den Beschränkungen unseres Erkenntnisapparates eine gewisse Passung. Diese Passung verlangt nach einer Erklärung.

Wie kommt es, dass subjektive und objektive Strukturen so gut aufeinander passen, teilweise sogar übereinstimmen? […] Die Evolutionäre Erkenntnistheorie gibt darauf eine biologisch orientierte Antwort:

Unser Erkenntnisapparat ist ein Ergebnis der biologischen Evolution. Die subjektiven Erkenntnisstrukturen passen auf die Welt, weil sie sich im Laufe der Evolution in Anpassung an diese reale Welt herausgebildet haben. Und sie stimmen mit den realen Strukturen (teilweise) überein, weil nur eine solche Übereinstimmung das Überleben ermögliche.

Die Evolutionäre Erkenntnistheorie beantwortet also eine alte philosophische Frage über eine relativ junge biologische Theorie, nämlich die Evolutionstheorie. Die unleugbare und zum Teil verblüffende Passung wird dabei als Ergebnis einer *Anpassung* erklärt, die den beiden großen Baumeistern der Evolution, Mutation und Selektion, unterworfen war. Nicht nur Sinnesorgane, Zentralnervensystem und Gehirn sind evolutiv entstanden, sondern natürlich auch ihre *Funktionen:* Sehen, Wahrnehmen, Gedächtnis, Erkennen, Denken, Sprechen. […] Nehmen wir ein Beispiel. Baumlebende Tiere wie Affen, die von Ast zu Ast und sogar von Baum zu Baum springen, müssen irgendwie die räumliche Struktur ihrer Lebenswelt bewältigen. Nur wenn sie die Entfernung eines Astes richtig einschätzen, wird ihre Greifhand im richtigen Moment zufassen. […] Es ist also kein Zufall, dass wir Menschen eine so gute Raumwahrnehmung besitzen: Wir verdanken sie unseren baumbewohnenden Vorfahren!

„Um es grob, aber bildhaft auszudrücken: Der Affe, der keine realistische Wahrnehmung von dem Ast hatte, nach dem er sprang, war bald ein toter Affe – und gehört daher nicht zu unseren Urahnen." (Simpson)

Erkenntnistheoretisch kann man jede subjektive Erkenntnisstruktur als eine *Hypothe-*

se über die Struktur der Welt auffassen. Diese Hypothese ist – da biologisch oder gar genetisch bedingt – meist unbewusst und unkorrigierbar. Evolution ist also *biologisch* ein Prozess von Mutation und Selektion, *erkenntnistheoretisch* dagegen ein Prozess von Vermutungen und Widerlegungen, ein Zusammenhang, den vor allem Karl Popper betont. [...]

Im Allgemeinen sind *richtige* Hypothesen auch für die Arterhaltung günstiger als falsche. Falsche Hypothesen werden, wenn ihre Falschheit für das Überleben relevant ist, in der Evolution eliminiert. Hypothesen dagegen, die den evolutiven Erfolg erhöhen, werden beibehalten (bzw. langfristig durch noch geeignetere ersetzt). [...]

Offenbar geht die Evolutionäre Erkenntnistheorie davon aus, dass es angeborene Ideen, das heißt genetisch übertragene Information über die Welt, gibt. Dieses Vorwissen steckt in den Sinnesorganen, im Zentralnervensystem, im Gehirn. [...]

Unser Erkenntnisapparat ist darauf vorbereitet, optische Reize dreidimensional zu entschlüsseln; er arbeitet mit der *Hypothese*, die visuell wahrnehmbaren Objekte seien dreidimensional. Solche Hypothesen sind unabhängig von aller individuellen Erfahrung, also *ontogenetisch a priori*. In den meisten Fällen sind sie auch richtig. Und soweit sie Erkenntnis erst ermöglichen und gestalten, sind sie sogar erfahrungskonstitutiv oder transzendental im Kantischen Sinne. Aber selbst diese genetische Information ist erst im Laufe der Evolution entstanden; sie wurde getestet und bei Bewährung beibehalten. Sie ist ein Ergebnis guter und schlechter Erfahrungen aus Tausenden und Millionen von Jahren, also *phylogenetisch a posteriori*.

Obwohl demnach die Evolutionäre Erkenntnistheorie erfahrungsunabhängiges, das heißt apriorisches Wissen anerkennt, zerstört sie doch den Kantischen Begriff des Apriori: Dieses Wissen über die Welt ist zwar angeboren, aber nicht notwendig wahr. [...]

Die menschliche Erkenntnisfähigkeit ist ein Ergebnis der Evolution. Das bedeutet natürlich nicht, dass alles menschliche Wissen genetisch determiniert wäre. Die Evolutionäre Erkenntnistheorie beschreibt oder erklärt auch gar nicht die Evolution menschlichen Wissens; das ist eine Aufgabe der Kulturgeschichte und der Wissenschaftstheorie. [...] Erst die kulturelle Evolution hat zu dem geführt, was wir als das typisch Menschliche ansehen, und die jeweiligen Evolutionsgesetze sind auch durchaus verschieden. [...]

Vollmer geht davon aus, dass uns die moderne Wissenschaft objektive Erkenntnis der Welt liefert. Das Weltbild der Physik ist aber sehr verschieden von dem unserer Alltagserfahrung, den vierdimensionalen gekrümmten Raum der Relativitätstheorie können wir uns ebensowenig vorstellen wie die Teilchen und Wellen der Atomphysik. Vollmer erklärt dies so:

Die Welt, an die sich unser Erkenntnisapparat in Jahrmillionen der Evolution angepasst hat, weil er sie wahrnehmend und handelnd zu bewältigen hatte, ist nur ein Teil der wirklichen Welt. Es ist eine Welt der mittleren Dimensionen; sie reicht von Millimetern zu Kilometern, von Sekunden zu Jahren, von Gramm zu Tonnen. Diese Welt nennen wir „Mesokosmos".

Auf den Mesokosmos sind die Formen unserer Anschauung und unserer unmittelbaren Erfahrung geprägt. Mesokosmische Strukturen können wir uns anschaulich vorstellen; jedoch müssen wir damit rechnen, dass unser Anschauungsvermögen außerhalb dieses Bereichs versagt. Tatsächlich sind die Theorien der Atom-, Kern- und Elementarteilchenphysik, also des ganz Kleinen, aber auch die der modernen Kosmologie, also des ganz Großen, unanschaulich. Der modernen Physik wird diese Unanschaulichkeit häufig zum Vorwurf gemacht – zu Unrecht, wie wir nun einsehen: Sie ist eine Folge unserer mesokosmischen Prägung.

(Gerhard Vollmer: Was können wir wissen? Band 1. Die Natur der Erkenntnis. S. Hirzel: Stuttgart 1985, S. 35–42)

1. Verdeutlichen Sie sich an Beispielen aus der Biologie, inwiefern Erkenntnisstrukturen als Ergebnis evolutionärer Anpassung verstanden werden können. Erörtern Sie die Berechtigung der folgenden Kritik von **Franz von Kutschera**:

> Was ein Lebewesen zum Überleben braucht, ist zunächst nur, dass es auf die Situationen, in die es in seiner Lebenswelt gerät, in passender Weise reagiert. Dafür sind Bewusstsein und Erkennen unnötig, das können auch Roboter. Man könnte vielleicht einen Vorteil darin sehen, dass die Vermittlung zwischen Sinnesreizen und Reaktionen über irgendeine Art von Repräsentationen läuft […]. Für das Angepasstsein des Organismus ist es aber keineswegs erforderlich, dass seine Repräsentationen richtig sind, dass er sich also die Welt so vorstellt, wie sie tatsächlich beschaffen ist.
>
> (Franz v. Kutschera: Die falsche Objektivität. De Gruyter: Berlin 1993, S. 112)

2. **Karl Popper** – der in seinen späten Schriften ebenfalls einen evolutionären Ansatz vertritt – unterscheidet in seiner Wissenschaftstheorie zwischen „Erkenntnispsychologie" und „Erkenntnislogik", der Untersuchung der Entstehung einer Erkenntnis und der Prüfung ihrer Richtigkeit (vgl. 7.1.2). Arbeiten Sie ausgehend davon den unterschiedlichen Ansatz der Evolutionären Erkenntnistheorie und der traditionellen Erkenntnis- bzw. Wissenschaftstheorie heraus.

3. Kann der junge Mann in der Galerie sich selbst beim Betrachten zuschauen? Kann man naturwissenschaftlich erkennen, wie man erkennt – also das Erkennen wie ein beliebiges anderes Objekt der Wissenschaft, d. h. „objektivistisch" (vgl. Zitat) untersuchen?

> Nun ist auch eine objektivistische Weltsicht eine Sicht von Personen. Der Wissenschaftler als Subjekt dieser Weltsicht muss sich aber als externer Zuschauer des objektiven Weltgeschehens begreifen. Der Biologe Fritz Müller hat zwar auf der Bühne dieses Geschehens selbst einen kurzen Auftritt, aber in seiner Funktion als Wissenschaftler sitzt er im Zuschauerraum und betrachtet diesen Auftritt wie den eines Schauspielers.
>
> (Franz v. Kutschera: Die falsche Objektivität. De Gruyter: Berlin 1993, S. 274)

Maurits Cornelis Escher: Bildergalerie

4 Vergleichen sie den Ansatz der Evolutionären Erkenntnistheorie mit dem Kants.
Viele Kritiker haben der Evolutionären Erkenntnistheorie vorgeworfen, das Apriori bei Kant misszuverstehen, wenn sie die notwendigen Bedingungen von Erfahrung bei Kant mit biologischen Merkmalen gleichsetzt.
Verdeutlichen Sie sich diesen Unterschied an Beispielen: Können Sie sich z. B. vorstellen, dass als Ergebnis einer Weiterentwicklung unseres Gehirns die Gesetze der Geometrie oder das Kausalprinzip nicht mehr gelten?

5 Der zeitgenössische Philosoph **Peter Janich** trägt einen Einwand vor, der häufig gegen die Evolutionäre Erkenntnistheorie vorgebracht wird:

„Die Annahme einer Anpassung an wirkliche Verhältnisse kann als These nur einen Sinn haben, wenn diese wirklichen Verhältnisse selbst bekannt sind. Das heißt aber, dass der evolutionäre Erkenntnistheoretiker die Anpassung des menschlichen Erkenntnisapparats an eine Wirklichkeit behauptet, die er selbst in ihren Eigenschaften erkannt haben muss. Hier tut sich ein Zirkelproblem auf."

(Peter Janich: Was ist Erkenntnis? C. H. Beck: München 2000, S. 82)

Gerhard Vollmer möchte diesen logischen Zirkel vermeiden, indem er zwischen der evolutionär bedingten beschränkten menschlichen Erkenntnis im „mesokosmischen" Bereich und der wissenschaftlichen Erkenntnis unterscheidet. Auch diesen Ansatz halten andere Theoretiker jedoch für zirkulär, so auch Peter Janich.

Als Resümee lässt sich deshalb für die evolutionären Erkenntnistheorien festhalten:
– Keiner der Ansätze verdient den Namen „Erkenntnistheorie", weil sie den Unterschied von Erkenntnis und Irrtum nicht definieren können. Vielmehr setzen sie diesen Unterschied bereits dadurch voraus, dass sie entweder eine menschenunabhängige Wirklichkeit als bereits erkannt annehmen oder den Naturwissenschaften diese Erkenntnis zuschreiben.
– Wo die Naturwissenschaften das evolutionsbiologische Zirkelproblem beheben sollen, eine Anpassung an die Wirklichkeit nur für eine bereits erkannte Wirklichkeit behaupten zu können, wird übersehen, dass auch naturwissenschaftliche Verfahren eine Unterscheidung von gelingenden und misslingenden Wahrnehmungen an Mess-, Beobachtungs- und Experimentierapparaturen in Anspruch nehmen. Das heißt, der Umweg über die Naturwissenschaften macht nicht wirklich frei von der Anbindung an die Erkenntnisvermögen der beteiligten Menschen.
– Die Theorie von der mesokosmischen Beschränktheit des menschlichen Erkenntnisvermögens ist überhaupt nur […] sinnvoll formulierbar, wenn von den Naturwissenschaften für mikrokosmische und makrokosmische Theorien eine Geltung beansprucht wird, die Vorrang hat vor der mesokosmischen Erkenntnis.[…]
– Alle evolutionären Erkenntnistheorien investieren bereits wahr-falsch-Unterscheidungen (und die zugehörigen Kriterien), liefern jedoch keine. Das heißt, sie bieten, entgegen ihrem Selbstverständnis, keine Antwort auf die Frage, was Erkenntnis sei.

(Peter Janich: Was ist Erkenntnis? C. H. Beck: München 2000, S. 84–86)

Arbeiten Sie die einzelnen Argumente der Kritik an der Evolutionären Erkenntnistheorie heraus und erörtern Sie ihre Stichhaltigkeit.

8.2 Humberto Maturana/Ernst von Glasersfeld: Radikaler Konstruktivismus

1 Was sehen Sie auf diesem Bild? (Auflösung auf Seite 140)
Wenn Sie die Auflösung kennen und ein Bild wahrnehmen: Wie ist das Bild „in Ihrem Kopf" zustandegekommen? Ist es eine Abbildung nach Art eines Fotos?

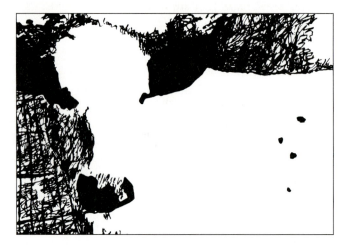

2 Fixieren Sie das Kreuz auf der Abbildung, halten Sie das linke Auge zu und bewegen sie das Blatt in einem Abstand von etwa 35–40 cm vor dem Auge hin und zurück. Dabei sollte der schwarze Punkt plötzlich verschwinden.

3 Entdeckung oder Erfindung?
Handelt es sich bei den folgenden Begriffen um Entdeckungen oder Erfindungen?

Ordnung – Zahlen – Formeln – Symmetrien – Naturgesetze – Gegenstände – Taxonomien

(Nach H. v. Foerster, Entdecken oder Erfinden. In: Gummin/Meier (Hg.), Einführung in den Konstruktivismus, Piper Verlag, München 1992, S. 45)

Wenn Sie alle Begriffe für Entdeckungen halten, sind sie ein Konstruktivist,
so Heinz von Förster, einer der führenden Vertreter dieser Theorie.

Der „*Radikale Konstruktivismus*" ist eine in den letzten Jahren auch – oder gerade – außerhalb der Philosophie viel diskutierte Richtung der Erkenntnistheorie. Seine Vertreter, darunter der Psychologe Paul Watzlawick und der Kybernetiker Heinz von Förster sowie Ernst von Glasersfeld stützen sich dabei neben erkenntnistheoretischen und lernpsychologischen Argumenten vor allem auf Erkenntnisse der Biologie, der Gehirnforschung und der Systemtheorie.
Die chilenischen Biologen Humberto Maturana (geb. 1928) und Francisco Varela (geb. 1946), zwei der Begründer des Konstruktivismus, erläutern die sinnesphysiologischen Ergebnisse, die sie zu ihren erkenntnistheoretischen Überlegungen führten. Zunächst erklären sie dabei das Phänomen des „blinden Flecks" (vgl. Aufgabe 2, oben)

Die [...] Erklärung für dieses Phänomen ist, dass in dieser spezifischen Position die Abbildung des Punktes [...] auf den Bereich der Netzhaut fällt, der für das Licht unempfindlich ist, da dort der Sehnerv austritt. Dieser Bereich wird „blinder Fleck" genannt. Diese Erklärung gibt uns jedoch keine Antwort auf die Frage, warum wir nicht ständig mit einem visuellen Loch von dieser Größe durch die Welt gehen. Unsere visuelle Erfahrung ist die von einem kontinuierlichen Raum. Solange wir keine geistreichen Experimente machen, nehmen wir in der Tat jene Diskontinuität, die erscheinen sollte, nicht wahr. Das Faszinierende am Experiment mit dem blinden Fleck ist: *Wir sehen nicht, dass wir nicht sehen.*

Zweite Situation: Nehmen wir eine rote und eine weiße Lichtquelle und ordnen sie so wie in der Abbildung [unten]. Dies kann sehr einfach erreicht werden, indem wir ein Papprohr mit dem Durchmesser einer Glühbirne (Richtstrahler) über eine der Birnen stülpen und eine durchsichtige rote Folie als Filter verwenden. Alsdann bringen wir ein Objekt in den Lichtkegel, zum Beispiel die Hand, und betrachten die Schatten, die auf eine Wand projiziert werden. Bei einer der drei dargestellten Situationen erscheint der Schatten blaugrün! [...]

Was sich in dieser Situation zeigt, ist genauso überraschend wie im Falle des blinden Flecks. Woher kommt eine blaugrüne Farbe, wenn alles, was erwartet werden kann, Weiß, Rot und Mischungen aus Weiß mit Rot (Rosa) sind? Wir sind gewohnt zu denken, dass die Farbe eine Qualität der Objekte und des Lichtes ist, das von ihnen reflektiert wird. Wenn ich Grün sehe, so meine ich das deshalb, weil auf mein Auge grünes Licht fällt, das heißt Licht von einer bestimmten Wellenlänge. Wenn wir aber ein Gerät nehmen, um die Zusammensetzung des Lichts in der dargestellten Situation zu messen, finden wir in dem von uns blaugrün wahrgenommenen Schatten tatsächlich kein Vorherrschen der Wellenlängen, die den Farben Grün oder Blau entsprechen. Wir finden allein eine Verteilung, die dem weißen Licht entspricht. Unsere Erfahrung von Blaugrün ist aber für jeden von uns dennoch nicht zu leugnen (es sei denn, er ist farbenblind).

[...] Für gewöhnlich wird angesichts dieses oder ähnlicher Phänomene gefragt, welche denn nun die *wirkliche* Farbe sei, so als ob wir etwa von Messinstrumenten die letzte Antwort erwarten können. De facto enthüllt uns dieses einfache Experiment keine isolierte Erscheinung, die [...] marginal oder illusionär („optische Täuschung") genannt werden könnte. Unsere Erfahrung einer Welt farbiger Objekte ist buchstäblich unabhängig von der Zusammensetzung der Wellenlänge des Lichtes, das von den von uns beobachteten Objekten ausgeht.

In der Tat, wenn ich eine Apfelsine aus dem Inneren meines Hauses in den Garten trage, behält diese für mich die gleiche Farbe, obwohl sie innerhalb des Hauses etwa durch Neonlicht beleuchtet wurde, welches überwiegend kurzwelliges oder blaues Licht enthält, während das Sonnenlicht vorwiegend

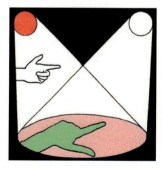

aus langwelligem, rotem Licht besteht. Es kann also keine einfache Korrespondenz hergestellt werden zwischen der großen Stabilität der Farben, in denen wir die Objekte der Welt sehen, und der Qualität des von ihnen reflektierten Lichts.

[…] Das Wesentliche in diesem Zusammenhang ist […], dass wir, um das Phänomen des Farbensehens erklären zu können, aufhören müssen zu denken, dass die Farbe der von uns gesehenen Objekte durch die Eigenschaften des von ihnen ausgehenden Lichtes bestimmt ist. Vielmehr müssen wir uns darauf konzentrieren zu verstehen, auf welche Weise die Erfahrung von Farbe einer spezifischen Konfiguration von Aktivitätszuständen im Nervensystem entspricht, welche durch die Struktur des Nervensystems determiniert wird.

(Humberto Maturana/Francisco Varela: Der Baum der Erkenntnis. Übers. von K. Ludewig Goldmann: München 1987, S. 21–27)

Das Bild der Welt in unserem Kopf, in diesem Fall das der Farben, ist also kein bloßes Abbild der physikalischen Welt, sondern eine „Konstruktion" des Gehirns. Darauf weisen nach Maturana auch viele Ergebnisse der modernen Neurowissenschaften hin. So fand Maturana z. B., dass sich tatsächlich eine eindeutige Beziehung zwischen der Aktivität bestimmter Nervenzellen und bestimmten subjektiven Farbeindrücken herstellen lässt, nicht aber zwischen der Aktivität dieser Zellen und den physikalisch messbaren Wellenlängen. Ein weiteres Beispiel ist die Tatsache, dass die Impulse von der Netzhaut nicht wie eine Telefonverbindung direkt an die Hirnrinde weitergeleitet werden, sondern verbunden mit vielen anderen Impulsen aus dem Gehirn selbst.

Die Konstruktivisten schließen aus solchen Ergebnissen der Neurobiologie, dass das Gehirn ein „autopoietisches" (d. h. sich selbst erzeugendes) System sei, das die Nervenimpulse der Sinnesorgane ganz nach seinen eigenen Gesetzmäßigkeiten verarbeite und daraus seine Wirklichkeit „konstruiere". Dies sei uns allerdings – wie im Fall des „blinden Flecks" – meist gar nicht bewusst, wir hielten die Konstruktion des Gehirns für ein Abbild der realen Welt. Die Grundlagen der konstruktivistischen Erkenntnistheorie, die auf solchen Überlegungen aufbaut, erläutert Ernst von Glasersfeld (geb. 1917) im folgenden Text.

Was „Wissen" in der herkömmlichen Anschauung heißt und wie die Tätigkeit des „Erkennens" es hervorbringen soll, geht direkt auf die Vorstellung von der sinnlichen Wahrnehmung zurück […] Die Sinne werden als eine Art Nachrichtensystem betrachtet, das unterschiedliche Aspekte der ontischen Welt in das Bewusstsein des Erlebenden leitet. […] Doch gleichgültig, was da vermittelt werden soll, mit dieser Vermittlerrolle der Sinnesorgane ist auch schon das ganze, unlösbare Problem der Wahrhaftigkeit in das Wahrnehmungsschema eingebaut, denn niemand wird je imstande sein, die Wahrnehmung eines Gegenstandes mit dem postulierten Gegenstand selbst, der die Wahrnehmung verursacht haben soll, zu vergleichen.

[…] Wie der Erkennende sich vergewissern könnte, dass er der Wahrheit tatsächlich näher kommt, wird nicht erklärt. Statt dessen wird zumeist auf die Wissenschaft verwiesen und behauptet, die bloße Tatsache, dass die Wissenschaft uns nach und nach Dinge ermöglicht, die vorher ausgeschlossen waren, belege den Fortschritt des Wissens hinreichend. […]

Ich will dieses Wissen, das wir da von Tag zu Tag vermehren, keineswegs herabsetzen. […] Es ist ein wertvolles, bewundernswertes, zuweilen sogar lebenswichtiges Wissen – doch es ist ein „Wissen wie" und nicht das „Wissen was", das die Erkenntnistheorien der Philosophen seit jeher zu erfassen suchten. […] Weitgehende Kontrolle über unsere Erlebenswelt gewonnen zu haben bedeutet nämlich keineswegs, dass wir in der Ontologie, d. h. in unserer Lehre von der ab-

soluten, von uns unabhängigen Wirklichkeit, Fortschritte gemacht haben.
[…]
Wo die Überlieferung, trotz Kant, zwischen Erlebnis und „Wirklichkeit" stets Gleichförmigkeit, Übereinstimmung oder zumindest Korrespondenz als natürliche und unerlässliche Voraussetzung betrachtete, postuliert der radikale Konstruktivismus die grundsätzlich andersartige Beziehung der […] Viabilität.

Im Gegensatz zu der „ikonischen" Relation der Übereinstimmung, die – auch wenn nur eine ungefähre Annäherung postuliert wird – begrifflich auf Isomorphie[1] beruht, ist die Relation der Viabilität auf den Begriff des Passens im Sinne des Funktionierens gegründet. Das heißt, etwas wird als „viabel" bezeichnet, solange es nicht mit etwaigen Beschränkungen oder Hindernissen in Konflikt gerät […].

Ein metaphorisches Beispiel mag den Unterschied greifbarer machen. Ein blinder Wanderer, der den Fluss jenseits eines nicht allzu dichten Waldes erreichen möchte, kann zwischen den Bäumen viele Wege finden, die ihn an sein Ziel bringen. Selbst wenn er tausendmal liefe und alle die gewählten Wege in seinem Gedächtnis aufzeichnete, hätte er nicht ein Bild des Waldes, sondern ein Netz von Wegen, die zum gewünschten Ziel führen, eben weil sie die Bäume des Waldes erfolgreich vermeiden. Aus der Perspektive des Wanderers betrachtet, dessen einzige Erfahrung im Gehen und zeitweiligen Anstößen besteht, wäre dieses Netz nicht mehr und nicht weniger als eine Darstellung der bisher verwirklichten Möglichkeiten, an den Fluss zu gelangen. Angenommen der Wald verändert sich nicht zu schnell, so zeigt das Netz dem Waldläufer, wo er laufen kann; doch von den Hindernissen, zwischen denen alle diese erfolgreichen Wege liegen, sagt es ihm nichts, als dass sie eben sein Laufen hier und dort behindert haben. In diesem Sinn „passt" das Netz in den „wirklichen" Wald, doch die Umwelt, die der blinde Wanderer erlebt, enthält weder Wald noch Bäume, wie ein außenstehender Beobachter sie sehen könnte. Sie besteht lediglich aus Schritten, die der Wanderer erfolgreich gemacht hat, und Schritten, die von Hindernissen vereitelt wurden. […]

Wie der blinde Wanderer seine Vorstellung von der Umwelt nur aus den Endpunkten aufbauen konnte, die seine Bewegungsfreiheit beschränken, so bauen wir unser „Weltbild" aus Signalen auf, deren Ursprung wir uns ebenfalls nur in Berührungen mit Hindernissen der Umwelt vorstellen können. Wie diese Signale dann zu „Gegenständen" verbunden werden, hängt keineswegs nur davon ab, welche Signale unsere Sinnesorgane eben erzeugen. Im Gegenteil, eine genauere Untersuchung, sei sie introspektiv oder experimentell, zeigt, dass wir nie alle vorhandenen Signale verwenden, sondern durch unsere Aufmerksamkeit stets eine relativ kleine Anzahl auswählen und diese Auswahl zudem durch die Vergegenwärtigung erinnerter Wahrnehmungen (die im Augenblick nicht von den Sinnesorganen spontan erzeugt werden) je nach Bedarf ergänzen. […]

Da Wissen für den Konstruktivisten nie Bild oder Widerspiegelung der ontischen Wirklichkeit darstellt, sondern stets nur einen möglichen Weg, um zwischen den „Gegenständen" durchzukommen, schließt das Finden eines befriedigenden Wegs nie aus, dass da andere befriedigende Wege gefunden werden können. Darum kann, vom konstruktivistischen Gesichtspunkt aus, auch nie ein bestimmter gangbarer Weg, eine bestimmte Lösung eines Problems oder eine bestimmte Vorstellung von einem Sachverhalt als die objektiv richtige oder wahre bezeichnet werden.

Dennoch will auch der Konstruktivist zwischen „Illusion" und „Wirklichkeit", zwischen „subjektivem" und „objektivem" Urteil unterscheiden. Da dies aber nun nicht durch Berufung auf eine ontologisch begründete Welt gemacht werden kann, müssen diese Unterscheidungen aus dem Aufbau der Erlebenswelt hervorgehen.

Grundlegend für diesen Aufbau – genauer gesagt, für ein Modell dieses Aufbaus – ist zunächst die Fähigkeit des kognitiven Subjekts, den Fluss seines Erlebens zu unterbrechen und die Stücke, die durch solche Unterbrechungen entstehen, reflektiv zu betrachten. […]

Vergleiche liefern Unterscheidungen oder Gleichheiten und Invarianten; der Begriff der „Invarianten" schließt bereits das Erleben von Wiederholung ein – und Wiederholung ist der grundlegende Baustein der erlebten Wirklichkeit. Je nachdem, was da als wiederholt erlebt wird, bilden sich Stufen der Wirklichkeit. Ein Farbfleck, der nur als momentaner Eindruck in meinem Blickfeld erscheint und sich nicht mehr sehen läßt, wird zumeist als visuelle Fehlleistung oder Illusion verworfen und nicht als „wirklich" registriert. Lässt er sich jedoch wiederholen, so gewinnt er Realität, und wenn der visuelle Eindruck sich gar mit einem Eindruck anderer Art, z.B. des Tastsinns oder des Gehörs, koordinieren und koordiniert wiederholen läßt, dann werde ich dieses kombinierte Erlebnis wohl oder übel als Wirklichkeit buchen. Je verlässlicher die Wiederholung so eines Erlebnisses sich heraufbeschwören lässt, um so solider wird der Eindruck seiner Wirklichkeit.[…] Doch was da aufgebaut wird, ist offensichtlich nie mehr als die Erlebenswelt des einzelnen Subjekts.

Was wir zumeist als „objektive" Wirklichkeit betrachten, entsteht in der Regel dadurch, dass unser eigenes Erleben von anderen bestätigt wird. Dinge, die nicht nur von uns, sondern auch von anderen wahrgenommen werden, gelten ganz allgemein, d.h. im Alltagsleben wie auch in der Epistemologie, als real. Intersubjektive Wiederholung von Erlebnissen liefert die sicherste Garantie der „objektiven" Wirklichkeit. […] Vom konstruktivistischen Gesichtspunkt aus ist es jedoch keineswegs selbstverständlich, denn es scheint ja die ontische „Existenz" von anderen Erlebenden stillschweigend vorauszusetzen.

(Ernst von Glasersfeld: Konstruktion der Wirklichkeit und des Begriffs der Objektivität. In: Gummin/Meier [Hrsg.]: Einführung in den Konstruktivismus. Piper: München 1992, S. 11–14, 18 f., 21 f., 32 f.)

1 Isomorphie: Strukturgleichheit

Ernst v. Glasersfeld erläutert, wie es „dazu kommt, dass diese Umwelt auch von anderen bevölkert ist, die eine erstaunlich ähnliche Erlebenswelt zu haben scheinen": In dem Bemühen um eine stimmige Konstruktion der Erlebenswelt schafft der Mensch immer neue Kategorien. Um eine solche kohärente Welt bemüht sich auch das Kind, wenn es auf „Lebewesen" trifft, die sich – anders als Dinge – von selbst bewegen.

Nach und nach führt diese Entwicklung der Erfahrung dazu, dass man gewissen Dingen in der Erlebenswelt nicht nur spontane Beweglichkeit, sondern auch Sinneswahrnehmungen und schließlich auch Denken, Fühlen und absichtliches, planmäßiges Handeln zuschreibt.
[…]
Es ist klar, dass die Erlebenswelt, sobald sie mit anderen bevölkert ist, neue und außerordentlich wirksame Möglichkeiten offeriert, die Wirklichkeit des Erlebten zu erhärten. Die zwei wichtigsten Aspekte, die sich da bieten, sind zweifellos die Bestätigung eines eigenen Erlebnisses durch sprachliche Interaktion mit einem anderen und die erfolgreiche Interpretation der Handlungen anderer mit Hilfe eigener kognitiver Strukturen.[…]
Da andere ebenso subjektive Konstrukte im Erlebensfeld des handelnden Subjekts sind wie alle anderen Dinge, Verhältnisse und Vorgänge, kann die Tatsache, dass ein anderer mir ein Erlebnis bestätigt, dem Erlebten unmöglich eine unabhängige, ontologische „Existenz" verleihen. Doch – und das ist weitaus wichtiger – solche Bestätigung zeigt,

dass die jeweiligen kognitiven Strukturen (die Begriffe, Beziehungen und Regeln), die man im Aufbau des Erlebnisses verwendet hat, in zwei verschiedenen Kontexten viabel sind: erstens im Kontext des eigenen Ordnens und Organisierens des Erlebens und zweitens im Kontext des Modells, das man sich von dem anderen aufgebaut hat. Dieser zweite Kontext entsteht eben dadurch, dass wir uns nach und nach Modelle von anderen zurechtlegen, denen wir unsere eigenen Fähigkeiten zuschreiben und schließlich auch unsere eigenen Begriffe und Vorstellungen von der Erlebenswelt. Wenn diese Begriffe und Vorstellungen sich dann auch in den Modellen der anderen als viabel erweisen, dann gewinnen sie eine Gültigkeit, die wir mit gutem Recht „objektiv" nennen können.

(Ernst von Glasersfeld: Konstruktion der Wirklichkeit und des Begriffs der Objektivität. In: Gummin/Meier [Hrsg.]: Einführung in den Konstruktivismus. Piper: München 1992, S. 36–37)

1 Verdeutlichen Sie sich den Ansatz von v. Glasersfeld an Beispielen. Wie sind von dort aus zwei verschiedene – evtl. sich widersprechende – Erklärungen der Welt zu beurteilen?

2 Erörtern Sie die Frage, ob es – im Alltag und in der Wissenschaft – sinnvoll ist, den Begriff der „Wahrheit" durch den der „Viabilität" zu ersetzen.

3 **Bertrand Russell** kritisiert die Wahrheitsauffassung des Philosophen William James. Er zitiert James' allgemeine Definition „Eine Idee ist so lange ‚wahr', als es für unser Leben nützlich ist, an sie zu glauben" und die Folgerung „Wenn die Hypothese von Gott im weitesten Sinne des Wortes befriedigt, ist sie wahr" und fährt fort:

Soll diese Definition nützlich sein, […] dann müssen wir wissen a) was ist gut? und b) welches sind die Wirkungen dieses oder jenes Glaubens? […] Angenommen, man wolle wissen, ob Kolumbus im Jahre 1492 den Atlantik überquert habe. Das darf man nicht einfach wie andere Leute im Buch nachschlagen: Man muss sich vielmehr zuerst fragen, welche Wirkungen diese Überzeugung hat […]. Man muss daran festhalten, dass die eigene Einschätzung der […] Auswirkungen eines Glaubens wahr ist, denn wäre sie falsch, dann wäre auch das Argument für die Wahrheit dieses glaubens irrig. Aber die Behauptung, der eigene Glaube an die Konsequenzen sei wahr, bedeutet nach James, er habe gute Folgen, und das wiederum ist nur wahr, wenn er gute Folgen hat und so fort ad infinitum. So geht das offensichtlich nicht. […]
Bei James' Definition kann es vorkommen, dass der Satz „A existiert" wahr ist, obwohl A in Wirklichkeit nicht existiert. Ich habe immer gefunden, dass die Hypothese vom Weihnachtsmann „im weitesten Sinne des Wortes befriedigt". Also ist die Behauptung „Es gibt den Weihnachtsmann" wahr, obwohl es einen Weihnachtsmann nicht gibt.

(Bertrand Russell: Philosophie des Abendlandes. Europa Verlag: Wien ⁹2000, S. 824)

Ist Russels Kritik berechtigt und lässt sie sich auf das Kriterium der Viabilität übertragen?

4 Der Radikale Konstruktivismus hat großen Einfluss auf die Pädagogik gewonnen. Welche Folgerungen kann man aus dieser Theorie für das (schulische) Lernen ziehen, z. B. bei der Organisation des Lernprozesses oder der Korrektur „falscher" Schülerergebnisse?

5 Der Radikale Konstruktivismus unterscheidet sich von der Evolutionären Erkenntnistheorie vor allem dadurch, dass er nicht von einer objektiven Erkenntnis der Welt durch die Naturwissenschaft ausgeht. Trotzdem werden in fast allen konstruktivistischen Theorien Ergebnisse der Biologie und anderer Naturwissenschaften vorausgesetzt. Der zeitgenössische Philosoph **Gernot Böhme** kritisiert von daher beide Theorien mit dem gleichen Argument:

Die evolutionäre Erkenntnistheorie und der radikale Konstruktivismus erheben den Anspruch, den Erkenntnisprozess selbst empirisch aufklären zu können. Sie tun das, indem sie sich einerseits auf die Naturwissenschaft als gültige und leistungsfähige Erkenntnisweise verlassen, andererseits die Anforderungen an das, was unter Erkenntnis zu verstehen ist, erheblich beschneiden. Erkenntnis sei nicht mehr die Wahrheit über etwas, sondern erfolgreiche Anpassung an die Realität […]. Nun ist es zwar wahr, dass für einen erfolgreichen Umgang mit der Realität nicht ihre Spiegelung oder Abbildung notwendig ist, sondern allenfalls eine Schlüssel-Schloss-Beziehung oder, noch geringer, eine erfolgreiche Selektion überlebensrelevanter Merkmale. Aber um von so etwas wie Anpassung oder effektiver Kopplung[1] Rechenschaft abzulegen, setzen sowohl evolutionäre Erkenntnistheorie als auch radikaler Konstruktivismus eine an sich bestehende Struktur der Realität voraus und, was noch schlimmer ist, sie unterstellen, dass die Naturwissenschaft uns Auskunft über diese Realität geben könne. Damit sind sie weniger radikal als die kantische transzendentale Erkenntnistheorie. Denn diese ließ schlechthin dahingestellt, wie das Ding an sich sein mag, und betrachtete die Realität nur in der Erscheinung. […] Im Gegensatz dazu unterstellen evolutionäre Erkenntnistheorie und radikaler Konstruktivismus, dass uns in der Naturwissenschaft ein Zugriff auf die Realität zur Verfügung stehe, der unsere blinde Anpassung an sie übersteige. Damit konzedieren sie implizit, dass sie gerade für den entscheidenden Erkenntnistyp, nämlich die wissenschaftliche Erkenntnis, nicht zuständig sind […] Auf der einen Seite behaupten sie als naturwissenschaftliche Theorien, dass die Realität sich selbst organisiert, d. h. sich zu Einheiten zusammenschließt, die sich gegen die Restwelt abgrenzen; auf der anderen Seite behaupten sie, dass die Wirklichkeit ein reines Konstrukt sei, also die Einheit von Gegenständen einschließlich von Organismen eine Leistung des erkennenden Subjekts sei.

(Gernot Böhme: Einführung in die Philosophie. Suhrkamp: Frankfurt/Main ⁴2001, S. 333–334)

1 Kopplung: bei Maturana die Verbindung zwischen zwei Systemen, hier zwischen Lebewesen und Umwelt

Erörtern Sie die Berechtigung dieser Kritik und suchen Sie ggf. weitere Kritikpunkte am „Radikalen Konstruktivismus". Wie beurteilen Sie beispielsweise die ethischen Konsequenzen, die sich ergeben, wenn alle Maßstäbe nur (viable) Konstruktionen sind?

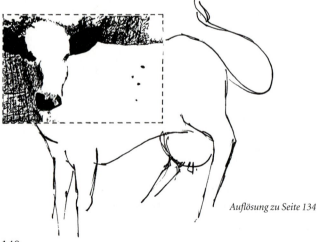

Auflösung zu Seite 134

9 Sprache als Voraussetzung von Erkenntnis

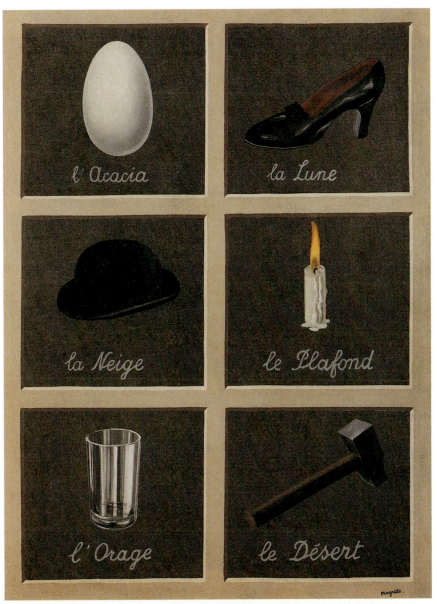

René Magritte: La clé des songes/Der Schlüssel der Träume (Die Akazie, der Mond, der Schnee, die Decke, das Gewitter, die Wüste), 1930. Öl auf Leinwand, 50x60 cm. Paris, Privatbesitz

Stellen Sie sich vor, Sie würden sich eine eigene Sprache ausdenken, in der den Dingen ganz andere Namen als üblich zugeordnet sind. Was würde geschehen?

1 In **Jonathan Swifts** berühmtem Roman „Gullivers Reisen" berichtet Gulliver:

„Darauf gingen wir in die Fakultät für Sprachen, wo drei Professoren darüber berieten, die Sprache ihres eigenen Landes zu verbessern. Sie hatten einen Plan zur völligen Abschaffung aller Wörter überhaupt, und man machte geltend, dass das außerordentlich gesundheitsfördernd und zeitsparend wäre. Denn es ist klar, dass jedes Wort, das wir sprechen, in gewissem Maße eine Verkleinerung unserer Lungen durch Abnutzung bedeutet und folglich zur Verkürzung unseres Lebens beiträgt. Es wurde deshalb folgender Ausweg vorgeschlagen: da Wörter nur Bezeichnungen für Dinge sind, sei es zweckdienlicher, wenn alle Menschen die Dinge bei sich führten, die zur Beschreibung der besonderen Angelegenheit, über die sie sich unterhalten wollen, notwendig seien. Viele der Gelehrtesten und Weisesten sind Anhänger des neuen Projekts, sich mittels Dingen zu äußern; das bringt nur die eine Unbequemlichkeit mit sich, dass jemand, dessen Angelegenheiten sehr umfangreich und von verschiedener Art sind, ein entsprechend größeres Bündel von Dingen auf dem Rücken tragen muss, falls er es sich nicht leisten kann, dass ein oder zwei starke Diener ihn begleiten. Ich habe oft gesehen, wie zwei dieser Weisen unter der Last ihrer Bündel fast zusammenbrachen, wie bei uns die Hausierer. Wenn sie sich auf der Straße begegneten, legten sie ihre Lasten nieder, öffneten ihre Säcke und unterhielten sich eine Stunde lang; dann packten sie ihre Utensilien wieder ein, halfen einander, ihre Bürden wieder auf den Rücken zu nehmen, und verabschiedeten sich."

(Jonathan Swift: Gullivers Reisen. Zitiert nach: H. Pelz, Linguistik für Anfänger, Hamburg 1990, S. 17)

Versuchen Sie eine Verständigung auf die beschriebene Art und Weise. Wäre das Problem der Weisen heute lösbar, wenn sie einen Laptop bei sich trügen und jeweils ein Bild des gemeinten Dinges auf dem Bildschirm erscheinen ließen?

2 Die Bedeutung der Sprache für die Entwicklung der Kultur liegt darin, dass in ihr der Mensch eine eigene Welt neben die andere stellte, einen Ort, welchen er für so fest hielt, um von ihm aus die übrige Welt aus den Angeln zu heben und sich zum Herren derselben zu machen. Insofern der Mensch an die Begriffe und Namen der Dinge als an aeternae veritates[1] durch lange Zeitstrecken hindurch geglaubt hat, hat er sich jenen Stolz angeeignet, mit dem er sich über das Tier erhob: er meinte wirklich in der Sprache die Erkenntnis der Welt zu haben. Der Sprachbildner war nicht so bescheiden zu glauben, dass er den Dingen eben nur Bezeichnungen gebe, er drückte vielmehr, wie er wähnte, das höchste Wissen über die Dinge mit den Worten aus. Sehr nachträglich [...] dämmert es den Menschen auf, dass sie einen ungeheuren Irrtum in ihrem Glauben an die Sprache propagiert haben.

(Friedrich Nietzsche: Menschliches, Allzumenschliches. In: Friedrich Nietzsche: Werke in 3 Bd. Hrsg. v. Karl Schlechta. Hanser: München 1982, S. 453)

1 aeternae veritates: ewige Wahrheiten

Worin besteht der „ungeheure Irrtum" nach Nietzsche?

Ist die Sprache ein Abbild der Welt, bei dem jedem Ding ein Wort entspricht – wie in der Geschichte von Swift unterstellt wird? Können wir nur in Sprache denken, und wenn ja, wie wirken sich die Strukturen der Sprache (und die Unterschiede zwischen den Sprachen) auf unser Denken aus? Sind wir in unserer Erkenntnis von ihnen abhängig?
Solche Überlegungen zum Verhältnis von Sprache und Erkenntnis verweisen auf ein zen-

trales Problem bei der Frage danach, was wir wissen können. Denn wenn die Sprache nicht nur die Gegenstände benennt, wenn sie mehr ist als ein bloßes Hilfsmittel des Denkens, dann muss die Erkenntnistheorie auch untersuchen, inwieweit unsere Sprache unser Bild von der Welt prägt. Und wenn wir immer schon in Sprache denken, dann ist das, was wir sicher wissen, nicht etwas, das wir sozusagen vor aller Sprache vor unserem inneren Auge sehen, sondern etwas, das wir sprachlich formulieren und anderen mitteilen können, und darauf muss sich dann auch die Aufmerksamkeit der Erkenntnistheorie richten.

Fragen nach der Sprache haben die Philosophie seit ihren Anfängen beschäftigt. Die Entwicklung der Sprachwissenschaft und die systematische Untersuchung außereuropäischer Kulturen in der Ethnologie führten seit Beginn des 19. Jahrhunderts auch zu einer verstärkten philosophischen Beschäftigung mit der Sprache; hierfür stehen die im Folgenden vorgestellten Beiträge von Wilhelm von Humboldt und Benjamin L. Whorf.

Während Humboldt und Whorf sich mit dem Einfluss der Struktur unterschiedlicher Sprachen auf unsere Welterfahrung befassten, geht es der *„sprachanalytischen Philosophie"*, einer einflussreichen Richtung der modernen Philosophie, um Sprache und Denken überhaupt. Sie geht mit Ludwig Wittgenstein, ihrem wichtigsten Vertreter, davon aus, dass „die Grenzen unserer Sprache die Grenzen unserer Welt" sind, da unser Wissen über die Welt ja immer sprachliche Form hat. Zur Aufgabe der Philosophie wird es damit, zu untersuchen, wie sich sinnvoll über die Welt reden lässt. Weitreichende erkenntnistheoretische Konsequenzen aus Wittgensteins Theorie zieht schließlich der zeitgenössische Philosoph Richard Rorty.

9.1 Wilhelm von Humboldt: Sprache und Denken

Wilhelm von Humboldt (1767–1835) war ein bedeutender Sprachwissenschaftler und zugleich ein einflussreicher Bildungspolitiker, der das Schulwesen in Preußen u. a. durch die Einführung des Humanistischen Gymnasiums reformierte und die Berliner Universität mitbegründete. Er beschäftigt sich im folgenden Text mit dem Einfluss der einzelnen Sprachen auf das Denken der „Völker", d. h. der Sprachgemeinschaften, und mit dem Verhältnis von Denken und Sprache überhaupt und erörtert dabei grundlegende Fragen auch der späteren Sprachphilosophie.

Die Sprache ist das bildende Organ des Gedankens. Die intellektuelle Tätigkeit, durchaus geistig, durchaus innerlich und gewissermaßen spurlos vorübergehend, wird
5 durch den Laut in der Rede äußerlich und wahrnehmbar für die Sinne. Sie und die Sprache sind daher Eins und unzertrennlich von einander. Sie ist aber auch in sich an die Notwendigkeit geknüpft, eine Verbindung
10 mit dem Sprachlaute einzugehen; das Denken kann sonst nicht zur Deutlichkeit gelangen, die Vorstellung nicht zum Begriff werden. […]
Durch die gegenseitige Abhängigkeit des
15 Gedankens und des Wortes von einander leuchtet es klar ein, dass die Sprachen nicht eigentlich Mittel sind, die schon erkannte Wahrheit darzustellen, sondern weit mehr, die vorher unerkannte zu entdecken. Ihre Verschiedenheit ist nicht eine von Schällen 20 und Zeichen, sondern eine Verschiedenheit der Weltansichten selbst. […]
Da […] auf die Sprache in derselben Nation eine gleichartige Subjektivität einwirkt, so liegt in jeder Sprache eine eigentümliche 25 Weltansicht. Wie der einzelne Laut zwischen den Gegenstand und den Menschen, so tritt die ganze Sprache zwischen ihn und die innerlich und äußerlich auf ihn einwirkende Natur. Er umgibt sich mit einer Welt von 30

Lauten, um die Welt von Gegenständen in sich aufzunehmen und zu bearbeiten.
[...]
Der Mensch lebt mit den Gegenständen hauptsächlich, ja, da Empfinden und Handeln in ihm von seinen Vorstellungen abhängen, sogar ausschließlich so, wie die Sprache sie ihm zuführt. Durch denselben Akt, vermöge dessen er die Sprache aus sich herausspinnt, spinnt er sich in dieselbe ein, und jede zieht um das Volk, welchem sie angehört, einen Kreis, aus dem es nur insofern hinauszugehen möglich ist, als man zugleich in den Kreis einer andren hinübertritt. Die Erlernung einer fremden Sprache sollte daher die Gewinnung eines neuen Standpunkts in der bisherigen Weltansicht sein und ist es in der Tat bis auf einen gewissen Grad, da jede Sprache das ganze Gewebe der Begriffe und die Vorstellungsweise eines Teils der Menschheit enthält. Nur weil man in eine fremde Sprache immer, mehr oder weniger, seine eigne Welt-, ja seine eigne Sprachansicht hinüberträgt, so wird dieser Erfolg nicht rein und vollständig empfunden. [...]

Wenn man bedenkt, wie auf die jedesmalige Generation in einem Volke alles dasjenige bildend einwirkt, was die Sprache desselben alle vorigen Jahrhunderte hindurch erfahren hat, und wie damit nur die Kraft der einzelnen Generation in Berührung tritt und diese nicht einmal rein, da das aufwachsende und abtretende Geschlecht untermischt neben einander leben, so wird klar, wie gering eigentlich die Kraft des einzelnen gegen die Macht der Sprache ist. Nur durch die ungemeine Bildsamkeit der letzteren, durch die Möglichkeit, ihre Formen, dem allgemeinen Verständnis unbeschadet, auf sehr verschiedene Weise aufzunehmen, und durch die Gewalt, welche alles lebendig Geistige über das tot Überlieferte ausübt, wird das Gleichgewicht wieder einigermaßen hergestellt. Doch ist es immer die Sprache, in welcher jeder einzelne am lebendigsten fühlt, dass er nichts als ein Ausfluss des ganzen Menschengeschlechts ist.

(Wilhelm von Humboldt: Schriften zur Sprachphilosophie. In: Wilhelm v. Humboldt: Werke in fünf Bänden. Bd. 3. Hrsg. v. Andreas Flitner u. K. Giel. Wissenschaftliche Buchgesellschaft: Darmstadt ⁵1979, S. 426, 19 f., 434, 438–439)

1 Wie bestimmt Humboldt das Verhältnis zwischen Denken und Sprache, zwischen dem individuellen Sprecher und der überlieferten Sprache?

2 Lesen Sie Texte außereuropäischer Kulturen (z. B. „Märchen aus 1001-Nacht", chinesische Weisheitslehren, indianische Reden) und überlegen Sie, wo sich hier die prägende Kraft der Sprache für das Weltverständnis zeigt.

3 Erörtern Sie den Einwand gegen Humboldts Theorie, dass z. B. das Denken der Wissenschaft doch unabhängig von der jeweiligen Sprache sei.

9.2 Benjamin Lee Whorf: Das linguistische Relativitätsprinzip

In einem Experiment wurden einer englischsprachigen und einer die Indianersprache Tarahumara sprechenden Gruppe von Versuchspersonen drei verschiedenfarbige Chips vorgelegt. Im Tarahumara existiert für alle drei Farbnuancen nur eine Bezeichnung, im Englischen verläuft zwischen B und C die Grenze zwischen blau und grün. Den Personen wurde die Frage gestellt, welcher Chip sich farblich am meisten von den anderen unterscheide. Sprecher des Tarahumara wählten Chip A, während Sprecher des Englischen sich für Chip C entschieden.
(http://www.math.tu-berlin.de/~sverdlov/gehirn-geist/whorf.htm)

	Chip A	Chip B	Chip C
Wellenlänge (fiktiv)	100	160	200
Englisch	blue	blue	green
Tarahumara	(ein einziger Farbbegriff)		

Wie interpretieren Sie dieses Experiment?

Der amerikanische Linguist Benjamin L. Whorf (1897–1941) vertritt in seiner einflussreichen Aufsatzsammlung zum Thema „Sprache, Denken, Wirklichkeit" die nach ihm und seinem Lehrer E. Sapir benannte *Sapir-Whorf-Hypothese*, die die Abhängigkeit unseres Denkens von unserem Sprachsystem behauptet. Whorf, der als Chemieingenieur für eine Versicherungsgesellschaft arbeitete, studierte Ethnologe und Sprachwissenschaft und erforschte vor allem die indianischen Sprachen Nordamerikas. Einige seiner empirischen Behauptungen sind umstritten, genauere Untersuchungen der jeweiligen Indianersprachen bestätigten Whorfs Ergebnisse nur teilweise.

Als die Linguisten so weit waren, eine größere Anzahl von Sprachen mit sehr verschiedenen Strukturen kritisch und wissenschaftlich untersuchen zu können, erweiterten sich ihre Vergleichsmöglichkeiten. Phänomene, die bis dahin als universal galten, zeigten Unterbrechungen, und ein ganz neuer Bereich von Bedeutungszusammenhängen wurde bekannt.

Man fand, dass das linguistische System (mit anderen Worten, die Grammatik) jeder Sprache nicht nur ein reproduktives Instrument zum Ausdruck von Gedanken ist, sondern vielmehr selbst die Gedanken formt, Schema und Anleitung für die geistige Aktivität des Individuums ist, für die Analyse seiner Eindrücke und für die Synthese dessen, was ihm an Vorstellungen zur Verfügung steht. Die Formulierung von Gedanken ist kein unabhängiger Vorgang, der im alten Sinne dieses Wortes rational ist, sondern er ist beeinflusst von der jeweiligen Grammatik. Er ist daher für verschiedene Grammatiken mehr oder weniger verschieden. Wir gliedern die Natur an Linien auf, die uns durch unsere Muttersprachen vorgegeben sind. Die Kategorien und Typen, die wir aus der phänomenalen Welt herausheben, finden wir nicht einfach in ihr – etwa weil sie jedem Beobachter in die Augen springen; ganz im Gegenteil präsentiert sich die Welt in einem kaleidoskopartigen Strom von Eindrücken, der durch unseren Geist organisiert werden muss – das aber heißt weitgehend: von dem linguistischen System in unserem Geist. Wie wir die Natur aufgliedern, sie in Begriffen organisieren und ihnen Bedeutungen zuschreiben, das ist weitgehend davon bestimmt, dass wir an einem Abkommen beteiligt sind, sie in dieser Weise zu organisieren – einem Abkommen, das für unsere ganze Sprachgemeinschaft gilt und in den Strukturen unserer Sprache kodifiziert ist. Dieses Übereinkommen ist natürlich nur ein implizites und unausgesprochenes, *aber sein Inhalt ist absolut obligatorisch*; wir können überhaupt nicht sprechen, ohne uns der Ordnung und Klassifikation des Gegebenen zu unterwerfen, die dieses Übereinkommen vorschreibt. […]

Wir gelangen daher zu einem neuen Relativitätsprinzip, das besagt, dass nicht alle Beobachter durch die gleichen physischen Sachverhalte zu einem gleichen Weltbild geführt werden, es sei denn, ihre linguistischen Hintergründe sind ähnlich oder können in irgendeiner Weise auf einen gemeinsamen Nenner gebracht werden.

Dieser ziemlich überraschende Schluss wird nicht so deutlich, wenn wir nur unsere modernen europäischen Sprachen miteinander vergleichen und vielleicht zur Sicherheit noch Latein und Griechisch dazunehmen. Unter diesen Sprachen herrscht eine Einstimmigkeit der Grundstrukturen, die auf den ersten Blick der natürlichen Logik Recht zu geben scheint. Die Einhelligkeit besteht jedoch nur, weil diese Sprachen alle indoeuropäische Dialekte sind, nach dem gleichen Grundriss zugeschnitten und historisch überkommen aus dem, was vor sehr langer Zeit eine Sprachgemeinschaft war; weil die modernen Dialekte seit langem am Bau einer gemeinsamen Kultur beteiligt sind. [...] Deutlicher wird die Divergenz in der Analyse der Welt, wenn wir das Semitische, Chinesische, Tibetanische oder afrikanische Sprachen unseren eigenen gegenüberstellen. Bringen wir gar die Eingeborenensprachen Amerikas hinzu, wo sich einige tausend Jahre lang Sprachgemeinschaften unabhängig voneinander und von der Alten Welt entwickelt haben, dann wird die Tatsache, dass Sprachen die Natur in vielen verschiedenen Weisen aufgliedern, unabweisbar. Die Relativität aller begrifflichen Systeme, das unsere eingeschlossen, und ihre Abhängigkeit von der Sprache werden offenbar.

(Benjamin L. Whorf: Sprache, Denken, Wirklichkeit. Übers. v. P. Krausser. Rowohlt: Reinbek 1963, S. 11–13)

Der Unterschied zwischen den Sprachsystemen fängt schon bei der *Auswahl der Worte* für bestimmte Gegenstände und Erscheinungen an:

Wir haben nur ein Wort für fallenden Schnee, Schnee auf dem Boden, Schnee, der zu eisartiger Masse zusammengedrückt ist, wässerigen Schnee, windgetriebenen, fliegenden Schnee usw.
Für einen Eskimo wäre dieses allumfassende Wort nahezu undenkbar. Er würde sagen, fallender Schnee, wässeriger Schnee etc. sind wahrnehmungsmäßig und verhaltensmäßig verschieden, d. h. sie stellen verschiedene Anforderungen an unser Umgehen mit ihnen. Er benützt daher für sie und andere Arten von Schnee verschiedene Wörter. Die Azteken wiederum gehen in der entgegengesetzten Richtung noch weiter als wir. ‚Kalt‘, ‚Eis‘ und ‚Schnee‘ werden alle durch den gleichen Stamm mit verschiedenen Endungen repräsentiert. ‚Eis‘ ist die nominale Form, ‚kalt‘ die adjektivische und für ‚Schnee‘ steht ‚Eis-Nebel‘.

(Benjamin L. Whorf: Sprache, Denken, Wirklichkeit. Übers. v. P. Krausser. Rowohlt: Reinbek 1963, S. 15)

Entscheidender als das Vokabular und gleichzeitig dem Sprechenden weitgehend verborgen ist nach Whorf der *Einfluss grundlegender grammatischer Strukturen* auf unsere Welterfahrung. Dazu gehört unter anderem die Einteilung nach Substantiv und Verb. Whorf belegt seine Thesen mit einer großen Zahl von Beispielen, u. a. aus der Sprache der Hopi, einem Stamm der Puebloindianer im Südwesten der USA.

Die englische Technik der Aussage stützt sich auf die zwei künstlichen Klassen der Substantive und Verben [...]. Unsere normalen Sätze müssen, wenn es sich nicht um Imperative handelt, irgendein Substantiv vor ihrem Verb haben. Diesem Erfordernis entspricht die philosophische wie auch die alltägliche Auffassung von einem Täter, der eine Tätigkeit ausübt. Diese Auffassung bestünde vielleicht nicht, wenn das Englische Tausende von solchen Verben wie ‚halten‘ hätte, die Positionen bezeichnen. Aber die meisten unserer Verben fallen unter einen Typus, der aus der Natur etwas isoliert, was wir ‚Tätigkeiten‘ nennen, also etwas, das sich in Bewegung befindet.
Der Majorität gehorchend lesen wir ein Tun in jeden Satz hinein, selbst in einen solchen wie ‚Ich halte es‘. Ein Augenblick der Überlegung kann uns belehren, dass ‚halten‘ keine Tätigkeit, sondern ein Zustand relativer Positionen ist. Aber wir denken es und sehen es sogar als eine Tätigkeit, weil die Sprache es genauso formuliert wie die viel häufigeren

Ausdrücke der Art „Ich schlage es", die sich auf Bewegungen und Änderungen beziehen. Wir lesen dauernd fiktive Täterwesen in die Natur hinein, nur weil unsere Verben Substantive vor sich haben müssen. Wir müssen sagen „Es blitzt" oder „Ein Licht blitzt" und damit einen Täter „Es" oder „Ein Licht", konstruieren, der ausführt, was wir eine Tätigkeit nennen: „blitzen". Das Blitzen und das Licht aber sind ein und dasselbe! Die Hopisprache berichtet das Blitzen mit einem einfachen Verb, *rephi* „blitzen". Da gibt es keine Teilung in Subjekt und Prädikat, nicht einmal ein Suffix wie -t im lateinischen *tonat* „es donnert". Im Hopi gibt es Verben ohne Subjekte, eine Tatsache, die dieser Sprache als einem logischen System vielleicht große Möglichkeiten zum Verständnis gewisser Aspekte des Universums gibt, Möglichkeiten, die wahrscheinlich nie entwickelt werden. Die moderne Naturwissenschaft ist auf dem Boden unserer westlichen indoeuropäischen Sprachen entstanden, und deshalb geht es ihr sicherlich oft genauso wie uns allen: sie sieht Tätigkeiten und Kräfte, wo es vielleicht besser wäre, Zustände zu sehen.

(Benjamin L. Whorf: Sprache, Denken, Wirklichkeit. Übers. v. P. Krausser. Rowohlt: Reinbek 1963, S. 43–44)

1 Wie viele Arten von Schnee gibt es? Was macht der Wind, wenn er nicht weht? Was tut der Nagel, wenn er das Bild hält? Verdeutlichen Sie sich Whorfs Überlegungen an Beispielen.

2 Im Englischen unterscheidet man verschiedene Bedeutungen des deutschen Wortes „groß": „large", „big", „great" und „tall". Gibt es diese Unterschiede für uns nicht?
Suchen Sie nach Worten, die es im Deutschen gibt, aber nicht in Ihnen bekannten Fremdsprachen – oder umgekehrt (Beispiele: „Gemütlichkeit" oder „Schadenfreude" im Englischen) und interpretieren Sie diese Unterschiede zwischen den Sprachen.

3 Nehmen wir zum Beispiel die aristotelische Logik […] Würde man diese Logik auf das chinesische Denken anwenden, dann würde sie sich als unangemessen herausstellen. Diese Tatsache beweist, dass die aristotelische Logik auf der Struktur des westlichen Sprachensystems beruht. Deshalb sollten wir den westlichen Logikern nicht dabei folgen, wenn sie behaupten, dass ihre Logik die universale Regel für das menschliche Denken sei. […] Wir wollen mit der westlichen logischen Einteilung beginnen. Da sie auf dem Gesetz der Identität beruht, muss sie zweigeteilt in solchen Formulierungen wie „A und Nicht-A", „Belletristik" und „Nicht-Belletristik"(Sachbücher), sein. […] Das chinesische Denken legt aber keinen Nachdruck auf Ausschließlichkeit, sondern betont vielmehr die Beziehungsqualität zwischen oben und unten, gut und schlecht, etwas und nichts. Alle diese Bezugspunkte werden als voneinander abhängig angesehen. In einem Satz wie „yu wu hsiang sheng, nan i hsiang ch'eng, ch'ng tuan hsiang chiao, ch'ien hou hsiang sui" („Etwas und nichts erzeugen sich gegenseitig; das Schwierige und das Leichte ergänzen sich gegenseitig; das Lange und das Kurze sind wechselseitig aufeinander bezogen; das Vorne und das Hinten begleiten sich wechselseitig") haben wir eine Logik ganz anderer

Das chinesische Yin-Yang-Zeichen

Art vor uns. Diese Art der Logik betont die Bedeutung der Beziehung zwischen etwas und nichts, zwischen oben und unten und so weiter. […] Hier tritt am meisten die Feststellung „i yin i yang chih wei tao" („Das positive und das negative Prinzip bilden, was Tao oder Natur genannt wird") hervor. Mit „yang" oder dem positiven Prinzip setzen wir das „yin" oder das negative Prinzip voraus, und mit „yin" setzen wir das „yang" voraus. Jedes hängt vom anderen als seiner Ergänzung ab.

(Chang Tung-sun: Chinesen denken anders. In: Günter Schwarz [Hrsg.]: Wort und Wirklichkeit. Verlag Darmstädter Blätter: Darmstadt 1968, S. 261–274)

Informieren Sie sich über Yin und Yang und diskutieren sie die Thesen des chinesischen Autors zu Logik und Sprache.

4 Es gibt unterschiedliche Interpretationen des linguistischen Relativitätsprinzips: Die „schwache" Interpretation sieht es lediglich als eine Erklärungshilfe zum Verständnis unterschiedlicher Weltansichten, die „starke" Interpretation behauptet, dass die Sprachstruktur unsere Erkenntnis determiniert wie eine gefärbte Brille, die man nicht abnehmen kann. Gegen die starke Interpretation wird eingewandt, „dass es Whorf bei einem strengen und totalen Geltungsanspruch des sprachlichen Relativitätsprinzips unmöglich sein müsse, dieses Relativitätsprinzip überhaupt zu entdecken und zu formulieren, und dass es ebenfalls unmöglich sein müsse, das Weltbild der Hopi-Indianer in der englischen Sprache darzustellen." (W. Köller: Philosophie der Grammatik, in: www.mauthner-gesellschaft.de/mauthner/tex/koell6b.html). Wird die starke Interpretationen Ihrer Ansicht nach von den Beispielen Whorfs gestützt? Halten Sie den zitierten Einwand für berechtigt?

5 Die auf Whorfs Untersuchungen gestützte Behauptung des Sprachrelativismus lautet: Die verschiedenen Sprachen mit ihren unterschiedlichen Strukturen beinhalten jeweils ganz unterschiedliche, inkommensurable (d. h. nicht an einem gemeinsamen Maßstab messbare) Weltbilder und sind deshalb auch nicht vollständig übersetzbar. Dies ist eine philosophische These, die sich durch linguistische Forschung allein nicht entscheiden lässt:

Empirisch lässt sich gewissermaßen nur der nichtphilosophische Teil der Frage behandeln. Ein Feldlinguist wird sich an die Arbeit machen, er wird die Struktur der unbekannten Sprache möglichst genau zu beschreiben suchen und ein Wörterbuch sowie eine Grammatik erstellen. Am Ende wird er auf faktisch gelungene Übersetzungsfälle verweisen, als deren Maßstab man beispielsweise eine dauerhaft erfolgreiche Praxis der Handlungskoordinierung ansehen dürfe. Nun kann man sich mit diesem Faktum der Übersetzbarkeit zufrieden geben, oder man kann fortfahren, hartnäckige Fragen zu stellen. Der Sprachrelativist wird das letztere tun. Er wird fragen, woher wir denn wissen, dass wir die Fremden wirklich verstanden haben. Vielleicht sind uns ja subtile Unterschiede entgangen, die mit den Mitteln unserer eigenen Sprache gar nicht ausdrückbar sind. Ab einem gewissen Punkt geraten solche Zweifel allerdings in Gefahr, sinnlos zu werden. Man sollte sich fragen, welche Art Antwort einen solchen Zweifler überhaupt zufrieden stellen könnte. Wenn die Antwort auf diese Frage ‚keine' lautet, wenn also der Inkommensurabilitätsverdacht prinzipiell unüberprüfbar ist, dann wird fraglich, welchen Gehalt die relativistische These überhaupt noch hat.

(Geert Keil: Sprache. In: Ekkehard Martens, Herbert Schnädelbach [Hrsg.]: Philosophie – Ein Grundkurs. Bd. 2. Rowohlt: Reinbek Neuausgabe 1998 S. 560)

Erörtern Sie die Überzeugungskraft des Sprachrelativismus. Beziehen sie dazu evtl. auch die Überlegungen von Feyerabend (7. 2. 3) und Putnam (7. 2. 3, Aufg. 3) mit ein.

9.3 Ludwig Wittgenstein: Philosophie als Sprachkritik

„Alle Philosophie ist ‚Sprachkritik'."
Denn: „Die Grenzen meiner Sprache bedeuten die Grenzen meiner Welt."

Mit diesen Sätzen beschreibt Ludwig Wittgenstein (1889–1951) sein philosophisches Programm: Da alle Erkenntnis notwendigerweise eine sprachliche Form hat, sind die Grenzen für das, was wir in der Sprache sinnvoll ausdrücken können, zugleich die Grenzen unserer Erkenntnis und damit unserer Welt. Nur Sätze, die einen verstehbaren Sinn haben, können etwas über unsere Welt ausdrücken. Dies erscheint zunächst banal, es erhebt sich jedoch die Frage, welche Sätze denn einen solchen Sinn haben und welche nicht. Wittgenstein hielt – wie die Philosophen des Wiener Kreises – einen großen Teil der Aussagen der bisherigen Philosophie für nicht sinnvoll. Sein philosophisches Projekt hat damit ähnlich wie das Kants einen doppelten Sinn: Wie Kant durch die „Kritik der Vernunft", also die Klärung unserer Erkenntnismöglichkeiten zugleich die traditionelle Metaphysik infragestellte, so kritisiert auch Wittgenstein die bisherige Philosophie durch die Untersuchung der Sprache, indem er die Grenzen des sinnvoll Sagbaren aufzeigt.

Sprache als Bild der Wirklichkeit

Wittgenstein unternahm zwei Anläufe die Grenzen der Sprache zu untersuchen. In seinem frühen Werk „Tractatus logico-philosophicus" (1918) geht es ihm darum, die logische Struktur der Sprache zu analysieren, um mit den Mitteln der neu entwickelten modernen Logik den Sinn sprachlicher Aussagen zu klären und philosophische Irrtümer zu vermeiden. Die Struktur der Sprache ist für Wittgenstein zugleich die Struktur der Welt, er vertritt eine Bildtheorie der Sprache. Dies bedeutet, dass Sätze als „Bilder" von Tatsachen aufgefasst werden. Einzelne Gegenstände bzw. Dinge werden immer in ihrem Zusammenhang in Sachverhalten gesehen. Sachverhalte sind dabei mögliche Verbindungen von Gegenständen, Tatsachen „tatsächlich" bestehende Sachverhalte.

> Die Welt ist alles, was der Fall ist.
> Die Welt ist die Gesamtheit der Tatsachen, nicht der Dinge. [...]
> Die Welt zerfällt in Tatsachen. [...]
> 5 Was der Fall ist, die Tatsache, ist das Bestehen von Sachverhalten.
> Der Sachverhalt ist eine Verbindung von Gegenständen (Sachen, Dingen). [...]
> Wir machen uns Bilder der Tatsachen. [...]
> 10 Das Bild ist ein Modell der Wirklichkeit.
> Den Gegenständen entsprechen im Bilde die Elemente des Bildes.
> Die Elemente des Bildes vertreten im Bild die Gegenstände. [...]
> Dass sich die Elemente des Bildes in bestimmter Art und Weise zu einander verhalten, stellt vor, dass sich die Sachen so zu einander verhalten.
> [...]
> Das Bild stimmt mit der Wirklichkeit überein oder nicht; es ist richtig oder falsch.
>
> (Ludwig Wittgenstein: Tractatus logico-philosophicus [1918]. Werkausgabe Bd. 1. Suhrkamp: Frankfurt/Main 1993, S. 11, 14–16)

Mit Bildern sind hier nicht naturalistische Abbilder gemeint, sondern eher „Abbildungen" im Sinne der Mathematik, d. h. Vorschriften, die den Gegenständen bestimmte Elemente im Bild zuordnen. Diese Zuordnungen müssen derart sein, dass den Strukturen der Wirklichkeit bestimmte Strukturen der Bilder entsprechen, so wie etwa die Zeichen auf einer Landkarte die räumlichen Beziehungen zwischen den bezeichneten Gegenständen wiedergeben oder – ein Beispiel von Wittgenstein – die Noten die Struktur der Musik. Ein (einfacher) Satz ist für Wittgenstein das Bild einer Tatsache bzw. eines Sachverhaltes; komplexe Sätze sind nach den Regeln der Logik (z. B. durch „und-" oder „wenn-dann"- Verbindungen) aus einfachen Sätzen zusammengesetzt. Nur so, als Bilder von Sachverhalten, können für Wittgenstein sinnvolle Sätze gebildet werden. Er schließt daher:

Die Gesamtheit der wahren Sätze ist die gesamte Naturwissenschaft (oder die Gesamtheit der Naturwissenschaften).
Die Philosophie ist keine der Naturwissenschaften. […]
Der Zweck der Philosophie ist die logische Klärung der Gedanken.
Die Philosophie ist keine Lehre, sondern eine Tätigkeit.
Ein philosophisches Werk besteht wesentlich aus Erläuterungen.
Das Resultat der Philosophie sind nicht „philosophische Sätze", sondern das Klarwerden von Sätzen.
Die Philosophie soll die Gedanken, die sonst, gleichsam, trübe und verschwommen sind, klar machen und scharf abgrenzen. […]
Sie soll das Denkbare abgrenzen und damit das Undenkbare. Sie soll das Undenkbare von innen durch das Denkbare begrenzen.
Sie wird das Unsagbare bedeuten, indem sie das Sagbare klar darstellt.
Alles was überhaupt gedacht werden kann, kann klar gedacht werden. Alles, was sich aussprechen lässt, lässt sich klar aussprechen. […]
Die meisten Sätze und Fragen, welche über philosophische Dinge geschrieben worden sind, sind nicht falsch, sondern unsinnig. Wir können daher Fragen dieser Art überhaupt nicht beantworten, sondern nur ihre Unsinnigkeit feststellen. Die meisten Fragen und Sätze der Philosophen beruhen darauf, dass wir unsere Sprachlogik nicht verstehen. […]
Alle Philosophie ist „Sprachkritik". […]

Die richtige Methode der Philosophie wäre eigentlich die: Nichts zu sagen, als was sich sagen läßt, also Sätze der Naturwissenschaft – also etwas, was mit Philosophie nichts zu tun hat –, und dann immer, wenn ein anderer etwas Metaphysisches sagen wollte, ihm nachzuweisen, dass er gewissen Zeichen in seinen Sätzen keine Bedeutung gegeben hat. Diese Methode wäre für den anderen unbefriedigend – er hätte nicht das Gefühl, dass wir ihn Philosophie lehrten – aber sie wäre die einzig streng richtige. […]
Meine Sätze erläutern [sich] dadurch, dass sie der, welcher mich versteht, am Ende als unsinnig erkennt, wenn er durch sie – auf ihnen – über sie hinausgestiegen ist. (Er muss sozusagen die Leiter wegwerfen, nachdem er auf ihr hinaufgestiegen ist.)
Er muss diese Sätze überwinden, dann sieht er die Welt richtig. […]
Wir fühlen, dass, selbst wenn alle möglichen wissenschaftlichen Fragen beantwortet sind, unsere Lebensprobleme noch gar nicht berührt sind. Freilich bleibt dann eben keine Frage mehr; und eben dies ist die Antwort.
Die Lösung des Problems des Lebens merkt man am Verschwinden dieses Problems. (Ist nicht dies der Grund, warum Menschen, denen der Sinn des Lebens nach langen Zweifeln klar wurde, warum diese dann nicht sagen konnten, worin dieser Sinn bestand?) […]
Wovon man nicht sprechen kann, darüber muss man schweigen.

(Ludwig Wittgenstein: Tractatus logico-philosophicus [1918]. Werkausgabe Bd. 1. Suhrkamp: Frankfurt/Main 1993, S. 32, 33, 26, 85)

1 Verdeutlichen Sie sich Wittgensteins Bildtheorie der Sprache. Formulieren Sie z. B. einige Sätze über die Beziehungen zwischen Ihren Mitschülern („ist befreundet mit", „ist älter als") und stellen Sie in einem Diagramm dar, inwiefern diese Sätze ein Abbild der beschriebenen Tatsachen sind.

Ludwig Wittgenstein
1889–1951

Eine der interessantesten Persönlichkeiten der Philosophiegeschichte des zwanzigsten Jahrhunderts ist Ludwig Wittgenstein. Er wurde 1889 in Wien als jüngstes von acht Kindern einer Industriellenfamilie geboren, sein Großvater war vom Judentum zum Protestantismus übergetreten. Im Elternhaus erhielt er vielseitige intellektuelle und künstlerische Anregungen vor allem in der Musik, waren doch Brahms und Mahler häufige Gäste der Familie. Trotz des elterlichen Reichtums hatte Ludwig keine glückliche Kindheit, zwei seiner Brüder starben früh, einer davon nahm sich das Leben.

Schon als Kind hatte sich Ludwig für Technik interessiert, und er begann 1906 in Berlin ein Ingenieurstudium, das er dann in Manchester fortsetzte. Wittgensteins Interessen verlagerten sich in England von der Luftfahrt und Aerodynamik über die Mathematik und deren Grundlagen auf die Logik und Philosophie. Ab 1912 studierte er in Cambridge und freundete sich mit den Philosophen Russell und Moore an. 1913 suchte der labile, sprunghafte und empfindsame Denker im norwegischen Skjolden Ruhe und Einsamkeit. Von hier brach er 1914 auf, um sich freiwillig zum Kriegsdienst für Österreich-Ungarn zu melden.

Während des Krieges trug er seine philosophischen Überlegungen in Notizhefte ein, sodass er bei Kriegsende in italienischer Gefangenschaft das Manuskript des „Tractatus logico-philosophicus" fertiggestellt hatte. Schon vor Kriegsbeginn hatte Wittgenstein eine Stiftung für österreichische Künstler gegründet, nach Kriegsende schenkte er seinen Schwestern sein Millionenerbe, entwarf ein Haus für seine Schwester (s. Abb. S. 102) und arbeitete bis 1929 als Volksschullehrer und Gärtnergehilfe in Österreich. 1930 ging er nach Cambridge zurück und wurde dort Hochschullehrer. Abgesehen von freiwilliger Arbeit im Krankenhaus während des Zweiten Weltkriegs lehrte Wittgenstein bis 1947, dann legte er die Professur nieder, zog sich an die Westküste Irlands in absolute Einsamkeit zurück und vollendete sein zweites Hauptwerk, die „Philosophische(n) Untersuchungen".

1949 erfuhr Wittgenstein, dass er Krebs hatte. Da er auf keinen Fall im Hospital sterben wollte, lebte er ab 1951 im Hause eines befreundeten Arztes in Cambridge, arbeitete noch an seinen philosophischen Überlegungen „Über Gewissheit" und starb dort im gleichen Jahr. Kurz vor seinem Tode ließ er seinen Freunden ausrichten: „Sagen Sie ihnen, dass ich ein wundervolles Leben hatte."

Was sollte in der Sprechblase stehen?
Was würden Sie Wittgenstein dazu entgegnen?

2 Welches könnten die „Lebensprobleme" sein, die laut Wittgenstein von der Beantwortung der wissenschaftlichen Fragen noch gar nicht berührt sind? Überlegen Sie sich Beispiele und erörtern Sie, ob Sie sinnvolle („klare") Aussagen als Lösungen dieser Probleme machen können (z. B. eine Antwort auf die Frage nach dem Sinn des Lebens geben).

3 Warum bezeichnet Wittgenstein die Sätze seines Tractatus selbst als unsinnig? Welche Funktion hat sein Werk dann und welches Verständnis von Philosophie wird darin deutlich?

Bedeutung und Gebrauch

Pippi findet einen Spunk:
„Denkt bloß", sagte Pippi träumerisch, „denkt bloß, dass ich das gefunden habe! […]" „Was hast du gefunden?" fragten Thomas und Annika. […] „Ein neues Wort", sagte Pippi […] „Ein funkelnagelneues Wort!" „Was für ein Wort?" fragte Thomas. […] „Spunk!" sagte Pippi triumphierend. „Spunk?" fragte Thomas. „Was bedeutet das?" „Wenn ich das bloß wüsste", sagte Pippi. „Das einzige, was ich weiß, ist, dass es nicht Staubsauger bedeutet." Thomas und Annika überlegten eine Weile. Schließlich sagte Annika: „Aber wenn du nicht weißt, was es bedeutet, dann nützt es ja nichts!" „Nein, das ist das, was mich ärgert", sagte Pippi. […] „Und ich werde schon noch rauskriegen, was es bedeutet."

(Astrid Lindgren: Pippi in Taka-Tuka-Land. Friedrich Oetinger: Hamburg 1951, S. 41 f.)

– Was sollte Pippi nun tun, wonach soll sie suchen? Wann weiß sie, was „Spunk" bedeutet?

Im „Tractatus" hatte Wittgenstein versucht zu zeigen, was die Sprache idealerweise, nämlich ihrer logischen Struktur nach, eigentlich leisten sollte. Aber die faktische Sprache lässt sich nicht auf eine logische Struktur reduzieren. Deshalb verwirft Wittgenstein in seiner späteren Philosophie seine logische Bildtheorie der Sprache und wendet sich der Sprache in ihrer alltäglichen Mannigfaltigkeit und Komplexität zu. Er verdeutlicht dies durch den Vergleich mit einer alten Stadt (und ihren Vorstädten, die für die Fachsprachen der Wissenschaft stehen):

„Unsere Sprache kann man ansehen als eine alte Stadt: Ein Gewinkel von Gässchen und Plätzen, alten und neuen Häusern, und Häusern mit Zubauten aus verschiedenen Zeiten; und dies umgeben von einer Menge neuer Vororte mit geraden und regelmäßigen Straßen und mit einförmigen Häusern".

(Ludwig Wittgenstein: Philosophische Untersuchungen. Werkausgabe Bd. 1. Suhrkamp: Frankfurt/Main 1993, S. 245)

Er richtet sein Interesse auf die alltägliche Sprachverwendung und kritisiert zunächst eine Vorstellung von Sprache, wie er sie bei Augustinus (und in seinen eigenen frühen Schriften) findet:

1. *Augustinus*, in den Confessiones 1/8:
Nannten die Erwachsenen irgend einen Gegenstand und wandten sie sich dabei ihm zu, so nahm ich das wahr und ich begriff, dass der Gegenstand durch die Laute, die sie aussprachen, bezeichnet wurde, da sie auf ihn hinweisen wollten. [...] So lernte ich nach und nach verstehen, welche Dinge die Wörter bezeichneten, die ich wieder und wieder, an ihren bestimmten Stellen in verschiedenen Sätzen, aussprechen hörte.

In diesen Worten erhalten wir, so scheint es mir, ein bestimmtes Bild von dem Wesen der menschlichen Sprache. Nämlich dieses: Die Wörter der Sprache benennen Gegenstände – Sätze sind Verbindungen von solchen Benennungen. – In diesem Bild von der Sprache finden wir die Wurzeln der Idee: Jedes Wort hat eine Bedeutung. Diese Bedeutung ist dem Wort zugeordnet. Sie ist der Gegenstand, für welchen das Wort steht.

Von einem Unterschied der Wortarten spricht Augustinus nicht. Wer das Lernen der Sprache so beschreibt, denkt, so möchte ich glauben, zunächst an Hauptwörter, wie „Tisch", „Stuhl", „Brot", und die Namen von Personen, erst in zweiter Linie an die Namen gewisser Tätigkeiten und Eigenschaften, und an die übrigen Wortarten als etwas, was sich finden wird.

Denke nun an diese Verwendung der Sprache: Ich schicke jemand einkaufen. Ich gebe ihm einen Zettel, auf diesem stehen die Zeichen: ‚fünf rote Äpfel'. Er trägt den Zettel zum Kaufmann; der öffnet die Lade, auf welcher das Zeichen ‚Äpfel' steht; dann sucht er in einer Tabelle das Wort ‚rot' auf und findet ihm gegenüber ein Farbmuster; nun sagt er die Reihe der Grundzahlwörter – ich nehme an, er weiß sie auswendig – bis zum Worte ‚fünf' und bei jedem Zahlwort nimmt er einen Apfel aus der Lade, der die Farbe des Musters hat. – So, und ähnlich, operiert man mit Worten. – Wie weiß er aber, wo und wie er das Wort ‚rot' nachschlagen soll und was er mit dem Wort ‚fünf' anzufangen hat? – Nun, ich nehme an, er *handelt*, wie ich es beschrieben habe. Die Erklärungen haben irgendwo ein Ende. – Was ist aber die Bedeutung des Wortes ‚fünf'? – Von einer solchen war hier gar nicht die Rede; nur davon, wie das Wort ‚fünf' gebraucht wird. [...]

5. Wenn man das Beispiel im §1 betrachtet, so ahnt man vielleicht, inwiefern der allgemeine Begriff der Bedeutung der Worte das Funktionieren der Sprache mit einem Dunst umgibt, der das klare Sehen unmöglich macht. – Es zerstreut den Nebel, wenn wir die Erscheinungen der Sprache an primitiven Arten ihrer Verwendung studieren, in denen man den Zweck und das Funktionieren der Wörter klar übersehen kann.

(Ludwig Wittgenstein: Philosophische Untersuchungen. Werkausgabe Bd. 1. Suhrkamp: Frankfurt/Main 1993, S. 237–239)

1 Stellen Sie sich vor, ein Forscher ist auf einer unbekannten Insel gelandet und will die Sprache der Eingeborenen verstehen. Spielen Sie in einem Rollenspiel durch, wie der Forscher versucht die Bedeutung von drei von den Eingeborenen benutzten Wörtern herauszubekommen. Welche Schwierigkeiten gibt es? Wie verläuft das Rollenspiel, wenn es sich bei den drei Wörtern nicht um Namen konkreter Gegenstände – oder nicht einmal um Substantive – handelt?

Wittgenstein spielt verschiedene primitive Modelle von Sprache durch und zeigt auf, dass es sich beim Erlernen einer Sprache nicht – wie im Modell des Augustinus – primär darum handelt, dass die Bedeutung der Wörter erklärt wird, indem man auf den jeweiligen Gegenstand hinweist. Um eine hinweisende Definition zu verstehen, muss ich erst einmal wissen, dass ein Gegenstand gemeint ist – und nicht etwa eine Eigenschaft wie z. B. seine Farbe oder eine Aufforderung (z. B. „Hilfe!") – und ich muss einen Teil der Sprachpraxis, nämlich die Bezeichnung von Gegenständen, bereits erlernt haben. An die Stelle der – auf einen

Gegenstand verweisenden – Bedeutung eines Wortes tritt bei Wittgenstein daher sein
Gebrauch im jeweiligen „Sprachspiel", d.h. in der jeweiligen Sprachpraxis in einem
bestimmten Lebenszusammenhang. Die Wörter der Sprache sind dann nicht eine Art
Namenstäfelchen, die auf die Gegenstände der Welt hinweisen, die Sprache ist kein Bild der
Welt – wie Wittgenstein früher selbst gemeint hatte –, sie ist vielmehr einem Werkzeug vergleichbar.

7. Wir können uns auch denken, dass der ganze Vorgang des Gebrauchs der Worte in (2) [einem der primitiven Sprachmodelle Wittgensteins] eines jener Spiele ist, mittels welcher Kinder ihre Muttersprache erlernen. Ich will diese Spiele „*Sprachspiele*" nennen, und von einer primitiven Sprache manchmal als einem Sprachspiel reden. [...] Ich werde auch das Ganze der Sprache und der Tätigkeiten, mit denen sie verwoben ist, das „Sprachspiel" nennen. [...]

23. Das Wort „Sprach*spiel*" soll hier hervorheben, dass das Sprechen der Sprache ein Teil ist einer Tätigkeit, oder einer Lebensform.
Führe dir die Mannigfaltigkeit der Sprachspiele an diesen Beispielen, und anderen, vor Augen:
Befehlen, und nach Befehlen handeln –
Beschreiben eines Gegenstands nach dem Ansehen, oder nach Messungen –
Herstellen eines Gegenstands nach einer Beschreibung (Zeichnung) –
Berichten eines Hergangs –
Über den Hergang Vermutungen anstellen –
Eine Hypothese aufstellen und prüfen – [...]
Eine Geschichte erfinden; und lesen –
Theater spielen – [...]
einen Witz machen; erzählen –
[...]

43. Man kann für eine *große* Klasse von Fällen der Benützung des Wortes „Bedeutung" – wenn auch nicht für *alle* Fälle seiner Benützung – dieses Wort so erklären: Die Bedeutung eines Wortes ist sein Gebrauch in der Sprache.
[...]

11. Denk an die Werkzeuge in einem Werkzeugkasten: es ist da ein Hammer, eine Zange, eine Säge, ein Schraubenzieher, ein Maßstab, ein Leimtopf, Leim, Nägel und Schrauben. – So verschieden die Funktionen dieser Gegenstände, so verschieden sind die Funktionen der Wörter. (Und es gibt Ähnlichkeiten hier und dort.)
Freilich, was uns verwirrt ist die Gleichförmigkeit ihrer Erscheinung, wenn die Wörter uns gesprochen, oder in der Schrift und im Druck entgegentreten. Denn ihre *Verwendung* steht nicht so deutlich vor uns. Besonders nicht, wenn wir philosophieren!

(Ludwig Wittgenstein: Philosophische Untersuchungen. Werkausgabe Bd. 1. Suhrkamp: Frankfurt/Main 1993, S. 241, 250, 262, 243)

Bei seiner Untersuchung der Sprache findet Wittgenstein keine einheitliche Struktur, sondern eine Menge ganz unterschiedlicher Sprachspiele. Er sucht deshalb nicht mehr nach einem klar umrissenen Begriff von Sprache, sondern nach Ähnlichkeiten. Auch für andere Begriffe setzt er die Beschreibung solcher Ähnlichkeiten der traditionellen Suche der Philosophie nach festen Definitionen entgegen.

65. Hier stoßen wir auf die große Frage, die hinter allen diesen Betrachtungen steht. – Denn man könnte mir einwenden: „Du machst dir's leicht! Du redest von allen möglichen Sprachspielen, hast aber nirgends gesagt, was denn das Wesentliche des Sprachspiels, und also der Sprache, ist. Was allen diesen Vorgängen gemeinsam ist und sie zur Sprache, oder zu Teilen der Sprache macht. [...]"
Und das ist wahr. – Statt etwas anzugeben, was allem, was wir Sprache nennen, gemeinsam ist, sage ich, es ist diesen Erscheinungen gar nicht Eines gemeinsam, weswegen wir

für alle das gleiche Wort verwenden, – sondern sie sind miteinander in vielen verschiedenen Weisen *verwandt*. Und dieser Verwandtschaft, oder dieser Verwandtschaften wegen nennen wir sie alle „Sprachen". Ich will versuchen, dies zu erklären.

66. Betrachte z.B. einmal die Vorgänge, die wir „Spiele" nennen. Ich meine Brettspiele, Kartenspiele, Ballspiel, Kampfspiele, usw. Was ist allen diesen gemeinsam? – Sag nicht: „Es *muss* ihnen etwas gemeinsam sein, sonst hießen sie nicht ‚Spiele'" – sondern *schau*, ob ihnen allen etwas gemeinsam ist. – Denn wenn du sie anschaust, wirst du zwar nicht etwas sehen, was *allen* gemeinsam wäre, aber du wirst Ähnlichkeiten, Verwandtschaften, sehen, und zwar eine ganze Reihe. [...] Und das Ergebnis dieser Betrachtung lautet nun: Wir sehen ein kompliziertes Netz von Ähnlichkeiten, die einander übergreifen und kreuzen. Ähnlichkeiten im Großen und Kleinen.

67. Ich kann diese Ähnlichkeiten nicht besser charakterisieren als durch das Wort „Familienähnlichkeiten"; denn so übergreifen und kreuzen sich die verschiedenen Ähnlichkeiten, die zwischen den Gliedern einer Familie bestehen: Wuchs, Gesichtszüge, Augenfarbe, Gang, Temperament, etc. etc. – Und ich werde sagen: die ‚Spiele' bilden eine Familie.
[...]
71. Man kann sagen, der Begriff ‚Spiel' ist ein Begriff mit verschwommenen Rändern. – „Aber ist ein verschwommener Begriff überhaupt ein *Begriff*?" – Ist eine unscharfe Photographie überhaupt ein Bild eines Menschen? Ja, kann man ein unscharfes Bild immer mit Vorteil durch ein scharfes ersetzen? Ist das unscharfe nicht oft gerade das, was wir brauchen?

(Ludwig Wittgenstein: Philosophische Untersuchungen. Werkausgabe Bd. 1. Suhrkamp: Frankfurt/Main 1993, S. 276–278, 280)

1 Versuchen Sie wie Wittgenstein eine Definiton von „Spiel" nach den allen Spielen gemeinsamen Merkmalen und überlegen Sie, welche Schwierigkeiten dabei auftreten. Bestimmen Sie demgegenüber die jeweiligen „Familienähnlichkeiten"

2 Führen Sie dasselbe auch bei anderen Begriffen durch (etwa „Liebe", „Geist", ...). In welchen Zusammenhängen kann das unscharfe Bild das sein, „was wir brauchen"?

Anstelle der festen Wortbedeutung tritt bei Wittgenstein also der Gebrauch. Dieser ist allerdings nicht willkürlich, sondern gehorcht den Regeln des jeweiligen Sprachspiels. Wer sie beherrscht, wer die Worte regelgerecht verwenden kann, der versteht die Sprache und die Bedeutung der Worte. Wittgenstein richtet sich radikal gegen die gängige Vorstellung (auch der traditionellen Philosophie), es sei ein innerer geistiger Prozess einen Ausdruck zu verstehen. Es könne durchaus sein, dass wir mit einem Wort bestimmte – auch sehr unterschiedliche – Assoziationen, innere Bilder usw. verknüpfen; dafür, ob wir dieses Wort verstanden haben, sei dies jedoch unwichtig, das Verständnis zeige sich allein im regelkonformen Gebrauch: „Das Verstehen ist kein seelischer Vorgang" (Philosophische Untersuchungen § 154). Ob ich einen Ausdruck verstanden, d. h. der Gebrauchsregel gefolgt bin, kann ich für mich gar nicht wissen, es zeigt sich erst, wenn ich ihn im Sprachspiel verwende.

199. [...] Einen Satz verstehen, heißt, eine Sprache verstehen. Eine Sprache verstehen, heißt, eine Technik beherrschen. [...]
202. Darum ist ‚der Regel folgen' eine Praxis. Und der Regel zu folgen *glauben* ist nicht: der Regel folgen. Und darum kann man nicht der Regel ‚privatim' folgen, weil sonst der Regel zu folgen glauben dasselbe wäre, wie der Regel folgen.
293. [...] Angenommen, es hätte Jeder eine Schachtel, darin wäre etwas, was wir „Käfer" nennen. Niemand kann je in die Schachtel

des Andern schauen; und Jeder sagt, er wisse nur vom Anblick *seines* Käfers, was ein Käfer ist. – Da könnte es ja sein, dass Jeder ein anderes Ding in seiner Schachtel hätte. Ja, man könnte sich vorstellen, dass sich ein solches Ding fortwährend veränderte. – Aber wenn nun das Wort „Käfer" dieser Leute doch einen Gebrauch hätte? – So wäre er nicht der der Bezeichnung eines Dings. Das Ding in der Schachtel gehört überhaupt nicht zum Sprachspiel; auch nicht einmal als ein *Etwas*: denn die Schachtel könnte auch leer sein. – Nein, durch dieses Ding in der Schachtel kann ‚gekürzt werden'; es hebt sich weg, was immer es ist.
[…]
335. […] Wenn man nun fragte „Hast du den Gedanken, ehe du den Ausdruck hattest?" – was müsste man da antworten? Und was auf die Frage: „Worin bestand der Gedanke, wie er vor dem Ausdruck vorhanden war?"
336. Es liegt hier ein Fall vor, ähnlich dem, wenn jemand sich vorstellt, man könne einen Satz mit der merkwürdigen Wortstellung der deutschen oder lateinischen Sprache nicht einfach denken, wie er dasteht. Man müsse ihn zuerst denken, und dann bringt man die Wörter in jene seltsame Ordnung. (Ein französischer Politiker schrieb einmal, es sei eine Eigentümlichkeit der französischen Sprache, dass in ihr die Worte in der Ordnung stehen, in welcher man sie denkt.)

(Ludwig Wittgenstein: Philosophische Untersuchungen. Werkausgabe Bd. 1. Suhrkamp: Frankfurt 1993, S. 344, 345, 373, 386)

Es gibt für Wittgenstein keine privaten geistigen Akte des Meinens und Verstehens – die jeweilige Vorstellung des Käfers – unabhängig vom gemeinsamen Sprachgebrauch. Sprache ist eine öffentliche Angelegenheit – es gibt keine „Privatsprache" –, zugleich sind aber die Grenzen der Sprache für Wittgenstein die Grenzen meiner Welt, ich kann nur in der Sprache denken. Daher kann man überhaupt nur im Rahmen unserer gemeinsamen Sprachspiele zu Erkenntnissen gelangen. Damit stellt sich Wittgenstein gegen den grundlegenden Ansatz der neuzeitlichen Philosophie – z. B. bei Descartes oder den englischen Empiristen – von der subjektiven Gewissheit meines Bewusstsein bzw. meiner Empfindungen auszugehen. Denn diese sind für ihn gar nicht angemessen zu beschreiben, es gibt keine Kriterien dafür, ob ich sie sprachlich richtig bezeichnet habe.

1 Stellen Sie sich noch einmal vor, Sie kommen in ein unbekanntes Land und versuchen die dort gesprochene Sprache zu lernen. Wie können Sie feststellen, ob Sie ein Wort verstanden haben? Woher wissen Sie z. B., ob Sie im Englischen „big", „great" oder „large" sagen müssen?
2 Wie stellen Sie fest, wenn Sie ein Wort falsch verstanden haben? Kann man sagen, man habe ein Wort richtig gebraucht, aber seine Bedeutung nicht verstanden?
3 Versuchen Sie ohne Sprache zu denken. Können Sie etwas denken, ohne gewissermaßen lautlos zu sprechen? Worin bestände, wenn es ihn gäbe, der Gedanke vor seinem Ausdruck?

Philosophie als Therapie

Seine neue Auffassung von Bedeutung und Verstehen, Sprache und Denken ist für Wittgenstein der Ausgangspunkt für seine Kritik der herkömmlichen Philosophie und seine eigene Gegenkonzeption. Viele Philosophen versuchen in ihren Untersuchungen die unklaren und widersprüchlichen Bedeutungen der Worte in der Alltagssprache aufzuklären und deren eigentlichen Sinn zu erhellen; Vorbild dafür sind die Dialoge des Sokrates, in denen es häufig darum geht, das Wesen der „Gerechtigkeit", der „Tapferkeit", des „Guten" usw. zu erkennen. Für Wittgenstein liegt der Fehler der Philosophie gerade darin, dass sie den alltäglichen Gebrauch der Worte in ihrem jeweiligen Sprachspiel, in dem „Familienähnlichkeiten" völlig

ausreichen, verlässt und damit die philosophischen Probleme überhaupt erst schafft; diese Probleme will er beseitigen. Dabei untersucht er nur Beispiele einer solchen philosophischen Verwirrung, ohne selbst eine neue allgemeine Theorie über die Sprache aufzustellen.
Aus Wittgensteins Ansatz entwickelte sich die sogenannte „*(sprach)analytische*" Philosophie, eine bedeutende philosophische Strömung vor allem in den angelsächsischen Ländern; man spricht auch von einer „*linguistischen Wende*" der Philosophie. Sie zeigt sich u. a. in der Formulierung philosophischer Probleme: Man untersucht dann z. B. nicht „das Freiheitsproblem", sondern in welchem Zusammenhang das Wort „Freiheit" gebraucht wird, nicht das „Wesen der Kausalität", sondern Aussagen, in denen von Ursache und Wirkung die Rede ist, nicht innere Einsichten, sondern sprachliche Formulierungen.
Wittgenstein selbst hat in seinen „Philosophischen Untersuchungen" und anderen Schriften nur allgemeine Überlegungen und Ansätze zu einer solchen Untersuchung hinterlassen. Sie werden im Folgenden vorgestellt; dabei ergibt sich oft erst aus dem Kontext, ob Wittgenstein mit dem Wort „Philosophie" seine Sprachkritik oder die tradierte Philosophie meint.

Wittgenstein, sein Freund und Mentor Bertrand Russell und andere bedeutende Philosophen lehrten an der Universität Cambridge und machten sie zu einem Zentrum philosophischen Denkens im 20. Jahrhundert.

109. [...]. Alle *Erklärung* muss fort, und nur Beschreibung an ihre Stelle treten. Und diese Beschreibung empfängt ihr Licht, d. i. ihren Zweck, von den philosophischen Problemen. Diese sind freilich keine empirischen, sondern sie werden durch eine Einsicht in das Arbeiten unserer Sprache gelöst, und zwar so, dass dieses erkannt wird: *entgegen einem Trieb, es misszuverstehen.* Diese Probleme werden gelöst, nicht durch Beibringen neuer Erfahrung, sondern durch Zusammenstellung des längst Bekannten. Die Philosophie ist ein Kampf gegen die Verhexung unsres Verstandes durch die Mittel unserer Sprache. [...]

116. Wenn die Philosophen ein Wort gebrauchen – „Wissen", „Sein", „Gegenstand", „Ich", „Satz", „Name" – und das Wesen des Dings zu erfassen trachten, muss man sich immer fragen: Wird denn dieses Wort in der Sprache, in der es seine Heimat hat, je tatsächlich so gebraucht? – Wir führen die Wörter von ihrer metaphysischen, wieder auf ihre alltägliche Verwendung zurück. [...]

118. Woher nimmt die Betrachtung ihre Wichtigkeit, da sie doch nur alles Interessante, d. h. alles Große und Wichtige, zu zerstören scheint? (Gleichsam alle Bauwerke; indem sie nur Steinbrocken und Schutt übrig lässt.) Aber es sind nur Luftgebäude, die wir

zerstören, und wir legen den Grund der Sprache frei, auf dem sie standen.

119. Die Ergebnisse der Philosophie sind die Entdeckung irgendeines schlichten Unsinns und Beulen, die sich der Verstand beim Anrennen an die Grenze der Sprache geholt hat. Sie, die Beulen, lassen uns den Wert jener Entdeckung erkennen.

120. Wenn ich über Sprache (Wort, Satz etc.) rede, muss ich die Sprache des Alltags reden. Ist diese Sprache etwa zu grob, materiell, für das, was wir sagen wollen? *Und wie wird denn eine andere gebildet?* – Und wie merkwürdig, dass wir dann mit der unseren überhaupt etwas anfangen können!
[...]

123. Ein philosophisches Problem hat die Form: „Ich kenne mich nicht aus."

124. Die Philosophie darf den tatsächlichen Gebrauch der Sprache in keiner Weise antasten, sie kann ihn am Ende also nur beschreiben.
Denn sie kann ihn auch nicht begründen.
Sie lässt alles, wie es ist. [...]

126. Die Philosophie stellt eben alles bloß hin, und erklärt und folgert nichts. – Da alles offen daliegt, ist auch nichts zu erklären. Denn, was etwa verborgen ist, interessiert uns nicht.
[...]

132. Wir wollen in unserm Wissen vom Gebrauch der Sprache eine Ordnung herstellen: eine Ordnung zu einem bestimmten Zweck; eine von vielen möglichen Ordnungen; nicht *die* Ordnung. Wir werden zu diesem Zweck immer wieder Unterscheidungen *hervorheben*, die unsere gewöhnlichen Sprachformen leicht übersehen lassen. Dadurch kann es den Anschein gewinnen, als sähen wir es als unsre Aufgabe an, die Sprache zu reformieren. So eine Reform für bestimmte praktische Zwecke, die Verbesserung unserer Terminologie zur Vermeidung von Missverständnissen im praktischen Gebrauch, ist wohl möglich. Aber das sind nicht die Fälle, mit denen wir es zu tun haben. Die Verwirrungen, die uns beschäftigen, entstehen gleichsam, wenn die Sprache leerläuft, nicht wenn sie arbeitet. [...]

133. Wir wollen nicht das Regelsystem für die Verwendung unserer Worte in unerhörter Weise verfeinern oder vervollständigen. Denn die Klarheit, die wir anstreben, ist allerdings eine *vollkommene*. Aber das heißt nur, dass die philosophischen Probleme *vollkommen* verschwinden sollen.
Die eigentliche Entdeckung ist die, die mich fähig macht, das Philosophieren abzubrechen, wann ich will. – Die die Philosophie zur Ruhe bringt, sodass sie nicht mehr von Fragen gepeitscht wird, die *sie selbst* in Frage stellen. – Sondern es wird nun an Beispielen eine Methode gezeigt, und die Reihe dieser Beispiele kann man abbrechen. – Es werden Probleme gelöst (Schwierigkeiten beseitigt), nicht *ein* Problem.
Es gibt nicht *eine* Methode der Philosophie, wohl aber gibt es Methoden, gleichsam verschiedene Therapien.

(Ludwig Wittgenstein: Philosophische Untersuchungen. Werkausgabe Bd. 1. Suhrkamp: Frankfurt/Main 1993, S. 298 f., 300–303, 305)

1 Untersuchen Sie unterschiedliche Verwendungsweisen des Wortes „Zeit" in verschiedenen Sprachspielen wie z. B.: „Man hat Zeit", „die Zeit vergeht", „die Zeit der Aufklärung" etc.

Der Philosoph [...] wird nicht fragen „Was bedeutet ‚Zeit' in diesem oder jenem Zusammenhang?", sondern „Was ist die Zeit?" oder „Was bedeutet ‚Zeit' überhaupt. [...] Wer so fragt, der nimmt an, dass es so etwas gibt wie die Zeit, d. h. er versteht „Zeit" als ein Dingwort und erwartet, dass man ihm dieses Ding oder doch zumindest etwas einem Dinge Ähnliches zeige. Wittgenstein sieht in dieser Frage und in dem philosophischen Problem, das durch sie entsteht, nichts weiter als eine Verwirrung. [...] Wir sind es gewöhnt zu fragen „Was ist ein Haus?" oder „Was ist der Inhalt dieser Zigarrenkiste?" und glauben nun, auch fragen zu können

„Was ist die Zeit?" Anders als bei Häusern oder dem Inhalt von Zigarrenkisten weiß man bei der Frage nach der Zeit allerdings überhaupt nicht, wonach man suchen soll; man hat die Orientierung verloren. „Ein philosophisches Problem hat die Form „Ich kenne mich nicht aus"." (Philosophische Untersuchungen, § 123) Wir kennen uns deshalb nicht aus, weil wir die Worte so verwenden, wie man sie eigentlich nicht verwenden sollte, und weil wir so zu Fragen gelangen, auf die es keine Antworten mehr gibt.

(T. Blume, C. Demmerling: Grundprobleme der analytischen Sprachphilosophie. Schöningh: Paderborn 1998, S. 124 f.)

Stellen Sie die Untersuchung des Gebrauchs der Wörter in den Sprachspielen des Alltags und die oben beschriebene (traditionelle) philosophische Analyse einander gegenüber. Erörtern Sie, ob durch Wittgensteins Art der Analyse „die philosophischen Probleme vollständig verschwinden". Denken Sie dabei an bekannte Probleme und Lösungsversuche der Philosophie.

2 In der philosophischen Überlieferung galt als ausgemacht, dass der besondere Vorrang unserer Vertrautheit mit unseren eigenen psychischen Zuständen uns eine sichere Grundlage für alles andere bietet, was wir berechtigterweise zu wissen glauben oder jedenfalls glauben, annehmen zu dürfen. [...] Im Gegensatz zu dieser Auffassung argumentiert Wittgenstein, dass eine solche Verwendung des Begriffs „Wissen" völlig falsch ist, und zwar aus folgendem Grund: Man kann nur wissen, was man sinnvoll bezweifeln kann, und da man, wenn man Schmerzen hat oder etwas erwartet, nicht bezweifeln kann, dass man Schmerzen oder dass man diese Erwartung hat, kann man auch nicht behaupten zu wissen, dass man sie hat.

(A. C. Grayling: Wittgenstein. Herder Verlag: Freiburg 1999, S. 120 f.)

Ich sitze mit einem Philosophen im Garten; er sagt zu wiederholten Malen „Ich weiß, dass das ein Baum ist", worauf er auf einen Baum in unserer Nähe zeigt. Ein Dritter kommt daher und hört das, und ich sage ihm: „Dieser Mensch ist nicht verrückt: Wir philosophieren nur.

(Ludwig Wittgenstein: Über Gewissheit. Suhrkamp: Frankfurt/M. ⁹1997, S. 121)

Worin liegt in Wittgensteins Beispiel der Fehler des Philosophen?
Wie dürfte Wittgenstein Descartes' Versuch beurteilen auf der absoluten Gewissheit des „cogito" alle Erkenntnis zu begründen? (Vgl. 2.1)

3 **Wilhelm Weischedel** überschreibt in seiner bekannten Einführung „Die philosophische Hintertreppe" das Kapitel über Wittgenstein mit „Wittgenstein oder Der Untergang der Philosophie". Erläutern Sie diese Titelwahl. Stimmen Sie dieser Einschätzung zu?

9.4 Richard Rorty: Die Kontingenz der Sprache

Der amerikanische Philosoph Richard Rorty (geb. 1931) steht in der Tradition der sprachanalytischen Philosophie, gehört aber auch zu den Denkern der „Postmoderne", die in Bezug auf theoretische Wahrheit und auf moralische und politische Normen alle universellen Geltungsansprüche ablehnen. Er nimmt den Gedanken des Sprachspiels von Wittgenstein auf und begründet damit seine Vorstellungen über die Rolle der grundlegenden Theorien und Weltbilder – die er als Sprachspiele auffasst und daher auch „Vokabulare" nennt – für die Erkenntnis.

Wir müssen zwischen der Behauptung, dass die Welt dort draußen ist, und der Behauptung, dass Wahrheit dort draußen ist, unterscheiden. Dass die Welt dort draußen ist, dass sie nicht von uns geschaffen ist, heißt für den gesunden Menschenverstand, dass die meisten Dinge in Raum und Zeit die Wirkungen von Ursachen sind, die menschliche mentale Zustände nicht einschließen. Dass die Wahrheit nicht dort draußen ist, heißt einfach, dass es keine Wahrheit gibt, wo es keine Sätze gibt, dass Sätze Elemente menschlicher Sprachen sind und dass menschliche Sprachen von Menschen geschaffen sind.

Wahrheit kann nicht dort draußen sein – kann nicht unabhängig vom menschlichen Geist existieren –, weil Sätze so nicht existieren oder dort draußen sein können. Die Welt ist dort draußen, nicht aber Beschreibungen der Welt. Nur Beschreibungen der Welt können wahr oder falsch sein. Die Welt für sich – ohne Unterstützung durch beschreibende Tätigkeit von Menschen – kann es nicht.

Die Annahme, dass die Wahrheit, wie die Welt, dort draußen sei, ist das Erbe einer Zeit, in der die Welt als Schöpfung eines Wesens gesehen wurde, das im Besitz einer eigenen Sprache ist. Wenn wir den Versuch aufgeben, die Idee einer solchen nicht-menschlichen Sprache mit Sinn zu erfüllen, dann werden wir nicht mehr in Versuchung sein, die triviale Aussage, dass die Welt die Ursache dafür sein kann, dass wir einen Satz mit Recht für wahr halten, zu verwechseln mit der Behauptung, dass die Welt sich selbst, aus eigenem Antrieb, in satzförmige Stücke namens „Tatsachen" aufteilt. […]

Diese Ineinssetzung wird dadurch erleichtert, dass man die Aufmerksamkeit auf einzelne Sätze im Gegensatz zu Vokabularen beschränkt. Denn wir lassen oft die Welt den Streit zwischen alternativen Sätzen entscheiden (zum Beispiel den zwischen „Rot gewinnt" und „Schwarz gewinnt" oder zwischen „Der Butler hat's getan" und „Der Doktor hat's getan"). In solchen Fällen ist es leicht, die Tatsache, dass die Welt die Ursachen dafür enthält, dass wir eine Überzeugung zu Recht haben, zu vermischen mit der Behauptung, dass ein nicht-sprachlicher Zustand der Welt in sich ein Beispiel für Wahrheit sei oder dass ein derartiger Zustand „eine Überzeugung wahr macht", indem er ihr „korrespondiert". Das ist nicht so leicht, wenn wir uns von einzelnen Sätzen zu ganzen Vokabularen wenden. Wenn wir Beispiele für alternative Sprachspiele betrachten – etwa […] das moralische Vokabular des Paulus gegen das Freuds halten, den Jargon Newtons mit dem aristotelischen vergleichen […] –, dann ist es schwierig, sich vorzustellen, dass die Welt eines von diesen Vokabularen anderen gegenüber bevorzugt, dass die Welt die Entscheidung zwischen ihnen trifft. Wenn der Terminus „Beschreibung der Welt" von der Ebene der durch Kriterien bestimmten Sätze innerhalb von Sprachspielen weg auf die Ebene ganzer Sprachspiele verlagert wird, von Sprachspielen, zwischen denen wir nicht mehr durch Bezug auf Kriterien entscheiden können, dann lässt sich die Vorstellung, dass die Welt entscheidet, welche Beschreibungen wahr sind, nicht mehr mit klarer Bedeutung füllen. Dann wird man kaum mehr meinen können, dass jenes Vokabular irgendwie schon da draußen in der Welt ist und darauf wartet, von uns entdeckt zu werden. Richten wir unser Augenmerk […] auf die Vokabulare, in denen Sätze formuliert werden, statt auf die einzelnen Sätze, dann können wir zum Beispiel wahrnehmen, dass Newtons Vokabular uns zwar Vorhersagen über die Welt leichter macht als das des Aristoteles, dass das aber nicht bedeutet, dass die Welt Newtonisch spricht.

Die Welt spricht überhaupt nicht. Nur wir sprechen. Die Welt kann, wenn wir uns eine Sprache einprogrammiert haben, die Ursache dafür sein, dass wir Meinungen vertreten. Aber eine Sprache zum Sprechen kann sie uns nicht vorschlagen. Das können nur

andere Menschen tun. Die Erkenntnis, dass die Welt uns nicht sagt, welche Sprachspiele wir spielen sollen, darf jedoch nicht dazu führen, dass wir sagen, die Entscheidung, welches Sprachspiel wir spielen, sei willkürlich, auch nicht dazu, dass wir sagen, diese Entscheidung sei Ausdruck von etwas tief in unserem Inneren. [...]. Es ist vielmehr so, dass Entscheidungskriterien (einschließlich der willkürlichen Auswahl) gar nicht zur Debatte stehen, wenn es um das Überwechseln von einem Sprachspiel zu einem anderen geht. Europa hat sich nicht dazu *entschieden*, das Idiom der romantischen Dichtung, der sozialistischen Politik oder der galileischen Mechanik zu übernehmen. Diese Art Wandel war genauso wenig ein Willensakt wie das Ergebnis einer Auseinandersetzung. Vielmehr verlor Europa allmählich die Gewohnheit, bestimmte Worte zu benutzen, und nahm allmählich die Gewohnheit an, andere zu verwenden. [...]
Interessante Philosophie ist nur selten eine Prüfung der Gründe für und wider eine These. Gewöhnlich ist sie explizit oder implizit Wettkampf zwischen einem erstarrten Vokabular, das hemmend und ärgerlich geworden ist, und einem neuen Vokabular, das erst halb Form angenommen hat und die vage Versprechung großer Dinge bietet. [...] Diese Art Philosophie arbeitet nicht schrittweise, analysiert nicht ein Konzept nach dem anderen, prüft nicht eine These nach der anderen. Sie arbeitet vielmehr holistisch und pragmatisch. Sie sagt zum Beispiel: „Versuchen wir, uns dies auf folgende Weise zu denken" – oder, genauer: „Versuchen wir, die offensichtlich fruchtlosen traditionellen Fragen durch folgende neue und möglicherweise interessante Fragen zu ersetzen". Sie gibt nicht vor, einen besseren Kandidaten für dieselben alten Dinge zu haben, die wir immer schon getan haben, als wir in der alten Weise redeten. Sie vermutet vielmehr, dass wir vielleicht mit den alten Dingen aufhören möchten und lieber etwas anderes täten. [...]

Beide Philosophen [Wittgenstein und der zeitgenössische Philosoph D. Davidson] behandeln alternative Vokabulare mehr wie alternative Werkzeuge als wie Teile eines Puzzles. Wenn man sie wie Puzzlestücke behandelt, nimmt man an, dass alle Vokabulare ersetzbar oder auf andere Vokabulare reduzierbar oder zur Zusammenführung mit allen anderen Vokabularen zu einem großen einheitlichen Supervokabular geeignet sind. Wenn wir diese Annahme nicht machen, werden wir nicht dazu neigen, Fragen zu stellen vom Typ: „Welchen Ort hat das Bewusstsein in einer Welt der Moleküle?"[...] „Welchen Ort haben Werte in einer Welt der Tatsachen?" [...] oder „Welche Beziehung besteht zwischen Sprache und Denken?" Wir sollten nicht den Versuch machen, solche Fragen zu beantworten [...]. Wir sollten uns auf andere beschränken, zum Beispiel: „Steht unser Gebrauch dieser Worte unserem Gebrauch anderer Worte im Wege?" Das ist eine Frage, die sich damit beschäftigt, ob wir unsere Werkzeuge ineffizient einsetzen, nicht damit, ob unsere Überzeugungen kontradiktorisch sind.
[...] Aber damit soll nicht gesagt sein, dass Vokabulare einander niemals im Wege stünden. Im Gegenteil: es ist typisch für revolutionäre Leistungen in den Künsten, den Wissenschaften, im moralischen oder politischen Denken, dass sie zustande kommen, wenn jemand Interferenzen zwischen zwei oder mehreren unserer Vokabulare erkennt und dann dazu übergeht, ein neues Vokabular zu erfinden, das beide ersetzen kann. Zum Beispiel war das traditionelle aristotelische Vokabular dem mathematisierten Vokabular im Wege, das im sechzehnten Jahrhundert von Wissenschaftlern, die sich mit Mechanik befassten, entwickelt wurde. [...]
Solche Schöpfungen sind nicht das Ergebnis des sorgfältigen Zusammenbaus eines Puzzles. Sie sind nicht die Entdeckung einer Realität hinter den Erscheinungen, nicht die Entdeckung eines unverzerrten Blickes auf

ein ganzes Bild statt kurzsichtiger Erfassung von Bildausschnitten. Die zutreffende Analogie stellt man her, wenn man von der Erfindung neuer Werkzeuge spricht, die den Platz der alten einnehmen. Wenn man ein solches Vokabular erfindet, ist das so, wie wenn man Brecheisen und Bremskeil beiseite legt, weil einem ein Flaschenzug vorschwebt […].

Diese Wittgensteinsche Analogie zwischen Vokabularen und Werkzeugen hat einen offenkundigen Nachteil. Handwerker wissen gewöhnlich, welche Arbeit sie tun müssen, bevor sie die Werkzeuge, die sie dazu brauchen, suchen oder erfinden. Im Gegensatz dazu ist von Menschen wie zum Beispiel Galilei […] oder Hegel […] nicht zu erwarten, dass sie klar machen können, was genau sie tun wollen, bevor sie die Sprache entwickeln, in der ihr Vorhaben gelingt. Das neue Vokabular macht die Formulierung seines Zweckes erst möglich. Es ist Werkzeug für eine Arbeit, die man sich vor der Entwicklung eines besonderen Sortiments von Beschreibungen nicht hätte vorstellen können, von Beschreibungen, die es selbst mit herstellen hilft.

(Richard Rorty: Kontingenz, Ironie und Solidarität. Übersetzt v. C. Krüger. Suhrkamp: Frankfurt/M. 1992, S. 23–26, 30–31, 34–36)

1 Verdeutlichen Sie sich an Beispielen, wie die Menschen durch den Wechsel des Vokabulars die Welt neu sahen; informieren Sie sich z. B. über die unterschiedliche Sichtweise des Menschen vor und nach der Aufklärung bzw. der Französischen Revolution oder den Wechsel im Naturbild durch die Entwicklung der modernen Naturwissenschaft.

2 Rorty beruft sich auf Wittgensteins Überlegungen zum Sprachspiel (vgl. 9. 3) und Kuhns Theorie des Paradigmawechsels (vgl. 7. 2. 2). Erörtern Sie Übereinstimmungen und Unterschiede zwischen diesen Ansätzen.

3 **Jürgen Habermas** hält Rorty entgegen, dass wir bei aller Verschiedenheit der Sprachspiele doch immer auf der Suche nach der Wahrheit über unsere gemeinsame Welt seien.

Wenn die Unterscheidung zwischen einer hic et nunc[1] für wahr gehaltenen und einer wahren, d. h. unter idealisierten Bedingungen akzeptablen Auffassung zusammenbricht, können wir nicht erklären, warum wir reflexiv lernen, d. h. auch die eigenen Rationalitätsstandards verbessern können. Sobald das rational Gültige mit dem sozial Geltenden zusammenfällt, schließt sich die Dimension, in der allein Selbstdistanzierung und Selbstkritik und damit eine Überschreitung und Reform unserer eingefahrenen Rechtfertigungspraktiken möglich sind. […]

Noch im schwierigsten Verständigungsprozess stützen sich alle Parteien auf den gemeinsamen, wenn auch jeweils aus dem eigenen Kontext heraus entworfenen Bezugspunkt eines möglichen Konsenses. Denn Konzepte wie Wahrheit, Rationalität oder Rechtfertigung spielen in jeder Sprachgemeinschaft, obwohl sie verschieden interpretiert und nach verschiedenen Kriterien angewendet werden, dieselbe grammatische Rolle. […] alle Sprachen bieten die Möglichkeit, zwischen dem, was wahr ist, und dem, was wir für wahr halten, zu unterscheiden. In die Pragmatik eines jeden Sprachgebrauchs ist die Unterstellung einer gemeinsamen objektiven Welt eingebaut.

(Jürgen Habermas: Die Einheit der Vernunft in der Vielheit ihrer Stimmen. In: Ders.: Nachmetaphysisches Denken, Suhrkamp: Frankfurt/Main 1992, S. 177)

1 hic et nunc: hier und jetzt

Erörtern Sie die Argumente von Rorty und Habermas zur Frage des (Sprach)relativismus und beziehen Sie evtl. auch Überlegungen von Feyerabend (7. 2. 3), Putnam (7. 2. 3, Aufg. 3) und Seel (Schlussbemerkungen) mit ein.

Schlussbemerkungen

Wie resistent oder porös oder plastisch das Wirkliche auch gedacht werden mag, an der Persistenz[1] der Frage nach dem Wirklichen kann kein Zweifel bestehen. Die Annahme, beispielsweise, dass alles Erkennen perspektivisch ist, ist erstens wiederum selbst ein allgemeiner Satz und eröffnet zweitens ein weites Feld allgemeiner Betrachtungen. [...] Dass von Realität nicht unabhängig von ihrer Zugänglichkeit als Realität gesprochen werden kann, so zeigt sich dabei, bedeutet nicht, dass es keine von unseren Zugängen unabhängige Realität gibt. Wäre alles, worüber wir denken und sprechen, nur eine Funktion unseres Denkens und Sprechens, gäbe es kein verständliches Denken oder Sprechen. Wir hätten keinen Sinn für die Differenz von Perspektiven, könnten wir sie nicht – wie schon bei der simplen Wahrnehmung einer Blume oder einer Brücke – als unterschiedliche Perspektiven auf eine Sache verstehen. Im scheinbar Relativen, der Perspektive jedes Erkennenden, macht sich auch hier das Irrelative bemerkbar: die jedem Erkennenden zugängliche Möglichkeit, sich aus einem besonderen räumlichen, zeitlichen, sprachlichen Zugang auf etwas allgemein Zugängliches zu beziehen, das seine Realität gerade in dieser intersubjektiven Zugänglichkeit beweist.

(Martin Seel: Philosophie nach der Postmoderne. In: K. H. Bohrer/K. Scheel [Hrsg.]: Postmoderne. Eine Bilanz. Sonderheft Merkur. Klett-Cotta: Stuttgart 1998, S. 894–895)

1 Persistenz: unablässiges Fortbestehen

Die Vernunft ist das, was wir nach unserer Erkenntnis *gebrauchen* müssen, um überhaupt etwas zu verstehen, einschließlich der Vernunft selbst. Und wenn wir versuchen, sie lediglich als natürliches (biologisches oder psychologisches) Phänomen zu begreifen, wird das Resultat eine Erklärung sein, die mit unserem Gebrauch der Vernunft ebenso wenig zu vereinbaren ist wie mit unserer Auffassung von der Vernunft, während wir von ihr Gebrauch machen. Denn einem Naturvorgang kann ich nur *vertrauen*, wenn ich einzusehen vermag, warum er zuverlässig ist. Und um das einzusehen, muss ich mich auf die Vernunft selbst verlassen. Sobald wir in die Welt eintreten, um eine Zeitlang in ihr zu verweilen, gibt es keine Alternative zu dem Ringen um eine Entscheidung darüber, was wir glauben und wie wir leben sollen, und der einzige Weg, auf dem das möglich ist, ist der Versuch zu entscheiden, was der Fall und was richtig ist. Selbst wenn wir von einigen unserer Gedanken und Regungen Abstand nehmen und sie von außen betrachten, führt der Prozess der Selbstortung in der Welt schließlich zu Gedanken, die wir nicht bloß als „unsere" deuten können. Sofern wir überhaupt denken, müssen wir uns selbst – individuell wie kollektiv – als Wesen begreifen, die die Ordnung der Vernunftgründe nicht erschaffen, sondern ihr unterworfen sind.

(Thomas Nagel: Das letzte Wort. Reclam: Stuttgart 1999, S. 210).

Martin Seel und Thomas Nagel wenden sich gegen verbreitete relativistische und naturalistische Tendenzen in der aktuellen philosophischen Diskussion, die die erkenntnistheoretische Suche nach Wahrheit und Wirklichkeit entweder aufgeben oder an die Naturwissenschaften delegieren wollen.
Von Platon bis Wittgenstein hat es immer neue Versuche gegeben das Projekt der Philosophie für abgeschlossen zu erklären, entweder, weil man die endgültige Wahrheit gefunden zu haben glaubte oder weil man schon die Suche danach für unsinnig hielt. Doch stieß man auch darin wieder auf einen neuen Aspekt der Wahrheit, der dann zu genaueren Untersuchungen Anlass gab. Dies zieht sich wie ein roter Faden durch die Geschichte der Erkenntnistheorie.

herausgefordert eine erste systematische Antwort auf die Frage nach der Wahrheit auszuarbeiten. Nachdem das mittelalterliche Weltbild fragwürdig geworden war, versuchte Descartes auf dem Weg des methodischen Zweifels eine Neubegründung von Wahrheit und Gewissheit. Sein Ausgangspunkt, die Selbstgewissheit des Subjekts, wurde zur Grundlage für die meisten nachfolgenden philosophischen Systeme. Auch Humes skeptische Überlegungen waren nicht der endgültige Schiffbruch der Philosophie, sondern veranlassten Kant zu einer Neubegründung der Erkenntnistheorie. Der Aufschwung der modernen Naturwissenschaften ließ den rein kontemplativen Weltbezug der traditionellen Philosophie bloß spekulativ und unfruchtbar erscheinen. Der logische Positivismus wertete diese Philosophie als sinnlose „Metaphysik" ab; er entwickelte ein neues Selbstverständnis der Erkenntnistheorie als Methodologie der Naturwissenschaften und begründete damit die Wissenschaftstheorie. Wittgenstein wollte in seiner Sprachphilosophie die philosophischen Probleme zum Verschwinden bringen; aber auch dieser Versuch bedeutete nicht das Ende der Philosophie, sondern führte zu einer Neubesinnung philosophischer Reflexion.

In dieser Rückschau wird deutlich: Auch ohne ein endgültiges Ergebnis ist die Geschichte der Erkenntnistheorie doch ein Entwicklungsprozess, bei dem neue Fragen auf den bisherigen Antworten aufbauen, philosophische Reflexion dreht sich nicht im Kreis. Wir finden immer neue Bedingungen unserer Erkenntnis, die wir berücksichtigen müssen; daraus folgt aber nicht notwendig, dass wir die Suche nach gültiger Erkenntnis aufgeben müssten.

Die Philosophie bleibt ein offenes Projekt, Antworten auf die Frage nach der Wirklichkeit und der Wahrheit werden weiter gesucht, von den philosophischen Spezialisten, aber auch von jedem, der sich Gedanken dazu macht. Denn mit der Auskunft, die Wirklichkeit sei nur Produkt eines Sprachspiels oder einer individuellen Konstruktion und Wahrheit gebe es nicht, wird sich nicht jeder zufrieden geben; er wird in der Philosophie, im Alltag und in der Wissenschaft doch zwischen wahr und falsch unterscheiden wollen und über diese Unterscheidung nachdenken, d. h. Erkenntnistheorie treiben.

Weiterführende Literatur (Auswahl)

Baumgarten, Hans Ulrich (Hrsg): Texte zur Erkenntnistheorie. Alber: Freiburg/München, 1991

Engels, Eve-Marie: Erkenntnis als Anpassung? Eine Studie zur Evolutionären Erkenntnistheorie. Suhrkamp: Frankfurt/M. 1989

Grayling, A. C.: Wittgenstein. Herder: Freiburg/Basel/Wien 1999

Höffe, Otfried: Immanuel Kant. Beck: München 2000

Janich, Peter: Was ist Erkenntnis? Eine philosophische Einführung. Beck: München 2000. *Allgemeine Einführung und Kritik naturalistischer Positionen*

Kutschera, Franz von: Sprachphilosophie. Fink UTB: München ²1993. *Kap. 2 und 4 zu Wittgenstein, Humboldt und Whorf*

Lüthe, Rudolf: David Hume: Historiker und Philosoph. Alber Kolleg Philosophie: Freiburg/München 1991

Patzig, Günther: Platon. In: Norbert Hoerster (Hrsg.): Klassiker des philosophischen Denkens. dtv: München ⁶2001, S. 9–52

Popper, Karl R.: Alles Leben ist Problemlösen. Über Erkenntnis, Geschichte, Politik. Piper: München 1994

Poser, Hans: Wissenschaftstheorie. Eine philosophische Einführung. Reclam: Stuttgart 2001

Perler, Dominik: Descartes. C. H. Beck: München 1992

Specht, Reiner: John Locke. Beck: München 1989

Stegmüller, Wolfgang: Hauptströmungen der Gegenwartsphilosophie. Bd. 1. Kröner: Stuttgart ⁷1989, *Kap. IX, X, XI zu Carnap, Popper und Wittgenstein*

Watzlawick, Paul (Hrsg.): Die erfundene Wirklichkeit. Piper: München 1981. *Radikaler Konstruktivismus*

www.mauthner-gesellschaft.de *Wichtige Texte zur Sprachphilosophie und zur Wissenschaftstheorie*

II

Gehirn und Bewusstsein: Die Frage nach dem Ich

Gehirnhälften als Landschaft, mit Brücke verbunden. Illustration in: Atlas Gehirn, S. 34

Alexander Pope: Erkenn dich selbst

Erkenn dich selbst, denk nicht, du könntest Gott verstehn!
Der Menschheit Forschung soll sich um den Menschen drehn.
Ein Mittelding ist dieses Wesen von Natur,
von düstrer Weisheit und von roher Größe nur.
Mit zu viel Wissen, um ein Skeptiker zu sein,
zum Stolz der Stoa wiederum zu schwach und klein,
steht er dazwischen, fragt sich zweifelnd: Ist er nun
ein Gott, ist er ein Vieh? Soll er jetzt handeln, ruhn,
hat Geist er oder Leib als höher anzusehn?
Geborn nur, um zu sterben, nur denkend, irrzugehn;
und sein Verstand ist immer trübe und beschränkt,
ganz gleich, ob er zu viel, ob er zu wenig denkt:
ein Chaos von Gedanken, wirre Leidenschaft;
belehrt und auch getäuscht allein durch eigne Kraft;
erschaffen ward er, halb zu steigen, halb zu fallen;
ein Großherr aller Dinge und ein Raub von allen;
der Wahrheitsrichter, der dem Irrtum stets verfällt;
die Krone und der Spott, das Rätsel dieser Welt!

(Alexander Pope: Erkenn dich selbst. Verse 1–19 der zweiten Epistel [London 1733].
In: Ders: An Essay on Man. Übers. von Christoph Haß)

1 Wer ist Ich? – der Problemhorizont

Die Frage, wer „Ich" bin, ist eine der ältesten und meist bedachten Fragen in der Geschichte der Philosophie. Im 21. Jahrhundert mit seinen nahezu unbegrenzt erscheinenden technischen Möglichkeiten, durch welche die Herstellung künstlicher Körperteile kein besonderes Problem mehr darstellt, bekommt diese Frage eine neue Brisanz. Ist ein Mensch noch er selbst, wenn ausfallende Körperteile beliebig durch künstliche ersetzt werden können?

Auch von einer anderen technischen Möglichkeit her erhält die Frage nach dem Ich eine neue Bedeutung: Wenn es möglich zu werden scheint, Computer zu bauen, die sich in Intelligenz und Problemlösefähigkeit mit dem Menschen messen können: Was unterscheidet dann den Menschen noch von künstlicher Intelligenz? Kann es und wird es Maschinen geben, die nicht nur intelligenter als Menschen sind, sondern sogar ein ähnliches Bewusstsein aufweisen?

Das traditionelle Leib-Seele-Problem und die in der Philosophie viel bedachte Frage nach der Eigenart des Bewusstseins erhalten also im 21. Jahrhundert mit seinen ungeahnten technischen Möglichkeiten neue Aktualität.

1.1 Das Leib-Seele-Problem

Vielleicht wird es demnächst möglich, den gesamten natürlichen Körper eines Menschen durch ein Prothesengefüge zu ersetzen und den Geist oder die Seele in diesem zu installieren. Wer wäre dann „Ich", oder, anders herum gefragt, wäre ein solch künstlicher Mensch dann noch ein „Ich"? Diese in den philosophischen Kern des Leib-Seele-Problems zielende Frage wird von dem Science-Fiktion-Autor Stanislaw Lem (geb. 1921) im folgenden Text im Rahmen einer (noch) utopischen Spielhandlung gestellt. Der Text stellt eine fiktive Gerichtsszene dar, in welcher der Rennfahrer Harry Johns beklagt wird, der Firma, die seinen natürlichen Leib nach und nach durch einen künstlichen ersetzt hat, eben diesen zurückzugeben.

Stanislaw Lem: Gibt es Sie, Mister Johns?
Richter: Das Gericht erörtert nunmehr den Streitfall Cybernetics Company contra Harry Johns. Sind die Parteien anwesend?
Anwalt: Ja, Herr Richter.
5 *Richter:* Sie vertreten die Belange ...
Anwalt: Ich bin der juristische Bevollmächtigte der Firma Cybernetics Comp., Herr Richter.
Richter: Und wo ist der Beklagte?
10 *Johns:* Hier bin ich, Herr Richter.
Richter: Würden Sie Ihre Personalien angeben?
Johns: Gern, Herr Richter. Ich heiße Harry Johns, geboren am 6. April 1917 in New York.
Anwalt: Ein Wort zur Hauptsache, Herr Richter. Der Beklagte spricht die Unwahrheit, er ist durchaus nicht geboren ...
Johns: Bitte, hier meine Geburtsurkunde. Und im Saal ist mein Bruder, er ...
Anwalt: Das ist nicht Ihre Urkunde, und dieses Individuum ist nicht Ihr Bruder.
Johns. Wessen sonst? Ihrer vielleicht?
Richter: Bitte um Ruhe. Herr Bevollmächtigter, gedulden Sie sich ein wenig. Nun, Herr Johns?

Johns: Mein seliger Vater Lexington Johns hatte eine Autowerkstätte und impfte mir die Leidenschaft zu diesem Beruf ein. Als Siebzehnjähriger nahm ich erstmals an einem Autorennen teil. Seither startete ich berufsmäßig siebenundachtzigmal und habe bis heute sechzehn erste Plätze errungen, einundzwanzig zweite ...

Richter: Danke, diese Einzelheiten sind für den Fall unwesentlich.

Johns: Drei Goldpokale, drei Goldpokale ...

Richter: Danke, habe ich gesagt.

Johns: Und einen silbernen Kranz.

Donovan, Präsident der Cybernetics Comp.: Da! Er hat sich verklemmt!

Johns: Darauf können Sie lang warten!

Richter: Bitte um Ruhe! Haben Sie einen Rechtsvertreter?

Johns: Nein. Ich verteidige mich selbst. Meine Sache ist so lauter wie Kristall.

Richter: Wissen Sie, welche Forderungen die Cybernetics Company Ihnen gegenüber geltend macht?

Johns: Ich weiß. Ich bin das Opfer der schurkischen Tätigkeit tückischer Finanzhaie ...

Richter: Danke. Herr Bevollmächtigter Jenkins, würden Sie dem Gericht den Gegenstand der Klage darlegen?

Anwalt: Sehr wohl, Herr Richter. Vor zwei Jahren erlitt der Beklagte bei einem Autorennen in der Nähe von Chicago einen Unfall und verlor ein Bein. Damals wandte er sich an unsere Firma. Die Cybernetics Company erzeugt bekanntlich Arm- und Beinprothesen, Kunstnieren, Kunstherzen und andere Ersatzorgane. Der Beklagte bezog gegen Teilzahlung eine linke Beinprothese und hinterlegte die erste Rate. Vier Monate später wandte er sich neuerlich an uns, diesmal bestellte er Prothesen zweier Arme, eines Brustkorbs und eines Genicks.

Johns: Quatsch! Das Genick, das war im Frühling, nach dem Bergrennen!

Richter: Unterbrechen Sie nicht.

Anwalt: Nach dieser zweiten Transaktion belief sich die Verschuldung des Beklagten an die Firma auf 2 967 Dollar. Nach weiteren fünf Monaten wandte sich namens des Beklagten dessen Bruder an uns. Der Beklagte weilte damals im Monte-Rosa-Krankenhaus bei New York. Der neuen Bestellung gemäß lieferte die Firma nach Erhalt einer Anzahlung eine Reihe von Prothesen, deren Einzelaufzählung bei den Akten liegt. Dort figuriert unter anderem als Ersatz für eine Großhirnhalbkugel ein Elektronengehirn Marke Geniox zum Preis von 26 500 Dollar. Hohes Gericht, bitte die Tatsache zu beachten, dass der Beklagte bei uns die Luxusausführung des Geniox bestellt hat, mit Stahlröhren, farbentreuer Traumbildanlage, Stimmungsentstörer und Sorgendämpfer, obwohl dies die finanziellen Möglichkeiten des Beklagten klar überstieg.

Johns: Freilich, das tät' euch so passen, wenn ich jetzt mit eurem Serienkleinsthirn herumholpern müsste!

Richter: Bitte um Ruhe!

Anwalt: Dass der Beklagte in der bewussten böswilligen Absicht handelte, der Firma die bezogenen Teile nicht zu bezahlen, davon zeugt auch die Tatsache, dass er bei uns keine gewöhnliche Armprothese bestellte, sondern eine Spezialprothese mit eingebauter Schweizer Uhr Marke Schaffhausen mit achtzehn Steinen. Als die Schuld des Beklagten auf 29 863 Dollar angestiegen war, klagten wir auf Rückgabe aller bezogenen Prothesen. Jedoch das Staatsgericht wies unsere Klage mit der Begründung ab, dass ihn der Entzug der Prothesen um das weitere Dasein gebracht hätte. Zu jener Zeit war nämlich von dem ehemaligen Mister Johns nur noch die eine Gehirnhälfte übrig.

Johns: Was heißt „ehemaliger Johns"? Wirst du von der Firma für Schimpfwörter bezahlt, Prozessverpfuscher?

Richter: Bitte um Ruhe. Wenn sie die klagende Partei nochmals beleidigen, Mister Johns, dann werde ich Sie mit einer Geldbuße bestrafen.

Johns: Aber er beleidigt doch mich!

Anwalt: In diesem Zustand, das heißt, verschuldet und prothesenbestückt bis über beide Ohren bei der Cybernetics Company, die ihm so viel Güte bezeigt und im Nu alle seine Wünsche erfüllt hat, begann der Beklagte öffentlich nach allen Seiten unsere Erzeugnisse anzuschwärzen und über ihre Qualität zu meckern. Dies hielt ihn jedoch nicht davon ab, nach drei weiteren Monaten bei uns vorzusprechen. Er klagte über eine Reihe von Beschwerden und Gebrechen, die sich, wie unsere Experten feststellten, daraus ergaben, dass sich seine alte Hirnhalbkugel in der neuen, sozusagen zur Gesamtprothese gewordenen Umgebung nicht wohl fühlte. Aus Menschenfreundlichkeit ließ sich die Firma nochmals herbei, die Bitte des Beklagten zu erfüllen und ihn ganz zu genialisieren, das heißt, seinen eigenen alten Gehirnteil durch einen genauen Zwilling des bereits eingebauten Apparats Marke Geniox zu ersetzen. Für diese neue Forderung stellte uns der Beklagte Wechsel [Schuldscheine] auf die Summe von 26 950 Dollar aus, wovon er bis heute lediglich 232 Dollar und 18 Cents bezahlt hat. In Anbetracht des geschilderten Sachverhalts … Hohes Gericht, der Beklagte sucht mir böswillig das Reden zu erschweren, indem er mich mit allerlei Gezisch, Gezwitscher und Geknirsche übertönt. Hohes Gericht, bitte ihn zu vermahnen!

Richter: Herr Johns …

Johns: Das bin nicht ich, das ist mein Geniox. Der macht das immer, wenn ich intensiv denke. Bin ich etwa für die Cybernetics Comp. verantwortlich? Das hohe Gericht kann Herrn Präsidenten Donovan vermahnen, für diese Pfuscharbeit!

Anwalt: Dem geschilderten Sachverhalt entsprechend ersucht die Firma das Gericht, ihrer Forderung stattzugeben und ihr die vollen Eigentumsrechte an dem von ihr hergestellten, hier im Gerichtssaal befindlichen, eigenmächtig aufmuckenden Prothesengefüge zuzuerkennen, das sich unrechtmäßig für Harry Johns ausgibt.

Johns: So eine Frechheit! Und wo ist Johns, Ihrer Ansicht nach, wenn nicht hier?

Anwalt: Hier im Saal ist Johns nicht, denn die

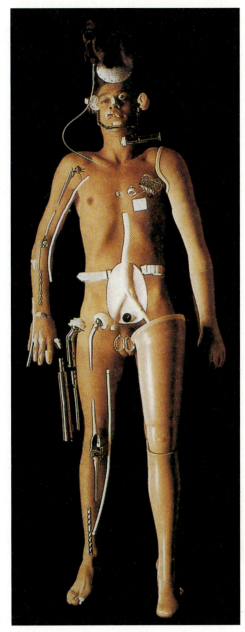

Christiaan N. Barnard: Der Prothesenmensch

irdischen Überreste dieses bekannten Rennchampions ruhen verstreut an verschiedenen Autobahnen in ganz Amerika. Durch ein Gerichtsurteil zu unseren Gunsten wird demnach keine physische Person geschädigt, da die Firma nur das in Besitz nehmen wird, was von der Nylonhülle bis zum letzten Schräubchen rechtens ihr gehört!

Johns: Freilich! In Stücke wollen mich die zerlegen, in Prothesen!

Präsident Donovan: Was wir mit unserem Eigentum tun, das geht Sie nichts an!

Richter: Herr Präsident, ich ersuche Sie höflichst, Ruhe zu bewahren. Danke, Herr Bevollmächtigter. Was haben Sie zu sagen, Mister Johns?

Anwalt: Herr Richter, zu der Hauptsache möchte ich noch bemerken, dass der Beklagte im Grunde genommen gar kein Beklagter ist, sondern ein materieller Gegenstand, der behauptet, sich selbst zu gehören. Da er jedoch in Wirklichkeit nicht lebt ...

Johns: Sie, kommen Sie mal rüber zu mir, dann zeig ich Ihnen, ob ich lebe oder nicht!

Richter: Tja ... Hm, das ist wirklich ein sehr, sehr merkwürdiger Fall. Hm ... [...]

[*Johns:*] Denn bitte zu erwägen, hohes Gericht, was sind die Argumente der Firma denn wert? Die sagen, sie hätten ein Recht auf meine Person. Worauf soll das beruhen? Gesetzt, dass jemand auf Kredit bei einem Gemischtwarenhändler Nahrungsmittel einkauft, Mehl, Zucker, Fleisch und so weiter; und nach einiger Zeit geht dieser Gemischtwarenhändler vor Gericht und fordert, man solle ihm den Schuldner als Eigentum übergeben. Denn wie wir aus der Medizin wissen, werden im Zuge des Stoffwechsels die Körpersubstanzen fortwährend durch Nahrungsmittel ersetzt, so dass nach einigen Monaten der ganze Schuldner samt Kopf, Leber, Armen und Beinen aus dem Fett, dem Eiweiß, den Eiern und Kohlenhydraten besteht, die ihm dieser Gemischtwarenhändler auf Kredit verkauft hat. Nun, würde irgendein Gericht auf der Welt die Ansprüche dieses Gemischtwarenhändlers anerkennen? Leben wir im Mittelalter, wo Shylock[1] ein Pfund vom lebendigen Fleisch seines Schuldners forderte? Hier haben wir eine analoge Situation! Ich bin der Rennchampion namens Harry Johns und keine Maschine!

(Stanislaw Lem: Gibt es Sie, Mister Johns? In: Stanislaw Lem: Nacht und Schimmel. Phantastische Bibliothek, Bd. 1. Suhrkamp Verlag: Frankfurt/M. 1976, S. 283–291)

---

1 Shylock: jüdischer Wucherer aus Shakespeares Schauspiel „Der Kaufmann von Venedig"; er beansprucht für verliehenes Geld ein Pfund Fleisch aus dem Körper des bei ihm verschuldeten Kaufmanns.

1 Wie würden Sie als Richter den Prozess entscheiden? Entwerfen Sie eine Urteilsbegründung.

2 Gesetzt den Fall, Mister Johns besäße noch seine Originalgehirnhälfte. Wie würden dann Ihr Urteil und seine Begründung lauten?

3 Bereits in der antiken Philosophie wurde die Identitätsfrage, allerdings etwas anders gelagert, am **Schiff des Theseus** diskutiert. Theseus hatte der griechischen Sage nach mit einem Schiff athenische Geiseln mithilfe des Gottes Apollon aus der Gewalt des Minotaurus befreit. Zur Erinnerung schickten die Athener jährlich das von Theseus benutzte Schiff in einem Festzug auf Apollons Insel Delos. Im Verlauf der Zeit ersetzten sie die verfaulenden Planken komplett durch neue, weshalb einige Philosophen behaupteten, es sei durch den Ersatz ein anderes Schiff geworden, während andere die bleibende Identität des Schiffes vertraten. (Eine mathematische Darstellung des Problems findet sich bei Jay R. Rosenberg: Philosophieren. Ein Handbuch für Anfänger. Frankfurt/M. 1986)
Erörtern Sie die in der antiken Philosophie diskutierte Frage und vergleichen Sie das am Theseus-Schiff festzumachende Identitätsproblem mit dem von Lem entfalteten.

4 Erwägen Sie im Anschluss an den Text von Lem: Was sind die wesentlichen Merkmale des Ich? Wodurch wird die persönliche Identität bestimmt?

1.2 Das Problem des Bewusstseins

Im April 1996 veröffentlichte die englische Zeitung Times in ihrer Hochschulbeilage einen recht ungewöhnlichen Fragebogen. „Wir wollen mit dieser Erhebung herausfinden, was die Menschen wirklich über Bewusstsein denken", informierte das Blatt seine Leser und stellte ihnen vier einfache Fragen [...]:

1. Zum Aufwärmen zunächst ein Gedankenexperiment. Wie würden Sie das bewusste Erleben folgender Wesen mit Ihrem eigenen vergleichen?

eine Schlange	a	b	c	d	e	f
eine Fledermaus	a	b	c	d	e	f
ein Schimpanse	a	b	c	d	e	f
ein extrem intelligenter Computer	a	b	c	d	e	f
Sie selbst, wenn ein Teil Ihres Gehirns durch einen Siliziumchip ersetzt ist	a	b	c	d	e	f
Ihr auf einen Chip kopiertes „Gehirnprogramm"	a	b	c	d	e	f
ein anderer Mensch	a	b	c	d	e	f
ein Zombie	a	b	c	d	e	f

(a) gleich, (b) verschieden in der Intensität, (c) verschieden in der Qualität, (d) verschieden in Intensität und Qualität, (e) nicht vorhanden, (f) das Beispiel ist unmöglich

2. Wie beurteilen Sie die Bedeutung folgender Quellen für die Erforschung des Bewusstseins?

Physik	a	b	c	d	andere Spezies	a	b	c	d
Hirnforschung	a	b	c	d	andere Kulturen	a	b	c	d
Philosophie	a	b	c	d	Computer	a	b	c	d
Kunst	a	b	c	d	veränderte Bewusstseinszustände	a	b	c	d
Innenschau	a	b	c	d					
experimentelle Psychologie	a	b	c	d	übersinnliche (paranormale) Ereignisse	a	b	c	d

(a) eher irreführend, (b) irrelevant, (c) nützlich, (d) unabdingbar

3. Welche Art von Bewusstseinstheorie finden Sie am einleuchtendsten?

(a) Bewusstsein ist eine Art Rechenprozess, die „Hardware" spielt keine Rolle.
(b) Bewusstsein kann auf die Grundlagen der Physik zurückgeführt werden. [...]
(c) Bewusstsein hängt mit den Nervenzellen und ihren Verschaltungen zusammen.
(d) Bewusstsein hat etwas mit dem ganzen Körper zu tun und der Welt, in der dieser Körper existiert.
(e) Jeder der genannten Bereiche trägt auf besondere Weise dazu bei, dass Bewusstsein möglich wird.
(f) Es gibt das Reich des Geistes und das der Materie, Bewusstsein hat ausschließlich mit Geist zu tun.

(Aus: Ulrich Schnabel, Andreas Sentker: Wie kommt die Welt in den Kopf? Reise durch die Werkstätten der Bewusstseinsforscher. Rowohlt: Reinbek 1997, S. 22–24)

1 Im Anschluss an die Beantwortung der Fragen, die Sie zuerst jeder für sich und dann in Partner- oder Gruppenarbeit vornehmen sollten, könnten Sie besonders über folgende Aspekte nachdenken:
- Ist mein Bewusstsein von dem eines Tieres (z. B. Schlange, Schimpanse) grundsätzlich oder nur graduell verschieden?
- Ähneln sich die Bewusstseinszustände der Menschen untereinander, etwa aus unterschiedlichen Kulturkreisen oder Lebensaltern?
- Wie ist die Möglichkeit, durch wissenschaftliche oder außerwissenschaftliche Methoden Bewusstsein zu erforschen, einzuschätzen?
- In welcher Beziehung steht das Bewusstsein zu materiellen Vorgängen, gibt es hier klare Abhängigkeitsverhältnisse?

2 „Angenommen, es hätte Jeder eine Schachtel, darin wäre etwas, was wir ‚Käfer‘ nennen. Niemand kann je in die Schachtel des Andern schaun; und Jeder sagt, er wisse nur vom Anblick *seines* Käfers, was ein Käfer ist."
(Wittgenstein, Philosophische Untersuchungen, § 293)

Erörtern Sie die grundsätzliche Problematik, die sich aus diesem Satz von **Ludwig Wittgenstein** für die Erkenntnismöglichkeit des ‚Bewusstseins' ergibt. (Vgl. S. 155 f.)

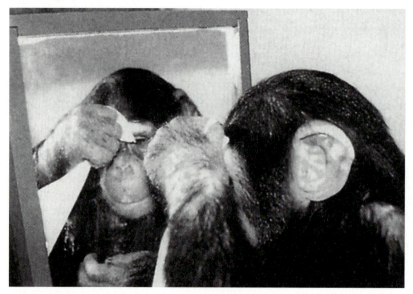

Menschenaffen besitzen offenbar die Fähigkeit, sich selbst im Spiegel zu erkennen. Haben sie deshalb ein dem Menschen vergleichbares Bewusstsein?

2 Das Ich als Seele – die Sicht der antiken Philosophie

In der antiken Philosophie wird die Frage nach dem Ich besonders durch das Orakel von Delphi bedeutsam. Über dem Eingang des Heiligtums stand der Satz „Erkenne dich selbst!" (gnothi sauton). Er sollte den Menschen ursprünglich wohl auf seine Sterblichkeit hinweisen (vgl. 5. 4). Die philosophische Bedeutung des Spruches wurde dann von Platon (427–347 v. Chr.) erörtert. Für seine Darstellung des Sokrates in den frühen Dialogen spielt das „Erkenne dich selbst" eine zentrale Rolle. Denn Sokrates erscheint dort als jemand, der den Spruch durch sein philosophisches Leben einzulösen versucht. (Vgl. Biografie-Seite zu Sokrates in Zugänge 1)

Orakel von Delphi (Holzstich, um 1865)

Außer Sokrates holten sich auch andere berühmte Männer der Antike Rat beim Orakel von Delphi, so z. B. die Könige Oidipus und Krösus. Die Orakelsprüche wurden von der Pythia gegeben, einer durch heraufziehende Schwefeldämpfe berauschten jungen Frau. Nach griechischem Glauben war sie Sprachrohr des Gottes Apollon. Priester übersetzten die oft nur gestammelten Worte in bedeutungsvolle Sätze, die aber gleichwohl mehrdeutig blieben. Die Pythia saß auf einem Schemel im oder am „Nabel der Welt" (Omphalos), worunter sich die Griechen den Erdmittelpunkt mit einem Zugang zum Schicksal vorstellten. Vielleicht hat das „Erkenne dich selbst" über dem Tempeleingang etwas mit der Mehrdeutigkeit der Sprüche zu tun, indem es ihre Entschlüsselung letztlich an die Fragesteller zurückgibt.

Ausführlich befasst sich Platons Dialog „Charmides" mit der Frage nach der Selbsterkenntnis. In ihm geht es um die Besonnenheit (sophrosyné), eine der in der antiken Philosophie zentralen Tugenden. Sie setzt Sokrates vorübergehend mit der Selbsterkenntnis gleich, die darin besteht, dass man weiß, was man weiß und was man nicht weiß. So glaubt Sokrates den Eingangsspruch des Heiligtums von Delphi mit „Sei besonnen!" übersetzen zu können. (Vgl. Charmides, 164 c ff.) Daraus ergibt sich im „Charmides" aber keine inhaltliche Bestimmung der Besonnenheit: Die Möglichkeit einer völligen Selbsterkenntnis des Menschen wird bestritten.

Folgerichtig lässt Platon Sokrates in einem späteren Dialog sagen: „Ich kann noch immer nicht nach dem delphischen Spruch mich selbst erkennen. Lächerlich also kommt es mir vor, solange ich hierin noch unwissend bin, an andere Dinge zu denken" (Phaidros, 229e). Diese aporetische Äußerung des Sokrates dient Platon dazu, eine eigene Seelenlehre als Antwort auf die antike Frage nach der Selbsterkenntnis zu entfalten. Das Ich oder das Selbst erscheinen in dieser Sicht als „Psyche" (Seele).

2.1 Platon/Simmias: Die Seele als unsterblicher Logos oder als Harmonie?

Platons Seelenauffassung wird besonders eindrücklich entfaltet in dem Dialog „Phaidon", dem der folgende Text entnommen ist. Platon schildert hier Sokrates kurz vor seiner Hinrichtung stehend. Im Gefängnis erwartet er den beginnenden Tag, an dem er den Giftbecher trinken und sterben wird. Eine mögliche Flucht hatte er abgelehnt. Die Zeit bis zur Hinrichtung vergeht mit philosophischen Gesprächen über den Tod und ein Weiterleben danach, die Sokrates mit seinen Freunden und Schülern, besonders mit Simmias und Kebes, führt. Im Zentrum der Gespräche stehen vier miteinander verwobene Unsterblichkeitsbeweise, die alle auf die Ablösbarkeit der Seele vom Leib und ihr Vor- bzw. Weiterleben in einer intelligiblen Ideenwelt abzielen. Der gewählte Textauszug präsentiert hauptsächlich den dritten Beweisgang und einen zentralen Einwand gegen ihn.

Sokrates: „Euch […] will ich nunmehr den schuldigen Nachweis erbringen, dass mir ein Mann, der sein Leben wirklich mit dem Streben nach Philosophie hingebracht hat, beim Sterben mit vollem Recht guten Mutes und der frohen Hoffnung zu sein scheint, er werde nach seinem Tode in jener Welt der größten Güter teilhaftig werden. Inwiefern das nun so ist, mein Simmias und Kebes, will ich versuchen, euch deutlich zu machen. […]
Meinen wir, dass der Tod etwas ganz Bestimmtes ist?"
„Gewiss", erwiderte *Simmias*.
Sokrates: „Doch wohl nichts anderes als die Trennung der Seele von dem Körper? Und Totsein bedeutet nichts anderes, als dass der Leib, abgesondert von der Seele, für sich allein ist und auch die Seele, abgesondert vom Leibe? Oder ist der Tod etwas anderes als dieses?"
„Nein, sondern ebendies", sagte *Simmias*. […]
Sokrates: „Wie ist es aber nun mit dem Erwerb der Vernunfterkenntnis selbst? Ist dabei der Körper im Wege oder nicht, wenn man ihn beim Streben danach mit zu Hilfe nimmt? Ich meine z. B. so. Gewähren wohl Gesicht und Gehör den Menschen einige Wahrheit, oder wiederholen uns nicht auch die Dichter immer dergleichen, wie dass wir etwas Sicheres weder hören noch sehen? Wenn aber diese Sinne nicht scharf und sicher sind, dann sind es die anderen wohl gar

nicht. Denn alle stehen doch wohl diesen nach. Oder scheint dir das anders zu sein?"
Simmias: „Durchaus nicht."
„Wann also", sagte *Sokrates,* „gelangt die Seele zur Wahrheit? Denn wenn sie in Verbindung mit dem Körper etwas zu erforschen versucht, wird sie offenbar von ihm getäuscht."
Simmias: „Du hast recht."
Sokrates: „Wird ihr also nicht im Denken, wenn irgendwo, etwas von dem Seienden offenbar?"
Simmias: „Ja."
Sokrates: „Sie denkt aber dann am besten, wenn nichts von diesen Dingen sie stört, weder Gehör noch Gesicht, noch Schmerz und Lust, sondern wenn sie soviel wie möglich ganz für sich ist, indem sie den Körper gehen lässt und soweit wie möglich ohne Gemeinschaft und Berührung mit ihm dem wirklichen Sein nachgeht."
Simmias: „So ist es."
Sokrates: „Verachtet also nicht auch dabei des Philosophen Seele den Körper am meisten, indem sie von ihm flieht und ganz selbständig zu werden sucht?"
Simmias: „So scheint es."
Sokrates: […] „Es ist vielmehr wirklich für uns eine ausgemachte Sache, dass wir uns von ihm losmachen und mit der Seele allein die Dinge an sich betrachten müssen, wenn wir jemals etwas rein erkennen wollen. Und dann erst wird uns, wie es scheint, das zuteil werden, was wir begehren und was wir zu lieben behaupten, die Vernunfterkenntnis nämlich, wenn wir tot sind, wie unsere Untersuchung ergibt, solange wir aber leben, nicht. Denn wenn es ausgeschlossen ist, mit dem Körper vereint irgend etwas rein zu erkennen, so ist nur eins von beiden möglich: entweder nie zum Wissen zu gelangen oder erst nach dem Tode. Dann nämlich wird die Seele für sich allein sein, abgesondert vom Leibe, eher aber nicht. Und solange wir leben, werden wir, wie es scheint, nur dann dem Wissen am nächsten sein, wenn wir so wenig wie möglich mit dem Leibe zu schaffen haben und nur, wo es unbedingt nötig ist, in Gemeinschaft mit ihm treten und wenn wir uns nicht mit seiner Natur anfüllen, sondern von ihm uns rein erhalten, bis die Gottheit selbst uns befreit. Und so, rein und von der Unvernunft des Körpers erlöst, werden wir, wie zu erwarten steht, mit Gleichartigen in Verbindung stehen und durch uns selbst alles in seiner Lauterkeit erkennen; das aber ist doch wohl die Wahrheit. Dem Nichtreinen nämlich mag es wohl nicht vergönnt sein, Reines zu berühren. Dergleichen Reden, mein Simmias, müssen, meine ich, alle wahrhaften Weisheitsfreunde unter sich führen, und dergleichen Ansichten müssen sie haben. Oder scheint es dir nicht so?"
Simmias: „Durchaus, mein Sokrates. […]"
Sokrates: „Sieh nun zu, mein Kebes, ob sich für uns aus allem, was gesagt ist, nicht folgendes ergibt: Dem Göttlichen, Unsterblichen, Geistigen, Eingestaltigen, Unauflöslichen und immer sich völlig Gleichbleibenden ist die Seele am ähnlichsten, dem Menschlichen, Sterblichen, Ungeistigen, Vielgestaltigen, Auflöslichen und niemals sich selbst Gleichbleibenden dagegen der Leib. Können wir, mein lieber Kebes, etwas dagegen einwenden, dass dem also sei?"
Kebes: „Nein."
Sokrates: „Wie nun? Wenn dem so ist, kommt es dann nicht dem Körper zu, sich rasch aufzulösen, der Seele dagegen ganz und gar oder wenigstens nahezu unauflöslich zu sein?"
Kebes: „Natürlich."
Sokrates: „Und du bemerkst doch, dass nach dem Tode des Menschen dem Sichtbaren an ihm, seinem Leibe, und dem, was vor Augen liegt, dem Leichnam, wie wir es nennen, dem es doch zukommt, sich aufzulösen und zu zerfallen und verweht zu werden, nicht gleich etwas hiervon widerfährt, sondern dass er noch eine ziemlich lange Zeit so bleibt, und zwar recht lange, wenn ein Mensch in der Anmut und Schönheit der Jugend stirbt."

Kebes: „Allerdings."

Sokrates: „Und die Seele, das Unsichtbare, die nach einem ihrem Wesen ähnlichen Orte hinzieht, einem edlen, reinen und unsichtbaren Orte, dem wahren Hades¹, zu dem guten und weisen Gotte, wohin, so Gott will, alsbald auch meine Seele zu gehen hat – diese Seele, die so beschaffen und geartet ist, sollte nach ihrer Trennung vom Körper sogleich verweht werden und untergehen, wie die meisten Menschen behaupten? Weit gefehlt, mein lieber Kebes und Simmias! Vielmehr verhält es sich so: [Dass] die Seele sich lauter und rein vom Körper trennt, ohne etwas von ihm mit sich zu ziehen, da sie ja im Leben freiwillig nichts mit ihm gemein hatte, sondern ihn floh und sich auf sich selbst zurückzog und immer darauf bedacht war, was doch nichts anderes heißen will, als dass sie recht philosophierte und sich in Wahrheit auf einen leichten Tod vorbereitete; oder hieße dies nicht auf den Tod bedacht sein?"

Kebes: „Allerdings."

Sokrates: „Ist sie nun in dieser Verfassung, so geht sie doch zu dem ihr ähnlichen Unsichtbaren, dem Göttlichen, Unsterblichen und Vernünftigen. Wenn sie aber dorthin gelangt, wird ihr Glückseligkeit zuteil, und sie ist von Irrtum und Unwissenheit, Furcht und wilder Liebesglut und allen anderen menschlichen Übeln befreit, indem sie wirklich, wie es von den Eingeweihten heißt, die übrige Zeit mit den Göttern vereint lebt. […]"

Nach diesen Worten des Sokrates herrschte für lange Zeit Schweigen, und Sokrates selbst war noch ganz in das Vorgetragene vertieft, wie man ihm ansehen konnte, und so auch die meisten von uns. Nur Kebes und Simmias sprachen ein Weilchen miteinander. Da sah sie Sokrates an und fragte sie: „Wie? Ihr habt doch nicht etwa an dem Gesagten etwas auszusetzen? Denn es gibt wohl noch Anlass zu manchen Bedenken und Einwendungen, wenn man es ganz genau durchnehmen will. Hattet ihr nun etwas anderes miteinander, so will ich nichts gesagt haben; wenn ihr aber irgendwie über meine Worte im unklaren seid, so tragt nur ja kein Bedenken, es selbst zu sagen und es darzulegen […]."

Simmias: „Ich will dir die Wahrheit sagen, mein lieber Sokrates. Wir beide haben schon lange einander zweifelnd angestoßen […] Denn, mein Sokrates, wenn ich das Gesagte bei mir selbst und mit Kebes betrachte, so erscheint es mir gar nicht gründlich genug."

Sokrates: „Vielleicht hast du recht, mein Freund; aber sage nur, inwiefern nicht gründlich."

Simmias: „Insofern, als man auch von der Harmonie und der Leier und den Saiten ganz dasselbe sagen könnte, dass nämlich die Harmonie etwas Unsichtbares und Unkörperliches und Wunderschönes und Göttliches ist an der gestimmten Leier, während die Leier selbst und die Saiten Körper sind und körperartige, zusammengesetzte, irdische und dem Sterblichen verwandte Dinge. Wenn nun jemand die Leier zerbricht oder die Saiten zerschneidet oder zerreißt, so könnte man vielleicht mit derselben Schlussfolgerung wie du behaupten wollen, jene Harmonie müsse auf jeden Fall noch verhanden und könnte nicht untergegangen sein. Denn es sei doch unmöglich, dass, während die Leier auch nach dem Zerreißen der Saiten noch da sei ebenso wie die vergänglichen Saiten selbst, die dem Göttlichen und Unsterblichen gleichartige und verwandte Harmonie untergegangen sei, und zwar noch vor dem Vergänglichen. Nein, die Harmonie selbst muss unbedingt noch irgendwo sein, und eher werden das Holzwerk und die Saiten verfaulen, ehe die Harmonie zugrunde geht. Nun denke ich doch, mein Sokrates, du hast auch selbst schon bedacht, dass wir uns die Seele am besten als so etwas vorstellen, so dass, wenn unser Körper einem Saitenspiele gleicht, das von dem Warmen und Kalten, dem Trockenen und Feuchten und dem diesen Elementen Ähnlichen zusammengehalten wird, unsere Seele die Mischung und Harmonie dieser Stoffe ist, wenn sie gut und im rechten Verhältnis zueinander gemischt sind. Ist nun unsere Seele eine Art Harmonie, so ist ganz klar, dass, wenn unser Körper übermäßig erschlafft oder angespannt wird durch Krankheiten und sonstige Übel, die Seele dann auf jeden Fall sogleich umkommt, mag sie auch dem Göttlichen noch so nahe verwandt sein, ebenso wie alle anderen Harmonien in Tönen und in allen Werken der Künstler, während die Überreste eines jeden Leibes noch lange Zeit erhalten bleiben, bis sie verbrannt werden oder verwesen. Sieh nun zu, was wir erwidern wollen, wenn jemand behauptet, die Seele als eine Mischung alles zum Körper Gehörigen gehe bei dem so genannten Tode zuerst zugrunde."

Da blickte *Sokrates* wie gewöhnlich starr vor sich hin und sagte lächelnd: „Simmias hat ganz recht. [...] Simmias nämlich, denke ich, zweifelt und fürchtet, die Seele, obwohl göttlicher und schöner als der Leib, möchte doch vor ihm untergehen, da sie ihrem Wesen nach eine Harmonie sei. [...]"

Sokrates: „Wie nun weiter? Sagst du nicht, dass von allem, was am Menschen ist, eben die Seele und nichts anderes es ist, was die Herrschaft führt, insbesondere eine vernünftige?"

Simmias: „Allerdings."

Sokrates: „Indem sie den Zuständen des Körpers nachgibt oder auch ihnen entgegentritt? Ich meine das aber so, dass sie den Körper, wenn Hitze oder Durst in ihm ist, auf die entgegengesetzte Seite zieht, zum Nichttrinken, und bei vorhandenem Hunger zum Nichtessen; und in tausend anderen Dingen sehen wir doch die Seele dem Leiblichen widerstreben. Oder nicht?

Simmias: „Allerdings."

Sokrates: „Haben wir uns nun nicht im Vorhergehenden dahin geeinigt, dass sie eben als Harmonie niemals im Gegensatz zu den Anspannungen, Abspannungen, Schwingungen und sonstigen Veränderungen ihrer Bestandteile tönt, dass sie vielmehr diesen folgt und wohl niemals sie leitet?"

Simmias: „Das haben wir festgestellt. Wie sollten wir auch nicht?"

Sokrates: „Wie nun? Tut sie jetzt nicht ganz offenbar das Gegenteil? Regiert sie nicht alles das, was man als ihre Bestandteile bezeichnet, und widerstrebt sie dem nicht ziemlich in allem das ganze Leben hindurch? Gebietet sie nicht auf alle Weise, indem sie bald härter und auf schmerzhafte Weise züchtigt wie in Sachen der Gymnastik und Heilkunst, bald wieder gelinder, und indem sie den Begierden, dem Zorn und der Furcht bald drohend, bald verweisend entgegentritt und mit ihnen wie mit etwas ganz anderem, als sie selbst ist, Zwiesprache hält? Etwa wie es Homer in der Odyssee dargestellt hat, wo er von Odysseus sagt: Aber er schlug an die Brust und strafte das Herz mit den Worten: „Dulde nun aus, mein Herz, noch Härteres hast du geduldet." Meinst du wirklich, Homer habe dies gedichtet, in der Meinung, die Seele sei eine Harmonie und geeignet, sich von den Regungen des Leibes leiten zu lassen und nicht vielmehr selbst sie zu leiten und zu beherrschen, weil sie nämlich etwas weit Göttlicheres sei, als dass man sie mit einer Harmonie vergleichen könnte?"

Simmias: „Beim Zeus, mein Sokrates, das glaube ich nicht."

Sokrates: „Also, mein Bester, kommt es uns in keiner Beziehung zu, die Seele für eine Harmonie zu erklären; denn, wie es scheint, würden wir weder mit Homer, dem göttlichen Dichter, noch mit uns selbst eins sein."

Simmias stimmte dem zu.

(Platon: Phaidon. Nach der Übersetzung von Friedrich Schleiermacher neu durchgesehen. Reclam Verlag: Stuttgart 1984, S. 22–61 [63d–64c, 65a–65d, 66d–67b, 80a–81a, 84 e–95 a])

1 Hades: Totenreich, in dem die Gestorbenen nach griech. Volksglauben als Schatten weiterleben. Platon unterläuft hier diesen Glauben: Der wahre Hades ist für ihn die reine Welt der Vernunft bzw. der Ideen.

1 Stellen Sie Platons Verständnis von Seele dar und bestimmen Sie ihr Verhältnis zum Leib. Wo argumentiert Platon erkenntnistheoretisch, wo metaphysisch? (Vgl. I, 1. 2)

2 Verdeutlichen Sie die Gegenposition von Simmias und erörtern Sie, ob Sokrates' Widerlegung dieser Position überzeugen kann. Beziehen Sie in diesem Zusammenhang die moderne (epiphänomenalistische) Auffassung des englischen Biologen **Thomas Huxley (1825–1895)** ein, der das Bewusstsein mit dem von einer Lokomotive abgesonderten Dampf vergleicht. (Vgl. 4. 5, Exkurs)

3 Inwiefern zeigt sich Platons Seelenauffassung in Sokrates' zu Beginn des abgedruckten Dialogs geäußerter Behauptung, die wahrhaften Philosophen strebten schon im Leben nach dem Sterben (Phaidon, 64a)?

An anderer Stelle bezeichnet Platon den Leib auch als Kerker oder Grabmal der Seele (vgl. Kratylos, 400c). Können Sie diese Bezeichnung mit Hilfe von Platons Grundannahmen erklären?

4 Beantworten Sie knapp die Leitfrage dieses Kapitels: „Was ist nach Platon das Ich oder das Selbst?"

5 In „Die folgende Geschichte" von **Cees Nooteboom** schildert der Ich-Erzähler, ein Latein- und Griechischlehrer, auf ironische Weise die Inszenierung einer Unterrichtsstunde über Platons „Phaidon" (Suhrkamp: Frankfurt/M. 1991, S. 109–117). Im Anschluss an die Lektüre könnten Sie über die Beziehung zwischen Glauben und Wissen nachdenken.

Die Unsterblichkeit der Seele glaubt Platon im „Phaidon" bewiesen zu haben. In seinem ebenfalls der mittleren Schaffensperiode entstammenden Dialog „Phaidros" finden sich weitere wesentliche Bestimmungen der Seele, die allerdings nicht mit einem logischen Beweisanspruch auftreten. In ihrem Mittelpunkt steht der mythische Vergleich der menschlichen Seele mit einem himmlischen Wagen, der viel über ihre innere Verfassung aussagt und auf der Unterscheidung von drei unterschiedlichen Seelenteilen (Begierde, Mut, Vernunft) fußt. Dabei geht Platon trotz seiner Betonung des vernünftigen Seelenteils (logistikon) davon aus, dass die gesamte Seele unsterblich ist.

Jede Seele ist unsterblich! Denn das stets Bewegte ist unsterblich. Was aber anderes bewegt und von einem anderen bewegt wird, das hat, insofern es ein Aufhören der Bewegung hat, auch ein Aufhören des Lebens. Das sich selbst Bewegende allein also, sofern es nie sich selbst verlässt, hört nie auf, bewegt zu sein; aber auch für das andere, was bewegt wird, ist dieses Quelle und Anfang der Bewegung. Der Anfang aber ist ungeworden. Denn alles Werdende wird notwendig aus dem Anfang, er selbst aber schlechthin nicht aus etwas; denn wenn der Anfang aus einem etwas würde, so würde er ja nicht aus dem Anfang werden. Da er aber ungeworden ist, ist er auch notwendig unvergänglich. [...] Hat man aber gesagt, dass das von sich selbst Bewegte unsterblich sei, so darf sich einer auch nicht schämen, es auszusprechen, dass eben dieses das Wesen und der Begriff der Seele sei. Denn jeder Körper, dem das Bewegtsein von außen zuteil wird, ist unbeseelt; der aber, dem es von innen aus sich selbst zuteil wird, ist beseelt, wie denn dieses die Natur der Seele ist. Wenn sich aber das also verhält, dass nichts anderes das sich selbst Bewegende ist als die Seele, so muss die Seele notwendig sowohl ungeworden als unsterblich sein. Von ihrer Unsterblichkeit nun genug.

[...] So gleiche sie denn der zusammengewachsenen Kraft eines gefiederten Gespannes und seines Wagenlenkers. Der Götter Rosse und Wagenlenker nun sind alle so-

Platonischer Seelenwagen (vgl. S. 214, S. 286)

Vernunft — Mut — Begierde

wohl selbst gut als von guter Abkunft; Die Art der anderen aber ist gemischt. Und zwar was uns¹ betrifft, so lenkt der Führer² erstens ein Doppelgespann; sodann ist von ihm das eine der Rosse sowohl selbst mutig und gut und von solcher Abkunft, das andere aber von gegenteiliger Abkunft und Beschaffenheit. Schwierig und unbeholfen ist daher notwendig die Wagenlenkung bei uns. [...]
Eine Seele nun, die noch in vollkommener Weihe und befiedert ist, wandelt in der Höhe und durchwebt das Weltall; wenn sie aber das Gefieder gelassen, wird sie fortgetrieben, bis sie etwas Festes erfasst, in dem sie nun, sich wohnhaft niederlassend, einen erdigen Leib annimmt, der durch ihre Kraft bewegt sich selbst zu bewegen scheint [...].
Des Gefieders Kraft ist, das Schwere nach oben zu führen, wo das Geschlecht der Götter wohnt. Von allem Körperlichen hat es am meisten teil an dem Göttlichen. Das Göttliche aber ist das Schöne, das Weise, das Gute und was sonst derartig ist. Von diesen nun nährt und kräftigt sich der Seele Gefieder am meisten; vom Hässlichen aber und Bösen schwindet es und vergeht. Der große Herrscher im Himmel nun, Zeus, zieht den geflügelten Wagen treibend als erster aus, alles anordnend und besorgend; ihm folgt ein Heer von Göttern und Dämonen [...].
Wenn sie aber nun zum Fest und zum Mahle gehen und gegen die äußerste untere himmlische Wölbung ganz steil aufsteigen: Da fahren nun die Götterwagen mit wohlgezügeltem Gespann immer leicht, die andern aber nur mühsam. Denn das mit Begierde behaftete Ross, wenn es nicht sehr gut erzogen ist von seinem Führer, beugt sich zum Boden hinunter und drückt mit seiner ganzen Schwere, woraus viel Beschwerde und der äußerste Kampf der Seele entsteht. Denn die Seelen, die unsterblich genannt werden, wenden sich, wenn sie oben angekommen sind, hinaus und stehen so auf dem Rücken des Himmels; hier stehend reißt sie der Umschwung mit fort, und sie schauen, was außerhalb des Himmels ist.

(Platon: Phaidros. Übertragen von R. W. Henke in Anlehnung an die Übersetzung von L. Georgii. In: Platon, Sämtliche Werke. 2. Bd. Verlag Lambert Schneider: Heidelberg o. J., S. 409–481, hier: S. 435–437 [245e–247c])

1 uns: als Menschen – im Gegensatz zu den Göttern
2 Führer: Den Wagenlenker oder Führer setzt Platon an anderer Stelle mit dem vernünftigen Seelenteil gleich.

1 Tragen Sie die Bestimmungen zusammen, die Platon der Seele zuschreibt. Unterscheiden Sie dabei zwischen Aussagen über:
 – die Wirkungskraft der unsterblichen Seele (und damit ihre Erkennbarkeit)
 – ihre innere Beschaffenheit (vgl. auch Politeia, 439d–442b)
 – ihre metaphysische Bewegung durch den Kosmos (Seelenwanderungslehre)
 – die richtige Lebensführung i. S. der Seelenlehre (ethische Konsequenzen).

2 Sehen Sie einen Zusammenhang zwischen Sokrates' Bestimmung der Selbsterkenntnis als Besonnenheit und Platons Seelenlehre?

3 Konkretisieren Sie Ihre Ausführungen zur Leitfrage dieses Kapitels (vgl. vorhergehende Aufgabe 4)

4 Diskutieren und beurteilen Sie Platons Seelenauffassung vor dem Hintergrund christlicher bzw. islamischer Unsterblichkeitsvorstellungen (vgl. 1. Kor 15 bzw. Sure 56 u. 75).

5 Informieren Sie sich in einschlägigen Geschichten der Philosophie über den Einfluss des Neuplatonismus auf das Christentum, insbesondere über die Wirkung der platonischen Seelenauffassung und die durch **Augustin** maßgeblich verursachte Sinnen- und Leibfeindlichkeit.

2.2 Aristoteles: Die Seele als Form

Der letzte metaphysische Grund für die Unsterblichkeit der ganzen menschlichen Seele liegt für Platon in ihrer Herkunft aus der vernünftigen Weltseele. Diese, das wird im Dialog „Timaios" entfaltet, bildet als Anfang aller Bewegung und Lebendigkeit den Urgrund des Kosmos (Ordnung) und beruht auf dem Prinzip der Selbstbewegung. Bei Aristoteles wird aus Platons Weltseele schließlich der „unbewegte Beweger", der als reine Vernunft oder Geist am Anfang der von vielfältiger Bewegung gekennzeichneten Welt steht.

Konsequenterweise ist für **Aristoteles** (384–322 v. Chr.) daher auch nur der vernünftige Teil der Seele, der allein dem Menschen zukommt, unsterblich, während ihre unvernünftigen Bestandteile, das vegetative und das sinnlich-strebende Vermögen, vergänglich sind. Als Entelechie ist Seele für Aristoteles das Lebensprinzip aller organischen Natur, wobei die menschliche Seele sich von der pflanzlichen und tierischen eben durch ihren vernünftigen Anteil, den Geist (nous), unterscheidet. In der Auseinandersetzung mit seinen Vorgängern gewinnt Aristoteles auf dieser Basis einen veränderten Seelenbegriff, der den platonischen Dualismus von Leib und Seele überwindet.

Da wir nun nach der Seele fragen, müssen wir [...] die Meinungen der Früheren dazunehmen, soweit sie etwas über die Seele geäußert haben, damit wir uns das richtig Gesagte aneignen, das Unrichtige aber vermeiden.

Einige nämlich erklären, dass die Seele in erster Linie und vorzugsweise das Bewegende sei. [...]

Ferner: Da die Seele offensichtlich den Leib in Bewegung setzt, so wäre anzunehmen, dass sie ihm dieselben Bewegungen mitteilt, die sie selber ausführt. Wenn dies gilt, wird auch das Umgekehrte wahr sein, dass die Seele die Bewegungen des Leibes mitmacht. Die Bewegung des Leibes ist aber eine Ortsbewegung. Also wird auch die Seele sich so bewegen, dass sie als ganze oder in Teilen innerhalb des Leibes den Ort wechselt. Wenn aber dies möglich ist, dann könnte es wohl auch sein, dass sie aus dem Leibe heraustrate und wieder hineinkäme. Daraus würde folgen, dass die Lebewesen, wenn sie gestorben sind, wieder auferstehen könnten. [...] Eher könnte man eine Schwierigkeit darin finden, dass sie sich bewegt, wenn man an Folgendes denkt. Wir sagen von der Seele, dass sie Schmerz, Freude, Zuversicht und Angst empfinde, ferner dass sie zürne, wahrnehme und überlege. Dies alles scheinen Bewegungen zu sein, sodass man meinen könnte, die Seele sei bewegt. Dies ist aber nicht notwendig [...] zu sagen [...]. Vermutlich wäre es richtiger, nicht zu sagen, dass die Seele sich erbarmt, lernt oder überlegt, sondern, dass der Mensch es vermittelst der Seele tue, aber nicht so, dass in ihr die Bewegung wäre, sondern so, dass im einen Falle die

Bewegung bis an sie heranreiche, im anderen von ihr ausginge [...].

Der Geist dagegen scheint hereinzutreten als eine Wesenheit und nicht zugrunde zu gehen. Denn sonst würde er am ehesten zugrunde gehen infolge der Schwäche, die im Alter auftritt. In Wirklichkeit aber verhält es sich wohl gleich wie bei den Wahrnehmungsorganen; wenn nämlich der Greis ein entsprechendes Auge erhielte, würde er sehen wie der Jüngling. Das Alter entsteht also nicht so, dass die Seele Schaden leidet, sondern vielmehr ihr Träger, wie bei Trunkenheit und Krankheiten. So verfällt auch das Denken und Betrachten[1] dadurch, dass etwas anderes drinnen zugrunde geht; es selbst aber ist unaffizierbar[2]. Nachdenken [i. S. von sich Erinnern], Lieben und Hassen dagegen sind nicht Zustände des Denkens, sondern des Trägers solcher Vermögen, sofern er sie besitzt. Wenn dieser zugrunde geht, gibt es auch weder Erinnerung noch Liebe mehr. Denn diese gehören nicht dem Denken an, sondern dem Gesamten, das zugrunde ging. Der Geist aber dürfte wohl etwas Göttlicheres und Unaffizierbares sein.

Aus alledem ergibt es sich als unmöglich, dass die Seele bewegt werde. Wird sie aber überhaupt nicht bewegt, dann offenbar auch nicht durch sich selber. [...]

Es wird ferner eine andere Ansicht von der Seele überliefert [...]. Man sagt nämlich, die Seele sei eine Art von Harmonie. Denn die Harmonie sei eine Mischung und Zusammensetzung von Gegensätzen und auch der Körper sei aus Gegensätzen zusammengesetzt. [...]

Viel angemessener wäre es von Harmonie zu reden bei der Gesundheit und allgemein bei körperlichen Vorzügen anstatt bei der Seele. Am sichtbarsten würde dies, wenn man versuchen wollte, die Affektionen und Tätigkeiten der Seele auf irgendeine Harmonie zurückzuführen; es wäre schwer, dies in Einklang miteinander zu bringen. [...]

Die Lehren der Früheren über die Seele seien damit abgeschlossen. Wir wollen nun gewissermaßen ganz von neuem beginnen und festzustellen versuchen, was die Seele ist und was etwa ihr allgemeinster Begriff sein könnte.

Wir bezeichnen als eine Gattung des Seienden die Wesenheit[3] und von dieser als das eine die Materie, die an sich keinerlei Bestimmtheit hat, als das zweite die Gestalt und Form, auf Grund derer etwas ein Bestimmtes heißt, und als das dritte die Verbindung beider. Die Materie ist Möglichkeit, die Form aktuale Wirklichkeit[4] und dies in doppelter Weise, teils wie die Wissenschaft, teils wie das Forschen.

Als Wesenheiten gelten zumeist die Körper, und zwar die in der Natur vorkommenden, denn diese sind die Prinzipien der anderen. Von den natürlichen Körpern haben die einen Leben, die anderen nicht. Leben nennen wir Ernährung, Wachstum und Verfall aus sich selbst. Also ist jeder natürliche Körper, der am Leben teil hat, eine Wesenheit, und zwar eine zusammengesetzte. Mag nun aber auch der Körper ein derartiges sein, nämlich ein Belebtes, so ist doch nicht der Körper die Seele. Denn der Körper ist nicht an einem Substrat, sondern vielmehr selbst gewissermaßen ein Substrat und eine Materie.

Es ergibt sich mit Notwendigkeit, dass die Seele eine Wesenheit sei als die Form eines natürlichen Körpers, der potentiell Leben besitzt. Die Wesenheit ist aber die aktuale Wirklichkeit, in diesem Fall also die aktuale Wirklichkeit eines so beschaffenen Körpers. Sie hat einen zweifachen Sinn, entweder wie Wissenschaft oder wie Forschen. Die Seele ist aber offenbar Wirklichkeit wie die Wissenschaft. Denn im Dasein der Seele ist Wachen und Schlafen inbegriffen; das Wachen entspricht dem Forschen, das Schlafen dem Besitzen ohne Betätigung. Bei einem und demselben Wesen geht dem Entstehen nach die Wissenschaft voraus. Darum ist die Seele primäre aktuale Wirklichkeit eines natürlichen Körpers, der potentiell Leben besitzt. Dies letzte bedeutet, dass er mit Organen ausgestattet ist. [...]

Will man nun etwas angeben, was für jede Art von Seele gilt, so mag man sie die primäre aktuale Wirklichkeit eines natürlichen organischen Körpers nennen. Darum darf man auch nicht fragen, ob Seele und Körper eins sind, wie man auch nicht fragt, ob das Wachs und das Gepräge […] eins sind. […]
So ist denn im Allgemeinen gesagt, was die Seele ist. Sie ist eine Wesenheit im begrifflichen Sinne. Das bedeutet, sie ist das Wesens-Was für einen so beschaffenen Körper; etwa wie wenn ein Werkzeug, etwa ein Beil, ein natürlicher Körper wäre. Dann wäre das Beil-Sein seine Wesenheit und eben dies wäre die Seele. Denn wenn diese abgetrennt wäre, wäre es nicht mehr ein Beil außer dem Namen nach. Nun ist es aber nur ein Beil, die Seele ist jedoch nicht das Wesens-Was und der Begriff eines solchen Körpers, sondern eines natürlichen Körpers, der das Prinzip der Bewegung und der Ruhe in sich selbst hat. Dasselbe lässt sich auch an den Gliedern des Körpers zeigen. Wäre das Auge ein Lebewesen, so wäre seine Seele das Sehvermögen. Denn dies ist die Wesenheit des Auges im begrifflichen Sinne. Das Auge ist die Materie für das Sehvermögen; wenn dieses wegfällt, existiert das Auge nicht mehr außer dem Namen nach wie ein steinernes oder gemaltes Auge. Dies ist nun vom Teile auf den gesamten lebenden Körper zu übertragen. Denn wie sich die Wahrnehmung des Gliedes zum Gliede verhält, so verhält sich die gesamte Wahrnehmung zum gesamten wahrnehmenden Körper als einem solchen. Aber nicht der Körper, der die Seele verloren hat, ist der potenziell auf das Leben hin seiende, sondern der, der sie besitzt. Der Same und die Frucht sind ein derartiger potenzieller Körper. Wie nun das Hacken des Beiles und das Sehen des Auges, so ist das Wachsein die aktuale Wirklichkeit; und wie die Sehkraft und das Vermögen des Werkzeuges, so ist die Seele. Der Leib dagegen ist das potenziell Seiende. Aber wie das Auge die Pupille und die Sehkraft zusammen ist, so sind die Seele und der Leib miteinander das Lebewesen.

Dass nun die Seele nicht vom Körper abtrennbar ist und ebensowenig gewisse Teile von ihr […], das ist offensichtlich. […] Überdies ist es unklar, ob die Seele etwa in dieser Weise aktuale Wirklichkeit des Körpers ist wie der Seemann für das Schiff. […]
Denn, wie wir sagten, wird Wesenheit in dreifacher Bedeutung verstanden, als Form, als Materie und als Verbindung von beiden; von diesen ist die Materie Möglichkeit, die Form Wirklichkeit; und da nun die Verbindung beider das Beseelte ist, so ist nicht der Leib die Wirklichkeit der Seele, sondern diese die Wirklichkeit eines Leibes. Darum ist auch die Annahme jener die richtige, die behaupten, die Seele könne weder ohne den Leib noch selbst ein Leib sein. Sie ist nicht ein Leib, aber etwas am Leibe, und darum ist sie auch in einem Leibe, und zwar in einem Leibe von bestimmter Beschaffenheit. Es gilt also nicht die Lehre der Früheren, die sie in einen Körper einfügten ohne genauer zu bestimmen, in welchen und was für einen, obschon es offenbar nicht vorkommt, dass ein beliebiges Ding einen beliebigen Inhalt aufnimmt. Unsere Auffassung entspricht aber auch dem Begriffe[5]. Denn von Natur tritt die Wirklichkeit eines jeden ein in das der Möglichkeit nach Existierende und in die geeignete Materie. Dass die Seele also die Wirklichkeit und der Begriff von dem ist, was nach seiner Möglichkeit so zu sein vermag, ergibt sich klar aus dem Gesagten.

(Aristoteles: Von der Seele. Hrsg. und übers. von Olof Gigon. dtv: München 1985, S. 261–291 [403b–414a])

1 Betrachten: griech.: theoria; gemeint ist das theoretische Nachdenken über die Welt.
2 unaffizierbar: im Grundzustand unveränderbar
3 Wesenheit: In seiner Kategorienlehre unterscheidet Aristoteles Seiendes nach seinen wechselhaften Zuständen und dem beharrenden Wesen. (Akzidenz und Substanz). So können z. B. Farbe und Temperatur eines Chamäleons (als Verbindung von Materie und Form) wechseln, es selbst bleibt aber als Wesenheit oder Wesens-Was unverändert.
4 aktuale Wirklichkeit: Tätige, wirksame Wirklichkeit
5 Begriffe: das, was nach Aristoteles von Natur aus geschieht; so z. B. dass aus einem Samen als Möglichkeit zum Baum die Wirklichkeit desselben wird.

1. Rekonstruieren Sie die Argumente des Aristoteles gegen Platons und Simmias' Seelenauffassung und diskutieren Sie ihre Berechtigung.
2. Klären Sie die aristotelische Seelenauffassung und verdeutlichen Sie dabei, was die Bestimmung der Seele als Wesens-Was (Begriff) und ihr Vergleich mit der Wissenschaft meint.
3. Was ist nach Aristoteles das Ich oder das Selbst? Vergleichen Sie seine Auffassung mit der von Platon und bewerten Sie die Überzeugungskraft beider Ansätze.
4. Aristoteles' Seelenauffassung wird in der Neuzeit auch von **G. W. F. Hegel** vertreten. Aus einer solchen Perspektive erscheinen dann Krankheit und Tod als Mängel der vernünftigen Durchgestaltung und Idealisierung des Leibes:

   „[…] bei der Krankheit z. B. […] herrscht der Begriff [i. S. des vernünftigen Seelenteils] nicht als alleinige Macht, sondern andere Mächte teilen die Herrschaft. Doch solche Existenz ist dann auch eine schlechte und verkrüppelte Lebendigkeit, welche nur noch lebt, weil die Unangemessenheit von Begriff und Realität nicht absolut durchgreifend, sondern nur relativ ist. Denn wäre gar kein Zusammenstimmen beider mehr vorhanden, fehlte dem Leibe durchaus die echte Gliederung wie deren wahre Idealität, so verwandelte sich sogleich das Leben in den Tod, der das selbstständig auseinanderfallen lässt, was die Beseelung in ungetrennter Einheit zusammenhält".
   (Hegel: Vorlesungen über die Ästhetik I. Werke in zwanzig Bdn. Bd. 13. Suhrkamp Verlag: Frankfurt/M. 1970, S. 162).

   Erörtern Sie Tragfähigkeit und ethische Konsequenzen einer solchen Auffassung.
5. Kurz vor seinem Tod soll der atheistische Philosoph und aufgeklärte **Preußenkönig Friedrich II.** (1712–1786) gesagt haben: „Lieber Gott, wenn es dich gibt, sei meiner Seele gnädig, wenn ich eine habe." Diskutieren Sie anhand dieser Äußerung die unterschiedlichen Unsterblichkeitsvorstellungen von Platon und Aristoteles. Welche hat der alte Fritz wohl gemeint?

William Blake: Die über dem Körper schwebende Seele (ca. 1805).

6 „Erkenne dich selbst!" Schreiben Sie zu dieser Aufforderung des delphischen Orakels einen philosophischen Essay, in den Sie Ihre Kenntnisse über die bisher erarbeiteten antiken Positionen einbeziehen.

> **Merkmale eines philosophischen Essays:**
> - entfaltet ein Problem selbstständig und aufgrund von eigenen Gedanken
> - greift auf bekannte philosophische Positionen zurück, um sie für den eigenen Gedankengang zu nutzen (im Unterschied zur Facharbeit ohne wissensch. Nachweis)
> - argumentiert schlüssig, aber nicht mathematisch zwingend
> - enthält ggf. auch assoziative Elemente
> - folgt keinem bestimmten Gliederungsschema, aber lässt doch einen gedanklichen Aufbau erkennen
> - lässt dem Leser Raum für seine eigenen Überlegungen, etwa durch das Stellen offener Fragen

2.3 Epikur/Lukrez: Die Seele als Stoff

„In Wirklichkeit gibt es nur Atome und Leeres", so lautet ein bekannter Satz Demokrits (460–371 v. Chr.), des ersten bedeutenden philosophischen Materialisten. Seine rein physikalische Auffassung vom Kosmos gilt dabei auch in Bezug auf die Seele. Von Demokrits Werk sind allerdings nur wenige Fragmente erhalten geblieben; ausführlicher dargestellt findet sich die materialistische Weltanschauung in der Antike bei Epikur (341–271 v. Chr.). Dessen Lehre bringt der römische Philosoph und Dichter Lukrez (96–55 v. Chr.) in Verse, um sie für ein breiteres Publikum zugänglich zu machen. So äußert er sich auch ausführlicher und verständlicher zur Seele als Epikur, weshalb im folgenden – nach einem kurzen Textauszug von Epikur – Lukrez' Auffassung über die Seele in Versen dargeboten wird.

Epikur:
Weiterhin besteht das All aus Körpern und Leerem. [...] Ferner: Von den Körpern sind die einen Zusammensetzungen, die anderen solche, aus denen die Zusammensetzungen gebildet sind. Diese sind unzerteilbar und unveränderlich, wenn anders nicht Alles in das Nichtseiende vergehen soll, sondern Etwas kräftig beharrend die Auflösungen der Zusammensetzungen überdauert, da es seiner Natur nach voll ist und ohne die Möglichkeit, irgendwo und irgendwie aufgelöst zu werden. So müssen die Ursprünge unzerteilbare körperliche Naturen sein.

Außerdem sind die unzerteilbaren und dichten Körper, aus denen die Zusammensetzungen werden und in die sie sich auflösen, unübersehbar in den Verschiedenheiten ihrer Gestalten. Denn es ist nicht möglich, dass so große Verschiedenheiten (in den zusammengesetzen Dingen) aus denselben übersehbaren Gestalten entstehen. [...]
Ferner bewegen sich die Atome unaufhörlich die ganze Zeit hindurch. Und zwar fahren die einen weit auseinander, die anderen haben an Ort und Stelle eine schwingende Bewegung, wenn sie etwa in eine Verflechtung eingeschlossen sind oder umschlossen sind von solchen, die sich verflechten. [...]
Danach müssen wir einsehen, indem wir uns auf die Sinneswahrnehmungen und die Empfindungen beziehen (denn so wird die sicherste Gewissheit), dass die Seele ein feinteiliger Körper ist, der der ganzen Zusam-

menballung beigestreut ist, am ehesten zu vergleichen mit einem Hauche, der eine Beimischung von Warmem enthält; und zwar ist sie teils diesem, teils jenem ähnlich. Es gibt einen bestimmten Teil von ihr, der sich besonders unterscheidet durch seine Feinheit selbst diesen beiden gegenüber und eben darum mit der übrigen Zusammenballung noch mehr zusammen empfindet. [...] Man muss auch festhalten, dass die Seele zur Hauptsache die Sinneswahrnehmung veranlasst. [...]
Wenn sich die ganze Zusammenballung auflöst, dann zerstreut sich auch die Seele und hat nicht mehr dieselben Fähigkeiten und bewegt sich nicht mehr, besitzt also auch nicht mehr das Wahrnehmungsvermögen.

(Epikur: Brief an Herodotos. In: Epikur: Von der Überwindung der Furcht. Übers. und eingel. von Olof Gigon. dtv: München 1991, S. 68–78)

Lukrez:

Erstlich behaupte ich, der Geist (wir nennen ihn öfter Verstand auch),
In dem unseres Lebens Beratung und Leitung den Sitz hat,
Ist nur ein Teil von dem Menschen, so gut wie die Hand und der Fuß ist
Oder das Auge ein Teil des ganzen lebendigen Wesens. [...]
Nicht nur der Geist, auch die Seele verweilt in den Gliedern, und Fühlen
Wirkt in dem Leib, nicht die Harmonie. Dies kannst du ersehen
Daraus vor allem, dass oft trotz erheblichen Körperverlusten
Doch noch das Leben sich kann in unseren Gliedern erhalten;
Wiederum weicht es sofort aus unseren Adern und Knochen,
Wenn aus dem Körper entflohn auch nur wenige Wärmeatome
Und aus dem Munde der Odem hinaus in die Lüfte verhauchte.
Hieraus magst du erkennen, dass keineswegs alle Atome
Gleich in der Wirkung sind und gleich in der Lebenerhaltung;
Sondern dass die Elemente, die Luft und erwärmende Hitze
Schaffen, vornehmlich im Leibe für Lebenserhaltung besorgt sind.
Deshalb ist's auch die Lebensluft und die Wärme im Körper,
Die in der Stunde des Todes aus unseren Gliedern entweichen.
[...]

Geist und Seele (behaupt' ich nun weiter) sind innig verbunden
Untereinander und bilden aus sich nur ein einziges Wesen.
Doch ist von beiden der Herrscher und gleichsam das Haupt in dem ganzen
Körper die denkende Kraft, die Geist und Verstand wir benennen,
Und die nur in der Mitte der Brust den beständigen Sitz hat.
Hier rast Schrecken und Angst, hier quillt auch beruhigend nieder
Fröhlicher Heiterkeit Born.[1] So sitzt auch Geist und Verstand hier.
Über den ganzen Körper jedoch ist die übrige Seele ausgebreitet.
Eben derselbe Beweis lehrt klar, dass ein körperlich Wesen
Geist wie Seele besitzen. Sie geben den Gliedern Bewegung,
Wecken den Körper vom Schlaf und verändern die Züge im Antlitz,
Ja man sieht, dass sie gänzlich den Menschen regieren und lenken.
Da sich nun, wie wir erkennen, nichts hiervon ohne Berührung
Kann vollziehn und Berührung nicht ohne den Körper, so muss man
Auch für Geist und die Seele ein körperhaft Wesen behaupten. [...]
Dringt ein schrecklich Geschoss mit Gewalt in die Knochen und Nerven,
Dass es das Innre entblößt, so verschont es vielleicht noch das Leben,
Aber es stellt sich doch Ohnmacht ein und der Drang, auf die Erde

Sachte zu gleiten, und dort entwickelt sich
Wallung im Geiste
Und bisweilen ein dumpfes Gefühl, sich erheben zu wollen.
Also das Wesen des Geistes ergibt sich als körperhaft hiernach;
Denn das Geschoss wie der Schuss, die ihn schmerzen, sind körperhaft beide. […]
Aber nun kann doch ein Ding, das so leicht sich bewegt, nur bestehen
Aus ganz kugelig runden und allerkleinsten Atomen,
Die beim leichtesten Stoß sofort in Bewegung sich setzen. […]
Auch das folgende wird dir das Wesen der Seele erläutern,
Wie so fein ihr Gewebe und wie sie mit winzigem Raume
Auskommt, falls ein Zusammenschluss sich nur irgend ermöglicht,
Nämlich sobald nur den Menschen die friedliche Ruhe des Todes
Überwältigt, sobald mit dem Geiste die Seele geschieden,
Siehst du doch keinen Verlust an der ganzen Gestaltung des Körpers
Weder nach Form noch Gewicht. Der Tod zeigt alles wie vordem,
Nur fehlt jetzt ihm das Lebensgefühl und die feurige Wärme.
Also muss doch die Seele in Adern, Geweiden und Sehnen
Nur durch die kleinsten Atome sich ganz mit dem Leibe verknüpfen.
Denn selbst wenn sie vom Körper nun ganz und gar sich getrennt hat,
Bleibt ihm doch völlig erhalten der äußere Umriss der Glieder,
Und an dem alten Gewicht fehlt auch kein einziges Quäntchen.
Ähnlich verflüchtigt sich auch die Blume des Weines, und wenn sich
Lieblicher Duft in die Lüfte dem Salbölfläschchen entwindet,
Oder wenn irgendein Saft aus anderem Körper entweichet,
Ohne dass dieser nun selbst deswegen für unsere Augen
Kleiner erschien' und ohne dass irgendwas fehlt' am Gewichte.
Wunderbar ist dies nicht. Denn viele winzige Keime
Bilden den Saft und Geruch in dem ganzen Körper der Dinge.
Darum präge dir ein (ich verkünd' es dir wieder und wieder),
Dass die Natur wie den Geist so die Seele aus winzigen Keimen
Schuf, weil, wenn sie entweichen, sich nichts im Gewichte verändert.

(Lukrez: Über der Natur der Dinge. Aus dem Lat. übers. v. Hermann Diels. Aufbau Verlag: Berlin 1957, S. 98–102)

1 Born: veraltet für: Brunnen, Quelle

1. Die aufklärerischen Materialisten des 18. Jahrhunderts versuchten die Stofflichkeit der Seele durch Messungen an Sterbenden nachzuweisen: Nach dem Entweichen der Seele aus dem Körper glaubten sie eine Gewichtsverringerung des Leichnams um 15 g feststellen zu können, ein Messwert, der neueren Prüfungen nicht standhält.
   Was würde Lukrez zu dieser Methode wohl sagen?

2. Erläutern Sie den gedanklichen Zusammenhang zwischen den kosmologischen Aussagen Epikurs und den Ausführungen von Lukrez über die Seele. Gibt es Parallelen zu Platons Kosmos- und Seelenauffassung?

3. Vergleichen Sie Lukrez' Bestimmungen der Seele mit denen von Aristoteles. Worin liegt die entscheidende Differenz, wo die zentrale Gemeinsamkeit?

4. Was ist nach Epikur bzw. Lukrez das Ich oder das Selbst? Können Sie sich mit einer solchen Auffassung, etwa angesichts von Selbsterfahrung durch meditative Introspektion, anfreunden?

5. In der philosophischen Diskussion um das Leib-Seele-Problem werden vier zentrale Positionen vertreten, die sich aus einer Kombination von jeweils zwei Grundunterscheidungen ergeben. Die erste Unterscheidung ist die zwischen Dualismus und Monismus: Nach dualistischer Auffassung sind Seele bzw. Geist und Körper zwei unterschiedliche Wesenheiten (Substanzen), die nur vorübergehend im Menschen oder im Lebendigen zusammengehen. Monistische Theorien gehen dagegen von nur einer Substanz aus, die allenfalls in unterschiedlichen Erscheinungsformen auftreten kann. Die zweite zentrale Unterscheidung ist die zwischen Materialismus und Idealismus: Nach der ersten Theorie ist letztlich nur die Materie existent, der Idealismus vertritt die Gegenposition: Das Wesentliche und Bleibende ist allein das Ideell-Geistige.

Versuchen Sie eine Zuordnung der vier präsentierten antiken Positionen (Platon, Simmias, Aristoteles, Epikur/Lukrez) zu den vier erläuterten Grundpositionen, indem sie die antiken Auffassungen noch einmal in Kurzfassung formulieren oder visualisieren.

materialistischer Monismus: Seele ist körperlich (auch: eliminativer Physikalismus)	idealistischer Monismus: Seele/Geist belebt Körper (auch: animistischer bzw. mentaler Kausalismus)
materialistischer Dualismus: Seele ist Nebenprodukt des Körpers (auch: Epiphänomenalismus)	idealistischer Dualismus: Seele ist im Körper gefangen (auch: metaphysischer Animismus)

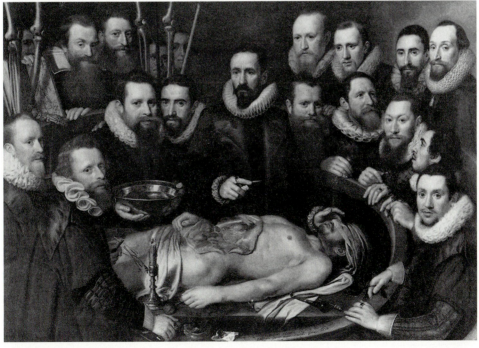

Sezieren eines Menschen in der frühen Aufklärung: Wo versteckt sich die Seele?
P. M. van Miereveld: Die Anatomiestunde des Doktor W. van der Meer in Delft (um 1617).

3 Die Entdeckung des Bewusstseins – die Sicht der Neuzeit

3.1 Hilary Putnam: Das Gehirn im Tank

Die Frage nach dem Ich wird mit dem Beginn der Neuzeit durch den Philosophen René Descartes (1596–1650) in neuer Weise gestellt: Erst nachdem er die Existenz der gesamten Außenwelt einschließlich des eigenen Körpers radikal in Zweifel gezogen hat, stößt er als letzte verbliebene Gewissheit auf das Ich, das als Tätigkeit des Zweifelns und Denkens allein übrig bleibt. Es wird daher von Descartes als Bewusstsein (cogitatio) bestimmt. (Vgl. I, 2.1) Auch der amerikanische Philosoph Hilary Putnam (geb. 1926) spielt in einem Gedankenexperiment die Möglichkeit durch, dass die Realität nicht wirklich und bloß eine Simulation sei. Dabei geht er – ähnlich wie der Science-Fiktion-Film „Matrix" – von der Existenz von Computern aus, die in der Lage sind, menschlichen Gehirnen einen authentischen Wirklichkeitsbezug zu simulieren. Putnams Gedankenexperiment wird im Folgenden von dem Göttinger Philosophen Olaf Müller dargestellt.

Klammheimlich hat gestern ein boshafter Spaßvogel in Ihren Nachttrunk ein geschmacksneutrales Narkotikum gestreut, das direkt nach dem Einschlafen zu wirken begann. Sie waren allein zu Hause, und so konnte niemand Alarm schlagen, als eine Bande von Chirurgen in Ihr Schlafzimmer einstieg, sich Ihres bewusstlosen Körpers bemächtigte und ihn in den Keller ihrer Klinik verschleppte. Die Chirurgen verloren keine Zeit. Sie sägten Ihren Schädel auf, um an Ihr Gehirn heranzukommen, das sie behutsam aus seiner Schale lösten und sogleich in eine Nährlösung gleiten ließen, damit es nicht absterbe. Dann begann die Fummelarbeit. Die Ärzte identifizierten jede einzelne Nervenbahn, durch die Ihr Gehirn bis gestern mit Ihrem Restkörper Informationen ausgetauscht hatte: Sehnerven, Nerven für akustische Reize aus dem Gehör, aber auch Nerven, durch die das Hirn Steuersignale zur Bewegung seines Exkörpers gesandt hatte. Alle diese (bei der Operation durchtrennten) Nervenstränge verbanden die Doktoren mit einem Computer, in den sie zuvor mit Akribie sämtliche Fakten über Ihr Haus, Ih-

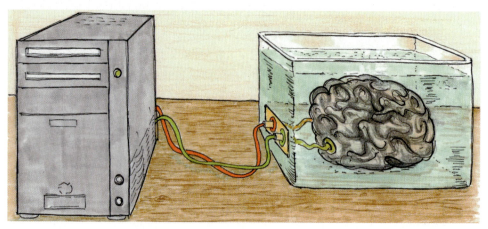

„Gehirn im Tank"

re Familie, Ihren Job und so weiter eingespeist hatten und in dem überdies ein geniales Programm zur Simulation von Nervenimpulsen geladen war. Als endlich die Wirkung des Narkotikums nachließ, starteten die Ärzte den Computer, und so meinten Sie, aus einem traumlosen Schlaf aufzuwachen: Der Simulationscomputer sorgte zuverlässig für den Anschein von Normalität. Er simulierte das Strecken Ihrer Glieder, den Kälteschock unter der Dusche, den Geruch Ihres Morgenkaffees und das Rascheln der Zeitung, die Sie jetzt in den Händen zu halten wähnen…

Doch das simulierte Idyll trügt. In Wirklichkeit ist Ihnen von Ihrer gestrigen Existenz nur das Gehirn geblieben: es schwimmt in einem Tank mit Nährflüssigkeit herum. Und bei Ihnen zu Hause dampft nicht der Frühstückskaffee. Vielmehr durchstöbert die Kripo Ihre Küche nach den Spuren der Entführung, und zwar genau jetzt!

Haben Sie irgendeine Chance herauszufinden, ob unsere kleine Geschichte erfunden ist? Können Sie wissen, dass Sie kein körperloses Gehirn im Tank sind, sondern dass Sie Hand und Fuß haben und soeben eine echte Zeitung lesen? [...][1]

(Olaf Müller. In: DIE ZEIT Nr. 32 v. 2.8.1996)

[1] Putnam gibt schließlich einen sprachanalytischen Beweis für die Realität der Außenwelt und des eigenen Körpers, der auch im ZEIT-Beitrag referiert wird.

1 Verdeutlichen und präzisieren Sie ggf. die Ausgangssituation des Gedankenexperiments und diskutieren Sie im Anschluss daran die letzte Frage Putnams.

2 Welche Schlussfolgerungen ziehen Sie aus Ihrer Diskussion in Bezug auf den Gewissheitsgrad von Wirklichkeit und Ich?

3 In Anlehnung an Putnam und Descartes könnte man das Gedankenexperiment noch extremer fassen:
Sie hatten niemals einen eigenen Körper und noch nicht einmal ein Gehirn. Statt dessen schweben Sie körperlos irgendwo im Weltall herum. Die Erde gibt es nicht und auch sonst im Universum kein weiteres Lebewesen. Wer denn in diesem Fall den Simulationscomputer erschaffen und programmiert haben soll? Nun, ein listiger und mächtiger Betrügergott hat dies getan, um Sie ständig über die Beschaffenheit der Wirklichkeit und über Ihre eigene Beschaffenheit hinwegzutäuschen. Unwahrscheinlich, aber theoretisch denkbar, oder?
Wenn Sie von den Annahmen dieses weitergehenden Gedankenexperiments ausgehen: Was bleibt dann von Ihnen übrig? Wer ist Ich?

4 Erarbeiten Sie den Gedankengang der ersten zwei Meditationen Descartes' (I, 2. 1) und vergleichen Sie ihn mit dem Gedankenexperiment von Putnam.

3.2   René Descartes: Das Ich als denkende Substanz

Nachdem Descartes in der zweiten Meditation mit der Existenz des Ich die erste unumstößliche Gewissheit gefunden hat, versucht er im weiteren Verlauf dieser Meditation das Ich näher zu bestimmen. Diese Bestimmung fußt gedanklich auf den zuvor angeführten Zweifelsargumenten, durch die alle objektiven Gewissheiten wie die Existenz körperlicher Dinge oder die Gültigkeit mathematischer Wahrheiten außer Kraft gesetzt wurden.

Ich bin mir aber noch nicht hinreichend klar darüber, wer denn Ich bin – jener Ich, der notwendigerweise ist. Ich muss mich von nun an in Acht nehmen, dass ich nicht etwa unvorsichtigerweise etwas anderes für mich selbst halte und so selbst in derjenigen Erkenntnis abirre, die für mich die gewisseste und evidenteste sein soll. Darum will ich mir einmal vergegenwärtigen, wofür ich mich früher hielt, ehe ich auf diese Gedanken gekommen war. Von dieser Vorstellung meiner selbst will ich dann alles in Abzug bringen, was durch die schon angeführten Gründe auch nur im Allergeringsten erschüttert werden kann, sodass schließlich nur genau das übrig bleibt, was gewiss und unerschütterlich ist. [...]

Zuerst bemerkte ich natürlich, dass ich ein Gesicht, Hände, Arme und diese ganze Gliedermaschine habe, wie man sie auch an einem Leichnam wahrnimmt; ich nannte sie Körper. Dann bemerkte ich, dass ich mich nähre, gehe, fühle und denke, und schrieb diese Tätigkeiten der Seele zu. Was aber diese Seele sei, ließ ich entweder auf sich beruhen oder ich stellte sie mir als irgendeinen feinen Stoff vor, als etwas dem Wind, dem Feuer oder Äther Vergleichbares, das in meinen gröberen Bestandteilen verbreitet ist. Bezüglich meines Körpers hingegen hatte ich keinerlei Zweifel; ich glaubte seine Natur genau zu kennen und hätte ich einmal zu beschreiben versucht, wie er sich meinem Geiste darstellt, so hätte ich erklärt: Unter Körper verstehe ich alles, was durch eine Gestalt begrenzt und durch seinen Ort umschrieben werden kann: was seinen Raum so erfüllt, dass es von ihm jeden anderen Körper ausschließt; was durch Gefühl, Gesicht, Gehör, Geschmack, Geruch wahrgenommen werden und in verschiedener Weise bewegt werden kann, zwar nicht aus eigener Kraft, aber durch irgendein anderes, mit dem es in Berührung kommt. Meiner Meinung nach war nämlich das Vermögen der Selbstbewegung sowie des Empfindens und Denkens in keiner Weise mit dem Wesen des Körpers vereinbar; ja, ich war geradezu überrascht, dergleichen Fähigkeiten in gewissen Körpern anzutreffen.

Nun nehme ich aber an, irgendein sehr mächtiger und, wenn ich so sagen darf, bösartiger Betrüger habe mich in allem, soweit es ihm nur möglich war, absichtlich irre geführt. Kann ich mir dann noch das Geringste von alledem zuschreiben, was ich zur Natur des Körpers rechnete? Ich stutze, denke nach und überlege hin und her, aber nichts will sich mir zeigen; der fruchtlosen Wiederholung werde ich müde.

Wie steht es aber mit dem, was ich der Seele zuschrieb, mit der Ernährung und dem Gehen? Offenbar bestehen auch diese Tätigkeiten bloß in der Einbildung, da ich nun einmal keinen Körper habe. Aber das Empfinden? Auch dieses geschieht nicht ohne den Körper, aber gar oft erschien es mir im Traume, als empfände ich, während ich nachher merkte, dass es nicht wahr sei. Und das Denken? Hier werde ich fündig: das Denken (= Bewusstsein) ist es; es allein kann von mir nicht abgetrennt werden. Ich bin, Ich existiere, das ist gewiss.

Wie lange aber? Offenbar solange ich denke, denn es ist ja auch möglich, dass ich, wenn ich überhaupt nicht mehr denken würde, sogleich aufhörte zu sein. Ich lasse jetzt nichts gelten, als was notwendig wahr ist; demnach bin ich genau genommen lediglich ein denkendes Ding[1], d. h. Geist bzw. Verstand bzw. Vernunft; lauter Bezeichnungen, deren Bedeutung mir früher unbekannt war. Ich bin nun ein wirkliches und wahrhaft seiendes Ding. Was denn für ein Ding? Ich sagte ja: ein denkendes.

Und was weiter? Ich will meine Einbildungskraft anstrengen: Jener Komplex von Gliedern, den man den menschlichen Leib nennt, bin ich nicht; auch bin ich nicht etwa ein feiner Dunst, der in diesen Gliedern verbreitet ist, auch kein Wind, kein Feuer, kein Dampf, kein Hauch oder was ich mir sonst ausdenke; denn alles dies habe ich gleich nichts gesetzt. Die Voraussetzung bleibt und dennoch bin ich etwas.

Könnte es vielleicht sein, dass eben die Momente, die ich gleich nichts setze, weil ich sie nicht kenne, in der Wahrheit der Sache doch mit diesem mir bekannten Ich zusammenfallen? Ich weiß es nicht und streite nicht mehr darüber; nur was mir bekannt ist, kann ich beurteilen. Ich weiß, dass ich bin, und ich

frage mich, was dieser Ich sei, den ich kenne.[...]
Also was bin ich nun? Ein denkendes Ding. Was kann überhaupt von meinem Denken [=Bewusstsein] unterschieden und als von mir selbst trennbar angesehen werden? Denn, dass Ich es bin, der da zweifelt, erkennt, will, ist so offenkundig, dass sich kein Erklärungsgrund höherer Evidenz dafür finden lässt. Aber Ich bin auch derselbe, der bildhaft vorstellt; denn wenngleich vielleicht, wie ich einmal angenommen habe, gar kein bildhaft vorgestelltes Ding wirklich wäre, so ist doch die Einbildungskraft selbst wirklich und macht einen Teil meines Denkens aus. Schließlich ist es auch derselbe Ich, der empfindet oder körperliche Gegenstände gewissermaßen sinnlich wahrnimmt. Tatsächlich sehe ich immer schon das Licht, höre den Lärm, fühle die Wärme. Das ist falsch, denn ich schlafe. Aber ganz sicher scheine ich doch zu sehen, zu hören, warm zu werden. Dies kann nicht falsch sein, dies ist es eigentlich, was in mir Empfinden heißt, und genau dieser Auffassung entsprechend, ist das Empfinden nichts anderes als Denken.

(René Descartes: Meditationes de Prima Philosophia. Meditationen über die Erste Philosophie. Lateinisch/ Deutsch. Übersetzt und hrsg. von Gerhart Schmidt. Reclam Verlag: Stuttgart 1986, S. 77–87)

1 Denkendes Ding: lat. res cogitans. In Anlehnung an Aristoteles definiert Descartes „ein Ding, [...] das so existiert, dass es zu seiner eigenen Existenz keines anderen Dinges bedarf", als eine Substanz. (Vgl. Prinzipien der Philosophie. Meiner: Hamburg 1955, I, 55) Das Ich ist für ihn dann eine Substanz, deren Hauptattribut das Denken (mit den zwei Modi Erkennen und Wollen) darstellt. Dagegen gehören alle körperlichen Dinge zur ausgedehnten Substanz (res extensa), die als zweites Grundelement aller Wirklichkeit real existiert.

1 Stellen Sie die von Descartes referierte traditionelle Vorstellung vom Ich und seine neue Ich-Auffassung gegenüber. Vergleichen Sie beide Positionen mit solchen der antiken Philosophie.

Im weiteren Verlauf seiner insgesamt sechs Meditationen, die wohl den sechs Schöpfungstagen Gottes nachempfunden sind, findet Descartes den Ausweg aus der ontologischen Einsamkeit, der völligen Isolation des „Ich denke", durch einen Gottesbeweis. Nachdem Gott als notwendig existierend und darüber hinaus als gütig bewiesen ist, kann Descartes mit seiner Hilfe die Realität der Außenwelt und damit die der körperlichen, materiellen Dinge auf neuer, wie er meint, nun ganz sicherer Grundlage nachweisen: Wenn Gott kein Betrüger ist, so Descartes' Schluss, ist der Eindruck des Ich, dass seine Empfindungen von außer ihm liegenden Körpern herrühren, zutreffend. Auf diese Weise erscheint schließlich die Existenz der Körperwelt (res extensa) als zweiter Substanz neben der res cogitans (Geist) wieder als gewiss.

Descartes geht hier davon aus, dass Gott durch die von ihm gestiftete natürliche Ordnung dem erkennenden Subjekt im Grundsatz die Wahrheit zugänglich gemacht hat; der Mensch muss seine Vernunft nur methodisch entsprechend disziplinieren, d. h. sich an metaphysisch klare und deutliche Erkenntnisse halten, wenn er diese Wahrheit erfassen und Irrtümer vermeiden will. (Vgl. I, 2.3) So entdeckt Descartes auch eine deutliche Differenz zwischen Körper und Ich bzw. Geist.

Da bemerke ich nun in erster Linie einen großen Unterschied zwischen Körper und Geist, insofern nämlich der Körper seiner Natur nach stets teilbar, der Geist aber durchaus unteilbar ist. In der Tat, betrachte ich meinen Geist, d. h. mich selbst, lediglich als denkendes Ding, so kann ich keine Teile in mir unterscheiden, vielmehr erkenne ich, dass ich ein durchaus einheitliches Ganzes bin.
Zwar scheint der ganze Geist mit dem ganzen Körper vereint zu sein; verliere ich aber

einen Fuß, einen Arm oder einen anderen Körperteil, so merke ich doch nicht, dass etwas dem Geist weggenommen worden wäre. Auch die Vermögen des Wollens, Empfindens, Erkennens usw. können nicht als Teile des Geistes aufgefasst werden, denn ein und derselbe Geist will, empfindet, erkennt.

Hingegen kann ich mir kein körperliches oder ausgedehntes Ding denken, das ich mir nicht mit Leichtigkeit in Teile zerlegt denken könnte, und so erkenne ich dessen Teilbarkeit. Dies allein würde genügen, mir die gänzliche Verschiedenheit des Geistes vom Körper klar zu machen, wenn ich es nicht schon aus anderen Gründen zur Genüge wüsste.

Weiterhin bemerke ich, dass der Geist nicht von allen Teilen des Körpers unmittelbar Eindrücke empfängt, sondern nur von dem Gehirn, vielleicht sogar nur von einem ganz kleinen Teil desselben, nämlich von dem, welcher Sitz des Gemeinsinns[1] sein soll. Sooft in diesem dieselben Zustände auftreten, stellt er auch dem Geist dasselbe dar, wie verschieden auch unterdessen die Verhältnisse in den übrigen Körperteilen sein mögen. […]

Werden z. B. die Nerven des Fußes heftig und in ungewohnter Weise erregt, so pflanzt sich diese Erregung durch das Rückenmark bis ins Innere des Gehirns fort und gibt dort dem Geist das Zeichen zu einer Empfindung, nämlich zu der im Fuß lokalisierten Schmerzempfindung. Dadurch wird nun der Geist angetrieben, die Ursache des Schmerzes als etwas dem Fuß Schädliches nach Kräften zu beseitigen. […]

So kann ich auch den menschlichen Körper als eine Art Maschine ansehen, die aus Knochen, Nerven, Muskeln, Adern, Blut und Haut zusammengepasst ist und auch ohne den Geist all die Bewegungen ausführt, welche jetzt unwillkürlich, also ohne den Geist, ablaufen.

(René Descartes: Meditationen über die Erste Philosophie. Lateinisch/Deutsch. Übers. und hrsg. von Gerhart Schmidt. Reclam Verlag: Stuttgart 1986, S. 193–209 [gekürzt und umgestellt])

1 Gemeinsinn: Die Fähigkeit des Bewusstseins, seine Wahrnehmungen und inneren Zustände noch einmal wahrzunehmen. (Vgl. Aristoteles, De anima III, 2)

Erklärung:
„Ist das Feuer A dem Fuße B nahe, so besitzen die Feuerteilchen, die sich bekanntlich mit hoher Geschwindigkeit bewegen, die Kraft, in die Haut des Fußes einzudringen, den sie berühren; während sie so den dünnen Faden c bewegen, der am Grund der Zehen und am Nerven befestigt ist, öffnen sie gleichzeitig den Eingang der Pore d, e, an dem dieser Faden endigt, genau so, als würde man am Ende einer Schnur ziehen und damit zur gleichen Zeit eine am anderen Ende befestigte Glocke zum Klingen bringen. Da nun die Pore oder der kleine Abzug d, e offensteht, kann durch sie der Lebensgeist aus der Höhle F entweichen und fortgeleitet werden, ein Teil in die Muskeln, die den Fuß vom Feuer zurückziehen, ein Teil in die Muskeln, die Augen und Kopf dem Fuße zuwenden, und ein Teil in jene Muskeln, die die Hände vorstrecken und den Körper beugen, um den Fuß zu schützen."

(Aus: René Descartes: Traité de l'homme. Angot: Paris 1664. Wiederabdruck in: Oeuvres de Descartes, XI. Adam und Tannery: Paris 1957, S. 119 ff.)

Zum Verhältnis von Geist und Körper führt Descartes in seinen naturphilosophischen Schriften weiter aus, dass sich der Geist in der Zirbeldrüse (Conarium) befinde. Sie war das einzige unpaarige Organ, das Descartes beim Sezieren des menschlichen Gehirns finden konnte. Er vermutete daher, dass die Denk-Seele (res cogitans) dort ihren Sitz habe und die Sinnesdaten in Form von Körperbildern im Empfang nähme. Um weiter begreiflich zu machen, wie die Seele auf den Körper einwirkt, ersinnt Descartes winzig kleine Lebensgeister (esprits animaux), die über den ganzen Körper, mit besonderer Konzentration im Gehirn, verteilt sind und die Nervenbahnen durchströmen. Das Conarium sitzt nach Descartes, an kleinen Arterien aufgehängt, über diesem Strom der Lebensgeister und vermag ihn, etwa zum Zweck einer willkürlichen Bewegung, zu steuern. Zum Heben eines Armes etwa lenkt es den Strom der winzigen Lebenskobolde durch die Nervenbahnen an den betreffenden Muskel, wo diese sich mit den dort bereits befindlichen Geistern verbünden und den Muskel nach Art eines Kitzels derart reizen, dass er die gewünschte Bewegung vollzieht. So stellen die Lebensgeister für Descartes das eigentliche Verbindungsstück zwischen Körper und Geist dar.

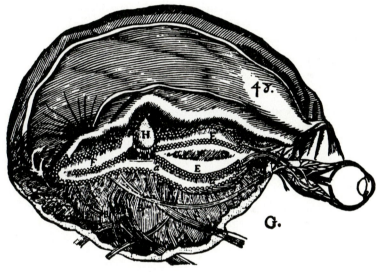

Schnitt durch den menschlichen Schädel, aus dem „Traité de l'homme". Im mittleren Gehirnventrikel schwebt die Zirbeldrüse H, welche die sie umgebenden Animalgeister zu steuern vermag. Die kleinen Kreise sind die Endungen der Nervenschläuche, durch welche die Drüse Animalgeister in die Muskeln transportiert, um sie aufzublähen.

1 Verdeutlichen Sie das grundsätzliche Verhältnis zwischen Geist (Bewusstsein) und Körper nach Descartes. Inwiefern ist der Körper auch ohne den Geist funktionsfähig und der Geist oder die reine Denk-Seele vom Körper verschieden?

2 Inwiefern hängt Descartes' Erklärung der Fähigkeit des Geistes (res cogitans), so etwas wie Hunger, Durst oder Schmerz zu empfinden, sowie seinerseits auf den Körper einzuwirken und ihn zu willkürlichen Bewegungen anzutreiben, mit seinem dualistischen Ansatz zusammen?

3 Das folgende zeitgenössische Gedicht kritisiert – in witzig-ironischer Form – den cartesischen Dualismus von Geist (Ich) und Körper.

Robert Gernhardt: Siebenmal mein Körper

Mein Körper ist ein schutzlos Ding,
wie gut, dass er mich hat.
Ich hülle ihn in Tuch und Garn
Und mach ihn täglich satt.

Mein Körper hat es gut bei mir, 5
ich geb' ihm Brot und Wein.
Er kriegt von beidem nie genug
Und nachher muss er spein.

Mein Körper hält sich nicht an mich,
10 er tut, was ich nicht darf.
Ich wärme mich an Bild, Wort, Klang,
ihn machen Körper scharf.

Mein Körper macht nur, was er will,
macht Schmutz, Schweiß, Haar und Horn.
15 Ich wasche und beschneide ihn
Von hinten und von vorn.

Mein Körper ist voll Unvernunft,
ist gierig, faul und geil.
Tagtäglich geht er mehr kaputt,
20 ich mach ihn wieder heil.

Mein Körper kennt nicht Maß noch Dank,
er tut mir manchmal weh.
Ich bring ihn trotzdem übern Berg
Und fahr ihn an die See.

Mein Körper ist so unsozial. 25
Ich rede, er bleibt stumm.
Ich leb ein Leben lang für ihn.
Er bringt mich langsam um.

(Robert Gernhardt: Reim und Zeit. Gedichte. Reclam: Stuttgart 1990, S. 50 f.)

Verdeutlichen Sie die Kritik Gernhardts an Descartes' dualistischem Modell und versuchen Sie eine Bestimmung der Beziehung von Ich und Körper, die der menschlichen Selbsterfahrung gerechter wird. (Sie können sich von hier aus auch direkt mit den Gegenpositionen von **La Mettrie** (vgl. 4. 1), **Damasio** (vgl. 4. 2) oder **Metzinger** (vgl. 4. 5) auseinandersetzen.)

Exkurs: Probleme des cartesischen Dualismus

Für Descartes besteht der Mensch also aus zwei grundlegend unterschiedlichen Substanzen: dem Körper oder der Materie und dem Geist oder dem Bewusstsein. Dabei erfüllt der Körper alle vitalen Funktionen wie ein Automat unwillkürlich aus sich heraus – ganz wie es nach Descartes auch bei Tieren der Fall ist, die für ihn Automaten ohne Seele darstellen. Der Körper ist dann gleichsam ein Tier, auf dem Ich (als Geist) reite, oder ein Schiff, das Ich wie ein Steuermann lenke. Mensch und Tier bzw. Maschine unterscheiden sich allein durch die Vernunft, die nur den Menschen befähigt, im Sprechen und Handeln situationsgerecht und flexibel zu reagieren. (Vgl. „Discours", 5. Kap.) Diese harte dualistische Konzeption des Menschen schwächt Descartes an anderer Stelle seiner „Meditationen" allerdings ab.

Nun sagt mir die Natur aber aufs ausdrücklichste, dass ich einen Körper habe, dessen Wohlbefinden gestört ist, wenn ich Schmerz empfinde; der Speise oder des Trankes be-
5 darf, wenn ich Hunger oder Durst empfinde, und dergleichen. Ich muss also annehmen, es sei etwas Wahres daran.
Weiter lehrt mich die Natur durch die Empfindungen des Schmerzes, des Hungers,
10 Durstes usw., ich sei meinem Leibe nicht nur zugesellt wie ein Schiffer dem Schiff, sondern ich sei aufs innigste mit ihm vereint, durchdringe ihn gleichsam und bilde mit ihm ein einheitliches Ganzes.
15 Wie könnte sonst Ich, ein lediglich denkendes Ding, bei einer Verletzung des Körpers Schmerz empfinden? Ich würde jene Verletzung rein geistig wahrnehmen, wie das Auge des Schiffers es wahrnimmt, wenn am Schiff etwas zerbricht; und wenn mein Körper 20 Speise oder Trank braucht, so würde ich diese ausdrücklich erkennen und hätte nicht das verworrene Hunger- oder Durstgefühl. Denn jene Gefühle [i. S. von Empfindungen] von Hunger, Durst, Schmerz usw. sind sicherlich nur verworrene Bewusstseinszu- 25 stände von besonderer Art, die aus der Vereinigung und gleichsam Verquickung der Seele mit dem Körper hervorgehen.

(René Descartes: Meditationen über die Erste Philosophie. Lateinisch / Deutsch. Übers. und hrsg. v. Gerhart Schmidt. Reclam Verlag: Stuttgart 1986, S. 195)

Dies bedeutet aber keine grundsätzliche Revision des Dualismus, den der engl. Philosoph Gilbert Ryle (1900–1975) einmal als „Dogma vom Gespenst in der Maschine" bezeichnet hat. So hat dieser Ansatz, wie die „Meditationen" insgesamt, schon zu Lebzeiten Descartes' viele Einwände provoziert. Das Werk wurde nämlich vor der Publikation an verschiedene Gelehrte gesendet mit der Aufforderung zur kritischen Stellungnahme. 1641 gab Descartes dann den Grundtext mit den Einwänden und seinen eigenen Erwiderungen darauf heraus. Die folgenden Kurztexte stellen einige Einwände bzw. Erwiderungen vor.

Gassendi: „Wenn du nämlich nicht ausgedehnter als ein Punkt bist, wie kannst du mit dem ganzen Körper verbunden werden, der von so bedeutender Größe ist, wie auch nur mit dem Gehirn oder einem kleinen Teil desselben, der, wie winzig er auch immer sein mag, doch Größe oder Ausdehnung besitzt? […] Und wenn du überhaupt keine Teile hast, wie kannst du dich vermischen mit den Teilchen eines Teiles von ihm? […] Wie soll, was körperlich ist, das, was unkörperlich, erfassen, um es in Verbindung mit sich zu halten, oder wie soll das Unkörperliche das Körperliche erfassen […]? Daher, da du ja zugibst, den Schmerz zu empfinden, frage ich dich, wie glaubst du, der Schmerzempfindung fähig zu sein, wenn du doch unkörperlich und unausgedehnt bist?"

(René Descartes: Meditationen. Mit sämtlichen Einwänden und Erwiderungen. Meiner: Hamburg 1972, S. 316 f.)

1 Erörtern Sie die Berechtigung dieses Einwandes von Gassendi. (Descartes' eigene Antwort auf Gassendis Einwand finden Sie in der Meiner-Ausgabe der ‚Meditationen' auf S. 354 ff.)

Mersenne: „Du wirst dich erinnern, dass du nicht etwa aktuell und in Wirklichkeit, sondern nur durch eine Fiktion deiner Seele alle Körpervorstellungen nach Kräften verbannt hast, um zu schließen, du seist nur ein denkendes Ding (res cogitans); jedoch glaube nicht etwa nachher, dass du schließen könntest, du seist in Wirklichkeit nur Geist oder Bewusstsein oder ein denkendes Ding […]. Warum soll es nicht ein Körper sein, der durch verschiedene Bewegungen und Veränderungen das hervorruft, was wir Bewusstsein (cogitatio) nennen? […] Denn wie willst du beweisen, dass ein Körper nicht denken kann? […] Aber auch der ganze Aufbau Deines Körpers, den Du ausgeschaltet zu haben meinst, oder […] etwa des Gehirns, können zur Bildung […] der Vorstellungen (cogitationes) […] zusammenwirken."

(René Descartes: Meditationen. Mit sämtlichen Einwänden und Erwiderungen. Meiner: Hamburg 1972, S. 110 f.)

2 Diskutieren Sie diesen Einwand Mersennes. (Zu Descartes' Antwort vgl. a. a. O., S. 117 ff.)

Auf den Einwand, Descartes habe in seinen „Meditationen" „nicht ein einziges Wort von der Unsterblichkeit der menschlichen Seele geschrieben", erwidert dieser:

„Es lehrt die natürliche Erkenntnis, dass der Geist vom Körper verschieden und eine Substanz ist, der menschliche Körper aber […] allein aus der Anordnung der Glieder und anderen derartigen Accidenzien besteht, und schließlich, dass der Tod des Körpers allein von irgendeiner Teilung oder Gestaltveränderung abhängt. Nun haben wir kein Argument, kein Beispiel dafür, dass der Tod oder die Vernichtung einer Substanz, wie sie der Geist ist, aus einer so geringfügigen Ursache wie einer Gestaltveränderung folgen muss, die doch nichts anderes ist als ein Modus und zwar nicht ein Modus des Geistes, sondern des von dem Geiste real verschiedenen Körpers. Zudem haben wir ja nicht einmal ein Argument oder ein Beispiel dafür, dass irgendeine Substanz zugrunde gehen kann; das genügt aber, um zu erschließen, dass der Geist [...] unsterblich ist. Fragt man aber nach der absoluten Macht Gottes, und ob er vielleicht bestimmt hat, dass die menschlichen Seelen vielleicht zur selben Zeit wie die Körper, mit denen er sie verbunden hat, zerstört werden, so gebührt es allein Gott, darauf zu antworten. Und da er uns selbst bereits geoffenbart hat, dass dies nicht geschehen wird, so bleibt gar keine [...] Veranlassung zum Zweifel übrig".

(René Descartes: Meditationen. Mit sämtlichen Einwänden und Erwiderungen. Meiner: Hamburg 1972, S. 138 f.)

3 Diskutieren Sie die Schlüssigkeit dieser Argumentation und erwägen Sie anschließend, ob und inwieweit Descartes' Bestimmung des Ich als „res cogitans" durch theologisch-metaphysische Motive bestimmt sein könnte.

Neben Empfindungen wie Hunger, Durst und Schmerz, die aus der Verbindung des Geistes bzw. der Seele mit dem Körper entstehen, kennt Descartes auch Gefühle bzw. Leidenschaften i. e. S., z. B. Liebe und Hass, welche die Seele direkt auf sich bezieht. Im Gegensatz zum Denken, ihrer Wesenseigenschaft, ist die Seele in diesen aber nicht selber aktiv, sondern erleidet sie. Es handelt sich um die „Passions de l'ame" . Über ihre Beherrschbarkeit schreibt Descartes an Prinzessin Elisabeth von der Pfalz:

„Es scheint mir aber, dass der Unterschied zwischen den größten Seelen und den niedrigen und gewöhnlichen hauptsächlich darin besteht, dass die gewöhnlichen Seelen sich in ihren Gefühlen gehen lassen und nur jeweils insofern glücklich oder unglücklich sind, als die ihnen zustoßenden Dinge angenehm oder unangenehm sind; während die anderen so starke und kraftvolle Überlegungen anstellen, dass ihre Vernunft, obwohl sie auch Gefühle und oft sogar mächtigere als die des Durchschnitts haben, trotzdem immer die Herrin bleibt und bewirkt, dass sogar die Kümmernisse ihnen dienen und zur vollkommenen Glückseligkeit beitragen [...]."

(René Descartes: Briefe 1629–1650. Hrsg. v. Max Bense. Übers. von F. Baumgart. Staufen: Köln 1949, S. 290)

4 Diskutieren Sie die Tragfähigkeit dieses Modells und überlegen Sie im Anschluss daran, ob Descartes' dualistische Menschenkonzeption auch durch ethische Motive bestimmt sein könnte.

3.3 John Locke: Das Ich als bewusste Identität der Person

Die Frage nach dem Selbst oder dem Ich beinhaltet nicht nur die Frage nach dem Verhältnis von Leib und Seele bzw. Körper und Geist. Neben dieser äußeren hat das Problem eine innere Seite: In ihr geht es um eine Bestimmung dessen, was denn das Ich oder das Selbst in seinem Erlebniskern eigentlich ausmacht. Zugleich wird damit die Frage aufgeworfen, ob denn überhaupt zu recht von einem mit sich identischen Selbst gesprochen werden kann, wie es etwa der traditionelle Begriff der Seele voraussetzt.

Für Descartes war die Angelegenheit klar: Das Ich kann sich seiner Existenz, nachdem die Realität als ganze zweifelhaft geworden ist, durch das reflexive Denken vergewissern. Daraus schließt er, dass das Ich selber ein denkendes Ding oder eine Substanz sei, die unabhängig vom Körper bestehen kann. Die Existenz dieses Ich ist allerdings auch bei Descartes nur sicher, so lange das sich selbst vergewissernde Denken hinzutritt. Wie verhält es sich also mit Zeiträumen, in denen eine solche Selbstvergewisserung durch das Bewusstsein nicht gegeben ist? Kann grundsätzlich vom Ich als einer einheitlichen, in der Zeit beharrenden Substanz (Wesenheit) ausgegangen werden, wenn es doch Zustände und Zeiträume gibt, in denen es sich seiner gar nicht bewusst war?

Gedankenexperiment:
Angenommen, ein junger Offizier wäre für eine mutige Tat ausgezeichnet worden. Währenddessen erinnert er sich an einen Diebstahl, für den er als Junge bestraft wurde. Als alter General kann er sich zwar an die Auszeichnung erinnern, die er als junger Offizier bekommen hat, aber nicht mehr an den Diebstahl und die Strafe dafür. Ist der alte General dieselbe Person wie der stehlende Junge? Kann er für die Tat als Junge (noch) zur Verantwortung gezogen werden?

(Nach Thomas Reid: Essays on the Intellectual Powers of Man. Ed. Woozley, Macmillan: London 1937.)

Das Gedankenexperiment weist auf die Bedeutung von Bewusstsein und Erinnerung für die Identität des Ich hin. Von dieser nimmt auch der englische Philosoph John Locke (1632–1704) in seinen folgenden Überlegungen den Ausgang. Alle Erkenntnis kommt bei ihm entweder aus der sinnlichen Wahrnehmung äußerer Objekte (sensations) oder aus der Fähigkeit des Verstandes, seine eigenen Operationen bewusst wahrnehmen zu können. (Vgl. I, 3.2) Auf diesem empiristischen Hintergrund stellt er die Frage nach dem Ich ähnlich wie Descartes: Gilt die Identität des Selbst – Locke verwendet hier auch den Begriff „Person" – nur durch das Bewusstsein, das die Sinneserfahrungen begleitet, oder kann hier von einer identischen Substanz i. S. Descartes' ausgegangen werden? Wie weit reicht überhaupt die Identität des Ich, wenn viele Eindrücke und Wahrnehmungen nicht mehr im Bewusstsein präsent sind?

[…] müssen wir, um festzustellen, worin die Identität der Person besteht, zunächst untersuchen, was Person bedeutet. Meiner Meinung nach bezeichnet dieses Wort ein denkendes, verständiges Wesen, das Vernunft und Überlegung besitzt und sich selbst als sich selbst betrachten kann. Das heißt, es erfasst sich als dasselbe Ding, das zu verschiedenen Zeiten und an verschiedenen Orten denkt. Das geschieht lediglich durch das Bewusstsein, das vom Denken untrennbar ist und, wie mir scheint, zu dessen Wesen gehört. Denn unmöglich kann jemand wahrnehmen, ohne wahrzunehmen, dass er es tut. Wenn wir etwas sehen, hören, riechen, schmecken, fühlen, überlegen oder wollen, so wissen wir, dass wir das tun. Das gilt jederzeit hinsichtlich unserer gegenwärtigen Sensationen und Wahrnehmungen; jeder wird dadurch für sich selbst zu dem, was er sein eigenes Ich nennt. Hierbei kommt es in diesem Falle nicht darauf an, ob dasselbe Selbst in derselben oder in verschiedenen Substanzen[1] weiterbesteht. Denn da das Bewusstsein das Denken stets begleitet und jeden zu dem macht, was er sein Selbst nennt und wodurch er sich von allen anderen denkenden Wesen unterscheidet, so besteht hierin allein die Identität der Person, das heißt das Sich-Selbst-Gleich-Bleiben eines vernünftigen Wesens. Soweit nun dieses Bewusstsein rückwärts auf vergangene Taten oder Gedanken ausgedehnt werden kann, so weit reicht die Identität dieser Person. Sie ist jetzt dasselbe Selbst wie damals; jene Handlung wurde von demselben Selbst ausgeführt, das jetzt über sie nachdenkt.

Man fragt jedoch weiter, ob dieses Ich denn auch dieselbe identische Substanz sei. Nur wenige würden einen Zweifel daran für begründet halten, wenn jene Wahrnehmungen jederzeit zugleich mit dem Bewusstsein davon im Geist gegenwärtig blieben, wodurch dasselbe denkende Wesen stets bewusst gegenwärtig und – wie man annehmen würde – augenscheinlich mit sich selbst identisch wäre. Was Schwierigkeiten zu bereiten scheint, ist die Tatsache, dass dieses Bewusstsein stets durch Zustände des Vergessens unterbrochen wird. Denn wir können in keinem Augenblick unseres Lebens alle unsere vergangenen Handlungen gleichzeitig überblicken. Vielmehr entschwindet auch dem besten Gedächtnis ein Teil davon, während es andere betrachtet. Mitunter denken wir, und zwar den größten Teil unseres Lebens hindurch, nicht an unser früheres Ich, sondern achten auf unsere gegenwärtigen Gedanken. Im festen Schlaf endlich haben wir überhaupt keine Gedanken oder wenigstens keine mit jenem Bewusstsein, das unsere wachen Gedanken auszeichnet. Wie gesagt, in allen diesen Fällen, in denen unser Bewusstsein unterbrochen wird und wir unser vergangenes Ich aus den Augen verlieren, erheben sich Zweifel, ob wir dasselbe denkende Ding, das heißt dieselbe Substanz sind oder nicht. Dieser Zweifel jedoch, gleichviel ob er begründet oder unbegründet ist, betrifft nicht die Identität der Person überhaupt. […]

Denn verschiedene Substanzen werden durch dasselbe Bewusstsein (wo sie daran teilhaben) ebenso zu einer Person vereinigt, wie verschiedene Körper durch dasselbe Leben zu einem Lebewesen vereinigt sind, dessen Identität beim Wechsel der Substanzen durch die Einheit eines fortdauernden Lebens gewahrt wird. Denn wenn die Identität des Bewusstseins es bewirkt, dass jemand ein und derselbe ist, so beruht die Identität der Person offenbar allein hierauf. Dabei ist es gleichgültig, ob dies Bewusstsein lediglich an eine Einzelsubstanz geknüpft ist oder in einer Aufeinanderfolge verschiedener Substanzen fortbestehen kann. Denn soweit ein vernunftbegabtes Wesen die Idee einer vergangenen Handlung mit demselben Bewusstsein, das es zuerst von ihr hatte, und mit demselben Bewusstsein, das es von einer gegenwärtigen Handlung hat, wiederholen kann, ebenso weit ist es dasselbe persönliche Ich. Denn durch sein Bewusstsein von seinen gegenwärtigen Gedanken und Handlungen ist es augenblicklich für sich sein eigenes Ich. Es bleibt dasselbe Ich, soweit sich dasselbe Bewusstsein auf vergangene oder künftige Handlungen erstrecken kann. Der Abstand der Zeit oder der Wechsel der Substanz würde aus einem solchen Wesen ebensowenig zwei Personen machen, wie ein Mensch dadurch zu zwei Menschen wird, dass er heute andere Kleider trägt als gestern, nachdem er zwischendurch längere oder kürzere Zeit geschlafen hat. Denn dasselbe Bewusstsein vereinigt die getrennten Handlungen zu ein und derselben Person, gleichviel welche Substanzen auch immer zu ihrem Zustandekommen beigetragen haben. Dass sich das so verhält, beweist unser eigener Körper […]. Es sind für jeden die Glieder seines Körpers ein Teil seines Selbst. Er empfindet mit ihnen und kümmert sich um sie. Wird ihm aber eine Hand abgeschlagen und dadurch von dem Bewusstsein losgelöst, das er von ihrer Wärme, Kälte und ihren sonstigen Zuständen hatte, dann ist sie nicht mehr ein Teil unseres Selbst […]. Wir sehen also die *Substanz,* aus der das persönliche Ich in einem Augenblick bestand, kann sich in einem andern ändern, ohne dass die Identität der Person davon berührt würde. […]

Und so sind wir imstande, uns ohne Schwierigkeit bei der Auferstehung dieselbe Person zu denken, wenn auch in einem Leibe, der nach seinem Bau und seinen Teilen nicht genau derselbe ist, den sie hier hatte, da dasselbe Bewusstsein die Seele begleitet, die ihn bewohnt.

(John Locke: Über den menschlichen Verstand. In vier Büchern. Übers. u. eingel. von C. Winckler. Meiner: Hamburg, ⁴1981. 2. Buch, S. 419–422)

1 Verschiedene Substanzen: Locke denkt an dieser Stelle an körperliche Substanzen und somit an die Möglichkeit der Reinkarnation des Selbst (Seele) in verschiedenen Körpern oder den Wechsel der Bestandteile eines Körpers. Für die durch das Bewusstsein gestiftete Einheit der Person sind solche physischen Veränderungen belanglos.

1 Wie erklärt Locke die Identität der Person und welche Rolle spielt hierbei das Bewusstsein? Inwiefern unterscheidet er die Frage nach dem Ich als denkender Substanz von der nach der Identität der Person?

2 Im Laufe ihres Lebens durchleben Menschen verschiedene Entwicklungsstadien und Zustände, in denen sie möglicherweise psychisch und physisch ein anderes Wesen sind – weshalb Locke hier von verschiedenen Substanzen spricht. Dennoch sehen die Menschen in der Rückschau diese verschiedenen Wesenheiten als ihre an und drücken dies in Wendungen aus wie: „Ich war damals ein schüchterner Junge oder eine schlechte Schülerin, ich hatte diese oder jene Krankheit". Und nicht nur durch den Gebrauch der 1. Person, auch durch die Benennung mit einem einheitlichen Namen wird dem Menschen trotz unterschiedlicher Wesenszustände Identität zugeschrieben. Ist ein solcher Sprachgebrauch nach Locke konsequent? Überlegen Sie auch Argumente, die eine derartige Sprachverwendung als Irreführung entlarven.

3 Vergleichen Sie Lockes Argumentation für die Identität der Person mit der von Descartes für das Ich als „res cogitans". Wie würde Locke, wie Descartes das eingangs vorgeschlagene Gedankenexperiment beurteilen? In welcher der beiden Ansätze hat das Ich die stärkere Stellung? Welcher überzeugt Sie eher?

3.4 David Hume: Das Ich als Bündel von Perzeptionen

David Hume (1711–1776) war nicht nur, wie John Locke, Empirist, sondern darüber hinaus ein radikaler Skeptiker, der mit jeder Art von metaphysischem Denken zu brechen suchte. (Vgl. I, 4.5) Infolgedessen gibt er auch den Gedanken eines individuellen Ich, das in unmittelbarer Gewissheit als einheitliche Substanz oder vermittelst desselben Bewusstseins zumindest als identische Person existiert, preis. Für ihn existieren nur Impressionen, durch welche die Wirklichkeit sich über die Sinne in unseren Geist „eindrückt". Diese Eindrücke bewirken verschiedenartige, ständig wechselnde Vorstellungen (Perzeptionen), worin für ihn allein das Leben des Geistes besteht.

Es gibt einige Philosophen, die sich einbilden, wir seien uns dessen, was wir unser *Ich* nennen, jeden Augenblick aufs unmittelbarste bewusst; wir fühlten seine Existenz und seine Dauer; wir seien sowohl seiner vollkommenen Identität als seiner Einfachheit – in höherem Grade, als wir es durch Demonstration werden könnten – [unmittelbar] gewiss. Die stärksten Sinnesempfindungen, die heftigsten Affekte, sagen sie, stören uns nicht in dieser Gewissheit des Ich, sondern dienen nur sie weiter zu befestigen; sie lassen uns ja eben ihre Wirkung auf das Ich durch die sie begleitenden Lust- oder Unlustempfindungen erkennen. Einen besonderen Beweis für die Tatsache des Ich suchen, hieße nur ihre Gewissheit schwächen; denn kein Beweis kann sich auf eine Tatsache stützen, von der wir ein so unmittelbares Bewusstsein hätten [wie eben von ihr]; es gibt nichts, wovon wir überzeugt sein könnten, wenn wir hier zweifeln wollten.

Unglücklicherweise stehen alle diese so bestimmt auftretenden Behauptungen im Widerspruch mit eben der Erfahrung, die zu ihren Gunsten angeführt wird. Wir haben gar keine Vorstellung eines Ich, die jenen Erklärungen entspräche. Oder aus was für einem Eindruck könnte diese Vorstellung stammen? Es ist unmöglich, diese Frage zu beantworten, ohne dass man in offenbare Widersprüche und Ungereimtheiten gerät; und doch muss diese Frage notwendigerweise beantwortet werden können, wenn die Vorstellung unseres Ich für klar und vollziehbar gelten soll. Jede wirkliche Vorstellung muss durch einen Eindruck veranlasst sein. Unser Ich oder die Persönlichkeit aber ist kein Eindruck. Es soll ja vielmehr das sein, worauf unsere verschiedenen Eindrücke und Vorstellungen sich beziehen.

Wenn ein Eindruck die Vorstellung des Ich veranlasste, so müsste dieser Eindruck unser ganzes Leben lang unverändert derselbe bleiben; denn das Ich soll ja in solcher Weise existieren. Es gibt aber keinen konstanten und unveränderlichen Eindruck. Lust und Unlust, Freude und Kümmernis, Affekte und Sinneswahrnehmungen folgen einander; sie existieren nicht alle zu gleicher Zeit. Also ist es unmöglich, dass die Vorstellung unseres Ich aus irgend einem dieser Eindrücke oder überhaupt aus irgend einem Eindruck stamme; folglich gibt es keine derartige Vorstellung.

Was soll aber ferner bei dieser Annahme aus unseren einzelnen Perzeptionen[1] werden? Dieselben sind alle voneinander verschieden, unterscheidbar und trennbar; sie können für sich vorgestellt werden, also für sich existieren; sie brauchen demnach keinen Träger ihrer Existenz. In welcher Weise gehören sie dann zum Ich und wie sind sie mit ihm verknüpft? Ich meines Teils kann, wenn ich mir das, was ich als „mich" bezeichne, so unmittelbar als irgend möglich vergegenwärtige, nicht umhin, jedesmal über die eine oder die andere bestimmte Perzeption zu stolpern, die Perzeption der Wärme oder Kälte, des Lichtes oder Schattens, der Liebe oder des Hasses, der Lust oder Unlust. Niemals treffe ich mich ohne eine Perzeption an und niemals kann ich etwas anderes beobachten als eine Perzeption. Wenn meine Perzeptionen eine Zeitlang nicht da sind, wie während des tiefen Schlafes, so bin ich ebensolange „meiner selbst" unbewusst, man hat dann ein Recht zu sagen, dass „ich" nicht existiere. Und wenn meine Perzeptionen mit dem Tod aufhörten, und ich nach der Auflösung meines Körpers weder denken noch fühlen, noch sehen, weder lieben noch hassen könnte, so würde ich vollkommen vernichtet sein; ich kann nicht einsehen, was weiter erforderlich sein sollte, um mich zu etwas vollkommen „Nichtseiendem" zu machen.

[…] Wenn ich aber von einigen Metaphysikern, die sich eines solchen Ich zu erfreuen meinen, absehe, so kann ich wagen, von allen übrigen Menschen zu behaupten, dass sie nichts sind als ein Bündel oder ein Zusammen verschiedener Perzeptionen, die einander mit unbegreiflicher Schnelligkeit folgen und beständig in Fluss und Bewegung sind. Unsere Augen können sich nicht in ihren Höhlen bewegen, ohne dass unsere Perzeptionen sich ändern. Unsere Vorstellungen sind noch veränderlicher als unsere Gesichtswahrnehmungen, und alle anderen Sinne und Vermögen tragen zu diesem Wechsel bei; es gibt keine Kraft der Seele, die sich, sei es auch nur für einen Augenblick, unverändert gleich bliebe. Der Geist ist eine Art Theater, auf dem verschiedene Perzeptionen nacheinander auftreten, kommen und gehen, und sich in unendlicher Mannigfaltigkeit der Stellungen und Arten der Anordnung untereinander mengen. Es findet sich in ihm in Wahrheit weder in einem einzelnen Zeitpunkt Einfachheit noch in verschiedenen Zeitpunkten Identität; so sehr wir auch von Natur geneigt sein mögen, uns eine solche Einfachheit und Identität einzubilden. Der Vergleich mit dem Theater darf uns freilich nicht irre führen. Die einander folgenden Perzeptionen sind allein das, was den Geist ausmacht, während wir ganz und gar nichts von einem Schauplatz wissen, auf dem sich jene Szenen abspielten, oder von einem Material, aus dem dieser Schauplatz gezimmert wäre.

(David Hume: Ein Traktat über die menschliche Natur [A Treatise of Human Nature]. Band I–III. Deutsch von Theodor Lipps. Meiner: Hamburg 1973, S. 325–328)

1 Perzeption: Wahrnehmung oder Vorstellung; bezeichnet im Gegensatz zur Apperzeption, die eine erkenntnismäßig verarbeitete Vorstellung meint, eine Wahrnehmung oder Vorstellung, die man lediglich hat.

1 Rekonstruieren Sie Humes Ich-Auffassung und setzen Sie diese in Beziehung zu der von Locke und Descartes.

2 Von der Philosophie Berkeleys geprägt, wonach nur Wahrnehmungen und Empfindungen real sind, gelangt der Physiker und Philosoph **Ernst Mach** (1838 – 1916) zu einer ähnlichen Einschätzung des Ich wie Hume und zieht daraus auch metaphysische Konsequenzen:

„Die scheinbare Beständigkeit des Ich besteht vorzüglich nur in der *Kontinuität*, in der langsamen Änderung. […] Das Ich ist so wenig beständig als der Körper. […] Die Elemente *bilden* das *Ich*. Ich empfinde Grün will sagen, dass das Element Grün in einem gewissen Komplex von anderen Elementen (Empfindungen, Erinnerungen) vorkommt. Wenn *ich* aufhöre Grün zu empfinden, wenn *ich* sterbe, so kommen die Elemente nicht mehr in der gewohnten geläufigen Gesellschaft vor. Damit ist alles gesagt. Nur eine ideelle, denkökonomische, keine reelle Einheit hat aufgehört zu bestehen. Das Ich ist keine unveränderliche, bestimmte, scharf begrenzte Einheit. […] Das Ich ist unrettbar. Teils diese Einsicht, teils die Furcht vor derselben führen zu den absonderlichsten […] religiösen, asketischen und philosophischen Verkehrtheiten."

(Ernst Mach: Die Analyse der Empfindungen und das Verhältnis des Physischen zum Psychischen. Jena 1886, S. 3; 19 f.)

Vergleichen Sie Machs Auffassung mit der von Hume und stellen Sie fest, welche metaphysischen Konsequenzen sich aus Humes Ich-Vorstellung ergeben.

3 Beurteilen Sie die Überzeugungskraft der Argumente Humes gegen die philosophische Tradition, insoweit sie vom Ich als einer identischen Instanz (Substanz oder Person) ausgeht.

Exkurs: Das Ich in der Sicht des Buddhismus

Der folgende gleichnishafte Text buddhistischer Herkunft enthält ein Gespräch zwischen dem griechischen König Milinda (1. Jh. n. Chr.) und dem buddhistischen Mönch Nagasena. Westliche und östliche Tradition in der Auffassung der Person bzw. des Ich treffen hier aufeinander:

Der Weise Nagasena sagte zum Griechenkönig Milinda, als dieser ihn fragte, wer er sei: „Ich bin als Nagasena bekannt. Das ist aber nur ein Name, eine Benennung, eine landläufige Bezeichnung, denn eine Person wird dadurch nicht erfasst."
Darauf sagte der König: „Wenn es keine Person gibt, wer ist dann dieser Nagasena? Sind es seine Haare, sein Fleisch, sein Herz, sein Eingeweide, sein Blut, seine Galle, sein Gehirn?" „Nein, o König!"
„Ist es seine Empfindung oder seine Wahrnehmung oder seine Willensregung oder sein Bewusstsein?" „Nein, o König!"
„Dann bilden wohl Körper, Empfindung, Wahrnehmung, Willensregung und Bewusstsein zusammen den Nagasena?" „Nein, o König!"
„Soll Nagasena etwa außerhalb dieser Faktoren existieren?" „Nein, o König!"
„Soll denn das Wort ,Nagasena' schon Nagasena selber sein?" „Nein, o König!"
„Dann existiert Nagasena also gar nicht in Wirklichkeit?"
Da fragte Nagasena den König: „Bist du zu Fuß oder mit dem Wagen gekommen?" „Mit dem Wagen."
„Dann erkläre mir, was ein Wagen ist. Seine Deichsel? Oder die Achse? Oder die Räder? Oder der Wagenkasten?"
Als der König alles verneint hatte, fragte Nagasena: „Soll etwa der Wagen außerhalb dieser Dinge existieren oder der Name ,Wagen' der Wagen selbst sein?"

„Nicht doch, o Herr!"

„Nun, was ist denn dieser Wagen? Du sprichst die Unwahrheit. Der Wagen existiert ja gar nicht."

Da sprach der König zu Nagasena: „Ich lüge nicht. In Abhängigkeit von Deichsel, Achse, Rädern usw. entsteht der Name, die Bezeichnung, das Wort ‚Wagen'."

„Ganz richtig, o König. Gerade so entsteht in Abhängigkeit von Körper, Empfindung, Wahrnehmung, Willensregungen und Bewusstsein der Begriff und das Wort ‚Nagasena'. Eine Wesenheit/Person ist da aber nicht vorzufinden."

(Milindapanha 25. Zitiert nach: Konrad Meisig: Klang der Stille. Herder: Freiburg/Basel/Wien 1995, S. 120 f.)

Buddha, Schiefer, Gandhara, 4. Jh.
Er sitzt konzentriert während der Meditation, die ihm die Erleuchtung bringt. Daher trägt er den Namen „Buddha" d. h. „der Erleuchtete". Kennzeichen des Meditierenden sind der Haarauswuchs, der Punkt zwischen den Augen und die im Schoß liegenden Hände. Der Buddha sitzt würdevoll auf einem mit Gras und Blüten bedeckten Sockel, auf dem sechs andere Buddhas in der gleichen Haltung zu sehen sind.

1 Arbeiten Sie Gemeinsamkeiten und Differenzen zwischen der humeschen und der buddhistischen Ich-Auffassung heraus. Gehen Sie dabei auch auf die jeweiligen metaphysischen und ethischen Konsequenzen ein.

2 Stellen Sie die buddhistische Position der von Descartes und Locke gegenüber und erörtern Sie alle drei Auffassungen. Informieren Sie sich dazu ggf. genauer über buddhistische Meditationspraktiken und Erlösungsvorstellungen. (Vgl. Werner Trutwin: Die Weltreligionen. Buddhismus. Patmos: Düsseldorf 1998, S. 51 ff.)

3.5 Immanuel Kant: Das Ich als transzendentales Selbstbewusstsein

In seiner Erkenntnistheorie versucht der Königsberger Philosoph Immanuel Kant (1724–1804) eine Synthese zwischen dem Rationalismus, wie ihn etwa Descartes vertritt, und dem skeptischen Empirismus David Humes. Objektive Erkenntnis kommt für Kant nur zustande, wenn die Vielfalt der durch die sinnliche Anschauung gegebenen Vorstellungen (Perzeptionen) mit Hilfe von Verstandesbestimmungen bestimmt und auf diese Weise zu einem Begriff vom Gegenstand (Objekt) vereint werden. Bei dieser Operation spielt das Ich als das begleitende „Ich denke" eine zentrale Rolle, die auf den letzten Grund aller Erkenntnis verweist (vgl. I, 5.4). Ohne ein jedem Menschen zukommendes transzendentales, d.h. Erkenntnis ermöglichendes Selbst kann nach Kant weder etwas wahrgenommen noch gedacht werden. Dabei ist dieses transzendentale Selbst sorgfältig vom empirischen bzw. individuellen Ich zu unterscheiden, mit dessen Existenz sich Locke und Hume auseinandersetzen. Kants Thema ist vielmehr das allgemeine Selbst, das bei jedem Einzelnen vorausgesetzt werden muss, damit allgemein gültige Erkenntnis möglich wird.

Das *Ich denke*, muss alle meine Vorstellungen begleiten *können*; denn sonst würde etwas in mir vorgestellt werden, was gar nicht gedacht werden könnte, welches eben so viel heißt, als die Vorstellung würde entweder unmöglich, oder wenigstens für mich nichts sein[1]. […] Diese Vorstellung [des „Ich denke"] aber ist ein Actus der *Spontaneität*[2], d.i. sie kann nicht als zur Sinnlichkeit gehörig angesehen werden. Ich nenne sie die *reine Apperzeption*[3], um sie von der *empirischen* zu unterscheiden, oder auch die *ursprüngliche Apperzeption*, weil sie dasjenige Selbstbewusstsein ist, was, indem es die Vorstellung *Ich denke* hervorbringt, die alle anderen muss begleiten können, und in allem Bewusstsein ein und dasselbe ist, von keiner weiter begleitet werden kann. […]
Denn die mannigfaltigen Vorstellungen, die in einer gewissen Anschauung gegeben werden, würden nicht insgesamt meine Vorstellungen sein, wenn sie nicht insgesamt zu einem Selbstbewusstsein gehöreten, d.i. als meine Vorstellungen (ob ich mich ihrer gleich selbst nicht als solcher bewusst bin) müssen sie doch der Bedingung notwendig gemäß sein, unter der sie allein in einem allgemeinen Selbstbewusstsein[4] zusammenstehen *können*, weil sie sonst nicht durchgängig mir angehören würden. […] Der Gedanke: diese in der Anschauung gegebene Vorstellungen gehören mir insgesamt zu, heißt demnach so viel, als ich vereinige sie in einem Selbstbewusstsein, oder kann sie wenigstens darin vereinen, […], d.i. nur dadurch, dass ich das Mannigfaltige derselben in einem Bewusstsein begreifen kann, nenne ich dieselbe insgesamt meine Vorstellungen; denn sonst würde ich ein so vielfärbiges verschiedenes Selbst haben, als ich Vorstellungen habe, deren ich mir bewusst bin.[5] […]
Nun können keine Erkenntnisse in uns statt finden, keine Verknüpfung und Einheit derselben unter einander, ohne diejenige Einheit des Bewusstseins, welche vor allen Datis der Anschauungen vorhergeht, und, worauf in Beziehung, alle Vorstellung von Gegenständen allein möglich ist. Dieses reine ursprüngliche, unwandelbare Bewusstsein will ich nun die *transzendentale Apperzeption*[6] nennen. […]
Zum Grunde derselben können wir aber nichts anderes legen, als die einfache und für sich selbst als Inhalt gänzlich leere Vorstellung: *Ich;* von der man nicht einmal sagen kann, dass sie ein Begriff sei, sondern ein bloßes Bewusstsein, das alle Begriffe begleitet. Durch dieses Ich, oder Er, oder Es (das Ding), welches denkt, wird nun nichts weiter, als ein transzendentales Subjekt der Ge-

danken vorgestellt = x, welches nur durch die Gedanken, die seine Prädikate sind, erkannt wird, und wovon wir, abgesondert, niemals den mindesten Begriff haben können; um welches wir uns daher in einem beständigen Zirkel herumdrehen, indem wir uns seiner Vorstellung jederzeit schon bedienen müssen, um irgend etwas von ihm zu urteilen; eine Unbequemlichkeit, die davon nicht zu trennen ist, weil das Bewusstsein an sich nicht sowohl eine Vorstellung ist, die ein besonderes Objekt unterscheidet, sondern eine Form derselben überhaupt, so fern sie Erkenntnis genannt werden soll; denn von der allein kann ich sagen, dass ich dadurch irgend etwas denke. […]

Die *transzendentale Einheit* der Apperzeption ist diejenige, durch welches alles in einer Anschauung gegebene Mannigfaltige in einen Begriff vom Objekt vereinigt wird. Sie heißt darum objektiv, und muss von der *subjektiven Einheit* des Bewusstseins unterschieden werden, die eine *Bestimmung des inneren Sinnes*[7] ist, dadurch jenes Mannigfaltige der Anschauung zu einer solchen Verbindung empirisch gegeben wird. […] Daher die empirische Einheit des Bewusstseins, durch Assoziation der Vorstellungen, selbst eine Erscheinung betrifft, und ganz zufällig ist. […] Jene Einheit ist allein objektiv gültig; die empirische Einheit der Apperzeption, […] hat nur subjektive Gültigkeit. Einer verbindet die Vorstellung eines gewissen Worts mit einer Sache, der andere mit einer anderen Sache; und die Einheit des Bewusstseins, in dem, was empirisch ist, ist in Ansehung dessen, was gegeben ist, nicht notwendig und allgemein geltend.

(Immanuel Kant: Kritik der reinen Vernunft. Hrsg. v. Raymund Schmidt. Meiner: Hamburg 1956, B 132–134; A 107; B 404; B 139 f. [S. 140–144, 156, 374, 151 f.])

1 Kant geht davon aus, dass objektive Erkenntnis erst durch das Zusammenspiel von sinnlicher Anschauung (hier: Vorstellungen i. S. der Perzeptionen Humes) und Denken zustande kommt. (Vgl. I, 5.4)
2 Spontaneität: Im Gegensatz zur Rezeptivität, die im Erkenntnisprozess der Sinnlichkeit bzw. Anschauung zukommt, ist sie eine Eigenart des Verstandes, mit dem das Subjekt aus sich heraus aktiv Anschauungen bestimmt.
3 Apperzeption: In Abgrenzung zur Perzeption (vgl. 3.4, Anm. 1) eine vom Verstand erkenntnismäßig geordnete Wahrnehmung oder Vorstellung, die bei Kant auf die Leistung des Selbstbewusstseins verweist.
4 allgemeines Selbstbewusstsein: Kant geht davon aus, dass das reine oder ursprüngliche Selbstbewusstsein (die ursprüngliche Apperzeption) als der Grund des ‚Ich denke' jedem Menschen in gleicher Weise zukommt, also allgemein ist.
5 Auf eine andere Möglichkeit weist – leicht scherzhaft – Ernst Mach hin, wenn er fragt, ob eine „Vorstellung, die keinem Ich angehört, allein in der Welt spazieren gehen könnte?" (Mach: Erkenntnis und Irrtum. Darmstadt 1968, S. 460)
6 transzendentale Apperzeption: eine für die Möglichkeit von Erkenntnissen notwendige Vorstellung.
7 innerer Sinn: Fähigkeit des Bewusstseins bzw. des Ich, die eigenen Zustände wahrzunehmen und zu reflektieren. Im Gegensatz zum äußeren Sinn, der die Gegenstände der Außenwelt durch die Anschauungsformen Raum und Zeit wahrnimmt, ist die Form des inneren Sinns allein die Zeit: Meine Bewusstseinszustände sind mir nicht räumlich, sondern nur in einer zeitlichen Ordnung zugänglich, aber in ihr erfasse ich nicht das transzendentale, sondern nur das empirische Selbst, das der Welt der Erscheinungen angehört.

1 „Das **Ich denke**, muss alle meine Vorstellungen begleiten können." Worin liegt der Sinn des Zusatzes „können"?

2 Erklären Sie die Funktion, die das reine (objektive) Selbstbewusstsein (transzendentale Einheit der Apperzeption) von Kant für den Erkenntnisvorgang zugewiesen bekommt.

3 Erläutern Sie den Unterschied zwischen der subjektiven und der transzendental-objektiven Einheit des Bewusstseins. Warum kann der Mensch zwar sein empirisches Bewusstein mithilfe des inneren Sinns erkennen, niemals aber das transzendentale Selbstbewusstsein?

4 Rekonstruieren Sie das entscheidende Argument Kants gegen Humes Auffassung des Ich und diskutieren Sie seine Tragfähigkeit.
Was würde Kant wohl zum Phänomen der multiplen Persönlichkeit sagen, das extensiv erst von der Psychologie des 20. Jahrhunderts erforscht wurde? (Vgl. 4.5, Interview mit Metzinger)

5 Vergleichen sie die Rolle des „Ich denke" bei Kant mit der Aufgabe, die Descartes dem „cogito" zuschreibt
6 Erwägen Sie die ethischen und metaphysischen Konsequenzen von Kants Ich-Theorie: Kann es danach Willensfreiheit oder ein Weiterleben der ‚Seele' nach dem Tod geben?
Informieren Sie sich ggf. über Kants diesbezügliche Spekulationen (Kant: Kritik der praktischen Vernunft. Zweites Hauptstück)

Der Naturwissenschaftler Samuel Thomas Sömmering, ein Zeitgenosse Kants, erklärt in seinem 1795 erschienenen Buch „Über das Organ der Seele" die Hirnventrikelflüssigkeit zu ihrem Sitz. Als Hirnanatom hatte er herausgefunden, dass die meisten Gehirn- und Rückenmarksnerven an den Wänden der Gehirnventrikel enden, und so erklärte er sich die Einheit des Bewusstseins durch seine Lokalisierung in der Ventrikelflüssigkeit. Hier, so glaubte er, müsse die materielle Entsprechung des (empirischen) Ich oder traditionell: der Seele liegen. Er war der Auffassung, damit die Transzendentalphilosophie Kants weiter fundiert zu haben, indem er die physische Basis des durch den inneren Sinn erfahrbaren Selbst angeben konnte.
Sein Werk, das diese These entfaltet, legte er daher Kant zur Beurteilung vor und konfrontiert ihn somit direkt mit der cartesischen These, wonach die Denk-Seele, soll sie auf den Körper einwirken und von ihm Eindrücke empfangen können, einen bestimmten Sitz haben müsse. (Vgl. 3. 2) Kant antwortet aus dem Horizont seiner Ich-Theorie.

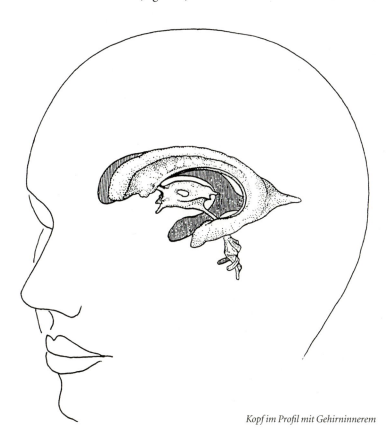

Kopf im Profil mit Gehirninnerem

Sie haben, teuerster Mann, als der erste philosophische Zergliederer des Sichtbaren am Menschen, mir, der ich mit der Zergliederung des Unsichtbaren an demselben beschäftigt bin, die Ehre der Zueignung Ihrer vortrefflichen Abhandlung [...], bewiesen [...], welche Ehre [...] ich mit allem Dank erkenne. – Es ist aber damit noch eine Anfrage an die *Metaphysik* verbunden [...]: denn es ist darin auch die Frage vom *Sitz der Seele* (sedes animae) enthalten, sowohl in Ansehung ihrer *Sinnenempfänglichkeit* [...] als auch ihres *Bewegungsvermögens* [...].

Eigentlich ist es aber der Begriff von einem *Sitz der Seele*, [...] den man daher besser tut ganz aus dem Spiel lassen; welches um desto mehr mit Recht geschehen kann, da er eine *lokale Gegenwart*, die dem Dinge, was bloß Objekt des inneren Sinnes und so fern nur nach Zeitbedingungen bestimmbar ist, ein Raumesverhältnis beilege, verlanget, aber eben damit sich selbst widerspricht, anstatt dass eine *virtuelle Gegenwart*, welche bloß für den Verstand gehört, eben darum aber auch nicht örtlich ist, einen Begriff abgibt, der es möglich macht, die vorgelegte Frage [...] zu behandeln. – Denn wenn gleich die meisten Menschen das Denken im Kopfe zu fühlen glauben, so ist das doch bloß ein Fehler der Subreption, nämlich das Urteil über die Ursache der Empfindung an einem gewissen Orte (des Gehirns) für die Empfindung der Ursache an diesem Orte zu nehmen. [...]

Denn wenn ich den Ort meiner Seele, d. i. meines absoluten Selbsts, irgendwo im Raume anschaulich machen soll, so muss ich mich selbst durch eben denselben Sinn wahrnehmen, wodurch ich auch die mich zunächst umgebende Materie wahrnehme; so wie dieses geschieht, wenn ich meinen Ort in der Welt *als Mensch* bestimmen will, nämlich dass ich meinen Körper in Verhältnis auf andere Körper außer mir betrachten muss – Nun kann die Seele sich nur durch den inneren Sinn, den Körper aber (es sei inwendig oder äußerlich) nur durch äußere Sinne wahrnehmen, mithin sich selbst schlechterdings keinen Ort bestimmen, weil sie sich zu diesem Behuf zum Gegenstand ihrer eigenen äußeren Anschauung machen und sich außer sich selbst versetzen müßte; welches sich widerspricht.

Die verlangte Auflösung der Aufgabe vom Sitz der Seele, die der Metaphysik zugemutet wird, führt auf eine unmögliche Größe (Wurzel aus – 2); und man kann dem, der sie unternimmt, [...] zurufen: Du dürftest nicht mehr ausrichten, als wenn du dir Mühe gibst, mit Vernunft unvernünftig zu sein" [dt. Übers. eines ursprüngl. lat. Zitates]; indes es dem Physiologen [...] auch nicht verargt werden kann, den Metaphysiker zum Ersatz des noch Mangelnden aufgefordert zu haben.

(Immanuel Kants Briefwechsel. Akademie-Ausgabe, Bd. XII. Verlag de Gruyter: Berlin und Leipzig 1922, S. 30–35)

1 Verdeutlichen Sie den „Fehler der Subreption" (gedankliche Erschleichung), den Kant den meisten Menschen vorwirft. Trifft er auch auf Descartes zu?

2 Wieso ist nach Kant Sömmerings Versuch, die Seele im Gehirn lokalisieren zu wollen, widersinnig? Macht auch Descartes mit seinem Lehrstück von der Zirbeldrüse sich eines solchen Widersinns schuldig? (Vgl. 3.2)

3 Nach moderner materialistischer Auffassung, die auf Philosophen wie **La Mettrie** und **d'Holbach** (vgl. 4. 1) zurückgeht, ist die Seele oder das Ich nichts anderes als eine messbare physiologische Tätigkeit des Gehirns. Was würde Kant antworten?

4 Diskutieren Sie die Überzeugungskraft von Kants Argumentation, insoweit sie sich sowohl gegen den Materialismus als auch gegen den Dualismus eines Descartes wendet.

3.6 Johann Gottlieb Fichte: Das transzendentale Selbst als Instanz der Setzung

„Die meisten Menschen würden leichter dahin zu bringen zu sein, sich für ein Stück Lava im Monde, als für ein Ich zu halten" (Fichte, Sämtliche Werke. Veit: Berlin 1845, Bd. I, S. 175). Mit diesem provokanten Satz ist das philosophische Anliegen von Johann Gottlieb Fichte (1762–1816), einem der herausragenden Vertreter des deutschen Idealismus, auf den Begriff gebracht: das Ich zum archimedischen Punkt der Welterschließung und -gestaltung zu machen. Noch fundamentaler als Kant stellt Fichte daher das Ich, verstanden als transzendentales oder absolutes Subjekt, ins Zentrum seines Philosophierens. Während es bei Kant als Klammer um alle in der Anschauung gegebenen Vorstellungen fungiert, welche die Möglichkeit und Objektivität dieser Vorstellungen als je meine verbürgt, wird es bei Fichte zum aktiven Produzenten von Gegenständlichkeit überhaupt, soweit diese als etwas außer mir Liegendes erscheint.

Der folgende Textausschnitt ist der populären Schrift Fichtes „Die Bestimmung des Menschen" entnommen, in der er die Grundzüge seiner subjektiven Philosophie für Nicht-Philosophen entfaltet. Der Auszug ist als Dialog zwischen dem philosophierenden Ich und einem fiktiven Geist verfasst, der in der Mitternachtsstunde dem Ich erscheint und ihm durch seine Fragen und Gedankenanstöße hilft, die bisherigen Zweifel im Nachdenken über sich und seine Fähigkeit zur Erkenntnis zu beseitigen.

Einst um die Stunde der Mitternacht schien eine wunderbare Gestalt vor mir vorüber zu gehen, und mich anzureden: Armer Sterblicher, hörte ich sagen; du häufest Fehl-
5 schlüsse auf Fehlschlüsse, und dünkest dich weise. […] Erkühne dich wahrhaft weise zu werden – Ich bringe dir keine neuen Offenbarungen. Was ich dir lehren kann, das weißt du längst, und du sollst dich jetzt desselben
10 nur erinnern. […]
Ich fasste Mut. – Er beruft sich auf meinen eigenen Verstand. Ich will es darauf wagen. Er kann nichts in mich hinein denken; was ich denken soll, das muss ich selbst denken, eine
15 Überzeugung, die ich fassen soll, muss ich selbst in mir erzeugen. – Rede, rief ich, was du auch seist, wunderbarer Geist, ich will hören; frage, ich will antworten.
Der Geist. Du nimmst doch an, dass diese
20 Gegenstände da, und jene dort, wirklich außer dir vorhanden sind?
Ich: Allerdings nehme ich das an.
D. G.: Und woher weißt du, dass sie vorhanden sind?
25 *Ich:* Ich sehe sie, ich werde sie fühlen, wenn ich sie betaste, ich kann ihren Ton hören; sie offenbaren sich mir durch alle meine Sinne. […]
D. G.: Also, es sind wahrnehmbare Gegenstände für dich vorhanden, lediglich zufolge 30 einer Bestimmung deines äußern Sinnes: Du weißt von ihnen lediglich vermittelst deines Wissens von dieser Bestimmung deines Sehens, Fühlens u.s.f. Deine Aussage: es sind Gegenstände außer mir, stützt sich auf die, 35 ich sehe, höre, fühle, u.s.f.
Ich: Dies ist meine Meinung.
D. G.: Nun, und wie weißt du denn wieder, dass du siehst, hörst, fühlst? […] Siehst du etwa wieder dein Sehen, und fühlst dein 40 Fühlen; oder auch, hast du etwa noch einen besonderen höheren Sinn, durch den du deine äußern Sinne und die Bestimmungen derselben wahrnimmst?
Ich: Keinesweges. Dass ich sehe, und fühle, 45 und was ich sehe und fühle, weiß ich unmittelbar, und schlechthin; ich weiß es, indem es ist, und dadurch, dass es ist, ohne Vermittelung und Durchgang durch einen anderen Sinn. […] 50
D. G.: Also du hast ein unmittelbares Bewusstsein deines Sehens und Fühlens […]

usw. und dadurch nimmst du den Gegenstand wahr. Könntest du ihn nicht wahrnehmen auch ohne dieses Bewusstsein? Könntest du nicht etwa einen Gegenstand erkennen durch das Gesicht, oder durch das Gehör, ohne zu wissen, dass du sähest oder hörest?

Ich: Keinesweges. [...]

D. G.: Also, dass Gegenstände sind, weißt du nur dadurch, dass du sie siehst, fühlst u.s.w. und dass du siehst oder fühlst, weißt du nur dadurch, dass du es eben weißt, dass du es unmittelbar weißt. Was du nicht unmittelbar wahrnimmst, das nimmst du überhaupt nicht wahr?

Ich: Ich sehe das ein. [...]

D. G.: Nun, so vergiß denn nie wieder, was du jetzo klar eingesehen hast. *In aller Wahrnemung nimmst du lediglich deinen eignen Zustand wahr.*

Aber ich will deine Sprache fortreden, weil sie die gewöhnliche ist. Du siehst, fühlst, hörst die Dinge, sagtest du. Wie, das heißt mit welchen Eigenschaften siehst oder fühlst du dieselben?

Ich: Ich sehe jenen Gegenstand rot, diesen blau; ich werde, wenn ich sie betaste, diesen glatt, jenen rauh, diesen kalt, jenen warm fühlen.

D. G.: Du weißt sonach, was das ist: rot, blau, glatt, rauh, kalt, warm?

Ich: Ohne Zweifel weiß ich es.

D. G.: Willst du es mir nicht beschreiben?

Ich: Das läßt sich nicht beschreiben, – Siehe, richte dein Auge nach diesem Gegenstande; was du durch das Gesicht empfinden wirst, indem du ihn siehst, dies nenne ich rot. Betaste die Fläche dieses andern Gegenstandes; was du dann fühlen wirst, dies nenne ich glatt. Auf dieselbe Weise bin ich zu dieser Kenntnis gelangt, und es gibt keine andere, sie zu erwerben. [...]

D. G.: Sonderbar: Du rühmst dich einer Erkenntnis, von welcher du mir nicht angeben kannst, wie du zu ihr gelangt seist. Denn siehe, du behauptest dieses am Gegenstande zu sehen, ein anderes zu fühlen, ein drittes zu hören; du musst sonach das Sehen vom Fühlen und beides vom Hören zu unterscheiden vermögen?

Ich: Ohne Zweifel.

D. G.: Du behauptest ferner diesen Gegenstand rot, jenen blau zu sehen, diesen glatt, jenen rauh zu fühlen. Du musst sonach rot von blau, glatt von rauh unterscheiden können? [...]

Ich: Gegenstände unterscheide ich erst dadurch, dass ich meine eignen Zustände unterscheide. Dass diese bestimmte Empfindung mit dem völlig willkürlichen Zeichen rot, und jene mit dem Zeichen blau, glatt oder rauh bezeichnet werde, kann ich lernen; nicht aber, dass, und wie sie als Empfindungen unterschieden seien. *Dass* sie verschieden sind, weiß ich schlechtin dadurch, dass ich von mir selbst weiß, dass ich mich fühle, und dass ich in beiden mich anders fühle. *Wie* sie verschieden sind, kann ich nicht beschreiben; aber ich weiß es, sie sind so verschieden, wie mein Selbstgefühl in beiden verschieden ist; und diese Unterscheidung der Gefühle ist eine unmittelbare, keinesweges eine erlernte und abgeleitete Unterscheidung. [...]

D.G.: Die dir sonach unmittelbar durch das bloße Selbstgefühl gegeben ist?

Ich: Nicht anders.

D.G.: Aber dann solltest du dich begnügen, zu sagen: ich fühle mich afficiert auf diejenige Weise, die ich rot, blau, glatt, rauh, nenne; du solltest diese Empfindungen lediglich in dich selbst versetzen: nicht aber sie auf einen gänzlich außer dir liegenden Gegenstand übertragen, und für Eigenschaften dieses Gegenstandes ausgeben, was doch nur deine eigne Modifikation ist. [...]

Ich: Ich habe im Vorhergehenden klar eingesehen, dass ich in der Tat nicht mehr wahrnehme, als du sagst; und jene Übertragung dessen, was nur in mir ist, auf etwas außer mir, deren ich mich doch nicht enthalten kann, scheint mir jetzt selbst höchst sonderbar.

Ich empfinde in mir selbst, nicht im Gegenstande, denn ich bin ich selbst, und nicht der Gegenstand; ich empfinde sonach nur mich selbst, und meinen Zustand, nicht aber den Zustand des Gegenstandes. Wenn es ein Bewusstsein des Gegenstandes gibt, so ist dasselbe wenigstens nicht Empfindung, oder Wahrnehmung; so viel ist klar.[…] Meine Empfindung muss einen Grund haben: setze ich voraus, und folgere nun weiter.

D.G.: Willst du mir nicht zuförderst sagen, was dies heiße, ein Grund?

Ich: […] Meine Empfindung hat einen Grund, heißt, sie ist durch eine fremde Kraft in mir hervorgebracht. […]

D.G.: Es sei: wir erhielten sonach, außer dem ersten unmittelbaren Wissen durch Empfindung unsers Zustandes, noch ein zweites unmittelbares Wissen, das auf allgemeine Wahrheiten geht.

Ich: So scheint es.

D.G.: Das […] Wissen, von welchem hier die Rede ist, dass deine Affectionen einen Grund haben müssen; ist völlig unabhängig von der Erkenntnis der Dinge?

Ich: Freilich; diese wird ja selbst erst durch jenes vermittelt.

D.G.: Und du hast es schlechthin in dir selbst?

Ich: Schlechthin: denn erst vermittelst desselben gehe ich aus mir selbst heraus.

D.G.: Du schreibst sonach aus dir selbst und durch dich selbst, und durch dein unmittelbares Wissen dem Sein und dem Zusammenhange desselben Gesetze vor?

Ich: Wenn ich es recht bedenke, so schreibe ich nur meinen Vorstellungen über das Sein und seinen Zusammenhang Gesetze vor, und es wird vorsichtiger sein, diesen Ausdruck zu wählen.

D.G.: Es sei. – Wirst du dir nun wohl dieses Gesetzes auf eine andere Weise bewusst, als indem du darnach verfährst?

Ich: […] Nein, es ist unmöglich, dass ich dieses Gesetzes eher und anders mir bewusst werde, als indem ich darnach verfahre.

D.G.: Also du verfährst darnach, ohne dir desselben besonders bewusst zu sein; du verfährst unmittelbar und schlechthin darnach. – So eben aber warst du dir desselben bewusst, und drücktest es als allgemeinen Satz aus. Wie magst du zu diesem besondern Bewusstsein gelangen?

Ich: Ohne Zweifel so: ich beobachte mich späterhin und werde inne, dass ich so verfahre, und fasse dieses Gemeinsame meines Verfahrens in einen allgemeinen Satz.

D.G.: Du kannst dir also deines Verfahrens bewusst werden?

Ich: Ohne Zweifel. Ich errate die Absicht deiner Fragen; – hier liegt die oben erwähnte zweite Art des unmittelbaren Bewusstseins, das *meines Tuns,* so wie die Empfindung die erste Art ist, das Bewusstseins *meines Leidens.*

D.G.: Richtig. – Du *kannst,* sagte ich, deines Verfahrens dir bewusst werden hinterher, durch freie Beobachtung deiner selbst und Reflexionen über dich selbst; aber du musst dir dessen nicht bewusst werden: – du wirst dir dessen nicht unmittelbar bewusst, so wie du nur innerlich handelst? […]

Ich: Mein unmittelbares Bewusstsein ist zusammengesetzt aus zwei Bestandteilen, dem Bewusstsein meines Leidens, der Empfindung; und dem meines Tuns, in Erzeugung eines Gegenstandes nach dem Satz des Grundes[1]. […] Das Bewusstsein *des Gegenstandes* ist nur ein nicht dafür erkanntes *Bewusstsein meiner Erzeugung einer Vorstellung vom Gegenstande.* Um diese Erzeugung weiß ich schlechthin dadurch, dass ich es selbst bin, der da erzeugt. Und so ist alles Bewusstsein nur ein unmittelbares, ein Bewusstsein meiner selbst, und ist nunmehro vollkommen begreiflich. Folgere ich dir so recht?

D.G.: Unvergleichlich. Aber woher die Notwendigkeit und Allgemeinheit, mit der du deine Sätze, so wie hier den Satz vom Grunde, aussagst?

Ich: Aus dem unmittelbaren Gefühle, dass ich nicht anders verfahren kann. So gewiss ich Vernunft habe, und kein vernünftiges Wesen außer mir anders verfahren kann, so

gewiss es ein vernünftiges Wesen ist. Alles Zufällige, dergleichen hier meine Affection war, hat einen Grund, heißt: *ich habe von jeher einen Grund hinzugedacht, und jeder, der nur denken wird, wird gleichfalls genötigt sein, einen Grund hinzu zu denken.*
D.G.: Du siehst sonach ein, dass alles Wissen lediglich ein Wissen von dir selbst ist, dass dein Bewusstsein nie über dich selbst hinausgeht, und dass dasjenige, was du für ein Bewusstsein des Gegenstandes hältst, nichts ist, als ein Bewusstsein deines *Setzens eines Gegenstandes*, welches du nach einem innern Gesetze deines Denkens mit der Empfindung zugleich notwendig nachvollziehst?

(Aus: Johann Gottlieb Fichte: Die Bestimmung des Menschen [1800]. Hrsg. v. T. Ballauf und I. Klein. Reclam: Stuttgart 1966, S. 44–51, 67–72)

1 Satz des Grundes: Gemeint ist der von Leibniz als notwendiges Prinzip für alle Tatsachenwahrheiten aufgestellte „Satz vom zureichenden Grunde": Danach muss es für jede Tatsache einen hinreichenden Grund geben, der dafür verantwortlich ist, dass die Tatsache so (und nicht anders) beschaffen ist.

1 Formulieren Sie die dem Auszug zugrunde liegende erkenntnistheoretische Problemstellung und rekonstruieren Sie von dort aus den Gedankengang Fichtes in drei Schritten: Rolle der Wahrnehmung, der Empfindung und des Wissens vom Grunde im Erkenntnisprozess.

2 Inwiefern steht Fichtes Gedankenführung im Gegensatz zu den Grundannahmen eines erkenntnistheoretischen Realismus und was bedeutet das für die Rolle des absoluten Selbst im Erkenntnisprozess?

3 In seiner Wissenschaftslehre von 1794 gibt Fichte für seine Philosophie eine zusammenfassende Formel: „Ich setze im [absoluten] Ich dem theilbaren [empirischen] Ich ein theilbares Nicht-Ich [äußere Wirklichkeit] entgegen. Ueber diese Erkenntniss hinaus geht keine Philosophie; aber bis zu ihr zurückgehen soll jede gründliche Philosophie." (2. Aufl. v. 1802 bei Cotta, S. 110)
Verdeutlichen Sie die doppelte Rolle des Ich in dieser Formel und bestimmen Sie den Begriff der Setzung, den Fichte auch als reine, allem empirischen Bewusstsein zu Grunde liegende *Tathandlung* ansieht. Vergleichen Sie darauf aufbauend Fichtes Bestimmung des absoluten Ich mit Kants Konzept des transzendentalen Selbst.

4 In seinen Jenaer Vorlesungen griff Fichte u.a. auch die studentischen Verbindungen wegen deren Zügellosigkeit an, woraufhin einige Studenten an seinem Wohnhaus mit Pflastersteinen die Fenster einwarfen. Fichte beschwerte sich daraufhin beim Weimarer Hof. Die Antwort erhielt er vom zuständigen Minister **Goethe**: „Sie haben also das absolute Ich in großer Verlegenheit gesehen, und freilich ist es von den Nicht-Ichs, die man doch gesetzt hat, sehr unhöflich, durch die Scheiben zu fliegen. Es geht ihm aber wie dem Schöpfer und Erhalter aller Dinge, der, wie uns die Theologen sagen, auch mit seinen Kreaturen nicht fertig werden kann." (nach: Wilhelm Weischedel: Die philosophische Hintertreppe. dtv: München 1975, S. 194).
Ist Goethes ironische Antwort philosophisch angemessen, insbesondere sein Vergleich des absoluten Ich mit Gott? Verfassen Sie aus Fichtes Perspektive eine Antwort und gehen Sie dabei auch auf den gegen Fichte häufig erhobenen Solipsismus-Vorwurf ein.

5 **Zur Begriffsklärung:** Ordnen Sie folgende Begriffe als zentrale Kategorien den behandelten Positionen in Kapitel 3 zu und versuchen Sie eine Definition, in der Sie die jeweils gegebene Antwort auf die Frage „Wer bin Ich?" verdeutlichen: transzendentales Selbst bzw. Subjekt/empirisches Ich bzw. Selbst/Person/Bündel von Perzeptionen/absolutes Ich/denkende Substanz (Geist)/Bewusstsein/körperliche Substanz (Maschine).

3.7 Friedrich Nietzsche: Das Selbst als Leib

Friedrich Nietzsche (1844–1900) ist vielleicht der wichtigste deutsche Philosoph der zweiten Hälfte des 19. Jahrhunderts. Sein Denken wendet sich in der Tradition Schopenhauers entschieden vom idealistischen Denken Fichtes und Kants ab und bringt die irrationalen Grundlagen menschlichen Seins und Handelns zur Sprache. Die Vorstellung eines absoluten Ich, das alle Gegenständlichkeit, schließlich auch die des eigenen Leibes, setzt, oder eines transzendentalen Selbst, das die Erkenntnis von Gegenständen allererst ermöglicht, lehnt Nietzsche schon deswegen ab, weil damit eine Herabwürdigung des natürlichen Lebensgefühls einhergeht. Gegen die „Verächter des Leibes" – gemeint sind neben den idealistischen Philosophen auch die Theologen seiner Zeit – sieht er das innerste Selbst ganz anders als die philosophische Tradition: nämlich als Leib, der, vom Fühlen und Wollen bestimmt, das (empirische) Ich und mit ihm den Geist beherrscht. Damit löst Nietzsche das traditionelle Leib-Seele-Problem eindeutig zugunsten des Leibes.

Der sich anschließende Auszug ist Nietzsches Hauptwerk „Also sprach Zarathustra" entnommen, in dem er nicht streng philosophisch argumentiert, sondern in fast hymnischen Aphorismen mit den Ressentiments der Masse und der traditionellen Philosophie abrechnet. Die Leitidee des Buches ist der ‚Übermensch', der den jetzigen durchschnittlichen Massenmenschen eines Tages im Hinblick auf Willensstärke und Lebenskraft überwinden soll, denn „der Mensch ist ein Seil, gespannt zwischen Tier und Übermensch." (Vgl. Zugänge 1, Nietzsche-Biografie)

Das Ich […] will noch den Leib, selbst wenn es dichtet und schwärmt […]. Immer redlicher lernt es reden, das Ich: und je mehr es lernt, um so mehr findet es Worte und Ehren für Leib und Erde.

Einen neuen Stolz lehrte mich mein Ich, den lehre ich die Menschen: nicht mehr den Kopf in den Sand der himmlischen Dinge zu stecken, sondern frei ihn zu tragen, einen Erden-Kopf, der der Erde Sinn schafft! […]

Den Verächtern des Leibes will ich mein Wort sagen. Nicht umlernen und umlehren sollen sie mir, sondern nur ihrem eignen Leibe Lebewohl sagen – und also stumm werden.

„Leib bin ich und Seele" – so redet das Kind. Und warum sollte man nicht wie die Kinder reden?

Aber der Erwachte, der Wissende sagt: Leib bin ich ganz und gar, und nichts außerdem; und Seele ist nur ein Wort für ein Etwas am Leibe.

Der Leib ist eine große Vernunft, eine Vielheit mit einem Sinne, ein Krieg und ein Frieden, eine Herde und ein Hirt.

Werkzeug deines Leibes ist auch deine kleine Vernunft, mein Bruder, die du „Geist" nennst, ein kleines Werk- und Spielzeug deiner großen Vernunft.

„Ich" sagst du und bist stolz auf dies Wort. Aber das Größere ist, woran du nicht glauben willst – dein Leib und seine große Vernunft: die sagt nicht Ich, aber tut Ich.

Was der Sinn fühlt, was der Geist erkennt, das hat niemals in sich ein Ende. Aber Sinn und Geist möchten dich überreden, sie seien aller Dinge Ende: so eitel sind sie.

Werk- und Spielzeuge sind Sinn und Geist: hinter ihnen liegt noch das Selbst. Das Selbst sucht auch mit den Augen der Sinne, es horcht auch mit den Ohren des Geistes.

Immer horcht das Selbst und sucht: es vergleicht, bezwingt, erobert, zerstört. Es herrscht und ist auch des Ichs Beherrscher.

Hinter deinen Gedanken und Gefühlen, mein Bruder, steht ein mächtiger Gebieter, ein unbekannter Weiser – der heißt Selbst. In deinem Leibe wohnt er, dein Leib ist er.

Es ist mehr Vernunft in deinem Leibe, als in deiner besten Weisheit. Und wer weiß denn, wozu dein Leib gerade deine beste Weisheit nötig hat?

Dein Selbst lacht über dein Ich und seine stolzen Sprünge. „Was sind mir diese Sprünge und Flüge des Gedankens?" sagt es sich. „Ein Umweg zu meinem Zwecke. Ich bin das Gängelband des Ichs und der Einbläser seiner Begriffe."

Das Selbst sagt zum Ich: „hier fühle Schmerz!" Und da leidet es und denkt nach, wie es nicht leide – und dazu eben *soll* es denken. Das Selbst sagt zum Ich: „hier fühle Lust!" Da freut es sich und denkt nach, wie es noch oft sich freue – und dazu eben *soll* es denken.

Den Verächtern des Leibes will ich ein Wort sagen. Dass sie verachten, das macht ihr Achten. Was ist es, das Achten und Verachten und Wert und Willen schuf?

Das schaffende Selbst schuf sich Achten und Verachten, es schuf sich Lust und Weh. Der schaffende Leib schuf sich den Geist als eine Hand seines Willens.

Noch in eurer Torheit und Verachtung, ihr Verächter des Leibes, dient ihr eurem Selbst. Ich sage euch: euer Selbst selber will sterben und kehrt sich vom Leben ab.

Nicht mehr vermag es das, was es am liebsten will – über sich hinaus zu schaffen. Das will es am liebsten, das ist seine ganze Inbrunst. Aber zu spät ward es ihm jetzt dafür – so will euer Selbst untergehn [...].

Untergehn will euer Selbst, und darum wurdet ihr zu Verächtern des Leibes! Denn nicht mehr vermögt ihr über euch hinaus zu schaffen.

Und darum zürnt ihr nun dem Leben und der Erde. Ein ungewusster Neid ist im scheelen Blick eurer Verachtung. Ich gehe nicht euren Weg, ihr Verächter des Leibes! Ihr seid mir keine Brücken zum Übermenschen! – Also sprach Zarathustra.

(Friedrich Nietzsche: Also sprach Zarathustra. Ein Buch für Alle und Keinen. In: Ders.: Kritische Studienausgabe in 15 Bdn., Hrsg. v. Giorgio Colli und Mazzino Montinari. dtv: Neuausgabe. München 1999. Bd. 4, S. 36–41)

1 Veranschaulichen Sie Nietzsches Aussagen mit Hilfe eines Begriffsnetzes (Mind-map), in dem sie zentrale Termini des Textes (Leib, Seele, Selbst, Ich, Sinn, Geist, Gedanke, Gefühle wie Lust und Weh, Wille, große Vernunft, kleine Vernunft) in Beziehung zueinander setzen.

Begriffsnetz (sog. Mind-map):

Begriffsnetze werden in verschiedenen Fachbereichen verwendet, einerseits um auf neue Ideen zu kommen, andererseits um (sich oder anderen) vorgegebene sachliche bzw. begriffliche Zusammenhänge zu verdeutlichen.

Dabei schreibt man i. d. R. einen zentralen Begriff in die Mitte und fügt damit in Zusammenhang stehende, die einem einfallen oder die man einer Textvorlage entnimmt, hinzu. Von den hinzugefügten Begriffen gelangt man zu weiteren. Die Beziehungen zwischen den Begriffen werden durch Pfeile und unterschiedliche Entfernungen der Begriffe voneinander angezeigt. Wird das Begriffsnetz in Partner- oder Gruppenarbeit erstellt, so ergibt sich zusätzlich die Notwendigkeit, Inhalt und Umfang der aufgeschriebenen Begriffe im Gespräch abzuklären.

Im Philosophieunterricht kann die Anfertigung eines Begriffsnetzes beide eingangs erwähnten Funktionen erfüllen. Besonders bei philosophischen Texten mit einer vielschichtigen und mehrdeutigen Begrifflichkeit dient die Anfertigung eines Begriffsnetzes einem vertieften Textverständnis. Es kann immanente Widersprüche oder Ungereimtheiten im Begriffsgebrauch eines Textes aufdecken, aber auch das Vorverständnis von für die Texterschließung zentralen Begriffen beim Leser klären helfen.

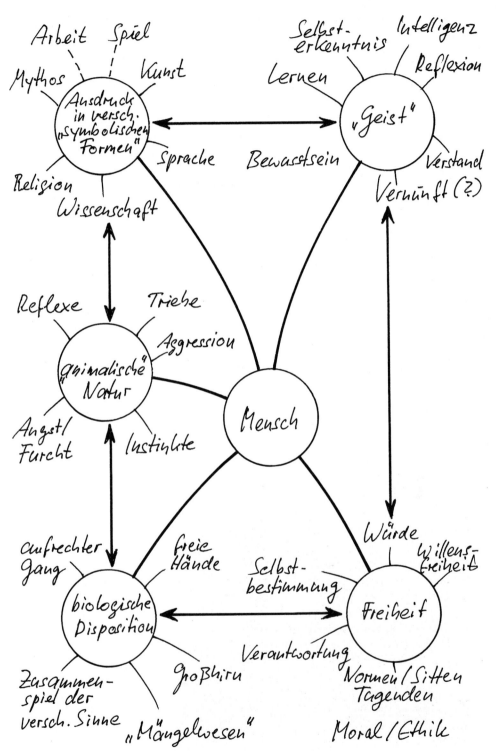

Beispiel Begriffsnetz (Mind-map). Von Annette Peter

2 Im Folgenden charakterisiert der zeitgenössische Philosoph **Gernot Böhme** die Beziehung des modernen Menschen zu seinem Leib:

„Wir als Betroffene, d.h. also die wir lebend ein Leib sind oder einen Leib haben, gehen nämlich davon aus, dass das wesentliche Wissen von diesem Leib nicht wir selbst haben, sondern andere. Wir mögen zwar Schmerzen haben, uns irgendwie komisch fühlen – aber was mit uns los ist, das zu wissen, trauen wir uns nicht zu: das muss ein anderer entscheiden, nämlich der Arzt. Der moderne Mensch weiß nichts von seinem Leib, er fühlt sich durchaus unheimisch in ihm, was er von ihm erfährt, ist ihm unheimlich. Er beobachtet seinen Körper wie eine black box, deren äußerliche Zeichen verwirrend und schwer deutbar sind. Diese Entfremdung vom eigenen Leib war in der ersten Periode dieser neuzeitlichen Beziehung zum eigenen Leib, nämlich im 18. Jahrhundert, eine der Ursachen der Hypochondrie als Massenkrankheit. Gesteigerte Aufmerksamkeit auf das fremd gewordene Leibding zusammen mit der Unfähigkeit, sich in leiblichen Regungen noch zurechtzufinden, führten zur ständigen Besorgnis, dass diese Regungen Anzeichen von Krankheiten sein könnten."

(Gernot Böhme: Anthropologie in pragmatischer Hinsicht. Suhrkamp Verlag: Frankfurt/M. ⁴1994, S. 116)

Informieren Sie sich genauer über das Phänomen der Hypochondrie und versuchen Sie im Anschluss an Böhmes Ausführungen das Revolutionäre in Nietzsches Wendungen gegen die „Verächter des Leibes" zu bestimmen.

3 Diskutieren Sie über das Phänomen moderner Leibfeindlichkeit als Auswirkung der traditionellen Ich-Konzepte, wie sie etwa von Descartes, Kant oder Fichte vertreten werden.

4 Sehen Sie einen Zusammenhang zwischen Nietzsches Leib-Verständnis und heutigen Tendenzen zum Körperkult (Body-Bildung, Piercing, Tattoos usw.)?

5 Im „Zarathustra" findet sich der wohl auf Nietzsches Schwester gemünzte Satz: „Gehst du zum Weibe, vergiss die Peitsche nicht" (1. Buch). Nietzsche, verliebt in Lou Salomé, verkehrt in seinem Foto-Arrangement den Sinn des Satzes auf ironische Weise.

Arrangiertes Foto: Nietzsche mit Lou Salomé und Paul Rée

Vergleichen Sie das von Nietzsche getroffene Foto-Arrangement mit Lou Salomé und seinem Freund Paul Rée, der ebenfalls an Lou Interesse zeigte, mit Platons Darstellung vom Seelenwagen (vgl. 2.1, S. 179). Inwiefern wird hier ein radikal verändertes Seelen- bzw. Leib-Verständnis symbolisiert?

6 „Der Mensch kannte sich nicht physiologisch, die ganze Kette der Jahrtausende entlang. Zu wissen z. B., dass man ein Nervensystem habe – aber keine ‚Seele' –, bleibt immer noch ein Vorrecht der Unterrichtetsten". (Friedrich Nietzsche: Werke in drei Bänden. Bd. III. Hg. v. K.-H. Schlechta. Hanser: München 1969, S. 710).
Klären Sie den Zusammenhang dieses Satzes von Nietzsche mit seinen Ausführungen gegen die „Verächter des Leibes".

„Manchmal habe ich den Eindruck, als könnte ich in mich selbst hineinschauen."

7 „Wer bin Ich?" – Schreiben Sie einen Essay, in dem Sie sich auf zentrale Aussagen neuzeitlicher philosophischer Positionen zu dieser Frage beziehen. (Vgl. 2.2, S. 184)

Im gedanklichen Kontext seiner Bestimmung des Selbst als Leib beantwortet auch Nietzsche die traditionelle Frage nach der Selbsterkenntnis und Selbstfindung des Einzelnen. In dieser Antwort zeigt er sich keineswegs als Materialist, der das Ich auf den Leib oder das Nervensystem reduziert, aber er wendet sich zugleich gegen traditionelle Versuche, sich selbst durch Introspektion zu erkennen. Seine Position übte großen Einfluss etwa auf die existentialistische Philosophie Sartres aus.

Aber wie finden wir uns selbst wieder? Wie kann sich der Mensch kennen? Es ist eine dunkle und verhüllte Sache; und wenn der Hase sieben Häute hat, so kann der Mensch sich sieben mal siebzig abziehn und wird doch nicht sagen können: „Das bist du nun wirklich, das ist nicht mehr Schale." Zudem ist es ein quälerisches gefährliches Beginnen, 5 sich selbst derartig anzugraben und in den Schacht seines Wesens auf dem nächsten Wege gewaltsam hinabzusteigen. Wie leicht beschädigt er sich dabei so, dass kein Arzt ihn heilen kann. Und überdies: wozu wäre es nötig, wenn doch Alles Zeugniss von unserm Wesen ablegt, unsre Freund- und Feindschaften, unser Blick und Händedruck, unser Gedächtnis und das, was wir vergessen, unsre Bücher und die Züge unsrer Feder. Um aber das wichtigste Verhör zu veranstalten, gibt es dies Mittel. Die junge Seele sehe auf das Leben zurück mit der Frage: was hast du bis jetzt wahrhaft geliebt, was hat deine Seele hinangezogen, was hat sie beherrscht und zugleich beglückt? Stelle dir die Reihe dieser verehrten Gegenstände vor dir auf, und vielleicht ergeben sie dir, durch ihr Wesen und ihre Folge, ein Gesetz, das Grundgesetz deines eigentlichen Selbst. Vergleiche diese Gegenstände, sieh, wie einer den andern ergänzt, erweitert, überbietet, verklärt, wie sie eine Stufenleiter bilden, auf welcher du bis jetzt zu dir selbst hingeklettert bist; denn dein wahres Wesen liegt nicht tief verborgen in dir, sondern unermesslich hoch über dir oder wenigstens über dem, was du gewöhnlich als dein Ich nimmst.

(Friedrich Nietzsche: Unzeitgemäße Betrachtungen III [1874] In: Ders.: Kritische Studienausgabe in 15 Bdn. Hrsg. v. Giorgio Colli und Mazzino Montinari. dtv: Neuausgabe München 1999. Bd. 1, S. 340 f.)

1 Vergleichen Sie Nietzsches Ausführungen mit Ihrem eigenen Essay.
2 Bestimmen Sie das Neuartige in Nietzsches Verständnis des Selbst, etwa durch einen Vergleich mit der kantischen Theorie der (empirischen) Selbsterkenntnis.

4 Was bleibt vom Ich? – die reduktionistische Sicht der Moderne

„Sie, Ihre Freuden und Leiden, Ihre Erinnerungen, Ihre Ziele, Ihr Sinn für Ihre eigne Identität und Willensfreiheit – [...] Sie sind nichts weiter als ein Haufen Neurone! Diese Hypothese ist so weit von den Vorstellungen der meisten Menschen entfernt, dass man sie wahrlich als erstaunlich bezeichnen kann,"
(F. Crick: Was die Seele wirklich ist. Reinbek 1997, S. 17)

Die Jahre 1990–1999 rief der amerikanische Präsident George Bush zur „Decade of the Brain" aus; deutsche Neurowissenschaftler initiierten nach diesem Vorbild eine „Dekade des menschlichen Gehirns (2000–2010)". Auf der Basis dieser neurobiologischen Forschungen entwickelte sich, besonders in den USA, ein eigener Zweig der Philosophie, die sog. *philosophy of mind,* im deutschen Sprachraum auch als „Neurophilosophie" bezeichnet. Neben den Neurowissenschaften stützt sie sich auf die moderne Evolutionstheorie und versucht von dort aus das alte Leib-Seele-Problem sowie das Problem des Bewusstseins zu lösen.

Wenn Messungen von Gehirnströmen vermuten lassen, dass es keinen mentalen Akt gibt, dem nicht zugleich eine elektrochemische Gehirntätigkeit entspricht, stellt sich etwa die Frage, ob die Seele oder das Ich nichts anderes sei als der Vorgang der Neuronenfeuerung im Gehirn oder in einzelnen seiner Teile – wie es der Entdecker der DNA, der Biologe Francis Crick (geb. 1916), vermutet. Wenn neurologische Untersuchungen ebenfalls zeigen, dass sich ein dem Menschen vergleichbarer Gehirnaufbau und eine ähnliche Gehirntätigkeit auch bei höher entwickelten Tieren feststellen lassen, wo liegt dann die Grenze zwischen Mensch und Tier? Und wo befindet sich die Grenze zwischen künstlicher und natürlicher Intelligenz, wenn Computer schon jetzt in der Lage sind, menschliche Schachweltmeister zu besiegen? – eine Reihe von so schwierigen wie interessanten Fragen, welche die „philosophy of mind" im Anschluss an die Resultate der Neurowissenschaften bedenkt. Dabei gerät die Vorstellung einer vom Körper unabhängigen Seele mehr und mehr ins Wanken zugunsten der Tendenz, das Bewusstsein auf physiologische Vorgänge zu reduzieren oder zumindest in kausaler Abhängigkeit von diesen zu sehen.

4.1 Julien de La Mettrie: Der Mensch als bloße Materie

Schon für Descartes stand fest, dass der menschliche Körper eine Maschine sei, die automatenhaft alle notwendigen Bewegungen aus sich heraus vollzieht. Im Grundsatz schließt sich der in der Bretagne geborene französische Arzt und Aufklärungsphilosoph Julien Offray de La Mettrie (1709–1751) dieser cartesischen Auffassung an. Er gelangt zu ihr aufgrund von Vergleichen menschlicher und tierischer Körper und ihrer Gehirne. Befindet er sich damit noch in Übereinstimmung mit Descartes, so gilt das nicht mehr in Bezug auf die Seele bzw. das Bewusstsein. Hier gerät La Mettrie in einen ausdrücklichen Gegensatz zu seinem Vorgänger, den er im folgenden Textauszug, entnommen seiner Hauptschrift „L' homme machine" (1748), besonders herausstreicht.

La Mettries materialistische Auffassungen wurden später von dem in Deutschland geborenen Baron d' Holbach (1723–1789) weiter ausgestaltet und vertieft. Beide materialistischen Philosophen wurden so zu Ahnherrn der modernen Neurologie und Neurobiologie.

Der menschliche Körper ist eine Maschine, die selbst ihre Triebfedern aufzieht – ein lebendes Abbild der ewigen Bewegung. Die Nahrungsmittel erhalten das, was die Erregung aufrührt. Ohne sie verschmachtet die Seele, gerät in Raserei, und entkräftet stirbt sie. Sie ist eine Kerze, deren Licht im Augenblick des Erlöschens noch einmal aufflammt. Ernährt aber den Körper, schüttet in seine Gefäße kräftige Säfte und stärkende Getränke; dann bewaffnet sich die Seele, ebenso edel wie diese, mit stolzem Mut, und der Soldat, den das Wasser in die Flucht getrieben hätte, läuft – nun verwegen geworden – unter dem Trommelwirbel fröhlich in den Tod. Ebenso regt heißes Wasser jenes Temperament an, welches kaltes Wasser beruhigt hätte. [...] Die verschiedenen Zustände der Seele stehen also immer in Wechselbeziehung zu denen des Körpers.

[...] Da aber alle Fähigkeiten der Seele so sehr von dem eigentümlichen Bau des Gehirns und des ganzen Körpers abhängen, dass sie offensichtlich nur dieser organische Bau selbst sind, so haben wir es mit einer gut „erleuchteten" Maschine zu tun! Denn auch, wenn schließlich dem Menschen allein das Naturgesetz[1] zuteil geworden wäre – wäre er dann weniger eine Maschine? Räder und einige Triebfedern mehr als bei den vollkommensten Tieren, das Gehirn verhältnismäßig dem Herzen näher und auch mehr Blut empfangend, bei der gleichen Vernunft – was weiß ich schließlich? Unbekannte Ursachen würden immer dieses empfindliche, leicht verletzbare Bewusstsein hervorbringen, diese Gewissensbisse, welche der Materie ebenso wenig fremd sind wie der Gedanke – und so mit einem Wort den ganzen Unterschied, den man hier voraussetzt. Sollte der organische Bau allem genügen? Noch einmal: ja. Da sich das Denken offenbar mit den Organen entwickelt, warum sollte der Stoff, aus dem sie geschaffen sind, nicht ebenso empfänglich für Gewissensbisse sein, wenn er einmal im Laufe der Zeit das Empfindungsvermögen erlangt hat?

Die Seele ist also nur ein leerer Begriff, von dem man keinerlei Vorstellung hat und den ein kluger Kopf nur gebrauchen darf, um den Teil zu bezeichnen, der in uns denkt. Setzt man nur das geringste Bewegungsprinzip voraus, so werden die belebten Körper alles haben, was sie brauchen, um sich zu bewegen, zu fühlen, zu denken, zu bereuen – kurz, um sich in der physischen wie in der moralischen Welt, die von jener abhängt, richtig zu verhalten.

[...]

In der Tat, wenn das, was in meinem Gehirn denkt, nicht ein Teil dieses inneren Organs und folglich des ganzen Körpers ist, warum erhitzt sich dann mein Blut, während ich ruhig in meinem Bett den Plan eines Werkes entwerfe oder einen abstrakten Gedankengang verfolge? Warum überträgt sich das Fieber meines Geistes auf meine Blutgefäße? Fragen Sie das die Männer von Einbildungskraft, die großen Dichter, diejenigen, die ein gut wiedergegebenes Gefühl entzückt, die ein auserlesener Geschmack, die Reize der Natur, der Wahrheit oder der Tugend mitreißen! An ihrer Begeisterung, an dem was sie Ihnen über ihre Empfindungen sagen werden, werden Sie die Ursache von den Wirkungen her beurteilen: an dieser „Harmonie" [...] werden Sie die materielle Einheit des Menschen erkennen.

Denn wenn schließlich die Anspannung der Nerven, die den Schmerz erzeugt, das Fieber verursacht, welches den Geist verwirrt und willenlos macht, und wenn umgekehrt der überanstrengte Geist den Körper beeinträchtigt und jenes verheerende Feuer entzündet, das Bayle[2] in einem so wenig fortgeschrittenen Alter dahingerafft hat – wenn solcher Kitzel mich das wünschen lässt, mich zwingt, das heftigt zu begehren, um das ich mich einen Augenblick zuvor nicht im geringsten gekümmert hatte; wenn ihrerseits gewisse Spuren des Gehirns die gleiche Begierde und die gleichen Wünsche hervorrufen – warum verdoppeln, was offensichtlich nur eins ist? Vergeblich beruft man sich auf die Macht des Willens. Für einen Befehl, den er gibt, nimmt er hundertmal das Joch auf sich.

Bedarf es noch weiterer Ausführungen [...], um zu beweisen, dass der Mensch nur ein Tier oder eine Zusammensetzung von Triebfedern ist, die sich alle gegenseitig aufziehen, ohne dass man sagen könnte, an welchem Punkt des menschlichen Kreises die Natur den Anfang gemacht hat? Wenn diese Triebfedern sich voneinander unterscheiden, so ist es doch nur durch ihre Lage und durch einige Kraftgrade, und niemals durch ihre Beschaffenheit; und folgerichtig ist die Seele nur ein Bewegungsprinzip bzw. ein empfindlicher materieller Teil des Gehirns, den man – ohne einen Irrtum befürchten zu müssen – als eine Haupttriebfeder der ganzen Maschine betrachten kann, die einen sichtbaren Einfluss auf alle anderen hat.[...]
Diese natürliche oder unserer Maschine eigene Schwingung, mit der jede Faser und sozusagen jedes Faserelement veranlagt ist, vergleichbar mit jener eines Pendels, kann nicht immer stattfinden. Man muss sie in dem Maße erneuern, wie sie verloren geht, ihr Kräfte zuführen, wenn sie ermattet, sie abschwächen, wann immer sie von einem Übermaß an Kraft und Stärke bedrängt wird. Darin allein besteht die wahre Medizin. Der Körper ist nur eine Uhr, deren neuer Nährstoff der Uhrmacher ist. [...]
Ich glaube, Descartes wäre ein in jeder Hinsicht achtungswürdiger Mann, wenn er – geboren in einem Jahrhundert, das er nicht hätte aufklären müssen – den Wert von Erfahrung und Beobachtung erkannt hätte sowie die Gefahr, sich von ihnen zu entfernen.[...] Es ist wahr, dass dieser berühmte Philosoph sich vielfach geirrt hat [...]. Aber schließlich hat er die animalische Natur erkannt; er hat als erster überzeugend bewiesen, dass die Tiere bloße Maschinen sind. Nun, nach einer Entdeckung von dieser Wichtigkeit und die so viel Scharfsinn voraussetzt, wäre es undankbar, ihm all seine Irrtümer nicht nachzusehen!

In meinen Augen werden sie alle wieder gutgemacht durch dieses große Bekenntnis. Denn schließlich – soviel er auch die Unterscheidung der beiden Substanzen preist – handelt es sich doch offensichtlich nur um einen Kunstgriff, eine stilistische List, um die Theologen ein Gift schlucken zu lassen, das unter einer dunklen Analogie verborgen ist, die jedem auffällt und die nur sie nicht sehen. Denn sie ist es, diese auffällige Analogie ist es, die alle Gelehrten und wirklich Kundigen zwingt zuzugeben, dass jene stolzen und eitlen Wesen, die sich mehr durch ihren Hochmut als durch die Bezeichnung Mensch auszeichnen, im Grunde – wie sehr sie sich auch erheben möchten – nur Tiere und aufrecht kriechende Maschinen sind. Sie haben alle jenen wunderbaren Instinkt, den die Erziehung zu Geist verwandelt, und der seinen Sitz immer im Gehirn hat und – wenn es fehlt oder verknöchert ist – an seiner Stelle im verlängerten Rückenmark, aber niemals im Kleinhirn; denn ich habe selbst gesehen, wie es erheblich beschädigt war; andere haben es als Krebsgeschwulst vorgefunden, ohne dass die Seele aufgehört hätte, ihre Funktionen auszuüben.
Eine Maschine sein, empfinden, denken, Gut und Böse ebenso unterscheiden können wie Blau und Gelb – kurz: mit Intelligenz und einem sicheren moralischen Instinkt geboren und trotzdem nur ein Tier sein, sind also zwei Dinge, die sich nicht mehr widersprechen, als ein Affe oder Papagei sein und dennoch sich Vergnügen zu bereiten wissen. Denn – da sich hier die Gelegenheit bietet, es auszusprechen – wer hätte jemals a priori geahnt, dass ein Tropfen der Flüssigkeit, die sich bei der Paarung ergießt, göttliche Freuden empfinden lässt, und dass daraus ein kleines Geschöpf hervorgeht, das eines Tages – bestimmte Gesetzmäßigkeiten vorausgesetzt – die gleichen Wonnen genießen kann? Ich halte das Denken so wenig unvereinbar mit der organisch aufgebauten Materie, dass es ebenso eine ihrer Eigenschaften zu sein scheint wie die Elektrizität, das Bewegungs-

vermögen, die Undurchdringlichkeit, die Ausdehnung etc.
Wer so denkt, wird weise, gerecht, sorglos über sein Schicksal und folglich glücklich sein. Er wird den Tod erwarten, ohne ihn weder zu fürchten noch herbeizuwünschen. Und weil ihm das Leben teuer ist, weil er kaum versteht, wie der Lebensekel in dieser Welt von Freuden ein Herz verderben kann, weil er voller Ehrfurcht, voller Dankbarkeit, Anhänglichkeit und Zärtlichkeit gegenüber der Natur ist, je nach dem Glück und den Wohltaten, die er von ihr empfangen hat, weil er schließlich glücklich darüber ist, sie zu empfinden und bei dem bezaubernden Schauspiel der Welt anwesend zu sein, wird er sie zweifellos niemals in sich noch in anderen zerstören.
[...] Da schließlich der Materialist – was immer ihm seine eigene Eitelkeit einflüstert – überzeugt ist, dass er nur eine Maschine oder ein Tier ist, wird er seinesgleichen bestimmt nicht schlecht behandeln; [...] und, dem Naturgesetz folgend, das allen Lebewesen gegeben ist, will er – kurz gesagt – keinem das antun, was er nicht will, dass man es ihm antut. Ziehen wir also die kühne Schlussfolgerung, dass der Mensch eine Maschine ist, und dass es im ganzen Universum nur eine einzige Substanz – in unterschiedlicher Gestalt – gibt.

(Julien O. de La Mettrie: L'homme machine/Die Maschine Mensch. Französisch/Deutsch. Übers. und hrsg. von Claudia Becker. Meiner: Hamburg 1990, S. 35; 43; 95–97; 107–109; 111; 123–125; 135–137)

1 Naturgesetz: Für La Mettrie ein Gefühl, das uns lehrt, was wir nicht tun dürfen, weil wir nicht wollen, dass man es uns antut. An ihm haben auch die Tiere einen gewissen Anteil.
2 Bayle, Pierre (1647–1706): frz. Philosoph und Skeptiker, der jeden Dualismus bekämpfte.

Automat in weiblicher Gestalt mit Uhrwerk. 17. Jahrhundert. (Hans Schlotheim zugeschrieben)

1. Geben Sie La Mettries Kritik an der cartesischen Philosophie wieder und zeigen Sie auf, was er argumentativ dem Zwei-Substanzen-Modell entgegenhält. Welche Rolle spielt hier die Seele?
2. Erörtern Sie die ethischen Konsequenzen, die La Mettrie aus seiner Bestimmung des Menschen ableitet.
3. Vergleichen Sie die monistisch-materialistische Position La Mettries mit der dualistisch-idealistischen Descartes' und erörtern Sie jeweils ihre Tragfähigkeit, ausgehend von der menschlichen Selbsterfahrung und dem Problem der Willensfreiheit.
4. Eine ähnliche Auffassung über die Rolle des Geistes bzw. des Bewusstseins wie La Mettrie vertritt auch der materialistische Aufklärer d' Holbach (System der Natur, erschienen 1770 unter falschem Namen). Informieren Sie sich anhand des genannten Werkes über d' Holbachs Argumentation.
5. Robert Gernhardt hat zu seinem Gedicht „Mein Körper" (vgl. 3. 2, S. 193 f.) eine Fortsetzung geschrieben, in der er den cartesischen Dualismus zugunsten des Körpers umkehrt:

Noch einmal: Mein Körper

Mein Körper rät mir:
Ruh dich aus!
Ich sage: Mach ich,
altes Haus.

5 Denk aber: Ach, der
Sieht's ja nicht!
Und schreibe heimlich
Dies Gedicht.

Da sagt mein Körper:
10 Na, na, na!
Mein guter Freund,
was tun wir da?

Ach gar nichts! Sag ich
aufgeschreckt,
15 und denk: Wie hat er
das entdeckt?

Die Frage scheint recht
schlicht zu sein,
doch ihre Schlichtheit
20 ist nur Schein.

Sie lässt mir seither
Keine Ruh:
Wie weiß mein Körper
Was ich tu?

Auf welche Probleme eines rein materialistischen Menschenbildes weist Gernhardt besonders mit seiner Schlussfrage hin?
(Eine unmittelbare Gegenposition zu La Mettrie nimmt Thomas Nagel (vgl. 5. 1) ein.)

Exkurs: Johannes Kuchta: Biologische Grundlagen der Hirnanatomie und Hirnphysiologie

Im Folgenden gibt der Neurowissenschaftler Dr. med. Johannes Kuchta (geb. 1966) einen Überblick über den Aufbau des menschlichen Gehirns und seine wichtigsten Funktionen. Der Abriss berücksichtigt die neuesten Erkenntnisse der klinischen Gehirnmedizin, die mittlerweile durch die intensiven amerikanischen Forschungen in der offiziell proklamierten „Decade of the Brain" (1990–1999) auch in Deutschland einen enormen Aufschwung genommen hat. Kuchta absolvierte einen längeren Forschungsaufenthalt in den USA und ist z. Zt. Gehirnchirurg an der Universitätsklinik in Köln.
Bevor Sie sich mit den folgenden Ausführungen von Kuchta befassen, kann ein Gedankenexperiment nützlich sein, mit dessen Hilfe Sie Ihre philosophische Erwartungshaltung an die Lektüre überprüfen können:

Stellen wir uns vor, ein menschliches Gehirn sei maßstabsgetreu so weit vergrößert, dass wir in ihm umhergehen könnten wie in einer riesigen Fabrik. Wir machen eine Führung mit, weil wir wissen wollen, wieso der Mensch, dem das Gehirn gehört, ein erlebendes Subjekt mit einer Innenperspektive ist. Der Führer ist ein Gehirnforscher auf dem neuesten Stand des Wissens.

(nach Peter Bieri, im Anschluss an Leibniz' Monadologie)

Wird der Führer unsere entscheidende Frage beantworten können?

(Sie sollten sich die Frage nach der Erarbeitung des Textes noch einmal vorlegen: **Hat** der Führer unsere entscheidende Frage beantwortet?)

Aufbau und Zusammensetzung des Gehirns

Das menschliche Gehirn ist ein lange verkanntes und unterschätztes Organ. Forscher der Antike dachten zunächst, dass seine Funktion allein die Kühlung des Körpers sei. Inzwischen ist seine zentrale Zuständigkeit für fast alle körperlichen und geistigen Funktionen erkannt: Obwohl es nur 2 % der Körpermasse umfasst (ca. 400 g bei Geburt, später ca. 1400 g), verbraucht es 20 % seiner Energie. Dabei ist die Hirnrinde (Cortex) nur wenige Millimeter dick, das meiste liegt in der Tiefe der walnussartig eingefalteten Hirnoberfläche verborgen, die ausgefaltet fast so groß wie ein Betttuch ist. Nach unten hin ist das Gehirn kontinuierlich mit dem wie die Wurzel eines Baumes in den Körper ziehenden Rückenmark verbunden. Wie in den meisten Organen kann funktionell zwischen wegführenden, sogenannten efferenten Bahnen und zuführenden, sogenannten afferenten Bahnen unterschieden werden; eine strenge Zuordnung der Flussrichtung wird jedoch immer schwieriger, je tiefer man in das Gehirn eindringt.

Der Großteil des Gehirns liegt etwas oberhalb der Augen im Schädelinneren. Das Gehirn eines erwachsenen Menschen besteht zu etwa 60 % aus Nerven-Verbindungskabeln, den sogenannten Axonen. Die restlichen 40 % machen die ca. 100 Milliarden Nervenzellkörper (Neuronen) aus – vermutlich so viele wie Fixsterne im Universum. Nervenzellen und die Verbindungsbahnen zwischen ihnen stellen also das eigentliche Hirngewebe dar. Es gibt vier „leere" Hirnkammern, sog. Ventrikel, die mit Nervenwasser, dem sogenannten Liquor gefüllt sind. Es dient zur Pufferung von Stößen bei Unfällen, zum Abschirmen vor äußeren elektrischen und magnetischen Einflüssen sowie zum Transport von Nähr- und Abfallstoffen. Täglich wird etwa ein halber Liter dieses Nervenwassers von darauf spezialisierten Zellen (Plexus choroideus) in den Hirnkammern gebildet.

Man kann die Außenrinde (*Neocortex*) jeder Gehirnhälfte in vier unterschiedliche Regionen unterteilen: den Stirnlappen (Frontallappen), den Hinterhauptlappen (Okzipitallappen), den Schläfenlappen (Temporallappen) und den Scheitellappen (Parietallappen). (Vgl. Abb. 1, unten) Die Gehirnhälften selbst sind durch den sog. Balken (Corpus callosum) miteinander verbunden.

Etwas oberhalb des Ohres bis hoch zum Scheitel befindet sich eine zentrale Einbuchtung des Gehirns (Sulcus centralis). Vor dem Sulcus centralis liegen die Hirnareale, die die Bewegung der jeweils gegenüberliegenden Körperhälfte steuern (motorische Rinde). Hinter dem Sulcus centralis liegen die Zentren für die Empfindungen der jeweils gegenüber liegenden Körperhälfte (sensorische Rinde). Bewegung (Motorik) ist also vorne, Sensibilität weiter hinten im Gehirn repräsentiert. Das im Inneren des Großhirns liegende sog. *Limbische System* scheint besonders mit dem Gefühlsleben in Zusammenhang zu stehen.

Das *Kleinhirn* (Cerebellum), welches im hinteren, unteren Bereich des Schädels liegt,

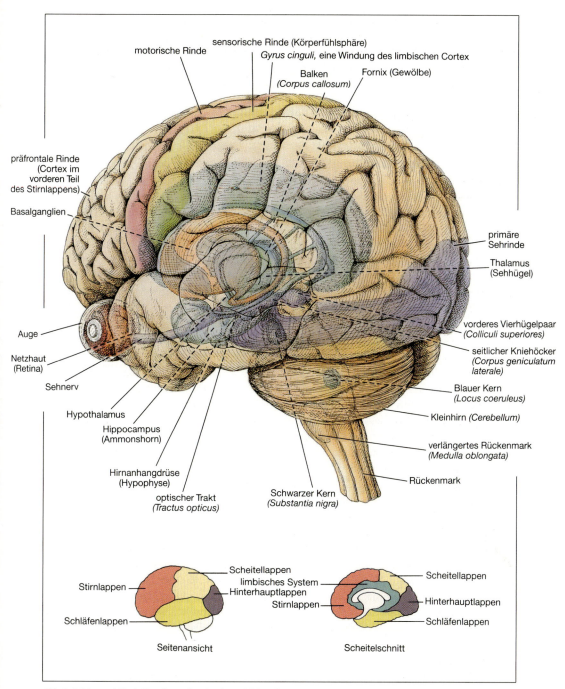

Abb. 1: Gehirnmodell mit Zuordnung der einzelnen Gehirnteile

besteht ähnlich wie das Großhirn aus zwei halbkugeligen Hemisphären mit dem in der Mitte gelegenen Kleinhirnwurm. Die Verbindungsbahnen zwischen Groß- und Kleinhirn laufen über die sogenannten Kleinhirnstiele. Auch das Kleinhirn weist eine Gliederung in Furchen und Windungen auf. Seine hauptsächliche Funktion liegt in der Koordination aller Bewegungen sowie der Aufrechterhaltung der normalen Körperstellung. Dazu laufen sowohl vom Gleichgewichtsorgan als auch von allen Gelenken, Muskeln und Sehnen Impulse zum Kleinhirn, so dass jederzeit die Stellung des Körpers im Raum und alle Bewegungen kontrolliert und koordiniert werden können. Das *Stammhirn*, dessen Reflexzentren die unbewusste Steuerung von lebenswichtigen Funktionen wie der Atmung übernehmen, liegt unter dem Großhirn. Ein Großteil der Nervenbahnen vom und zum Großhirn passiert das Stammhirn.

Eine weitere wichtige Schaltstation zwischen Grosshirn und Peripherie stellt der *Thalamus* (Sehhügel) dar. Im unterhalb liegenden *Hypothalamus* finden Temperatur- und Stoffwechselregulation statt. Der Hypothalamus ist auf Verarbeitungsleistungen spezialisiert, die Hunger, Durst, Sexualität und Temperaturregulation betreffen. Der daneben liegende *Hippocampus* ist für Gedächtnisleistungen wesentlich. Die etwa bohnengroße Hirnanhangdrüse (Hypophyse) liegt innerhalb der mittleren Schädelgrube in einer sattelförmigen knöchernen Nische, dem sogenannten „Türkensattel". Sie ist die übergeordnete Hormondrüse des Körpers. Die von Descartes für den Sitz der Seele gehaltene Zirbeldrüse (Epiphyse) dient der hormonellen Steuerung der Geschlechtsentwicklung.

Erregungsleitung im Gehirn

Der funktionstragende Hauptbestandteil des Gehirns sind die *Nervenzellen*. Beim Menschen sind auch bei scheinbar einfachsten Hirnfunktionen (z. B. Bewegen eines Fingers) unzählige Nervenzellen beteiligt. Steuernde Einheiten sind immer in Gruppen organisierte Nervenzellen. Aufgabe der Nervenzelle, des sog. Neurons, ist die Erregungsleitung und Erregungsverarbeitung. An die Ausübung dieser Aufgabe ist die ganze Struktur der Nervenzelle angepasst. Jedes Neuron besitzt einen Zellkörper, das sog. Soma, von dem ein Hauptfortsatz, das sog. Axon und mehrere verästelte kleinere Fortsätze, die sog. Dendriten, ausgehen.

Die Nervenzelle ist eingebettet in einen Verband aus Stütz- und Ernährungszellen, die sog. Gliazellen. Gliazellen sind darüber hinaus in den Prozess der Erregungsleitung, z.B. durch die Regulation von chemischen Überträgerstoffen, eingebunden. Jede Nervenzelle erhält an ihrer Außenseite gleichzeitig Signale von vielen anderen Nervenzellen, deren Fortsätze an den Zellkörper angeschlossen sind. Solche Kontaktstellen heißen Synapsen. (Abb. 2 stellt den Aufbau einer typischen motorischen Nervenzelle dar.)

Nervenzellen sind relativ ähnlich aufgebaut, unabhängig davon in welchem Hirnareal sie sitzen. Gleichwohl erfüllen sie unterschiedlichste Aufgaben, je nachdem auf welche Weise sie innerhalb des Nervensystems miteinander verbunden sind. Die Art der Verbindung wird besonders durch Erfahrungen in der frühen Kindheit bestimmt. Durch spätere Erfahrungen und Lernen sind die Verbindungen auch nach Abschluss der Hirnreifung noch beeinflussbar.

Im Ruhezustand besteht zwischen Innen- und Außenseite einer Nervenzelle ein elektrochemisches Gleichgewicht mit einer Spannung von ca. 60 Millivolt (Ruhepotential). Im Falle einer Erregungsbildung kommt es zu einer plötzlichen Änderung der Membranspannung mit einer Umkehr der Ladungsverteilung: Ein sog. Aktionspotential entsteht. Aktionspotentiale haben die Eigenschaft, sich nach allen Seiten hin auszubreiten. Allerdings kann die Membran nach einem eintreffenden Aktionspotential nicht direkt wieder erregt werden, sondern

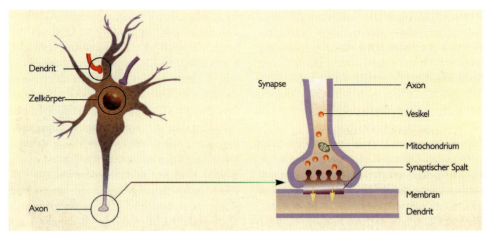

Abb. 2: Zellkörper mit Dendrit und Axon

braucht eine kurze „Verschnaufpause", bevor von der gleichen Stelle wieder eine Erregung ausgehen kann. Diese sog. Refraktärzeit führt u. a. zu einer Ausrichtung der Erregungsausbreitung. Die Erregung kann mit hoher Geschwindigkeit über weite Strecken übertragen werden. Die Erregung von einem zum nächsten Neuron wird über einen kleinen Spalt zwischen den Zellen (Interzellularspalt) weitergeleitet. Dies geschieht an den Synapsen, meist von einem Axon zu Dendriten, oder zu dem Axon der folgenden nachgeschalteten Zelle.

Elektrische Synapsen ermöglichen eine Erregungsweiterleitung ohne wesentlichen Zeitverlust und finden sich z. B. zwischen den Zellen des Innenohres oder zwischen den Rezeptorzellen der Netzhaut im Auge. Diese hohe Leitungsgeschwindigkeit ist aber mit einer gewissen Unflexibilität der Informationsübertragung verbunden. Elektrische Synapsen sind im Nervensystem des Menschen eher selten.

Die typische Kontaktverbindung im menschlichen Nervensystem ist die chemische Synapse. Das Axon eines Neurons bildet hierbei an seinen Endverzweigungen kolbige Auftreibungen (Boutons) aus. Diese sind der nachgeschalteten Zellmembran eng angelagert, wodurch ein winziger synaptischer Spalt entsteht. Die Boutons, als vor die Synapsen geschaltete Strukturen, enthalten Bläschen (Vesikel), die mit Botenstoffen (Transmittern) gefüllt sind. Hier ist auch der Ort, an dem bewusstseinsverändernde Drogen wie Ecstasy ihre Wirkung entfalten.

Im Falle einer Erregung der Synapse kommt es zur Ausschüttung der Transmittersubstanz in den synaptischen Spalt zwischen den beiden Nervenzellen. Dies führt zu einer Veränderung des Membranpotentials der nachgeschalteten Zellen. Diese Art der Erregungsleitung ist mit einem Zeitverlust von ca. 1 Millisekunde verbunden. Dieser Nachteil wiegt aber im Gehirn gering im Vergleich zu den Modulationsmöglichkeiten, die mit chemischen Synapsen verbunden sind.

Messung der elektrischen Hirnaktivität (EEG)

Im Jahre 1928 entdeckte der deutsche Psychiater **Hans Berger,** dass man mit Elektroden, die an verschiedenen Stellen auf der menschlichen Kopfhaut angebracht waren, bestimmte Muster elektrischer Aktivität des Gehirns ableiten kann. Man bezeichnet diese Aufzeichnungen als Elektroenzephalogramm (EEG).

Geräte für die EEG-Ableitung wurden in klinischen Einrichtungen bald allgemein üblich, nachdem man nachgewiesen hatte, dass pathologische Veränderungen des Gehirns, wie sie bei Epilepsie und Tumoren auftreten, von spezifischen elektrischen Aktivitätsmustern begleitet sind. Im EEG hat man mehrere Aktivitätsrhythmen identifiziert. So herrscht bei ruhenden Versuchspersonen mit geschlossenen Augen der sogenannte Alpharhythmus mit einer Frequenz von 8 bis 12 Ausschlägen pro Sekunde vor.

Eine weitergehende Analyse des EEG zeigt, dass auch spezifische Änderungen der Hirnstromkurven darstellbar sind. Sie sind nur meistens durch die allgemeine Hintergrundaktivität (Ruhearbeit) des Gehirns verdeckt. Um nun die spezifischen Veränderungen sichtbar zu machen, lässt man einen Computer die Wellen, die bei wiederholten Darbietungen desselben Reizes (z. B. eines Tones) aufgezeichnet werden, wegfiltern, während die Aktivität, die in einem festen zeitlichen Verhältnis zum Reiz auftritt, herausgehoben wird. Jede Gehirntätigkeit geht also mit einer elektrischen Spannungsveränderung einher, die man in Form elektrischer Potentiale an der Kopfhaut messen und so Aufschluss über bestimmte Hirnfunktionen erhalten kann.

Bei bestimmten Hirnoperationen, z.B. bei Hirntumoren im Bereich der Sprachzentren, wird der Patient nur zum Aufsägen des Kopfes, der sogenannten Trepanation, betäubt. Nach der Trepanation lässt der Narkosearzt den Patienten kurz aufwachen, damit Untersuchungen durchgeführt werden können, während das Gehirn offen liegt. Das Gehirn selbst hat keine Schmerzrezeptoren, so dass der Patient bei Manipulationen keine Schmerzen verspürt. Elektrische oder mechanische Reize am offenen Gehirn führen aber zur Erregung der betroffenen Hirnregion. Hierbei spielt es kaum eine Rolle, wie gereizt wird (z. B. durch Druck mit einer Pinzette, chemische Substanzen oder elektrischen Strom). Entscheidend ist vielmehr der Ort der Stimulation im Gehirn. Eine Reizung im Bereich der Sehrinde in den hinteren Gehirnabschnitten führt beispielsweise unabhängig von der Art des Reizes zu einem Seheindruck, etwa zu einem Lichtblitz. Stimulationsversuche am Gehirn wacher Patienten zeigen somit die „Zuständigkeit" verschiedener Oberflächenregionen des Gehirns. So kann beispielsweise ein Kribbeln im rechten Arm durch elektrische oder mechanische Reizung der linken Postzentralregion des Gehirns hervorgerufen werden.

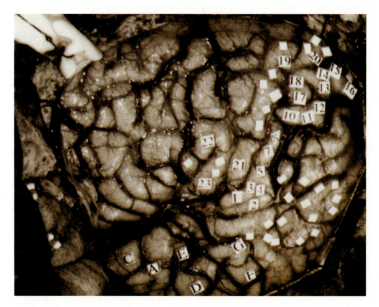

Abb. 3:
Offenes Gehirn

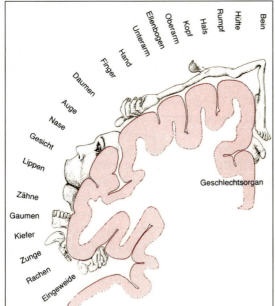
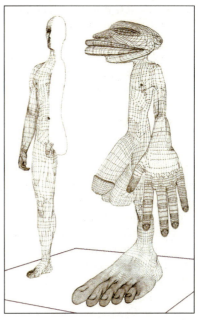

Abb. 4: Gehirngrafik: sensorisches Rindenfeld *Abb. 5: Figur zur Repräsentation von Körperteilen*

Die Abbildung oben zeigt die sensorische Repräsentation verschiedener Körperteile in der Postzentralregion. Es fällt auf, dass einige Körperregionen, z. B. Hände, Zunge etc., stark repräsentiert sind, während für andere Regionen relativ wenig Nervenzellen zuständig sind. Dies wird besonders deutlich in dem abgebildeten Modell eines Menschen (vgl. Abb. 5), das die Repräsentation von Körperteilen im Gehirn in Form eines Homunculus proportional darstellt.[1]

Messung der Hirnstoffwechselaktivität (PET- Studien)
Nervenzellen verbrauchen bei ihrer Arbeit Sauerstoff. Daher muss das Blut ständig Sauerstoff in das Gehirngewebe transportieren und Abfallprodukte entfernen. So ist die Durchblutung der beiden Hemisphären ein weiteres nützliches Maß für die Feststellung der Gehirnaktivität. Darüber hinaus können auch Unterschiede im Stoffwechsel bestimmter Nährstoffe im Gehirn überprüft werden, was eine noch genauere Analyse der Aktivitäten auf beiden Seiten des Gehirns erlaubt. Diese Stoffwechselaktivität der Gehirnzellen geht einher mit der durch das EEG messbaren elektrischen Aktivität (siehe oben).

Die Positronen-Emmissions Tomographie (PET) ist eine Messmethode zur Darstellung der Stoffwechselaktivität in bestimmten Hirnregionen. Ein leicht radioaktiver Stoff wird in das Blut des Probanden gespritzt. Ist eine Hirnregion mit einer bestimmten Aufgabe (z.B. Sprechen) „beschäftigt", so steigt in diesem Moment der Stoffwechsel in dieser Zellgruppe. Dadurch wird vermehrt von dem verabreichten radioaktiven Stoff aufgenommen. Durch Spezialkameras kann die Verteilung des radioaktiven Markers in bestimmten Hirnregionen bestimmt werden und besondere Computerprogramme stellen diese dann bildlich dar. Eine solche Computerrekonstruktion liefert ein Bild der Stoffwechselrate jedes gewünschten Gehirnquerschnittes, so dass zu sehen ist, welche Hirnregionen bei einer bestimmten Aufgabe zu einer bestimmten Zeit am intensivsten arbeiten.

Spezialisierung der Hirnregionen auf verschiedene Aufgaben

Bei PET-Untersuchungen zeigt sich ebenso wie bei der elektrischen Stimulation, dass die beiden Großhirnhemisphären in ihrer Funktion sehr unterschiedlich sind. Bei etwa 95 Prozent aller Menschen ist ein Großteil der sprachverarbeitenden Zentren auf der linken Seite des Gehirns lokalisiert (ungefähr dort, wo der Zeigefinger landet, wenn man seinem Gegenüber mit der linken Hand einen „Vogel" zeigt). Diese Tendenz der bevorzugten Repräsentation von Sprachfunktionen auf nur einer Seite gilt insbesondere für Rechtshänder. Man spricht dann von der linken auch als von der „dominanten" Hemisphäre. Das nach Broca benannte motorische Sprachzentrum liegt an der Seite des Stirnhirns. Eine Schädigung dieses motorischen Sprachzentrums zum Beispiel durch Unfall oder Durchblutungsstörung führt zur Unfähigkeit Worte richtig auszusprechen und Sätze korrekt zu bilden. Dagegen kommt es bei einer Schädigung des dahinter im Schläfenhirn liegenden, nach Wernicke benannten sensorischen Sprachzentrums zu Störungen des Sprachverständnisses. In unmittelbarer Nachbarschaft des sensorischen Sprachzentrums befindet sich das Hörzentrum. Es liegt größtenteils in einer Einfaltung der Hirnrinde, der sogenannten Insel, verborgen und arbeitet mit dem Wernicke-Zentrum, z. B. beim Verstehen von gesprochener Sprache, eng zusammen.

Grob vereinfacht lassen sich alle Nervenzellen im Gehirn funktionell zu einer der folgenden Kategorien zuordnen: „Sensorischer Input", „zwischengeschaltete Verarbeitung" und „motorischer Output". Jede dieser drei Komponenten wird durch bestimmte Neuronengruppen vermittelt, die durch ihre Verschaltung zur Informationsverarbeitung beitragen. Zur Sicherheit und zur Erhöhung der Informationsverarbeitungsgeschwindigkeit werden oft zum Erreichen eines Verhaltenszieles mehrere Nervenzellgruppen parallel geschaltet. Diese Parallelverarbeitung erhöht die Verlässlichkeit von Funktionen des Nervensystems und schafft Kapazitäten für flexiblere Verarbeitungsmuster. Lernvorgänge und Informationsverarbeitung sind gebunden an spezifische Hirnregionen. Die Information aller unserer Sinne zum Beispiel wird in bestimmten Regionen verarbeitet. Dort sind z. B. die Körperoberfläche, die Haut, Gelenke, die Cochlea (Hören), das Nasenepithelium (Riechen) usw. durch präzise sensorische Verbindungen repräsentiert.

Sinnes- und Informationsverarbeitungsleistungen finden sich bei allen Tieren und dem Menschen. Das eigentlich Menschliche stellen wohl die bisher weitgehend unverstandenen Verbindungsareale dar, die sog. Assoziationsfelder, die zwischen den beiden motorischen oder sensorischen Feldern vermitteln. Hier sind vermutlich die höheren Hirnfunktionen (z. B. Denken) anzusiedeln.

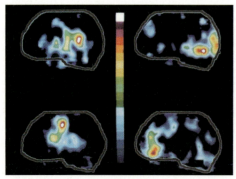
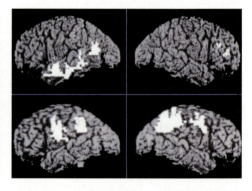

Abb. 6: PET-Messungen zur Sprachaktivität

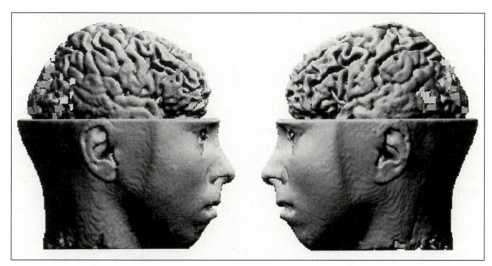

Abb. 7: Menschliches Bewusstsein entsteht in der Wechselwirkung mit anderen.

Diese Vorstellung wird unterstützt durch die Tatsache, dass die relative Ausdehnung der Assoziationsfelder in der Stammesentwicklung (Phylogenese) immer mehr zunimmt.

Bei der Erforschung des Gehirns ist die Lokalisation von Funktionen in verschiedenen Hirnarealen aufschlussreich. Kein Teil des Nervensystems arbeitet jedoch alleine in demselben Maße wie im Konzert mit den anderen Teilen des ZNS. Es ist deshalb unwahrscheinlich, dass irgendeine kognitive Funktion, seien es Gedanken, Wahrnehmung oder Sprache, durch Beschränkung auf eine bestimmte Region, ohne Berücksichtigung der Verbindungen zu anderen Regionen, verstanden werden kann.

Zudem kann das Gehirn sich permanent reorganisieren, so dass bestimmte Areale Aufgaben von z. B. durch Unfälle zerstörten Regionen übernehmen können. Aus diesem Grunde ist es möglich, oft große Gruppen von Nervenzellen aus bestimmten Arealen zu entfernen, ohne die resultierende Funktion dramatisch zu verändern. Bei schweren epileptischen Schädigungen kann sogar in jungen Jahren eine Gehirnhälfte heraus operiert werden, ohne dass es zu kognitiven oder motorischen Totalausfällen kommt.

Mit den erst in jüngster Zeit vermuteten „*Spiegelneuronen*" würde auch die Fähigkeit des Menschen, sich in andere hineinzuversetzen und ihr Verhalten zu verstehen, neuronal erklärbar. Hierbei handelt es sich um eine besonders im Stirnhirn lokalisierte Sorte von Nervenzellen, die mit den sprachlichen und motorischen Gehirnzentren verbunden sind und wahrscheinlich dann aktiviert werden, wenn der Mensch Handlungen und Gesichter anderer Menschen beobachtet oder sie sich nur vorstellt.

Zwei Seelen?

Eine bisher weitgehend unerklärte Eigenschaft des ZNS ist es, dass viele Nerven und Nervenbahnen nicht nur auf beiden Gehirnhälften symmetrisch angelegt sind, sondern dass auch verschiedene Verbindungsstellen auf die gegenüberliegende Seite des Gehirns oder des Rückenmarks ziehen. Daraus resultiert, dass sensorische Ereignisse auf einer Seite des Körpers von der gegenüberliegenden Hirnhälfte verarbeitet und Bewegungen einer Körperhälfte ebenfalls von der entgegengesetzten Hirnhälfte gesteuert werden. Die Wege kreuzen sich auf verschiedenen Ebenen im gesamten Nervensystem. Die Schmerzbahnen kreuzen sich beispielsweise schon im Rückenmark, während sich andere Bahnen erst im Gehirn kreuzen.

Genau genommen hat jeder Mensch zwei sich gegenüber liegende Gehirne: eines auf der rechten Seite und eines auf der linken Seite. Während die linke Seite bei den meisten Menschen offenbar dann besonders aktiv ist, wenn analytische und sprachliche Leistungen vollzogen werden, können künstlerisch-kreative und z. T. auch emotionale Akte stärker rechts lokalisiert werden. Die kapselartig die beiden Hälften einfassende Schädelkalotte täuscht darüber hinweg, dass die beiden Hirnhälften im Inneren durch die mittelständige Hirnsichel (Falx) anatomisch und funktionell getrennt sind. Die Kommunikation zwischen beiden Hirnen ist nur durch wenige „Kabelverbindungen" (Kommissuren) möglich. Die wichtigste dieser Verbindungen ist der Balken (Corpus callosum); er stellt das größte Nervenfaserbündel des Gehirns dar.

Ist diese Verbindung durchtrennt, so kann es zu Konflikten zwischen linker und rechter Gehirnhälfte kommen. Der Neurologe **Roger Sperry** berichtet z. B. von einer Patientin mit durchtrenntem Balken, die regelmäßig bei der Auswahl ihrer Kleider vor dem Kleiderschrank mit der rechten Hand ein blaues und mit der linken Hand ein rotes Kleid herausholte. Hinter der unterschiedlichen Kleiderauswahl ihrer Hände verbarg sich der unterschiedliche „Geschmack" und die unterschiedliche „Stimmung" ihrer beiden durch die Operation getrennten Gehirnhälften. An solchen Hirnschädigungen ist erkennbar, wie sehr unser „normales" Verhalten und unsere Empfindung, eine einheitliche Persönlichkeit zu sein, von intakten Hirnfunktionen abhängig ist – eine neurobiologische Erkenntnis, die auch die Philosophie in ihren Theorien über den Status von Bewusstsein und Ich einbeziehen muss.

(Originalbeitrag v. Johannes Kuchta, redaktionelle Bearbeitung von Roland W. Henke)

1 So ist auch der erlebnismäßige Unterschied zwischen dem eigenen Körper und der Außenwelt erlernt und basiert darauf, dass im ersten Fall der Säugling beim Betasten von eigenen Körperteilen eine doppelte sensorische Rückmeldung von zwei sich berührenden Körperteilen erhält, im zweiten Fall nur eine. (Vgl. G. Roth, Das Gehirn und seine Wirklichkeit. Frankfurt/M. 1997, S. 314 ff.)

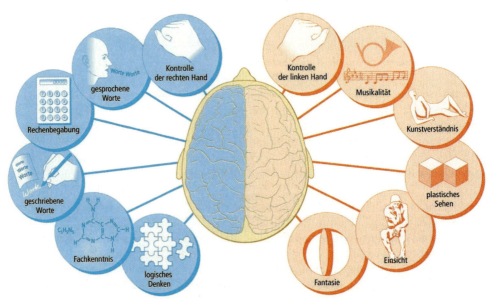

Vereinfachende, teilweise (noch?) spekulative Zuordnung spezifisch menschlicher Leistungen zu den beiden vorderen Gehirnhälften

4.2 Antonio Damasio: Die neuronale Basis des vernünftigen Selbst

Auf der Grenze zwischen naturwissenschaftlicher und philosophischer Erkenntnis bewegt sich in seinen Veröffentlichungen Antonio R. Damasio, Professor für Neurologie. Der viel beachtete Forscher besitzt gemeinsam mit seiner Frau Hannah Damasio in Iowa City in den USA die weltgrößte Sammlung von Gehirnen. In ihrem Computer haben die Damasios über 1500 Fälle von Hirnschädigungen gespeichert, an denen sie untersuchen, welche Schädigungen zu welcher Art von Beeinträchtigungen im Fühlen, Denken und Handeln der Betroffenen führen. Im Umkehrschluss versuchen sie auf dieser Basis zu ergründen, was die gehirnphysiologischen Grundlagen eines intakten Selbst sind und welche Rolle im Lichte der Neurologie die traditionellen philosophischen Vorstellungen von einer Seele oder einem vernünftigen Ich überhaupt spielen. Dabei verabschiedet Damasio die cartesische Vorstellung vom Ich als „res cogitans" entschieden. Dies signalisieren schon die deutschen Titel seiner beiden bekanntesten Bücher „Descartes' Irrtum" und „Ich fühle, also bin ich". Das Buch „Descartes' Irrtum" beginnt mit der Schilderung eines spektakulären Unfalles aus dem Jahr 1848, den Jörg Blech im folgenden Artikel aus der ZEIT zusammenfasst.

Loch in der Moral
Wie sich ein Sprengmeister anno 1848 die soziale Verantwortung aus dem Kopf schoss
von Jörg Blech

Ein Augenblick der Unachtsamkeit kostete den amerikanischen Bauarbeiter Phineas P. Gage im Jahre 1848 das linke Augenlicht und machte ihn noch zu Lebzeiten zu einer medizinischen Sensation.

Beim Bau einer Eisenbahntrasse durch den US-Staat Vermont arbeitete Gage an Sprengungen, um Felsbrocken aus dem Weg zu schaffen. Doch am 13. September vergaß er Sand in ein Bohrloch zu füllen, ehe er das explosive Gemisch mit einer Eisenstange feststampfte. Ein Knall, und das ein Meter lange und drei Zentimeter dicke Eisen schoß ihm unterhalb der linken Wange in den Kopf, zerstörte auf dem Weg nach oben das Auge, bohrte sich durch Teile des Gehirns, durchbrach den Schädel über der Stirn und landete schließlich viele Meter hinter ihm auf dem Boden.

Zum Erstaunen seiner entsetzten Kollegen war Gage nur kurz benommen, verließ die Unfallstelle zu Fuß und erholte sich nach wenigen Monaten. Gage konnte sprechen, lernen und denken wie vor dem Unglück. Doch der Unfall hatte sein Wesen verändert: Der vormals ehrliche Mann galt in den restlichen dreizehn Jahren seines Lebens als verlogen, launisch und unzuverlässig. „Die Balance zwischen seiner intellektuellen Fähigkeit und seinen animalischen Trieben war zerstört", notierte Gages Hausarzt John Harlow. Schon damals vermutete der Mediziner, dass die Eisenstange bei Gage eine Gehirnregion zerstört hatte, die für das moralische Denken, für das Empfinden von Gut und Böse zuständig ist. [...]

Jetzt haben sich die US-Neurologen Hanna und Antonio R. Damasio noch einmal den Kopf über den Fall Gage zerbrochen. Ihre Ergebnisse stützen Harlows These von einem moralischen Zentrum im Gehirn des Menschen. Es soll innerhalb des Stirnhirns liegen, das aus einem linken und einem rechten Lappen besteht. Denn genau durch diese Hirnregion war damals die Stange gesaust, ergab eine posthume „digitale Autopsie" des durchlöcherten Schädels.

[...] Und schließlich konnten die Neurologen die Flugbahn der Stange simulieren, da auf dem Originalschädel zu sehen war, wo das Eisen eingedrungen und herausgeschossen war. Die Computersimulation der Hirnforscher ergab, dass der vordere Teil des Stirnhirns zerstört wurde, während dessen

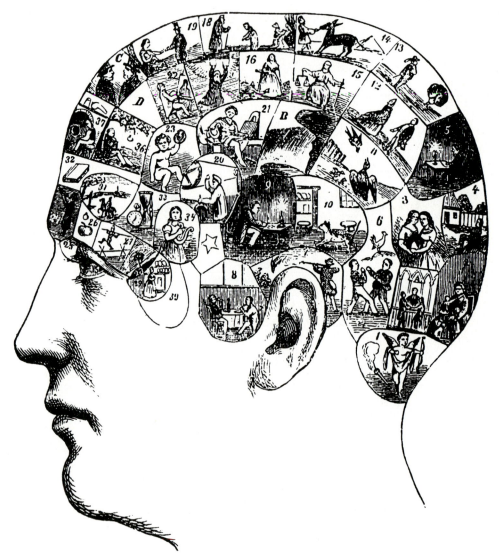

Gehirnlokalisation nach Karl Kleist (1864). Können Sie die Bildsymbolik auflösen und auf die einzelnen Funktionen der Gehirnareale beziehen, wie man sie sich im 19. Jahrhundert vorstellte?

hintere und seitliche Bereiche sowie das restliche Gehirn verschont blieben.

Hanna und Antonio R. Damasio folgern daraus, dass es innerhalb des Stirnhirns zwei Zentren gibt: Eines liegt vorn zwischen den Hirnhälften und spielt bei Gefühlen und sozialen Entscheidungen eine Rolle. Dieses moralische Zentrum wurde bei dem unglückseligen Phineas Gage zerstört, so dass „er sich wie ein Idiot benahm" sagt Antonio R. Damasio. Die Neurologen führen zwölf weitere Patienten an, die einen ähnlichen Hirnschaden wie Gage haben – und sich ähnlich danebenbenehmen. Das andere Zentrum des Stirnhirns, bei Gage anscheinend unversehrt geblieben, liegt nach Ansicht der Forscher an den Seiten der Stirn und sei beteiligt an abstrakten Denkvorgängen wie „Sprache und Rechnen". [...]

(Jörg Blech: Loch in der Moral. In: DIE ZEIT v. 10.6.1994)

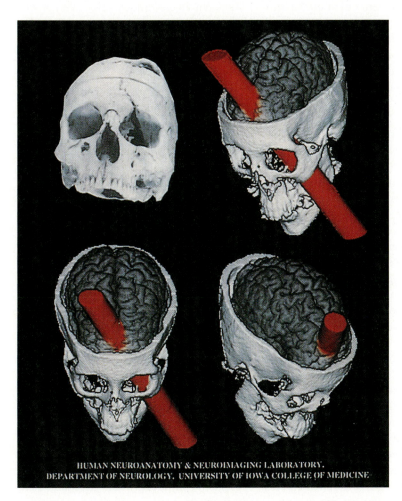

Grafik von Hanna Damasio (Computersimulation von Gages Schädel mit Stange)

1 Ziehen Sie ähnliche Schlüsse aus dem Fall Gage wie das Ehepaar Damasio? Lässt sich die Persönlichkeitsveränderung des Vorarbeiters auch anders als gehirnphysiologisch verursacht erklären?

2 Worin liegen die ethischen Gefahren der Lokalisation von Gefühlen und Verantwortungsbewusstsein in bestimmten Hirnarealen?

Nicht ganz so spektakulär wie die Geschichte von Gage ist der Fall Elliot, den Damasio als Patient behandelte. Ihm hatte man hinter der Stirn einen Tumor operativ entfernt und dabei Teile des Frontallappens (präfrontaler Cortex) entfernt, insbesondere waren Verbindungen zu tieferen Hirnzentren wie dem Mandelkern zerstört worden. Durch diese Operation erlebte Elliot eine einschneidende Persönlichkeitsveränderung: Vorher ein erfolgreicher Rechtsberater, wurde er bald entlassen und konnte sich in keiner Stellung mehr halten. Seine Frau verließ ihn, und er lebte schließlich im Gästezimmer seines Bruders, unfähig sein Leben weiter selbst in die Hand zu nehmen.

Dabei waren, wie Tests ergaben, seine geistigen Fähigkeiten überhaupt nicht eingeschränkt. Aber er konnte keinerlei Entscheidungen mehr fällen, verlor sich in unwichtigen Einzelheiten und schien vor allem überhaupt keine Gefühle mehr zu empfinden, etwa wenn er von seinem Schicksal berichtete oder Bilder verhungernder Kinder im Fernsehen sah. Er konnte, so Damasio, offenbar den verschiedenen Handlungsmöglichkeiten gefühlsmäßig keine Werte zuordnen, und so nützte ihm der intakte Verstand allein bei der Entscheidungsfindung nichts. Aufgrund dieses und weiterer ähnlich gelagerter Fälle entwickelt Damasio in der Einleitung zu „Descartes' Irrtum" die Grundzüge seiner neuronalen Bewusstseinstheorie.

[...] Schon früh hatte man mich gelehrt, dass vernünftige Entscheidungen mit einem kühlen Kopf getroffen werden und dass Gefühle* und Vernunft wie Feuer und Wasser sind. Ich bin mit der Vorstellung aufgewachsen, dass sich die Mechanismen der Vernunft in einer eigenen Domäne des Geistes befänden, zu der man dem Gefühl keinen Zutritt gewähren dürfe. Wenn ich an das Gehirn hinter diesem Geist dachte, dann stellte ich mir separate neuronale Systeme für Vernunft und Gefühl vor. Das war eine gängige Auffassung von der Beziehung zwischen Vernunft und Gefühl – sowohl was ihre geistige wie ihre neuronale Struktur anbelangte. [...]

Mit diesem Buch möchte ich darlegen, dass die Vernunft möglicherweise nicht so rein ist, wie die meisten Menschen denken oder wünschen, dass Gefühle und Empfindungen vielleicht keine Eindringlinge im Reich der Vernunft sind, sondern, zu unserem Nach- und Vorteil, in ihre Netze verflochten sein könnten. Weder im Verlauf der Evolution noch in irgendeinem Individuum dürften sich die Strategien der menschlichen Vernunft unabhängig vom bestimmenden Einfluss der biologischen Regulationsmechanismen entwickelt haben, zu deren Ausdrucksformen Gefühl und Empfindung wesentlich gehören. Mehr noch, sogar wenn sich die Vernunftstrategien in den Entwicklungsjahren ausgebildet haben, hängt ihre wirksame Anwendung wahrscheinlich in beträchtlichem Maße von der steten Fähigkeit ab, Gefühle zu empfinden.

Damit will ich nicht in Abrede stellen, dass sich Gefühle und Empfindungen unter bestimmten Umständen verheerend auf Denkprozesse auswirken können. [...] Hingegen ist überraschend und neu, dass das *Fehlen* von Gefühl und Empfindung nicht weniger schädlich ist [...].

Ich möchte nur zeigen, dass bestimmte Aspekte von Gefühl und Empfindung unentbehrlich für rationales Verhalten sind. Im Idealfall lenken uns Gefühle in die richtige Richtung, führen uns in einem Entscheidungsraum an den Ort, wo wir die Instrumente der Logik am besten nutzen können. [...] Gefühl und Empfindung nebst den verborgenen physiologischen Mechanismen, die ihnen zugrunde liegen, helfen uns bei der einschüchternden Aufgabe, eine ungewisse Zukunft vorherzusagen und unser Handeln entsprechend zu planen. [...]

Im weiteren Verlauf lege ich meine Auffassung dar, dass die menschliche Vernunft nicht von einem Hirnzentrum, sondern von mehreren Gehirnsystemen abhängt und aus dem Zusammenwirken vieler Ebenen neuronaler Organisation erwächst. Sowohl „höhere" wie „niedere" Gehirnzentren – von präfrontalen Rindenabschnitten bis zum Hypothalamus und Hirnstamm – kooperieren zur Herstellung der Vernunft. Die unteren Stockwerke des neuronalen Vernunftgebäudes steuern zugleich die Verarbeitung von Gefühlen und Empfindungen sowie die Körperfunktionen, die fürs Überleben des Organismus notwendig sind. Dabei unterhalten diese unteren Ebenen eine direkte und wechselseitige Beziehung zu praktisch jedem Körperorgan, sodass der Körper unmittelbar in die Kette jener Vorgänge einbezogen ist, die die höchsten Ausformungen des Denkens, der Entscheidungsfindung und im weiteren Sinne des Sozialverhaltens und der Kreativität hervorbringen. Die unteren Organisationsstufen sind also entscheidend an den höheren Vernunftmechanismen beteiligt.

So machen wir die faszinierende Entdeckung, dass der Schatten unserer entwicklungsgeschichtlichen Vergangenheit noch auf die höchsten und spezifisch menschlichen Ebenen geistiger Aktivität fällt. Allerdings hat Charles Darwin die Essenz dieser Erkenntnis schon vorweggenommen, als er von dem unauslöschlichen Stempel schrieb, den die niederen Ursprünge in der Körpergestalt des Menschen hinterlassen hätten. [...]

So ist also eine zweite Idee des vorliegenden Buches, dass das Wesen einer Empfindung möglicherweise nicht eine schwer fassbare psychische Eigenschaft ist, die einem Objekt zugeschrieben wird, sondern vielmehr die direkte Wahrnehmung einer bestimmten Landschaft: des Körpers.

Meine Untersuchungen an neurologischen Patienten, bei denen Hirnläsionen die Empfindungsfähigkeit beeinträchtigen, haben mich zu der Überzeugung gebracht, dass [...] die Netze, auf denen Empfindungen vor al-

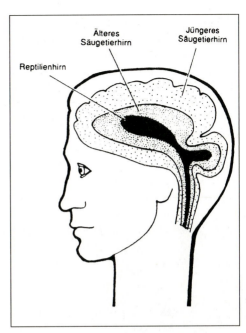

Schematisierte Gehirndarstellung auf evolutionstheoretischer Grundlage

lem beruhen, nicht nur das limbische System umfassen, also jene Gehirnstrukturen, denen man diese Aufgabe traditionell zuschreibt, sondern auch einige präfrontale Rindenabschnitte und, vor allem, jene Hirnbereiche, in denen Signale aus dem Körper kartiert und integriert werden.

Im Wesentlichen verstehe ich Empfindungen als Phänomene, die Sie und ich durch ein Fenster betrachten können – ein Fenster, das sich direkt auf ein immer wieder aktualisiertes Bild von der Struktur und dem Zustand des Körpers öffnet. Wenn Sie sich den Blick aus diesem Fenster als Landschaft vorstellen, entspricht die „Körperstruktur" dreidimensionalen Objekten im Raum, während der „Körperzustand" [etwa der inneren Organe Herz, Lunge, Darm, Muskeln] dem Licht und dem Schatten, den Bewegungen und Lauten der Objekte im Raume gleicht. [...].
Im Großen und Ganzen ist eine *Empfindung* ein momentaner „Blick" auf einen Teil dieser Körperlandschaft. Sie hat einen spezifischen Inhalt – den Zustand des Körpers – und spe-

zifische neurale Systeme, auf denen sie beruht – das periphere Nervensystem und die Hirnregionen, die die Signale der Körperstruktur und der Körperregulation integrieren. Da der Eindruck von dieser Körperlandschaft zeitlich mit der Wahrnehmung von oder der Erinnerung an Dinge verknüpft ist, die kein Teil des Körpers sind – ein Gesicht, eine Melodie, einen Duft –, werden Empfindungen am Ende zu „Merkmalen" dieser Dinge. Doch eine Empfindung umfasst noch mehr als nur diesen zentralen Aspekt. [...] Der als – positives oder negatives – Merkmal fungierende Körperzustand wird von einer entsprechenden Denkweise begleitet und ergänzt: rasch und ideenreich, wenn sich der Körperzustand im positiven und angenehmen Bereich des Spektrums befindet, langsam und rezeptiv, wenn er in den unangenehmen Teil driftet.

[...] Hätte der Mensch nicht die Möglichkeit, Körperzustände zu empfinden, die genetisch als unangenehm oder angenehm definiert sind, gäbe es in seinem Leben kein Leid

Digitalisierte Computersimulation zur Repräsentation der Körperlandschaft im Gehirn

und keine Seligkeit, keine Sehnsucht und kein Erbarmen, keine Tragödie und keinen Ruhm. [...] Empfindungen bilden die Grundlage dessen, was Menschen seit Jahrtausenden als Seele bezeichnen.

Noch ein drittes und verwandtes Thema hat dieses Buch: dass der Körper, wie er im Gehirn repräsentiert ist, möglicherweise das unentbehrliche Bezugssystem für die neuronalen Prozesse bildet, die wir als Bewusstsein erleben [...].

So überraschend es klingen mag, unser Geist existiert in und für einen integrierten Organismus. Er wäre nicht, was er ist, erwüchse er nicht aus der Wechselbeziehung zwischen Körper und Gehirn während der Evolution, während der individuellen Entwicklung und im gegenwärtigen Augenblick. Um überhaupt zu existieren, musste es dem Geist zuerst um den Körper gehen. Nur dank des Orientierungsrahmens, den der Körper fortwährend liefert, kann sich der Geist dann auch anderen Dingen zuwenden, realen und imaginären. [...]

Aus Sicht der oben dargelegten Hypothese beruhen Liebe, Hass und Schmerz, Eigenschaften wie Freundlichkeit und Grausamkeit, die planvolle Lösung eines wissenschaftlichen Problems oder die Entwicklung eines neuen Gebrauchsgegenstands alle auf neuronalen Ereignissen im Gehirn, vorausgesetzt, das Gehirn stand und steht in Wechselbeziehung zum Körper. Die Seele atmet durch den Körper, und Leiden findet im Fleisch statt, egal, ob es in der Haut oder in der Vorstellung beginnt.

(Antonio R. Damasio: Descartes' Irrtum. Fühlen, Denken und das menschliche Gehirn. List Verlag: München 1995, S. 11–19)

* Der englische Begriff emotion wird durchweg mit Gefühl wiedergegeben, feeling mit Empfindung. (A. d. Ü.)

1 Erarbeiten Sie die Hauptthesen Damasios' und stellen sie heraus, inwiefern sie im Gegensatz zu herkömmlichen Vorstellungen über die menschliche Psyche stehen. (Vgl. z. B. Abb. S. 179)

2 Vergleichen Sie Damasios' Ausführungen über die Empfindungen mit Fichtes Bestimmung von Wahrnehmung und Empfindung.

3 Es scheint mittlerweile medizinisch möglich (wenn wohl auch noch nicht realisiert), menschliche Köpfe operativ zu verpflanzen, und in fernerer Zukunft wird es sicher auch möglich sein, Gehirne zu transplantieren. (Vgl. hierzu Thomas Manns Novelle „Die vertauschten Köpfe" und Roald Dahls Erzählung „William und Mary" (In: Roald Dahl: Küsschen, Küsschen! Rowohlt: Reinbek 1994, S. 18–48)
Was würde ein solcher Eingriff aus der Sicht Damasios für die Persönlichkeit des Betroffenen bedeuten? Verdeutlichen Sie anschließend Ihre eigene Ansicht zu einem solchen Unternehmen und reflektieren Sie deren philosophische Voraussetzungen. (Lässt sich der Kern der Persönlichkeit im Körper/Gehirn lokalisieren?) Ergibt sich hieraus eine Kritik an Damasio?

Am Ende seines Buches setzt sich Damasio noch einmal kritisch mit Descartes auseinander:

„Ich erkannte daraus, dass ich eine Substanz sei, deren ganze Wesenheit oder Natur bloß im Denken bestehe und die zu ihrem Dasein weder eines Ortes bedürfe noch von einem materiellen Dinge abhänge, sodass dieses Ich, das heißt die Seele, wodurch ich bin, was ich bin, vom Körper völlig verschieden und selbst leichter zu erkennen ist als dieser und auch ohne Körper nicht aufhören werde, alles zu sein, was sie ist." (René Descartes, Abhandlung über die Methode)

Darin liegt Descartes' Irrtum: in der abgrundtiefen Trennung von Körper und Geist, von greifbarem, ausgedehntem, mechanisch arbeitendem, unendlich teilbarem Körperstoff auf der einen Seite und dem unangreifbaren, ausdehnungslosen, nicht zu stoßenden und zu ziehenden, unteilbaren

Geiststoff auf der anderen; in der Behauptung, dass Denken, moralisches Urteil, das Leiden, das aus körperlichem Schmerz oder seelischer Pein entsteht, unabhängig vom Körper existieren. Vor allem: in der Trennung der höchsten geistigen Tätigkeiten vom Aufbau und der Arbeitsweise des biologischen Organismus. [...]

Die Vorstellung von einem körperlosen Geist scheint auch für die besondere Weise verantwortlich zu sein, in der die westliche Medizin sich der Untersuchung und Behandlung von Krankheiten zugewandt hat. Die cartesianische Spaltung zieht sich durch Forschung und Praxis. Infolgedessen werden die psychischen Folgen von Erkrankungen des Körpers im eigentlichen Sinne, den so genannten echten Krankheiten, gewöhnlich außer Acht gelassen und nur in zweiter Linie berücksichtigt. Noch stärkere Vernachlässigung erfährt der umgekehrte Fall, die körperlichen Auswirkungen psychischer Konflikte. Ein interessanter Gedanke: Möglicherweise ist Descartes mitverantwortlich für den Weg, den die Medizin eingeschlagen hat, fort von dem organischen Geist-im-Körper-Ansatz, der von Hippokrates bis zur Renaissance vorherrschend war. Wie ärgerlich wäre Aristoteles wohl auf Descartes gewesen, hätte er ihn gekannt.

Verschiedene Spielarten des cartesianischen Irrtums verstellen uns den Blick auf die Wurzeln des menschlichen Geistes in einem biologisch komplexen, aber anfälligen, endlichen und singulären Organismus [...].
Allerdings gibt der wahrhaft verkörperte Geist, den ich im Sinn habe, keineswegs seine höchsten Funktionsebenen preis, jene Ebenen, die wir unter dem Begriff Seele zusammenfassen. Aus meiner Sicht sind Seele und Geist, in ihrer ganzen Würde und mit allen ihren menschlichen Dimensionen, jetzt komplexe und singuläre Zustände eines Organismus. Vielleicht ist das Wichtigste, was wir an jedem Tag unseres Lebens tun können, uns und andere an unsere Vielschichtigkeit, Anfälligkeit, Endlichkeit und Einzigartigkeit zu erinnern. Natürlich ist das eine schwierige Aufgabe, bedeutet sie doch: den Geist von seinem Podest im Nirgendwo[1] an einen bestimmten Ort zu verlegen, ohne dabei seine Würde und Bedeutung zu beschädigen; seine niedrige Herkunft und Verletzlichkeit anzuerkennen und sich doch seiner Führung anzuvertrauen. Eine Aufgabe, die in der Tat so schwierig wie unabdingbar ist, aber ohne die wir weit besser daran täten, Descartes' Irrtum unberichtigt zu lassen.

(Antonio R. Damasio: Descartes Irrtum. List: München 1995, S. 330–333)

[1] Podest im Nirgendwo: offenbar eine Anspielung auf Descartes' dualistische Menschenauffassung, wonach der Geist/das Ich keinen realen materiellen Ort hat; gemeint ist wohl auch Kants Annahme eines transzendentalen Selbst (vgl. 3.5).

1 Rekonstruieren Sie Damasios Schlussfolgerungen, die er aus der Untersuchung zahlloser Hirnverletzungen zieht, und versuchen Sie dabei zwischen empirisch belegbaren Schlüssen und philosophischen Spekulationen zu unterscheiden.

2 In seinem Buch „The Feeling of What Happens" (dt. Übers.: „Ich fühle, also bin ich") schematisiert Damasio seine Vorstellung von der Beziehung zwischen Bewusstsein und in Gefühlen und Empfindungen repräsentierten Körperregulationen. Dabei bilden die basalen Lebensregulationen die unterste Stufe, die als Triebe und Motivationen, als Lust und Schmerz erlebt werden. Sie können primäre und sekundäre Emotionen (z. B. Ärger und Freude bzw. Stolz und Eifersucht) auslösen, so wie diese Gefühle auch einen Schmerz oder Lustzustand hervorrufen können. Emotionen wiederum wirken über ihre Verwandlung in Empfindungen auf das Bewusstsein ein – was seinerseits wieder auf diese Einfluss nehmen kann. Ein durch Wechselwirkung der verschiedenen Ebenen bestimmter Organismus, wie es der Mensch ist, kann flexibler und angepasster auf Umwelteinflüsse reagieren als ein Organismus ohne Bewusstsein.

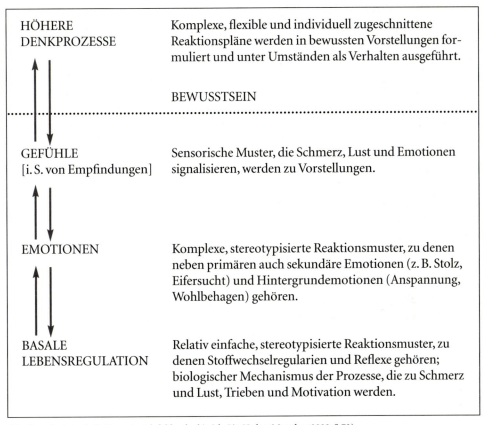

(*Grafik nach: Antonio R. Damasio: Ich fühle, also bin ich. List Verlag: München 2000, S.73*)

Diskutieren Sie auf dieser Grundlage die Tragfähigkeit von Damasios Neubestimmung menschlicher Würde.

3 „Nicht nur unsere Rationalität, der sprichwörtlich „kühle Kopf", bürgt für beruflichen wie privaten Erfolg, mindestens ebenso wichtig sind die emotionalen Fähigkeiten. EQ, der „emotionale Quotient", meint diejenige Intelligenz, die sich in unserem Verständnis und unserer Handhabung menschlicher Gefühle zeigt – einer komplexen Skala zwischen Angst und Wut, Liebe und Aggression, Verzweiflung und Freude."

Erörtern Sie, inwiefern sich dieser Satz aus dem werbenden Klappentext des Bestsellers von **Daniel Goleman** „Emotionale Intelligenz" (dtv 1997) auf Damasio berufen kann.

4 Erörtern Sie die Stichhaltigkeit der Argumentation Damasios gegen Descartes und vergleichen Sie seine Einwände gegen die cartesische Ich-Auffassung mit denen der Zeitgenossen Descartes. (Vgl. 3.2, Exkurs)

Wie das Gehirn Geist erzeugt

Für Damasio ist klar, dass der Geist bzw. die Vernunft auf neuronalen Prozessen beruhen und diese wiederum ihr Fundament in körperlichen Vorgängen besitzen. Damit ist aber noch nicht erklärt, wie und warum ein mit Gehirnaktivität ausgestatteter Körper so etwas wie Bewusstsein hervorbringt. Denn aus der Fundierung des Geistigen in physiologischen Prozessen geht ja noch lange nicht hervor, dass aus diesen physiologischen Vorgängen die höheren Stufen des Bewusstseins oder gar des Selbstbewusstseins (Ich) erwachsen. Bezug nehmend auf sein Buch ‚Ich fühle, also bin ich' versucht Damasio im folgenden Artikel für die Zeitschrift ‚Spektrum der Wissenschaft' eine solche Erklärung.

Auch nach der Jahrtausendwende beherrscht vor allem eine Frage die Biowissenschaften: Wie entsteht das, was wir als Geist oder Bewusstsein bezeichnen, aus der Aktivität des Körperorgans Gehirn? [...]
Das Problem des Bewusstseins steht heute im Mittelpunkt des Interesses, weil die Biologie im Allgemeinen und die Neurowissenschaften im Besonderen viele Geheimnisse des Lebens höchst erfolgreich enthüllen konnten. [...] Das Erforschen der neurobiologischen Grundlage des Ich-Bewusstseins – eine Variante des klassischen Leib-Seele-Problems – ist geradezu als die letzte große Aufgabe übrig geblieben. [...]
Um die Rätsel von Geist und Bewusstsein zu lösen, schlage ich vor, das Problem in zwei Teile aufzuspalten. Erstens geht es darum, wie wir das hervorbringen, was ich „Kopfkino" nenne. Mit der Metapher „Kino" meine ich die integrierte und vereinheitlichte Gesamtheit verschiedenartiger sinnlicher Bilder – visueller, auditiver, taktiler, olfaktorischer[1] und anderer –, die sozusagen die Multimedia-Show ausmachen, die wir Geist nennen. Die zweite Frage betrifft das Ich oder Selbst: Wie erzeugen wir automatisch das Gefühl, dass wir die Besitzer des Kinos im Kopf sind? [...]

Wie entsteht das Kopfkino?
Die Forscher können heute die Aktivität einer einzelnen Nervenzelle oder einer Gruppe von Neuronen direkt aufzeichnen und diese Aktivität mit Aspekten eines bestimmten Bewusstseinszustands in Verbindung bringen, zum Beispiel mit der Wahrnehmung der Farbe Rot oder der einer gekrümmten Linie. Bildgebende Verfahren wie PET (Positronenemissionstomographie) und Kernspintomographie[2] zeigen, wie bei einer gesunden, wachen Person verschiedene Gehirnbereiche durch bestimmte geistige Aufgaben aktiviert werden – zum Beispiel, während die Person ein Wort auf einen Gegenstand bezieht oder ein Gesicht kennen lernt.
[...] Welche Bewusstseinstätigkeit wir auch betrachten, stets lassen sich bestimmte Teile des Gehirns identifizieren, die gemeinsam dazu beitragen, diese Tätigkeit hervorzubringen: zwischen dem Auftreten eines Bewusstseinszustands oder -vorgangs und der Aktivität bestimmter Hirnregionen besteht ein enger Zusammenhang. [...] Entdeckungen in diesen beiden Bereichen werden immer genauere Entsprechungen zwischen Gehirn- und Bewusstseinszuständen enthüllen. Je mehr die Technik sich weiterentwickelt, und je mehr der Einfallsreichtum der Forscher wächst, desto deutlicher werden die Feinheiten der physikalischen Struktur und der biologischen Vorgänge, die das „Kopfkino" entstehen lassen.

Das Problem des Ich-Bewusstseins
Das gegenwärtige Forschungstempo in den kognitiven Neurowissenschaften und die schiere Masse eindrucksvoller Fakten werden wohl viele Zweifler überzeugen, dass die neurale Grundlage des „Kopfkinos" letztlich doch zu identifizieren ist. Aber die Skeptiker werden sich nach wie vor gegen die Einsicht sträuben, dass auch der zweite Teil des Bewusstseinsproblems lösbar ist: die Entstehung eines Ichgefühls. Zwar gebe ich gern zu, dass die Antwort auf diese Frage keinesfalls leicht ist; dennoch ist eine mögliche Lösung vorgeschlagen worden, und eine Hypothese wird geprüft.
Der Hauptgedanke hinter dieser Hypothese beruht auf der einzigartigen Fähigkeit des Gehirns, etwas abzubilden oder zu repräsentieren. Zellen in der Niere oder der Leber er-

füllen ihre jeweiligen Aufgaben, ohne andere Zellen oder Körpervorgänge zu repräsentieren. Doch Hirnzellen leisten genau dies: Sie repräsentieren Entitäten oder Ereignisse, die anderswo im Körper stattfinden. Sie sind so konstruiert, dass sie quasi von etwas anderem handeln. Sie sind geborene Kartografen der Geografie des Körpers und der Ereignisse, die darin stattfinden. [...]

Das Gehirn verfügt über Vorrichtungen, die das Leben des Organismus so regeln, dass das für dessen Fortbestehen unverzichtbare innere chemische Gleichgewicht zu jeder Zeit aufrecht erhalten bleibt. Diese Vorrichtungen sind weder hypothetisch noch abstrakt; sie sind im Kern des Gehirns lokalisiert, im Hirnstamm und im Hypothalamus. Dieselben Vorrichtungen bilden notwendigerweise die sich laufend verändernden Zustände des Organismus ab. Mit anderen Worten: Das Gehirn verfügt über natürliche Mittel, um den Aufbau und Zustand des gesamten lebenden Organismus zu repräsentieren.

Wie ist es nun aber möglich, von einem solchen biologischen Selbst zu dem Gefühl zu gelangen, Eigner der persönlichen Gedanken zu sein, zu dem Eindruck, dass diese aus je eigener Sicht aufgebaut werden – ohne irrtümlich einen allwissenden Homunculus anzunehmen, der die jeweils eigene Wirklichkeit interpretiert? Wie kann man etwas über sich selbst und seine Umgebung wissen? [...]

In vereinfachter Form besagt meine Vermutung, dass das Gehirn Strukturen nutzt, die dem Abbilden sowohl des eigenen Körpers wie der Außenwelt dienen, um eine neue Abbildung zweiter Ordnung zu erstellen. Diese zeigt dann an, dass der Organismus, so wie er im Gehirn repräsentiert ist, sich in Interaktion mit einem Objekt befindet, das ebenfalls im Gehirn abgebildet ist. Die Abbildung zweiter Ordnung ist keine Abstraktion; sie findet in neuralen Strukturen wie Thalamus und Cingulum statt.

Ein solcherart umgemünztes Selbst-Wissen fügt der sich entwickelnden Geistestätigkeit wichtige Informationen hinzu. Insbesondere stellt es innerhalb der Geistestätigkeit die Information dar, dass der Organismus der Eigner des mentalen Vorgangs ist. Es beantwortet spontan eine nie gestellte Frage: Wem geschieht dies? Auf diese Weise wird im Akt des Wissens ein Ich-Gefühl erzeugt, das die Grundlage der für bewusstes Erleben charakteristischen subjektiven Perspektive bildet.

Aus evolutionstheoretischer Sicht wird klar, warum ein solches Selbst-Bewusstsein vorteilhaft ist. [..] Man stelle sich einen seiner selbst bewussten Organismus vor im Gegensatz zu einem, dem ein solches Bewusstsein fehlt. Der selbstbewusste Organismus verfügt über einen Anreiz, auf Alarmsignale zu achten, die das Kopfkino liefert. Er kennt etwa den Schmerz, den die Berührung einer heißen Herdplatte verursacht, und wird in Zukunft dergleichen „bewusst" vermeiden. Die Evolution des Selbst belohnt Bewusstsein, da es offensichtlich einen Überlebensvorteil darstellt.

Die Dualismen werden verschwinden

Halten wir uns nun die Kino-Metapher vor Augen, so besteht meine Lösung des Bewusstseinsproblems darin, dass das Ich-Bewusstsein beim Wissenserwerb innerhalb des Films selbst entsteht. Bewusstsein von sich selbst ist Teil des Films und erzeugt zugleich das Gesehene und den Sehenden, den Gedanken und den Denker. Es gibt im Kopfkino keinen separaten Zuschauer. Die Idee des Zuschauers wird innerhalb des Films konstruiert, und kein geisterhafter Homunculus spukt in einem Zuschauerraum herum. Objektive Hirnvorgänge weben die Subjektivität des bewussten Geistes aus dem Stoff der Sinnesabbildungen. Und weil die fundamentalsten Sinnesabbildungen sich auf Körperzustände beziehen und als Gefühle imaginiert werden, entsteht das Ich-Erleben beim Wissenserwerb als ein besonderes Gefühl – als ein Gefühl dafür, was in einem Organismus vorgeht, der gerade mit einem Objekt wechselwirkt.

Es ist unsinnig, über den künftigen Weg wissenschaftlicher Entdeckungen zu spekulieren. Trotzdem scheint sicher, dass sich bis 2050 so viel Wissen über biologische Probleme ansammeln wird, dass die überkommenen dualistischen Trennungen von Körper und Gehirn, Körper und Seele, Gehirn und Geist verschwinden werden.

(Antonio R. Damasio: Wie das Gehirn Geist erzeugt. In: Spektrum der Wissenschaft. Spezial 1/2000, S. 56–61)

1 taktil/olfaktorisch: den Tastsinn/Geruchssinn betreffend
2 Kernspintomografie (MRT): Methode, über Magnetfelder die elektrische Aktivität des Gehirns anzuzeigen (vgl. Exkurs zu 4. 1, EEG).

1 Vollziehen Sie die beiden Stufen der Erklärung des Bewusstseins bzw. des Ich-Bewusstseins nach und klären Sie dabei Damasios Begriff der *Repräsentation*, ein Schlüsselbegriff der materialistisch ausgerichteten „philosophy of mind". Inwiefern impliziert die Wahl dieses Begriffs eine Verwerfung der traditionellen Bewusstseinsphilosophie in der Folge Descartes'?

2 Vergleichen Sie Damasios Erklärung mit der Ich-Theorie von Hume (vgl. 3.4).

3 „Es tritt [...] an irgendeinem Punkt der Entwicklung des Lebens auf Erden, den wir nicht kennen [...] etwas Neues, bis dahin Unerhörtes auf, etwas [...] Unbegreifliches. Dies [...] Unbegreifliche ist das Bewusstsein. Ich [bin überzeugt], dass nicht allein bei dem heutigen Stand unserer Kenntnis das Bewusstsein aus seinen materiellen Bedingungen nicht erklärbar ist [...], sondern dass es auch der Natur der Dinge nach aus diesen Bedingungen nicht erklärbar sein wird."

(Bois-Reymond: Über die Grenzen der Naturerkenntnis, 1872)

Erörtern Sie im Anschluss an diese Äußerung: Gelingt Damasio die Erklärung, die der Physiologe aus dem 19. Jahrhundert für unmöglich hält? Überlegen Sie dabei besonders, ob Damasios Ich-Begriff tragfähig ist, insbesondere die mit ihm verknüpfte Fähigkeit des Willens zur kausalen Handlungsbestimmung.

Was ist in diesem Zusammenhang von Damasios Gleichsetzung von Kopfkino (Metapher für bewusste Vorstellungen) und Neuronenaktivität sowie von der Hypothese zu halten, das Selbstbewusstsein bzw. Ich-Gefühl ginge auf die abbildenden (repräsentationalen) Fähigkeiten von Hirnzellen zurück? (Vgl. hierzu Kants Replik auf Sömmering, 3.5)

4 „Eine der philosophisch gefährlichsten Ideen ist, merkwürdigerweise, dass wir mit dem Kopf oder im Kopf denken. [...] Ich meine das so: Wenn ich rede oder schreibe, so geht, nehme ich an, ein meinem gesprochenen oder geschriebenen Gedanken zugeordnetes System von Impulsen von meinem Gehirn aus. Aber warum sollte das System sich weiter in zentraler Richtung fortsetzen? Warum soll nicht sozusagen diese Ordnung aus dem Chaos entspringen? Der Fall wäre ähnlich dem – dass sich gewisse Pflanzenarten durch Samen vermehrten, so dass ein Same immer dieselbe Pflanzenart erzeugt, von der er erzeugt wurde, – dass aber nichts in dem Samen der Pflanze, die aus ihm wird, entspricht; so dass es unmöglich ist, aus den Eigenschaften oder der Struktur des Samens auf die der Pflanze, die aus ihm wird, zu schließen – dass man dies nur aus seiner Geschichte tun kann. So könnte also aus etwas ganz Amorphem ein Organismus sozusagen ursachelos werden; und es ist kein Grund, warum sich dies nicht mit unserem Gedanken, also mit unserem Reden oder Schreiben etc. wirklich so verhalten sollte. Es ist also wohl möglich, dass gewisse psychologische Phänomene physiologisch nicht untersucht werden können, weil ihnen physiologisch nichts entspricht".

(Ludwig Wittgenstein: Schriften 5, Zettel. Suhrkamp: Frankfurt/M. 1970, S. 408)

Wittgenstein kommt daher zu der kurios klingenden Aussage: „Seltsamer Zufall, dass alle die Menschen, deren Schädel man geöffnet hat, ein Gehirn hatten."

Beurteilen Sie auf der Grundlage der Ausführungen Wittgensteins die Überzeugungskraft von Damasios Argumentation sowie des Ansatzes der Neurobiologie im Ganzen, Bewusstsein aus physiologischen Gehirnprozessen erklären zu wollen. (Vgl. auch 5. 4)

Exkurs: Männliches und weibliches Denken

Nicht nur im Fuß-, Hand- oder Volleyball spielen Damen und Herren in einer unterschiedlichen Liga; sie tun dies auch im Schach.

1   Finden Sie diese Einteilung berechtigt? Suchen Sie Gründe für Ihre Einstellung.

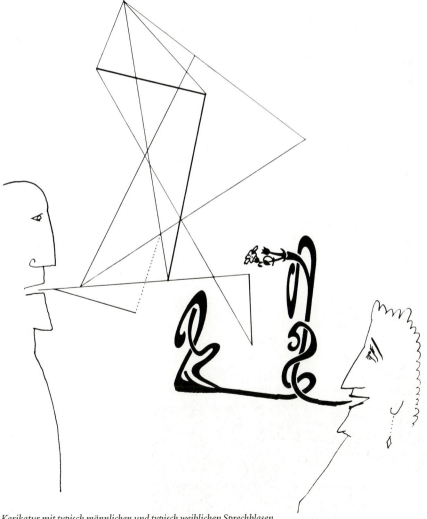

Karikatur mit typisch männlichen und typisch weiblichen Sprechblasen

Über neurologisch erforschte Unterschiede in Aufbau und Funktion männlicher und weiblicher Gehirne berichtet DER SPIEGEL (19/1996) und bezieht sich dabei auf einschlägige Veröffentlichungen in Fachzeitschriften und Wissenschaftsmagazinen. Es folgen einige (leicht veränderte) Auszüge aus dem SPIEGEL-Artikel:

Die Befunde sind stets gleich, ob sie in Schulklassen in Deutschland, Japan oder den USA erhoben werden: Im Schnitt sind Jungen in Mathematik besser, sich drehende geometrische Figuren können sie sich leichter vorstellen, und sie tun sich leichter bei handwerklichen Aufgaben. Mädchen hingegen können sich besser in andere einfühlen, sind redegewandter und lernen Fremdsprachen mit weniger Mühe. [...] Ist es das Gehirn, das von Anfang an je nach Geschlecht in Nuancen anders funktioniert?

Beim Studium männlicher und weiblicher Hirne sind Anatomen auf eine Reihe von statistisch-anatomischen Befunden gestoßen:

• Schon sechsjährige Jungen besitzen durchschnittlich mehr Hirnmasse als Mädchen. Bei ausgewachsenen Männern beträgt das Mehrgewicht rund 100 Gramm und ist nicht allein durch die insgesamt höhere Körpermasse zu erklären.

• Das weibliche Gehirn ist dichter gepackt – nach Erkenntnissen der Kanadierin Sandra Witelson enthält es in einzelnen Regionen rund elf Prozent mehr Nervenzellen pro Kubikzentimeter als das Männerhirn.

• Die Verbindungen zwischen den weitgehend selbstständigen Hirnhälften sind bei Frauen stärker ausgeprägt. Über diese Nervenbrücken, glauben viele Forscher, können bei Frauen mehr Informationen zwischen den Hemisphären hin- und herfließen.

Vor allem die letzte Beobachtung legt den Verdacht nahe, dass Frauen eine andere, stärker emotional bestimmte Art des Denkens pflegen. Während die linke Hirnhälfte für den analytischen Verstand und die meisten Aspekte der Sprache zuständig ist, finden sich die mathematischen Fähigkeiten in der rechten Hemisphäre, so wie Intuition und Musikalität[1]. Mittels computergestützter Abbildungsverfahren konnten amerikanische Neurologen belegen: Bei der Sprachverarbeitung nutzen die meisten Frauen Areale in beiden Gehirnhälften, Männer hingegen nur Bereiche der dominanten linken Hirnpartie. [...] Doch diese Differenzen geben kaum Aufschluss darüber, ob sie angeboren sind. [...]

---

1 Vgl. die Grafik auf S. 230. Obwohl logisches Denken und Rechnen auf Aktivitäten in der linken Gehirnhälfte zurückgehen, scheint speziell die mathematische Einsicht rechts angesiedelt zu sein.

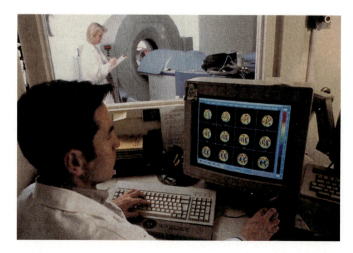

Bestimmung der Geschlechtsunterschiede bei der Gehirntätigkeit mit dem Positronen-Emissions-Tomografen (PET) an der Yale University

Zur Erklärung der Unterschiede in den kognitiven und motorischen Fähigkeiten der Geschlechter stehen sich daher zwei Fraktionen gegenüber: Die einen sehen hormonell beeinflusste Gehirnfunktionen als natürlichen Grund für die Differenzen, die anderen halten soziale Umstände für den entscheidenden Bedingungsfaktor – der dann auch Auswirkungen auf die Neuronenverschaltungen im Gehirn haben kann.

Neurobiologische Sicht

Das ist alles biologisch bedingt. Intelligenz ist größtenteils in den Genen verankert. Außerdem gibt es Geschlechtshormone, die bestimmen, wie sich das Gehirn organisiert. Der Grundstein für Geschlechtsunterschiede wird in der Gebärmutter gelegt. Männliche Föten haben mehr Testosteron als weibliche. Dies verhilft Männern dazu, dass sie gut Karten lesen oder geometrische Figuren im Kopf drehen können und dass sie besser in Mathematik sind als Frauen. Testosteron bewirkt nämlich schon vor der Geburt eine Trennung der Gehirnhälften, und Männer nutzen bei kognitiven Aufgaben eine Gehirnhälfte stärker als die andere. Durch den geringeren Einfluss des Testosterons kommt es bei weiblichen Babys zu einem Wettbewerb zwischen den Gehirnhälften: So breiten sich beim Sprechenlernen die Sprachzentren auf beiden Seiten des Gehirns aus.

Sozialisationstheoretische Sicht

Unterschiedliche Rollen, Erfahrungen und Erwartungen sind so verbreitet in unserer Gesellschaft, dass wir sie häufig gar nicht mehr wahrnehmen. Und die Grundsteine werden gleich nach der Geburt gelegt. Bereits in der ersten sechs Lebenswochen werden männliche Babys anders behandelt als weibliche. Jungen werden öfter auf den Arm genommen, mit Mädchen dagegen spricht man häufiger. Später beeinflussen Eltern ihre Kinder durch das Spielzeug, das sie ihnen kaufen. Mädchen erhalten Puppen, Jungen Bauklötze und Autos, später Mikroskope und Chemiebaukästen. Wenn Kinder in die Schule kommen, haben sie bereits ein- bis zweitausend Stunden vor dem Fernseher verbracht und dort typische Geschlechterrollen beobachtet. Von zu Hause wissen Sie, dass Mama kocht, putzt und bügelt und auf die Kinder aufpasst, während Papa im Büro, der Tankstelle oder im Labor arbeitet. Entsprechend versuchen Jungen später im Klassenzimmer zu dominieren, während Mädchen ruhig dasitzen und die Hand heben. Wen wundert es also, dass Jungen in gesellschaftlich anerkannten Fächern wie Mathematik und Informatik besser sind als Mädchen und ihre sprachlichen Fähigkeiten vernachlässigen.

(Nach: Jeanne Rubner: Was Frauen und Männer so im Kopf haben. dtv: München 1996, S. 151–159)

1 Überlegen Sie, welche ethischen und gesellschaftspolitischen Konsequenzen sich aus beiden Positionen ergeben und beziehen Sie selbst Stellung.

2 Der von der Neurobiologie behauptete Einfluss von Testosteron auf die Ausbildung der Gehirnfunktionen und erst recht auf die der kognitiven Fähigkeiten ist medizinisch umstritten. Welche Erkenntnisinteressen können hinter derartigen Forschungshypothesen stehen?

3 Inwiefern lassen sich gegen Damasios Ansatz angeführte Argumente auch hier ins Feld führen?

„Man kommt nicht als Frau zur Welt, man wird es". Mit diesem Satz von Simone de Beauvoir (1908–1986), geäußert in ihrem bereits 1949 erschienen Werk „Le Deuxième Sexe" („Das andere Geschlecht"), schafft die Autorin die Grundlage für eine bis heute zentrale Unterscheidung der feministischen Philosophie: die Differenz zwischen „sex" und „gender":

Dabei meint „sex" das biologische Geschlecht, der Begriff „gender" hingegen bezeichnet die kulturell vermittelte Geschlechterrolle. Während diese offenkundig ein Resultat gesellschaftlicher Machtverhältnisse darstellt und sich insofern als veränderbar zeigt, scheint das biologische Geschlecht (sex) etwas essentiell Unveränderliches zu sein, dem man/frau in seinem/ihrem gesellschaftlichen Rollenverhalten unterworfen ist. Gegen diese Auffassung wendet sich die zeitgenössische feministische Philosophin Annemarie Pieper (geb. 1941), und sie erläutert anschließend die emanzipatorische Funktion der Gender-Kategorie.

Auch bei der Unterscheidung zwischen biologischem und sozialem Geschlecht bzw. sozialer Geschlechterrolle ist darauf zu achten, dass nicht nur das mit *gender*, sondern auch das mit *sex* Gemeinte ein Konstrukt ist, ein Konstrukt allerdings, das sich auf etwas bezieht, was nicht als Resultat gesellschaftlicher Machtverhältnisse, sondern als Produkt der Natur zu begreifen ist. Wenn wir naturwissenschaftlich argumentieren, tun wir – wenn auch in der Regel unausdrücklich – so, als ob die Natur von sich aus nach bestimmten Bauplänen und Gesetzmäßigkeiten agiert, sodass wir nur die Nachkonstrukteure von Mustern dieses ursprünglich naturalen Geschehens sind, das ohne unser Zutun so abläuft, wie es abläuft.

Das Kunstwort *gender*, das eigentlich das grammatische Geschlecht bezeichnet, wurde deshalb in den feministischen Diskurs eingeführt, um der Reduktion des Weiblichen auf die Biologie mittels der Kategorie *sex* einen Riegel vorzuschieben und damit der These, Frauen seien durch ihre Natur dazu determiniert, eben die gesellschaftliche Position einzunehmen, die sie seit Jahrtausenden innehaben, den Boden zu entziehen. Die Kategorie *gender* wurde mithin als soziokulturelle Kategorie in die feministische Kontroverse eingebracht, um ein auf die naturale Kategorie *sex* gestütztes biologisiertes Gesellschaftsverständnis kritisieren zu können und den Nachweis zu erbringen, dass es die Perspektive des männlichen Blicks ist, aus welcher wir Männer als Männer und Frauen als Frauen in bestimmter Weise wahrzunehmen gewöhnt sind. Erst aus der Genderperspektive werden soziale Prozesse reflektierbar und biologisch konnotierte Stereotypiebildungen als soziokulturelle männliche Konstrukte sichtbar, die Frauen als gesellschaftlich entwertete Wesen erscheinen lassen.

So fielen Frauen z. B. deshalb aus der Geschichte heraus, weil Hausarbeit, Kindererziehung und Krankenpflege nicht als Arbeit anerkannt waren. Als Arbeit galt nur bezahlte Erwerbsarbeit. Daraus wird ersichtlich, dass aus der Gender-Perspektive jeder biologische Rekurs auf die Kategorie *sex* das männliche Machtmonopol nur verschleiert und dem Sexismus Vorschub leistet. Das Argument, *gender* sei wiederum als kausale Folge von *sex* zu begreifen, verlagert den Biologismus nur, weit davon entfernt, die Problematik der Geschlechterdifferenz zu lösen. [...]

Männliche und weibliche Moral sind nicht, wie biologistische Theorien unterstellen, Resultat einer naturalen Ausstattung, sondern Ausprägungen bestimmter Interpretationen und Machtinteressen, die dazu geführt haben, dass Frauen gemäß der ihnen in der Tradition zugewiesenen Rolle als Frau und Mutter ihre Verstandeskräfte im Umfeld von Haushalt, Kindererziehung und Krankenpflege ausbildeten, während die Männer als Ernährer und tragende Staatsorgane ihre Geistesgaben im beruflichen, wirtschaftlichen und politischen Umfeld entfalteten. Dass sie dabei ihr eigenes Selbst- und Identitätsverständnis, das nicht weniger durch die – allerdings selbst gewählte – soziale Rolle bedingt war als das der Frauen, verabsolutierten und als allgemeinmenschliche Denk- und Lebensform behaupteten, gilt es heute zu durchschauen, um von der immer noch weit verbreiteten Ansicht loszukommen, Männer und Frauen brächten von Natur aus nicht nur anatomisch verschiedene Geschlechtsorgane mit, sondern auch ebenso verschiedene, ihnen angeborene Rationalitätsmuster. „Verstand" und „Vernunft" als „Erkenntnisvermögen" sind nicht ontologisch aufzufassen als Resultate einer […] die Männer aus unerforschlichen Gründen begünstigenden Natur, sondern als Konstrukte, die anzeigen, wie „man" die „Wirklichkeit" sehen will. Und Männer wollen sich als rationale Wesen sehen […].

(Annemarie Pieper: Gibt es eine feministische Ethik? Wilhelm Fink Verlag: München 1998, S. 32–35.)

1 Erörtern Sie Nutzen und Grenzen der Begriffsunterscheidung von „sex" und „gender".
2 Inwiefern gilt Piepers Argumentation auch für den Versuch mancher Neurologen, kognitive Differenzen im Verhalten der Geschlechter biologisch, etwa durch hormonelle Einflüsse, zu begründen?

4.3 Können Computer denken? – Philosophische Probleme Künstlicher Intelligenz

4.3.1 Dietrich Dörner: Die Seele als informationsverarbeitendes System

Aufgrund der Fortschritte der modernen Computertechnologie versucht der deutsche Psychologe Dietrich Dörner (geb. 1938) bereits heute geistige Tätigkeiten auf physikalische bzw. mathematische Prozesse zu reduzieren. Er zeigt sich damit als kompromissloser Vertreter eines reduktiven Physikalismus, der auf La Mettries und Holbachs Materialismus (vgl. 4.1) fußt und an die Arbeiten des amerikanischen Professors Gerald Edelmann anknüpft. Dieser entwickelte zur Umsetzung physikalistischer Ideen eine „Darwin-Maschine", NOMAD, die aussieht wie eine Mischung zwischen Hifi-Anlage und Staubsauger. NOMAD soll die Verschaltungen bei der Nervenleitung in lebendigen Organismen simulieren. Programmiert ist er nur mit einfachen Zusammenhängen, z. B. hell ist gut, dunkel ist nicht gut, so dass er auf dieser Basis selbstständig ein mit verschiedenen Gegenständen ausgestattetes Zimmer erforscht. Dazu fährt er mit einem Metallrüssel an der Oberfläche der Gegenstände entlang und versucht, nach längeren Pausen, seine „Hirnkarten" auf den neuesten Stand zu bringen – einem Blinden vergleichbar, der sich durch einen unbekannten Raum tastet. Edelmann sieht bei NOMAD schon einen ersten Schritt hin zum Bewusstsein (nach Bild der Wissenschaft, Stuttgart 2/1996).
In der Sicht des Physikalismus sind neben Denkprozessen auch Gefühlsqualitäten (sog. Qualia) letztlich mathematisch beschreibbare Zustände unseres Gehirns. Diese Zustände können in Maschinenwesen simuliert werden, sodass in der Konsequenz Computer nicht nur über eine dem Menschen vergleichbare geistige Problemlösekompetenz, sondern potenziell auch über ein ähnliches Gefühlsleben wie er verfügen. In dem abgedruckten SPIEGEL-Interview von 1996 legt Dörner seine Auffassung in populärer Form dar.

Spiegel: Herr Professor Dörner, hat sich Ihr Computer heute schon über Sie geärgert?
Dörner: Über mich noch nicht. Aber geärgert hat er sich schon.
Spiegel: Worüber denn?
Dörner: Der hatte sich etwas vorgenommen und hat es nicht erreicht. Da hat er sich halt geärgert. Ich kann am Bildschirm anhand verschiedener Kurven genau ablesen, in welchem Gemütszustand er sich befindet.

Spiegel: Ihr Computer kann sicher gekonnt Kurven berechnen. Aber mit menschlichen Gefühlen hat das doch wohl weniger zu tun.
Dörner: Wir berechnen nicht irgendwelche Kurven, sondern Gefühle. Ein Gefühl ist für mich nicht irgendeine eigenständige Erscheinung, sondern nur eine Kombination verschiedener Faktoren wie Aktivierungsgrad, Aufmerksamkeit und Erregung. Wenn sich jemand ärgert, passiert Folgendes: Die Sinnesorgane werden in erhöhte Bereitschaft versetzt, die Konzentration nimmt zu. Die Wahrnehmung verengt sich, es kommt zum Tunnelblick. Das simulieren wir im Computer.
Spiegel: Was sie Gefühl nennen, sind doch nur die äußeren Symptome. Gefühle sind mehr: Hier geht es um das Erleben.
Dörner: Das behaupten viele Psychologen, das ist aber nicht richtig. Obwohl wir ein Gefühl nicht erleben, kann es doch da sein. „Du bist aber sauer", sagt mir jemand im Gespräch, und erst in diesem Moment merke ich, dass ich tatsächlich sauer bin. Das Erleben von Gefühl darf man aber nicht mit dem Gefühl selbst verwechseln.
Spiegel: Rechnet Ihr Computer nicht mehr so gut, wenn er sich ärgert?
Dörner: Ganz genau. Wir haben ihn so gebaut, dass er sich selbstständig in einer virtuellen Umgebung zurechtfindet. Ärgert er sich, lässt seine Präzision nach. Er verwechselt Dinge miteinander und führt Aktionen durch, die nicht angebracht sind, ganz wie ein Mensch, der sich im Ärger nicht mehr unter Kontrolle hat.
Spiegel: Sie tun so, als ob Ihr Computer lebendig wäre.
Dörner: Ist er auch.
Spiegel: Aber in der Kiste auf Ihrem Tisch läuft doch nur das ab, was Sie vorher programmiert haben.
Dörner: Ja und nein. Wir haben ein Maschinenwesen programmiert, das wir Emo getauft haben. Emo ist eine Art fühlende Dampfmaschine und bewegt sich in einer künstlichen Computerwelt. Es soll wie ein Mensch empfinden und reagieren. Es hat also gelernt, sich zu versorgen. Es hat Durst, wenn sich sein Kessel leert, es lässt sich reparieren, wenn Öl ausläuft, es ärgert sich über holprige Wege. Und Emo ist neugierig, will ständig neue Entdeckungen machen. Wir sind also seine genetischen Planer. Aber wie das System nun in jedem Einzelfall reagiert, wissen wir nicht.
Spiegel: Dennoch ist Ihr System nur eine Simulation. Mit Ihrem Emo können Sie möglicherweise zeigen, wie Gefühle funktionieren. Leben tut es noch lange nicht.
Dörner: Das sehe ich anders, es kommt darauf an, wie man Leben definiert. Auch wir Menschen verhalten uns so, wie wir uns verhalten, weil wir bestimmte Neuronengeflechte im Kopf haben. Weil die Biochemie nach bestimmten Gesetzen funktioniert. Und trotzdem zweifelt niemand daran, dass wir lebendig sind.
Spiegel: Nach Ihrer Theorie wäre dann auch ein Auto lebendig.
Dörner: Nein, eine Maschine lebt für mich erst dann, wenn sie autonom wird, also sich selbst versorgt, plant und selbstständig agiert. Aber mich interessiert weniger, eine Maschine zum Leben zu erwecken. Ich will den Bauplan der Seele finden.
Spiegel: Das bedeutet, dass sich Gefühle auf mechanisches Reagieren reduzieren ließen.
Dörner: Wenn ich die Psychologie als Wissenschaft ernst nehmen will, muss ich doch so denken. Bisher sind die Gefühle in der Psychologie völlig unklar geblieben, einige Forscher plädierten sogar dafür, sie einfach zu ignorieren. Damit will ich mich nicht abfinden. Um die Seele zu erklären, muss ich sie als informationsverarbeitendes System begreifen und sie auf ein mathematisches System bringen. Natürlich ist die Seele keine Maschine im Sinne eines Staubsaugers, sondern ein unwahrscheinlich kompliziertes Gebilde. Der Grundbauplan allerdings ist mit etwas Mathematik gar nicht so schwierig zu entschlüsseln.

Spiegel: Sie wollen doch nicht etwa das Gefühlsleben von Romeo und Julia berechnen?
Dörner: Doch. Dazu müssen wir das Phänomen Liebe sezieren, genau wie vorhin den Ärger. Welche psychischen Parameter machen Liebe aus, welche Motivkomplexe treiben Romeo und Julia? Natürlich Sexualität, dann ein Bedürfnis nach Nähe und Vertrauen. Spannung und Neugier spielen eine große Rolle, auch Ästhetik. Dafür wird sich eine Formel finden lassen.[1]
Spiegel: Romantik nur eine Gleichung? Wo bleibt das Mysterium?
Dörner: Rätsel sind für die Menschen eine unheimlich faszinierende Sache. Und sicher auch sehr wichtig bei Liebe und Erotik. Aber letztendlich ist auch die Lust am Rätseln nichts anderes als ein mathematisch erklärbarer Parameter der Seele.
Spiegel: Und auf welche Formel reduzieren Sie Gott?
Dörner: Der kommt bei mir so nicht vor. Man hat mir erzählt, dass deshalb schon einmal in einer Studentengruppe für mein Seelenheil gebetet wurde. Es beschäftigt uns aber sehr, auf welche Weise die Emos auf die

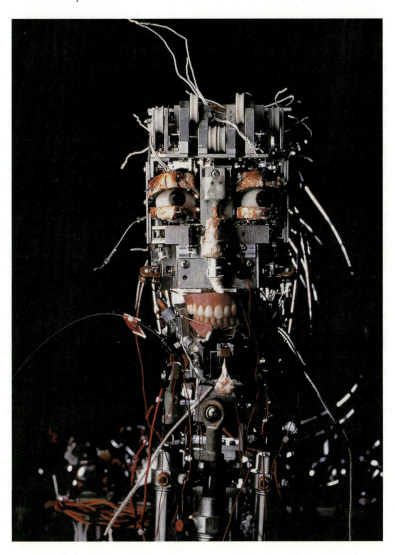

Gesichtsroboter der Science University in Tokio. Mit seiner Hilfe versuchen Wissenschaftler an der Universität Tokio zu erforschen, wie Menschen Gefühle ausdrücken können.

Idee kommen könnten, über Gott oder Götter zu räsonnieren.

Spiegel: Vielleicht betet auch Ihr Computer schon bald für Sie?

Dörner: Das wäre der ultimative Beweis, dass ich recht habe. Denn wenn die Seelenmaschine wirklich ein Abbild des Menschen ist, dann wird sie auch das Bedürfnis nach Meditation und Gebet haben.

Spiegel: Das klingt wie die Fantasie eines Science-fiction-Autors.

Dörner: Das macht nichts. Die Wissenschaft muss nach vorne greifen, in das, was man noch nicht genau weiß.

Spiegel: Ihre Simulation bleibt trotzdem unvollständig: Es fehlt der Körper.

Dörner: Nein, die Maschine hat eine Körperlichkeit, denn sie hat Motive. Motive setzen Bedürfnisse voraus. Und Bedürfnisse können nur da sein, wo auch ein Körper ist.

Spiegel: Gibt es für Sie als Maschinenbauer der Seele noch Unterschiede zwischen Mensch und Maschine?

Dörner: Ganz erhebliche. Unsere Computerseele, die wir hier am Leben halten, hat keine Sprache, sie kann nicht kommunizieren. Es fehlt ihr damit auch Bewusstsein, das heißt, sie kann sich nicht selbst als Objekt betrachten. Das ist allerdings kein prinzipielles Problem. In vielleicht zwei bis drei Jahren werden wir Systeme vorführen können, die Sprache und Bewusstsein haben werden. [...]

Spiegel: Müssen dann die Menschenrechte auch für Computer gelten?

Dörner: Wenn Sie anfangen, sich mit Ihrem Computer zu unterhalten und er Ihnen erklärt, er sei tief betrübt, weil Sie ihn andauernd als Maschine bezeichnen, dann würden Sie ihn auch mit Respekt behandeln. Er wird sich dann sogar wehren, und Ihnen möglicherweise sagen: Hör mal, ich bin keine Maschine, was bildest du dir eigentlich ein.

Spiegel: Nachdem Sie offenbar davon überzeugt sind, alle Gefühle auseinander nehmen zu können: Gibt es etwas Menschliches, das sich nicht nachbilden oder simulieren lässt?

Dörner: Das würde heißen, dass die Seele eben doch ein Mysterium bleiben würde, und ich sehe keinen Grund für diese Annahme.

Spiegel: Herr Professor Dörner, wir danken Ihnen für dieses Gespräch.

(Aus: Der Spiegel 9/1996. Das Gespräch führten die Redakteure Klaus Madzia und Matthias Müller von Blumencron.)

1 Vgl. Aufgabe 2

1 Stellen Sie die Positionen Dörners und der SPIEGEL-Redakteure geordnet gegenüber und gestalten Sie auf dieser Grundlage das Interview perspektivisch um, indem Sie Dörner von seiner Position aus Fragen an die Journalisten richten lassen, die einen nichtreduktionistischen Standpunkt einnehmen.

2 In einem Beitrag für DIE ZEIT vertieft Dörner seine Theorie der Liebe (Verliebtheit) als Abfolge von Bitmustern. Auf die Frage „Die Seele als Gefüge von 0-1-Umwandlungen?" antwortet er:

„Liebe [i.S. von Verliebtheit] ist nichts Einfaches und taucht außerdem in vielfältigen Erscheinungsformen auf. Aber es gibt bestimmte Prozesse und Zustände, die man durchaus als Prozesse der Informationsverarbeitung erkennen kann. Motive zum Beispiel. Bei Liebe spielt natürlich Sexualität eine Rolle. Nehmen wir das Bedürfnis nach Vertrautheit, nach Bindung hinzu und die Neugier. Solche Motivationen lassen sich als Prozesse der Informationsverarbeitung darstellen. Was wäre Liebe, wenn man den Geliebten oder die Geliebte nicht makellos und fehlerfrei sehen würde? Wie kommen solche Fehlwahrnehmungen zustande? Beispielsweise durch Informationsabkapselung; man baut sich das Idealbild der geliebten Person so auf, wie man es haben möchte. Und diese Konstruktion eines Idealbildes kann man durchaus als Informationsverarbeitung beschreiben, die unter bestimmten Bedingungen stattfindet, etwa unter der Bedingung der Kontaktverweigerung."

(Dietrich Dörner. In: DIE ZEIT v. 14.1.1999, S.45)
(Vgl. auch das fiktive Interview mit Thomas Metzinger in 4.5)

Diskutieren Sie Dörners zitierte Äußerung und seinen Anspruch, alles Menschliche (inkl. Gefühle) mit Hilfe mathematischer Prozesse maschinell simulieren zu können. (Vgl. 5.3) Worin liegt der Unterschied zu Damasios Versuch, das Bewusstsein aus körperlichen Prozessen herzuleiten?

3 „‚Ist es möglich, dass eine Maschine denken kann?' [...] Die Frage ist nicht analog zu der, die jemand vor hundert Jahren hätte stellen können: ‚Kann eine Maschine ein Glas verflüssigen?' Der schwache Punkt ist hier vielmehr der, dass der Satz ‚Eine Maschine denkt (nimmt wahr, wünscht)' irgendwie unsinnig erscheint. Es ist, als ob wir gefragt hätten ‚Hat die Zahl 3 eine Farbe?' Denn von einer gewissen Warte aus scheint es, dass persönliche Erfahrung – weit davon entfernt, das Produkt [...] physiologischer Vorgänge zu sein – die Grundlage all dessen ist, was wir in irgendeiner Weise sinnvoll über solche Vorgänge sagen".

(Ludwig Wittgenstein, Schriften 5, Das blaue Buch. Suhrkamp: Frankfurt/M. 1970, S.79)

Diskutieren Sie das Recht von Wittgensteins Einwand im Kontext von Dörners Auffassungen.

4 **Hans Moravec**, Professor für Informatik, ist Leiter des „Mobile Robot Laboratory" der Universität in Pittsburgh (USA). Seit seinem Buch „Mind Children" (1988), in dem er für die Symbiose von Mensch und Computer eintritt, gilt er als Prophet eines „Postbiologischen Zeitalters".

Der Mensch ist für viele Aufgaben, etwa im Weltraum, untauglich, er denkt zu langsam und ist zudem auf sein archaisches Stammesdenken beschränkt. Künstliche Intelligenz (KI) ist die logische Fortsetzung unserer selbst, die diese Beschränkungen überwindet. Wir geben Informationen von Generation zu Generation auf biologischer Basis weiter. Doch schon heute wird mindestens ebenso viel Information kulturell ausgetauscht. Mit KI wird dieser Prozess vollendet. Wir müssen die großen schleimigen Nervenzellen überwinden, die sich mit Chemikalien bewerfen, um zu funktionieren. [...]
Einen Rechenvorgang – gewissermaßen den Denkprozess des Computers – kann man an beliebiger Stelle unterbrechen, als Programm und Datei aus dem Speicher der Maschine auf einen völlig unabhängigen Computer übertragen und dort fortsetzen, als sei nichts geschehen. Man braucht sich nur vorzustellen, dass der menschliche Geist in ähnlicher (wenn auch technisch sehr viel komplizierterer Weise) aus seinem Gehirn befreit wird. [...] Eine postbiologische Welt, die von sich selbst vervollkommnenden, denkenden Maschinen beherrscht würde, wäre von unserer Welt der Lebewesen so verschieden, wie diese von der Welt der leblosen Chemie, die ihr voranging. Sich eine Bevölkerung von solchen Kindern des Geistes, die durch keinerlei materielle Zwänge mehr eingeengt sind, vorzustellen, übersteigt eigentlich die Kraft unserer Phantasie.

(Hans Moravec: Natur. Das Umweltmagazin 2/92, S. 59 f.; ders.: Mind Children, Hamburg 1990, S. 12–15)

Inwiefern bedeuten Moravec' Thesen eine Neuauflage des cartesischen Dualismus?
Vergleichen Sie Moravec' Vorstellung von denkenden Maschinen mit der von Dörner.
Beurteilen Sie Moravec' Thesen im Hinblick auf die Individualität und Würde des Menschen.

4.3.2 John R. Searle: Menschliches Verstehen und Künstliche Intelligenz – ein Gedankenexperiment

Das Eliza-Gespräch

Joseph Weizenbaum (geb. 1923) vom Massachusetts Institute of Technology stellte in den sechziger Jahren eine Software vor, bei welcher ein Computer DOCTOR als Psychotherapeut mit Patienten schriftlich kommuniziert. Hier ein Gesprächsauszug mit einer jungen Frau.

Die Männer sind alle gleich.
IN WELCHER WEISE
Sie machen uns immer wegen irgendwas verrückt.
KÖNNEN SIE EIN BEISPIEL NENNEN
Na ja, die Idee zu diesem Gespräch stammt von meinem Freund.
DIE IDEE ZU DIESEM GESPRÄCH STAMMT VON IHREM FREUND
Er sagt, dass ich oft deprimiert bin.
ES TUT MIR LEID VON IHNEN ZU HÖREN DASS SIE DEPRIMIERT SIND
Das stimmt, ich bin unglücklich.
GLAUBEN SIE DASS DIESES GESPRÄCH IHNEN HILFT NICHT MEHR UNGLÜCKLICH ZU SEIN
Ich brauche jedenfalls Hilfe, das steht fest.
WAS WÜRDE ES FÜR SIE BEDEUTEN HILFE ZU BEKOMMEN
Vielleicht könnte ich lernen, mit meiner Mutter auszukommen.
ERZÄHLEN SIE MIR MEHR ÜBER IHRE FAMILIE
Meine Mutter erledigt alles für mich.
WER IN DER FAMILIE ERLEDIGT NOCH ALLES FÜR SIE
Mein Vater. Sie sind ein wenig wie mein Vater.
WELCHE ÄHNLICHKEITEN SEHEN SIE
Sie sind nicht besonders aggressiv, aber ich glaube, Sie möchten nicht, dass ich das beachte.
WAS LÄSST SIE VERMUTEN DASS ICH NICHT SEHR AGGRESSIV BIN
Sie streiten nicht mit mir.

(Joseph Weizenbaum: Die Macht der Computer und die Ohnmacht der Vernunft. Suhrkamp: Frankfurt/M. 1978. S. 15 f.)

Weizenbaums Kommentar: „Ich konnte bestürzt feststellen, wie schnell und wie intensiv Personen, die sich mit DOCTOR unterhielten, eine emotionale Beziehung zum Computer herstellten und wie sie ihm […] menschliche Eigenschaften zuschrieben." (a. a. O., S. 19)

1. Können Sie herausfinden, nach welchem Prinzip das Sprachprogramm ELIZA funktioniert?
2. Für Descartes unterscheidet sich der Mensch von einer Maschine u. a. dadurch, dass er situationsgerecht sprechen kann (vgl. S. 194). Gilt dies nach Weizenbaums Erfindung noch?

In seinem folgenden Text setzt sich der amerikanische Philosoph John R. Searle (geb. 1932) mit der Frage auseinander, ob Computer zu menschlichen Verstehensleistungen in der Lage sind. Searles Ausgangspunkt sind Versuche des Informatikers Roger C. Schank, Computerprogramme zu schreiben, die menschliche Verstehensprozesse simulieren und so eine Maschine intelligent erscheinen lassen. Diese Versuche gehen auf bereits in den 1950er-Jahren angestellte Überlegungen des Mathematikers Alan Turing (1912–1954) zurück. Er definierte künstliche Intelligenz durch einen praktischen Test: Ein Computer ist dann intelligent, wenn es ihm gelingt, einen menschlichen Kommunikationspartner fünf Minuten lang über seine wahre Maschinen-Identität hinwegzutäuschen. (Vgl. 4. 3. 3) Seit 1991 treffen sich Programmierer aus aller Welt, um einen von einem New Yorker Geschäftsmann ausgesetzten Preis zu gewinnen, der dem winkt, dessen Programm einen etwas abgewandelten Turing-Test besteht.

Welche psychologische und philosophische Bedeutung sollen wir den in jüngster Zeit unternommenen Versuchen zur Computersimulation menschlicher kognitiver Fähigkeiten beimessen? Bei der Beantwortung dieser Frage finde ich es nützlich, zwischen zwei Formen von artifizieller Intelligenz zu unterscheiden, zwischen einer, wie ich es nennen werde, „starken" und einer „schwachen" oder „behutsamen" AI (artifiziellen Intelligenz). Der schwachen AI zufolge besteht der Hauptwert, den der Computer für die Untersuchung des Geistes hat, darin, dass er uns ein sehr wirksames Instrument an die Hand gibt. Er ermöglicht uns zum Beispiel eine strengere und präzisere Formulierung und Überprüfung von Hypothesen. Nach der starken AI aber ist der Computer nicht nur ein Instrument bei der Untersuchung des Geistes, vielmehr ist der recht programmierte Computer in Wahrheit selbst ein Geist in dem Sinn, dass man Computern, die mit den richtigen Programmen ausgestattet sind, buchstäblich Verstehen und andere kognitive Zustände zusprechen kann. [...] Gegen die Ansprüche der schwachen AI habe ich nichts einzuwenden, jedenfalls was den vorliegenden Aufsatz betrifft. [...] Wenn ich in der Folge von AI spreche, meine ich die starke Version, wie sie in diesen beiden Ansprüchen zum Ausdruck kommt.

Meine Überlegungen werden an die Arbeiten von Roger Schank und seinen Kollegen an der Yale Universität anknüpfen [...]. Aber keine der Folgerungen, die ich ziehe, ist abhängig von den Besonderheiten der Programme Schanks. Die gleichen Überlegungen ließen sich [...] auf jede Maschinensimulation menschlicher geistiger Phänomene à la Turing anwenden.

In aller Kürze und unter Verzicht auf die vielfältigen Einzelheiten lässt sich Schanks Programm folgendermaßen beschreiben: Ziel des Programms ist die Simulation der menschlichen Fähigkeit, Geschichten zu verstehen. Für die Fähigkeit menschlicher Wesen, Geschichten zu verstehen, ist kennzeichnend, dass sie imstande sind, Fragen zu einer Geschichte zu beantworten, auch wenn die Auskunft, die sie geben, gar nicht explizit Inhalt der betreffenden Geschichte war. Nehmen wir also zum Beispiel an, man erzählt uns folgende Geschichte: „Ein Mann ging in ein Restaurant und bestellte einen Hamburger. Als der Hamburger kam, war er total verbrannt und nur noch ein zusammengeschmortes Krüstchen, und der Mann stürmte wütend aus dem Lokal, ohne zu bezahlen bzw. ein Trinkgeld dazulassen." Wenn uns jemand fragt: „Hat der Mann den Hamburger gegessen?" werden wir voraussichtlich antworten: „Nein, hat er nicht." Desgleichen, wenn man uns folgende Geschichte erzählt: „Ein Mann ging in ein Restaurant und bestellte einen Hamburger; als der Hamburger kam, gefiel er dem Mann sehr gut; und als der Mann das Lokal verließ, gab er der Servierin ein dickes Trinkgeld, ehe er die Rechnung bezahlte."? Wenn man uns fragt: „Hat der Mann den Hamburger gegessen?", werden wir voraussichtlich antworten: „Ja, er hat ihn gegessen." Nun können Schanks Maschinen gleichfalls Fragen über Restaurants in dieser Manier beantworten. Um dies zu können, haben sie eine „Repräsentation" der Art von Informationen über Restaurants, über die menschliche Wesen verfügen und durch die sie imstande sind, Fragen wie die oben zitierten zu beantworten, wenn Geschichten der behandelten Art erzählt werden. Wenn die Maschine die Geschichte erzählt und dann die Frage gestellt bekommt, druckt sie Antworten von der Art aus, wie wir sie von menschlichen Wesen erwarten würden, denen vergleichbare Geschichten erzählt werden. Verfechter der starken AI behaupten, dass bei dieser Frage-und-Antwort-Folge die Maschine nicht bloß eine menschliche Fähigkeit simuliert, sondern mehr noch: dass (1) von der Maschine sich buchstäblich sagen lässt, dass sie die Geschichte versteht und Antwort gibt auf Fragen und dass (2) das, was die Maschine und ihr Programm tun, eine Erklärung der menschlichen Fähigkeit darstellt, eine Geschichte zu verstehen und Fragen darüber zu beantworten.

Eine Möglichkeit der Überprüfung irgendeiner bestimmten Geisttheorie besteht darin, dass man sich fragt, wie es wäre, wenn der eigene Geist tatsächlich auf Grundlage der Prinzipien funktionierte, die die betreffende Theorie für alle Geister voraussetzt. Wenden wir diese Prüfmethode auf das Schank-Programm an, indem wir folgendes Gedankenexperiment anstellen. Nehmen wir an, ich bin in einem Raum eingeschlossen, und man gibt mir einen Packen mit chinesischer Schrift[1]. Nehmen wir weiter an, dass ich (was in der Tat der Fall ist) kein Chinesisch kann, es weder schreiben noch sprechen kann. […] Chinesische Schrift besteht für mich einfach nur aus sinnlosem Gekritzel.

[Nehmen wir nun weiterhin an, dass man mir mit den chinesischen Schriftzeichen eine Reihe von Anleitungen in Englisch gibt, aus der hervorgeht, wie ich die chinesischen Schriftzeichen kombinieren soll, damit ich auf Fragen zu Geschichten, die mir Leute stellen, sinnvolle Antworten geben kann. Bekomme ich nun in chinesischen Schriftzeichen die Fragen zu der Geschichte durch die Tür des Zimmers geschoben, so kann ich mit Hilfe der englischsprachigen Anleitungen, die ich verstehe, sinnvolle Antworten in Chinesisch, das ich nicht verstehe, zusammenstellen.]

Nun stellen wir uns, einfach um die Sache noch ein bisschen zu komplizieren, vor, dass diese Leute mir auch Geschichten in Englisch geben, die ich verstehe, und dass sie mir dann in Englisch Fragen zu diesen Geschichten stellen und ich ihnen in Englisch antworte. Nehmen wir auch an, dass ich nach einer gewissen Zeit den Anweisungen für das Hantieren mit den chinesischen Symbolen so gut zu folgen lerne und die Programmierer so gut lernen, Programme zu schreiben, dass von außen betrachtet – d. h. vom Standpunkt eines Menschen aus, der sich außerhalb des Raums befindet, in dem ich eingeschlossen bin –, meine Antworten auf die Fragen absolut ununterscheidbar sind von denen, die einer geben würde, dessen Muttersprache Chinesisch ist. Niemand, der nur meine Antworten sieht, kann erkennen, dass ich kein Wort Chinesisch spreche. Nehmen wir auch an, dass meine Antworten auf die englischen Fragen ununterscheidbar sind von denen, die andere geben würden, deren Muttersprache Englisch ist […]. Von außen gesehen – vom Standpunkt dessen betrachtet, der meine „Antworten" liest – sind die Antworten auf die chinesischen Fragen und auf die englischen Fragen gleich gut. Aber im Fall des Chinesischen bringe ich, anders als im Englischen, die Antworten dadurch hervor, dass ich mit unverstandenen Symbolen hantiere. Soweit es das Chinesische betrifft, verhalte ich mich einfach wie ein Computer; ich führe kalkulatorische Operationen an formal spezifizierten Elementen aus. In Bezug auf das Chinesische bin ich einfach ein verkörpertes Computerprogramm.

Nun behauptet die starke AI, dass der programmierte Computer die Geschichten versteht und dass das Programm in gewissem Sinn menschliches Verstehen erklärt.

1 Searle wählt hier u.a. die chinesische Schrift, weil sie anders als unsere römische auf Bildsymbolen beruht und daher für uns besonders fremdartig wirkt.

1 Diskutieren Sie diese Behauptung der starken AI auf der Grundlage des durchgeführten Gedankenexperiments.

Was die erste Behauptung angeht, so scheint es mir bei unserem Beispiel ganz klar auf der Hand zu liegen, dass ich kein Wort von den chinesischen Geschichten verstehe. Ich habe Eingaben und Ausgaben, die von denen eines Chinesisch als Muttersprache Sprechenden nicht zu unterscheiden sind, und ich mag über jedes beliebige formale Programm verfügen, aber trotzdem verstehe ich nichts. Aus eben diesem Grund versteht auch Schanks Computer nichts von den Geschichten, seien diese nun in Chinesisch, Englisch oder welcher Sprache auch immer abgefasst; denn im Fall des Chinesischen bin ich ja der Computer, und in den Fällen, wo der Computer ein Computer ist, hat er nichts weiter, als ich habe, wenn ich nichts verstehe.

Was die zweite Behauptung angeht, dass das Programm menschliches Verstehen erklärt, so wird deutlich, dass der Computer und sein Programm fürs Verstehen keine zureichenden Bedingungen schaffen, da ja der Computer und das Programm funktionieren, ohne dass es zu einem Verstehen kommt. [...]

Was habe ich nun also bei den englischen Sätzen, was ich bei den chinesischen Sätzen nicht habe? Die auf der Hand liegende Antwort lautet, dass ich bei ersteren weiß, was sie bedeuten, während ich bei letzteren nicht die geringste Ahnung habe, was sie bedeuten. Aber [...] warum sollen wir es, worum auch immer es sich dabei dreht, nicht einer Maschine mitgeben können? [...] Nun, ich vermute [...], dass das Computerprogramm für mein Verständnis der Geschichte einfach belanglos ist. Im Fall des Chinesischen habe ich alles, was artifizielle Intelligenz mittels eines Programms mir zu geben vermag, und ich verstehe nichts; im Fall des Englischen verstehe ich alles, und es gibt bislang keinen Grund anzunehmen, dass mein Verständnis das mindeste mit Computerprogrammen zu tun hat, will heißen, mit kalkulatorischen Operationen an rein formal spezifizierten Elementen. [...]

Ich verstehe Geschichten auf englisch; weniger gut kann ich Geschichten auf französisch verstehen; noch weniger gut Geschichten auf deutsch; und auf chinesisch gar nicht. Mein Auto und meine Rechenmaschine andererseits verstehen überhaupt nichts: Das ist nicht ihr Gebiet. Wir legen häufig Autos, Rechenmaschinen und sonstigen Kunsterzeugnissen metaphorisch bzw. analogisierend „Verstehen" oder andere kognitive Prädikate bei, aber solche Zuschreibungen beweisen nichts. Wir sagen: „Die Tür weiß, wann sie aufgehen muss, dank ihrer fotoelektrischen Zelle"; „Die Rechenmaschine kann addieren und subtrahieren (versteht sich darauf, ist imstande dazu), aber nicht dividieren"; und „Der Thermostat nimmt Temperaturen wahr". Der Grund, warum wir diese Zuschreibungen vornehmen, ist durchaus interessant, er hat mit dem Umstand zu tun, dass wir auf Kunsterzeugnisse unsere eigene Intentionalität[1] übertragen; unsere Werkzeuge sind der verlängerte Arm unserer Zielsetzungen, und deshalb finden wir es natürlich, ihnen metaphorisch Intentionalität zuzuschreiben; aber philosophisch, möchte ich meinen, ist dergleichen ohne Belang. Der Sinn, in dem eine automatische Tür „Instruktionen versteht", die von ihrer fotoelektrischen Zelle ausgehen, ist mitnichten der Sinn, in dem ich Englisch verstehe.

[...] Ich vertrete den Standpunkt, dass im wortwörtlichen Sinn der programmierte Computer das versteht, was das Auto und die Rechenmaschine verstehen, nämlich haargenau nichts. Das Verstehen des Computers ist nicht bloß (wie mein Verständnis des Deutschen) bruchstückhaft oder unvollständig; es ist gleich Null. [...]

Die Gehirnsimulator-Replik
Angenommen, wir entwerfen ein Programm, das nicht Informationen über die Welt nach Art der Informationen in Schanks Vorlage repräsentiert, sondern das die tatsächliche Abfolge der Neuronenaktivität in den Synapsen des Gehirns von jemandem, dessen Muttersprache Chinesisch ist, simuliert, wenn dieser Geschichten auf chinesisch hört und beantwortet. Die Maschine nimmt als Eingabe chinesische Geschichten und Fragen über diese Geschichten auf, simuliert die formale Struktur wirklicher Chinesengehirne bei der Verarbeitung dieser

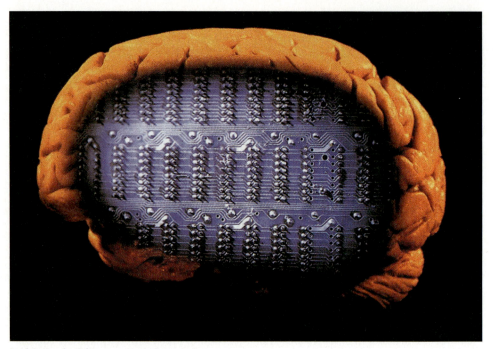

Funktioniert das Gehirn etwa wie ein Computer?

Geschichten und wirft chinesische Antworten als Ausgabe aus [...] – auf die Art und Weise, wie wahrscheinlich wirkliche menschliche Gehirne funktionieren, wenn sie eine natürliche Sprache verarbeiten. Nun würden wir doch in solch einem Fall sicher sagen müssen, dass die Maschine die Geschichten versteht; und wenn wir uns weigerten, das zu sagen, würden wir dann nicht auch bestreiten müssen, dass diejenigen, die Chinesisch als Muttersprache sprechen, die Geschichten verstehen? Was würde oder könnte auf der Synapsenebene das Programm des Computers vom Programm eines Chinesengehirns unterscheiden?"

[...] selbst wenn man der Funktionsweise des Gehirns so außerordentlich nahe käme, würde auch das noch nicht genügen, Verstehen zu erzeugen. Um das deutlich zu machen, stellen wir uns statt eines einsprachigen Menschen, der in einem Raum Symbolkarten durchblättert, diesen Menschen vor, wie er ein ausgetüfteltes System von Wasserleitungen betätigt, die durch Ventile miteinander verbunden sind. Wenn der Betreffende die chinesischen Symbole empfängt, sieht er im englischen Programm nach, welche Verbindungsventile er auf- oder zudrehen soll. Jede Verbindungsstelle entspricht einer Synapse im Chinesengehirn, und das ganze System ist so aufgebaut, dass, nachdem der Betreffende alle erforderlichen Aktivierungen vorgenommen, d. h. alle einschlägigen Hähne aufgedreht hat, die chinesischen Antworten am Ausgabeende des Rohrsystems ausgespuckt werden.

Wo nun ist in diesem System Verstehen? Das System empfängt Chinesisch als Eingabe, simuliert die formale Synapsenstruktur eines Chinesengehirns und produziert Chinesisch als Ausgabe. Aber zweifellos versteht der Mann kein Chinesisch, und ebensowenig tun das die Wasserleitungen, und falls wir versucht sein sollten, den in meinen Augen absurden Standpunkt einzunehmen, dass irgendwie die Verbindung von Mann und Wasserleitungen Verstehen beweist, brauchen wir uns nur daran zu erinnern, dass im

Prinzip der Betreffende die formale Struktur der Wasserleitungen sich insgesamt einverleiben und all die „Neuronenaktivierungen" in der Vorstellung vornehmen kann. Das Problem beim Gehirnsimulator ist, dass er vom Gehirn die falschen Sachen simuliert. Solange er nur die formale Struktur der Neuronenaktivierungen in den Synapsen simuliert, hat er nicht das Gehirn simuliert, worauf es ankommt, nämlich dessen Fähigkeit, intentionale Zustände hervorzurufen.

(Aus: John R. Searle: Geist, Gehirn, Programm. Übers. v. Ulrich Enderwitz. In: Walther Ch. Zimmerli/Stefan Wolf [Hrsg.]: Künstliche Intelligenz. Philosophische Probleme. Reclam: Stuttgart 1994, S. 232–265; hier: 232–250)

1 Intentionalität: Für Searle hier die Grundlage des Verstehens, insoweit damit ein Zustand des Geistes bezeichnet ist, durch den dieser sich auf Gegenstände in der Welt richten kann. (Vgl. 4.3.3)

1 Rekonstruieren und erörtern Sie Searles Argumentation gegen die beiden Behauptungen der „starken artifiziellen Intelligenz".

2 Ist Searles argumentative Zurückweisung der Gehirnsimulator-Replik schlüssig? Sind seine beiden Gedankenexperimente überzeugend konstruiert? Fallen Ihnen ähnliche oder abweichende Gedankenexperimente ein?

3 Beziehen Sie Searles Argumentation direkt auf Dörners Seelenverständnis und beurteilen Sie die Überzeugungskraft beider Ansätze. Welche Konsequenzen ergeben sich jeweils für die Stellung des Ich als Charakteristikum des menschlichen Bewusstseins?

4.3.3 Franz von Kutschera: Der Mensch ist keine Maschine

Im Anschluss an Searles Kritik der Gleichsetzung von Computersprache und menschlichem Verstehen wendet sich auch der zeitgenössische deutsche Philosoph Franz von Kutschera (geb. 1932) gegen die Identifikation von Computer und Mensch. Dabei stützt er seine Argumentation auf die menschliche Freiheit, von der her erst so etwas wie Intentionalität und der Vollzug von Handlungen verstehbar wird und die in ihrer prinzipiellen Unerklärbarkeit keinem Computer zugestanden werden kann.

Ließe sich menschliches Verhalten durch einen Computer simulieren, so läge es nach einem Argument von A. M. Turing nahe, auch Computern mentale Zustände, Bewusstsein, Denken und Erkenntnis zuzuschreiben. Turing hat ein „Imitationsspiel" beschrieben. Darin geht es nur um sprachliches Verhalten, da das Aussehen von Maschinen oder die Art der Fortbewegung von Robotern für die Zuschreibung mentaler Zustände letztlich irrelevant ist. Das Imitationsspiel sieht so aus: Ein Beobachter X sitzt in einem Raum, während sich in einem zweiten ein Computer C und ein Mensch Y befinden. X kann mit C und Y nur schriftlich über zwei getrennte Leitungen kommunizieren, er weiß aber nicht, mit wem er über die Leitung 1 und mit wem er über die Leitung 2 verbunden ist. Er soll das vielmehr aus den Antworten auf Fragen erschließen, die er seinen Korrespondenten über die Leitungen stellt. X weiß, daß C ihn zu täuschen sucht, während Y aufrichtig antwortet. Das nützt X aber wenig, denn die aufrichtige Auskunft von Y „Ich bin ein Mensch" ist ja für ihn möglicherweise eine Lüge von C. Kann X nun aufgrund der Antworten, die er erhält, nicht feststellen, über welche Leitung ihm der Computer antwortet, reicht also das sprachliche Verhalten von Y und C nicht für eine Unterscheidung von Mensch und Maschine aus, so hat er keinen Grund, dem einen Korrespondenten Intelligenz und Bewusstsein zuzusprechen, dem anderen hingegen nicht. Die Idee ist also: Das äußere, insbesondere das sprachliche Verhalten ist

© 1999 Matthias Brusdehyns:
Source Code

die einzige Grundlage für die Zuschreibung von Psychischem. Gibt es Computer, die das menschliche Sprachverhalten perfekt simulieren, so besteht daher kein Grund, ihnen nicht auch all jene mentalen Zustände und Fähigkeiten zuzusprechen, die wir Menschen zuschreiben. [...]

John Searle [...] wendet sich [...] gegen das Argument von Turing mit dem Hinweis, Maschinen hätten keine intentionalen Zustände. Sie operierten nur mit syntaktischen Symbolen, verbänden damit jedoch keine Bedeutungen; sie verstünden also weder die Fragen, die wir an sie richten, noch die Antworten, die sie geben. [...]

Das Argument von Searle lässt jedoch offen, warum wir Maschinen keine Intentionen zuschreiben können. Auch sie haben ja interne Zustände, und die könnten doch die gleiche funktionale Rolle für ihr sprachliches Verhalten spielen wie Absichten. Im Sinn des Funktionalismus[1] besteht dann kein Grund, sie nicht als Gedanken und Intentionen anzusehen. Searles Argument war: Maschinen bearbeiten Symbolfolgen, mit denen nur wir selbst einen Sinn verbinden. Ohne unsere Deutung der Zeichen könnte man nur sagen, die Maschine produziere Zeichenfolgen, nicht aber, sie liefere Informationen, sie mache Aussagen. Dieser Gedanke überzeugt aber nicht, denn so etwas wie Bedeutungen könnten wie gesagt interne Zustände der Maschine sein, und es wäre auch denkbar, dass eine Maschine auf unsere Frage zu antworten vermag, ob sie mit einer Symbolfolge, die sie ausdruckt, dies oder jenes meint. Searle würde in diesem Fall zwar wieder sagen: Sie antwortet nicht, sondern wir interpretieren auch die Zeichenfolgen, die sie auf unsere Frage hin ausdruckt. Welchen Grund haben wir aber, einer Maschine, die nach unserem Verständnis sinnvolle Antworten gibt, ein eigenes Verständnis unserer Fragen und ihrer Antworten abzusprechen? Müssen wir nicht auch die Laute oder Zeichenfolgen, die ein anderer Mensch von sich gibt, selbst interpretieren?

Searle bringt jedoch noch ein zusätzliches Argument, das nun den Kern des Problems trifft: Wir schreiben Menschen Handlungen zu. Das Verhalten einer Maschine ist aber nicht frei. Es ist zumindest statistisch determiniert, und daher können wir nicht sagen, sie handle so und so. Nach Searle können wir von Absichten nur bei Handlungen reden. Absichten leiten Handlungen, sonst kann man nur von Wünschen oder Interessen reden. Wenn Hans zu Fritz sagt, dessen Zug fahre erst um 12 Uhr, während er tatsächlich schon um 11 Uhr abfährt, und wenn Hans will, dass Fritz den Zug verpasst, so folgt daraus nicht, dass Hans Fritz belügt. Das kann man nur dann sagen, wenn er seine Aussage in der Absicht macht, dass Fritz seinen Zug verpassen soll, d. h. wenn sein Interesse sein Handeln bestimmt. Wir können danach Computern keine Intentionen zusprechen, und damit [...] auch nicht sagen, sie hätten die Fähigkeit zu sprachlicher Kommunikation. Selbst wenn wir aufgrund des äußeren Verhaltens eines Wesens nicht erkennen können, ob es ein Roboter oder ein Mensch ist, so setzt doch die Zuschreibung von Intentionen und Sprachfähigkeit voraus, dass wir es als freien Agenten ansehen.

Der Mechanist leugnet nun freilich gerade, dass Menschen frei handeln können, dass man ihnen also Intentionen im Sinn von Searle zuschreiben kann. Er wird sagen, man müsse die Rede von Freiheit, Absichten und Handlungen anders deuten, wenn ihr Anwendungsbereich nicht leer sein soll, in dieser Deutung könne man dann aber auch Maschinen Absichten und sprachliche Aktivitäten zusprechen. Dass man Maschinen etwas zuschreiben kann, was man dann „Intention" oder „Aktivität" nennt, ist aber ebenso unbestritten wie uninformativ. Die Frage ist, ob man ihnen das zuschreiben kann, was wir gewöhnlich so nennen. [...] Wenn Searles Argument allein, wie ihm selbst bewusst ist, auch noch keine Widerlegung des Mechanismus ergibt, weist es doch das Kriterium auf, auf das sich unsere Unterscheidung von Menschen und Maschinen und deren Verhalten stützt, sowie unsere Weigerung, Maschinen mentale Zustände zuzusprechen. Dieses Kriterium wird dann durch die Argumente für menschliche Freiheit legitimiert.

In diesem Abschnitt war vom Mechanismus die Rede. Die Überlegungen lassen sich aber verallgemeinern: Gäbe es eine Theorie menschlichen Verhaltens, die in dem Sinn vollständig ist, dass sich mit ihr alle Tatsachen des Verhaltens erklären lassen, so wäre unser Verhalten nicht frei, wir wären im normalen Sinn des Wortes keiner intentionalen Handlungen, keiner sprachlichen Kommunikation fähig. Freie Akte lassen sich zwar rational erklären, aber dabei wird nicht das Stattfinden der Akte, sondern nur ihre Rationalität erklärt. Die Annahme von Freiheit ist also unverträglich mit der Existenz einer vollständigen Theorie menschlichen Verhaltens, egal ob es sich danach durch Computer simulieren lässt oder nicht.

(Franz von Kutschera: Die falsche Objektivität. De Gruyter: Berlin/New York 1993, S. 84–90)

1 Funktionalismus: hier die Auffassung, nach der die Zuschreibung von Bewusstseinszuständen allein von funktionsgerechten Äußerungen der betroffenen Person (oder Maschine) abhängig gemacht wird.

1 Weisen Sie auf, in welchen Punkten Kutscheras Argumentation über die von Searle hinausgeht. Was könnte ein konsequenter Mechanist oder Reduktionist erwidern?

2 Kutscheras Argumentation steht und fällt mit der Annahme menschlicher Freiheit. Welche Gründe führt er selbst für die Plausibilität dieser Annahme an und wie lassen sich diese Gründe ergänzen? (Vgl. Zugänge 1, Teil III)

4.4 Thomas Nagel: Die Beschreibung von Subjektivität als philosophische Aufgabe

Bereits 1974 veröffentlichte der amerikanische Philosoph Thomas Nagel (geb. 1937) einen viel beachteten Aufsatz, in dem er sich mit dem Anspruch physikalistischer und neurophysiologischer Positionen auseinandersetzt, Subjektivität auf naturwissenschaftlich oder mathematisch beschreibbare Prozesse zu reduzieren. Schon der Titel seines Aufsatzes „What is it like to be a bat?" (Wie ist es eine Fledermaus zu sein?") signalisiert, dass das je eigene Erfahren und Erleben und die darin eingeschlossene höchst eigene Perspektive unüberschreitbar sind und nicht von außen angemessen mit naturwissenschaftlichen Kategorien erfasst werden können. Dennoch erhebt Nagel am Schluss seiner Überlegungen die Forderung, neue Begriffe und Theorien zu entwickeln, die Bewusstsein so objektivierend beschreiben, dass dieses auch für (gedachte) Wesen verständlich wird, die über keine subjektive Erlebnisqualität im Sinne von Bewusstsein verfügen.

Bewusste Erfahrung ist ein weit verbreitetes Phänomen. Sie taucht auf vielen Ebenen tierischen Lebens auf, obgleich wir nicht sicher sein können, dass sie in einfacheren Organismen vorkommt, und es sehr schwer ist, im Allgemeinen zu sagen, was Indizien für sie liefert. (Einige Extremisten waren geneigt, sie sogar in Bezug auf Säugetiere zu leugnen, insofern sie nicht Menschen sind.) Zweifellos taucht sie in zahllosen Formen auf, die für uns ganz und gar unvorstellbar sind – auf anderen Planeten in anderen Sonnensystemen überall im Universum. Aber ganz gleich wie die Formen voneinander abweichen mögen: Die Tatsache, dass ein Organismus *überhaupt* bewusste Erfahrung hat, heißt im Wesentlichen, dass es irgendwie ist, dieser Organismus zu *sein*. Es mag weitere Implikationen bezüglich der Form der Erfahrung geben; es mag sogar (obwohl ich es bezweifle) Implikationen bezüglich des Verhaltens des Organismus geben. Grundsätzlich aber hat ein Organismus bewusste mentale Zustände dann und nur dann, wenn es irgendwie ist, dieser Organismus zu *sein* – wenn es irgendwie *für* diesen Organismus ist.

Wir können dies den subjektiven Charakter von Erfahrung nennen. Er wird von keiner der vertrauten, neuerdings entwickelten reduktiven Analysen des Mentalen erfasst. Alle diese Analysen sind nämlich mit seiner Abwesenheit logisch vereinbar. Er ist nicht in der Begrifflichkeit irgendeines explanatorischen Systems funktionaler oder intentionaler Zustände[1] analysierbar. Diese Zustände könnten nämlich auch Robotern oder Automaten, die sich wie Menschen verhielten, zugeschrieben werden, obwohl sie keine Erlebnisse hätten. [...] Es ist zwecklos, eine Verteidigung des Materialismus auf irgendeine Analyse mentaler Phänomene zu gründen, die es versäumt, sich explizit mit ihrem subjektiven Charakter zu beschäftigen. [...] Wenn der Physikalismus verteidigt werden soll, müssen phänomenologische Eigenschaften[2] selbst physikalisch erklärt werden. Wenn wir aber ihren subjektiven Charakter untersuchen, scheint so etwas unmöglich zu sein. Der Grund dafür ist, dass jedes subjektive Phänomen mit einer einzelnen Perspektive verbunden ist; und es scheint unvermeidlich, dass eine objektive physikalische Theorie von dieser Perspektive abstrahieren wird. [...]

Um die Verknüpfung zwischen Subjektivität und einer Perspektive zu veranschaulichen und um die Wichtigkeit subjektiver Eigenschaften deutlich zu machen, wird es helfen, den Sachverhalt anhand eines Beispiels zu untersuchen, das die Verschiedenheit der subjektiven und der objektiven Betrachtungsweise klar herausstellt.

Ich nehme an: Wir alle glauben, dass Fledermäuse Erlebnisse haben. Schließlich sind sie Säugetiere, und es gibt keinen größeren Zweifel daran, dass sie Erlebnisse haben als daran, dass Mäuse, Tauben oder Wale Erlebnisse haben. Ich habe Fledermäuse gewählt statt Wespen oder Flundern, weil man das Vertrauen darauf, dass es da Erlebnisse gibt, schrittweise verliert, wenn man den phylogenetischen Baum zu weit nach unten klettert. Obwohl Fledermäuse uns näher verwandt sind als diese anderen Arten, weisen sie einen Sinnesapparat und eine Reihe von Aktivitäten auf, die von den unsrigen so verschieden sind, dass das Problem, das ich vorstellen möchte, besonders anschaulich ist. Jeder, der einige Zeit in einem geschlossenen Raum mit einer aufgeregten Fledermaus verbracht hat, weiß auch ohne die Hilfe philosophischer Reflexion, was es heißt, einer grundsätzlich *fremden* Form von Leben zu begegnen.

Ich habe gesagt, das Wesentliche an dem Glauben, dass Fledermäuse Erlebnisse haben, sei, dass es irgendwie ist, eine Fledermaus zu sein. Heute wissen wir, dass die meisten Fledermäuse die Außenwelt primär durch Radar oder Echolotortung wahrnehmen, indem sie das von Objekten in ihrer Reichweite zurückgeworfene Echo ihrer raschen und kunstvoll modulierten Hochfrequenzschreie registrieren. Ihre Gehirne sind dazu bestimmt, die Ausgangsimpulse mit dem darauf folgenden Echo zu korrelieren. Die so erhaltene Information befähigt Fledermäuse, eine genaue Unterscheidung von Abstand, Größe, Gestalt, Bewegung und Struktur vorzunehmen, die derjenigen vergleichbar ist, die wir beim Sehen machen. Obwohl das Fledermaus-Radar klarerweise eine Form von Wahrnehmung ist, ist es in seinem Funktionieren keinem der Sinne ähnlich, die wir besitzen. Auch gibt es keinen Grund zu der Annahme, dass es subjektiv so wie irgendetwas ist, das wir erleben oder das wir uns vorstellen können. Das scheint für den Begriff davon, wie es ist, eine Fleder-

Eine mittelamerikanische „Blumenfledermaus" trinkt Nektar aus einer Blüte, eine zweite wartet im Rüttelflug, bis sie am Zug ist.

maus zu sein, Schwierigkeiten zu bereiten. Wir müssen überlegen, ob uns irgendeine Methode erlauben wird, das Innenleben der Fledermaus aus unserem eigenen Fall zu erschließen, und falls nicht, welche alternativen Methoden es geben mag, um sich davon einen Begriff zu machen.

Unsere eigene [subjektive] Erfahrung liefert die grundlegenden Bestandteile für unsere Phantasie, deren Spielraum deswegen beschränkt ist. Es wird nicht helfen, sich vorzustellen, dass man Flughäute an den Armen hätte, die einen befähigen, bei Einbruch der Dunkelheit und im Morgengrauen herumzufliegen, während man mit dem Mund Insekten finge; dass man ein schwaches Sehvermögen hätte und die Umwelt mit einem System reflektierter akustischer Signale aus Hochfrequenzschreien wahrnähme; und dass man den Tag an den Füßen nach unten hängend in einer Dachkammer verbrächte. Insoweit ich mir dies vorstellen kann (was nicht sehr weit ist), sagt es mir nur, wie es für *mich* wäre, mich so zu verhalten, wie sich eine Fledermaus verhält. Das aber ist nicht die Frage. Ich möchte wissen, wie es für eine *Fledermaus* ist, eine Fledermaus zu sein. Wenn ich mir jedoch dies nur vorzustellen versuche, bin ich auf die Ressourcen meines eigenen Bewusstseins eingeschränkt, und diese Ressourcen sind für das Vorhaben unzulänglich. Ich kann es weder ausführen, indem ich mir etwas zu meiner gegenwärtigen Erfahrung hinzudenke, noch indem ich mir vorstelle, Ausschnitte würden davon schrittweise weggenommen, noch indem ich mir Kombinationen aus Hinzufügungen, Wegnahmen und Veränderungen ausmale.

[...] Selbst wenn ich schrittweise in eine Fledermaus verwandelt werden könnte, könnte ich mir in meiner gegenwärtigen Konstitution überhaupt nicht vorstellen, wie die Erlebnisse in einem solchen zukünftigen Stadium nach meiner Verwandlung beschaffen wären. Die besten Indizien würden von den Erlebnissen von Fledermäusen kommen, wenn wir nur wüssten, wie sie beschaffen sind.

Wenn nun die Extrapolation unseres eigenen Falles[3] in der Vorstellung davon, wie es ist, eine Fledermaus zu sein, enthalten ist, muss diese Extrapolation[4] unvollständig bleiben. Wir können uns nicht mehr als einen schematischen Begriff davon machen, wie es *ist*. Zum Beispiel können wir einem Tier auf der Grundlage seiner Struktur und seines Verhaltens allgemeine *Arten* von Erfahrung zuschreiben. Wir beschreiben nämlich das Radar der Fledermaus als eine Form dreidimensionaler, vorwärtsgerichteter Wahrnehmung. Wir glauben, dass Fledermäuse irgendwelche Spielarten von Schmerz, Angst, Hunger und Verlangen fühlen und dass sie neben dem Radar andere, vertrautere Arten von Wahrnehmungen besitzen. Wir glauben aber, dass diese Erlebnisse in jedem Fall auch einen bestimmten subjektiven Charakter haben, der jenseits unserer Fähigkeit liegt, uns einen Begriff davon zu machen. Und wenn es anderswo im Universum bewusstes Leben gibt, ist es wahrscheinlich, dass einiges davon selbst in den allgemeinen Erfahrungsbegriffen, die uns zur Verfügung stehen, nicht beschrieben werden kann.

(Das Problem ist jedoch nicht auf exotische Fälle beschränkt; es besteht nämlich auch zwischen zwei Personen. Der subjektive Charakter der Erfahrung einer z. B. von Geburt an tauben und blinden Person ist mir nicht zugänglich, und wahrscheinlich ihr auch nicht der meinige. Dies hält keinen von uns davon ab zu glauben, dass die Erlebnisse des anderen einen subjektiven Charakter haben.)

Wenn irgend jemand zu leugnen geneigt ist, dass wir glauben können, es gäbe solche Tatsachen, deren genaue Natur wir unmöglich erfassen können, sollte er bedenken, dass wir uns beim Nachdenken über Fledermäuse im Großen und Ganzen in der gleichen Lage befinden, in der sich intelligente Fledermäuse oder Marsmenschen befinden würden, wenn sie versuchten, sich einen Begriff davon zu machen, wie es ist, *wir* zu sein. Die Struktur ihres eigenen Bewusstseins mag es ihnen unmöglich machen, Erfolg zu haben; wir jedenfalls wissen, dass sie sich irrten, wenn sie zu dem Schluss gelangten, dass es keine bestimmte Erfahrung davon gibt, wie es ist, *wir* zu sein. […] Wir wissen, dass sie darin fehl gingen, solch eine skeptische Konsequenz zu ziehen, weil wir wissen, wie es ist, *wir* zu sein. Obwohl dies eine außerordentlich hohe Vielfalt und Komplexität einschließt, und obwohl wir kein Vokabular besitzen, es angemessen zu beschreiben, wissen wir, dass sein subjektiver Charakter sehr spezifisch ist und in einigen Hinsichten in einer Begrifflichkeit beschrieben werden muss, die nur von Wesen verstanden werden kann, die uns ähnlich sind. Die Tatsache, dass wir nicht erwarten können, in unserer Sprache jemals eine detailliertere Beschreibung der Phänomenologie von Marsmenschen oder Fledermäusen zustande zu bringen, sollte uns nicht dazu verleiten, die Behauptung, dass Fledermäuse und Marsmenschen Erlebnisse haben, die an Reichtum an Details unseren eigenen voll vergleichbar sind, als sinnlos zu verwerfen. Es wäre schön, wenn jemand Begriffe und eine Theorie entwickeln würde, die es uns möglich machten, über solche Dinge nachzudenken. Es kann aber auch sein, dass uns ein solches Verständnis aufgrund der Schranken unserer Natur dauerhaft versagt ist. […]

Gegenwärtig sind wir völlig unausgerüstet, um über den subjektiven Charakter der Erfahrung nachzudenken, ohne uns auf die Phantasie zu verlassen – ohne die Perspektive des Subjektes einzunehmen, das Erlebnisse hat. Diese Tatsache sollte als eine Herausforderung angesehen werden, neue Begriffe zu bilden und neue Methoden zu entwickeln: eine objektive Phänomenologie, die von Einfühlung oder Phantasie unabhängig ist. Obwohl sie wahrscheinlich nicht alles erfassen würde, wäre es ihre Aufgabe, den subjektiven Charakter von Erlebnissen wenigstens teilweise in einer Form zu beschreiben, die für Wesen verständlich ist, die solche Erlebnisse nicht haben können.

(Thomas Nagel: Wie ist es, eine Fledermaus zu sein? In: Peter Bieri [Hrsg]: Analytische Philosophie des Geistes. Übers. von Ulrich Diehl. Anton Hain: Meisenheim, Königstein/Ts. 1981, S. 261–275; hier: S. 261–271)

1 explanatorisches System funktionaler oder intentionaler Zustände: erklärendes System von Zuständen, die wirksam oder zielgerichtet sind; z. B. die Theorien von Dörner oder Damasio, soweit sie Subjektivität als funktionale Verhaltensweise erfassen wollen.
2 phänomenologische Eigenschaften: hier: an einem Subjekt erscheinende Qualitäten, besonders das zentrierte Bewusstsein.
3 Extrapolation unseres eigenen Falles: hier: begriffliche Bestimmung der eigenen subjektiven Bewusstseinszustände.
4 diese Extrapolation: begriffliche Bestimmung der inneren Zustände einer Fledermaus

1 „Wie ist es eine Fledermaus zu sein?": Rekonstruieren Sie Nagels Antwort auf diese Frage und zeigen Sie auf, inwiefern die Antwort eine Kritik am Physikalismus bzw. Materialismus einschließt.

2 Erörtern Sie die Berechtigung von Nagels Kritik am Physikalismus in Bezug auf Dörners und Damasios Position. Warum machen Searles Differenzierung von künstlicher und menschlicher Intelligenz und Kutscheras Rekurs auf die Freiheit Nagels Kritik nicht überflüssig?

3 In **Kafkas Erzählung „Die Verwandlung"** schildert der Erzähler aus der Perspektive des morgens als Käfer erwachenden Handlungsreisenden Samsa die Geschehnisse. Wird damit Nagels These über die Unmöglichkeit, radikal fremdes Erleben beschreiben zu können, widerlegt?

4 Wie schätzen Sie Nagels am Schluss seines Aufsatzes erhobene Forderung ein, neue objektivierende Begriffe und Methoden zu entwickeln, die den subjektiven Charakter von Erlebnissen so beschreiben, dass er für Wesen verständlich wird, die solche Erlebnisse nicht haben? Versuchen Sie ggf. eine solche Beschreibung.

4.5 Thomas Metzinger: Das Ich als Selbstmodell des Gehirns

Der 1958 geborene deutsche Philosoph Thomas Metzinger unternimmt in seinem Buch „Subjekt und Selbstmodell" den Versuch, die Perspektivität des menschlichen Bewusstseins auf dem Hintergrund einer physikalistischen bzw. naturalistischen Theorie zu erklären. Ihm kommt es also darauf an, einen Mittelweg zu gehen zwischen dem Materialismus Dörners, der das Problem der Subjektivität des Mentalen nicht wirklich erfassen und beschreiben kann, und dem nichtreduktionistischen Standpunkt Nagels, der die subjektive Perspektive für irreduzibel hält. Damit versucht Metzinger die von Nagel erhobene Forderung einzulösen, Subjektivität im Rahmen eines objektiven Beschreibungsmodells auch für solche Lebewesen verständlich zu machen, die selber kein Bewusstsein im Sinne unserer Subjektivität haben.

Der gewählte Auszug stammt hauptsächlich aus dem 5. Kapitel des durch eine Fülle von Fachtermini schwer lesbaren Werkes und präsentiert dessen neuartigen Erklärungsansatz in Gestalt von zwei Metaphern. Im Anschluss daran stellt Metzinger wesentliche Züge seiner naturalistischen Bewusstseinstheorie in begrifflicher Form zusammengefasst dar.

Auf dem Weg zu einer neuen Theorie des Geistes

Wir sind Wesen, die einen Teil ihrer eigenen Zustände bewusst erleben. In dieser knappen Formulierung sind bereits die drei wesentlichen Elemente des psychologischen Subjektbegriffs benannt: Identität, Bewusstsein und Erlebnisträgerschaft. Diese drei begrifflichen Elemente beziehen sich auf die drei phänomenologischen Säulen psychologischer Subjektivität, also auf das Fundament und die tragenden Elemente des phänomenalen Ich. Die erste phänomenologische Säule ist das *Selbst*. Es vereint alle subjektiven Zustände als meine Zustände und wird gleichzeitig durch sie konstituiert. Die zweite phänomenologische Säule des Ich ist das *Bewusstsein:* Die scheinbar unmittelbare und direkte *Gegebenheit* seiner Inhalte. [...] Ich erlebe meine inneren Zustände und auch die Welt als Bewusstseinsinhalte. Das bedeutet: Diese Inhalte werden durch eine gemeinsame Qualität miteinander verbunden, eben durch ihre subjektiv erlebte Bewusstheit. [...]

Die Inhalte des Selbstbewusstseins jedoch besitzen zudem noch ein weiteres Charakteristikum, eine *Erlebnisqualität*. Diese Qualität des Erlebten bildet die dritte Säule des phänomenalen Ich, sie ist dasjenige Merkmal, welches unserem Innenleben seine unhintergehbare Konkretheit, seinen Reichtum und seine Buntheit verleiht. Die eben genannten begrifflichen Elemente von Subjektivität – Identität, Bewusstheit und Erlebnisträgerschaft – versuchen, das Wesen der drei phänomenologischen Säulen unseres selbstbewussten Erlebens zu erfassen und einzufangen. [...]

Was wir benötigen, ist eine naturalistische Theorie des Selbst, die uns überzeugend erklärt, wie von unserem Gehirn erzeugte innere Repräsentate von Teilen der Welt zu *unseren* mentalen Erlebnissen werden können, ohne dabei mit empirischen Fakten aus den Kognitions- und Neurowissenschaften zu kollidieren.

(Thomas Metzinger: Subjekt und Selbstmodell. Die Perspektivität phänomenalen Bewusstseins vor dem Hintergrund einer naturalistischen Theorie mentaler Repräsentation. mentis: Paderborn ²1999, S. 21–27)

1 Zu Beginn differenziert Metzinger den von Nagel gebrauchten Begriff der Subjektivität. Verdeutlichen Sie die drei Bestandteile seines Subjektbegriffs und achten Sie bei der weiteren Lektüre darauf, welchen Aspekt Metzinger in seiner Theorie ins Zentrum rückt.

Vom Subjekt zum Selbstmodell: Perspektivität ohne Ego

[...] Ein Flugsimulator ist ein Gerät, an dem zukünftige Piloten ausgebildet werden. Es dient auch dazu, das Verhalten in unvorhergesehenen und kritischen Situationen zu üben, ohne das Risiko eines tatsächlichen Absturzes einzugehen. Flugsimulatoren wurden bereits zu Anfang des Jahrhunderts eingesetzt, seitdem sind sie technisch ständig verbessert worden. In den heute technisch bereits überholten Standardmodellen befinden sich die Kandidaten häufig in einer Kabine, die auf großen Teleskopfüßen oder einer Bewegungsplattform ruht. Diese Teleskopfüße werden von einem Rechner angesteuert, der auf diese Weise für den in der Kabine sitzenden Flugschüler alle Bewegungen eines wirklichen Flugzeugs nachahmen kann. In der Kabine befindet sich ein realistisch gestaltetes Cockpit mit allen Instrumenten und Steuerungswerkzeugen, die ein echtes Flugzeug auch besitzt. Der Schüler blickt auf den ebenfalls von einem Computer angesteuerten Videobildschirm, der ihm eine visuelle Simulation des Blicks aus dem Cockpit liefert. [...] Diese visuelle Simulation der Außenwelt wird mit großer Geschwindigkeit und in Abhängigkeit von den Handlungen des Piloten ständig aktualisiert. [...] Auf diese Weise kann ein Flugschüler den Umgang mit den Bordinstrumenten sowie die Reaktion eines Luftfahrzeuges auf seine Handlungen kennen lernen und gefahrlos die wichtigsten Grundoperationen einüben, deren Beherrschung für einen guten Piloten unerlässlich ist.

Menschliche Gehirne funktionieren auf sehr ähnliche Weise. Aus gespeicherten Informationen und dem ständigen Input, den ihnen die Sinnesorgane liefern, konstruieren sie ein internes Modell der äußeren Wirklichkeit. Dieses Modell ist ein *Echtzeit-Modell*: Es wird mit so hoher Geschwindigkeit und Effektivität aktualisiert, dass wir es im Allgemeinen nicht mehr *als* ein Modell erleben. Die phänomenale Wirklichkeit ist für uns kein von einem Gehirn erzeugter Simulationsraum, sondern auf sehr direkte und erlebnismäßig unhintergehbare Weise schlicht *die Welt, in der wir leben*. Einen Flugsimulator dagegen erkennen wir auch dann, wenn wir als Flugschüler gerade konzentriert mit ihm arbeiten, immer noch *als* Flugsimulator – wir glauben niemals, dass wir *wirklich* fliegen. Das liegt daran, dass das Gehirn uns ein wesentlich besseres Modell der Welt liefert als der Computer, der den Flugsimulator ansteuert. Die Bilder, die unser visueller Cortex erzeugt, sind wesentlich schneller, zuverlässiger und besitzen eine viel höhere Auflösung und einen größeren Detailreichtum als die Bilder auf dem Monitor des Übungssimulators. Darum erkennen wir die Bilder auf dem Monitor auch jederzeit *als* Bilder, weil wir einen wesentlich höheren repräsentationalen Standard[1] besitzen, mit dem wir sie vergleichen können. Wenn die Teleskopfüße die Kabine, in der der Flugschüler seine Übungsstunde absolviert, rütteln oder stoßen, um das Durchfliegen von „Luftlöchern" oder die Konsequenzen ungeschickter Steuermanöver zu simulieren, dann werden auch diese Rüttel- und Stoßbewegungen uns nicht wirklich täuschen können. Denn die auf unseren propriozeptiven und kinästhetischen[2] Körperwahrnehmungen beruhenden mentalen Modelle unserer *eigenen* Körperbewegungen sind viel detailreicher und überzeugender, als die von einem Rechner erzeugten Simulationen von Bewegungen des Flugzeugs es jemals sein könnten.

Unser Gehirn unterscheidet sich aber von einem Flugsimulator noch in vielen anderen Punkten. Es verfügt über wesentlich mehr *Modalitäten*: Das Sehen, die akustische Wahrnehmung, den Geruchs- und Geschmackssinn, den Tastsinn und die „Eigenwahrnehmung" des Körpers. Es ist in der Lage, die aus verschiedenen Modalitäten stammende Information bruchlos zu einem *einheitlichen* Modell der Wirklichkeit zu verschmelzen (eine Aufgabe, die auch im Flugsimulator noch dem Gehirn des Probanden überlassen bleibt.). Es arbeitet zudem wesentlich schneller. Die von ihm erzeugten multimodalen Bilder der Wirklichkeit sind zuverlässiger und detailreicher als die künstlichen Bilder, die wir heutzutage kennen – eine Situation, die sich recht bald ändern wird. Außerdem sind Gehirne im Gegensatz zu Flugsimulatoren nicht auf einen eng umgrenzten Anwendungsbereich fixiert, sondern offen für eine Unendlichkeit von repräsentationalen Situationen und Simulationsproblemen. Gehirne sind *General Problem Solvers*[3]. Das in unserem Zusammenhang wichtigste Unterscheidungsmerkmal zwischen einem menschlichen Gehirn und einem Flugsimulator ist jedoch ein ganz anderes: *Menschliche Gehirne simulieren den Piloten gleich mit.*

Denn natürlich gibt es keinen Homunkulus im System. Es gibt aber die Notwendigkeit für das System *als Ganzes*, sich seine eigenen inneren und äußeren Handlungen selbst zu erklären. Es muss nämlich ein repräsentationales Werkzeug besitzen, mit dessen Hilfe es kritische Eigenschaften[4] seiner selbst durch interne Simulation überwachen und sich selbst die Geschichte seiner eigenen Handlungen auch intern als *seine* Geschichte darstellen kann. Dieses Werkzeug ist das, was ich als das mentale Selbstmodell des Organismus bezeichne […].

Das Gehirn unterscheidet sich nun von einem Flugsimulator unter anderem dadurch, dass es nicht von einem Piloten benutzt wird, der vorübergehend in es „eingestiegen" ist. Es operiert wie ein „*Totaler Flugsimulator*": Der *Totale Flugsimulator* ist ein selbstmodellierendes Flugzeug, das schon immer ohne Piloten fliegt und in *seinem* Flugsimulator ein komplexes Bild von sich selbst erzeugt. Weil es aber in einem naiv-realistischen Missverständnis dieses Bild als *Ding* interpretiert, entsteht in einem Flugsimulator „der Pilot". Dieses repräsentationale Missverständnis erzeugt gleichzeitig auf der Ebene des subjektiven Erlebens ein phänomenales *Selbst*missverständnis. Jenes Defizit an subjektivem Wissen über die Entstehungsbedingungen und die innere Struktur unseres Selbstbewusstseins zieht dann das platonische Bild vom Steuermann und die Geburt des cartesianischen Mythos nach sich, die vielen falschen Theorien vom „Piloten", der vorübergehend in den Körper „eingestiegen" ist. All diese Theorien erweisen sich nun im Rahmen unseres objektiven Wissenszuwachses auf schmerzliche Weise als unwahr. Im Gegenteil: Das Gehirn *aktiviert* den Piloten, und zwar immer dann, wenn es ihn als repräsentationales Werkzeug benötigt, um die Aktivitäten des Gesamtsystems zu überwachen und mental abzubilden. Braucht das System für einen gewissen Zeitraum kein funktional aktives Selbstmodell mehr, so wird es einfach abgeschaltet. Mit dem Selbstmodell verschwindet auch das Erlebnissubjekt: Der Schlaf ist der kleine Bruder des Todes.

Wenden wir uns der *zweiten*, der *repräsentationalen* Metapher für die Struktur unseres phänomenalen Bewusstseins zu. Menschliche Organismen im Wachzustand gehören zu einer bestimmten Klasse informationsverarbeitender Systeme, nämlich zur Klasse der *Selbstmodellgeneratoren*. Von den Angehörigen anderer Systemklassen unterscheidet Selbstmodellgeneratoren die Fähigkeit, die intern von ihnen erzeugten Repräsentationsräume durch ein Selbstmodell zu ergänzen. Dadurch werden diese Räume zu zentrierten Repräsentationsräumen: Sie gleichen jetzt einer *fixierten* inneren Landkarte der Welt, die auf die Interessen und Bedürfnisse eines individuellen Benutzers zugeschnitten ist – ähnlich wie der an der Wand eines U-Bahnhofes fest angebrachte Stadtplan mit einem kleinen roten Pfeil und dem Hinweis „SIE BEFINDEN SICH HIER". Dieser kleine rote Pfeil ist das „Selbstmodell des Stadtplanbenutzers", das die Position und damit auch die Interessen möglicher Benutzer eines solchen externen Repräsentats in diesem noch einmal spezifiziert. Durch den kleinen roten Pfeil und den indexikalischen Hinweissatz „SIE BEFINDEN SICH HIER" verliert der Stadtplan seine Universalität und wird zu einem Orientierungswerkzeug, das nur noch an einem einzigen Ort in der Welt erfolgreich von allen potentiellen Benutzern eingesetzt werden kann.

Die von menschlichen Gehirnen erzeugten multimodalen Landkarten der Welt sind dagegen *generelle* Realitätsmodelle, die sich der jeweiligen Situation des Organismus anpassen und in Echtzeit aktualisiert werden. Da sie zudem *interne* Modelle der Welt sind, ist der Benutzer, dem sie dienen, in allen Situationen faktisch derselbe.

[...] Wenn man so will, dann sind Selbstmodelle die kleinen roten Pfeile, die in komplexen mentalen Landkarten der Wirklichkeit die Eigenschaften des mentalen Geografen selbst *für* ihn noch einmal abbilden.[5] Deshalb verwandeln sie – solange sie funktional aktiv sind – die Realitätsmodelle, in die sie vom System eingebettet werden, in *benutzerzentrierte* Repräsentate: Nicht nur aus Gründen ihrer physikalischen Internalität, sondern auch durch ihre strukturell-repräsentationale Fixierung auf einen einzigen Anwender, sind auf diese Weise zentrierte Realitätsmodelle nur noch für ein einziges System sinnvolle Instrumente. Abstrakte Organe wie mentale Modelle der Welt und

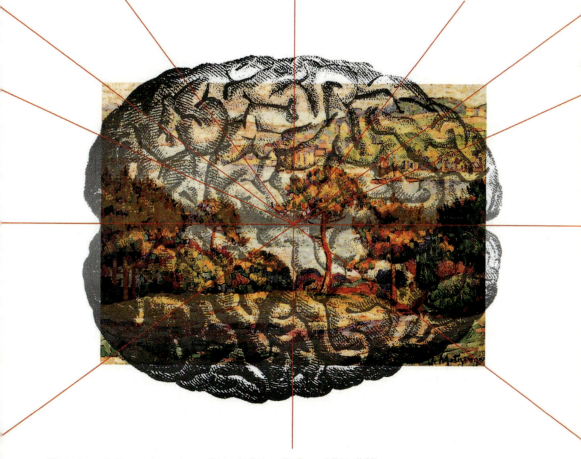

Die Bucht von St. Tropez mit unterlegtem Gehirn (Subjekt und Selbstmodell, Titelbild)

des Selbst sind deshalb auch nicht transplantierbar, denn ihr *funktionales Profil* – das durch extraorganismische Relationen gepägt wird – kann nicht beliebig in ein anderes System überführt werden. [...]

Mentale Selbstmodellierung und die Würde informationsverarbeitender Systeme

Wir sind mentale Selbstmodelle informationsverarbeitender Biosysteme und zentrieren eine kritische Teilmenge ihrer internen Repräsentate der Welt. Werden wir nicht errechnet, so gibt es uns nicht. Als geistige Wesen sind wir somit Teil einer evolutionären Strategie: Gewisse Organismen können mit unserer Hilfe ihren internen Simulationsraum zentrieren, wesentlich differenzieren und so ein beträchtlich höheres Maß an Information verarbeiten. Dies stellte für sie einen Vorteil im Kampf ums Überleben dar. Das psychologische Subjekt ist somit ein abstraktes Organ, das von einem biologischen Organismus episodisch aktiviert wird, um gewisse Ziele zu verfolgen. Als über ihren repräsentationalen Gehalt individuierte Datenstruktur stellt es einen Teil der Eigenschaften des sie erzeugenden Systems *für* dieses intern noch einmal dar. [...]

Biologische Informationsverarbeitung ist ein weit aufregenderes Phänomen, als mythische Ätherleiber und die Metaphysik der Seele es jemals sein könnten. Die von unseren Gehirnen geöffneten Simulationsräume machen uns zu *offenen* Wesen, die eine unermesslich große Zahl von Problemen erfassen und strategisch angehen können. Die mit der Plastizität und dem repäsentationalen Potenzial unserer mentalen Realitätsmodelle einhergehende Palette *phänomenaler* Zustände ist so groß, dass es keinem einzelnen menschlichen Individuum jemals gelingen wird, die Tiefe seines subjektiven Erlebnisraumes vollständig auszuloten. [...]

Wir sind gleichzeitig soziale Subjekte. Das heißt: Wir sind nicht nur isoliert operierende natürliche Repräsentationssysteme, sondern immer schon eingebunden in *umfassendere* Systeme der Repräsentation und Kommunikation. Menschliche Wesen, die über ihr Innenleben kommunizieren, erzeugen eine Art Interface zwischen zwei sehr verschiedenen Arten von informationsverarbeitenden Systemen, nämlich zwischen Gesellschaften und Gehirnen. Die von diesen Systemen verwendeten Codes bedienen sich verschiedener Darstellungsformen: sprachlicher Ausdrücke und mentaler Modelle. Durch Differenzen in den verwendeten Formaten ergeben sich Vermittlungsprobleme zwischen den sozial und mental generierten Modellen der Wirklichkeit und des Subjekts selbst. Trotzdem macht die Einbettung menschlicher Individuen in umfassendere Repräsentationssysteme mit einer eigenen geschichtlichen Dynamik eine weitere wichtige Dimension ihres psychischen Reichtums aus. [...]

Man sieht: Wir sind nicht nur blinde Roboter des Gen-Pools, die – gefangen in einem illusionären, naiv-realistischen Selbstmissverständnis – eine kurze Zeit an dessen Optimierung arbeiten und dann wieder von dem kalten, leeren Universum verschluckt werden, das sie vorübergehend erzeugt hat. [...] Wir erzeugen qualitatives Selbstbewusstsein. Dadurch, dass wir perspektivisch organisierte Repräsentationsräume in uns öffnen, bringen wir psychologische Subjektivität *in die Welt*. Aus der hier skizzierten Theorie des Geistes geht nicht hervor, dass es nicht auch einmal künstliche Systeme geben könnte, die dieselbe Art von „repräsentational fundierter Würde" besitzen, aber vom Makel der Endlichkeit, zumindest jedoch vom Makel der Kurzlebigkeit frei wären. All diese Einsichten und Spekulationen werden jedoch die Wunde nicht heilen können, die uns durch das Bewusstsein unserer radikalen Sterblichkeit geschlagen wird.

[...] Die physikalische Welt ist wesentlich reichhaltiger, als wir zumeist gedacht haben, weil sie ein psychisches Potenzial besitzt. Auf ihrer Grundlage können biologische Formen der Informationsverarbeitung entstehen, die schließlich zur Aktivierung von Selbstmodellen und der Öffnung von zentrierten Simulationsräumen führen. Wenn man so will, hat sich im Menschen die Richtung der Evolution umgekehrt: Sie geht nach *innen*. Das soll heißen: Wenn [...] eine immer bessere Form der *internen* Selbstmodellierung das Entwicklungsziel ist, dann geht es um eine repräsentational optimierte Innerlichkeit. Zur biologischen Evolution tritt dann eine psychische Weiterentwicklung hinzu. Diese psychische Evolution besteht in der Perfektion der abstrakten Organe, die ich als mentale Modelle bezeichnet habe. Eine besondere Bedeutung kommt dabei jenen mentalen Modellen zu, die das Potenzial besitzen, vorübergehend in das aktuelle Selbstmodell des Systems eingebettet zu werden.

In diesem Sinne kehrt auch eine naturalistische Theorie des Subjekts zurück zu einem klassischen Motiv der abendländischen Philosophie, das bereits in der Inschrift des apollinischen Tempels zu Delphi seinen Ausdruck gefunden hat. [...] Wenn der Kern unseres Daseins als geistige Wesen und Subjekte phänomenaler Zustände in der Tatsache zu finden ist, dass wir zur Klasse der Selbstmodellerzeuger gehören, dann besteht unsere Würde darin, genau diese Eigenschaft anzuerkennen und zu vervollkommnen. Bei einem solchen Unternehmen spielt aber wiederum die theoretische Form der Selbsterkenntnis eine entscheidende Rolle, weil sie uns ein besseres Verständnis der biologischen, funktionalen und repräsentationalen Grundlagen der Innerlichkeit unserer subjektiven Erlebnisse ermöglicht. [...]

(Aus: Thomas Metzinger: Subjekt und Selbstmodell. Die Perspektivität phänomenalen Bewusstseins vor dem Hintergrund einer naturalistischen Theorie mentaler Repräsentation. mentis Verlag: Paderborn, 2. durchges. Aufl. 1999, S. 241–245; 284–291)

1 repräsentationaler Standard: Auflösungsniveau und -dichte der vom Gehirn erzeugten Bilder, insoweit sie wirkliche Zustände abbilden (repräsentieren). (Vgl. 4. 2: „Wie das Gehirn Geist erzeugt")
2 propriozeptive und kinästhetische Körperwahrnehmungen: Wahrnehmungen, die aus dem eigenen Körper kommen und ihn unbewusst kontrollieren.
3 General Problem Solver (GPS): Ein GPS im Sinne des klassischen Ansatzes der Künstlichen Intelligenz ist ein System, das sich mittels einer „Zweck-Mittel-Analyse" stufenweise durch einen Raum möglicher Problemlösungsstrategien bewegt. [Bearb. Originalanmerkung des Autors Th. Metzinger]
4 kritische Eigenschaften: hier: sich unterscheidende Eigenschaften
5 Dieser Vergleich hinkt unter anderem deshalb, weil mentale Modelle keine Variablen besitzen. [...] Der kleine rote Pfeil auf dem Stadtplan an der Wand des U-Bahnhofes dagegen ist eine Variable, weil verschiedene Passagiere die Karte benutzen können, indem sie sich mit dem kleinen roten Pfeil identifizieren (sich sozusagen in das Realitätsmodell des Stadtplanes „inkarnieren"). [Originalanmerkung von Thomas Metzinger]

1 „Wir sind mentale Selbstmodelle informationsverarbeitender Biosysteme [...]. Gewisse Organismen können mit unserer Hilfe ihren internen Simulationsraum zentrieren [...]." (Z. 228 ff.) Erklären Sie den Sinn dieser paradox wirkenden Formulierungen Metzingers. Inwiefern wird hier Subjektivität naturalistisch beschrieben?

2 Die von Metzinger gewählten „repräsentationalen" Metaphern dienen der Veranschaulichung seiner Theorie, mit der er das Phänomen der perspektivischen Subjektivität naturalistisch zu erklären versucht. Verdeutlichen Sie Leistung und Grenzen beider Metaphern:
  • Wo liegt jeweils ihr Erklärungsfokus?
  • Gelingt mit ihnen tatsächlich eine objektivierende (naturalistische) Erklärung, die alle drei Komponenten von Subjektivität für sie nicht besitzende Wesen plausibel macht?

3 Rekonstruieren Sie die verschiedenen Bestimmungen, die Metzinger dem Menschen zuschreibt, und erklären Sie deren Stellenwert innerhalb der biologischen Evolution.

4 Worin sieht Metzinger die besondere Würde des Menschen und welche Rolle spielt hierbei die theoretische Selbsterkenntnis in der Philosophie?

5 Bestimmen Sie – ausgehend von den entsprechenden Textpassagen – anhand der Skizze die Differenz zwischen Descartes` und Metzingers Ich-Theorie, insoweit sie auf einem Paradigmenwechsel beruht.

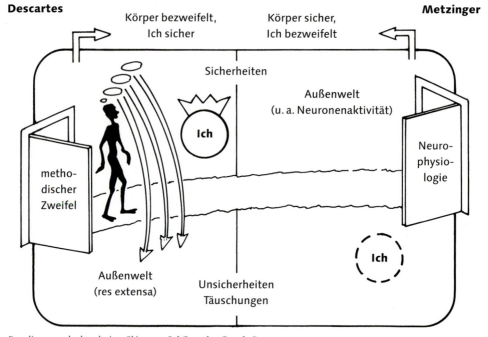

Paradigmenwechsel nach einer Skizze von Sol Gonzalez-Gerndt, Bonn

6 Verfertigen Sie eine ähnliche Skizze zum Verhältnis von Metzinger zu Platon und vergleichen Sie Metzingers Position mit der von Damasio.

7 „Gewiss *scheint* es unwahrscheinlich, dass wir uns der wirklichen Natur der menschlichen Erfahrung nähern, indem wir die Besonderheit unserer menschlichen Perspektive hinter uns lassen und eine Beschreibung in einer [naturalistischen] Begrifflichkeit versuchen [...]. Wenn der subjektive Charakter der Erfahrung nur von einer einzigen Perspektive ganz erfasst werden kann, dann bringt uns jeder Schritt hin zu größerer Objektivität, d. h. zu geringerer Bindung an eine spezifische Erlebnisperspektive, nicht näher an die wirkliche Natur des Phänomens heran: sie führt uns weiter von ihr weg."

(Th. Nagel: „Wie ist es, eine Fledermaus zu sein?" In: P. Bieri: Analytische Philosophie des Geistes, S. 268)

Diskutieren Sie diese skeptische Äußerung **Nagels** gegenüber naturalisierenden Ich-Theorien im Hinblick auf Metzingers Ansatz.

8 „Aber wohin gelangen wir da? [...] Dann wäre einerseits das Ich eine Illusion der psychischen Phänomene und diese wären andererseits *seine* Illusion, also die Illusion einer Illusion; und die Seele wäre eine illusionhabende Illusion ... Hier stockt der Gedanke. Man kann nicht mehr weiterfragen, *wessen* die Illusion im Ganzen wiederum ist: Wir enden im Unbegriff einer freischwebenden ‚Illusion an sich', die niemandes Illusion ist, einer Täuschung, die auch den Getäuschten

noch vortäuscht, oder eines Traumes, der erst seinen Träumer erzeugt und doch von ihm geträumt wird. […]
Eine imaginäre Aufführung auf imaginärer Bühne vor einem imaginären Zuschauer, die alle drei zusammenfallen – […] *dies ist das unauflösliche logische Rätsel.*

(Hans Jonas: Macht oder Ohnmacht der Subjektivität? Suhrkamp: Frankfurt/M., S. 55 f.)

Beziehen Sie diesen Einwand von Hans Jonas gegen den Epiphänomenalismus (vgl. folgender Exkurs) auf Metzingers Theorie und beurteilen Sie seine Überzeugungskraft.

9 Von Fichte stammt der Satz: „Die meisten Menschen würden leichter dahin zu bringen zu sein, sich für ein Stück Lava im Monde, als für ein Ich zu halten". (Vgl. 3.6) Schlägt Metzinger diesen leichten Weg ein? Muss er für die Geltung seiner Theorie, die objektive Erkenntnis zu sein beansprucht, nicht wenigstens ein transzendentales Selbst i. S. Kants voraussetzen, das keine Simulation des Gehirns darstellt?

10 In seinem Buch „Subjekt und Selbstmodell", aber auch in sonstigen Veröffentlichungen, verwendet Metzinger die Technik des Interviews, um seine Gedanken darzustellen.
Versuchen Sie die folgenden Fragen zuerst selbst aus seiner Sicht zu beantworten und vergleichen Sie dann Ihre Antworten mit den folgenden Originalantworten von Metzinger. Beurteilen Sie auf dieser Grundlage die Tragfähigkeit seiner Konzeption.

(Fiktive) Interviewfragen an Metzinger:
a) Welchen Stellenwert haben nach Ihrer Theorie Sätze der Alltagssprache wie „Ich habe Schmerzen in meinem Fuß", in denen die subjektive Perspektive dominiert?
b) Wie erklären Sie das Auftreten von multiplen Persönlichkeiten, bei der ja verschiedene Selbste in einem Menschen abwechselnd dominant werden?
c) Für Dietrich Dörner ist ein Gefühl wie Liebe nichts als 0-1-1-0-1. Wie sehen Sie das?
d) Sie gehen davon aus, dass es einmal künstliche Systeme (KI) geben könnte, die dieselbe Art von Selbstbewusstsein bzw. Subjektivität besitzen wie Menschen. Wie sollen aber die dazu notwendigen Gefühle künstlich erzeugt werden?
e) Können wir einem Menschen nach Ihrer These nicht widersprechen, der uns mitteilt, er müsse uns jetzt ermorden und könne daran nichts ändern, da er als Biosystem ja niemand sei und für seine Handlungen nicht verantwortlich?
f) Lässt Ihre Konzeption des Menschen wirklich Raum für Selbstachtung, für die Würde des Menschen?

Antworten Metzingers:
a) Wenn Sie Schmerzen in Ihrem Fuß haben und zu mir sagen: *„Ich habe Schmerzen in meinem Fuß"*, dann ist das etwas anderes, als zu sagen: *„Dieses Gehirn aktiviert gerade ein Selbstmodell, in das das mit einem Schmerzpräsentat unterlegte mentale Modell eines Fußes eingebettet wurde."* Was genau es ist, das fehlt? Es ist die […] Hinsicht der Internalität: Die Identität von Sprecher und Selbstmodellerzeuger. Diese Form der indexikalischen Bezugnahme auf ein mentales Modell kann immer nur von einem einzigen System geleistet werden, in objektiven Aussagen über mentale Selbstmodelle muss diese Hinsicht der Internalität zugunsten des von solchen Aussagen angestrebten höheren Allgemeinheitsgrades eliminiert werden. […]

(Thomas Metzinger: Subjekt und Selbstmodell. mentis-Verlag: Paderborn ²1999, S. 252)

b) Hierbei handelt es sich um einen Typ von psychiatrischen Störungsbildern, der sehr häufig auf extreme frühkindliche Traumata zurückzuführen ist (in den allermeisten Fällen ist das sexueller Missbrauch durch ein Elternteil, überwiegend den Vater).[…] Emotionale Selbstmodelle sind nämlich komplexe Datenstrukturen, die *für* das sie erzeugende System eine möglichst stimmige interne Repräsentation seiner Interessenlage leisten müssen. Wenn in der Phase, in der das phänomenale Selbst eines Kindes sich gerade erst zu konsolidieren beginnt, ein Elternteil unter dem Deckmantel der Zuneigung zum Aggressor wird (der zudem noch eine zweite Identität durch einen Kosenamen *anbietet*), dann entsteht eine bizarre Interessenlage. Da das System nicht in der Lage ist, sich aus der äußern Situation zu befreien, kann es unter Umständen gezwungen sein, die interne Modellierung seiner Interessenlage auf *mehrere* Selbstrepräsentate zu verteilen, die die nicht miteinander zu vereinbarenden Funktionen für das System als Ganzes *separat* ausüben.

[…] Klassisch-essentialistische Theorien der Subjektivität haben große Schwierigkeit mit der Buntheit und Vielfalt der menschlichen Psychologie, besonders mit Multiplikationen der subjektiven Perspektive innerhalb einer Person. Eine naturalistische Theorie mentaler Repräsentation dagegen erlaubt es prinzipiell, auch auf solche „dissoziativen" Zustände phänomenalen Bewusstseins eine Erfolg versprechende Perspektive einzunehmen, ohne unsere Ontologie um Astralkörper oder aggressive Geistwesen bereichern zu müssen.

(Thomas Metzinger: Subjekt und Selbstmodell, mentis Verlag: Paderborn ²1999, S. 189–193)

c) Besonders ehrenwert ist es, eine Beschreibung so zu vereinfachen, dass sich mit einem Minimum an Annahmen ein möglichst großer Gegenstandsbereich mit einem Maximum an Genauigkeit erfassen lässt. Dazu sind Nullen und Einsen unschlagbar. Dasselbe gilt, wenn es darum geht, etwas technisch kontrollieren zu können. Doch das, was man früher die Seele nannte, die Emotionen und das Ichgefühl, die Innerlichkeit und das Unaussprechliche der subjektiven Empfindung […] ist kein Gegenstandsbereich wie jeder andere. Das Phänomen des Bewusstseins erfordert viele Beschreibungsebenen gleichzeitig, vor allem solche, auf denen nicht nur von Bits die Rede ist, sondern auch von der Unaussprechlichkeit der Nuancen, von den verschiedenen Darstellungsformen, in denen die Bits sich verkleiden, wenn sie als geistige Inhalte in uns tanzen. Am Ende wird man auch von den Personen sprechen müssen, die diese Inhalte benutzen, um ihr Leben zu leben.

(Thomas Metzinger in: DIE ZEIT Nr. 4, 21. Jan. 1999, S. 31)

d) Um *emotionale* mentale Präsentate zu aktivieren, müsste ein künstliches System genuine Interessen besitzen, die sich nicht von den Interessen seiner Konstrukteure ableiten. Dieses Kriterium kann ein System aber letztlich nur erfüllen, wenn es auch ein *soziales Subjekt* ist. Es müsste sich in einer physischen Wettbewerbssituation mit anderen Systemen befinden, etwa um Energiequellen, Verbesserung eines sozialen Status oder um die erfolgreiche Replikation seiner funktionalen Struktur auf anderen Trägersystemen. […] Ein solches System muss eine *Geschichte* besitzen (eine „Kindheit", in der es seine eigene innere Konfiguration in Interaktion mit der Umwelt herausbildet). Diese Geschichte muss durch mentale Selbstmodellierung intern abgebildet werden, so dass eine *subjektive Biografie* entsteht. […] Dann könnten allerdings innere Zustände entstehen, die die aktuelle Interessenlage des Systems auf ähnliche Weise phänomenal darstellen wie wir selbst. Ein künstliches Subjekt könnte man also nur im Rahmen einer *künstlichen Gesellschaft* erzeugen. […]

(Thomas Metzinger: Subjekt und Selbstmodell. mentis-Verlag: Paderborn ²1999, S. 274f.)

e) Wer einfach sagt, er sei niemand, ist ein Heuchler. Für die großen Heiligen und Mystiker mag das anders gewesen sein. Aber die meisten von uns sind eben keine Erleuchteten: Wir können dieser Illusion, *jemand* zu sein, nicht entkommen, auch nicht jener, ein autonom und frei handelndes Subjekt im klassischen Sinne zu sein. Diese Illusion gilt für uns ebenso, wie für uns die durch das Gehirn geformte Wahrnehmung eines bewaldeten Hügels wirklich ist. So leicht entkommen wir der Verantwortung nicht.

(Hubertus Breuer: „Ich ist eine Simulation". Der Philosoph Thomas Metzinger hält das Selbst für die beste Erfindung der Evolution. Er schlägt die Brücke zur Naturwissenschaft. In: DIE ZEIT Nr. 50, 8. Dez. 1995, S. 46)

f) Die neue Vision des Selbst mag vielen Menschen zunächst als bedrohlich erscheinen. Trotzdem besitzt auch das neue Bild nicht nur seine eigene Schönheit, sondern auch seine philosophische Tiefe. Das Selbst ist nun auf einmal nicht mehr die unsterbliche Seele, sondern Bewegung und Rhythmus, ein tanzendes Muster, das immer neue Formen annehmen kann. Wir selbst sind nur solange jemand, wie es dieses Muster gibt und solange wir uns mit ihm verwechseln. Niemand wird je geboren. Niemand stirbt je.

(Thomas Metzinger: Niemand sein. Das Selbst als Muster und Mythos. Philosophie des Geistes 2. WDR Fernsehen, 15.12.1996. Filmtyposkript, S. 14 und 16)

Exkurs: Der Epiphänomenalismus

Denn im Tode geht allerdings das Bewusstsein unter; [...]. Das Bewusstsein nämlich beruht zunächst auf dem Intellekt, dieser aber auf einem physiologischen Prozess. Denn er ist augenscheinlich die Funktion des Gehirns und daher bedingt durch das Zusammenwirken des Nerven- und Gefäßsystems; näher, durch das vom Herzen aus ernährte, belebte und fortwährend erschütterte Gehirn, durch dessen künstlichen und geheimnisvollen Bau [...] das Phänomen der objektiven Welt und das Getriebe unserer Gedanken zustande kommt. Ein *individuelles Bewusstsein*, also überhaupt ein Bewusstsein, lässt sich an einem u*nkörperlichen Wesen* nicht denken, weil die Bedingung jedes Bewusstseins, die Erkenntnis, notwendig Gehirnfunktion ist, – eigentlich weil der Intellekt sich objektiv als Gehirn darstellt."

(Arthur Schopenhauer: Zur Lehre von der Unzerstörbarkeit unsers wahren Wesens durch den Tod. In: Parapsychologische Schriften. Mit einer Einführung von Hans Bender, Benno Schwabe & Co.: Basel 1961, S. 214 f.)

Schon in der antiken Philosophie findet sich in Simmias' Auffassung von der Seele als Harmonie (vgl. 2.1) die Position des Epiphänomenalismus vorgezeichnet, die z. B. auch der deutsche Philosoph Arthur Schopenhauer (1788–1860) in seiner oben abgedruckten Einlassung vertritt. In der idealistisch geprägten Geschichte der abendländischen Philosophie blieben derartige Auffassungen aber Randerscheinungen. Erst in der zweiten Hälfte des 19. Jahrhunderts wurden sie durch die biologische Erforschung der Gehirntätigkeit prominent und gewannen an Einfluss.
Der Epiphänomenalismus geht davon aus, dass das Bewusstsein bzw. der Geist ein Nebenprodukt komplex organisierter Gehirnstrukturen und von ihnen kausal abhängig ist – so wie komplex organisierte Zellen als Nebenprodukt eine Flüssigkeit absondern, die aber mit dem Prozess ihrer Selbstorganisation nichts zu tun hat. Damit gesteht der Epiphänomenalismus – im Gegensatz zum Materialismus – dem Bewusstsein zwar einen gewissen Eigenwert zu, sieht es aber als vollständig abhängig von physischen Prozessen. Als Begründer des modernen Epiphänomenalismus gilt der philosophisch gebildete Biologe Thomas H. Huxley (1825–1895). Er erkannte durch Tierversuche, dass Organismen auch dann noch Körperbewegungen vollziehen können, wenn man ihnen Teile des Gehirns entfernt, und schloss von daher auf den Menschen.

Der Frosch läuft, hüpft, schwimmt und macht akrobatische Bewegungen auch ohne Bewusstsein und Wille; und selbst wenn der Frosch in seinem natürlichen Zustand irgendetwas mit unserem Willen Vergleichbares besitzt, gibt es keinen Grund anzunehmen, dass es etwas anderes als eine bloße Begleiterscheinung molekularer Veränderungen im Gehirn ist, die bei der Erzeugung von Körperbewegungen beteiligt sind." [...] Das Bewusstsein von Tieren verhält sich zu ihrem Körperautomat wie ein Begleitprodukt seiner Tätigkeit und besitzt nicht die Fähigkeit, diese Maschine zu beeinflussen, ebenso wie auch eine Dampfpfeife, die die Fahrt einer Dampflokomotive begleitet, keinen Einfluss auf die Mechanik dieser Maschine hat. [...]

„Die moderne Physiologie [...] zeigt, dass das Gehirn der Sitz aller Formen von Bewusstsein ist. [...] Dies zeigt unmittelbar, dass all jene Bewusstseinszustände, die wir Empfindungen (sensations) nennen, die unmittelbare Folge von Zustandsänderungen im Gehirn sind, hervorgerufen durch die Sinnesnerven. Denkt man an die bekannten Wirkungen von Verletzungen, Genuss- und Betäubungsmitteln, so stützt dies die Schlussfolgerung, dass Gedanken und Gefühle gleichermaßen die Folge physikalischer Ursachen darstellen.

[...] Gibt es irgendeinen Hinweis, dass diese Bewusstseinszustände umgekehrt jene Veränderungen auf molekularer Ebene verursachen, die die Muskeln bewegen? Ich sehe keine Anhaltspunkte dafür. [...] Die Seele steht daher in Beziehung zum Körper wie das Klingeln eines Weckers zum Uhrwerk, und das Bewusstsein entspricht dem Lärm, den der Wecker macht, wenn er schlägt.

(Thomas Henry Huxley: On the Hypothesis that Animals are Automata and its History [1893]. In: Ders.: Collected Essays. Vol. I. London, S. 199–250. Nach der Übers. von Thomas Zoglauer: Geist und Gehirn. UTB: Göttingen 1998, S. 77–79)

In den 1970er-Jahren stellte der Neurowissenschaftler Benjamin Libet Experimente am offenen Gehirn lebender Patienten an, die heute aus ethisch-rechtlichen Gründen nicht mehr wiederholt werden können. Sie scheinen den Epiphänomenalismus zu bestätigen. Grundlage war ein von Neurologen entdecktes sog. Bereitschaftspotenzial, das sich als im Gehirn messbare elektrische Spannung stets vor dem Vollzug willkürlicher Bewegungen aufbaut. Sein Aufbau beginnt bereits ca. 1 Sekunde vor Ausführung der betreffenden Bewegung und erreicht ca. 100 Millisekunden davor seinen Höhepunkt.

Libet bat nun seine Patienten, an deren offenen Gehirnen Messelektroden installiert waren, aus einem entspannten Ruhezustand heraus den Finger zu krümmen, wann immer sie wollten. Dabei sollten sie eine schnell rotierende Uhr beobachten und später sagen, wann sie den Impuls zu handeln verspürt hätten. Das Ergebnis war überraschend: Die Patienten verzeichneten den bewussten Entschluss zum Krümmen des Fingers erst ca. 200 Millisekunden vor Beginn der Bewegung. Da sich, wie die elektrischen Messungen ergaben, das Bereitschaftspotenzial schon ca. 0,7 Sekunden vor Bewegungsbeginn aufzubauen beginnt, folgt das Bewusstsein eines Entschlusses ihm offenbar eine halbe Sekunde nach.

Das könnte bedeuten, dass unsere Intentionen nur scheinbar die Ursachen unserer Handlungen sind; denn offenbar bildet sich das Bereitschaftspotenzial zur Ausführung einer Handlung automatisch, und wir werden uns erst im nachhinein dessen bewusst. Unser subjektives Gefühl, selbst Auslöser der Handlungen zu sein, rührt nach Libet dann daher, dass das Gehirn das eigene Erleben des Willensaktes eine halbe Sekunde zurückdatiert.

Unser freier Wille wäre dann eine Illusion, da die neuronalen Aktivitäten zur Durchführung einer Handlung schon längst angelaufen sind, bevor uns unsere Absichten bewusst werden. Insofern wäre das Bewusstsein ein bloßes Epiphänomen, gleichsam ein Echo der neuronalen Aktivität – ohne die Möglichkeit zum Eingreifen in die Welt der erlebten Ereignisse.

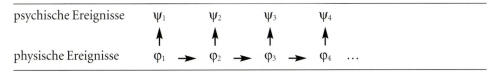

(Th. Zoglauer: Geist und Gehirn. Göttingen 1998, S. 77)

Gegen Libets Experimente und die aus ihnen gezogenen Schlussfolgerungen, soweit sie den Epiphänomenalismus stützen, ist eine Reihe von Einwänden vorgebracht worden:
- da die Experimente aus ethisch-rechtlichen Gründen nicht wiederholt werden können, entsprechen die Ergebnisse nicht den üblichen wissenschaftlichen Standards und sind ergo nicht aussagekräftig.
- Da die Probanden von Libet vor dem Beginn des Versuchs genau über ihre Aufgabe informiert worden waren, kann diese Information und die dadurch erzeugte (willentliche) Handlungsdisposition der eigentliche Grund für den Aufbau des Bereitschaftspotenzials vor dem Ausführen der jeweiligen Fingerkrümmung gewesen sein.
- Die Datierung eines Entscheidungsaktes auf einen bestimmten Moment durch Introspektion, wie sie von den Patienten verlangt wurde, ist zuverlässig nicht möglich. Entscheidungen sind Prozesse, zu deren Verlauf auch der unbewusste Aufbau neuronaler Aktivitäten gehört, der aber nichts über den genauen Moment einer bewussten Entscheidung aussagt.
- Selbst wenn die Messungen die zeitliche Nachordnung des bewussten Willensaktes gegenüber dem Bereitschaftspotenzial anzeigen, bleibt dem Willen noch die Möglichkeit, die sich unwillkürlich anbahnende Handlung zu verhindern. Ihm käme zwar keine initiierende, wohl aber eine kontrollierende Rolle zu. (Libet spricht von einer Veto-Rolle.)

1 Erörtern Sie die Stichhaltigkeit der Einwände und suchen Sie ggf. weitere.

2 Diskutieren Sie die Überzeugungskraft des Epiphänomenalismus insgesamt. Wie kann diese Theorie erklären, dass ich heute beschließen kann, morgen zu einer bestimmten Zeit irgendwo zu sein, und dort dann auch erscheine?

3 Erörtern Sie, inwiefern Metzingers Theorie des Selbst epiphänomenalistische Züge trägt und überlegen Sie, ob er sich damit in Widersprüche verstrickt – etwa wenn er die Zentrierung bestimmter Biosysteme (Menschen) auf das Selbstmodell als „Teil einer evolutionären Strategie" begreift, die diesen Systemen einen Überlebensvorteil biete. (Vgl. 5.2, Aufgabe 4)

4 Als Quintessenz aus Libets Versuchen formuliert der amerikanische Hirnforscher **Michael Gazzangia**: „Wir sind die Letzten, die erfahren, was unser Gehirn vorhat" (zit. nach Bonner General-Anzeiger v. 8.6.2000). Diskutieren Sie diese epiphänomenalistische Sichtweise menschlicher Willensfreiheit und prüfen Sie sie auf ihre gedankliche Konsistenz.
Ziehen Sie dazu **Hans Jonas'** kritischen Einwand gegen den Epiphänomenalismus hinzu:

„Keiner hat je aus dem unmittelbar Gegebenen Anlass gehabt, daran zu zweifeln, dass sein Denken und Wollen sein Handeln bestimmen kann ([…] dass er handeln kann), und auch nach der Stellung des Problems von außen zweifelt niemand *im* denkenden Handeln selbst, z. B. wenn er das psychophysische Problem überdenkt und seine Gedanken darüber zu Papier bringt, dass er eben dies im freien Gebieten des Gedankens über seinen Körper tut und der Gedanke selber vorher seinen eigenen Weg und nicht den des Körpers gegangen war."

(Hans Jonas: Macht oder Ohnmacht der Subjektivität? Suhrkamp: Frankfurt/M. 1987, S. 68 f.)

5 Kritische Argumentationen gegen den Reduktionismus

Epiphänomenalistische und materialistische Positionen setzen übereinstimmend die physiologischen Prozesse ins Zentrum ihrer Bestimmung des Menschen und gestehen den mentalen- oder Bewusstseinsakten nur eine untergeordnete Stellung zu. Während der Epiphänomenalismus diesen immerhin noch einen eigenen Status einräumt, sie dabei aber ihrer Wirksamkeit beraubt, ist der Materialismus noch radikaler: Für ihn sind mentale Prozesse (Empfindungen, Gefühle (sog. Qualia) sowie Denkoperationen) letztlich identisch mit materiellen Vorgängen und auf diese reduzierbar. Da alle Messungen von Gehirnaktivitäten darauf hindeuten, dass es auf mentaler Ebene keine Veränderung gibt, der nicht auch eine Veränderung auf physikalischer Ebene entspricht (sog. Supervenienzthese), schließen die Materialisten auf die Gleichheit der geistigen und physischen Prozesse (sog. Identitätsthese): Mentale Akte *sind* für sie letztlich physikalisch-chemische Vorgänge, die einmal aus der subjektiven Ich- und das andere Mal aus der objektiven Beobachterperspektive zugänglich und beschreibbar sind. *Mein* Gefühl der Liebe, *mein* Zahnschmerz oder *meine* politische Überzeugung sind dann im Grundsatz nichts anderes als das Feuern bestimmter Neuronen in (m)einem Gehirn. Dass damit das Wesen mentaler Prozesse gerade verfehlt wird, macht Franz von Kutschera deutlich:

„Schmerzen sind nichts, was wir im Prinzip so, aber auch anders empfinden könnten, denn sie sind selbst Empfindungen. Analoges gilt für Überzeugungen: Auch hier gibt es keine Differenz zwischen Sein und Erscheinen. Es kann mir nicht nur so erscheinen, als glaubte ich das und das. Das Mentale ist, was es für uns ist und hat keine davon unterscheidbare objektive Natur, sondern nur ein objektives Korrelat. Daher kann man auch nicht sagen, die Natur des Schmerzes sei das Feuern von C-Fibern, sondern […] allenfalls Schmerz sei *neurologisch* gesehen nichts anderes als das Feuern von C-Fibern. Da Schmerz wesentlich eine Empfindung ist, ist das aber eine für die Natur des Schmerzes […], für die Frage also was Schmerzen sind, wenig informative Aussage."

(Franz v. Kutschera: Die falsche Objektivität. De Gruyter: Berlin/New York 1993, S. 21)

Im Folgenden werden drei Positionen vorgestellt, die sich, aus je unterschiedlicher philosophischer Tradition kommend und über Kutscheras Argumentation hinausgehend, mit dem Materialismus kritisch auseinandersetzen. Die von ihnen vorgebrachten Argumente gegen den Reduktionismus gelten – in abgeschwächter Form – dann auch jeweils für den Epiphänomenalismus.

5.1 Thomas Nagel: Die prinzipielle Differenz des Physikalischen und des Psychischen

Der amerikanische Philosoph Thomas Nagel (geb. 1937) setzt sich im folgenden Text aus heutiger Sicht mit materialistischen Ansätzen zur Erklärung des Bewusstseins auseinander. Gegen dieses Paradigma der modernen Neurowissenschaften verteidigt Nagel die Irreduzibilität des Bewusstseins. Insofern steht er in der Tradition des cartesischen Dualismus, den er in der gemäßigten Form des auf Spinoza zurückgehenden *Eigenschaftsdualismus* vertritt.

Damit ist eine Position gemeint, die weder geistigen noch physikalischen Prozessen Substanzcharakter zuschreibt, sondern sie als prinzipiell unterschiedliche Eigenschaften einer der menschlichen Erkenntnis unmittelbar nicht zugänglichen Grundsubstanz auffasst. Ein Sinneseindruck kann danach sowohl als psychische Empfindung wie auch als physikalischer Vorgang in Erscheinung treten. Es gibt nach diesem Ansatz dann rein physikalische Objekte wie Steine, aber auch Personen und höher entwickelte Tiere, die sowohl physikalische als auch psychische Eigenschaften aufweisen. Rein psychische Gegenstände, wie körperlose Seelen, werden nicht angenommen.

Wie jedermann weiß, hängen die Vorgänge in unserem Bewusstsein davon ab, was mit unserem Körper geschieht. Stößt man sich an der Zehe, so tut das weh. Schließt man die Augen, so kann man nicht sehen, was sich vor einem befindet. Beißt man in eine Tafel Toblerone, so schmeckt es nach Schokolade. Haut einem jemand eins über den Kopf, so wird man ohnmächtig.

Solche Belege zeigen, dass jeder Vorgang im Geist oder im Bewusstsein von einem entsprechenden Vorgang im Gehirn abhängen muss. (Man würde, wenn man sich an der Zehe stößt, keinen Schmerz spüren, würden die Nerven in unserem Bein und in der Wirbelsäule nicht Impulse von unserem Fuß ans Gehirn weiterleiten.) Wir wissen zwar nicht, was im Gehirn vor sich geht, wenn wir denken: „Ich frage mich, ob ich genug Zeit habe, mir heute Nachmittag die Haare schneiden zu lassen." Wir sind uns jedoch ziemlich sicher, dass dort etwas vor sich geht – etwas, das mit chemischen und elektrischen Ereignissen in den Milliarden von Nervenzellen zu tun hat, aus welchen unser Gehirn besteht.

In einigen Fällen wissen wir, auf welche Weise das Gehirn das Bewusstsein beeinflusst, und das Bewusstsein das Gehirn. Wir wissen beispielsweise, dass die Reizung bestimmter in der Gegend des Hinterkopfes befindlicher Hirnzellen visuelle Empfindungen erzeugt. Und wir wissen, dass gewisse andere Hirnzellen an die Muskulatur unseres Armes Impulse weiterleiten, wenn wir uns dazu entschließen, ein weiteres Stück Torte zu uns zu nehmen. Viele Einzelheiten sind uns unbekannt, es ist jedoch klar, dass zwischen den Vorgängen in unserem Bewusstsein und den physikalischen Prozessen in unserem Gehirn komplexe Beziehungen bestehen. Soweit gehört all dies zur Naturwissenschaft und nicht zur Philosophie.

Es gibt jedoch auch eine philosophische Frage über die Beziehung zwischen dem Geist und dem Gehirn, und diese lautet: Ist unser Geist etwas, das zwar mit unserem Gehirn in Verbindung steht, aber doch von ihm verschieden ist, oder *ist* er unser Gehirn? Sind unsere Gedanken, Gefühle, Wahrnehmungen, Empfindungen und Wünsche Ereignisse, die zu den physikalischen Vorgängen in unserem Gehirn noch *hinzukommen* oder machen sie ihrerseits eine *Teil*menge dieser physikalischen Vorgänge aus?

Was geschieht beispielsweise, wenn man in einen Schokoladenriegel beißt? Die Schokolade schmilzt auf unserer Zunge und verursacht chemische Reaktionen in unseren Geschmackszellen; die Geschmackszellen senden elektrische Impulse durch die Nerven hindurch, die von unserer Zunge zu unserem Gehirn führen, und wenn diese Impulse das Gehirn erreichen, so erzeugen sie dort weitere physikalische Reaktionen; und schließlich *empfinden wir den Geschmack von Schokolade*. Was ist jedoch *er*? Kann er schlicht mit einem physikalischen Ereignis in einigen unserer Hirnzellen *identisch* sein, oder muss es sich bei ihm um etwas Grundverschiedenes handeln?

Würde ein Wissenschaftler unsere Schädeldecke entfernen und in unser Gehirn hineinsehen, während wir den Schokoladenriegel essen, so würde er nichts weiter sehen als eine graue Masse von Nervenzellen. Würde er mit Messinstrumenten bestimmen, was dort vor sich geht, so würde er komplizierte physikalische Vorgänge der unterschiedlichsten Art entdecken. Fände er jedoch den Geschmack von Schokolade?

Es sieht so aus, als könnte er ihn in unserem Gehirn nicht finden, da unsere Empfindung des Geschmacks von Schokolade in unserem Geist auf eine Weise eingeschlossen ist, die sie für jeden anderen unzugänglich macht – auch wenn er unseren Schädel öffnet und in unser Gehirn hineinblickt. Unsere Erlebnisse sind im Innern unseres Geistes *in einem anderen Sinn von „innen"* als jenem, in dem unser Gehirn sich im Innern unseres Kopfes befindet. Ein anderer kann unseren Schädel öffnen und sich sein Innenleben ansehen, er kann jedoch nicht unseren Geist öffnen und in ihn hineinblicken – zumindest nicht auf die gleiche Weise.

Es handelt sich nicht bloß darum, dass der Geschmack von Schokolade ein Geschmack ist und daher nicht gesehen werden kann. Angenommen ein Wissenschaftler wäre verrückt genug, den Versuch zu wagen, meine Empfindung des Geschmacks von Schokolade zu beobachten, indem er an meinem Gehirn *leckte*, während ich von einem Schokoladenriegel koste. Zunächst einmal würde mein Gehirn für ihn vermutlich nicht nach Schokolade schmecken. Doch selbst wenn dies der Fall wäre, es wäre ihm nicht gelungen, in mein Bewusstsein einzudringen und *meine* Empfindung des Geschmacks von Schokolade zu beobachten. Er hätte lediglich herausgefunden, dass sich kurioserweise mein Gehirn immer dann, wenn ich Schokolade esse, so verändert, dass es für andere Leute nach Schokolade schmeckt. Er hätte seinen Geschmack von Schokolade, und ich den meinen.

Wenn unsere Erlebnisvorgänge auf eine andere Weise *in* unserem Bewusstsein sind, als sich die entsprechenden Gehirnprozesse in unserem Hirn befinden, so sieht es so aus, als könnten unsere Erlebnisse und andere psychische Zustände nicht einfach bloß physikalische Zustände unseres Gehirns sein. Wir müssen demnach mehr sein als bloß ein Körper mit seinem brausenden Nervensystem.

Eine mögliche Schlussfolgerung lautet, dass es eine Seele geben muss, die so an unseren Körper gebunden ist, dass beide aufeinander einwirken können. Trifft dies zu, so bestehen wir aus zwei sehr verschiedenartigen Dingen: einem komplexen physischen Organismus und einer rein psychischen Seele. (Diese Auffassung bezeichnet man aus offensichtlichen Gründen als DUALISMUS.) [...] Der Physikalismus vertritt die Position, dass sich Ihr psychisches Leben aus physikalischen Prozessen zusammensetzt, die in Ihrem Gehirn ablaufen. Es gibt jedoch die weitere Möglichkeit, dass sich Ihr *psychisches* Leben in Ihrem Gehirn abspielt, und doch all diese Erlebnisse, Gefühle, Gedanken und Wünsche keine *physikalischen* Prozesse in Ihrem Gehirn sind. Dies würde bedeuten, dass die graue Masse der Milliarden von Nervenzellen in Ihrem Schädel *kein bloß physikalischer Gegenstand* wäre. [...]

Es scheint in der Welt zwei sehr verschiedene Arten von Vorgängen zu geben: Vorgänge, die zur physikalischen Wirklichkeit gehören, die also von vielen unterschiedlichen Personen von außen beobachtet werden können, sowie jene anderen Vorgänge, die zur psychischen Wirklichkeit gehören, und die ein jeder von uns in seinem eigenen Fall aus der Innenperspektive erlebt. Dies gilt nicht nur für den Menschen; Hunde, Katzen, Pferde und Vögel sind offenbar bewusste Wesen, und Fische, Ameisen und Käfer vermutlich ebenfalls. Wer will sagen, wo dies endet?

Man wird so lange keine angemessene Gesamtauffassung der Wirklichkeit besitzen, als man nicht erklären kann, auf welche Weise eine Vielzahl physikalischer Elemente, sofern sie auf die richtige Weise zusammenkommen, nicht allein einen funktionsfähigen biologischen Organismus bildet, sondern darüber hinaus ein bewusstes Wesen. Könnte man das Bewusstsein selbst mit irgendeinem physikalischen Zustand identifizieren, so hätte man freie Bahn für eine vereinheitlichte physikalische Theorie von Geist und Körper, und daher vielleicht auch für eine physikalische Einheitswissenschaft vom Universum. Das Gewicht der Argumente gegen eine rein physikalische Theorie des Bewusstseins macht es jedoch wahrscheinlich, dass eine physikalische Theorie der gesamten Wirklichkeit nicht möglich ist.

Die Naturwissenschaften verdanken ihren Fortschritt der Tatsache, dass sie das Psychische aus dem Gebiet dessen aussparen, das sie zu erklären suchen, doch womöglich gibt es zwischen Himmel und Erde mehr, als man mit den Mitteln der Naturwissenschaften verstehen kann.

(Aus: Thomas Nagel: Was bedeutet das alles? Eine ganz kurze Einführung in die Philosophie. Reclam: Stuttgart 1990, S. 25–33)

1 Rekonstruieren Sie die Argumentation Nagels und beziehen Sie diese auf die materialistischen Bewusstseinstheorien von La Mettrie und Dörner sowie auf den reduktionistischen Ansatz von Damasio. Was könnte ein eingefleischter Materialist der Argumentation Nagels entgegenhalten?

2 Wie kann Nagel (an anderer Stelle) sagen: „Wir überleben den Tod unseres Gehirns nicht!" und doch Dualist sein? Inwiefern unterscheidet sich sein Dualismus von dem Descartes'?

5.2 Karl Raimund Popper: Die Nichtreduzierbarkeit von Selbstbewusstsein und Geist

Gemeinsam mit dem Neurologen und Nobelpreisträger John C. Eccles (1903–1997) vertritt der Philosoph und Wissenschaftstheoretiker Karl R. Popper (1902–1994) die dualistische These von der Herrschaft des Selbst über sein Gehirn. In ihrem Buch „Das Ich und sein Gehirn" entwickeln die beiden Wissenschaftler, federführend Eccles, eine auf quantenphysikalischen Effekten beruhende Theorie, die erklärt, wie das immaterielle Selbst oder Ich auf sein Gehirn einzuwirken vermag. Diese Theorie ist so schwierig wie wissenschaftlich umstritten. Wir beschränken uns deshalb darauf, einige zentrale Argumente Poppers gegen den Materialismus (und Epiphänomenalismus) vorzustellen. Dabei ist, über Nagel hinaus gehend, Poppers Unterscheidung zwischen drei Welten wichtig, weil sie die bisher vernachlässigte Dimension der wissenschaftlichen Theorien als besondere Form mentaler Manifestationen einbezieht und auch die Rolle der Sprache für die Konstitution des Selbst einbezieht.

Die These, von der ich ausgehe, ist die folgende: Im Zusammenhang mit der sogenannten „Reduktion" gibt es für den Biologen im wesentlichen drei Fragen.

(1) Können wir die Biologie auf die Physik reduzieren beziehungsweise auf die Physik und die Chemie? Oder können wir hoffen, dass wir eines Tages imstande sein werden, sie ganz und gar auf die Physik (oder Physik und Chemie) zu reduzieren?

(2) Können wir jene subjektiven Bewusstseinserlebnisse, die wir oft Tieren zuschreiben, auf die Biologie reduzieren (oder zu reduzieren hoffen) und, falls Frage (1) mit ja beantwortet wird – weiter auf die Physik und die Chemie?

(3) Können wir das Selbstbewusstsein und die Kreativität des menschlichen Geistes auf tierische Erfahrung reduzieren oder zu reduzieren hoffen und damit, falls Fragen (1) und (2) mit ja beantwortet werden, auf die Physik und die Chemie?

(Karl R. Popper: Wissenschaftliche Reduktion und die essentielle Unvollständigkeit der Wissenschaft. In: Ders.: Alles Leben ist Problemlösen. Über Erkenntnis, Geschichte und Politik. Piper: München/Zürich 1994, S. 47)

[...] es gibt drei Welten: Die Welt 1 ist die physikalische Welt oder die Welt der physikalischen Zustände; die Welt 2 ist die geistige Welt, die Welt unserer psychischen Erlebnisse (Wünsche, Hoffnungen, Gedanken ...), die Welt 3 ist die Welt der [...] *Ideen im objektiven Sinne;* es ist die Welt der möglichen Gegenstände des Denkens: die Welt der Theorien an sich und ihrer logischen Beziehungen; die Welt der gültigen Argumente an sich; und der ungültigen Argumente an sich; die Welt der Problemsituationen an sich. [...]
Diese Theorien [...] sind das Erzeugnis unseres kritischen und schöpferischen Denkens, bei dem uns andere Theorien aus der Welt 3 sehr hilfreich sind. Doch in dem Augenblick, in dem wir diese Theorien geschaffen haben, erzeugen sie neue, unbeabsichtigte und unerwartete Probleme, selbstständige Probleme, die entdeckt werden müssen. So erklärt sich, warum die Welt 3, die ihrem Ursprung nach unser Erzeugnis ist, doch im Hinblick auf ihren [...] ontologischen Status *unabhängig* ist [...]
Die drei Welten hängen so miteinander zusammen, dass die ersten beiden und die letzten beiden miteinander in Wechselwirkung stehen können. Die Welt 2, die Welt der subjektiven oder persönlichen Erfahrungen, steht also mit jeder der beiden anderen Welten in Wechselwirkung. Welt 1 und Welt 3 können nicht aufeinander wirken außer durch das Dazwischentreten der Welt 2, der Welt der subjektiven oder persönlichen Erlebnisse.

(Karl R. Popper: Objektive Erkenntnis. Hoffmann und Campe: Hamburg, [4]1998, S. 160, 166)

Ich führe die Begriffe „Welt 1", „Welt 2", „Welt 3" ein, um die (begrenzte) *Autonomie* dieser Bereiche zu betonen. Die meisten Materialisten, Physikalisten oder Reduktionisten behaupten, dass von diesen drei Welten nur Welt 1 wirklich existiert und dass sie deshalb autonom ist. Sie ersetzen Welt 2 durch Verhalten und Welt 3 insbesondere durch verbales Verhalten. (Dies ist [...] eine jener allzu einfachen Lösungen des Leib-Seele-Problems, nämlich die Existenz des menschlichen Geistes und des menschlichen Selbstbewusstseins zu leugnen – jener Dinge, die ich zu den bemerkenswertesten und erstaunlichsten im Universum zähle; der andere ebenso einfache Ausweg ist Berkeleys und Machs Immaterialismus [vgl. 3.4]: die These, dass nur Empfindungen existieren und dass die Materie nichts ist als eine »Konstruktion« aus Empfindungen.) [...]
Mein Argument ist nun folgendes: Welt 3 und insbesondere ihre selbstständigen Teile sind auf die körperliche Welt 1 offensichtlich nicht reduzierbar. Da Welt 2 jedoch zum Teil von Welt 3 abhängt, ist auch sie auf Welt 1 nicht reduzierbar.
Physikalisten oder philosophische Reduktionisten, wie ich sie genannt habe, sind somit gezwungen, die Existenz der Welten 2 und 3 zu leugnen. Damit aber wird die gesamte menschliche Technologie (insbesondere die Existenz von Computern), die in so großem Maße von Welt 3-Theoremen Gebrauch macht, unverständlich; und wir müssen annehmen, dass so gewaltige Veränderungen in Welt 1, wie sie von den Erbauern von Flughäfen oder Wolkenkratzern hervorgerufen werden, letztlich ohne die Erfindung von Welt 3-Theorien oder Welt 2-Plänen, durch die körperliche Welt 1 selbst hervorgerufen sind, auf denen sie basieren. Sie sind prädestiniert; sie sind Teil einer prästabilierten Harmonie, die letztlich bereits in den Wasserstoffkernen angelegt ist.[1]
Diese Ergebnisse erscheinen mir absurd; und der philosophische Behaviorismus oder Physikalismus (beziehungsweise die Philosophie der Leib-Seele-Identität) scheint mir auf diese Absurdität reduziert zu sein. Allzuweit, so scheint es mir, weicht er vom gesunden Menschenverstand ab.
[...]
Kehren wir jetzt zum Problem des spezifisch

menschlichen Selbstbewusstseins zurück; die Auffassung, die ich vertreten hatte, lautete, dass das Selbstbewusstsein aus der Wechselwirkung (Feedback, wenn man so will) zwischen Welt 2 und den Welten 1 und 3 entsteht. Meine Argumente für die Rolle, die Welt 3 dabei spielt, sind die folgenden:

Das menschliche Selbstbewusstsein gründet sich unter anderem auf eine Anzahl höchst abstrakter *Theorien*. Tiere und selbst Pflanzen haben zweifellos einen Zeitsinn und zeitliche Erwartungen. Aber es bedarf [...] einer nahezu expliziten *Theorie* der Zeit, um sich selbst als jemanden zu sehen, der eine Vergangenheit, eine Gegenwart und eine Zukunft besitzt; der eine persönliche Geschichte hat und sich seiner persönlichen Identität in dieser Geschichte (die mit der Identität seines Körpers verbunden ist) bewusst ist. Es ist eine *Theorie,* dass während der Zeit des Schlafes, wenn wir die Kontinuität des Bewusstseins verlieren, wir – unsere Körper – wesentlich dieselben bleiben; und es geschieht auf der Grundlage dieser Theorie, dass wir bewusst vergangene Ereignisse zurückrufen können (anstatt bloß in unseren Erwartungen und Reaktionen durch sie beeinflusst zu werden, worin ich die primitivere Form sehe, die das Gedächtnis bei den Tieren hat).

Zweifellos haben einige Tiere Persönlichkeit; sie haben etwas zu Stolz und Ehrgeiz ganz Analoges und lernen, auf einen Namen zu reagieren. Das menschliche Selbstbewusstsein dagegen ist in der Sprache verankert und (explizit wie implizit) in formulierten Theorien. Ein Kind lernt, seinen Namen für sich selbst zu gebrauchen und schließlich ein Wort wie „ego" oder „ich", und es lernt dessen Gebrauch mit dem Bewusstsein der Kontinuität seines Körpers und seiner selbst; es bringt es mit dem Wissen zusammen, dass das Bewusstsein nicht immer ungebrochen ist. Die große Komplexität und die Nicht-Selbstständigkeit der menschlichen Seele oder des menschlichen Selbst werden besonders deutlich, wenn wir uns erinnern, dass es Fälle gibt, in denen Menschen vergessen haben, wer sie sind, sie haben einen Teil oder das Ganze ihrer vergangenen Geschichte vergessen, aber sie haben zumindest einen Teil ihres Selbst behalten oder vielleicht wiedererlangt. In einem gewissen Sinne ist ihr Gedächtnis nicht verloren gegangen, denn *sie erinnern sich, wie* man geht, isst und sogar spricht. Aber *sie erinnern sich nicht, dass* sie etwa aus Bristol kommen oder welchen Namen und welche Adresse sie haben. Insoweit sie nicht nach Hause finden (was Tiere normalerweise tun), ist ihr Selbstbewusstsein sogar noch über die normale Ebene des tierischen Gedächtnisses hinaus betroffen. Aber falls sie nicht die Sprachfähigkeit verloren haben, ist ein menschliches Bewusstsein erhalten geblieben, das über das tierische Bewusstsein hinausgeht.

[...] Worauf es mir ankommt, ist die Feststellung, dass das menschliche Selbstbewusstsein zumindest ein Bewusstsein der (höchst theoretischen) zeitlichen und geschichtlichen Kontinuität des eigenen Körpers enthält; ein Bewusstsein der Verbindung zwischen dem eigenen bewussten Gedächtnis und dem einen einzigartigen Körper, der einem selbst gehört, und dem Bewusstsein der normalen und periodischen Unterbrechung des eigenen Bewusstseins durch den Schlaf (das wiederum eine Theorie der Zeit und der zeitlichen Periodizität voraussetzt). Überdies enthält es das Bewusstsein, räumlich und gesellschaftlich zu einem bestimmten Ort und Kreis von Leuten zu gehören. Zweifellos hat vieles davon eine instinktive Grundlage und ist auch den Tieren zu eigen. Meine These ist, dass selbst wenn sie auf die Ebene des unausgesprochenen menschlichen Bewusstseins gehoben wird, die menschliche Sprache beziehungsweise die Wechselwirkung zwischen den Welten 2 und 3 eine wichtige Rolle spielt.

Es ist klar, dass die Einheit des menschlichen Selbst weitgehend auf Gedächtnis beruht und dass Gedächtnisleistungen nicht nur

Tieren, sondern auch Pflanzen (und in einem gewissen Sinne vielleicht sogar auch nichtorganischen Strukturen wie Magneten) zugeschrieben werden können. Es ist deshalb äußerst wichtig zu sehen, dass die Berufung auf das Gedächtnis als solches nicht genügt, die Einheit des menschlichen Selbst zu erklären. Erforderlich ist nicht so sehr das „gewöhnliche" Gedächtnis (vergangener Ereignisse), sondern ein Gedächtnis von Theorien, das das Bewusstsein, einen Körper zu haben, mit den Welt 3-Theorien über Körper (das heißt, mit der Physik) verbindet; ein Gedächtnis, das den Charakter eines „Begreifens" von Welt 3-Theorien hat. Es schließt die Dispositionen ein, die es uns ermöglichen, bei Bedarf auf explizite Welt 3-Theorien zurückzugreifen, mit dem Bewusstsein, dass wir solche Dispositionen besitzen und bei Bedarf davon Gebrauch machen können, um jene Theorien zu artikulieren. (Dies würde natürlich in gewissem Maße den Unterschied zwischen dem tierischen Bewusstsein und dem menschlichen Selbstbewusstsein mit seiner Abhängigkeit von der menschlichen Sprache erklären.) Diese Tatsachen scheinen mir die Unmöglichkeit jeglicher Reduktion der menschlichen Welt 2, der Welt des menschlichen Bewusstseins, auf die menschliche Welt 1, das heißt, im wesentlichen auf die Gehirnphysiologie, zu begründen. Denn Welt 3 ist zumindest teilweise von den beiden anderen Welten unabhängig. Wenn der unabhängige Teil von Welt 3 mit der Welt 2 in Wechselwirkung stehen kann, dann kann Welt 2, so scheint mir, nicht auf Welt 1 reduzierbar sein. [...]
Der philosophische Reduktionismus ist, wie ich glaube, ein Irrtum. Er rührt von dem Wunsche her, alles auf eine letzte Erklärung durch Wesenheiten und Substanzen zu reduzieren, das heißt, auf eine Erklärung, die einer weiteren Erklärung weder fähig noch bedürftig ist. Sobald wir die Theorie einer letzten Erklärung aufgeben, merken wir, dass wir immer weiter »Warum?« fragen können. Warum-Fragen führen niemals zu einer letzten Antwort. Intelligente Kinder scheinen das zu wissen, auch wenn sie schließlich den Erwachsenen nachgeben, die in der Tat unmöglich genug Zeit haben können, im Prinzip eine endlose Reihe von Fragen zu beantworten.
Auch wenn die Welten 1, 2 und 3 teilweise autonom sind, gehören sie doch zu ein und demselben Universum: Sie stehen miteinander in Wechselwirkung. Man kann jedoch leicht zeigen, dass die Erkenntnis des Universums, sofern sie selbst ein Teil des Universums ist (wie es tatsächlich der Fall ist), notwendigerweise nicht zu vervollständigen ist. Stellen wir uns nur einen Mann vor, der eine genaue Karte des Zimmers zeichnet, in dem er arbeitet. Lassen wir ihn versuchen, in seine Zeichnung die Karte, die er gerade zeichnet, einzubeziehen. Es ist klar, dass er diese Aufgabe, die eine unendliche Zahl kleinerer und noch kleinerer Karten innerhalb jeder Karte einschließt, nicht erfüllen kann: Jedesmal, wenn er auf der Karte einen neuen Strich hinzufügt, schafft er ein neues Objekt, das zu zeichnen ist, aber noch nicht gezeichnet ist. Die Karte, die eine Karte von sich selbst enthalten soll, lässt sich nicht vervollständigen.
Die Geschichte mit der Karte zeigt [insofern die Karte in der Karte den Versuch darstellt, ein wahres Bild des Universums zu gewinnen] [...] die Offenheit und Unerkennbarkeit eines Universums [...], das die menschliche Erkenntnis als Teil seiner selbst enthält. Dieses Beispiel kann uns zu der Einsicht verhelfen, warum eine erklärende Wissenschaft niemals vollständig werden kann; denn um sie zu vervollständigen, müssten wir eine Erklärung von ihr selbst geben.

(Karl R. Popper: Wissenschaftliche Reduktion und die essentielle Unvollständigkeit der Wissenschaft. In: Ders.: Alles Leben ist Problemlösen. Über Erkenntnis, Geschichte und Politik. Piper: München/Zürich 1994, S. 76, 80–86)

1 Popper meint, wer nur die Existenz von Welt 1 akzeptiert, müsste den Atomen die Fähigkeit zuschreiben sich selbstständig zu Computern, Flughäfen oder Mondraketen zu organisieren.

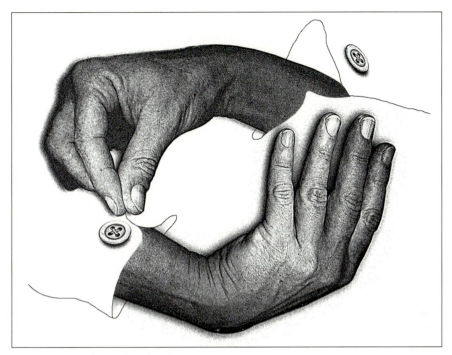

Maurits Cornelis Escher: Zeichnen (1948)

1. Fertigen Sie ein Schaubild zu Poppers Unterscheidung der drei Welten an und klären Sie, welche Rolle insbesondere Welt 3 für die Nicht-Reduzierbarkeit des menschlichen Selbstbewusstseins auf physiologische Prozesse spielt.
2. Grenzen Sie Poppers Drei-Welten-Theorie von dem Dualismus Descartes' (vgl. 3.2) und Nagels (vgl. 5.1) ab.
3. Erörtern Sie die Schlüssigkeit der Popperschen Argumentation an den vorgestellten materialistischen bzw. epiphänomenalistischen Positionen (Damasio, Dörner, Metzinger)
4. Diskutieren Sie die folgenden Argumente von **Eccles** gegen den Reduktionismus.

Materialisten aller Spielarten machen großes Aufhebens darum, dass ihre Gehirn-Geist-Theorie in Übereinstimmung mit den Naturgesetzen steht, soweit wir sie heute verstehen. Aber dieser Anspruch wird durch zwei schwer wiegende Überlegungen entkräftet.
Erstens gibt es nirgendwo in den Gesetzen der Physik oder in denen der von ihr abgeleiteten Wissenschaften Chemie und Biologie einen Hinweis auf Bewusstsein oder Geist. [...] Man kann unmöglich sagen, in einer elektrischen, chemischen oder biologischen Anordnung trete jene seltsame, nicht materielle Entität auf – Bewusstsein oder Geist –, so komplex diese Anordnung auch sein mag. [...] Zum Beispiel erlauben diese Gesetze keine Aussage des Inhalts, Bewusstsein entstehe auf einer bestimmten Ebene der Komplexität von Systemen, wie es unbegründet von sämtlichen Materialisten [...] angenommen wird [...].
Zweitens befinden sich [...] alle materialistischen Theorien im Widerspruch zur biologischen Evolution. Da sie alle ([...] Epiphänomenalismus und die Identitätstheorie) die ursächliche Wirkungslosigkeit des Bewusstseins an sich versichern, versa-

gen sie völlig darin, die biologische Evolution des Bewusstseins zu erklären, die eine nicht zu leugnende Tatsache darstellt. Nach der biologischen Evolution können mentale Zustände und Bewusstsein nur dann entstanden sein und sich entwickelt haben, wenn sie darin ursächlich erfolgreich waren, Veränderungen in neuronalen Ereignissen im Gehirn mitsamt der daraus folgenden Verhaltensänderung hervorzurufen. Dies kann nur dann geschehen, wenn die neurale Anlage des Gehirns für Einflüsse durch mentale Ereignisse in der Welt der bewussten Erfahrungen offen ist [...].

(Aus: John C. Eccles: Wie das Selbst sein Gehirn steuert. Piper: München 1994, S. 27 f.)

5.3 Günter Schulte: Neues Plädoyer für eine Seele

In seinem Buch „Neuromythen" (1. Aufl. 2000) setzt sich der Kölner Philosoph Günter Schulte (geb. 1937) ebenfalls kritisch mit der naturalistisch geprägten „philosophy of mind" auseinander. Er versteht sein Buch als Aufruf, „sich von dem imponierenden Wissen in Sachen Gehirnphysiologie und Evolutionsbiologie nicht überwältigen zu lassen". Aus Sorge, dass die naturalistische Erklärung des Geistes schließlich auf seine Abschaffung hinausläuft und wir unser autonomes Ich-Bewusstsein verlieren, wendet sich Schulte gegen die platte Identität von Bewusstsein und Gehirnvorgang und besteht statt dessen auf der Irreduzibilität und Freiheit des Selbst. Damit versucht er in Aufnahme der antiken Begrifflichkeit zugleich eine Verteidigung der Seele, die er allerdings nicht essentialistisch i. S. Platons oder Descartes' versteht. Seele konstituiert sich für Schulte vielmehr, auf dem Hintergrund der existenzialistischen Philosophie Martin Heideggers (1889–1976), als unverfügbare Subjektivität durch das Bewusstsein des eigenen Todes.
Der gebotene Auszug ist dem Schluss des Buches entnommen und enthält die wesentlichen Argumente des Autors für das Offenhalten der Frage nach der Seele.

Thomas Metzinger ist ein Philosoph, der zugibt, […] dass alle guten Philosophen Materialisten seien wie er. Zurückblickend auf seine Lektüre gegenwärtiger Philosophen erzählt er:
„In der neueren Literatur der wirklich guten Philosophen ging es nur noch darum, welche Variante des Materialismus nun die richtige sein. Die klassische philosophische Frage, ob er überhaupt gültig sei, wurde gar nicht gestellt. Niemand glaubte noch im Ernst an eine Seele oder gar ein Leben nach dem Tod." (In: Schnabel/Sentker: Wie kommt die Welt in den Kopf? Rowohlt: Reinbek 1997, S. 274)
Der letzte Neurophysiologe, der noch an die Seele glaubte, soll John C. Eccles gewesen sein. Er starb 1997. Jetzt schienen die Neurowissenschaftler als Materialisten endlich unter sich zu sein. Allerdings ergab im selben Jahr eine Umfrage unter amerikanischen Biologen, Physikern und Astronomen, dass trotz der ihnen vertrauten Forschungsergebnisse zum Urknall, zur Entstehung des Lebens und zur Evolution zwei von fünf Naturwissenschaftlern an Gott und das ewige Leben glauben. [...]
Es ist wohl so, dass wir zweierlei Leben haben oder zweierlei Leben sind: ein lebendiger Körper und ein lebendiger Geist. Das eine ist unsere Äußerlichkeit: Wir leben als Organismen in der Welt. Das andere die Innerlichkeit: Ich bewohne den lebenden Körper. Aber als ein solches Ich bin ich nicht in der Welt, gehöre ich nicht zur Welt. Zwar bin ich von ihr umgeben und finde mich bis in die Inhalte meiner Gedanken, die Arten meines Gefühls und die Nuancen meiner Stimmung

von meinem Körper bestimmt und von dem, was ebenso real-körperlich auf ihn einwirkt, zum Beispiel von einem Schluck Wein, einem Nadelstich, einer Hormonverabreichung usw. Aber die Tatsache, dass ich es bin, der sich da erlebt, der Schmerzen hat, dessen Gedanken sich verwirren, der sich nach etwas sehnt oder etwas hasst – diese Tatsache ist nichts Objektives. [...] Auf diesen gewissen Sinn, in dem die erstaunliche Hypothese Cricks[1] [...] oder aller nach Metzinger „guten" Philosophen nicht stimmt, berufe ich mich, das heißt auf die irgendwie entsetzliche Einsicht, dass ich unauffindbar bin in der Welt.

[...] Das biologische Leben, mein Leben als Objekt der Wissenschaft, ist ichloses Leben, nämlich meines so gut wie deines und eines jeden. Die Hypothese von Crick [...] und anderen besagt genau dies: Mein Leben ist das biologische Leben des Körpers, oder: das Leben meines Geistes ist das Leben eines Organismus, insbesondere eines Gehirns. Und das so genannte Geistesleben ist nichts weiter als eine Eigenschaft des biologischen Lebens der Menschen.

Wie kann man mit dieser Neuromythologie leben? Ruiniert oder paralysiert sie nicht das Leben des eigenen Geistes? [...]

Wie sollten wir uns darüber streiten können, wer recht hat: Sie, der Sie Seelisches als verursacht durch Physisches behaupten, oder ich, der ich die Unabhängigkeit des Seelischen behaupte. Und wenn Sie recht hätten? [...] Wenn Sie recht hätten, hinge unser Meinungsunterschied darüber, ob das Bewusstsein völlig von Gehirnursachen abhängt oder nicht, selbst ab von Gehirnursachen, etwa davon, dass in Ihrem Gehirn auf Grund atomarer und molekularer Konstellationen ein entgegengesetzt geladener Strom als in meinem fließt. Weder Sie noch ich könnten dann überhaupt irgend etwas erkennen, ja auch nur einen sinnvoll begründeten Wahrheitsanspruch für unsere Thesen geltend machen. Denn statt von der Eigenart des Seienden abzuhängen, das Objekt unseres Bewusstseins ist, hinge dann unser Erkennen ab von einer Kraft hinter unserem Rücken, von physiologischen Prozessen. [...]

Zur Widerlegung des Determinsten in Sachen Entscheidungsfreiheit erfand Arthur Koestler [...] folgende kleine Parabel, ein Tischgespräch in einem der ehrwürdigen Colleges von Oxford.

„Die Gesprächsteilnehmer waren ein älterer, streng deterministisch ausgerichteter Professor und ein junger temperamentvoller Gastdozent aus Australien.

Der Australier ruft aus: ‚Wenn Sie noch weiter leugnen, dass ich in meinen Entscheidungen frei bin, dann muss ich Ihnen wirklich eine herunterhauen.'

Der alte Herr läuft rot an: ‚Ich muss sagen, dass ich Ihr Benehmen unverzeihlich finde.'

‚Entschuldigen Sie bitte. Ich habe mich hinreißen lassen.'

‚Sie sollten sich wirklich besser beherrschen.'

‚Danke. Das Experiment ist gelungen.'"

Sie sehen: Alles Erkennen, insbesondere das wissenschaftliche, auf das Sie sich berufen, wäre ohne Voraussetzung von Seele sowenig möglich wie ein verantwortliches Handeln, also dass einer etwas tut, was er auch lassen könnte. [...]

Ach, Sie bestreiten die Seele gar nicht, weder als Voraussetzung fürs Erkennen noch fürs Handeln? Sie behaupten sie lediglich als eine physikalische Eigenschaft, als etwas, was sich von selbst einstellt, wenn eine Maschine durch hinreichende Komplexität autonom gemacht wurde. Sie verweisen auf Dietrich Dörners *Bauplan für eine Seele*,[2] der vorführt, wie man eine Maschine bauen kann, die so beseelt erscheint wie ich und Sie.

Zunächst war sie nur eine Dampfmaschine, die von Wasser und Heizöl „lebte", das man ihr bei Bedarf einflößen musste. Durch den Einbau von Rückkopplungssystemen und umgebungsbezogenen Sensoren sowie von Effektoren, also von Sinneswerkzeugen und Werkzeugen für Bewegung und Nahrungsaufnahme, wurde sie zu einem blechernen

Dörners neuer Seelenwagen?

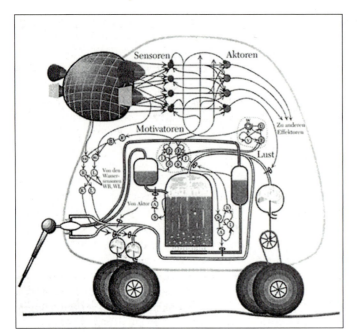

Wesen, das so wie ich und Sie ausgestattet ist mit Bedürfnissen, mit Lust- und Frust-Gefühlen, mit Phantasie, Sprache und Selbstreflexion, also mit all dem, was ich von mir selbst her kenne und anderen zuschreibe, die physisch ähnlich beschaffen sind wie ich und deren Gesten und Äußerungen ich als Zeichen verstehe für Psychisches, also für Vorstellungen, Gedanken, Empfindungen, Wünsche usw.

Aber ist denn durch Ihren *Bauplan für eine Seele* schon erklärt oder verstanden, was Seele ist? Ihre physischen Bedingungen sind erkannt, sicher. Dennoch ist die Seele darum nicht schon etwas Natürliches oder Physisches. Denn wenn ich selbst eine solche Maschine wäre, so wäre ich von meiner Seele ebenso durch unmittelbares Wissen überzeugt wie jetzt bei dieser noch lebendigen Körpermaschine, die ich bewohne. Und genauso geheimnisvoll erschiene mir ihre Verbindung mit einem Körper, der dann eben aus Metall und Silizium besteht. Auch wenn Sie eine solche Maschine wären, warum sollte ich Sie dann nicht für beseelt halten?

Was wüßte ich vom Seelischen, wenn ich es nicht selbst in mir fände! [...] Vom Psychischen selbst weiß ich nur durch dieses selbst, nicht durch objektive Erkenntnis oder objektive Erfahrung. Das Psychische kann nicht Gegenstand der Naturwissenschaft sein. [...]

Beweise für eine autonome Seele sind das natürlich alles nicht. [...] Mein Plädoyer für eine Seele gilt nicht einer transmundanen Realitätsschicht[3], zu der unsere Seele gehörte. Wohl aber unserem Recht auf die Frage nach einer Seele, welche es in der mundanen Realität nicht gibt. Dort ist sie, wie Francis Crick in seiner Antwort auf die Frage *Was die Seele wirklich ist* schreibt, nichts als ein Haufen Neuronen.

[...]

Ich bin in meinem Bei-mir-selbst-Sein ein Fremdkörper in der Welt der Objekte, kein Körper unter anderen Körpern, eben auch nicht ein Subjekt unter anderen Subjekten oder ein Geist neben anderen Geistern. Denn das hieße, mich als erste Person der dritten Person (dem „er, sie, es") unterzuordnen. So machen es die biologischen Naturalisten, welche damit die Unauffindbarkeit meines Selbst im Objektiven zum Verschwinden bringen. [...]

Vielleicht waren die Menschen nicht aus mangelndem Naturwissen mit der naturalistischen Lösung für das Körper-Geist-Problem unzufrieden, sondern weil es für jeden Menschen eine Art übersinnliches Datum gibt, das ihn diese Lösung ablehnen lässt. Dieses Datum im Bewusstsein scheint mir der Gedanke des Todes oder des Nichtseins zu sein. Die Empfänglichkeit für diesen irritierenden Gedanken ist jener oben beschriebene Sinn für die eigene Singularität und ihr Jenseits, das eigene Nichtsein.

[...] Man kann es das Todeswissen nennen, den Gedanken des Nichtseins oder der Weltfremdheit des Ich. Dieses Wissen irritiert alles andere Wissen, insbesondere das Faktenwissen der Naturwissenschaft. Es stammt aus dem panischen Erlebnis, überhaupt da zu sein und an einer Welt teilzunehmen, die ohne mich nicht da wäre, weil ich sie nicht erführe, und die für ewig nicht mehr da sein wird, wenn ich, der Einzige, verschwunden bin. Alles andere Wissen wird dadurch dementiert und deklassiert. [...]

Leben ist das, was ist, was jetzt, was überhaupt ist: dein Leben, mein Leben, Dasein oder Gegenwart. Denkt man darüber nach, was das ist, schwindelt es einen. Man kann nicht dahinter kommen, denn die andere Seite des Daseins ist das Nichtsein. Und die ist unzugänglich. Ich kann nicht das Dasein, das immer meines ist, aus der Distanz überblicken, das heißt aus dem Nichtsein heraus. [...] Mit dem Bewusstsein des Todes ist zugleich die Idee der Wahrheit da, die Idee dessen, was an sich ist, ganz unabhängig davon, dass oder ob ich es erlebe, wahrnehme, vorstelle, denke. Doch damit ist zugleich die Unmöglichkeit der Wahrheit für mich angezeigt: [...] Die Dinge an sich selbst sind unerkennbar, sagt Kant. [...]

Sind damit die alten, wie Immanuel Kant meinte, unbeantwortbaren Schicksalsfragen der Vernunft nach Gott, Freiheit und Unsterblichkeit überflüssig geworden?

Die Naturwissenschaften brauchen wir [hier] also nicht zu fragen. [...] Diese Fragen dürfen überhaupt nicht beantwortet werden [...]. Wir sollten begreifen, dass es Fragen gibt, deren ganzer Sinn darin besteht, keine Antwort zu dulden, weil Antworten sie töten. Wir bedürfen ihrer Ungewissheit, um geistig lebendig zu bleiben. Also gilt es, die Frage nach der Seele am Leben zu lassen, was auch heißt, mit dieser Frage zu leben.

(Günter Schulte: Neuromythen. Das Gehirn als Mind Machine und Versteck des Geistes. Zweitausendeins: Frankfurt/M. 2000, S. 213–229)

1 Gemeint ist besonders Cricks Bestimmung der Seele als „ein Haufen Neuronen". (Vgl. 4, Einl.)
2 Vgl. 4.3.1
3 transmundane Realitätsschicht: Schulte bezieht sich hier besonders auf Platons Seelenkonzeption, nach der die Seele in einer jenseits von dieser Welt existierenden Realität beheimatet ist.

1 Rekapitulieren Sie Schultes Argumente gegen den Naturalismus (Reduktionismus) und erörtern Sie diese. Welche Argumente sind gegenüber denen von Nagel und Popper/Eccles neu?

2 Vollziehen Sie die Unterscheidung der beiden Arten des Lebens nach, die Schulte trifft. Warum ist das ichhafte Leben aufgrund des Todesbewusstseins prinzipiell anders beschaffen als das biologische Leben? Inwiefern liegt darin ein Argument gegen die „Neuromythen"?

3 Bestimmen Sie den Seelenbegriff von Schulte und vergleichen Sie ihn mit dem der Antike.

4 „Wenn ein Körper stirbt, dann geht ein ganzer Kosmos zugrunde. Das Hirn jedes Menschen repräsentiert eine Welt." (Der Lyriker Durs Grünberg in DER SPIEGEL 51/2000, S. 220) Diskutieren Sie diese Aussage auf dem Hintergrund von Schultes Seelenverständnis.

5 Beurteilen Sie die Tragfähigkeit der Forderung Schultes und ihre Konsequenzen für die Wissenschaft: „Also gilt es, die Frage nach der Seele am Leben zu lassen, was auch heißt, mit dieser Frage zu leben."

5.4 Roland W. Henke: Die Unhintergehbarkeit des Ich

In der Antike erinnert das „Erkenne dich selbst!" über dem *Orakel von Delphi* den Menschen an seine Sterblichkeit. Mit der Philosophie Platons ändert sich dieser ursprüngliche Sinn: Die Frage „Wer bin Ich?" führt zur Vorstellung einer unsterblichen Seele, die nur vorübergehend im Kerker des Leibes eingesperrt ist. Obgleich dieser dualistischen Menschenauffassung bereits in der Antike vielfach widersprochen wird, etwa von Aristoteles oder auch Epikur, setzt sie sich geistesgeschichtlich durch und findet auch Eingang in das christliche Denken, dessen jüdische Wurzeln ursprünglich auf eine monistische Anthropologie verweisen.

„GNOTHI SAUTON" (Erkenne dich selbst) – Inschrift über dem Appollon-Tempel zu Delphi

In der Neuzeit wird die Vorstellung des Ich als Seelensubstanz durch die Philosophie Descartes' auf eine neue Grundlage gestellt. Beim radikalen Zweifeln an allen hergebrachten Wahrheiten stößt Descartes schließlich auf das denkende Ich, das er selbst nicht mehr in Frage stellen kann. Dieses Ich bestimmt er mit der auf Aristoteles zurückgehenden Begrifflichkeit der mittelalterlichen Philosophie als Substanz, als beharrende Wesenheit, die ähnlich wie die platonische Seele vom Untergang des Körpers in ihrer Existenz nicht bedroht ist. Dabei begeht er zwei gedankliche Kurzschlüsse, die sowohl durch die Methode seines Philosophierens, den introspektiven Rückzug in die Einsamkeit, als auch durch seine Verhaftung im Substanz-Denken des Mittelalters begünstigt werden. Obwohl das Ich im Verlauf der ‚Meditationen' sich nur als Tätigkeit oder Aktus des Denkens darstellt, wird ihm ein substantieller Charakter zugeschrieben.(1) Und obgleich das Denken als reflexiver Akt lediglich punktuell das Bewusstsein der eigenen körperlichen, affektiven und auch gedanklichen Vollzüge vermitteln kann, wird es von Descartes als Hauptattribut des Ich gesetzt. (2) Dieses erscheint in der Folge als körper- und weltlose Denk-Seele, die sich erst nachträglich auf die Wirklichkeit (res extensa) bezieht. Statt zu dem Satz „Ich denke, also bin Ich [als res cogitans]", (Formulierung aus dem „Discours de la Methode", 4. Kap.), hätte Descartes eigentlich nur zu der Aussage gelangen können: „Insofern ich mich meines Seins punktuell durch das reflexive

Denken vergewissern kann, bin ich eine empfindende, fühlende und bisweilen auch denkende Aktualität" – und hätte dann noch einmal auf die Entstehungsbedingungen dieses Ich, insbesondere seine Beziehung zur Welt, eingehen müssen.

Während der Bestimmung des Ich als Substanz schon bald von namhaften Philosophen wie Locke und Hume aus der empiristischen Tradition widersprochen wurde, bleibt Descartes' Reduktion des Ich auf eine weltlose, rein theoretisch bestimmte Instanz für das philosophische Denken lange Zeit maßgeblich. Auch Kant, der das reflexive „Ich denke" transzendentalphilosophisch als Bedingung der Möglichkeit von Erkenntnissen fasst, reduziert das Ich damit auf ein bloßes Erkenntnissubjekt und vernachlässigt seine vorgängige Prägung durch die leiblich und sprachlich vermittelten Bezüge zur Welt und zu den anderen. Sie räumt er allenfalls für das philosophisch unwesentliche „empirische Ich" ein. Fichtes Erhebung des transzendentalen Selbst zum Ursprung aller Gegenständlichkeit (und empirischen Ichheit) markiert dann schließlich den idealistischen Abschluss einer Philosophie, die, mit Descartes beginnend, von einem ursprünglichen Ich ausgeht, das erst nachträglich zur Welt in eine theoretische Erkenntnisrelation tritt.

Dagegen steht die Leibphilosophie von Friedrich Nietzsche. Für sie ist das Ich keine vom Körper abgesonderte Instanz, kein Subjekt, das der Welt und seiner eigenen Leiblichkeit erkennend und distanziert gegenübersteht, sondern es schafft bzw. entwirft sich selbst erst in Abhängigkeit vom Leib durch Bezüge zur Welt. Nietzsche wird damit zu einem der Ahnherrn des existenzialistischen Menschenverständnisses, das besonders von Sartre und Heidegger ausgearbeitet wurde. (Vgl. Zugänge 1, Teil II)

Im folgenden Text setzt sich der Bearbeiter dieses Kapitels kritisch mit dem von der Neurophysiologie nahegelegten und von der „philosophy of mind" in wesentlichen Teilen übernommenen Ich-Verständnis auseinander. Er führt dabei Gedanken von Schulte weiter und greift auf die existentialistische Philosophie besonders von Sartre und Heidegger zurück.

Im Gegensatz zu Gegenständen zeichnet sich das Ich oder das Subjekt in der existenzialistischen Philosophie dadurch aus, dass ihm sein Wesen nicht einfach vorgegeben ist. Dieses muss vielmehr, von der bloßen Existenz ausgehend und diese überschreitend, durch Akte allererst hergestellt werden. Derartige Akte, wozu Gefühle genauso gehören wie Denkoperationen, sind immer leibhaft und vollziehen sich in Interaktion mit den Gegenständen der Welt. Sie sind auf einen selbst gesetzten Zweck hin gerichtet und verweisen in ihrer Intentionalität auf die menschliche Freiheit als ihren letzten Grund. Nur im Vollzug können sie erlebt und in der Reflexion gegeben sein, niemals aber psychisch objektiviert werden. Selbst wenn es der Psychologie eines Tages gelingen sollte, alle menschlichen Regungen als psychische Automatismen zu erklären, z. B. die Liebe zwischen Romeo und Julia als Produkt ihrer jeweiligen Lebensumstände, dann ist damit das subjektive Erleben dieser Liebe und der daraus vollzogenen Handlungen noch gar nicht erfasst.

Ausgehend von der existentialistischen Auffassung des Menschen als sich *welthaft entwerfendes Subjekt* ist dann die Bestimmung des Ich als von der äußeren Welt erst einmal isoliertes Wesen eine künstliche Abstraktion. Das Ich ist vielmehr umgekehrt das Resultat einer Vielzahl von leiblich vermittelten intentionalen Interaktionen mit der Welt, bei denen die Sprache für seine Konstitution eine ausgezeichnete Rolle spielt (Vgl. I, 9). Aus diesen letztlich nur im (sprachlich vermittelten) Erleben und in der Reflexion des Erlebens gegebenen Akten, die durch Erinnerung zusammengehalten werden, baut sich das Ich als Bewusstsein einer biographischen Kontinuität auf. Niemals wird man in seiner Biographie auf ein bloßes

Ich stoßen. Dieses ist vielmehr immer schon verknüpft mit der Welt, mit bestimmten Orten und Zeiten, an bzw. zu denen es dieses oder jenes getan hat. Und soweit das Ich sein selbst geschaffenes Wesen im Hinblick auf eine offene Zukunft intentional überschreitet und neu entwirft, geschieht dies wieder mit Bezug auf die Welt.[1]

Heidegger spricht deshalb auch vom „In-der-Welt-Sein" als grundlegendem Kennzeichen des Ich oder Subjekts, das er Dasein nennt. Anders als Objekte oder Naturgegenstände, die auch in der Welt sind, ist das Dasein aber nicht bloß vorhanden, sondern es ist je seine eigenen Möglichkeiten, mit denen und durch die es sich bzw. sein Wesen intentional schafft. Das Verhältnis des Ich zur Welt ist also ursprünglich nicht theoretisch, sondern praktisch bestimmt. Diese Einsicht in sein eigenes „Wesen" erlangt der Mensch nach Heidegger in der Regel nicht durch philosophische Überlegungen. In der Langeweile wie in der Angst, die als Grundstimmungen jeder kennt, wird das Dasein vielmehr mit seinem eigenen Nichtsein, dem Tod, konfrontiert. Dieses Todesbewusstsein wirft den Einzelnen auf sich als ein Ich zurück, das nur im welthaften Vollzug seiner Möglichkeiten existiert. So erhält die antike Verknüpfung von Selbsterkenntnis und Todesbewusstsein im „gnothi sauton" einen tiefen existenzialistischen Sinn.

Aus dieser aus dem Todesbewusstsein kommenden Erfahrung des Menschen als welthaftes Entwurfssubjekt ergeben sich *ethische Konsequenzen:* Der Mensch kann die Selbstwahl als ständige Aufgabe akzeptieren und aufgrund dessen die Verantwortung für alle seine Handlungen als seine je eigenen übernehmen. Oder er kann aus dieser Verantwortung in die Uneigentlichkeit fliehen, etwa indem er sich selbst als ein Ding unter Dingen, ein bloß Vorhandenes also, versteht und sich z. B. von der Wissenschaft sagen lassen will, wer er denn eigentlich sei. Nicht *wer* der Mensch ist, kann aber die Wissenschaft in den Blick nehmen, sondern höchstens *was* er ist. Damit ist er aber nur nach seiner unwesentlichen Seite erkannt; die Erkenntnis des Ich als lebendiges Entwurfssubjekt wird dadurch gerade verfehlt. Sie kann überhaupt nicht theoretisch vollzogen werden, sondern zeigt sich nur im praktischen Vollzug von intentionalen Akten, in welchen die eigenen Möglichkeiten welthaft konkretisiert und als je eigene erlebt und reflektiert werden können.

So ist im existenzialistischen Horizont das wissenschaftlich-theoretische Weltverhältnis zwar eine Möglichkeit, die der Mensch ergreifen kann, um sich auszulegen und sein Wesen zu entwerfen. Wird dieses aber das dominierende oder gar einzige Weltverhältnis, was der Mensch schafft, dann verfehlt er sich selbst gründlich und schreibt damit eine objektivierende Auslegung seiner selbst fest, die ihm den Zugang zum Selbst als welthaftem Entwurfssubjekt gerade verstellt. Statt die Verantwortung für alle seine Handlungen als je eigene intentionale Akte zu übernehmen, verführt die wissenschaftliche Selbstauslegung zur Abschiebung von Verantwortung: Begreife ich mich als ein Ding unter Dingen, ein bloß Vorhandenes, dann bin ich in das Kausalgefüge der Welt eingespannt und letztlich determiniert. Nicht umsonst lassen empirische Psychologie und Neurophysiologie keinen Raum für die Freiheit des Willens und seine unverfügbare, dabei stets in Interaktion mit der Welt stehende Intentionalität. Nicht umsonst unterschlagen sie das Wissen um die je eigene Sterblichkeit, von dem alles andere „objektive" Wissen abhängt und das dem Menschen seine nicht objektivierbare Einzigkeit vorrückt. (Vgl. 5.3)

Descartes war auf dem Wege einer methodisch kontrollierten *Introspektion* auf das „Ich denke" als unbezweifelbare Größe gestoßen und hatte daraus die Existenz des (substantiellen) Denk-Ich erschlossen. Ihm stehen die Welt wie der eigene Körper als etwas Fremdes gegenüber, was aber theoretisch erforscht werden kann. Wenn die cartesische Bestimmung des Ich damit auch höchst einseitig ausgefallen ist, so ist doch das Selbst in Descartes' Philosophie der unhintergehbare Ausgangspunkt aller Erkundung der äußeren Wirklichkeit.

In der Neurobiologie und -physiologie hingegen wird dieser ichhafte Ausgangspunkt, zumindest methodisch, erst einmal ganz unterschlagen. So wird der Cartesianismus nach seiner res-extensa-Seite verabsolutiert: Im Wege der *Extrospektion* werden gehirnphysiologische Vorgänge untersucht, um anschließend die zuvor ausgeklammerte Frage nach dem Ich oder dem Bewusstsein an eben die Ergebnisse dieser Untersuchung zu richten. Da kann es nicht verwundern, dass das Ich oder die geistige Tätigkeit überhaupt, welche eigentlich die (intentionale) Basis aller naturwissenschaftlichen Forschung bildet, nun entweder selbst als eine physikalische Größe erscheint (Materialismus) oder als ein nachträgliches, kausal unwirksames Anhängsel physiologischer Vollzüge, wie es der Epiphänomenalismus sieht.

Dies lässt sich gut an **Damasios** Ansatz verdeutlichen, weil er sich explizit von Descartes absetzt, wenn er das Selbst nicht nur durch Vernunft, sondern auch durch Gefühle und Empfindungen bestimmt und diese wiederum auf die Leiblichkeit zurückführt. So nimmt Damasio zwar inhaltlich eine legitime Veränderung des cartesischen Ich-Begriffs vor, aber in seinem Vorgehen, diese Bestimmung aus messbaren physiologischen Daten abzuleiten, fällt er methodisch hinter den Cartesianismus zurück.

Gefühle und Vernunft sind aus der Freiheit des Subjekts entspringende Akte, die nur unmittelbar erlebt und dank der Fähigkeit zur Reflexion durch Sprache auf den – mehr oder weniger angemessenen – Begriff gebracht werden können (was wiederum auf ihr Erleben zurückwirkt). Nur weil dieses Erleben und seine begriffliche Fixierung als geistige Akte existieren, wird es überhaupt möglich, aus der Untersuchung von Gehirnprozessen, etwa aus dem Zusammenwirken verschiedener neuronaler Aktivitäten in unterschiedlichen Gehirnarealen, auf das Zusammenwirken von Vernunft und Gefühl im Selbst zu schließen. Daraus dass emotionale wie kognitive Akte eine materielle Seite haben, lässt sich aber nicht die Bedeutung eben dieser materiellen Aktivitäten erschließen, wenn man sie nicht schon zuvor kennt und in die physischen Vorgänge hineinlegt.

Damit soll nicht bestritten werden, dass empirische Untersuchungen von Gehirnprozessen Hinweise darauf liefern können, ob die je subjektiv erlebten intentionalen Akte begrifflich angemessen gefasst wurden: Wenn Messungen von Hirnströmen darauf hinweisen, dass Denkprozesse auch mit neuronalen Ereignissen in *den* Gehirnregionen einhergehen, die Körperempfindungen repräsentieren, so ist das sicher ein Hinweis darauf, dass das Ich keine vom Körper unabhängige Denk-Substanz darstellt und die Entgegensetzung von Vernunft und Gefühl begrifflich unangemessen ist. Dies erlaubt aber nicht umgekehrt allein aus derartigen Messungen eine Bestimmung des Ich, das mir nur im eigenen Erleben meiner Akte und ihrer Reflexion zugänglich ist.

Es ist wie beim Einsatz eines Lügendetektors: Zwar kann er (mit relativer Zuverlässigkeit) den beschleunigten Puls und Herzschlag messen, der i. Allg. mit dem intentionalen Akt des Lügens verbunden ist; aber aus diesen physiologischen Vorgängen selbst lässt sich niemals die Eigenart des Lügens verstehen. Diese kenne ich letztlich nur durch Selbsterfahrung und die Reflexion darauf und erfahre hierin eben meine Freiheit. Insofern bin ich für die Lüge letzthin selbst verantwortlich, so wie das Ich es in existenzialistischer Sicht für seine Gefühle und für seine Vernunft ist.

Damasios Versuch, dieses verantwortliche Selbst schließlich als Abbild (Repräsentation zweiter Ordnung) des eigenen Körpers und der Außenwelt zu erklären, macht den methodischen Rückfall hinter Descartes vollends sinnfällig: Damit wird die jeder Objektivierung zugrunde liegende Vorgängigkeit des Entwurfs-Ich verdeckt und mit dieser Selbstverdinglichung auch die Freiheit preisgegeben – ein Vorwurf, der letztlich auch der „philosophy of mind" nicht erspart werden kann, soweit sie die methodischen Voraussetzungen der modernen Gehirnforschung zur unhinterfragten Grundlage ihres Philosophierens nimmt.

(Originalbeitrag)

1 Die Abhängigkeit des cartesischen „inneren Ich" von kommunikativen Beziehungen und intentionalen sprachlichen Akten verdeutlicht literarisch Jan Philipp Reemtsma in seiner autobiografischen Erzählung „Im Keller" (Rowohlt: Reinbek 1998, S. 196 ff.), in der er die Erlebnisse seiner Entführung verarbeitet.

1 Rekonstruieren Sie die Kritik an Neurophysiologie und „philosophy of mind" in drei Stufen:
- Erklärung der existenzialistischen Auffassung vom Selbst/Ich
- Darlegung der Defizite naturalisierender Bewusstseinstheorien im Verhältnis zu Descartes
- Erläuterung des Vorwurfs der Selbstverdinglichung am Beispiel des Ansatzes von Damasio.

2 Erörtern Sie, ob und inwiefern die Kritik am Anspruch der Neurophysiologie Damasios auch die Positionen von Dörner und Metzinger trifft.

3 In seiner Dankrede zur Verleihung des Friedenspreises des deutschen Buchhandels im Oktober 2001 sagt **Jürgen Habermas**:

„Wissenschaftliche Erkenntnis scheint unser Selbstverständnis umso mehr zu beunruhigen, je näher sie uns auf den Leib rückt. Die Hirnforschung belehrt uns über die Physiologie unseres Bewusstseins. Aber verändert sich damit jenes intuitive Bewusstsein von Autorschaft und Zurechnungsfähigkeit, das alle unsere Handlungen begleitet?" (Südt. Ztg. v. 15. Okt. 01, Nr. 237, S. 17)

Diskutieren Sie diese Äußerung vor dem Hintergrund Ihrer Kenntnisse zur Neurophilosophie.

Weiterführende Literatur (Auswahl):

Bieri, Peter (Hrsg.): Analytische Philosophie des Geistes. Beltz Athenäum: Weinheim ³1997. *Sammlung von Beiträgen aus der analytischen Philosophie*

Brasser, Martin (Hrsg.): Person. Philosophische Texte von der Antike bis zur Gegenwart. Reclam: Stuttgart 1999. *Repräsentative Auswahl mit Schwerpunkt im 20. Jh.*

Düsing, Klaus: Selbstbewusstseinsmodelle. Moderne Kritiken und systematische Entwürfe zur konkreten Subjektivität. Wilhelm Fink: München 1997. *Fundierter philosophischer Überblick*

Hofstadter, Douglas R./Dennet, Daniel C.: Einsicht ins Ich. Fantasien und Reflexionen über Selbst und Seele. Übers. v. U. Enderwitz. Klett-Cotta: Stuttgart ⁴1991.

Linke, Detlev: Das Gehirn. C.H. Beck: München 1999.* *Medizinisch-philosophischer Überblick*

Oeser, Erhard: Geschichte der Hirnforschung. Von der Antike bis zur Gegenwart. Wiss. Buchges.: Darmstadt 2002. *Umfassende und anschaulich geschriebene Darstellung von der Antike bis heute*

Pöppel, Ernst/Maar, Christa/Christaller, Thomas (Hrsg.): Die Technik auf dem Weg zur Seele. Forschungen an der Schnittstelle Gehirn/Computer. Rowohlt: Reinbek 1996. *Sammlung von Beiträgen namhafter Wissenschaftler aus verschiedenen Disziplinen und Ländern*

Popper, Karl R./Eccles, John C.: Das Ich und sein Gehirn. Piper: München, Neuausgabe 1989

Rager, Günter (Hrsg.): Persönliches Erleben, verantwortliches Handeln und objektive Wissenschaft. Karl Alber: München 2000. *Philosophische Aufsatzsammlung aus dem deutschen Sprachraum*

Roth, Gerhard: Das Gehirn und seine Wirklichkeit. Kognitive Neurobiologie und ihre philosophischen Konsequenzen. Suhrkamp: Frankfurt/M. ³1997

Sacks, Oliver: Der Mann, der seine Frau mit einem Hut verwechselte. Rowohlt: Reinbek 1987. *Zwanzig z. T. kuriose Geschichten von Menschen, die aufgrund von Gehirnläsionen aus der Normalität gefallen sind*

Schnabel, Ulrich / Sentker, Andreas: Wie kommt die Welt in den Kopf? Reise durch die Werkstätten der Bewusstseinsforscher. Rowohlt: Reinbek 1997. *Wissenschaftsjournalistischer Überblick*

Zimmerli, Walther Ch./Wolf, Stefan: Künstliche Intelligenz, Philosophische Probleme. Reclam: Stuttgart 1994. *Sammlung wichtiger Beiträge aus der ersten Diskussionsphase um die KI*

Zoglauer, Thomas: Geist und Gehirn. Das Leib-Seele-Problem in der aktuellen Diskussion. UTB. Vandenhoeck & Ruprecht: Göttingen 1998. *Allgemein verständlicher Abriss der wichtigsten Positionen*

III
Das Schöne und die Kunst

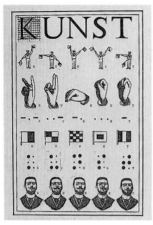  

Text und Bild: Wilhelm Peters

Kunst was ist das?

Kunst was ist das
Kunst ist was das
Kunst das ist was
Kunst ist das was
Kunst was das ist
Kunst das was ist

Was ist das Kunst
Was das ist Kunst
Was das Kunst ist
Was Kunst das ist
Was Kunst ist das
Was ist Kunst das

Ist das was Kunst
Ist was das Kunst
Ist Kunst das was
Ist das Kunst was
Ist was Kunst das
Ist Kunst was das

Das ist was Kunst
Das was ist Kunst
Das Kunst was ist
Das was Kunst ist
Das Kunst ist was
Das ist Kunst
      oder was

„Mein Gedicht ist mein Messer" – aber es eignet sich nicht zum Kartoffelschälen. Wozu eignet es sich, wozu ist es zu gebrauchen? […] Die Poesie ist […] ein Prozess der Verständigung des Menschen mit und über ihn selbst, der nie zur Ruhe kommen kann.
Es nützt nichts, einen Sachverhalt vorzuzeigen, wenn keiner zusieht. Wahrheit kann nur produziert werden, wo mehr als ein Mensch zugegen ist. Deswegen müssen Gedichte an jemand gerichtet, für jemand geschrieben sein. Mindestens müssen sie damit rechnen, andern vor Augen oder zu Ohren zu kommen. Es gibt kein Sprechen, das ein absolutes Sprechen wäre. So wie sich Messer von Hüten und Hüte von Körben unterscheiden, indem sie ihren Benutzern einmal das Zustechen, zum andern das Aufsetzen und Forttragen zumuten, so mutet jedes Gedicht seinem Leser ein andres Lesen zu. Gedichte ohne Gestus gibt es nicht. Gedichte können Vorschläge unterbreiten, sie können aufwiegeln, analysieren, schimpfen, drohen, locken, warnen, schreien, verurteilen, verteidigen, anklagen, schmeicheln, fordern, wimmern, auslachen, verhöhnen, reizen, loben, erörtern, jubeln, fragen, verhören, anordnen, forschen, übertreiben, toben, kichern. Sie können jeden Gestus annehmen außer einem einzigen: dem, nichts und niemanden zu meinen, Sprache an sich und selig in sich selbst zu sein. Damit das, was vorgezeigt werden soll, beachtet wird, müssen Gedichte allerdings schön sein. Es muss ein Vergnügen sein, sie zu lesen. Weil die meisten Sachverhalte, die vorzuzeigen sind, schwieriger Natur sind, muss das Vergnügen, mit dem man Gedichte liest, in aller Regel ein schwieriges Vergnügen sein.

(Hans Magnus Enzensberger: Mein Gedicht [1964])

1 Sind die auf der linken Seite vorgestellten Ausdrucksformen Kunstwerke? Begründen Sie ihre Meinung.
2 Treffen die von Enzensberger dem Gedicht zugeschriebenen Eigenschaften nur auf diese Kunstform zu?
3 Welche Grundeigenschaft ist für Enzensberger neben dem Ausdrucksgestus dem Gedicht unverzichtbar? Stimmen Sie Enzensberger hier zu?
4 Was macht in Ihren Augen ein Produkt zum Kunstwerk?

1 Was ist schön? – Schönheitsempfindungen als ästhetisches und ethisches Problem

1.1 Über Geschmack lässt sich nicht streiten! – ?

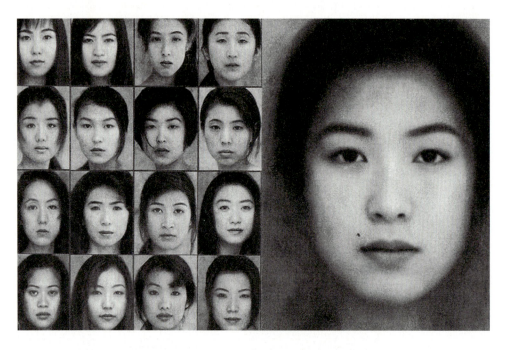

1 Welches der 17 Gesichter empfinden Sie als das schönste? Beschreiben Sie Ihre Eindrücke.

Berlin-Charlottenburg, Christstraße Nr. 34–37 1872–1876

Linke Seite unten: Bürgerhäuser der Gründerzeit; diese Seite: Pueblobaustil der späten 1960er-Jahre – moderne Wohnanlage

Habitat 67 von Moshe Safdie. Gebaut anlässlich der Weltausstellung in Montreal 1967

Grigny bei Paris, Großsiedlung La Grande Borne von Emile Aillaud (1966–1970)

1 Beschreiben Sie die der Architektur der Gebäude zugrundeliegenden unterschiedlichen Schönheitsvorstellungen.

Zusammenstellung von Modestilen in einem Lexikon

1 Welches Kleid finden Sie hässlich?
2 Geben Sie andere Beispiele für Mode und Zeitgeschmack.

Wenn wir uns fragen, was für uns schön ist, so gehen wir in der Regel davon aus, dass schön etwas sei, was wir als schön empfinden. Es geht also einerseits um einen als schön bezeichneten Gegenstand und andererseits um ein Gefühl des Angenehmen, wenn nicht gar Lustvollen, das er in uns bewirkt.
Hier enden aber alle gemeinsamen Bestimmungen des Schönen, denn als Individuen empfinden die Menschen sehr Unterschiedliches als schön: Was der eine schön findet, kann für einen anderen hässlich sein, und es heißt bekanntlich, über Geschmack lasse sich nicht streiten.
Ist nun dieser ästhetische Relativismus die letzte und ganze Wahrheit der Philosophie des Schönen? Gibt es nicht doch Dinge und Situationen, die von den meisten Menschen als schön empfunden werden, z. B. im Bereich der Natur bestimmte Landschaften, das Meer, die Berge, Sonnenuntergänge, Sternenhimmel oder ganz einfach nur bestimmte Blumen? Bleibt nicht zumindest der Mensch als ästhetisches Objekt? Es gibt ohne Zweifel Menschen, die von den meisten ihrer Mitmenschen als schön empfunden werden. Vielleicht existiert sogar ein objektives Schönheitsideal, z. B. von einem schönen Gesicht?

So wurde das große Porträt neben den japanischen Frauengesichtern am Beginn dieses Kapitels durch das Übereinanderprojizieren der 16 klein abgebildeten Gesichter komponiert, und es galt in psychologischen Testreihen als besonders attraktiv.

Cartoon

Michelangelo Buonarrotti: *Die Erschaffung Adams* (um 1510). Fresko. Rom, Vatikan, Capella Sixtina

1 Vergleichen Sie den Cartoon-Adam mit dem Adam in Michelangelos „Die Erschaffung Adams" und erläutern Sie den Unterschied in Bezug auf Schönheitsnormen.

1.2 Der goldene Schnitt als Urbild des Schönen?

Der berühmte deutsche Renaissancekünstler Albrecht Dürer (1471–1528) vertritt in seiner „Proportionslehre" von 1528 die Ansicht, dass kunstvolle geometrische Maßverhältnisse in der Natur anzutreffen seien:

> darnach/vn gee nit von der natur in dein gut gewonnet das du wouelst meynten das etster von dir selbs zu finden dann du wirdest verfürt/ Dann warhafftig steckt die kunst inn der natur/wer sie herauß kan reyssenn der hat sie /oberkumbstu sie/ so wirdet sie dir vil fels nemen in deinem werck /vnd durch die Geometria magstu deins wercks vil beweyssen/was wir aber nit beweyssen können das musen wir bey gutter meynung vnd der menschen vrteyl bleyben lassen/Doch thut die erfarung vil in disen dingen /Aber ye genewer dein werck dem leben gemeß ist in seiner gestalt ye besser dein werck erscheynt /vnd diß ist war/Darum

(Dürers Proportionslehre. Ausschnitt aus dem Erstdruck von 1528)

Ein Beispiel für ein Naturphänomen mit einer geometrischen Struktur ist der in der folgenden Abbildung stark vergrößerte Schneekristall:
Dieser in Kristallgestalt gefrorene Regentropfen entfaltet sich nicht nur harmonisch von seinem Zentrum aus, die Strecken seiner Achsen stehen darüber hinaus häufig im Größenverhältnis des goldenen Schnitts, bei dem eine Strecke so geteilt wird, dass die Gesamtstrecke zur größeren der beiden Teilstrecken im gleichen Maßverhältnis steht, wie die größere Teilstrecke zur kleineren Teilstrecke.

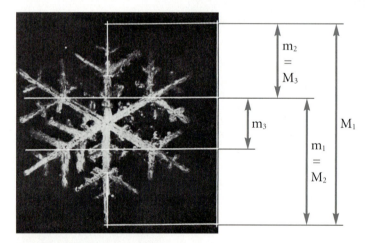

Bei unserem Schneekristallbeispiel wird eine solche harmonisch-symmetrische Unterteilung der Vertikalachse zeichnerisch verdeutlicht.
Da jede kleinere Teilstrecke (lat. minor, im Folgenden „m") wiederum die größere Teilstrecke (lat. maior, im Folgenden „M") für eine noch kleinere Minorstrecke (m) im Maßverhältnis des goldenen Schnittes ist, liegt eine stetige Teilung einer Strecke im goldenen Schnitt vor:

$$\frac{M_1}{m_1} \approx \frac{M_2}{m_2} \approx \frac{M_3}{m_3}$$

Mathematisch wird der goldene Schnitt folgendermaßen ausgedrückt:

$$\frac{M+m}{M} = \frac{M}{m}$$

Das genaue Zahlenergebnis des Maßverhältnisses des goldenen Schnittes ist die irrationale Zahl 1,61803…, d.h. M ≈ 1,61803 m, bzw. in der obigen Formel ausgedrückt:

$$\frac{1{,}61803\,m + m}{1{,}61803} \approx \frac{1{,}61803\,m}{m}$$

Für m = 1 gilt also: 2,61803… geteilt durch 1,61803… ergibt 1,61803…

Üblicherweise ermittelt man den goldenen Schnitt mit einer geometrischen Operation: Man zeichnet ein rechtwinkliges Dreieck, dessen kurze Kathete halb so lang wie seine lange Kathete ist. Vom Eckpunkt des von Hypotenuse und kurzer Kathete gebildeten Winkels wird dann ein Kreis durch den Eckpunkt des rechten Winkels geschlagen, so dass er die Hypotenuse schneidet. Dann schlägt man einen weiteren Kreis um den Eckpunkt des Winkels, den die Hypotenuse mit der langen Kathete bildet, so dass der zweite Kreis den ersten auf der Hypotenuse berührt. Dieser zweite Kreis schneidet die lange Kathete so, dass zwei Teilstrecken im Maßverhältnis des goldenen Schnittes entstehen (siehe Zeichnung):

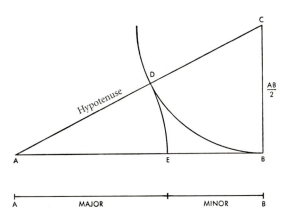

1 Wenn das Größenverhältnis der größeren zu den kleineren Seiten eines Rechtecks der goldene Schnitt ist, nennt man es ein goldenes Rechteck. Überprüfen Sie, ob es sich bei dem Rechteck um ein goldenes handelt.

2 Überprüfen Sie zeichnerisch und rechnerisch, ob die Zahlenreihe 21; 45; 55; 89 in etwa eine stetige Teilung im goldenen Schnitt ergibt.

Bei vielen Naturphänomenen, die unser Schönheitsempfinden erregen, findet man Maßverhältnisse im goldenen Schnitt, z. B. beim Pferdekörper.

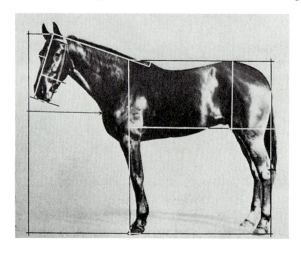

Pferdekörper

1 Bestimmen und überprüfen Sie die beiden goldenen Rechtecke des obigen Pferdekörpers.

Die Maßverhältnisse des goldenen Schnitts lassen sich auch am menschlichen Körper feststellen. Betrachten wir dazu ein Beispiel aus der antiken Kunst:

Apollon von Belvedere
Rom, Vatikanische Museen

1 Überprüfen Sie mit einem Maßband oder Zollstock, ob Ihre Körpermaße in etwa dem goldenen Schnitt entsprechen.

Das klassische Architekturbeispiel, bei dem sich der goldene Schnitt immer wieder findet, ist der Parthenon-Tempel auf der Akropolis in Athen. Schon die klare Symmetrie seines Grundrisses gefällt durch ihre ansprechenden Proportionen; die Vorderfront passt fast exakt in ein goldenes Rechteck und die Seitenmaße stehen im Verhältnis des goldenen Schnitts.

Der Parthenon-Tempel auf der Akropolis

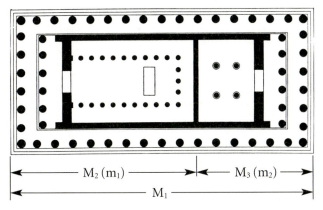

Grundriss des Parthenon

Dem goldenen Schnitt begegnen wir also bei schönen Naturphänomenen und bei schönen Kunstwerken. Mathematisch fasziniert er durch das Prinzip der stetigen Teilung.
Das exakte Maßverhältnis des goldenen Schnitts ist aber weder in der Natur noch in der Kunst Garant für Schönheit. Im Gegenteil können zu genaue mathematische Maßverhältnisse auch künstlich statt künstlerisch wirken und die leichte Abweichung von der Norm bewirkt oft erst den Eindruck des lebendigen, naturgemäßen, echten und besonders Schönen. So sind es die kleinen Unregelmäßigkeiten, die uns mehr für den handgewebten als für den maschinell hergestellten Teppich einnehmen und die Naturperle schöner als die Zucht- oder gar Kunstperle erscheinen lassen. Vermutlich liegt darin auch der Grund, weshalb viele Betrachter bei dem Anfangsbild dieses Kapitels nicht das große, vom Computer synthetisierte Gesicht, sondern eines der sechzehn realen Japanerinnen als das schönste empfinden.

1 Betrachten Sie noch einmal die Gesichter der Japanerinnen am Anfang dieses Kapitels und versuchen Sie zu begründen, warum Sie manche davon als schön und manche als wenig(er) schön empfinden. Erörtern Sie dabei auch, ob Ihre Bewertung etwas mit dem goldenen Schnitt zu tun haben könnte.

2 Äußern Sie begründet Ihre Meinung zu der Frage, welcher der drei im Folgenden abgebildeten Satzspiegel der schönste ist.

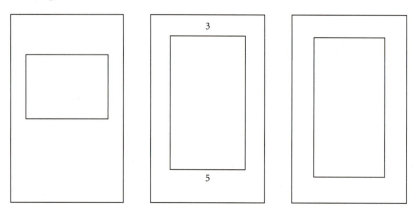

3 Diskutieren Sie, ob der goldene Schnitt, wenn man die den Eindruck lebendiger Schönheit vermittelnden kleinen Abweichungen von der Norm einbezieht, ein verbindliches Schönheitsideal für die Körper von Menschen und Tieren sowie für Kunstwerke ist.

Die philosophische Tradition stellt sich schon seit ihren Anfängen die Frage nach dem Urbild des Schönen. Sie tut dies mit der ihr eigenen Methode des diskursiven Denkens, wie der folgende Text belegt.

1.3 Sokrates: Gibt es ein Urbild des Schönen?

Im folgenden frühen, von Platon (427–347 v. Chr.) überlieferten Dialog sucht Sokrates (470–399 v. Chr.) mit der für ihn typischen „Hebammen-Technik" nach einer Wesensbestimmung des Schönen. Man unterscheidet bei den Werken Platons eine frühe und eine späte Phase, der Trennungszeitpunkt dazwischen liegt in etwa beim Tod des Sokrates: Während in Platons frühen Schriften der Skeptizismus des Sokrates überwiegt, entwickelt er in seinen späteren Werken seinen eigenen idealistischen Ansatz. Im Gegensatz zu seinem Schüler Platon geht Sokrates hier also nicht von einer realen Existenz des Schönen als Idee aus.
Gesprächspartner des Sokrates ist der Sophist Hippias. Sokrates übernimmt in diesem Dialog die Rolle eines Fremden, um sich als Unwissender von seinem Gesprächspartner belehren zu lassen.

Sokrates: Ist also nicht auch alles Schöne durch das Schöne schön?
Hippias: Ja, durch das Schöne.
Sokrates: Welches also doch auch etwas ist?
5 *Hippias:* Allerdings etwas. Aber was will er nur?

Sokrates: So sage mir denn, Fremdling, wird er sprechen, was ist denn dieses, das Schöne?
Hippias: Will der nun nicht wissen, wer dieses fragt, Sokrates, was schön ist?
Sokrates: Nein, dünkt mich; sondern was das Schöne ist, Hippias.

Hippias: Und wie ist denn dies verschieden von jenem?

Sokrates: Dünkt es dich etwa gar nicht verschieden?

Hippias: Nein, gar nicht.

Sokrates: Du weißt es freilich gewiss besser. Indes sieh nur, Guter, er fragt dich ja nicht, was schön ist, sondern was das Schöne ist.

Hippias: Ich verstehe, Guter, und ich will ihm antworten, was das Schöne ist, und er soll gewiss nichts dagegen haben. Nämlich wisse nur, Sokrates, wenn ich dir die Wahrheit sagen soll, ein schönes Mädchen ist schön.

Sokrates: Herrlich, o Hippias, beim Zeus, und sehr annehmlich hast du geantwortet. Also nicht wahr, wenn ich dies antworte, werde ich die Frage beantwortet haben, und zwar richtig, und werde nicht widerlegt werden?

Hippias: Wie sollte dir wohl widerlegt werden, o Sokrates, was wir alle ebenso meinen und wovon dir alle, die es hören, bezeugen werden, dass es recht ist?

Sokrates: Wohl! Freilich auch! Aber lass mich doch, Hippias, noch einmal für mich selbst überdenken, was du sagst. Jener wird mich so ungefähr fragen: Komm, Sokrates, und antworte mir. Was doch muss das Schöne selbst sein, damit alles, was du schön nennst, schön wird? Und darauf werde ich antworten: Wenn eine schöne Jungfrau schön ist, so ist das etwas, wodurch alles jenes schön ist.

Hippias: Glaubst du also, er werde wagen, dich zu widerlegen, dass das nicht schön ist, was du anführst, oder wenn er es wagte, werde er sich nicht lächerlich machen?

Sokrates: Dass er es wagen wird, Bester, weiß ich gewiss, ob sich aber, wenn er es wagt, lächerlich machen wird, das muss die Sache zeigen. Was er indes sprechen wird, will ich dir wohl sagen.

Hippias: So sage es denn.

Sokrates: Wie sinnreich du bist, Sokrates, wird er sagen. Eine schöne Stute aber, ist die nicht etwas Schönes, die doch der Gott selbst im Orakel gelobt hat? Was sollen wir sagen, Hippias? Müssen wir nicht sagen, auch eine Stute sei etwas Schönes, eine schöne nämlich? Denn wie wollten wir es wagen zu leugnen, dass das Schöne nicht schön sei?

Hippias: Du hast recht, Sokrates, und ganz richtig hat auch der Gott dieses gesagt. Denn sehr schöne Stuten gibt es bei uns.

Sokrates: Wohl, wird er also sagen. Aber wie, eine schöne Leier ist die nicht etwas Schönes? Sollen wir es bejahen, Hippias?

Hippias: Ja

Sokrates: Darauf kann ich es mir recht denken, denn ich kenne seine Weise, wird er sagen: Aber du Bester, wie? Eine schöne Kanne, ist die nicht etwas Schönes?

Hippias: O Sokrates, wer ist der Mensch? Wie ungeschliffen muss er sein, dass er so lächerliche Dinge vorzubringen wagt bei einer so ernsthaften Sache?

Sokrates: Es ist eben so einer, Hippias, gar kein feiner Mann, sondern so aus dem Haufen, der sich um nichts kümmert als um das Wahre. Aber antworten müssen wir dem Menschen doch schon, und also trage ich vor: Wenn die Kanne von einem guten Töpfer gedreht ist, hübsch glatt und rund und dann schön gebrannt, wie es solche schönen Kannen gibt, zweihenklige, von denen, die sechs Maß halten, welche sehr schön sind: Wenn er eine solche Kanne meint, werden wir wohl gestehen müssen, dass sie schön ist. Denn wie sollten wir sagen, dass etwas Schönes nicht schön sei?

Hippias: Das wollen wir auch nicht, Sokrates.

Sokrates: Also, wird er sagen, auch eine schöne Kanne ist etwas Schönes? Antworte.

Hippias: Allein, o Sokrates, es verhält sich, glaube ich, so: Auch ein solches Gefäß ist freilich schön; aber die ganze Sache verdient nicht mitgerechnet zu werden als etwas Schönes im Vergleich mit Pferden, Mädchen und allem sonstigen Schönen.

Sokrates: Wohl! Nun verstehe ich, Hippias, dass wir dem, welcher dergleichen fragt, so entgegnen müssen: Weißt du denn nicht, Mensch, dass Herakleitos recht hat, dass der schönste Affe hässlich ist, mit dem menschlichen Geschlecht verglichen? Und so ist auch die schönste Kanne häßlich, mit Mädchen verglichen, wie der weise Hippias sagt. Nicht so Hippias?

Hippias: Ganz vortrefflich, o Sokrates, hast du da geantwortet.

Sokrates: Höre nur. Hierauf nämlich, weiß ich gewiss, wird er sagen: Wie aber, Sokrates, wenn jemand nun die Mädchen im Allgemeinen mit den Göttinnen vergliche, wird es ihnen nicht ebenso ergehen wie den Kannen im Vergleich mit den Mädchen? Wird nicht das schönste Mädchen hässlich erscheinen? Oder sagt nicht Herakleitos, den du selbst angeführt hast, ganz dasselbige, dass der weiseste Mensch gegen Gott nur als ein Affe erscheinen wird, sowohl an Weisheit als Schönheit und allem übrigen? Sollen wir das zugeben, Hippias, dass das schönste Mädchen, mit Göttinnen verglichen, hässlich ist?

Hippias: Wer könnte dem wohl widersprechen, Sokrates?

Sokrates: Wenn wir ihm nun das zugeben, wird er lachen und sagen: Besinnst du dich wohl, Sokrates, was du bist gefragt worden? – Freilich werde ich sagen, was nämlich das Schöne selbst eigentlich ist. – Und also, wird er sagen, nach dem Schönen gefragt, antwortest du etwas, was, wie du selbst sagst, um nichts mehr schön ist als hässlich? – Das scheint freilich, werde ich sagen. Oder was rätst du mir, Lieber, dass ich sagen soll?

Hippias: Dasselbe, rate ich. Denn dass das menschliche Geschlecht im Vergleich mit den Göttern nicht schön ist, darin wird er die Wahrheit sagen.

Sokrates: Wenn ich dich nun von Anfang an gefragt hätte, wird er sagen, was ist wohl schön und auch hässlich, und du hättest mir so wie eben geantwortet, dann hättest du recht geantwortet. Und dünkt dich noch immer das Schöne selbst, wodurch alles andere geschmückt wird und als schön erscheint, wenn jene Gestalt ihm zukommt, dünkt dich das noch immer ein Mädchen zu sein oder ein Pferd oder eine Leier?

(Aus: Platon: Sämtliche Werke. Übers. v. Friedrich Schleiermacher. Bd. 2. Rowohlt: Reinbek 1957, S. 51–53)

1 Erarbeiten Sie die hier entwickelten Reflexionen über das Schöne und vollziehen Sie die Argumentation des Sokrates nach.

2 Überprüfen Sie die Argumente des Sokrates auf ihre Stimmigkeit und Überzeugungskraft.

Der Skeptiker Sokrates wirft uns auf unsere Ausgangsfrage nach einem Urbild des Schönen zurück, für ihn bleibt Schönheit ein relativer Begriff. Dies scheinen unterschiedliche Schönheitsvorstellungen in anderen Kulturen zu bestätigen (z. B. Schmuck in Afrika und die dort anzutreffende Vorliebe für künstlich vergrößerte Lippen oder das Erzeugen kleiner Füße bei Chinesinnen).

1 Diskutieren Sie, ob es allgemein gültige Schönheitsnormen geben kann. Nehmen Sie begründet dazu Stellung.

2 Wozu ist das Schöne gut?

Einerseits gehen wir im praktischen Leben immer wieder davon aus, dass es gemeinsame Schönheitsempfindungen gibt, andererseits scheint Schönheit abhängig zu sein von den jeweils verglichenen Objekten und vor allem von uns Menschen als den Schönheit Empfindenden.

Auch wenn wir nicht genau bestimmen könnten, was das Schöne ist, so gibt es doch Schönes für uns. Im Folgenden soll über die Bedeutung des Schönen für uns Menschen nachgedacht werden. Was wäre die Welt ohne Schönes?

1 Stellen Sie sich eine Welt ohne Schönheit vor und erläutern Sie, wie Sie sich in dieser Welt fühlen würden.

- ohne Musik
- ohne Mode
- ohne schöne Kleidung
- ohne Tanz
- ohne Schmuck
- ohne Kunst
- ohne Blumen
- ohne schöne Menschen
- ohne schöne Tiere
- ohne schön gedeckten Tisch
- ohne schöne Natur
- ohne schöne Städte
- ohne schöne Landhäuser
- ohne schöne Wälder
- ohne schöne Parks
- ohne Kosmetik
- ohne Feuerwerk
- ohne Sternenhimmel
- ohne schöne Meere
- ohne schöne Gebirge
- ohne schöne Landschaften
- ohne schöne Autos
- ohne schöne Möbel
- ohne „Lifestyle"

2 Diskutieren Sie, ob Sie die genannten Beispiele oder anderes Schöne vermissen würden.

2.1 Gert Kähler: Hässlichkeit als „ästhetische Umweltverschmutzung"

Sicherlich macht Schönes in unserer Umgebung unser Leben erst lebenswert. Umgekehrt ist Hässliches eine untragbare Zumutung, zumindest auf die Dauer. Da wir Menschen unsere „Umwelt" zum großen Teil gemeinsam gestalten und verantworten, erhält die Forderung nach einer schönen Umgebung neben dem ästhetischen einen ethischen Aspekt: Aus dem „Wie das hier aussieht – furchtbar!" wird zugleich die Forderung „Das soll im Interesse der beteiligten Menschen anders werden".

1 Erläutern Sie den ästhetischen und ethischen Aspekt an folgenden Problemen:
  - ein verschmutzter Klassen- bzw. Kursraum
  - verstreute Abfälle an besonders schönen Ausflugszielen (Berggipfel, Strand usw.)
  - ein modernes Hochhaus in einer Altstadt
  - ein Fast-Food-Restaurant in einer schönen Gegend

Der folgende Artikel des Journalisten Gert Kähler setzt sich mit den ethischen Aspekten ästhetischer Gleichgültigkeit auseinander:

Eine kleine romantische Kirche irgendwo auf dem Lande, kein wirklich bedeutender Bau. Das Ziegelmauerwerk liegt fest auf dem sichtbaren Sockel aus Feldsteinen – „trutzig" fällt einem als Vokabel ein. Davor hat ein findiger Gastwirt die Chance genutzt, für die paar Touristen einen Platz zum Ausruhen mithilfe eines gut gezapften Bieres zu schaffen: ein Rechteck ist mit Waschbeton-Blumenkästen abgesteckt, darin die mit Zigarettenreklame versehenen Sonnenschirme und die bekannten weißen Plastikstühle und Plastiktische, Waschbeton, weißer Plastikstuhl, Touristen im Jogginganzug vor der alten Kirche: das Bild ist einfach hässlich.

Oder: Die Deutsche Bahn hat einen neuen Mülleimer entwerfen lassen: unserem guten Umweltgewissen entsprechend in verschiedene Abteilungen für Glas, Papier, Kunststoff und sonstiges unterteilt. Als ein nirostaglänzendes High-Tech-Produkt steht er überall herum, unter anderem auf einem kleinen Bahnhof mit seinem Bahnsteigdach von Anfang des Jahrhunderts: die klassisch genietete Stahlstütze mit den ausladenden Trägern, auf die ein Holzdach gelegt ist – jedes Bauteil ist ablesbar und verständlich. Der Bodenbelag auf dem Bahnsteig ist inzwischen eine Collage aus Kleinbasalt, Granitplatten und Löchern, die mit schnellem Asphalt gedichtet worden sind; die Wände des Treppenaufgangs bestehen seit einigen Jahren aus weißen, inzwischen graffitiverschmierten Fliesen. An dieser Wand steht jetzt der Müllbehälter – und zwar irgendwo daran: keine Rücksicht auf Fugenschnitt oder Symmetrie. Die Telefonzelle vor dem Bahnhof war einmal gelb, bevor sie von Sprayern verschmiert wurde. Sie wird regelmäßig zerstört, trotz der gutbürgerlichen Wohngegend, der Telefonhörer angerissen. Jetzt hat die Telekom neue Telefonhörer designen lassen: In der gelben, verdreckten Zelle prangt er in einer Farbe, die man „Magenta" nennt. Früher hieß sie Lila. Der Farbkontrast schmerzt wie die Tatsache, dass sich niemand die Mühe gemacht hat, erst die Zelle wieder anständig herzurichten, bevor man ein neues Teil anbringt.

Sieht das eigentlich keiner? Sind wir ästhetisch so abgestumpft, dass uns der Anblick all dieser Scheußlichkeiten, dieser nicht zusammenpassenden Materialien, dieser unordentlich hingerotzten Einzelteile, die keine Rücksicht aufeinander nehmen, gleichgültig lässt? Tatsächlich, es ist wohl so. Der Handwerker (wenn eine solch ehrwürdige Bezeichnung gerechtfertigt ist) kommt nicht (mehr) von allein darauf, etwas „ordentlich" zu machen.

Er steht unter Zeitdruck, außerdem wird er nicht dazu angehalten, auf anderes Rücksicht zu nehmen, als seinen Auftrag auszuführen: einen Telefonhörer ersetzen; einen Mülleimer hinstellen. Und ob der Müll drei Zentimeter weiter nach rechts oder links abgeworfen wird, ist doch wohl egal.

Genau: Es ist egal. Wir gehen mit unserer sichtbaren Umwelt um wie mit unserem Planeten und die Folgen sind eben weitreichend. Da werden hoch bezahlte Designer angestellt, um ein Auto schön zu machen – schließlich geht es um den Fahrspaß. Aber abends kommt es in eine Garage aus Waschbeton-Fertigteilen, die so gemein aussieht, dass es einem den Atem verschlägt. Da wird jeder Gebrauchsgegenstand von Legionen von Produktgestaltern untersucht – gewiss nicht in jedem Fall mit ästhetischem Erfolg, aber es hat sich immerhin jemand darum gekümmert, es hat jemanden interessiert. Aber nachdem der Zweck des Designs erfüllt ist, der Kunde den Gegenstand gekauft hat, hört das Interesse auf.

[…]

Über Geschmack lässt sich nicht streiten, heißt es. Der Satz ist zwar völlig falsch, über weniges streiten wir so gern. Aber Ge-

Müllsammelbehälter vor der Alten Oper in Frankfurt am Main

schmack ist auch gar nicht gemeint. Klar kann etwas misslingen, obwohl sich jemand darum bemüht hat. Bei den vielen Fällen ästhetischer Umweltverschmutzung jedoch war es nur: egal.

[…]

Das Phänomen der absoluten Gleichgültigkeit gegenüber dem Aussehen unserer Umwelt ist total; in jedem Bereich gibt es Beispiele für diese Ist-doch-Wurscht-Mentalität. (Fast) ohne Protest wurde die Schriftart auf den Autokennzeichen geändert. Anstatt der vorzüglich lesbaren, einfachen alten Schrift wurde eine neue diktiert, die nicht nur wesentlich schlechter lesbar ist, sondern auch noch erstaunlich hässlich. Grund: Die neue soll fälschungssicherer sein. Hat sich einmal einer der Verantwortlichen gefragt, ob sie genauso schön wie die alte ist?

Wir hinterlassen unseren Kindern eine Umwelt, die immer hässlicher wird, nein: auf deren wohlgeordneten Anstand niemand mehr achtet. „Lieblos" nennt man das. Wir erheben den Anspruch, unsere Kinder zu lieben, ihre Umwelt zu schützen – wir haben dafür extra eine Ministerin engagiert. Um die ästhetische Umwelt hat die sich allerdings noch nicht gekümmert.

Dabei wäre es wichtig. Wichtiger aber wäre, dass jeder von uns es merkte, was wir uns und unseren Nachfahren antun. Die Lieblosigkeit, mit der wir unsere Umwelt in ästhetischer Hinsicht behandeln, spiegelt ein Defizit. Wir fühlen uns in dieser Umwelt nicht aufgehoben – aber wir ändern das auch nicht. Und wir übergeben unseren Kindern eine von uns lieblos behandelte Umwelt. Wie sollen die sich darin wohl fühlen?

Loriot hat in einem seiner Sketche aus einem ordentlichen Zimmer ein Chaos gemacht, weil er ein Bild gerade hängen wollte. Kann uns nicht passieren. Ist doch völlig egal, wie das Bild hängt.

(Gert Kähler: Einfach hässlich. Die ästhetische Umweltverschmutzung scheint allen egal. In: Frankfurter Allgemeine Zeitung vom 6.6.1998)

1 Versuchen Sie Kählers Schönheitsvorstellung zu beschreiben. Welche Auswirkungen hat die Missachtung ästhetischer Bedürfnisse des Menschen nach Meinung des Autors?

2 Diskutieren Sie, ob der von Kähler angeprangerte Verstoß gegen Stilreinheit hässlich ist und verrohend wirken muss.

2.2 Gefahren der Ästhetisierung

Kähler hat sicher vom Ansatz her Recht, die lieblose Gleichgültigkeit macht das Leben schlecht. Eine gewisse Ordnung ist eine Voraussetzung für Schönheit, ebenso wie Kreativität, die Neues schafft.

Andererseits sind Ordnung und Kreativität unter ethischem Aspekt prinzipiell wertneutral, ebenso wie die Schönheit selbst, die für ethisch begrüßenswerte wie für ethisch verwerfliche Zwecke eingesetzt werden kann.

Die Bedeutung der mit dem Schönen oder Ästhetischen verbundenen Wirkung auf die Menschen ist bekannt und wurde – und wird immer wieder – insbesondere von Vertretern politischer, ideologischer, religiöser und wirtschaftlicher Interessen genutzt. Dabei bedient(e) man sich vor allem der mit dem Ästhetischen tief verwobenen Kraft des schönen Scheins und der Suggestion.

Fackelzug am 30. Januar 1933: Hitlers Triumph

1 Beschreiben Sie die beabsichtigte Wirkung der abgebildeten ästhetischen Inszenierung politischer Macht. Welche psychologischen Vorgänge mögen sich in dem an dem Geschehen beteiligten Individuum abspielen? Wozu dient das Ästhetische?

Im Jahr 1909 veröffentlichte der Künstler Filippo Tommaso Marinetti (1876–1944) das Manifest der italienischen Künstlergruppe, die sich Futuristen nannte und nicht nur den technischen Fortschritt des beginnenden Zwanzigsten Jahrhunderts feierte:

1. Wir wollen die Liebe zur Gefahr besingen, die Vertrautheit mit Energie und Verwegenheit.

2. Mut, Kühnheit und Auflehnung werden die Wesenselemente unserer Dichtung sein.

3. Bis heute hat die Literatur die gedankenschwere Unbeweglichkeit, die Ekstase und den Schlaf gepriesen. Wir wollen preisen die angriffslustige Bewegung, die fiebrige Schlaflosigkeit, den Laufschritt, den Salto mortale, die Ohrfeige und den Faustschlag.

4. Wir erklären, dass sich die Herrlichkeit der Welt um eine neue Schönheit bereichert hat: die Schönheit der Geschwindigkeit. Ein Rennwagen, dessen Karosserie große Rohre schmücken, die Schlangen mit explosivem Atem gleichen … ein aufheulendes Auto, das auf Kartätschen¹ zu laufen scheint, ist schöner als die „Nike von Samothrake"².

5. Wir wollen den Mann besingen, der das Steuer hält, dessen Idealachse die Erde durchquert, die selbst auf ihrer Bahn dahinjagt.

6. Der Dichter muss sich glühend, glanzvoll und freigebig verschwenden, um die leidenschaftliche Inbrunst der Urelemente zu vermehren.

7. Schönheit gibt es nur noch im Kampf. Ein Werk ohne aggressiven Charakter kann kein Meisterwerk sein. Die Dichtung muss aufgefasst werden als ein heftiger Angriff auf die unbekannten Kräfte, um sie zu zwingen, sich vor dem Menschen zu beugen.

8. Wir stehen auf dem äußersten Vorgebirge der Jahrhunderte! … Warum sollten wir zurückblicken, wenn wir die geheimnisvollen Tore des Unmöglichen aufbrechen wollen? Zeit und Raum sind gestern gestorben. Wir leben bereits im Absoluten, denn wir haben schon die ewige, allgegenwärtige Geschwindkeit erschaffen.

9. Wir sollen den Krieg verherrlichen – diese einzige Hygiene der Welt – den Militarismus, den Patriotismus, die Vernichtungstat der Anarchisten, die schönen Ideen, für die man stirbt, und die Verachtung des Weibes.

10. Wir wollen die Museen, die Bibliotheken und die Akademie jeder Art zerstören und gegen den Moralismus, den Feminismus und gegen jede Feigheit kämpfen, die auf Zweckmäßigkeit und Eigennutz beruht.

11. Wir werden die großen Menschenmengen besingen, die die Arbeit, das Vergnügen oder der Aufruhr erregt; besingen werden wir die vielfarbige, vielstimmige Flut der Revolutionen in den modernen Hauptstädten; besingen werden wir die nächtliche, vibrierende Glut der Arsenale und Werften, die von grellen elektrischen Monden erleuchtet werden; die gefräßigen Bahnhöfe, die rauchende Schlangen verzehren; die Fabriken, die mit ihren sich hochwindenden Rauchfäden an den Wolken hängen; die Brücken, die wie gigantische Athleten Flüsse überspannen, die in der Sonne wie Messer aufblitzen; die abenteuersuchenden Dampfer, die den Horizont wittern; die breitbrüstigen Lokomotiven, die auf den Schienen wie riesige, mit Rohren gezäumte Stahlrosse einherstampfen und den gleitenden Flug der Flugzeuge, deren Propeller wie eine Fahne im Winde knattert und Beifall zu klatschen scheint wie eine begeisterte Menge.

Von Italien aus schleudern wir unser Manifest voll mitreißender und zündender Heftigkeit in die Welt, mit dem wir heute den „Futurismus" gründen, denn wir wollen dieses Land von dem Krebsgeschwür der Professoren, Archäologen, Fremdenführer und Antiquare befreien.

Schon zu lange ist Italien ein Markt von Trödlern. Wir wollen es von den unzähligen Museen befreien, die es wie zahllose Friedhöfe über und über bedecken.

Museen: Friedhöfe! … Wahrlich identisch in dem unheilvollen Durcheinander von vielen Körpern, die einander nicht kennen.

(Dumont's Chronik der Kunst im 20. Jahrhundert. Hrsg. v. Jean-Louis Ferri. DuMont: Köln 1990, S. 99)

1 Kartätsche: mit Bleikugeln gefülltes Artilleriegeschoss
2 Nike von Samothrake: hellenistische Statue (≈ 200 v. Chr.), die die Göttin des Sieges darstellt

1. Was gilt den Futuristen am meisten: das Wahre, das Gute oder das Schöne?
2. Was finden die Futuristen schön?
3. Wo und bei welchen Gelegenheiten finden sie dieses Schöne?
4. Die Futuristen sind Vorboten und Wegbereiter des italienischen Faschismus. In welchen Punkten gibt es Übereinstimmungen zwischen Faschismus und Futurismus?
5. Informieren Sie sich über die heute gängige Lifestyle-Werbung. Beschreiben und analysieren Sie deren Mechanismen. Worin besteht hier die Ästhetisierung?

Sicherlich dürfen wir die Wirkung ästhetisierter Macht in der Politik nicht mit der des „gestylten" Lebens gleichsetzen. Andererseits stoßen wir immer wieder auf Beispiele der Verbindung von Macht, Schönheit, Erotik und Gewalt. Schon die alten Römer genossen es, Kämpfe auf Leben und Tod als Zuschauer in der Arena mitzuerleben. Im Film „Gladiator" lernt ein römischer Offizier, statt des zielgerichteten schnellen soldatischen Tötens die Schaulust der Zuschauermassen durch eine kunstvolle Tötungsshow zu befriedigen. Ein Atompilz ist alles andere als hässlich und auch das Feuerwerk von Granaten und Bombenteppichen hat aus genügender Entfernung gesehen etwas ästhetisch Reizvolles.

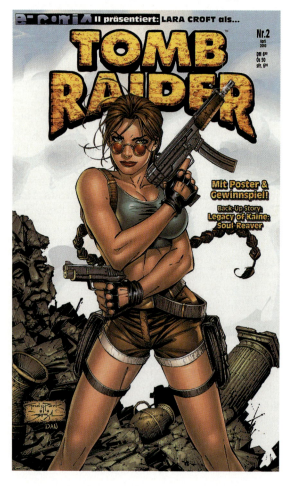

Lara Croft – Titelbild eines „Tomb Raider"- Comic Heftes

In das virtuelle weibliche Wesen Lara Croft verlieben sich viele Computer spielende Jugendliche.
Möglicherweise wird es unter Ihnen einige geben, die an Lara Croft nichts Schönes entdecken, aber eine gewisse erotische Stilisierung lässt sich dieser schematischen Computerfigur nicht absprechen.

1 Diskutieren Sie die Gründe für die ästhetisch-erotische Faszination, die Lara Croft auf viele (männliche?) Jugendliche ausstrahlt(e).
2 Lara Croft ist „cool" und stark, sie setzt sich – wenn nötig – mit Waffengewalt durch. Welche Rolle spielt Gewalt für unsere Schaulust, welche Gewaltdarstellungen werden als schön und welche als abstoßend empfunden?

Es ist offenbar so, dass Menschen das Starke und Mächtige (und „Coole") faszinierend finden. Warum ist das so? Wenden wir uns zum Schluss dieses Kapitels einem Denker zu, der dieser Frage nachgeht.

2.3 Friedrich Nietzsche: Schönheit als Spiegelung menschlicher Lebenskraft

Der deutsche Philosoph Friedrich Nietzsche (1844–1900) bietet im folgenden Text eine mögliche Antwort auf die Frage nach der Faszination des Starken. Zugleich gibt der Text eine neue Antwort auf unsere Ausgangsfrage „Was ist schön?". Im Gegensatz zu den Versuchen, das Wesen des Schönen im Gegenstand zu finden, sucht Nietzsche es beim Menschen und wendet sich damit dem Schönheit empfindenden Subjekt zu.

Schön und hässlich – Nichts ist bedingter, sagen wir *beschränkter* als unser Gefühl des Schönen. Wer es losgelöst von der Lust des Menschen am Leben denken wollte, verlöre sofort Grund und Boden unter den Füßen. Das „Schöne an sich" ist bloß ein Wort, nicht einmal ein Begriff. Im Schönen setzt sich der Mensch als Maß der Vollkommenheit; in ausgesuchten Fällen betet er sich darin an. Eine Gattung *kann* gar nicht anders als dergestalt zu sich allein ja zu sagen. Ihr *unterster* Instinkt, der der Selbsterhaltung und Selbsterweiterung, strahlt noch in solchen Sublimitäten aus. Der Mensch glaubt die Welt selbst mit Schönheit überhäuft – er *vergisst* sich als deren Ursache. Er allein hat sie mit Schönheit beschenkt, ach! Nur mit einer sehr menschlich-allzumenschlichen Schönheit … Im Grunde spiegelt sich der Mensch in den Dingen, er hält alles für schön, was ihm sein Bild zurückwirft: das Urteil „schön" ist seine *Gattungs-Eitelkeit* … Dem Skeptiker nämlich darf ein kleiner Argwohn die Frage ins Ohr flüstern: Ist wirklich damit die Welt verschönt, dass gerade der Mensch sie für schön nimmt? Er hat sie *vermenschlicht*: das ist alles. Aber nichts, gar nichts verbürgt uns, dass gerade der Mensch das Modell des Schönen abgäbe. […]
Nichts ist schön, nur der Mensch ist schön: auf dieser Naivität ruht alle Ästhetik. Sie ist deren *erste* Wahrheit. Fügen wir sofort noch deren zweite hinzu: nichts ist hässlich als der *entartende* Mensch – damit ist das Reich des ästhetischen Urteils umgrenzt. – Physiologisch nachgerechnet, schwächt und betrübt alles Hässliche den Menschen. Es erinnert ihn an Verfall, Gefahr, Ohnmacht; er büßt tatsächlich dabei Kraft ein. Man kann die Wirkung des Hässlichen mit dem Dynamometer messen. Wo der Mensch überhaupt niedergedrückt wird, da wittert er die Nähe

von etwas „Hässlichem". Sein Gefühl der Macht, sein Wille zur Macht, sein Mut, sein Stolz – das fällt mit dem Hässlichen, das steigt mit dem Schönen ... Im einen wie im andern Falle *machen wir einen Schluss:* die Prämissen dazu sind in ungeheurer Fülle im Instinkte aufgehäuft. Das Hässliche wird verstanden als ein Wink und Symptom der Degenereszenz: was im Entferntesten an Degenereszenz erinnert, das wirkt in uns das Urteil „hässlich". Jedes Anzeichen von Erschöpfung, von Schwere, von Alter, von Müdigkeit, jede Art von Unfreiheit, als Krampf, als Lähmung, vor allem der Geruch, die Farbe, die Form der Auflösung, und sei es auch in der letzten Verdünnung zum Symbol – das alles ruft die gleiche Reaktion hervor, das Werturteil „hässlich". Ein Hass springt da hervor: wen hasst der Mensch? Aber es ist kein Zweifel: den *Niedergang seines Typus*. Er hasst da aus dem tiefsten Instinkte der Gattung heraus; in diesem Hass ist Schauder, Vorsicht, Tiefe, Fernblick – es ist der tiefste Hass, den es gibt. Um seinetwillen ist die Kunst tief ...

(Friedrich Nietzsche: Götzen-Dämmerung [1888]. In: Derselbe: Werke in drei Bänden. Bd. II. Hrsg. v. Karl Schlechta. Hanser: München 1966, S. 1001/2)

1 Stellen Sie Nietzsches Auffassung des Schönen und Hässlichen dar.
2 Erläutern Sie, weshalb der Mensch nach Nietzsche das Schöne schätzt.
3 Diskutieren Sie die Voraussetzungen und mögliche ethische Konsequenzen von Nietzsches ästhetischem Menschenbild:
   – Reflektieren Sie, ob z. B. alternde und kranke Menschen aus ästhetischen Erwägungen abgelehnt werden sollten.
   – Sollte man fettleibigen, missgestalteten oder altersschlaffen Menschen das Tragen verhüllender Badekleidung vorschreiben?
4 „Heute siehst du aber schlecht aus!" – Ist dieser Satz ein ästhetisches Urteil?
5 Halten Sie es für richtig, die Kategorien Schönheit und Vitalität bzw. Hässlichkeit und Alter/Krankheit oder Schwäche gleichzusetzen?

Für Nietzsche lösen Spiegelungen von menschlicher Lebenskraft bei uns die Empfindung von Schönheit aus. Umgekehrt ist für ihn hässlich, was uns Menschen an unseren Verfall und unsere Schwäche erinnert.
Die Frage nach dem Schönen führt, wenn man sich auf Nietzsches Theorie bezieht, zu dem Problem, dass wir möglicherweise ethisch verwerfliches Verhalten fördern, wenn wir bei dem Bemühen um Verschönerung Hässliches beseitigen. Nietzsche geht es um den kreativen, Schönheit schaffenden und schön wirkenden starken, vitalen Einzelmenschen, um dessen Entfaltung willen keinerlei Rücksicht auf die Schwachen, Kranken und Alten genommen werden soll, im Gegenteil, deren Instrumentalisierung für die Kreativen, Starken und Schönen wäre sogar begrüßenswert.
Problematische ethische Konsequenzen könnten in dieser Position ihre Rechtfertigung suchen. Die bei Nietzsche anklingende biologisch bedingte Schutzbedürftigkeit gegen das „Hässliche" könnte in der Konsequenz zur Begründung von Euthanasie-Programmen gegen behinderte Mitmenschen herangezogen werden.

1 Was ist für Sie eigentlich schön? Formulieren Sie Ihre Auffassung von Schönheit!
2 Diskutieren Sie, ob es einen Wertekonflikt zwischen ästhetischen und ethischen Werten geben kann oder gar muss. Entwerfen Sie Lösungsvorschläge für etwaige Probleme.

3 Wozu Kunst?

Die Frage nach dem „Wozu" ist die Frage nach der Funktion von Kunst. Aus unserer heutigen Sicht erscheint die Fragestellung problematisch, da häufig für die Kunst der Anspruch erhoben wird, inmitten der allgemeingesellschaftlich vorherrschenden Zweckbestimmtheit einen herausgehobenen Bereich der Zweckfreiheit zu etablieren. Diese Auffassung der Kunst ist eine neuzeitliche, seit dem italienischen Humanismus und der Renaissance entwickelte Vorstellung, die das Werk als Schöpfung eines Individuums ansieht. Durch den schöpferischen Akt des Künstlers, in welchem dieser sich kreativ mit Aspekten der Realität oder Natur auseinandersetzt, treten die Bereiche der Kunst und des Schönen in einen Zusammenhang, der ihnen nicht von jeher zu eigen war.
Vielmehr besaß die Kunst im Mittelalter, aber auch schon in der Frühzeit primär religiöse oder kultische Funktion: Sie stand im Dienst einer Gottheit und erhob weder Anspruch auf Wahrscheinlichkeit noch auf Realitätstreue oder Schönheit um der Schönheit willen. Die Zweckfreiheit der schönen Kunst erscheint also historisch betrachtet recht spät und über das kunstschaffende oder -rezipierende Subjekt vermittelt, während ursprünglich die dienende Funktion des Werkes im Vordergrund stand.

3.1 Funktionsweisen der Kunst

Zweck und Aufgabe der Kunst – in ihren frühen Anfängen am ehesten im Bereich des Religiös-Kultischen angesiedelt – differenzierten sich im Lauf ihrer geschichtlichen Entwicklung in unterschiedliche Richtungen aus. Ohne Kunst auf ihre Funktion reduzieren zu wollen, lassen sich doch verschiedene Funktionsweisen unterscheiden.

3.1.1 Kunst als Kult- und Religionsträgerin (Höhlenmalerei)

Bison, gebärend. Altamira, Santander. 20 000–15 000 v. Chr.

*Steinbock. Niaux/Ariège.
Malerei in Schwarz
20 000–15 000 v. Chr.*

Wolfgang Laib: Die fünf unbesteigbaren Berge (1984)

Schon frühe Beispiele archaischer Kunst machen deutlich, dass sich im Kunstwerk mimetische (nachahmende), magisch-beschwörende und religiös-kultische Elemente vermischen. Neben dem eher untergeordneten abbildenden Effekt symbolisiert das künstlerisch dargestellte Jagdwild in magisch-beschwörender Vorwegnahme den realen erhofften Jagderfolg. Die Darstellung des gebärenden Bisons verdeutlicht daneben die religiös-kultische Dimension als Fruchtbarkeitssymbol. Die jeweils nur sieben Zentimeter hohen „Berge" aus der Installation Laibs bestehen aus Löwenzahnpollen. Blütenpollen – ein Naturprodukt mit einem unerschöpflichen Potenzial an Leben.

1 Formulieren Sie den Eindruck der hier abgebildeten Kunstwerke auf Sie persönlich.
2 Bestimmen Sie den Zusammenhang zwischen ästhetischen Aspekten dieser Kunstwerke und deren lebensweltlicher Funktion. Sind diese Bilder gemalt bzw. Objekte gemacht worden, um die Höhlen bzw. die umgebende Landschaft zu verschönern?
3 Zeigen Sie Berührungspunkte der modernen Installation und der Beispiele archaischer Kunst.
4 Kennen Sie weitere Beispiele aus dem Bereich der Musik oder des Tanzes, die die kultische oder magische Dimension des Künstlerischen aufweisen?

3.1.2 Kunst als Entlastung (Aristoteles)

Der erste Analytiker der entlastenden Wirkung von Kunst, weit vor der Entwicklung der Psychologie war Aristoteles (384–322 v. Chr.).
Für Aristoteles gehören Mythenschaffung und -bearbeitung zu den Aufgaben des Dichters: Er bestreitet daher auch nicht, dass Dichter lügen. Allerdings ist dies für ihn kein Argument gegen die Dichter. Im Gegenteil: Es geht der Kunst gar nicht um Wahrheit, sondern um Wahr-Scheinlichkeit:
Thema der Kunst ist nicht die Wahrheit, sondern es sollen plausible und wahrscheinliche Handlungszusammenhänge erfunden werden, die der menschlichen Erfahrungswelt entsprechen und die eine Bedeutung für den Einzelnen erlangen. Aus diesem Grund ist der Künstler auch nicht auf bloße Nachahmung festgelegt, sondern ihm wird schöpferische Gestaltungskraft abverlangt und diese zeichnet ihn gerade insbesondere vor dem Geschichtsschreiber aus:

Allgemein scheinen zwei Ursachen die Dichtung hervorgebracht zu haben, beide in der Natur begründet. Denn erstens ist das Nachahmen den Menschen von Kindheit an angeboren; darin unterscheidet sich der Mensch von den anderen Lebewesen, dass er am meisten zur Nachahmung befähigt ist und das Lernen sich bei ihm am Anfang durch Nachahmen vollzieht; und außerdem freuen sich alle Menschen an den Nachahmungen. Ein Beweis dafür ist, was wir bei Kunstwerken erleben. Was wir nämlich in der Wirklichkeit nur mit Unbehagen anschauen, das betrachten wir mit Vergnügen, wenn wir möglichst getreue Abbildungen vor uns haben, wie etwa die Gestalten von abstoßenden Tieren oder von Leichnamen. Ursache davon ist eben dies, dass das Lernen nicht nur für die Philosophen das Erfreulichste ist, sondern ebenso auch für die anderen Menschen; doch kommen diese nur wenig dazu.
Darum also haben sie Freude am Anblick von Bildern, weil sie beim Anschauen etwas lernen und herausfinden, was ein Jedes sei, etwa dass dies jenen Bekannten darstellt. Oder wenn man das Modell nicht vorher gesehen hat, so macht zwar nicht die Nachahmung Vergnügen, aber dafür die Kunstfertigkeit, die Farbe oder irgendeine andere derartige Ursache.
Da nun das Nachahmen unserer Natur gemäß ist und ebenso Harmonie und Rhythmus (dass die Versmaße dem Rhythmus zugeordnet sind, ist klar), so haben von Anfang an die besonders dazu Begabten dies langsam entwickelt und schließlich aus den Improvisationen die Dichtung geschaffen. [...]
Jetzt sei von der Tragödie gesprochen. Aus dem bisher Gesagten entnehmen wir die Bestimmung ihres Wesens. Die Tragödie ist die Nachahmung einer edlen und abgeschlossenen Handlung von einer bestimmten Größe in gewählter Rede, derart, dass jede Form solcher Rede in gesonderten Teilen erscheint und dass gehandelt und nicht be-

richtet wird und das mit Hilfe von Mitleid und Furcht eine Reinigung von eben derartigen Affekten bewerkstelligt wird. [...]

Es ergibt sich aus dem Gesagten, dass es nicht die Aufgabe des Dichters ist zu berichten, was geschehen ist, sondern vielmehr was geschehen könnte und was möglich wäre nach Angemessenheit oder Notwendigkeit. Denn der Geschichtsschreiber und der Dichter unterscheiden sich nicht dadurch, dass der eine Verse schreibt und der andere nicht (denn man könnte ja die Geschichte Herodots[1] in Verse setzen und doch bliebe es gleich gut Geschichte, mit oder ohne Verse); sie unterscheiden sich vielmehr darin, dass der eine erzählt, was geschehen ist, der andere, was geschehen könnte. Darum ist die Dichtung auch philosophischer und bedeutender als die Geschichtsschreibung. Denn die Dichtung redet eher vom Allgemeinen, die Geschichtsschreibung vom Besonderen. Das Allgemeine besteht darin, was für Dinge Menschen von bestimmter Qualität reden oder tun nach Angemessenheit oder Notwendigkeit; darum bemüht sich die Dichtung und gibt dann die Eigennamen bei. Das Besondere ist, was (z. B.) Alkibiades[2] tat oder erlebte.

(Aristoteles: Poetik. Übers. v. Olaf Gigon. Reclam: Stuttgart. 1961, S. 26 f., 30, 36)

1 Herodot: griech. Geschichtsschreiber
2 Alkibiades: Staatsmann in Athen

1 Im Prozess der Kunstrezeption werden durch die Identifikation mit den handelnden Personen Leidenschaften und Affekte hervorgerufen. Indem diese bis ins Äußerste gesteigert werden, reinigt sich der Rezipient in einem psychohygienischen Akt (Katharsis) von diesen Leidenschaften, vor allem von Leid und Furcht. Veranschaulichen Sie den psychologischen Effekt der Katharsis in einer grafischen Darstellung.

2 Verdeutlichen Sie sich den Effekt der Katharsis an Beispielen aus Ihren persönlichen Erfahrungen mit Unterhaltungskunst. Diskutieren Sie die gesellschaftliche Bedeutung der Katharsis-Theorie, ihre Vor- und ihre Nachteile.

3 Welche Möglichkeiten werden der Kunst durch die Entbindung von der realitätsgetreuen Nachahmung geschaffen? Erklären Sie den Zusammenhang des „philosophischen" Charakters der Dichtung (gegenüber der Geschichtsschreibung) und ihres im Vergleich mit der Geschichtsschreibung geringeren Nachahmungsgrades und reflektieren Sie die Konsequenzen für die künstlerische Funktion.
Lässt sich z. B. ein surrealistisches Gemälde auf den Unterhaltungswert reduzieren?

4 Für **Sigmund Freud** (1856–1939) ist Kunst Ausdruck des Wunsches nach Phantasiebefriedigung: In der Auseinandersetzung mit dem Werk machten sich sowohl Künstler wie Rezipient von der Realität unabhängig.

Das Gebiet, aus dem diese Illusionen (Wunschvorstellungen) stammen, ist das des Phantasielebens; es wurde seinerzeit, als sich die Entwicklung des Realitätssinnes vollzog, ausdrücklich den Ansprüchen der Realitätsprüfung entzogen und blieb für die Erfüllung schwer durchsetzbarer Wünsche bestimmt. Obenan unter diesen Phantasiebefriedigungen steht der Genuss an Werken der Kunst, der auch dem nicht selbst Schöpferischen durch die Vermittlung des Künstlers zugänglich gemacht wird. Wer für den Einfluss der Kunst empfänglich ist, weiß ihn als Lustquelle und Lebenströstung nicht hoch genug einzuschätzen.

(Sigmund Freud: Das Unbehagen in der Kultur. Fischer: Frankfurt/M. 1972, S. 78)

Halten Sie eine solche Kunstauffassung für legitim, da reale Probleme verdrängt werden?

5 Vergleichen Sie Freuds Aussagen über Ursprung und Aufgabe der Kunst mit denen von Aristoteles und diskutieren Sie beide Positionen.

3.1.3 Kunst als Bildungsträgerin und Identitätsstifterin
       (Ikonografie)

Der offenbar unvollendete Kupferstich des niederländischen Malers und Kupferstechers Hendrik Goltzius (1558–1617) zeigt drei Männer und eine Frau, deren Blicke und Aufmerksamkeit sich auf etwas richten, das wohl von der brennenden Kerze beleuchtet wird, was der Betrachter des Bildes aber nicht sehen kann.
Obwohl das Kunstwerk nicht vollendet wurde, ist es kunsthistorisch eindeutig, dass es sich hier um eine „Anbetung der Hirten" handelt.

Hendrik Goltzius: Anbetung der Hirten. 1. Zustand, vor 1615. Berlin, Staatliche Museen Preußischer Kulturbesitz/Kupferstichkabinett

Die Darstellung zeigt Joseph, der den Hirten leuchtet. Alle drängen sich um die Krippe, die im frei gelassenen Raum vorne links zu denken ist.
Warum ist der Kunsthistoriker so sicher, dass es sich nur um diese und keine andere Darstellung handeln kann?
Viel ist ja nicht angegeben, das Objekt der staunenden Bewunderung fehlt völlig, die Hirten scheinen durch nichts als Hirten ausgewiesen, man sieht schließlich kaum mehr als ihre Köpfe. Und warum soll das gerade Joseph sein, der da leuchtet?
Mit einiger Fantasie kann man sich doch manches andere vorstellen, was das freudige Erstaunen verursacht. Die Frau rechts: könnte sie nicht etwas in einem Buch blättern, als Maria jedenfalls scheint sie durch nichts charakterisiert zu sein.
Und doch gibt es hier keinen Zweifel.
Vom Mittelalter bis weit ins 18., zum Teil bis ins 19. Jahrhundert hinein existiert für zahllose, insbesondere christliche Themen, eine weitgehend verbindliche, von Generation zu Generation, von Land zu Land überlieferte relativ feststehende Bildersprache. Natürlich ist diese Bildersprache, der Kunsthistoriker spricht von Ikonographie, historischem Wandel oder individueller Interpretation ausgesetzt; es kommt manches hinzu, man-

ches geht verloren oder wird auch bewusst abgelehnt, dennoch gibt es im Prinzip leicht identifizierbare Konstanten. Grundsätzlich konstant bleibt nicht nur das Aussehen, bleiben nicht nur die Attribute, die zur Identifikation beigegebenen Zeichen der einzelnen Personen; konstant bleiben ganze Figurationen, Bildschemata gerade der zentralen christlichen Themen.

Seit dem frühen Mittelalter heißt es immer wieder, die Bilder seien die Bibel für die des Lesens Unkundigen gewesen.

Die Themen der Bilder sollten also unmittelbar identifizierbar sein, Anordnung und Aussehen der Figuren sollten verbindlich festgelegt, sollten kanonisch sein, um die Einübung in die christliche Bildersprache zu erleichtern.

Man kann also von einer Didaktik des Bildes selbst reden, die noch durch vieles unterstützt werden konnte, etwa durch den verbindlichen, theologisch geforderten Ort des Erscheinens der Bilder.

(Werner Busch: Kunst und Funktion – Zur Einführung in die Fragestellung. In: Derselbe [Hrsg.]: Funk Kolleg Kunst. Piper: München/Zürich 1987. Bd. I, S. 6–9)

1 Verdeutlichen Sie sich Bedeutung und Sinn der Ikonografie in der Kunst des Mittelalters. Gibt es moderne Ikonen? Versuchen Sie, Beispiele aus der neueren Kunst oder auch aus der modernen Lebenswelt zu finden.

2 Weshalb stellen sich Ihrer Meinung nach Menschen Krippen – oder sonstige künstlerische Darstellungen religiösen Inhalts – in ihren Wohnungen auf? Welche Bedeutung hat wohl der traditionelle „Herrgottswinkel" oder der private Marienaltar für solche Menschen?

3 Warum hängen sich Jugendliche heute Poster von Che Guevara, Britney Spears, Leonardo di Caprio oder von Symbolen der Friedensbewegung auf? Sehen Sie Verbindungen zu den Motiven, religiöse Darstellungen an die Wand zu hängen?

Che Guevara

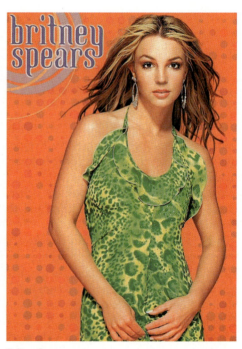

Britney Spears

Leonardo di Caprio   *Pazifistische Friedenstaube*

Das Bedürfnis, Kunstwerke zur Manifestation der eigenen, gesellschaftlichen, religiösen, nationalen, besonders auch der kulturraumbedingten regionalen – Identität zu schaffen und zu konsumieren, findet in großem Stil in der holländischen Genremalerei des 17. Jahrhunderts seinen Ausdruck. Die holländische Genremalerei zeichnet sich durch detailgetreue, sorgfältige Gestaltung des alltäglichen Lebens aus. Hier werden Menschen in ihrem vertrauten Lebensbereich gezeigt, in dem sie ihren Alltagsbeschäftigungen nachgehen.

Die Spannweite der Bildthematik dieser Malerei umfasst das gesamte gesellschaftliche Leben – Themen, die vorher in der kirchlichen oder höfischen Kunst weitgehend unbekannt waren.

Jan Steen: Wirtshaus (um 1660). Öl auf Leinwand, 68 x 82 cm. Den Haag, Königliche Gemäldegalerie

4 Beschreiben Sie die Thematik des Gemäldes. Welche Wirkung übte es vermutlich auf den Betrachter des späten 17. Jahrhunderts aus? Welche Wirkung auf den heutigen Betrachter?

3.1.4 Kunst als Utopie (Bloch, Sartre)

Hieronymus Bosch: Der Garten der Lüste (um 1510). Mittelteil des Triptychons. Öl auf Holz, 220 x 97 cm. Museo del Prado, Madrid

1 Was ist in Ihren Augen das zentrale Thema des Gemäldes?
2 Kennen Sie andere vergleichbare Beispiele – auch aus anderen Kunstformen – die das Paradies auf Erden darstellen?
3 Worin sehen Sie die Motive für die künstlerische Gestaltung der Utopie? Halten Sie diese für emanzipatorisch oder eher für affirmativ?

Für den Philosophen Ernst Bloch (1885–1977) ist das Kunstwerk zunächst Ausdruck seiner historischen und gesellschaftlichen Bedingungen. In seiner „Ästhetik des Vor-Scheins" hebt er darüber hinaus hervor, im Kunstwerk manifestiere sich der Geist der Utopie.

Lied der Seeräuberjenny in der „Dreigroschenoper" (1929)

„Meine Herrn, heut sehn Sie mich Gläser aufwaschen und ich mache das Bett für jeden und Sie geben mir einen Penny und ich bedanke mich schnell und Sie sehn meine Lumpen und dies lumpige Hotel und Sie wissen nicht, mit wem Sie reden. Aber eines Abends wird ein Geschrei sein am Hafen und man fragt: Was ist das für ein Geschrei? – und man wird mich lächeln sehn bei meinen Gläsern und man sagt: Was lächelt die dabei? – Und ein Schiff mit acht Segeln und mit fünfzig Kanonen wird liegen am Kai. – Man sagt, wisch deine Gläser, mein Kind! Und man reicht mir den Penny hin. Und der Penny wird genommen, und das Bett wird gemacht, es wird keiner mehr drin schlafen in dieser Nacht. Und sie wissen immer noch nicht, wer ich bin. Aber eines Abends wird ein Getöse sein am Hafen und man fragt: Was ist das für ein Getös? Und man wird mich stehen sehn hinterm Fenster, und man sagt: Was lächelt die so bös? – Und das Schiff mit acht Segeln und mit fünfzig Kanonen wird beschießen die Stadt. – Meine Herren, da wird wohl Ihr Lachen aufhören, denn die Mauern werden fallen hin. Und die Stadt wird gemacht dem Erdboden gleich. Nur ein lumpiges Hotel wird verschont von jedem Streich, und man fragt: Wer wohnt Besonderer darin? Und in dieser Nacht wird ein Geschrei um das Hotel sein, und man fragt: Warum wird das Hotel verschont? Und man wird mich sehen treten aus der Tür gen Morgen, und man sagt: Die hat darin gewohnt? – Und das Schiff mit acht Segeln und mit fünfzig Kanonen wird beflaggen den Mast. – Und es werden kommen Hundert gen Mittag an Land und werden in den Schatten treten und fangen einen jeglichen vor jeglicher Tür und legen in Ketten und ihn bringen zu mir und mich fragen: Welchen sollen wir töten? Und an diesem Mittag wird es still sein am Hafen, wenn man fragt; wer wohl sterben muss. Und dann werden Sie mich sagen hören: Alle! Und wenn dann der Kopf fällt, sag ich Hoppla! Und das Schiff mit acht Segeln und mit fünfzig Kanonen wird entschwinden mit mir."

Das ist das Liedchen der Seeräuber-Jenny, von Polly an ihrem Hochzeitstag vorgetragen. Ein unschuldiger Scherz, er bringt bei derartigen Festen immer Stimmung, und man nimmt die gute Absicht für die Tat. Schade, dass man den wunderschönen Rhythmus, auch die schicke Melodie Weills nicht mit hierhersetzen kann. Sie geht ins Blut und dürfte sich bei frohen Anlässen als Nationalhymne empfehlen.

[…]

Wer versteht denn das kleine Liedchen am besten? Die Kinder würden den Finger strecken, dass sie es sind, und dann die Mädchen im Elternhaus, und dann die Jungens in der Schule. Auch sie haben ihre unendliche Erzählung, in der sie gesittete Mordbrenner sind, das begleitet und spinnt sich aus auf dem Schulweg, vorm Einschlafen, es kann ein Kriegsschiff „Argo" sein und der Träumer selbst der „Fürstadmiral", hat sich längst aus dem verfluchten Stall geholt, verteilt die Welt an sich und die Türkei. Aber so gut kommt im kleinen Lied auch das Zünd'an, Zünd'an, das Hexenhafte des Weibes auf seine Rechnung, und jene, die den Herren gemacht wird. Haben nicht Flintenweiber, Petroleusen zu vielen Zeiten die Revolution begleitet und passt nicht dem Weib die Räuberbraut vorzüglich auf den Leib, in jeder besseren Kolportage und dem Leben, das einmal kolportagehaft scharf wird? Das „Böse", Unterirdische des Weibs, sein geheimes Einverständnis mit der Unterwühlung, die es ruft und erwartet: „Man wird mich lächeln sehn bei meinen Gläsern und man sagt: Was lächelt die dabei? Man wird mich stehen sehn hinterm Fenster und man sagt: Was lächelt sie so bös?" – dies Lächeln war schon oft mit dem roten Terror verbunden oder wurde von ihm gebraucht. Ein ziemlich gerader Weg führt von diesem Lächeln nicht nur zu Senta, die das Bild ruft, oder zur sanften Elsa, die so lange an seiner Sphäre saugt, bis der Retter erscheint, sondern eben auch zu den Hexen, vor denen die gesetzte Christenheit zitterte, ja zum Rebellensymbol der Paradiesesschlange, mit der sich Eva so gut versteht. Man wird die Seeräuber-Jenny weniger verurteilen, wenn man die Rolle des luziferischen Tieres in der Geschichte der Revolutionen und mancher Religionen bedenkt: Die Paradiesesschlange ist dann sozusagen die Raupe der Göttin Vernunft. Und die „Seele" nicht zu vergessen, die allemal weiblich ist, das Mädchen Psyche im entsetzlichsten Vaterhaus der Welt. Aber eines Tages erscheint (so legten frühchristliche Ketzer die Bibel aus) ein Mann Jesus, gerade aus der völligen Fremde, aus Übersee, er wird die Seele holen, schon fühlt sie den Ring am Finger, gegen ihren Vater, die Eltern, die Welt und den Vater aller Dinge. Auch ein Fetzen dieser Verlobung ist im Lied [...]. Ulkig, wie die gnädige Frau das so hinlegt: Rächer, Entführer, Schiffs-Messias von dereinst.

Also: wer gut zuhört, der schmeckt, was immer los ist, weil es noch nie los war. In diesem Weillschen „Gebet einer Jungfrau" sind die Fluchtmotive nicht nur sentimental und die „Frömmigkeit" ist nicht romantisch. Man spürt den unstatischen Hintergrund der Zeit. Vor einem Dutzend Jahren wäre Senta noch nicht als Braut des roten Freibeuters erschienen [...]. Auch das: „sie wissen immer noch nicht, wer ich bin" hätte nicht seine süßen und gefährlichen Hintergründe, wäre kein revolutionärer Zustand in der Welt und der unterdrückte Mensch nicht in jedem Sinn auf dem Marsch, sich zu konkretisieren. Die Gäste lachen zwar über Jennys Lied und finden es nett, die Bürger reagieren sich ab und helfen der Dreigroschenoper zu einem Erfolg, den ihr Bierulk, aber nicht diese starke Dynamitstelle verdient hätte. Der Kerl der Seeräuber-Jenny kommt leider nicht als Bote des Schlusses und beschießt die Stadt (was die revolutionäre Logik des Stückes gewesen wäre): Es ist dennoch unzuverlässige Musik, dicke Luft im Amüsement, die satte Kunst ist hin, die Substanz erscheint als Dreck, im Abwaschzuber und in dem, was die denkt, die davor steht. Glüh', Heil'ge Flamme, glüh' – an Lumpen brennt sie am besten. Schlage doch, gewünschte Stunde, gewünschte Stunde schlage doch – auch die Seeräuber-Jenny singt Kantaten, so weit sich von einer so ungebildeten und geschundenen Person überhaupt etwas erwarten lässt. Ihr Pietismus ist etwas drohend, aber ihr Liedchen gehört in die Wochen vor Weihnachten. Echte Adventsstimmung, den Anforderungen des neuzeitlichen Geschmacks entsprechend.

(Ernst Bloch: Ästhetik des Vor-Scheins. Bd. 2. Hrsg. von Gert Ueding. Suhrkamp: Frankfurt/M. 1974, S. 71 f.)

1 Vergleichen Sie den utopischen Gehalt des Liedes der Seeräuberjenny mit dem des „Gartens der Lüste". Stellen Sie Unterschiede und Gemeinsamkeiten hinsichtlich der Gestaltung von Utopie heraus.

2 Erklären Sie, inwiefern für Ernst Bloch in dem Song der Zusammenhang von Realität und Utopie erkennbar wird.

3 Analysieren Sie, was Bloch im folgenden Auszug aus seiner „Ästhetik des Vor-Scheins" unter Vor-Schein bzw. dem Utopie-Gehalt des Kunstwerks versteht.

Denn gerade am realistischen Kunstwerk zeigt sich: es ist als *Kunstwerk* doch noch etwas anderes als ein Quell historischer, naturkundlicher Kenntnisse, gar Erkenntnisse. Es eignen ihm kostbare Worte, die das durch sie so treffend Bezeichnete doch ebenso über seinen gegebenen Stand hinaus übertreiben, es eignet ihm vor allem eine Ausfabelung, welche mit einer der Wissenschaft höchst fremden Lizenz zwischen Personen und Ereignissen schaltet und waltet. [...]
Utopie als Objektbestimmtheit, mit dem Seinsgrad des Realmöglichen, erlangt so

an dem schillernden Kunstphänomen ein besonders reiches Problem der Bewährung. Und die Antwort auf die ästhetische Wahrheitsfrage lautet: Künstlerischer Schein ist überall dort nicht nur bloßer Schein, sondern eine in Bilder eingehüllte, nur in Bildern bezeichenbare Bedeutung von Weitergetriebenem, wo *die Exaggerierung¹ und Ausfabelung einen im Bewegt-Vorhandenen selber umgehenden und bedeutenden Vor-Schein von Wirklichem darstellen*, einen gerade ästhetisch-immanent spezifisch darstellbaren. Hier wird belichtet, was gewohnter oder ungestumpfter Sinn noch kaum sieht, an individuellen Vorgängen wie an gesellschaftlichen, wie an naturhaften. Eben dadurch wird dieser Vor-Schein erlangbar, dass Kunst ihre Stoffe, in Gestalten, Situationen, Handlungen, Landschaften zu Ende treibt, sie in Leid, Glück wie Bedeutung zum ausgesagten Austrag bringt.

(Ernst Bloch: Ästhetik des Vor-Scheins. Bd. 1. Hrsg. v. Gert Ueding. Suhrkamp: Frankfurt/M. 1974. S. 306 f.)

1 Exaggerierung: Übertreibung, Erhebung

4 Inwiefern wird ein Unterschied zu dem utopischen Gehalt beispielsweise eines Volksmärchens deutlich?

Der Philosoph und Schriftsteller **Jean Paul Sartre** (1905–1980) hat das Schlagwort von der „littérature engagée" geschaffen. Dies meint für ihn jedoch nicht, das Kunstwerk zum Medium weltanschaulicher Positionsergreifung zu machen. Statt dessen verlangt Sartre vom Schriftsteller „die Welt zu enthüllen, insbesondere den Menschen den anderen Menschen, damit diese angesichts des so entblößten Objekts ihre ganze Verantwortung auf sich nehmen." (zit. nach Peter Handke: Ich bin ein Bewohner des Elfenbeinturms. Suhrkamp: Frankfurt/Main 1972, S. 39)

Weshalb liest man Romane oder Essays? Im Leben dessen, der liest, fehlt etwas, und das sucht er im Buch. Was ihm fehlt ist ein Sinn, denn es ist ja genau dieser totale Sinn, den er dem Buch gibt, das er liest; der Sinn, der ihm fehlt, ist offensichtlich der Sinn seines Lebens, dieses Lebens, das für jeden ein schlechtes, schlecht gelebtes, ausgebeutetes, entfremdetes, betrogenes, falsches Leben ist, von dem aber gleichzeitig jeder, der es lebt, sehr wohl weiß, dass es anders sein könnte; wo, wann, wie? Das wissen sie nicht; wir sprechen hier nicht vom Gesichtspunkt des Militanten, denn die engagierte Literatur ist keine militante Literatur.

Wir wollen bloß sagen, dass es Menschen sind, die ihre Bedeutung noch nicht gefunden haben, die einen Sinn suchen; ihre Freiheit liegt genau darin, dass sie der Realität einen Sinn geben, immer und überall; aber einen jeweils partiellen Sinn, der mit den andren nicht zusammenpasst. Und die Einheit aller dieser Sinngehalte, die sie ihrem Leben geben möchten, diese Einheit finden sie nicht, sie entgeht ihnen. Aber ein Buch fordert sie nun gerade auf, durch Lesen diese Einheit in Freiheit zu realisieren. Es geht folglich für das Buch um nichts Geringeres, als dem Leben einen Sinn zu geben – in einer bestimmten gesellschaftlichen Gruppe natürlich –, und zwar dem Leben des Menschen in der Welt, in dieser Welt, die von einer Gesellschaft konstituiert ist mit ihrer Natur, der Natur, die sie gemacht hat, und der, die sie nicht hat machen können und die ihr entgeht, und dem Menschen, der darin ist.

Diese Wechselseitigkeit, dass der Mensch durch die Welt und die Welt durch den Menschen bedingt ist, diese Sache, die uns ständig entgeht, muss in einem Buch für einen Augenblick ihre synthetische Einheit in Freiheit finden, man muss sich plötzlich damit konfrontiert sehen, wie man es zum Beispiel beim Lesen irgendeines großen Werks welcher Art auch immer ist, sei es Tolstoj oder

Kafka; in solchen Augenblicken erfahren wir dieses Erfassen.

Ich stimme mit Simone de Beauvoir[1] überein, dass es immer eine Weltsicht des Autors ist, die man erfasst; aber einerseits fängt einen diese Weltsicht ein, man schlüpft in sie hinein, man macht sie, man realisiert sie; und insofern man sie frei als andrer realisiert, sieht man auf diese oder jene noch zu definierende Weise etwas, das unsrer eigenen Realität entspricht. Anders gesagt, man kennt Leute, die im Tagebuch eines Kindes etwas finden, was sie bewegt, obwohl sie selbst alt sind und keine Kindersorgen haben. Es geht nicht um den Inhalt – da bin ich ganz einverstanden, man kann über alles Mögliche sprechen –, nicht der anekdotische Inhalt zählt, es geht um das Erfassen der Welt über diesen anekdotischen Inhalt, der Welt, wie sie von einem andren gesehen wird und doch zugleich, durch jenen Anteil des Teufels, von dem Gide[2] sprach, diesem andren entgeht; ein Gegenstand also, der gleichzeitig gemacht ist, seine eigne Sprachkritik enthält und sich selbst entgeht und eben dadurch ebenso sehr, wenn nicht sogar mehr, von einem selbst wie vom Autor konstituiert ist.

Diese Totalität, von der wir eben gesprochen haben, soll mir also einen Sinn meines Lebens zurückwerfen; aber meines Lebens, so wie es heute ist, unter Berücksichtigung all dessen, was ich empfinde, sowohl die Gefahren, die auf mir lasten, die Atombombe, wenn Sie so wollen, als auch die sterbenden Kinder – denn ich weiß es, es gibt das Fernsehen, es regt meinen Nachbarn auf, warum sollte es mich dann nicht auch aufregen –, als auch die Entpolitisierung Frankreichs, die Ohnmacht, in der ich mich gegenwärtig befinden mag, irgend etwas zu unternehmen. Nur ist es nicht nötig, es ist sogar eigentlich nicht wünschenswert, dass alle diese Sorgen in dem Werk als benannte Realität dargeboten werden.

Das wahre Problem ist also nicht, wie oft gesagt wurde, dass die engagierte Literatur von allem sprechen soll, worum es in der gesellschaftlichen Welt geht. Es handelt sich einfach darum, dass der Mensch, von dem man uns spricht und der zugleich der andre und wir selber ist, in dieser Welt drinsteckt und dass er frei dieses Erfassen von Bedeutungen leisten kann, was er anders nicht tun kann. Da es sich aber entweder um eine Fiktion oder um ein Werk handelt, das keine direkten Folgen haben kann, ist gewiss, dass das Buch nach beendeter Lektüre keine Handlung herbeiführen wird. Vielleicht wird er in die Kommunistische Partei eintreten – ich sehe übrigens nicht ein, warum man sagt, wenn er deshalb eingetreten ist, wird er auch wieder austreten, das ist eine andre Frage; aber vielleicht wird er auch gar nichts tun. Allerdings wird er jetzt eine Art Sinn seines Lebens haben, einen dunklen Sinn, keinen aufgeklärten Sinn, keinen Sinn in Begriffen, denn in der Literatur spricht man ihm nicht in Begriffen, man spricht ihm von ihm mit der Dichte eines Stils, mit einer Seinsweise, die ihn in eine Situation versetzt, welche selbst dunkel sein muss. Es geht nicht darum aufzuklären, sondern es geht einfach darum, ihm eine Art totalen Sinn seiner selbst zu geben, mit dem Eindruck, dass dahinter die Freiheit ist, dass er einen Augenblick der Freiheit erlebt hat, indem er sich selber entging und mehr oder weniger klar seine gesellschaftlichen und sonstigen Bedingtheiten verstand.

Wenn er diesen Augenblick der Freiheit erlebt hat, das heißt, wenn er für einen Augenblick durch das Buch den Entfremdungs- oder Unterdrückungskräften entgangen ist, seien Sie sicher, dass er ihn nicht vergessen wird. Das, glaube ich, kann die Literatur oder zumindest eine bestimmte Literatur.

(Jean Paul Sartre: Was kann Literatur? Interviews, Reden, Texte. 1960–1976. In: Ders.: Gesammelte Werke. Schriften zur Literatur. Bd. 6. Hrsg. v. Traugott König. Übers. v. Stephan Hermlin, Traugott König u. a. Rowohlt: Reinbek bei Hamburg 1979, S. 80–83 [gek.])

1 Simone de Beauvoir: frz. Schriftstellerin, Lebensgefährtin Sartres (1908–1986)
2 André Gide: frz. Schriftsteller (1869–1951)

1 Verdeutlichen Sie sich ausgehend von einer Analyse des Textes, inwiefern engagierte Literatur für Sartre utopischen Charakter erhält.
2 Vergleichen Sie die dem Gemälde von Hieronymus Bosch und den Reflexionen Blochs und Sartres zugrundeliegenden Utopieauffassungen.
3 Diskutieren Sie, worin für Sie persönlich der utopische Gehalt eines Kunstwerkes liegt bzw. ob Kunst überhaupt utopischen Charakter haben sollte. Erörtern Sie in diesem Zusammenhang die utopische Dimension des „happy end"!

3.1.5 Kunst im Dienst von Weltanschauung (Brecht)

Der deutsche Schriftsteller Bertolt Brecht (1898–1956) fühlte sich – obwohl er nie Mitglied der kommunistischen Partei war – der Kommunistischen Internationale eng verbunden. Diese hatte in der 1. Hälfte des 20. Jahrhunderts verbindliche Richtlinien für alle Kulturschaffenden aufgestellt, die Mitglieder einer kommunistischen Partei waren: Der Kanon und dessen ideologische Begründung wurden als Sozialistischer Realismus bezeichnet. Nach dem 2. Weltkrieg wurde der Sozialistische Realismus zur offiziellen Norm des Kulturbetriebes in Osteuropa: Wenn ein Kunstwerk dieser Norm nicht entsprach, musste der Künstler mit Sanktionen rechnen (vgl. die Ausweisung des systemkritischen deutschen Liedermachers Wolf Biermann 1976 aus der ehemaligen DDR). Für Brecht dagegen repräsentiert der Sozialistische Realismus eine literarische Richtung, die Aufklärung und Gesellschaftskritik zum Ziel ihrer Werke macht: Die Rezipienten sollen durch sie ein kritisches Bewusstsein ihrer gesellschaftlichen Wirklichkeit entwickeln.

Was Sozialistischer Realismus ist, sollte nicht einfach vorhandenen Werken oder Darstellungsweisen abgelesen werden. Das Kriterium sollte nicht sein, ob ein Werk oder eine Darstellung anderen Werken oder Darstellungen gleicht, die dem sozialistischen Realismus zugezählt werden, sondern ob es sozialistisch und realistisch ist.

Realistische Kunst ist kämpferische Kunst. Sie bekämpft falsche Anschauungen der Realität und Impulse, welche den realen Interessen der Menschheit widerstreiten. Sie ermöglicht richtige Anschauungen und stärkt produktive Impulse.

Realistische Künstler betonen das Sinnmäßige, Irdische, im großen Sinn Typische (historisch Bedeutsame).

Realistische Künstler sind interessiert an den Veränderungen in Menschen und Verhältnissen, an den stetigen und an den sprunghaften, in welche die stetigen übergehen.

Realistische Künstler stellen die Macht der Ideen dar und die materielle Grundlage der Ideen.

Die sozialistisch-realistischen Künstler sind human; das heißt menschenfreundlich, und stellen die Verhältnisse zwischen den Menschen so dar, dass die sozialistischen Impulse erstarken. Sie erstarken durch praktikable Einsichten in das gesellschaftliche Getriebe und dadurch, dass sie – die Impulse – zu Genüssen werden.

Die sozialistisch-realistischen Künstler haben nicht nur eine realistische Einstellung zu ihren Themen, sondern auch zu ihrem Publikum.

Realistische Künstler betonen das Moment des Werdens und Vergehens. Sie denken in allen ihren Werken historisch.

Realistische Künstler stellen die Widersprüche in den Menschen und ihren Verhältnissen zueinander dar und zeigen die Bedingungen, unter denen sie sich entwickeln.

Die sozialistisch-realistischen Künstler berücksichtigen Bildungsgrad und Klassenzu-

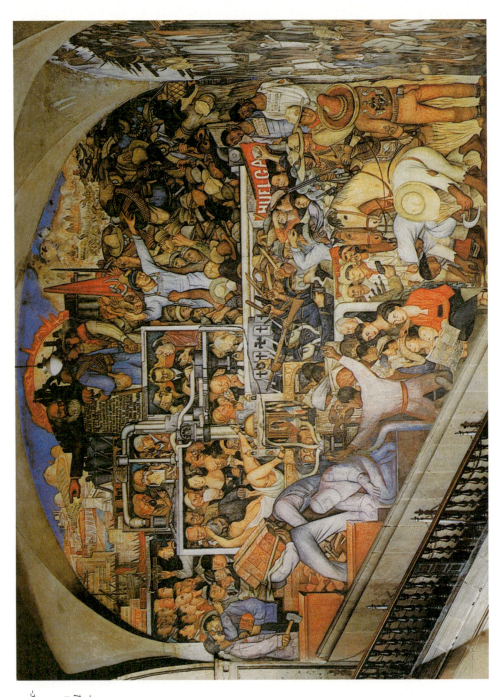

Diego Rivera: Historia y Perspectiva de México, 1929–1947. Muralesales de la escalera principal de Palacio Nacional

gehörigkeit ihres Publikums sowie den Stand der Klassenkämpfe.

Die sozialistisch-realistischen Künstler behandeln die Realität vom Standpunkt der werktätigen Bevölkerung und der mit ihr verbündeten Intellektuellen, die für den Sozialismus sind.

(Bertolt Brecht: Gesammelte Werke. Band 19. Schriften zur Literatur und Kunst 2. Suhrkamp: Frankfurt/Main, S. 547 f.)

1 Beschreiben Sie das Bild und untersuchen Sie, ob Riveras Gemälde Brechts Definition des Sozialistischen Realismus entspricht. Inwiefern kann man das Bild ein Werk des Sozialistischen Realismus nennen?

2 Brechts literarisches Werk und Gemälde wie das von Rivera zählt man zur „engagierten Kunst". Aber auch Picassos „Das Massaker von Korea" (1951) rechnet man dazu.

Pablo Picasso: Das Massaker von Korea/Massacre en Corée (1951). Öl auf Sperrholz, 109 x 209,5 cm. Paris, Musée Picasso

Vergleichen Sie Bildgestaltung und -technik mit der von Rivera und diskutieren Sie die Frage, ob eine realistische Darstellung Voraussetzung für engagierte Kunst sein muss. Ziehen Sie andere Beispiele surrealistischer, kubistischer oder abstrakter Kunst hinzu.

3 Vorherrschende Funktion von Kunst ist über Jahrhunderte die religiöse Funktion gewesen. Informieren Sie sich über die Form der gotischen Kathedrale, z. B. des Kölner Doms, über den der deutsche Revolutionär Georg Forster schreibt:

„Die Pracht des himmelan sich wölbenden Chores hat eine majestätische Einfalt, die alle Vorstellung übertrifft. [...] Lässt sich schon das Unermessliche des Weltalls nicht im beschränkten Raum versinnlichen, so liegt gleichwohl in diesem kühnen Emporstreben der Pfeiler und Mauern das Unaufhaltsame, welches die Einbildungskraft so leicht ins Grenzenlose verlängert."

(Dieter Kimpel und Robert Suckale: Die gotische Kathedrale: Gestalt und Funktion. In: Werner Busch [Hrsg.]: Funkkolleg Kunst. Bd. 1. Piper: München 1987, S. 32)

Welche Funktion und welchen Zweck würden Sie dieser Architektur zuschreiben?

3.1.6 Die Reglementierung der Kunst durch die Politik (Platon)

Schon in der Antike war die Kunst Anlass zum Streit: Diente sie den politischen Zielen oder stellte sie eher eine Gefahr für Wahrheit und Sitte dar?
Im zehnten Buch der „Politeia" spricht Platon durch Sokrates ein vernichtendes Urteil über die Kunst aus. Dass sich Platon im Rahmen seiner Staatstheorie der Frage nach der Kunst zuwendet, deutet schon darauf hin, dass Kunst nicht um ihrer selbst willen angesehen, sondern in den Dienst gestellt wird – ein Ansatz, der bis in die Gegenwart Gültigkeit behalten hat.
Obwohl Sokrates mit der Dichtung Homers von Kindheit an vertraut und ihr in „Liebe und Ehrfurcht", wie er sagt, zugetan war, verwirft er die Tragödiendichtung und mit ihr die gesamte nachahmende Kunst als „Gift für den Verstand" und verbannt sie aus seinem idealen Staat als unedel und sittenverderbend.
Platons ethisch-praktische Einschätzung der Kunst hat ihre Ursache in seiner Metaphysik: in seinem ontologischen Reich der Ideen (vgl. I, 2). Seine Ideenlehre setzt die Existenz objektiver Ideen, der Ideen des Wahren, Guten und Schönen, voraus und führt zwangsläufig zu einer relativierenden Bewertung schöner Gegenstände als bloßer Abbilder, als Erscheinungen.
Der folgende Dialogauszug macht deutlich, welchen Rang Platon der nachahmenden Kunst hinsichtlich der Wahrheit zuerkennt:

Sokrates: Und nun weiter. An vielen anderen Dingen in unserem Staat erkenne ich, dass wir mit unseren Einrichtungen durchaus das Richtige trafen. Besonders aber behaupte ich das, wenn ich an die Dichtkunst denke.
Glaukon: Was schwebt dir dabei vor?
Sokrates: Dass wir sie durchaus abweisen, soweit sie nachahmender Art ist. Denn dass sie unter keiner Bedingung Aufnahme finden darf, das stellt sich jetzt meines Erachtens noch deutlicher heraus, nachdem wir die einzelnen Seelenvermögen[1] genau voneinander unterschieden haben.
Glaukon: Wie meinst du das?
Sokrates: Um es nur zu euch gesagt zu haben – denn ihr werdet mich nicht verraten bei den Tragödiendichtern und all den übrigen Vertretern der nachahmenden Poesie – alles, was dahin gehört, scheint mir Gift für den Verstand aber derjenigen Hörer zu sein, denen nicht die Kenntnis der wahren Natur dieser Dinge als Schutzmittel dagegen zu Gebote steht.
Glaukon: Wie soll das gemeint sein?
Sokrates: Ich muss heraus mit der Sprache, mag auch ein Gefühl der Liebe und Ehrfurcht, das ich von Kindheit an für Homer hege, mir das Reden noch so schwer machen. Denn kein Zweifel: Er ist der erste Lehrer und Anführer aller dieser bezaubernden Tragiker gewesen. Aber mehr als die Menschen gilt die Wahrheit, und darum muss ich, wie gesagt, heraus mit der Sprache.
Glaukon: Unbedingt.
Sokrates: Höre also, oder vielmehr, antworte.
Glaukon: Frage nur.
Sokrates: Kannst du mir darüber Auskunft geben, was im allgemeinen nachahmende Darstellung ist? Denn ich selbst kann mir keine rechte Vorstellung davon machen, was sie eigentlich sein will. […]
Und es ist uns doch geläufig zu sagen, dass der Handwerker, der das eine oder andere dieser Geräte anfertigt, auf die Idee hinblickt, wenn der eine die Stühle oder der andere die Tische herstellt, die wir benutzen, und ebenso auch bei den anderen Dingen? Denn die Idee selbst verfertigt doch keiner dieser Handwerker. Wie sollte er auch?
Glaukon: Unmöglich.
Sokrates: Aber frage dich nun, welchen Namen du dem folgenden Meister geben willst.

Glaukon: Welchem?
Sokrates: Der alles macht, was jeder einzelne dieser Handarbeiter macht.
Glaukon: Das wäre ja ein wahrer Tausendkünstler und bewundernswerter Mann.
Sokrates: Nur noch ein wenig Geduld, und du wirst noch mehr Grund haben, das zu sagen. Denn dieser nämliche Handwerker ist nicht nur imstande, alle Geräte zu machen, sondern auch alles, was aus der Erde wächst, macht er und alle Lebewesen bringt er hervor und zumal sich selbst, außerdem Erde, Himmel, Götter, alles, was am Himmel ist und was unter der Erde im Hades ist – alles macht er.
Glaukon: Das wäre ja ein bewundernswerter Meister seiner Kunst.
Sokrates: Glaubst du mir etwa nicht? Sage mir denn, hältst du einen derartigen Handwerker überhaupt für unmöglich, oder glaubst du, auf gewisse Weise sei er Hervorbringer
Glaukon: Und welches wäre diese Weise?
Sokrates: Es hat mit ihr gar keine Schwierigkeit, sondern man hat sie vielfältig und rasch zur Hand; am schnellsten aber wohl, wenn du einen Spiegel nimmst und ihn überall herumträgst: alsbald wirst du da eine Sonne machen und was am Himmel ist, alsbald auch eine Erde, alsbald auch dich selbst und die übrigen Lebewesen, Geräte, Gewächse und alles vorhin Genannte.
Glaukon: Ja, dem Schein nach, aber nicht in Wirklichkeit.
Sokrates: Recht so; damit triffst du den Punkt, auf den es ankommt. Denn zu den Werkmeistern dieser Art gehört meiner Ansicht nach auch der Maler. Nicht wahr?
Glaukon: Unzweifelhaft.
Sokrates: Aber du wirst wohl sagen, was er mache, sei nichts Wahres. Indes, auf gewisse Weise macht doch auch der Maler einen Stuhl, oder nicht?
Glaukon: Ja, er macht einen, aber nur einen scheinbaren.
Sokrates: Wie steht es nun mit dem Stuhlmacher? Sagtest du nicht eben, er mache nicht die Idee, in unserer Sprechweise ausgedrückt den Stuhl an sich, sondern einen beliebigen Stuhl?
Glaukon: Das sagte ich.
Sokrates: Macht er aber nicht etwas an sich, so macht er nicht das Seiende[2], sondern nur ein dem Seienden Ähnliches, das aber selbst kein Sein hat. Wollte aber einer behaupten, das Werk des Stuhlmachers oder sonst irgendeines Handwerkers sei im vollsten Sinne seiend, so wird er doch schwerlich die Wahrheit sagen?
Glaukon: Gewiss nicht, wenigstens nicht nach der Ansicht derer, die mit solchen Untersuchungen vertraut sind.
Sokrates: Kein Wunder also, wenn auch dies sich nur als ein schwaches Gegenstück darstellt gegenüber der Wahrheit.
Glaukon: Nein, ein Wunder ist das nicht.
Sokrates: Sollen wir nun an Hand dieses Beispiels das Wesen des von uns gesuchten Nachahmers aufklären?
Glaukon: Wenn es dir recht ist, ja.
Sokrates: Es ergeben sich uns also folgende drei Arten von Stühlen: erstens der in der Natur vorhandene, als dessen Schöpfer uns doch wohl Gott gilt. Oder wer sonst?
Glaukon: Niemand, denke ich.
Sokrates: Zweitens derjenige Stuhl, den der Tischler herstellt.
Glaukon: Ja.
Sokrates: Drittens derjenige Stuhl, den der Maler anfertigt, nicht wahr?
Glaukon: Ja, so soll es gelten.
Sokrates: Also Maler, Stuhlmacher, Gott, das sind drei Meister für drei Arten von Stühlen. […]
Nun aber erwäge Folgendes: Was will die Malerei bei ihren Gegenständen? Will sie das Seiende nachahmen, wie es ist, oder das Erscheinende, wie es erscheint? Ist sie also eine Nachahmung der Erscheinung oder der Wahrheit?
Glaukon: Der Erscheinung.
Sokrates: Die Nachahmungskunst ist also weit vom Wahren entfernt. Daher kommt es anscheinend auch, dass sie alles herstellen

kann, weil sie jeden Gegenstand nur wenig erfasst und zwar in einem Bild. So wird uns der Maler z. B. einen Schuster, einen Tischler und die anderen Handwerker malen, ohne von der Kunst irgendeines dieser Leute etwas zu verstehen. Gleichwohl wird er, wenn er ein guter Maler ist und einen Tischler gemalt hat, den er nun in gehöriger Entfernung vorzeigt, Kinder und Toren täuschen, sodass sie glauben, es sei ein wirklicher Tischler.
Glaukon: Allerdings.
Sokrates: Aber, mein Bester, das muss man meiner Ansicht nach bei allen solchen Leuten bedenken: wenn uns einer von jemandem erzählt und sagt, er habe einen Menschen kennengelernt, der sich auf alle Handwerkskünste verstehe und über alles andere, was der einzelne Fachmann weiß, ausnahmslos besser Bescheid wisse als irgendwer sonst, so muss man hierbei annehmen, dass er ein Einfaltspinsel ist. Offenbar ist er einem Gaukler und Nachahmungskünstler in die Hände gefallen und hat sich hinters Licht führen lassen. Daher glaubt er, jener sei ein Allweiser, weil er selbst nicht imstande ist, zwischen Wissen, Nichtwissen und Nachahmung scharf zu scheiden. [...]
Die Nachahmungskunst ist also selbst unedel, verkehrt mit Unedlem und erzeugt Unedles.
Glaukon: Offenbar.
Sokrates: Etwa bloß die, welche es mit dem Gesichtssinn zu tun hat, oder auch die, welche sich ans Gehör wendet, die wir bekanntlich Dichtkunst nennen?
Glaukon: Höchstwahrscheinlich auch diese.
Sokrates: Wir wollen aber nun nicht dem allein vertrauen, was uns die Malerei als wahrscheinlich an die Hand gibt, sondern uns unmittelbar an das Vermögen des Verstandes wenden, mit dem es die nachahmende Dichtung zu tun hat, und zusehen, ob es unedel ist oder edel.
Glaukon: Das müssen wir.
Sokrates: Wir wollen uns die Sache folgendermaßen vornehmen: die Nachahmungskunst, behaupten wir, ahmt handelnde Menschen nach, deren Handlungen entweder dem Zwang unterworfen oder freiwillig sind, die mit ihrem Handeln glauben entweder gut oder schlecht gefahren zu sein und dem allen gemäß entweder traurig oder froh sind. Damit sind doch alle Fälle erschöpft?
Glaukon: Alle. [...]
Sokrates: Wir sagten doch schon damals, dass ein Mann von edler Gesinnung es weit leichter ertragen wird als die anderen, wenn ihn das Schicksal trifft, einen Sohn zu verlieren oder sonst etwas, was ihm besonders teuer ist.
Glaukon: Gewiss.
Sokrates: Jetzt aber wollen wir unser Augenmerk darauf richten, ob er überhaupt keinen Schmerz darüber empfinden wird, oder ob das zwar unmöglich ist, er sich aber doch eine gewisse Mäßigung in seiner Trauer auferlegen wird.
Glaukon: Das letztere eher, wenn wir bei der Wahrheit bleiben wollen.
[...]
Sokrates: Was zum Widerstand auffordert, das ist doch die Vernunft und das Gesetz was dagegen zur Hingabe an den Schmerz treibt, das ist doch das Leiden selbst?
Glaukon: Richtig.
Sokrates: Stellt sich aber bei einem Menschen in der gleichen Angelegenheit zu gleicher Zeit ein Drang nach entgegengesetzten Richtungen ein, so sagen wir, es müsse in ihm zwei Vermögen geben.
Glaukon: Ohne Zweifel.
Sokrates: Das eine ist doch bereit, dem Gesetz zu folgen, wohin es führt?
Glaukon: Wieso?
Sokrates: Das Gesetz sagt doch wohl, das beste Verhalten im Missgeschick sei, so ruhig wie möglich zu bleiben und nicht ungebärdig zu werden. Denn es sei unklar, was an dergleichen gut oder schlimm ist; auch ergebe sich kein Vorteil aus solchem Gebaren. Ferner solle man mit nichts, was dem Menschen begegnet, viel Aufhebens machen, und

die Hingabe an den Schmerz werde nur ein Hemmnis für die Ermöglichung dessen, was wir in solchen Fällen am meisten nötig haben.

Glaukon: Was wäre denn das?

Sokrates: Dass man zu Rate geht über das Geschehene und wie beim Fall der Würfel gemäß dem vorliegenden Wurf seine Maßnahmen trifft, so wie es die Vernunft als Bestes empfiehlt. Wenn man irgendwie zu Fall gekommen ist, soll man nicht wie Kinder die Hand auf die verletzte Stelle halten und fortwährend schreien. Vielmehr muss man immer die Seele daran gewöhnen, möglichst schnell sich daranzugeben, das Gefallene aufzurichten und das Kranke zu heilen, indem man durch ärztliche Kunst das Jammergeschrei vertreibt.

Glaukon: Ja, das wäre gewiss die richtigste Art, wie man den Schicksalsschlägen begegnet.

Sokrates: Das Beste in uns, so sagen wir, will doch dieser Überlegung folgen.

Glaukon: Offenbar.

Sokrates: Von jenem Drang dagegen, der uns zur Erinnerung an das Leiden und zum Jammern darüber führt und nicht genug davon bekommen kann, werden wir doch sagen, er sei unvernünftig, träge und mit der Feigheit befreundet?

Glaukon: Das werden wir sagen.

Sokrates: Das also, das Ungebärdige, bietet der Nachahmung reichen und vielfarbigen Stoff. Der einsichtige und ruhige Charakter dagegen, der sich immer gleichbleibt, ist nicht leicht nachzuahmen. Auch ist seine Nachahmung nicht so ohne weiteres verständlich, zumal für eine festlich versammelte Volksmenge und ein gutes Menschengemisch, wie es sich in den Theatern zusammenfindet; denn für sie ist das die Nachahmung eines Zustandes, der ihnen fremd ist.

Glaukon: Ganz gewiss.

Sokrates: Offenbar also ist der nachahmende Dichter nicht für diesen Teil der Seele geschaffen, und seine Weisheit ist nicht danach angetan, ihm zu gefallen, wenn er bei der großen Menge Beifall finden will, sondern für den ungebärdigen und in allen Farben schillernden Charakter, weil dieser unschwer nachzuahmen ist.

Glaukon: Offenbar.

Sokrates: Nunmehr also sind wir vollkommen berechtigt, ihn zu tadeln und ihn als Gegenstück zum Maler hinzustellen. Denn er gleicht ihm nicht nur darin, dass er Werke anfertigt, die im Vergleich zur Wahrheit wertlos sind, sondern auch darin ist er ihm ähnlich, dass er es mit demjenigen Teil der Seele, der auf der gleichen niedrigen Stufe steht, zu tun hat, nicht aber mir ihrem edelsten Teil.

Und darum sind wir in unserem guten Recht, wenn wir ihn nicht aufnehmen in einen Staat, der sich einer guten Verfassung erfreuen soll. Denn er weckt und nährt diesen niedrigen Teil der Seele und verdirbt durch dessen Kräftigung ihren vernünftigen Teil, ganz so, wie wenn einer in einem Staat die Schurken mächtig werden ließe und den Staat in ihre Hände brächte, den anständigen Teil der Bürgerschaft aber zugrunde richtete.

Ebenso bewirkt, wie wir nun behaupten werden, der nachahmende Dichter in der Seele jedes Einzelnen eine schlechte Verfassung, indem er ihrem unvernünftigen Teil zu Willen ist, der Groß und Klein nicht voneinander zu unterscheiden weiß, sondern dasselbe bald für groß hält, bald wieder für klein, ein bloßer Bildner von Bildern, der vom Wahren aber sehr weit entfernt ist.

(Platon: Politeia: Der Staat. 10. Buch. Übers. v. O. Apelt. Meiner: Hamburg 1961, S. 385–401 [gek.])

1 Gemeint sind die Seelenvermögen Begierde, Mut, Vernunft. (Vgl. II, 2.1; auch: Zugänge 1, Teil IV)
2 Im Folgenden bezieht sich Sokrates bzw. Platon auf die von ihm zuvor in den drei Gleichnissen – Sonnengleichnis, Liniengleichnis, Höhlengleichnis – entwickelte Ideenlehre, in der Seiendes und Erscheinendes scharf unterschieden werden.
Die ontologischen Voraussetzungen der Differenzierung von Erscheinung und Wahrheit werden detailliert in Kap. I, 2 vorgestellt.

333

Der junge Satyr ist, trunken von Wein, auf einem Felsen eingeschlafen. Mit gelösten Gliedern ruht er auf einem Pantherfell. Schlafender Satyr, sog. Barberinischer Faun (um 220/210 v. Chr.). München, Staatliche Antikensammlung

1 Erklären Sie Platons negative Einschätzung der Kunst unter Beziehung auf das obige Kunstwerk. Nehmen Sie kritisch dazu Stellung!

2 Verdeutlichen Sie den Zusammenhang zwischen dem Gemälde von Magritte und Platons Kunstauffassung. Inwiefern geht Magrittes Gemälde über die von Platon diagnostizierte Beschränktheit der Kunst hinaus? Inwiefern bestätigt es Platon?
Würde es einen Unterschied machen, wenn der Text nicht Bestandteil des Bildes, sondern ein diesem äußerlicher Kommentar wäre wie in der zweiten Abbildung?

René Magritte: Der Verrat der Bilder/La trahison des images (1928–1929). Öl auf Leinwand, 62,2 x 81 cm. Los Angeles, County Museum of Art

Ceci n'est pas une pipe.

3 Vergleichen Sie die Positionen des Sokrates im frühen Hippias-Dialog (vgl. S. 306) mit der hier vertretenen Auffassung von Schönheit und Kunst.
4 Verdeutlichen Sie sich Platons Position, indem Sie ausgehend von dem folgenden Text untersuchen, welche Auflagen er der Kunst – hier der Musik – in seinem Idealstaat macht.
5 Informieren Sie sich über die Zulassung bzw. das Verbot der Farben bei den Anthroposophen.

Platons Kritik an der Kunst und deren daraus resultierende Eliminierung aus dem idealen Staat kann als frühes Beispiel der Kunstreglementierung im Namen eines totalitären Staates gelten. Hier wird erstmals systematisch Kunst in den Dienst der Wahrheit, aber damit auch der Institution Staat gestellt und dadurch in ihrer Autonomie beschnitten. Platons Position zeigt Parallelen zur jüngsten Vergangenheit. In den faschistischen und kommunistischen Staaten war Kunst weitgehend reglementiert. Von verordneten Normen abweichende Kunst war verboten.

Sokrates: Es bleibt also danach noch übrig die Erörterung über die Eigenart des Gesanges und der Lieder? [...]
Sokrates: Unter allen Umständen kannst du doch mit voller Sicherheit zunächst dies bestätigen, dass das Lied aus drei Bestandteilen zusammengesetzt ist, aus Text, Tonart und Rhythmus.
Glaukon: Ja, das kann ich.
Sokrates: Was nun den Text des Liedes betrifft, so muss er doch in den nämlichen Formen ausgedrückt werden, die wir vorhin für den nicht gesungenen Text angegeben haben, und in der nämlichen Weise, also ohne dass ein Unterschied zwischen beiden stattfände?
Glaukon: Gewiss.
Sokrates: Es müssen aber doch Tonart und Rhythmus in Einklang mit dem Text stehen.
Glaukon: Selbstverständlich.
Sokrates: Wir behaupteten aber doch, für Klagen und Jammer sei bei uns in den Reden kein Platz.
Glaukon: Gewiss.
Sokrates: Welches sind nun die klagenden Tonarten? Nenne sie mir, denn du bist musikkundig.
Glaukon: Die mixolydische[1] und die syntonolydische[2] und einige andere dieser Art.
Sokrates: Sind nun diese nicht auszuschließen? Sind sie doch selbst für Frauen, wenn sie von anständiger Denkart sein sollen, vom Übel, geschweige denn für Männer.
Glaukon: Sicherlich.
Sokrates: Ferner ist für Wächter nichts unziemlicher als Trunkenheit, Weichlichkeit und Müßiggang.
Glaukon: Gewiss nicht.
Sokrates: Welches sind nun die weichlichen und für Trinkgelage geeigneten Tonarten?
Glaukon: Es gibt ionische[3] und lydische[4] Tonarten, die unter dem Namen der „schlaffen" bekannt sind.
Sokrates: Findest du diese, mein Lieber, für kriegerische Männer irgendwie verwendbar?
Glaukon: Keineswegs; es scheinen vielmehr nur die dorische[5] und die phrygische[6] Tonart für dich übrig zu bleiben.
Sokrates: Ich verstehe mich nicht auf die Tonarten, aber du musst mir diejenige Tonart übrig lassen, die in geziemender Weise die Stimme und Betonung eines Mannes nachahmt, der sich in kriegerischer Tat und in jeder gewaltsamen Handlung tapfer erweist und der, von Missgeschick betroffen, Wunden oder dem Tod entgegengeht oder sonst von einem Unheil heimgesucht wird, aber sich in allen diesen Lagen fest und beharrlich gegen das Schicksal zur Wehr setzt; ferner eine andere für einen Mann, der in friedlicher und nicht gewaltsamer, sondern zwangloser Tätigkeit begriffen ist, sei es, dass er jemanden durch Überredung oder Bitten für sich gewinnen will – einen Gott durch Flehen, einen Menschen durch Belehrung

und Zuspruch– oder dass er umgekehrt einem anderen, der ihn bittet oder belehrt oder überredet, sich gefügig zeigt und infolge solchen Verhaltens es zu erfreulichen Erfolgen bringt, dabei aber allen Hochmut meidet und besonnen und maßvoll in allen diesen Lagen handelt und mit dem Ausgang zufrieden ist. Diese zwei Tonarten, eine gewaltsame und eine zwanglose, die am besten die Stimme solcher nachahmen, die sich im Unglück oder im Glück befinden und dabei besonnen und tapfer sind, musst du mir übriglassen.
Glaukon: Nun, du verlangst, keine anderen übrigzulassen als die ich eben nannte.
Sokrates: Also keine Vielheit von Saiten und keine Instrumente mit allen Tonarten werden wir bei unseren Gesängen und Liedern nötig haben.
Glaukon: Nein, meiner Meinung nach.
Sokrates: Leute also, die das Trigonon[7] und die Pektis[8] und überhaupt Instrumente mit vielen Saiten und für viele Tonarten herstellen, werden bei uns nichts zu verdienen bekommen.
Glaukon: Schwerlich.
Sokrates: Und vollends Flötenmacher und Flötenbläser, wirst du sie im Staat dulden? Oder ist dies nicht das tonreichste Instrument, und sind nicht die für alle Tonarten bestimmten Instrumente eine Nachahmung der Flöte?
Glaukon: Offenbar.
Sokrates: Die Leier also und die Kithara[9] bleiben dir übrig, und zwar als für die Stadt nützliche Instrumente; auf dem Lande dagegen wäre eine Art Rohrpfeife für die Hirten zu verwenden.
Glaukon: Das ergibt sich allerdings aus unserer Erörterung.
Sokrates: Und wir tun ja auch nichts Unerhörtes, mein Freund, wenn wir dem Apollon und seinen Instrumenten den Vorzug geben vor dem Marsyas[10] und dessen Instrumenten.
Glaukon: Beim Zeus, ich denke, nein.
Sokrates: Und beim Hunde, ohne es gewahr geworden zu sein, haben wir den Staat wieder gründlich gesäubert, den wir vorher als einen der Üppigkeit verfallenen bezeichneten.

(Platon: Politeia: Der Staat. 3. Buch. Übers. v. O. Apelt. Meiner: Hamburg 1961, S. 105–107

1–6 mixolydisch, syntonolydisch, ionisch, lydisch, dorisch, phrygisch: antike Tonarten der Griechen
7–9 Trigonon, Pektis, Kithara: altgriech. Saiteninstrumente
10 Marsyas: Vertreter des phrygischen Flötenspiels

Wie in einem totalitären Staat die Kunst funktionalisiert wurde, soll am Beispiel des Nationalsozialismus gezeigt werden. Die Nationalsozialisten setzten sich in besonders deutlicher Weise über die Autonomie der Kunst hinweg: einerseits durch Ächtung, Verbot und Vernichtung von Kunstwerken, die die Autorität des Regimes angeblich unterwanderten; andererseits benutzten die Nationalsozialisten ästhetische Ausdrucksformen zur Durchsetzung ihrer politischen Ideologie. Daher besaß bei ihnen die Kunst eine herausragende Propagandafunktion und wurde konsequent instrumentalisiert. Im folgenden Auszug aus seiner Parteitagsrede 1935 formuliert Adolf Hitler (1889–1945) die künstlerischen Richtlinien des Nationalsozialismus.

Eine Revolution fegt also über einen Staat hinweg und müht sich zugleich um die ersten Keime einer neuen höheren Kultur. Und wahrlich nicht in negativem Sinne! Denn, was immer wir mit unsern Kulturverbrechern an Rechnungen zu begleichen hatten, wir haben uns wirklich nicht zu lange damit aufgehalten, diese Verderber unsrer Kunst zu Verantwortung zu ziehen. Seit jeher stand mein Entschluss fest: Wir werden uns einmal nicht in endlose Debatten einlassen mit Menschen, die, nach ihren Leistungen zu urteilen, entweder Narren oder Betrüger waren. Ja, wir haben die meisten Handlungen der Führer dieser Kulturherostraten[1] immer nur als Verbrechen empfunden.

Die Kunst muss, um ein solches Ziel zu erreichen, auch wirklich Verkünderin des Erhabenen und Schönen und damit Trägerin des Natürlichen und Gesunden sein.

Ist sie dies, dann ist für sie kein Opfer zu groß. Und ist sie dies nicht, dann ist es schade um jede Mark, die dafür ausgegeben wird. Denn dann ist sie nicht ein Element des Gesunden und damit des Aufbaues und Fortlebens, sondern ein Zeichen der Degeneration und damit des Verfalls. Was sich uns als so genannter „Kult des Primitiven" offenbart, ist nicht der Ausdruck einer naiv unverdorbenen Seele, sondern einer durch und durch korrupten und krankhaften Verkommenheit.

Wer die Bilder und Skulpturen – um hier ein besonders krasses Beispiel zu erwähnen – unserer Dadaisten, Kubisten und Futuristen oder eingebildeten Impressionisten mit dem

Georg Kolbe:
Kameraden (1942)

Hinweis auf eine primitive Ausdrucksgestaltung entschuldigen will, der hat wohl keine Ahnung, dass es nicht die Aufgabe der Kunst ist, den Menschen an seine Degenerationserscheinungen zu erinnern, als vielmehr den Degenerationserscheinungen durch Hinweis auf das ewig Gesunde und Schöne zu begegnen. Wenn diese Sorte von Kunstverderbern sich anmaßt, das „Primitive" im Empfinden eines Volkes zum Ausdruck bringen zu sollen, dann ist jedenfalls unser Volk seit einigen Jahrtausenden über die Primitivität solcher Kunstbarbaren schon längst hinausgewachsen.

Unsere Achtung gehört nur den Männern, die auch auf anderen Gebieten den Mut haben, sich nicht vor der Kanaille zu verbeugen oder dem bolschewistischen Wahnsinn seine Referenz zu erweisen, sondern die tapferen Herzens an eine Mission glauben, für diese dann auch offen und ehrenhaft kämpften …

Es ist nicht die Aufgabe der Kunst, im Unrat um des Unrats willen zu wühlen, den Menschen nur im Zustand der Verwesung zu malen, Kretins[2] als Symbol der Mutterbindung zu zeichnen und krumme Idioten als Repräsentanten der männlichen Kraft hinzustellen …

Man rede daher hier auch nicht von einer „bedrohten Freiheit der Kunst". So wenig man einem Mörder das Recht zur leiblichen Tötung am Mitmenschen gibt, weil man ansonsten einen Eingriff in seine Freiheit vornehmen müsste, so wenig kann man einem andern das Recht geben, die Seele des Volkes zu töten, nur damit seiner schmutzigen Phantasie und Zügellosigkeit keine Hemmung auferlegt wird.

(Westdeutscher Beobachter vom 12. September 1935. In: Dumont's Chronik der Kunst im 20. Jahrhundert. Dumont: Köln 1990, S. 342)

1 Herostrat: hier: Brandstifter
2 Kretin: Schwachsinniger

1 Informieren Sie sich über die Positionen der nationalsozialistischen Kulturpolitik gegenüber der Kunst – insbesondere über die beiden zeitgleich in München gezeigten großen Ausstellungen: Entartete Kunst und Große Deutsche Kunstausstellung aus dem Jahr 1937.

2 Was haben die nationalsozialistische und die platonische Position gemeinsam, worin unterscheiden sie sich trotz allem?

3 Beschreiben Sie Georg Kolbes Kunstwerk „Kameraden" und seine Wirkung und identifizieren Sie die zugrunde liegenden Idealvorstellungen. Erklären Sie, inwiefern es sich um ein typisches Beispiel für Kunstwerke aus der Zeit des „Dritten Reichs" handelt.

„**Kunst und Wissenschaft, Forschung und Lehre sind frei.**" (Artikel 5, Absatz 3 Grundgesetz)

Der Lebensbereich „Kunst" ist durch die vom Wesen der Kunst geprägten, ihr allein eigenen Strukturmerkmale zu bestimmen. Von ihnen hat die Auslegung des Kunstbegriffs der Verfassung auszugehen. Das Wesentliche der künstlerischen Betätigung ist die freie schöpferische Gestaltung, in der Eindrücke, Erfahrungen, Erlebnisse des Künstlers durch das Medium einer bestimmten Formensprache zu unmittelbarer Anschauung gebracht werden. Alle künstlerische Tätigkeit ist ein Ineinander von bewussten und unbewussten Vorgängen, die rational nicht aufzulösen sind. Beim künstlerischen Schaffen wirken Intuition, Phantasie und Kunstverstand zusammen; es ist primär nicht Mitteilung, sondern Ausdruck und zwar unmittelbarster Ausdruck der individuellen Persönlichkeit des Künstlers.

(Erläuterungen des Bundesverfassungsgerichts zu Artikel 5 Absatz 3 GG)

4 Reflektieren Sie die Gründe für die Aufnahme dieses Artikels, der die Autonomie der Kunst gewährleistet, ins Grundgesetz der Bundesrepublik Deutschland.

3.2 Die Lösung der Kunst aus ihr äußerlichen Zwecksetzungen

Neben und im Kontrast zu den oben dargestellten Formen, die Kunst für ihr äußerliche Zwecke zu funktionalisieren, lassen sich jedoch andere Tendenzen erkennen, die die Eigenständigkeit des Künstlerischen betonen und zumeist aus den Reihen der Künstler selbst stammen, die sich gegen die Instrumentalisierung zur Wehr setzen.

3.2.1 L'art pour l'art: Das Werk als Wert in sich (Baudelaire, Benn)

L'art pour l'art – dieses Schlagwort wird zum Programm einer ästhetischen Haltung, die sich in der zweiten Hälfte des 19. Jahrhunderts in Europa ausbreitet: des Ästhetizismus. Künstler und Philosophen – die Franzosen Théophile Gautier (1811–1872) und Charles Baudelaire (1821–1867), der englische Schriftsteller Oscar Wilde (1854–1900), der deutsche Dichter Stefan George (1868–1933) oder Gabriele d'Annunzio (1863–1938) aus Italien – lösen die Kunst programmatisch aus jeglichen funktionalen Zwecksetzungen und setzen den eigentlichen Wert des künstlerischen Werkes in dieses selbst.

Eine Menge Leute bilden sich ein, es sei das Ziel der Dichtkunst, etwas zu lehren; bald soll sie das Gewissen stärken, bald die Sitten vervollkommnen, bald „dartun", was nützlich sei ... Die Poesie – wenn man doch nur ein wenig in sich selber hinabsteigen, seine Seele befragen, seine Erinnerung an Stunden der Begeisterung wieder aufwecken möchte! – sie hat kein anderes Ziel als sich selber; sie kann gar kein anderes haben, und kein Gedicht wird so groß, so edel, so wahrhaftig des Namens Gedicht würdig sein, wie dasjenige, das einzig geschrieben ist um des Vergnügens willen, ein Gedicht zu schreiben.
Ich will nicht sagen, dass die Poesie die Sitten nicht veredele – man verstehe mich recht, dass es nicht ihr Endresultat sei, den Menschen über das Niveau der gemeinen Interessen zu erheben; das wäre offenbar eine Absurdität. Ich sage einfach: wenn der Dichter ein moralisches Ziel verfolgt hat, so hat er seine dichterische Kraft vermindert; und es ist gar nicht so unklug, dann zu wetten, dass sein Werk schlecht sein wird. Bei Strafe des Todes oder der Ohnmacht kann sich die Poesie nicht der Wissenschaft oder der Moral assimilieren; sie hat nicht die Wahrheit, sie hat einzig sich selber zum Gegenstande. Die Arten, die Wahrheit darzulegen, sind andere und liegen auf anderen Gebieten. Die Wahrheit hat in Liedern nichts zu schaffen. Alles was den Reiz, die Anmut, das Unwiderstehliche eines Liedes bildet, würde der Wahrheit ihre Autorität und ihre Macht nehmen.

(Charles Baudelaire: Notes nouvelles pour E. A. Poe. Zit. nach: Baudelaire. Dargestellt von Pascal Pia. Rowohlts Monographien. Rowohlt: Reinbek b. Hamburg 1958, S. 110 f.)

1 Welches Verhältnis von Poesie, Wissenschaft und Moral legt Baudelaire seiner These zugrunde? Was macht wohl das „Unwiderstehliche" eines Liedes aus?

2 Erwägen Sie die Auswirkungen einer ästhetizistischen Haltung auf den künstlerischen Produktionsprozess.

3 Diskutieren Sie das Für und Wider einer ästhetizistischen Lebenshaltung. (Inwiefern könnte man dennoch von einer gesellschaftlichen Funktion des Funktionslosen – besonders hinsichtlich des ästhetizistischen Menschen – sprechen (vgl. Welsch, Kap. 6.2)?)

Im 20. Jahrhundert werden die Thesen des Ästhetizismus aufgegriffen, vertieft und vehement als emanzipatorisch gegen die Forderungen einer engagierten Kunst verteidigt. Dabei erscheint die völlige Autonomie des Kunstwerkes als Zuflucht und Zeichen für eine bessere Welt. Der Dichter Gottfried Benn (1886–1956) verdeutlicht in dem Rundfunk-Interview „Können Dichter die Welt ändern?" die Bedeutung autonomer Kunst für den Menschen.

A.: Sie haben in zahlreichen Aufsätzen hinsichtlich der Figur des Dichters einen Standpunkt vertreten, der ungefähr folgendes besagt: der Dichter hat keine Wirkung auf die Zeit, er greift in den Lauf der Geschichte nicht ein und kann seinem Wesen nach nicht eingreifen, er steht außerhalb der Geschichte. Ist das nicht ein etwas absoluter Standpunkt?

B.: Wünschten Sie, ich hätte geschrieben, der Dichter solle sich für das Parlament interessieren, die Kommunalpolitik, die Grundstückskäufe, die notleidende Industrie oder den Aufstieg des fünften Standes? […] Der Künstler, der hat kein Ethos, das ist ein Freibeuter, ein Schnorrer, ein Ästhet. Der schmiert sich alles aus dem Handgelenk zusammen, ein dummer August, gestern ein Barfüßerdrama und morgen ein promethidisches Pamphlet. Ach, wem soll man es klarmachen: sieben Jahre, so schrieb einer, sieben Jahre kämpfte ich einsam in Stadt und Land, sieben Jahre, wie Jakob um Rahel rang, rang ich um eine Seite Prosa, um einen Vers! Wen soll man hinweisen auf jenen Essay von Heinrich Mann, er handelt von Flaubert, es wird geschildert, wie Flaubert, nachdem er so viel Kunst geschrieben hatte, etwas anderes schreiben wollte, etwas menschlich Gutes, etwas Sympathisches, die Sorgen des Alltags, das Glück aller, aber ganz unmöglich, gar nicht in die Technik zu fassen, gar nicht in die novellistische Erkenntnis zu bannen, er musste immer weiter im Stil, immer weiter im Joch der Sätze, immer wieder in das sagenhafte Bett, das Kopf und Glieder verstümmelt: Kunst. Oft auch denke ich, wie ungeheuer ein so zarter Mann wie Nietzsche gelitten haben muss, als er den Satz schrieb: wer fällt, den soll man auch noch stoßen, dies harte, dies brutale Wort. Aber er hatte keine Wahl, er musste das Schiff besteigen, […] und nur ein Auge sah ihn an: Unendlichkeit. Es gab für ihn keine andere Moral als die Wahrheit seines Stils und seiner Erkenntnis, denn alle ethischen Kategorien münden für den Dichter in die Kategorie der individuellen Vollendung.

A.: Eigentlich schauerlich. Aber haben nicht doch die Künstler seit Urzeiten der Menschheit gedient, indem sie durch Nachbildung und dichterische Darstellung den beunruhigenden Erscheinungen das Erschreckende und Furchtbare genommen haben?

B.: Das ist durchaus das, was ich vorhin […] andeutete. Der Dichter, eingeboren durch Geschick in das Zweideutige des Seins, eingebrochen unter acherontischen[1] Schauern in das Abgründige des Individuellen, indem er es gliedert und bildnerisch klärt, erhebt es über den brutalen Realismus der Natur, über das blinde und ungebändigte Begehren des Kausaltriebes, über die gemeine Befangenheit niederer Erkenntnisgrade und schafft eine Gliederung, der die Gesetzmäßigkeit eignet. Das scheint mir die Stellung und Aufgabe des Dichters gegenüber der Welt. Sie meinen, er solle sie ändern? Aber wie sollte er sie denn ändern, sie schöner machen – aber nach welchem Geschmack? Besser – aber nach welcher Moral? Tiefer – aber nach dem Maßstab welcher Erkenntnisse? Woher soll er überhaupt den Blick nehmen, mit dem er sie umfasst, das Wissen, um sie zu führen, die Größe für Gerechtigkeit gegenüber ihren Zielen – auf wen sollte er sich denn überhaupt stützen – auf sie, „die in lauter Kindern lebt", wie Goethe sagt, „aber die Mutter, wo ist sie?"

A.: Er nimmt also die Maßstäbe allein aus sich selbst, verfolgt keine Zwecke und dient keiner Tendenz?

B.: Er folgt seiner individuellen Monomanie. Wo diese umfassend ist, erwirkt sie das äußerste Bild von der letzten dem Menschen erreichbaren Größe. Diese Größe will nicht verändern und wirken, diese Größe will sein. Immer beanstandet von der Stupidität des Rationalismus, immer bestätigt von den Genien der Menschheit selbst. Einer Menschheit, die, soweit ich ihr Schicksal übersehe, nie Überzeugungen folgte, sondern immer nur Erscheinungen, nie Lehren, sondern immer Bildern, und die sich von zu weit her verändert, als dass unsere Blicke sie verfolgen könnten.

A.: Also schreibt der Dichter Monologe?

B.: Autonomien! Es arbeitet hier, um ein Schillersches Wort zu gebrauchen, die regellos schweifende Freiheit am Bande der Notwendigkeit. Diese Notwendigkeit aber ist transzendent, nicht empirisch, nicht materiell, nicht opportunistisch, nicht fortschrittlich. [...] Sie trifft nur wenige, und Dichter und Denker sind in ihrer letzten Form vor ihr identisch. Wie jene Skulptur von Rodin: der Denker, die über dem Eingang zur Unterwelt steht, ursprünglich der Dichter hieß, ihnen beiden gilt der Spruch am Sockel des Steins: der Titan versunken in einen schmerzlichen Traum. Wie ihnen beiden das gar nicht zu übertreffende Bild von Nietzsche in seinem Aufsatz „Die Philosophie im tragischen Zeitalter der Griechen" gehört: „keine Mode kommt ihnen hilfreich und erleichternd entgegen"; ein Riese, schreibt er, ruft dem anderen durch die öden Zwischenräume der Zeiten zu und ungestört durch mutwilliges lärmendes Gezwerge, welches unter ihnen wegkriecht, setzt sich das hohe Geistergespräch fort.

(Gottfried Benn: Gesammelte Werke in vier Bänden. Hrsg. v. Dieter Wellershoff. Band 4: Autobiographische und vermischte Schriften. Klett-Cotta: Stuttgart 1961, 7. Auflage 1992

1 Acheron: griech. Fluss; Eingang zur Unterwelt

1 Verdeutlichen Sie Benns Vorstellung von dem besonderen Stellenwert des autonomen Kunstwerks in der Gesellschaft und diskutieren Sie seine Position.

2 Erörtern Sie Benns Position vor dem Hintergrund der folgenden Thesen **Theodor W. Adornos**:

Jedes Engagement für die Welt muss gekündigt sein, damit der Idee eines engagierten Kunstwerkes genügt werde. [...] [Das Unausweichliche der Dichtung] nötigt zu jener Änderung der Verhaltensweise, welche die engagierten Werke bloß verlangen. [...] Als rein gemachte, hergestellte, sind Kunstwerke, auch literarische, Anweisungen auf die Praxis, deren sie sich enthalten: die Herstellung richtigen Lebens. [...] Der Gehalt der Werke ist überhaupt nicht, was an Geist in sie gepumpt ward, eher dessen Gegenteil. Der Akzent auf dem autonomen Werk ist selber gesellschaftlich-politischen Wesens.

(Theodor W. Adorno: Engagement. In: Theodor W. Adorno: Noten zur Literatur III. Suhrkamp: Frankfurt/M. 1981, S. 425–430 [gek.])

3 Vergleichen Sie beide Gedichte und beurteilen Sie auf dieser Grundlage Adornos Thesen.

Arnfried Astel: Umweltverschmutzung

Die Bayerwerke in Leverkusen
kennen unsere Bedürfnisse.
Nicht nur Aspirin produzieren sie,
sondern auch das Kopfweh.

(**oben:** Arnfried Astel. In: Jürgen Theobaldy [Hrsg.]: Und ich bewege mich doch. Gedichte vor und nach 1968. C. H. Beck: München 1977, S. 72) **rechts:** Gottfried Benn: Statische Gedichte. © 1948, 2000 by Arche Verlag AG: Zürich – Hamburg

Gottfried Benn: Ein Wort

Ein Wort, ein Satz –: aus Chiffren steigen
erkanntes Leben, jäher Sinn,
die Sonne steht, die Sphären schweigen
und alles ballt sich zu ihm hin.

Ein Wort – ein Glanz, ein Flug, ein Feuer,
ein Flammenwurf, ein Sternenstrich –
und wieder Dunkel, ungeheuer,
im leeren Raum um Welt und Ich.

3.2.2 Die Entlastung des Bildes von der Abbildfunktion (Kubismus)

Die Malerei des Kubismus führt die ästhetizistische Entfunktionalisierungstendenz noch einen Schritt weiter: Durch einen radikalen Bruch mit der die bisherige Malerei prägenden Perspektive gibt das kubistische Bild die bislang gültige Orientierung am sinnlich Wahrnehmbaren, mithin seine Abbildfunktion auf. Statt dessen interessiert sich der Kubist für die Frage: Wie kann man Wirklichkeit darstellen, wenn alle Wirklichkeitswahrnehmung subjektiv ist? Das Problem wird im kubistischen Bild durch Sprengung der scheinbar gültigen Form eines Objekts in verschiedene verschachtelt angeordnete, übereinanderliegende Flächen, die der Betrachter im Kopf selbstständig wieder zusammensetzen muss, thematisiert.

*Georges Braque: Frau mit Gitarre/
Femme á la guitarre (1913).
Öl und Kohle auf Leinwand, 130 x 73 cm.
Paris, Musée national d'art moderne,
Centre Pompidou*

1 Betrachten Sie das Gemälde von Georges Braque und versuchen Sie möglichst detailliert zu beschreiben, wie Ihr Rezeptionsvorgang abläuft.
2 Ist das Thema des Gemäldes wirklich: Frau mit Gitarre?
3 Inwiefern ist dieses kubistische Gemälde ein Beispiel für l'art pour l'art?

3.2.3 Der Zweck des Zwecklosen: L'art pour l'art als Widerstand? (Matisse)

Für den französischen Maler und Grafiker Henri Matisse (1869–1954) gehört das Stillleben zur bevorzugten Darstellungsform. Angesichts der Schrecken des Zweiten Weltkrieges machten ihm manche dies zum Vorwurf.

Henri Matisse: Stillleben mit Zitronen (1943)

[…] Der Maler trat ein paar Schritte von der Staffelei zurück, um das Bild zu begutachten, das er soeben fertiggestellt hatte. Er korrigierte eine Winzigkeit mit einem Tupfer Rot, überprüfte das Bild noch einmal sorgfältig auf seine Vollkommenheit und signierte es schließlich mit Matisse/43.
Im gleichen Jahr und am gleichen Tag gingen deutsche Panzer generalstabsmäßig ihrer Arbeit im besetzten Frankreich nach, in den Büros der Gestapo wurden echte und vermutliche Mitglieder der Résistance verhört – kurz, es wurde reichlich gestorben im Jahr 1943.
Das Bild, das Henri Matisse gemalt hatte, zeigte ein Stillleben mit Zitronen vor einem Hintergrund mit Lilien. Man sollte meinen, dass es zumindest unter den extremen Lebensumständen jener Zeit Wichtigeres zu tun gegeben hätte, als Blumen mit Zitronen zu malen.
Wenn einer unter diesen Umständen schon malt – so könnte man meinen – dann müsste er Bilder malen, die mit der deprimierenden Situation seines Landes zu tun haben, mit dem Leiden der Menschen, dann müssten das Bilder sein, die anklagen oder zum Widerstand aufrufen. Für diese Argumentation könnte etwa das Bild „Guernica" als Beispiel herhalten, das Picasso im Jahr 1937 gemalt hatte.
Man könnte aber wenigstens vermuten, dass eine Gesellschaft einen Künstler wie Matisse kritisiert oder gar ächtet für den Luxus, den er sich zur scheinbar unpassenden Zeit leistet.

Tatsächlich aber gehörte Matisse, wie wir wissen, zu den bevorzugten Künstlern, mit denen ein Kulturkreis und in einem ganz besonderen Maße Frankreich sich schmückt. Was also ist an diesen Zitronen, dass eine Nation sich an ihnen stärkt?

Der französische Dichter Louis Aragon, der Kommunist und Mitglied der Résistance war, kommt in seinem großen Buch über Matisse immer wieder auf dessen „luxuriöse" Malerei zurück, und er schreibt unter anderem über das Bild „Stillleben mit Zitronen": „Manche klagen Matisse an, der Maler des Luxus zu sein, und zwar in einer Welt, in der es das Elend gibt. Und sicherlich ist er das. Und des Wohlbefindens in einer Welt, in der es den Schmerz gibt. Und des Lichts in einer Welt, die von der Finsternis heimgesucht ist. Das stimmt alles. Man muss sich mit dieser Vorstellung vertraut machen, dass Matisse malt, um zu verschönern. Ich sage nicht, dass es der einzige Grund ist, zu malen. Aber es ist auch ein Grund, zu malen." Und er zitierte Matisse, als er ihn darauf hinwies, dass seine Malerei mit zunehmendem Alter und nachlassender Gesundheit immer leuchtender, glücklicher werde, mit dem Satz: „Man muss sich eben seiner Haut wehren."

Matisse selbst sieht also offensichtlich seine Malerei des bürgerlichen Glücks nicht als Rückzug, nicht als Augenverschließen vor dem Grässlichen. Er bekämpft das Grässliche durch die Beispiele, die er gibt:

In größter nationaler Not nimmt er sich die FREIHEIT, seinen eigenen Maßstäben zu folgen.

In einer Welt von Zerstörung zeigt er die SCHÖNHEIT der einfachen Dinge.

In der VOLLKOMMENHEIT seines Bildes demonstriert er einen utopischen Aspekt jeder menschlichen Arbeit.

[…]

(D. Hacker: Sinn des Malens. 1984. In: Wirklichkeit und Kunst. Schöningh: Paderborn 1993, S. 68. Zit. nach: Stefan Szczesny [Hrsg.]: Maler über Malerei. DuMont: Köln 1989)

1 Darf man in Zeiten des Elends und des Schmerzes schöne, den gesellschaftlichen Bezügen entrückte Stillleben malen? – Diskutieren Sie die gesellschaftliche Bedeutung der bloß schönen Darstellung.

2 Diskutieren Sie die These, l'art pour l'art sei eine Form des ästhetischen Widerstands und wirke somit unter Umständen emanzipatorisch.

3 Muss die Kunst Stellung beziehen? Diskutieren Sie über die gegensätzlichen ästhetischen Positionen der engagierten Kunst und der l'art pour l'art. – Können Sie sich persönlich zu einer dieser Positionen bekennen? Begründen Sie Ihre kunstphilosophische Haltung.

3.3 Das Bauhaus: Die reine Form im Dienste des Fortschritts

Zu Beginn des 20. Jahrhunderts entwickelt der deutsche Architekt Walter Gropius (1883–1969) in Abgrenzung von der zeitgenössisch-vorherrschenden Gründerzeit- und Jugendstilarchitektur ein vollkommen neues architektonisches Programm, das unter dem Namen „Bauhaus" die moderne Architektur nachhaltig bestimmt. Die neue Architektur zeichnet sich durch strenge Konstruktionsprinzipien aus: Grundform ist der Kubus: klare, übersichtliche Linienführung dominiert, die Gestaltung ist schlicht, dekorative und farbliche Elemente fehlen. Ziel der Bauhaus-Bewegung ist der international gültige Bau als Einheitskunstwerk. Gropius formuliert die Zielsetzung des Bauhauses programmatisch: „Das Bauhaus erstrebt die Sammlung allen künstlerischen Schaffens zur Einheit, die Wiedervereinigung aller werkkünstlerischen Disziplinen – Bildhauerei, Malerei, Kunstgewerbe und

Walter Gropius: Meisterhaus Dessau, Außenansicht. Dessau (1925/26)

Handwerk – zu einer neuen Baukunst in deren unablösliche Bestandteile. Das letzte, wenn auch ferne Ziel des Bauhauses ist das Einheitskunstwerk – der große Bau, in dem es keine Grenze gibt zwischen monumentaler und dekorativer Kunst." (Walter Gropius: Die neue Architektur und das Bauhaus. Mainz und Berlin 1965, S. 10 f.)

Für die Vertreter des Bauhauses rückte mit dem Bekenntnis zur reinen vollkommenen Form der funktionale Aspekt der Architektur in den Vordergrund. Architekten wie Le Corbusier (1887–1915) verbanden mit dem neuen Bauen die Utopie eines international gleichen Wohnstils, der auf dem Vertrauen in den unaufhaltsamen Fortschritt der modernen Techniksgesellschaft beruhte. Der Geschichtsoptimismus des Bauhauses ging einher mit der utopischen Vorstellung von einem neuen besseren Menschen.

Die Baukunst ist die erste Manifestation des Menschen, als dieser sich nach dem Vorbild der Natur seine eigene Welt schuf: er erkannte damit die Naturgesetze an, die Gesetze, die unsere Menschennatur regieren, unsere Welt. Die Gesetze der Schwere, der Statik und Dynamik zwingen sich auf durch die unausweichliche Alternative: halten oder einstürzen.

Der das Universum beherrschende Determinismus öffnet unser Auge für die Schöpfungen der Natur und gibt uns die Gewissheit von Gleichgewicht, von vernünftig Gemachtem, ins Unendliche Abgewandeltem, von Entwicklungsmöglichkeiten, Mannigfaltigkeit und Einheitlichkeit.

Die physikalischen Grundgesetze sind einfach und gering an Zahl. Die sittlichen Gesetze sind einfach und gering an Zahl.

Der Mensch von heute bearbeitet mit seiner Hobelmaschine ein Brett innerhalb weniger Sekunden bis zur letzten Vollkommenheit.

Lyonel Feininger: Kathedrale (1919). 30,5 x 18,9 cm. Titelblatt für das „Programm des Staatlichen Bauhauses in Weimar" (1919)

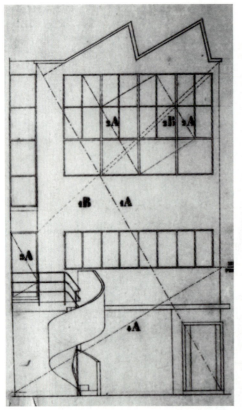 

Fassadenaufriss und Foto des Hauses für Amédée Ozenfant von Le Corbusier

Der Mensch von gestern bearbeitete sein Brett mit einem Hobel immerhin nicht schlecht. Der Mensch der Frühzeit brachte sein Brett mittels eines Kieselsteines oder Messers nur sehr ungefähr und schlecht ins Geviert. Aber schon der Mensch der frühen Zeiten gebrauchte ein Einheitsmaß und Maß-Regler, um sich sein Geschäft zu erleichtern. Der Grieche, der Ägypter, Michelangelo oder Blondel bedienten sich der Maß-Regler, um ihre Werke auszufeilen, um ihrem künstlerischen Sinn und ihrem mathematischen Denken zu genügen. Der Mensch von heute tut nichts dergleichen, der baut den Boulevard Raspail. Dafür verkündet er, er sei ein befreiter Dichter, und seine Instinkte genügten ihm vollauf; diese jedoch drücken sich lediglich in den künstlichen Tricks aus, die man in den Schulen lehrt. Als entfesselter Lyriker mit Halseisen, als einer, der einiges weiß, aber nur Dinge, die er weder erfunden noch am Ende nachgeprüft hat, hat er im Laufe des empfangenen Unterrichts jene naive und hochwichtige Energie des Kindes verloren, das unablässig fragt: „Warum?"

Der Maß-Regler ist Versicherung gegen die Willkür: Durch das Nachprüfen erfährt jede im Eifer des Schaffensdranges entstandene Arbeit ihre Billigung; es liefert den Beweis, den der unerfahrene Schüler braucht, das Quod erat demonstrandum[1] des Mathematikers.

Der Maß-Regler dient einer Befriedigung geistlicher Ordnung, er fördert die Suche nach sinnvollen und harmonischen Beziehungen. Sie verleiht dem Werk Eurhythmie[2]. Der Maß-Regler bringt jene vernünftige Mathematik ins Spiel, welche Bedingung für den wohltuenden Eindruck von Ordnung ist. Die Wahl des Maß-Reglers bestimmt die geometrische Grundlage des Werkes, sie bestimmt mithin eine der wichtigsten Wirkungen. Die Wahl des Maß-Reglers ist eine der entscheidenden Momente der schöpferischen Inspiration, sie zählt zu den wichtigsten Faktoren in der Baukunst.

(Charles-E. Le Corbusier. Ausblick auf eine Architektur [Auszug]. In: Dumont's Chronik der Kunst im 20. Jahrhundert. Dumont: Köln 1990 S. 233)

1 Quod erat demonstrandum (lat.): Was zu beweisen war.
2 Eurhythmie: Ebenmaß

1 Inwiefern und mit welcher Begründung orientiert sich Le Corbusier am Modell des goldenen Schnitts? (vgl. 1. 2)

2 Wie sollen wir unsere Städte bauen, unsere Wohnungen einrichten? – Was halten Sie von der Idee des Bauhauses, ein ganzheitliches und allgemein gültiges Gestaltungsprinzip zu entwickeln?

3 Wie beurteilen Sie die strenge Verbindung von Form und Funktion im Bauhaus? Vergleichen Sie dieses ästhetische Gestaltungsprinzip mit Merkmalen des zeitgenössischen Designs von Gebrauchsgegenständen.

4 Vergleichen Sie das Bekenntnis zur reinen Form und Funktion mit den in 3.1 vorgestellten Funktionalisierungsweisen der Kunst. – Lässt sich reine Architektur eher dem Bereich der funktionalen Kunst oder der l'art pour l'art zuordnen?

5 Kann man Ihrer Meinung nach von einem emanzipatorischen bzw. politischen Stellenwert der reinen Form sprechen – ähnlich wie von dem utopischen Gehalt der l'art pour l'art bei Matisse?

6 Gibt es die Funktion der reinen Form?

4 Das Schöne und die Kunst aus der Sicht der klassischen deutschen Philosophie

Die klassische deutsche Philosophie macht sich die Frage nach dem Schönen und die Aufgabe der Kunst zu einem zentralen Thema. Dabei greift sie bisherige ästhetische Vorstellungen wie die der Antike, des Mittelalters und der frühen Neuzeit auf und übt einen bedeutenden Einfluss auf die weitere künstlerische Entwicklung und ästhetische Diskussion bis in die Gegenwart aus. Daher sollen im Folgenden fundamentale ästhetische Fragen und Probleme repräsentativ aus der Sicht der klassischen deutschen Philosophie vorgestellt werden.

4.1 Baumgarten, Burke, Hume: Subjektiver und objektiver Schönheitsbegriff in der Ästhetik der Aufklärung

Die Mannigfaltigkeit real existierender Geschmacksurteile (vgl. 1.1 und 1.2) führte auch in der philosophischen Diskussion zur Frage nach einem Maßstab des Schönen und nach verbindlichen Geschmacksregeln. Insbesondere zur Zeit der um rationale Begründung bemühten Aufklärung brach eine ästhetische Grundlagendiskussion auf: Ist Schönheit eine objektive Qualität? Kann das ästhetische Urteil allgemeingültig sein?

Die folgenden Antwortmodelle des deutschen Aufklärungsphilosophen und eigentlichen Begründers der philosophischen Ästhetik Alexander Baumgarten (1714–1762) und der englischen Empiristen Edmund Burke (1729–1797) und David Hume (1711–1776) gehen diesen Fragen mit unterschiedlicher Akzentuierung nach.

Baumgarten fordert den Wissenschaftscharakter von Ästhetik ein und etabliert diese als eigenständige philosophische Disziplin.

Die Ästhetik (die Theorie der freien Künste), die Logik der unteren Erkenntnisvermögen, die Kunst des schönen Denkens und die Kunst des dem rationalen Denken analogen Erkennens ist die Wissenschaft der sinnlichen Erkenntnis. [...]
Jetzt kennen wir sie als eine Wissenschaft, folglich muss alles das von ihr gesagt werden können, was man von einer Wissenschaft sagt: Sie muss gewisse Gründe haben. Ihre Konklusionen müssen gewiss aus diesen gewissen Gründen hergeleitet werden, folglich müssen alle ihre Schlüsse nach der Form und Materie richtig sein. Das konnte man nicht sagen, solange die Regeln des Schönen hin und her zerstreut waren. Da man auch Wissenschaften von Begierden hat, so unterscheidet sich die Ästhetik dadurch von ihnen, dass sie eine Wissenschaft einer gewissen Erkenntnis ist. Die Wissenschaften von Kenntnissen rechnet man zur philosophia instrumentali oder organica, folglich gehöret auch sie zur philosophia instrumentali, und die Logik und philosophia instrumentalis werden nun nicht mehr als synonyma anzusehen sein. Diese Ästhetik unterscheidet sich von der Logik dadurch, dass sie sinnliche Kenntnis, die unteren Erkenntniskräfte zur ihrem Gegenstande hat [...].

(A. G. Baumgarten: Aesthetica § 1. In: Philosophische Ästhetik. Aschendorffs philosophische Textreihe. Ausgew. v. L. Wiesing. Hrsg. v. A. Müller. Münster 1992, S. 68, 70)

Den von Baumgarten hervorgehobenen Wissenschaftscharakter der Ästhetik untermauert der englische Philosoph Edmund Burke, indem er eindeutige Kriterien für Schönheit festschreibt. Das Schöne wird hier als Eigenschaft klar der Seite des Gegenstands zugeordnet.

Schönheit ist ein viel zu eindrucksvolles Ding, um nicht auf irgendwelchen positiven Qualitäten beruhen zu müssen. Und da sie keine Schöpfung unserer Vernunft ist; da sie uns ohne jede Beziehung zu einem Nutzen berührt, ja selbst dort, wo überhaupt kein Nutzen festzustellen ist; da schließlich Ordnung und Methode der Natur im allgemeinen sehr verschieden von unseren Maßen und Proportionen sind: So müssen wir schließen, dass Schönheit in der Hauptsache irgendeine Qualität an Körpern ist, die durch Vermittlung der Sinne in mechanischer Weise auf das menschliche Gemüt einwirkt. Wir müssen also sorgfältig untersuchen, wie die sinnlichen Qualitäten solcher Dinge geartet sind, die wir erfahrungsgemäß schön finden oder die in uns die Leidenschaft die Liebe oder irgendeinen entsprechenden Affekt erregen. […]

Die Qualitäten der Schönheit, soweit es sich um rein sinnliche Qualitäten handelt, sind die folgenden: 1. verhältnismäßige Kleinheit; 2. Glätte; 3. Verschiedenheit in der Richtung der Teile, aber 4. nicht derart, dass die Teile winklig aufeinanderstoßen, sondern derart, dass sie gegenseitig ineinander übergehen; 5. ein zarter Bau ohne jeden deutlichen Anschein von Stärke; 6. klare und helle, aber nicht sehr grelle und glänzende Farben und 7., wenn doch irgendeine glänzende Farbe vorhanden sein muss, dann nur zusammen mit anderen. – Das sind, wie mir scheint, die Eigenschaften, auf denen Schönheit beruht; Eigenschaften, die kraft ihrer Natur wirken und weniger als irgendwelche anderen der Gefahr unterliegen, durch Launen beeinträchtigt oder durch eine Verschiedenheit des Geschmacks durcheinandergebracht zu werden. […]

Die *Physiognomie* hat einen beträchtlichen Anteil an der Schönheit, besonders an der Schönheit unserer eigenen Gattung. Das Gehaben eines Menschen prägt sein Gesicht in bestimmter Weise aus; das Gesicht ist also, da es dem Gehaben regelmäßig entspricht, fähig, die Wirkungen gewisser angenehmer Qualitäten des Gemüts mit solchen des Körpers zu verschmelzen, – sodass es, damit eine vollendete menschliche Schönheit gebildet werde und diese Schönheit ihren vollen Einfluss erhalte, auch solche vornehme und liebenswürdige Qualitäten ausdrücken muss, wie sie der Sanftheit, Glätte und Zartheit der äußeren Form entsprechen.

(Edmund Burke: Philosophische Untersuchung über den Ursprung unserer Ideen vom Erhabenen und Schönen. Übers. v. Fr. Bassenge. Meiner: Hamburg 1989, S. 152; 158)

Wesentlich differenzierter versteht David Hume Schönheit als auf einem Gefühl für das Schöne basierenden Geschmacksurteil. Trotz der offensichtlich sehr vielfältigen, konkurrierenden und einander widersprechenden Geschmacksurteile gebe es allgemeingültige Kriterien für das Schöne, die laut Hume durch Erfahrung ermittelt werden können. Die subjekt-, gesellschafts- und zeitspezifischen Geschmacksabweichungen gelte es durch Schaffung geeigneter Bedingungen abzubauen: Um also die Regeln des Geschmacks zu finden, müssten Rezeptions- oder Produktionsbedingungen geschaffen werden, die von den Störfaktoren des Alltags (Vorurteilen, Bedürfnissen und Interessen) frei seien. Der folgende Text Humes wird im englischen Original vorgestellt, da keine autorisierte Übersetzung aufgefunden werden konnte. Angefügt ist eine Übersetzung durch die Autoren.

It is evident that none of the rules of composition are fixed by reasonings a *priori*, or can be esteemed abstract conclusions of the understanding, from comparing those habitudes and relations of ideas, which are eternal and immutable. Their foundation is the same with that of all the practical sciences, experience; nor are they any thing but general observations, concerning what has been universally found to please in all countries and in all ages.

But though all the general rules of art are

founded only on experience and on the observation of the common sentiments of human nature, we must not imagine, that, on every occasion, the feelings of men will be conformable to these rules. Those finer emotions of the mind are of a very tender and delicate nature, and require the concurrence of many favourable circumstances to make them play with facility and exactness, according to their general and established principles. The least exterior hindrance to such small springs, or the least internal disorder, disturbs their motion, and confounds the operation of the whole machine. When we would make an experiment of this nature, and would try the force of any beauty or deformity, we must choose with care a proper time and place, and bring the fancy to a suitable situation and disposition. A perfect serenity of mind, a recollection of thought, a due attention to the object; if any of these circumstances be wanting, our experiment will be fallacious, and we shall be unable to judge of the catholic and universal beauty. The relation, which nature has placed between the form and the sentiment, will at least be more obscure; and it will require greater accuracy to trace and discern it. We shall be able to ascertain its influence not so much from the operation of each particular beauty, as from the durable admiration, which attends those works, that have survived all the caprices of mode and fashion, all the mistakes of ignorance and envy.

In each creature, there is a sound and a defective state; and the former alone can be supposed to afford us a true standard of taste and sentiment. If, in the sound state of the organ, there be an entire or a considerable uniformity of sentiment among men, we may thence derive an idea of the perfect beauty [...]. Many men, when left to themselves, have but a faint and dubious perception of beauty, who yet are capable of relishing any fine stroke, which is pointed out to them. Every convert to the admiration of the real poet or orator is the cause of some new conversion. And though prejudices may prevail for a time, they never unite in celebrating any rival to the true genius, but yield at last to the force of nature and just sentiment, Thus, though a civilized nation may easily be mistaken in the choice of their admired philosopher, they never have been found long to err, in their affection for a favorite epic or tragic author.

But notwithstanding all our endeavours to fix a standard of taste, and reconcile the discordant apprehensions of men, there still remain two sources of variation, which are not sufficient indeed to confound all the boundaries of beauty and deformity, but will often serve to produce a difference in the degrees of our approbation or blame. The one is the different humours of particular men; the other, the particular manners and opinions of our age and country. The general principles of taste are uniform in human nature: Where men vary in their judgments, some defect or perversion in the faculties may commonly be remarked; proceeding either from prejudice, from want of practice, or want of delicacy; and there is just reason for approving one taste, and condemning another.

(David Hume: Of the standard of Taste. In: Philosophical Works. Edited by Greene and Grose. Volume 3. Essays Moral, Political And Literary. Scientia: Aalen 1964, S. 269–280)

Deutsche Übersetzung:

Es ist offenbar, dass keine der Regeln der künstlerischen Gestaltung durch Vernunftgründe a priori festgelegt ist oder als abstrakter Schluss des Verstandes eingeschätzt werden könnte – indem man solche Gewohnheiten mit Beziehungen von Ideen vergleicht, die ewig und unveränderlich sind. Ihre Grundlage ist dieselbe wie die aller praxisorientierten Wissenschaften, die Erfahrung. Auch sie sind nichts anderes als allgemeine Beobachtungen, die sich auf das beziehen, was allgemein in allen Ländern und in allen Zeiten Gefallen gefunden hat. Aber obwohl sämtliche dieser allgemeinen

Regeln der Kunst nur auf Erfahrung und auf der Beobachtung der der menschlichen Natur gemeinsamen Empfindungen gründen, dürfen wir uns nicht vorstellen, dass die Gefühle der Menschen in jedem Fall diesen Regeln entsprechen. Solche feineren Empfindungen des Geistes sind sehr zarter und delikater Natur und erfordern das Zusammentreffen vieler günstiger Umstände, um sie leicht und präzise gemäß ihren allgemeinen und anerkannten Prinzipien wirken zu lassen. Das geringste äußerliche Hindernis für solche kleinen Sprungfedern, die geringfügigste innere Unordnung stört ihre Bewegung und bringt das Funktionieren der ganzen Maschine durcheinander. Wollen wir ein Experiment dieser Art machen und die Kraft einer beliebigen Schönheit oder Hässlichkeit erproben, so müssen wir sorgfältig den passenden Ort und die passende Zeit wählen und diese Vorstellung an eine angemessene Stelle und in die entsprechende Anordnung bringen. Völlige Gelassenheit des Geistes, Sammlung der Gedanken, gebührende Aufmerksamkeit auf den Gegenstand, – falls irgendeiner dieser Um-stände fehlt, wird unser Experiment trügerisch und wir werden unfähig sein, über allgemeine und verbindliche Schönheit zu urteilen. Die Beziehung, die die Natur zwischen Gestalt und Empfindung gesetzt hat, wird zumindest undeutlicher; und es wird ein größeres Maß an Genauigkeit erfordern, sie aufzuspüren und zu erkennen. Wir werden fähig sein, ihren Einfluss nicht so sehr aus der Analyse einzelner Schönheitsempfindungen heraus zu ermitteln, sondern eher aus der dauerhaften Bewunderung, die sich auf solche Kunstwerke richtet, die alle Launen der Mode und des Geschmacks überlebt haben und auch alle Fehler der Nichtachtung und des Neids. In jedem Wesen gibt es einen klaren und einen fehlerhaften Gemütszustand. Und nur von ersterem kann man annehmen, dass er uns einen wahrhaftigen Maßstab von Geschmack und Gefühl bietet. Wenn im klaren Geisteszustand eine völlige oder zumindest beträchtliche Einheit der Empfindungen unter der Menschheit besteht, dürfen wir so eine Idee der vollkommenen Schönheit ableiten.

Wenn sie sich selbst überlassen bleiben, haben viele Menschen, die durchaus in der Lage sind, jeden feinen Strich, auf den sie hingewiesen werden, zu schätzen, nur eine schwache und zweifelhafte Wahrnehmung von Schönheit. Jeder, der zur Bewunderung des wirklichen Dichters oder Rhetors bekehrt wird, ist der Urheber neuer Bekehrungen. Und obwohl Vorurteile eine Zeit lang vorherrschen können, gelingt es ihnen nicht, irgendeinen schlechten Künstler als wirklichen Genius allgemein zu preisen, sondern schließlich ergeben sie sich der Macht der Natur und des richtigen Gefühls. Wenn sich darum eine Kulturnation auch in der Wahl ihres bewunderten Philosophen irren kann, hat man sie doch nicht lange im Irrtum gefunden in ihrer Zuneigung für einen bevorzugten epischen oder tragischen Dichter. Doch ungeachtet aller unserer Versuche eine Regel des Geschmacks aufzustellen und die voneinander abweichenden Vorstellungen der Menschen zu vereinigen, bleiben doch zwei Quellen der Abweichung, die zwar nicht alle Grenzlinien des Schönen und Hässlichen verwirren können, aber oft dazu dienen, einen Unterschied im Grade unserer Zustimmung oder Ablehnung herbeizuführen. Die eine sind die verschiedenen Temperamente der einzelnen Menschen, die andere die besonderen Verhaltensweisen und Meinungen unseres Zeitalters und unseres Landes. Die allgemeinen Geschmacksprinzipien sind in der menschlichen Natur gleichförmig: Wo Menschen in ihren Urteilen voneinander abweichen, kann im Allgemeinen irgendein Fehler oder eine Verzerrung in ihren Fähigkeiten festgestellt werden; sie rühren entweder von Vorurteilen, von Mangel an Übung oder Mangel an Feinfühligkeit her; und es gibt einen guten Grund dafür, einen Geschmack zu billigen und einen anderen zu verdammen.

1 Warum kann das ästhetische Urteil in den Modellen Baumgartens und Burkes/Humes jeweils Allgemeingültigkeit beanspruchen? Zeigen Sie Gemeinsamkeiten und Unterschiede auf.

2 Stellen Sie die Gemeinsamkeiten beider Modelle unter Berücksichtigung der Frage nach einem Urbild des Schönen (goldener Schnitt, vgl. 1. 2) heraus: Würden Baumgarten oder Hume/Burke eine TED-Umfrage im Fernsehen zur Ermittlung eines schönen Gesichts akzeptieren?

3 Wie setzt sich Hume mit der real zu beobachtenden Geschmacksvielfalt auseinander?

4 Diskutieren Sie die Konsequenzen der vorgestellten Ansätze.

5 Der Ansatz Humes ist nach Ansicht der Autorin des folgenden Zitats nicht ohne Konsequenzen für unsere moderne Kunstrezeption geblieben: Hume schlage vor, dass ein ungestörter Rezeptionsrahmen hergestellt werden müsse, um das bloße Gefühl für das Schöne zur Grundlage allgemeingültiger ästhetischer Werte werden zu lassen.

„Gut ein halbes Jahrhundert später haben solche Überlegungen zu institutionellen Konsequenzen geführt, die für die Kunst heute prägend geblieben sind.

5 Allein unsere Museen und Kunstausstellungen sind nämlich als Ort der ungestörten Erfahrung der Schönheit geeignet, nicht so die störanfällige Lebenswelt des Alltags. Nur ein vom Alltagsleben abgetrennter Raum für die Kunst ermöglicht eine konzentrierte und ungestörte Rezeption. Das Museum ist sozusagen das Großlabor für die Erfahrung der Kunst."

(Annemarie Gethmann-Siefert: Einführung in die Ästhetik. UTB. Fink: München 1995, S. 63).

Halten Sie eine derart abgeschirmte Geschmacksbildung für wünschenswert?

David Hume
1711 – 1776

Es gibt eine Eigenschaft, die Hume mit Sokrates verbindet: Sein äußeres Erscheinungsbild wird als ausgesprochen hässlich empfunden. Nun könnte man meinen, dass sich wenigstens die geistigen Fähigkeiten in seinen Gesichtszügen spiegeln. Aber auch dies ist nicht der Fall. Ein zeitgenössischer Beobachter, der seine Philosophie durchaus schätzt, beschreibt seinen Gesichtsausdruck als „nichtssagend" und seinen Blick als „leer und geistlos".

Hume wird 1711 als Sohn eines schottischen Adeligen geboren. Bereits als Sechzehnjähriger fühlt er sich zur Philosophie hingezogen. Diese Vorliebe wird – wie könnte es anders sein – von seiner Familie nicht geschätzt. Auf deren Druck beginnt er ein Jurastudium, das ihn aber langweilt und das er auch nicht abschießt.

Er wendet sich wiederum der Philosophie zu und vollendet nach vierjähriger Arbeit mit 28 Jahren sein philosophisches Hauptwerk „Eine Untersuchung über den menschlichen Verstand". Zu seiner großen Enttäuschung verhilft ihm dieses Buch nicht zum philosophischen Durchbruch. Es wird entweder ignoriert oder vollkommen abgelehnt, was Hume gleichermaßen kränkt. Er entschließt sich sein Jugendwerk zu überarbeiten, um es vor allem in eine stringentere, leichter fassliche Form zu bringen. Die Neubearbeitung erscheint 1748 unter dem Titel „Untersuchung über den menschlichen Verstand". Auch mit dieser Veröffentlichung hat er nur mäßigen Erfolg. Erst ein vierbändiges Werk über die Geschichte Britanniens verschafft ihm zum ersten Mal größere Anerkennung. Hume hatte schon in jungen Jahren den Glauben an Gott verloren. Außerdem äußert er sich immer wieder abfällig über die Metaphysik. Dies trägt ihm die Feinschaft klerikaler Kreise ein, die eine akademische Karriere Humes verhindern. Als Gesandtschaftssekretär reist er nach Frankreich und seine Kontakte zu den französischen Aufklärungsphilosophen des achtzehnten Jahrhunderts werden zum Sprungbrett für eine kurze Karriere in den Salons von Paris. Es wird von einem fettleibigem Hume berichtet, wie er inmitten von schönen jungen Frauen Opern verfolgt. Hume weiß, dass dem schnellen Aufstieg ein jäher Abstieg folgen kann, und er kehrt nach England zurück. Ganz nüchtern resümiert er, dass „eine Frau nicht zu den unentbehrlichen Lebensbedürfnissen gehöre". Dieser Maxime ist er Zeit seines Lebens treu geblieben.

Die letzten Lebensjahre verbringt Hume in seiner schottischen Heimat im Kreise seiner Freunde. Hier stirbt er im Jahre 1776. Eigentlich erlangt er erst nach seinem Tod die philosophische Anerkennung, um die er sich zeitlebens bemüht hat.

4.2 Immanuel Kant: Interesseloses Wohlgefallen als Voraussetzung für die Allgemeingültigkeit des ästhetischen Urteils

Gegen Baumgarten wendet Immanuel Kant (1724–1804) ein, dass Schönheit nicht begrifflich zu fassen sei: Geschmacksurteile seien keine Erkenntnisurteile. Statt dessen beruhen sie für Kant auf dem Gefühl der Lust oder Unlust. Damit haben sie sinnliche Qualität und hier wird auch das Grundproblem der Ästhetik deutlich: das Problem der Allgemeingültigkeit ästhetischer, also sinnlich fundierter Urteile. Im Gegensatz zu Hume und Burke hält Kant die empirisch gewonnene Allgemeinheit ästhetischer Urteile für eine unzureichende Begründung. Um das daraus resultierende Dilemma zu lösen, muss er das Gefühl für das Schöne über das bloß subjektiv Private hinausheben.

Das Geschmacksurteil ist ästhetisch.
Um zu unterscheiden, ob etwas schön sei oder nicht, beziehen wir die Vorstellung nicht durch den Verstand auf das Objekt zum Erkenntnisse, sondern durch die Einbildungskraft (vielleicht mit dem Verstande verbunden) auf das Subjekt und das Gefühl der Lust oder Unlust desselben. Das Geschmacksurteil ist also kein Erkenntnisurteil, mithin nicht logisch, sondern ästhetisch, worunter man dasjenige versteht, dessen Bestimmungsgrund nicht anders als subjektiv sein kann. Alle Beziehung der Vorstellungen, selbst die der Empfindungen, aber kann objektiv sein (und da bedeutet sie das Reale einer empirischen Vorstellung); nur nicht die auf das Gefühl der Lust und Unlust, wodurch gar nichts im Objekte bezeichnet wird, sondern in der das Subjekt, wie es durch die Vorstellung affiziert wird, sich selbst fühlt.
Ein regelmäßiges, zweckmäßiges Gebäude mit seinem Erkenntnisvermögen (es sei in deutlicher oder verworrener Vorstellungsart) zu befassen, ist ganz etwas anders, als sich dieser Vorstellung mit der Empfindung des Wohlgefallens bewusst zu sein. Hier wird die Vorstellung gänzlich auf das Subjekt, und zwar auf das Lebensgefühl desselben, unter dem Namen des Gefühls der Lust oder Unlust, bezogen: welches ein ganz besonderes Unterscheidungs- und Beurteilungsvermögen gründet, das zur Erkenntnis nichts beiträgt, sondern nur die gegebene Vorstellung im Subjekte gegen das ganze Vermögen der Vorstellungen hält, dessen sich das Gemüt im Gefühl seines Zustandes bewusst wird. Gegebene Vorstellungen in einem Urteile können empirisch (mithin ästhetisch) sein; das Urteil aber, das durch sie gefällt wird, ist logisch, wenn jene nur im Urteile auf das Objekt bezogen werden. Umgekehrt aber, wenn die gegebenen Vorstellungen gar rational wären, würden aber in einem Urteile lediglich auf das Subjekt (sein Gefühl) bezogen, so sind sie sofern jederzeit ästhetisch.

Das Wohlgefallen, welches das Geschmacksurteil bestimmt, ist ohne alles Interesse.
Interesse wird das Wohlgefallen genannt, was wir mit der Vorstellung der Existenz eines Gegenstandes verbinden. Ein solches hat daher immer zugleich Beziehung auf das Begehrungsvermögen, entweder als Bestimmungsgrund desselben, oder doch als mit dem Bestimmungsgrunde desselben notwendig zusammenhängend. Nun will man aber, wenn die Frage ist, ob etwas schön sei, nicht wissen, ob uns, oder irgend jemand, an der Existenz der Sache irgend etwas gelegen sei, oder auch nur gelegen sein könne; sondern, wie wir sie in der bloßen Betrachtung (Anschauung oder Reflexion) beurteilen. Wenn mich jemand fragt, ob ich den Palast, den ich vor mir sehe, schön finde: so mag ich zwar sagen: ich liebe dergleichen Dinge

nicht, die bloß für das Angaffen gemacht sind, oder, wie jener irokesische Sachem, ihm gefalle in Paris nichts besser als die Garküchen; ich kann noch überdem auf die Eitelkeit der Großen auf gut Rousseauisch schmälen, welche den Schweiß des Volks auf so entbehrliche Dinge verwenden; ich kann mich endlich gar leicht überzeugen, dass, wenn ich mich auf einem unbewohnten Eilande, ohne Hoffnung, jemals wieder zu Menschen zu kommen, befände, und ich durch meinen bloßen Wunsch ein solches Prachtgebäude hinzaubern könnte, ich mir auch nicht einmal diese Mühe darum geben würde, wenn ich schon eine Hütte hätte, die mir bequem genug wäre. Man kann mir alles dieses einräumen und gutheißen; nur davon ist jetzt nicht die Rede. Man will nur wissen, ob die bloße Vorstellung des Gegenstandes in mir mit Wohlgefallen begleitet sei, so gleichgültig ich auch immer in Ansehung der Existenz des Gegenstandes dieser sein mag.

Man sieht leicht, dass es auf dem, was ich aus dieser Vorstellung in mir selbst mache, nicht auf dem, worin ich von der Existenz des Gegenstandes abhänge, ankomme, um zu sagen, er sei schön, und zu beweisen, ich habe Geschmack. Ein jeder muss eingestehen, dass dasjenige Urteil über Schönheit, worin sich das mindeste Interesse mengt, sehr parteilich und kein reines Geschmacksurteil sei. Man muss nicht im mindesten für die Existenz der Sache eingenommen, sondern in diesem Betracht ganz gleichgültig sein, um in Sachen des Geschmacks den Richter zu spielen.

(Immanuel Kant: Kritik der Urteilskraft. Werkausgabe. Bd. X. Hrsg. v. Wilhelm Weischedel. Suhrkamp: Frankfurt/M. 1974, S. 115 ff., § 1 und § 2)

Um die Besonderheit des Schönen zu erläutern, setzt Kant dem *Schönen* das *Gute* und das *Angenehme* gegenüber, die beide auf ihre Weise ein Interesse an der Existenz des Gegenstands haben: Während das Wohlgefallen am Guten für Kant stets dessen Existenz aus Vernunftgründen will, löst die Vorstellung des Angenehmen durch Lustempfindungen das Bedürfnis nach dem Gegenstand aus.

[...] Das Angenehme und Gute haben beide eine Beziehung auf das Begehrungsvermögen, und führen sofern, jenes ein pathologisch-bedingtes (durch Anreize, stimulos), dieses ein reines praktisches Wohlgefallen bei sich, welches nicht bloß durch die Vorstellung des Gegenstandes, sondern zugleich durch die vorgestellte Verknüpfung des Subjekts mit der Existenz desselben bestimmt wird. *Nicht bloß der Gegenstand, sondern auch die Existenz desselben gefällt.* Daher ist das Geschmacksurteil bloß kontemplativ, d. i. ein Urteil, welches, indifferent in Ansehung des Daseins eines Gegenstandes, nur seine Beschaffenheit mit dem Gefühl der Lust und Unlust zusammenhält. Aber diese Kontemplation selbst ist auch nicht auf Begriffe gerichtet; denn das Geschmacksurteil ist kein Erkenntnisurteil (*weder* ein theoretisches *noch* praktisches), und daher auch nicht auf Begriffe gegründet, oder auch auf solche abgezweckt.

Das Angenehme, das Schöne, das Gute bezeichnen also drei verschiedene Verhältnisse der Vorstellungen zum Gefühl der Lust und Unlust, in Beziehung auf welches wir Gegenstände, oder Vorstellungsarten, von einander unterscheiden. Auch sind die jedem angemessenen Ausdrücke, womit man die Komplazenz[1] in denselben bezeichnet, nicht einerlei. Angenehm heißt jemandem das, was ihn vergnügt; schön, was ihm bloß gefällt; gut, was geschätzt, *gebilligt*, d. i. worin von ihm ein objektiver Wert gesetzt wird. Annehmlichkeit gilt auch für vernunftlose Tiere; Schönheit nur für Menschen, d. i. tierische, aber doch vernünftige Wesen, *aber auch nicht bloß als solche (z. B. Geister) sondern zugleich als tierische*, das Gute aber für jedes vernünftige Wesen überhaupt. Ein

357

Satz, der nur in der Folge seine vollständige Rechtfertigung und Erklärung bekommen kann. Man kann sagen: dass, unter allen diesen drei Arten des Wohlgefallens, das des Geschmacks am Schönen einzig und allein ein uninteressiertes und freies Wohlgefallen sei; denn *kein* Interesse, *weder* das der Sinne, *noch* das der Vernunft, zwingt den Beifall ab. […]

Das Schöne ist das, was ohne Begriffe, als Objekt eines allgemeinen Wohlgefallens vorgestellt wird.

Diese Erklärung des Schönen kann aus der vorigen Erklärung desselben, als eines Gegenstandes des Wohlgefallens ohne alles Interesse, gefolgert werden. Denn das, wovon jemand sich bewusst ist, dass das Wohlgefallen an demselben bei ihm selbst ohne alles Interesse sei, das kann derselbe nicht anders als so beurteilen, dass es einen Grund des Wohlgefallens für jedermann enthalten müsse. Denn da es sich nicht auf irgend eine Neigung des Subjekts (noch auf irgend ein anderes überlegtes Interesse) gründet, sondern da der Urteilende sich in Ansehung des Wohlgefallens, welches er dem Gegenstande widmet, völlig frei fühlt: so kann er keine Privatbedingungen als Gründe des Wohlgefallens auffinden, an die sich sein Subjekt allein hinge, und muss es daher als in demjenigen begründet ansehen, was er auch bei jedem andern voraussetzen kann; folglich muss er glauben Grund zu haben, jedermann ein ähnliches Wohlgefallen zuzumuten. Er wird daher vom Schönen so sprechen, als ob Schönheit eine Beschaffenheit des Gegenstandes und das Urteil logisch (durch Begriffe vom Objekte eine Erkenntnis desselben *ausmache*) wäre; ob es gleich nur ästhetisch ist und bloß eine Beziehung der Vorstellung des Gegenstandes auf das Subjekt enthält: darum, weil es doch mit dem logischen die Ähnlichkeit hat, dass man die Gültigkeit desselben für jedermann daran voraussetzen kann. Aber aus Begriffen kann diese Allgemeinheit auch nicht entspringen. Denn von Begriffen gibt es keinen Übergang zum Gefühle der Lust *oder* Unlust (ausgenommen in reinen praktischen Gesetzen, die aber ein Interesse bei sich führen, dergleichen mit dem reinen Geschmacksurteile nicht verbunden ist). Folglich muss dem Geschmacksurteile, mit dem Bewusstsein der Absonderung in demselben von allem Interesse, ein Anspruch auf Gültigkeit für jedermann, ohne auf Objekte gestellte Allgemeinheit anhängen, d. i. es muss damit ein Anspruch auf subjektive Allgemeinheit verbunden sein.

Vergleichung des Schönen mit dem Angenehmen und Guten durch obiges Merkmal

In Ansehung des Angenehmen bescheidet sich ein jeder: dass sein Urteil, welches er auf ein Privatgefühl gründet, und wodurch er von einem Gegenstande sagt, dass er ihm gefalle, sich auch bloß auf seine Person einschränke. Daher ist er es gern zufrieden, dass, wenn er sagt: der Kanariensekt[2] ist angenehm, ihm ein anderer den Ausdruck verbessere und ihn erinnere, er solle sagen: er ist mir angenehm; und so nicht allein im Geschmack der Zunge, des Gaumens und des Schlundes, sondern auch *in* dem, was für Augen und Ohren jedem angenehm sein mag. Dem einen ist die violette Farbe sanft und lieblich, dem anderen tot und erstorben. Einer liebt den Ton der Blasinstrumente, der andre den von den Saiteninstrumenten. Darüber in der Absicht zu streiten, um das Urteil anderer, welches von dem unsrigen verschieden ist, gleich als ob es diesem logisch entgegen gesetzt wäre, für unrichtig zu schelten, wäre Torheit; in Ansehung des Angenehmen gilt *also* der Grundsatz: Ein jeder hat seinen *eigenen* Geschmack (der Sinne).

Mit dem Schönen ist es ganz anders bewandt. Es wäre (gerade umgekehrt) lächerlich, wenn jemand, der sich auf seinen Geschmack etwas einbildete, sich damit zu rechtfertigen gedächte: dieser Gegenstand (das Gebäude, was wir sehen, das Kleid, was

jeder trägt, das Konzert, was wir hören, das Gedicht, welches zur Beurteilung aufgestellt ist) ist für mich schön. Denn er muss es nicht schön nennen, wenn es bloß ihm gefällt. Reiz und Annehmlichkeit mag für ihn vieles haben, darum bekümmert sich niemand; wenn er aber etwas für schön ausgibt, so mutet er andern eben dasselbe Wohlgefallen zu: er urteilt nicht bloß für sich, sondern für jedermann, und spricht alsdann von der Schönheit, als wäre sie eine Eigenschaft der Dinge. Er sagt daher, die Sache ist schön; und rechnet nicht etwas darum auf *anderer* Einstimmung in sein Urteil des Wohlgefallens, weil er sie mehrmals mit dem seinigen einstimmig befunden hat, sondern fordert es von ihnen. Er tadelt sie, wenn sie anders urteilen, und spricht ihnen den Geschmack ab, von dem er doch verlangt, dass sie ihn haben sollen; und sofern kann man nicht sagen: ein jeder hat seinen besondern Geschmack. Dieses würde so viel *heißen*, als: es gibt gar keinen Geschmack, d. i. kein ästhetisches Urteil, welches auf jedermanns Beistimmung rechtmäßigen Anspruch machen könnte. [...]
Hier ist nun zu sehen, dass in dem Urteile des Geschmacks nichts postuliert wird, als eine solche allgemeine Stimme, in Ansehung des Wohlgefallens ohne Vermittlung der Begriffe; mithin die Möglichkeit eines ästhetischen Urteils, *welches* zugleich als für jedermann gültig *betrachtet* werden könne. Das Geschmacksurteil selber postuliert nicht jedermanns Einstimmung (denn das kann nur ein logisch allgemeines, weil es Gründe anführen kann, tun); es sinnet nur jedermann diese Einstimmung an, als einen Fall der Regel, in Ansehung dessen er die Bestätigung nicht von Begriffen, sondern von anderer Beitritt erwartet. Die allgemeine Stimme ist also nur eine Idee (worauf sie beruhe, wird hier noch nicht untersucht). Dass der, welcher ein Geschmacksurteil zu fällen glaubt, in der Tat dieser Idee gemäß urteile, kann ungewiss sein; aber dass er es doch darauf beziehe, mithin dass es ein Geschmacksurteil sein solle, kündigt er durch den Ausdruck der Schönheit an.

(Immanuel Kant: Kritik der Urteilskraft. Werkausgabe. Bd. X. Hrsg. v. Wilhelm Weischedel. Suhrkamp: Frankfurt/M 1974, S. 122– 130 [gek.] §§ 5, 6, 7, 8)

1 Komplazenz: Übereinstimmendes Wohlgefallen
2 Kanariensekt: im Deutschland des 18./19. Jahrhunderts übliches Würzweingetränk

1 Erklären Sie die unterschiedlichen Eigenschaften des Angenehmen, Guten und Schönen.
2 Kann Ihrer Meinung nach ein völlig ausgehungerter Mensch den Anblick eines Früchte-Stilllebens ästhetisch genießen? Veranschaulichen Sie sich mögliche Reaktionen des Betrachters und verdeutlichen Sie sich dabei Kants These vom interesselosen Wohlgefallen an der Kunst.
3 Kann ich ästhetisch genießen, was ich moralisch verurteile – z. B. den Anblick eines nackten Kindes, das seinen Körper unter Zwang den Blicken des Betrachters aussetzt?
4 Finden Sie eigene Beispiele für einen Konflikt zwischen ästhetischem Genuss und moralischem Anspruch bzw. sinnlichem Bedürfnis (vgl. 2.2).
5 Erklären Sie den Zusammenhang zwischen der Interesselosigkeit und der Allgemeingültigkeit des Geschmacksurteils bei Kant.

Die besondere Eigenschaft des Geschmacksurteils besteht darin, dass hier nicht der Gegenstand begrifflich bestimmt wird wie im Erkenntnisvorgang (vgl. Kap. I, 5). Statt dessen beruht das Geschmacksurteil für Kant eindeutig auf einer subjektiven Empfindung. Andererseits lässt es sich aber auch nicht auf bloße Subjektivität reduzieren, denn das Geschmacksurteil ist auch ein Urteil und beansprucht Objektivität.
Diese beiden – auf den ersten Blick einander widersprechenden Attribute des Geschmacksurteils – führen Kant zu der These: Schön ist das, was ohne Begriff allgemein gefällt.

Die Erkenntniskräfte, die durch **diese** Vorstellung ins Spiel gesetzt werden, sind hiebei in einem freien Spiele, weil kein bestimmter Begriff sie auf eine besondere Erkenntnisregel einschränkt. Also muss der Gemütszustand in dieser Vorstellung der eines Gefühls des freien Spiels der Vorstellungskräfte an einer gegebenen Vorstellung zu einem Erkenntnisse überhaupt sein. Nun gehören zu einer Vorstellung, *wodurch* ein Gegenstand gegeben wird, damit überhaupt daraus Erkenntnis werde, Einbildungskraft für die Zusammensetzung des Mannigfaltigen der Anschauung, und Verstand für die Einheit des Begriffs, der die Vorstellungen vereinigt. Dieser Zustand eines freien Spiels der Erkenntnisvermögen, bei einer Vorstellung, *wodurch* ein Gegenstand gegeben wird, muss sich allgemein mitteilen lassen: weil Erkenntnis, als Bestimmung des Objekts, womit gegebene Vorstellungen (in welchem Subjekte es auch sei) zusammen stimmen sollen, die einzige Vorstellungsart ist, die für jedermann gilt. [...]

Wäre die gegebene Vorstellung, welche das Geschmacksurteil veranlasst, ein Begriff, welcher Verstand und Einbildungskraft in der Beurteilung des Gegenstandes zu einem Erkenntnisse des Objekts vereinigte, so wäre das Bewusstsein dieses Verhältnisses intellektuell [...]

Aber das Urteil wäre auch alsdenn nicht in Beziehung auf Lust und Unlust gefället, mithin kein **Geschmacksurteil**. Nun bestimmt aber das Geschmacksurteil, unabhängig von Begriffen, das Objekt in Ansehung des Wohlgefallens und des Prädikats der Schönheit. Also kann jene subjektive Einheit des Verhältnisses sich nur durch Empfindung kenntlich machen. Die Belebung beider Vermögen (der Einbildungskraft und des Verstandes) zu *unbestimmter*, aber doch, vermittelst des Anlasses der gegebenen Vorstellung, einhelliger Tätigkeit, derjenigen nämlich, die zu einem Erkenntnis überhaupt gehört, ist die Empfindung, deren allgemeine Mitteilbarkeit das Geschmacks-

---

d.i. die Vorstellung des schönen Gegenstands

allgemeine erkenntnistheoretische Voraussetzung Kants: Einbildungskraft und Verstand bewirken Erkenntnis: Der Verstand versetzt mich in die Lage, das Angeschaute zu verstehen und zu begreifen (vgl. Kap. I, 5). Die Einbildungskraft ermöglicht mir, sinnliche Eindrücke zu bildhaften Vorstellungen zu vereinen. In der Erfahrungserkenntnis bestimmt der Verstand über den „Umweg" der Einbildungskraft die sinnlichen Eindrücke. Dabei hat er keinen Freiraum: Er ist an seine eigenen begrifflichen Vorgaben gebunden.

Geschmacksurteil: subjektiv bestimmt, auf Empfindung beruhend urteil postuliert. Ein objektives Verhältnis kann zwar nur gedacht, aber, s o *fern* es seinen Bedingungen nach subjektiv ist, doch in der Wirkung auf das Gemüt empfunden werden; und bei einem Verhältnisse, welches keinen Begriff zum Grunde legt (wie das der Vorstellungskräfte zu einem Erkenntnisvermögen überhaupt), ist auch kein anderes Bewusstsein desselben, als durch Empfindung der Wirkung, die im erleichterten Spiel beider durch wechselseitige Zusammenstimmung belebten Gemütskräfte (der Einbildungskraft und des Verstandes) besteht, möglich. Eine Vorstellung, die, als einzeln und ohne Vergleichung mit andern, dennoch eine Zusammenstimmung zu den Bedingungen der Allgemeinheit hat, welche das Geschäft des Verstandes überhaupt ausmacht, bringt die Erkenntnisvermögen in die proportionierte Stimmung, die wir zu allem Erkenntnisse fordern, und daher auch für jedermann, der durch Verstand und Sinne in Verbindung zu urteilen bestimmt ist (*für* jeden Menschen), gültig halten.

> postuliert dennoch allgemeine Mitteilbarkeit, denn das Objekt wird im Hinblick auf seine Wirkung bestimmt

> proportionierte Stimmung der Erkenntnisvermögen

Aus dem zweiten Moment gefolgerte Erklärung des Schönen

Schön ist das, was ohne Begriff allgemein gefällt.

(Immanuel Kant: Kritik der Urteilskraft. A. a. O., S. 131–134 [gekürzt])

1. Vollziehen Sie im Detail die gedanklichen Schritte von Kants Argumentation nach.
   Unterscheiden Sie das theoretische Erkenntnis- und das Geschmacksurteil.
   Erklären Sie, inwiefern das von Kant ausdrücklich als subjektiv ausgewiesene Geschmacksurteil dennoch Allgemeinheitscharakter hat.

2. Verdeutlichen Sie sich (mithilfe der auf der folgenden Seite abgedruckten Skizze), was Kant unter dem freien Spiel der Erkenntnisvermögen versteht.
   Welchen Stellenwert haben jeweils Einbildungskraft und Verstand in der intellektuellen Erkenntnis, welchen im Geschmacksurteil? In welchem Verhältnis stehen Einbildungskraft und Verstand jeweils zueinander?

3. Veranschaulichen Sie sich am Beispiel eines beliebigen Objekts, z. B. eines Kunstwerks, wie die begriffliche Erkenntnis dieses Objekts zustande kommt und welche Prozesse die darauf gerichtete Geschmacksempfindung auslöst.
   Wo sehen Sie Parallelen zwischen begrifflichem Urteil und Geschmacksurteil, wo Unterschiede?

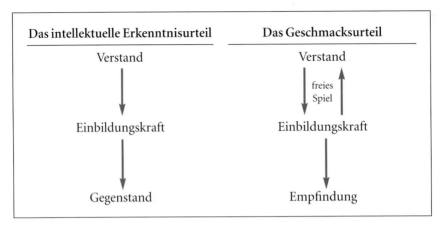

4 An anderer Stelle sagt Kant: „Über Schönheit kann man nicht streiten, aber disputieren…".
Erläutern Sie diese These.

Für den ästhetisch Urteilenden erfüllt der schöne Gegenstand, indem er eine innere Ordnung bzw. Regelmäßigkeit aufweist, eine Art Zweckmäßigkeit, die allerdings nicht als Nutzen oder im Sinne moralischer Zweckmäßigkeit zu verstehen ist. Das betrachtende Subjekt wird in einen Gemütszustand versetzt, der ihm sowohl eine neue Qualität der Gegenstands- wie auch der Selbsterfahrung gewährt.
Kant zufolge stellt sich dieser Zustand in vollendeter Form nur in der Betrachtung des *Naturschönen* her, denn nur das Schöne in der Natur wird frei von subjektiven Zwecken ästhetisch beurteilt. Daher besitzt das Naturschöne in Kants Ästhetik einen Sonderstatus, es löst ein autonomes ästhetisches Urteil aus – frei von subjektiven Zwecken. Somit wird durch das Naturschöne das Schöne als eigenständiger Bereich etabliert – neben dem Wahren und Guten. Der schöne Gegenstand der Natur und das ästhetische Urteil sind gleichermaßen autonom: dieses wie jener jeweils unabhängig von (subjektiven) Zwecksetzungen.
Anders liegt der Fall beim *Kunstschönen*: Der künstlerische Gegenstand ist immer mit subjektiven Zwecken verbunden. Und auch das ästhetische Urteil ist nicht frei von Vorstellungen über den Zweck der Kunst.
Dennoch sieht es Kant als vornehmliche Aufgabe der Kunst an, das Naturschöne im Hinblick auf seine Zweckfreiheit nachzuahmen. Dabei hat er nicht das Naturschöne als Vorbild der inhaltlichen Nachahmung (als Imitation) im Sinn, sondern sieht hierin eher ein Paradigma innerer Zweck- und Regelmäßigkeit, ohne dass Regeln erkennbar nach außen treten. Kant orientiert sich hier an den poetologischen Vorstellungen des Sturm und Drang, der sich mit ähnlichen Argumenten von der Regelpoetik französischen Musters abgrenzte.

Blumen sind freie Naturschönheiten. Was eine Blume für ein Ding sein soll, weiß, außer dem Botaniker, schwerlich sonst jemand; und selbst dieser, der daran das Befruchtungsorgan der Pflanze erkennt, nimmt, wenn er darüber durch Geschmack urteilt, auf diesen Naturzweck keine Rücksicht. Es wird also keine Vollkommenheit von irgend einer Art, keine innere Zweckmäßigkeit, auf welche sich die Zusammensetzung des Mannigfaltigen beziehe, diesem Urteile zum Grunde gelegt. Viele Vögel (der Papagei, der Kolibri, der *Paradiesvogel*), eine Menge Schaltiere des Meeres sind für sich Schönheiten, die gar keinem nach Begriffen in Ansehung seines Zwecks bestimmten

Gegenstande zukommen, sondern frei und für sich gefallen. So bedeuten die Zeichnungen à la grecque, das Laubwerk zu Einfassungen oder auf Papiertapeten usw. für sich nichts: sie stellen nichts vor, kein Objekt unter einem bestimmten Begriffe, und sind freie Schönheiten. Man kann auch das, was man in der Musik *Phantasien* (ohne Thema) nennt, ja die ganze Musik ohne Text, zu derselben Art zählen.

In der Beurteilung einer freien Schönheit (der bloßen Form nach) ist das Geschmacksurteil rein. Es ist kein Begriff von irgend einem Zwecke, wozu das Mannigfaltige dem gegebenen Objekte dienen, und was dieses also vorstellen solle, vorausgesetzt; *wodurch* die Freiheit der Einbildungskraft, die in Beobachtung der Gestalt gleichsam spielt, nur eingeschränkt werden würde.
[...]
Schönheit ist Form der Zweckmäßigkeit eines Gegenstandes, sofern sie, ohne Vorstellung eines Zwecks, an ihm wahrgenommen wird.

Man könnte wider diese Erklärung als Instanz anführen: dass es Dinge gibt, an denen man eine zweckmäßige Form sieht, ohne an ihnen einen Zweck zu erkennen; z. B. die öfter aus alten Grabhügeln gezogenen, mit einem Loche, als zu einem Hefte, versehenen steinernen Geräte, die, ob sie zwar in ihrer Gestalt eine Zweckmäßigkeit deutlich verraten, für die man den Zweck nicht kennt, darum gleichwohl nicht für schön erklärt werden. Allein, daß man sie für ein Kunstwerk ansieht, ist schon genug, um gestehen zu müssen, daß man ihre Figur auf irgend eine Absicht und einen bestimmten Zweck bezieht. Daher auch gar kein unmittelbares Wohlgefallen an ihrer Anschauung. Eine Blume hingegen, z. B. eine Tulpe, wird für schön gehalten, weil eine gewisse Zweckmäßigkeit, die so, wie wir sie beurteilen, auf gar keinen Zweck bezogen wird, in ihrer Wahrnehmung angetroffen wird.
[...]
Dass das Wohlgefallen an der schönen Kunst im reinen Geschmacksurteile nicht eben so mit einem unmittelbaren Interesse verbunden ist, als das an der schönen Natur, ist auch leicht zu erklären. Denn jene ist entweder eine solche Nachahmung von dieser, die bis zur Täuschung geht: und alsdann tut sie die Wirkung als (dafür gehaltene) Naturschönheit; oder sie ist eine absichtlich auf unser Wohlgefallen sichtbarlich gerichtete Kunst: alsdann aber würde das Wohlgefallen an diesem Produkte zwar unmittelbar durch Geschmack stattfinden, aber kein anderes als mittelbares Interesse an der zum Grunde liegenden Ursache [fände statt; die Verf.] nämlich einer Kunst, welche nur durch ihren Zweck, niemals an sich selbst, interessieren kann. Man wird vielleicht sagen, dass dieses auch der Fall sei, wenn ein Objekt der Natur durch seine Schönheit nur *in* sofern interessiert, als ihr eine moralische Idee beigesellet wird; aber nicht dieses, sondern die Beschaffenheit derselben an sich selbst, dass sie sich zu einer solchen Beigesellung qualifiziert, die ihr also innerlich zukommt, interessiert unmittelbar.

Die Reize in der schönen Natur, welche so häufig mit der schönen Form gleichsam zusammenschmelzend angetroffen werden, sind entweder zu den Modifikationen des Lichts (in der Farbengebung) oder des Schalles (in Tönen) gehörig. Denn diese sind die einzigen Empfindungen, welche nicht bloß Sinnengefühl, sondern auch Reflexion über die Form dieser Modifikationen der Sinne verstatten, und so gleichsam eine Sprache, die die Natur zu uns führt, und die einen höhern Sinn zu haben scheint, in sich enthalten. So scheint die weiße Farbe der Lilie das Gemüt zu Ideen der Unschuld, und nach der Ordnung der sieben Farben, von der roten an bis zur violetten, 1) zur Idee der Erhabenheit, 2) der Kühnheit, 3) der Freimütigkeit, 4) der Freundlichkeit, 5) der Bescheidenheit, 6) der Standhaftigkeit und 7) der Zärtlichkeit zu stimmen. Der Gesang der Vögel verkündigt Fröhlichkeit und Zufriedenheit mit seiner Existenz. Wenigstens so

deuten wir die Natur aus, es mag dergleichen ihre Absicht sein oder nicht. Aber dieses Interesse, welches wir hier an Schönheit nehmen, bedarf durchaus, dass es Schönheit der Natur sei; und es verschwindet ganz, sobald man bemerkt, man sei getäuscht, und es sei nur Kunst: sogar, dass auch der Geschmack alsdann nichts Schönes, oder das Gesicht etwas Reizendes mehr daran finden kann. Was wird von Dichtern höher gepriesen, als der bezaubernd schöne Schlag der Nachtigall, in einsamen Gebüschen, an einem stillen Sommerabende, bei dem sanften Lichte des Mondes? Indessen hat man Beispiele, dass, wo kein solcher Sänger angetroffen wird, irgend ein lustiger Wirt seine zum Genuss der Landluft bei ihm eingekehrten Gäste dadurch zu ihrer größten Zufriedenheit hintergangen hatte, daß er einen mutwilligen Burschen, welcher diesen Schlag (mit Schilf oder Rohr im Munde) ganz der Natur ähnlich nachzumachen wusste, in einem Gebüsche verbarg. Sobald man aber inne wird, dass es Betrug sei, so wird niemand es lange aushalten, diesem vorher für so reizend gehaltenen Gesange zuzuhören; und so ist es mit jedem anderen Singvogel beschaffen. Es muss Natur sein, oder von uns dafür gehalten werden, damit wir an dem Schönen als einem solchen ein unmittelbares Interesse nehmen können; noch mehr aber, wenn wir gar andern zumuten dürfen, daß sie es daran nehmen *sollen*; welches in der Tat geschieht, indem wir die Denkungsart derer für grob und unedel halten, die kein Gefühl für die schöne Natur haben (denn so nennen wir die Empfänglichkeit eines Interesse an ihrer Betrachtung), und sich bei der Mahlzeit oder der Bouteille am Genusse bloßer Sinnesempfindungen halten.
[...]
An einem Produkte der schönen Kunst muss man sich bewusst werden, dass es Kunst sei, und nicht Natur; aber doch muss die Zweckmäßigkeit in der Form desselben von allem Zwange willkürlicher Regeln so frei scheinen, als ob es ein Produkt der bloßen Natur sei. Auf diesem Gefühle der Freiheit im Spiele unserer Erkenntnisvermögen, welches doch zugleich zweckmäßig sein muss, beruht diejenige Lust, welche allein allgemein mitteilbar ist, ohne sich doch auf Begriffe zu gründen. Die Natur war schön, wenn sie zugleich als Kunst aussah; und die Kunst kann nur schön genannt werden, wenn wir uns bewusst sind, sie sei Kunst, und sie uns doch als Natur aussieht.

Denn wir können allgemein sagen, es mag die Natur- oder die Kunstschönheit betreffen: schön ist das, was in der bloßen Beurteilung (nicht in des Sinnesempfindung, noch durch einen Begriff) gefällt. Nun hat Kunst jederzeit eine bestimmte Absicht, etwas hervorzubringen. Wenn dieses aber bloße Empfindung (etwas bloß Subjektives) wäre, die mit Lust begleitet sein sollte, so würde dies Produkt, in der Beurteilung, nur vermittelst des Sinnesgefühls gefallen. Wäre die Absicht auf die Hervorbringung eines bestimmten Objekts gerichtet, so würde, wenn sie durch die Kunst erreicht wird, das Objekt nur durch Begriffe gefallen. In beiden Fällen aber würde die Kunst nicht in der bloßen Beurteilung, d. i. nicht als schöne, sondern mechanische Kunst gefallen.

Also muss die Zweckmäßigkeit im Produkte der schönen Kunst, ob sie zwar absichtlich ist, doch nicht absichtlich scheinen; d. i. schöne Kunst muss als Natur anzusehen sein, ob man sich ihrer zwar als Kunst bewusst ist. Als Natur aber erscheint ein Produkt der Kunst dadurch, dass zwar alle Pünktlichkeit in der Übereinkunft mit Regeln, nach denen allein das Produkt das werden kann, was es sein soll, angetroffen wird, aber ohne Peinlichkeit, *ohne dass die Schulform durchblickt*, d. i. ohne eine Spur zu zeigen, dass die Regel dem Künstler vor Augen geschwebt, und seinen Gemütskräften Fesseln angelegt habe.
[...]

(Immanuel Kant: Kritik der Urteilskraft. Werkausgabe. Bd. X. Hrsg. v. Wilhelm Weischedel. Suhrkamp: Frankfurt/M. 1974, S. 146 ff. [gek.]) § 16, 18, 42, 45)

1. Wie unterscheidet Kant Natur- und Kunstschönes? Was ist für ihn schön an einem Kristall, einer Muschel, einem abstrakten Gemälde (vgl. 1.2: Der goldene Schnitt)?

2. Erklären Sie, wieso die menschliche Schönheit oder die Schönheit eines Hauses für Kant keine reine Schönheit darstellen.

3. Veranschaulichen Sie sich Kants These „die Kunst kann nur schön genannt werden, wenn wir uns bewusst sind, sie sei Kunst und sie uns doch als Natur aussieht" am Beispiel von Michelangelos Plastik „Prigioni". Beachten Sie dabei die Bedeutung des Zusammenhangs von Material und Form in der Plastik.

4. Schreiben Sie folgendes Gedicht von **J. W. Goethe** in Prosa um:

   Ein Gleiches (Wandrers Nachtlied)

   Über allen Gipfeln
   Ist Ruh,
   In allen Wipfeln
   5   Spürest du
   Kaum einen Hauch;
   Die Vögelein schweigen im Walde.
   Warte nur, balde
   Ruhest du auch.

   Vergleichen Sie beide Versionen und zeigen Sie am Beispiel von Sprache, Struktur und Klangbild, was man bei einem Kunstwerk unter Zweckmäßigkeit ohne Zweck verstehen kann.

5. Diskutieren Sie Kants Auffassung vom Kunstschönen, insbesondere dessen Orientierung am Schönen in der Natur.

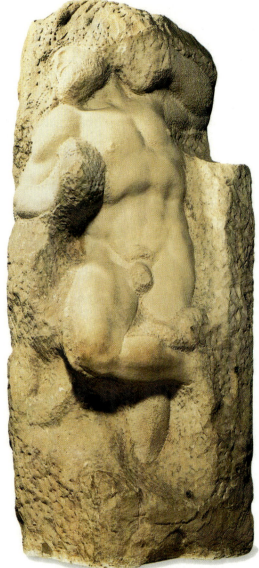

Michelangelo: Sklave/Prigioni (unvollendet). Florenz, Galleria dell' Accademia

6. Erklären Sie Kants Vorstellung von der Autonomie des Schönen und vergleichen Sie diese mit dem Gebot der Kunstautonomie des Grundgesetzes (vgl. 3.1.6). Ließe sich ein agitatorisch-propagandistischer künstlerischer Stil mit Kants Autonomieforderung vereinbaren, wäre ein solcher Stil im Einklang mit dem Grundgesetz?

7. Können Computer ästhetische Urteile im Sinne Kants fällen?

8. Vergleichen Sie Kants Vorstellung von der Allgemeingültigkeit des ästhetischen Urteils mit derjenigen der früheren Aufklärungsphilosophen.

4.3 Friedrich Schiller: Das Programm einer ästhetischen Erziehung des Menschengeschlechts

Bislang ging es in der philosophischen Ästhetik vornehmlich um eine Begründung der Verallgemeinerbarkeit ästhetischer Urteile, verbunden mit der Bestimmung des Wesens des Schönen und der Schaffung von Orientierungen für die Kunst. Mit Friedrich Schiller (1759–1805) verlagert sich das Interesse deutlich: Angeregt durch die geschichtliche Entwicklung stellt man sich nunmehr die Frage nach dem Stellenwert der Kunst in der Geschichte der Menschheit. Damit wird in der Geschichte der Ästhetik eine Wende deutlich, die das Kunstverständnis bis in die Gegenwart prägt und zu heftigen Kontroversen führt.

Schiller, der neben Johann Wolfgang Goethe (1749–1832) als zweiter großer Weimarer Klassiker der deutschen Literatur gilt und besonders durch seine Theaterstücke bekannt ist, hat eine kunsttheoretische Abhandlung mit dem Titel „Über die ästhetische Erziehung des Menschen in einer Reihe von Briefen" (1795) geschrieben. Dieser Titel wirkt wie ein Programm:

Die Natur selbst ist es, die den Menschen von der Realität zum Scheine emporhebt, indem sie ihn mit zwei Sinnen ausrüstet, die ihn bloß durch den Schein zur Erkenntnis des Wirklichen führen. In dem Auge und dem Ohr ist die andringende Materie schon hinweggewälzt von den Sinnen, und das Objekt entfernt sich von uns, das wir in den tierischen Sinnen unmittelbar berühren. Was wir durch das Auge *sehen*, ist von dem verschieden, was wir *empfinden*; denn der Verstand springt über das Licht hinaus zu den Gegenständen. Der Gegenstand des Takts ist eine Gewalt, die wir erleiden; der Gegenstand des Auges und des Ohrs ist eine Form, die wir erzeugen. Solange der Mensch noch ein Wilder ist, genießt er bloß mit den Sinnen des Gefühls, denen die Sinne des Scheins in dieser Periode bloß dienen. Er erhebt sich entweder gar nicht zum Sehen oder er befriedigt sich doch nicht mit demselben. Sobald er anfängt, mit dem Auge zu genießen und das Sehen für ihn einen selbstständigen Wert erlangt, so ist er auch schon ästhetisch frei und der Spieltrieb hat sich entfaltet.

Gleich so wie der Spieltrieb sich regt, der am Scheine Gefallen findet, wird ihm auch der nachahmende Bildungstrieb folgen, der den Schein als etwas Selbstständiges behandelt. Sobald der Mensch einmal so weit gekommen ist, den Schein von der Wirklichkeit, die Form von dem Körper zu unterscheiden, so ist er auch im Stande, sie von ihm abzusondern; denn das hat er schon getan, indem er sie unterscheidet. Das Vermögen zur nachahmenden Kunst ist also mit dem Vermögen zur Form überhaupt gegeben; […] Wie frühe oder wie spät sich der ästhetische Kunsttrieb entwickeln soll, das wird bloß von dem Grade der Liebe abhängen, mit der der Mensch fähig ist, sich bei dem bloßen Schein zu verweilen.

Da alles wirkliche Dasein von der Natur als einer fremden Macht, aller Schein aber ursprünglich von dem Menschen als vorstellendem Subjekte, sich herschreibt, so bedient er sich bloß seines absoluten Eigentumsrechts, wenn er den Schein von dem Wesen zurück nimmt, und mit demselben nach eigenen Gesetzen schaltet. Mit ungebundener Freiheit kann er, was die Natur trennte, zusammenfügen, sobald er es nur irgend zusammen denken kann, und trennen, was die Natur verknüpfte, sobald er es nur in seinem Verstande absondern kann. Nichts darf ihm hier heilig sein, als sein eigenes Gesetz, sobald er nur die Markung in Acht nimmt, welche sein Gebiet von dem Dasein der Dinge oder dem Naturgebiete scheidet. […]

Aber er besitzt dieses souveräne Recht schlechterdings auch nur in der *Welt des Scheins*, in dem wesenlosen Reich der Einbildungskraft, und nur, solange er sich im Theoretischen gewissenhaft enthält, Existenz davon auszusagen, und solange er im Praktischen darauf Verzicht tut, Existenz dadurch zu erteilen. Sie sehen hieraus, dass der Dichter auf gleiche Weise aus seinen Grenzen tritt, wenn er seinem Ideal Existenz beilegt, und wenn er eine bestimmte Existenz damit bezweckt. Denn beides kann er nicht anders zu Stande bringen, als indem er entweder sein Dichterrecht überschreitet, durch das Ideal in das Gebiet der Erfahrung greift, und durch die bloße Möglichkeit wirkliches Dasein zu bestimmen sich anmaßt, oder indem er sein Dichterrecht aufgibt, die Erfahrung in das Gebiet des Ideals greifen lässt, und die Möglichkeit auf die Bedingungen der Wirklichkeit einschränkt.

Nur soweit er *aufrichtig* ist, (sich von allem Anspruch auf Realität ausdrücklich lossagt) und nur soweit er *selbstständig* ist, (allen Beistand der Realität entbehrt) ist der Schein ästhetisch. Sobald er falsch ist und Realität heuchelt, und sobald er unrein und der Realität zu seiner Wirkung bedürftig ist, ist er nichts als ein niedriges Werkzeug zu materiellen Zwecken, und kann nichts für die Freiheit des Geistes beweisen. Übrigens ist es gar nicht nötig, dass der Gegenstand, an dem wir den schönen Schein finden, ohne Realität sei, wenn nur unser Urteil darüber auf diese Realität keine Rücksicht nimmt; denn soweit es diese Rücksicht nimmt, ist es kein ästhetisches.

[…] Bei welchem einzelnen Menschen oder ganzen Volk man den aufrichtigen und selbstständigen Schein findet, da darf man auf Geist und Geschmack und jede damit verwandte Trefflichkeit schließen – da wird man das Ideal das wirkliche Leben regieren, die Ehre über den Besitz, den Gedanken über den Genuss, den Traum der Unsterblichkeit über die Existenz triumphieren sehen. Da wird die öffentliche Stimme das einzig Furchtbare sein, und ein Olivenkranz höher als ein Purpurkleid ehren. Zum falschen und bedürftigen Schein nimmt nur die Ohnmacht und die Verkehrtheit ihre Zuflucht, und einzelne Menschen sowohl als ganze Völker, welche entweder „der Realität durch den Schein oder dem (ästhetischen) Schein durch Realität nachhelfen" – beides ist gerne verbunden – beweisen zugleich ihren moralischen Unwert und ihr ästhetisches Unvermögen.

(Friedrich Schiller: Über die ästhetische Erziehung des Menschen in einer Reihe von Briefen. 26. Brief. In: Friedrich Schiller: Werke. Insel: Frankfurt/M. 1966, S. 275–277 [gek.])

1 Erläutern Sie, indem Sie die Sichtweise des „Wilden" und des kultivierten Menschen vergleichen, was Schiller unter Spieltrieb versteht.

2 Schiller wurde durch die Lektüre von Kants Schriften stark beeinflusst: Erkennen Sie einen Zusammenhang von Spieltrieb und freiem Spiel der Kräfte?

3 Im oben abgedruckten 26. Brief entwickelt Schiller programmatisch den Gedanken der Kunstautonomie. Erläutern Sie diesen, indem Sie an Beispielen veranschaulichen, wie Schiller das Verhältnis von Natur und Kunst bestimmt. Wie würde er wohl Kunstwerke aus dem Bereich der Abstrakten Malerei oder den Surrealismus, etwa das auf der Folgeseite abgedruckte Gemälde Salvatore Dalis, beurteilen?

4 Diskutieren Sie, ob künstlerische Formen, wie die Fotografie oder realistische/naturalistische Kunstrichtungen Schillers Forderungen an die Eigengesetzlichkeit des „Scheins" entsprechen.

5 Stellen Sie heraus, welche moralischen und gesellschaftlichen Wirkungen für Schiller mit der Welt des Scheins verbunden sind. Vergleichen Sie Schillers Konzeption der Kunstautonomie mit derjenigen Kants. Beachten Sie dabei besonders die unterschiedlichen Zielsetzungen der beiden ästhetischen Konzeptionen. Geht es Schiller in erster Linie um Schönheit?

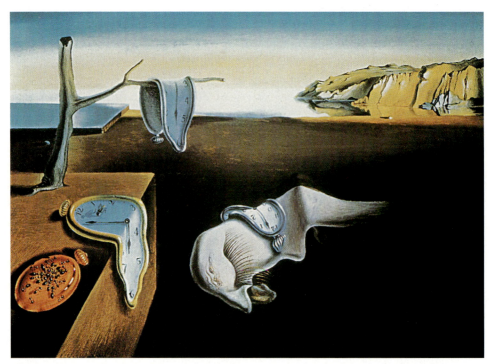

Salvador Dali: Die Beständigkeit der Erinnerung (1931). Öl auf Leinwand, 24 x 33 cm. New York, The Museum of Modern Art

Nachdem Schiller die besondere gesellschaftliche Relevanz der Kunst aufgezeigt hat, grenzt er im Folgenden seine Idee eines „ästhetischen" Staates von dem durch das positive Recht geprägten „dynamischen" Staat und dem durch Pflichten im Sinne Kants geprägten „ethischen" Staat ab.

[…]
Mitten in dem furchtbaren Reich der Kräfte und mitten in dem heiligen Reich der Gesetze baut der ästhetische Bildungstrieb unvermerkt an einem dritten fröhlichen Reiche des Spiels und des Scheins, worin er dem Menschen die Fesseln aller Verhältnisse abnimmt, und ihn von allem, was Zwang heißt, sowohl im Physischen als im Moralischen entbindet.
Wenn in dem *dynamischen* Staat der Rechte der Mensch dem Menschen als Kraft begegnet und sein Wirken beschränkt – wenn er sich ihm in dem *ethischen* Staat der Pflichten mit der Majestät des Gesetzes entgegenstellt, und sein Wollen fesselt, so darf er ihm im Kreise des schönen Umgangs, in dem ästhetischen Staat, nur als Gestalt erscheinen, nur als Objekt des freien Spiels gegenüber stehen. *Freiheit* zu geben durch Freiheit ist Grundgesetz dieses Reichs.
Der dynamische Staat kann die Gesellschaft bloß möglich machen, indem er die Natur durch Natur bezähmt; der ethische Staat kann sie bloß (moralisch) notwendig machen, indem er den einzelnen Willen dem allgemeinen unterwirft; der ästhetische Staat allein kann sie wirklich machen, weil er den Willen des Ganzen durch die Natur des Individuums vollzieht. Wenn schon das Bedürfnis den Menschen in die Gesellschaft nötigt, und die Vernunft gesellige Grundsätze in ihm pflanzt, so kann die Schönheit allein ihm einen *geselligen Charakter* erteilen.

Der Geschmack allein bringt Harmonie in die Gesellschaft, weil er Harmonie in dem Individuum stiftet. Alle anderen Formen der Vorstellung trennen den Menschen, weil sie sich ausschließend entweder auf den sinnlichen oder den geistigen Teil seines Wesens gründen; nur die schöne Vorstellung macht ein Ganzes aus ihm, weil seine beiden Naturen dazu zusammen stimmen müssen. Alle anderen Formen der Mitteilung trennen die Gesellschaft, weil sie sich ausschließend entweder auf die Privatempfänglichkeit oder auf die Privatfertigkeit der einzelnen Glieder, also auf das Unterscheidende zwischen Menschen und Menschen beziehen; nur die schöne Mitteilung vereinigt die Gesellschaft, weil sie sich auf das Gemeinsame aller bezieht. Die Freuden der Sinne genießen wir bloß als Individuen, ohne dass die Gattung, die in uns wohnt, daran Anteil nähme; wir können also unsre sinnlichen Freuden nicht zu allgemeinen erweitern, weil wir unser Individuum nicht allgemein machen können. Die Freuden der Erkenntnis genießen wir bloß als Gattung, und indem wir jede Spur des Individuums sorgfältig aus unserem Urteil entfernen; wir können also unsere Vernunftfreuden nicht allgemein machen, weil wir die Spuren des Individuums aus dem Urteile anderer nicht so wie aus dem unsrigen ausschließen können. Das Schöne allein genießen wir als Individuum und als Gattung zugleich, d. h. als *Repräsentanten* der Gattung. Das sinnliche Gute kann nur Einen Glücklichen machen, da es sich auf Zueignung gründet, welche immer eine Ausschließung mit sich führt; es kann diesen Einen auch nur einseitig glücklich machen, weil die Persönlichkeit nicht daran teilnimmt. Das absolut Gute kann nur unter Bedingungen glücklich machen, die allgemein nicht vorauszusetzen sind; denn die Wahrheit ist nur der Preis der Verleugnung, und an den reinen Willen glaubt nur ein reines Herz. Die Schönheit allein beglückt alle Welt, und jedes Wesen vergisst seiner Schranken, so lang es ihren Zauber erfährt.

Kein Vorzug, keine Alleinherrschaft wird geduldet, so weit der Geschmack regiert, und das Reich des schönen Scheins sich verbreitet. Dieses Reich erstreckt sich aufwärts, bis wo die Vernunft mit unbedingter Notwendigkeit herrscht, und alle Materie aufhört; es erstreckt sich niederwärts, bis wo der Naturtrieb mit blinder Nötigung waltet, und die Form noch nicht anfängt; […].

In dem ästhetischen Staate ist alles – auch das dienende Werkzeug ein freier Bürger, der mit dem edelsten gleiche Rechte hat, und der Verstand, der die duldende Masse unter seine Zwecke gewalttätig beugt, muss sie hier um ihre Beistimmung fragen. Hier also in dem Reiche des ästhetischen Scheins wird das Ideal der Gleichheit erfüllt, welches der Schwärmer so gern auch dem Wesen nach realisiert sehen möchte; und wenn es wahr ist, dass der schöne Ton in der Nähe des Thrones am frühesten und am vollkommensten reift, so müsste man auch hier die gütige Schickung erkennen, die den Menschen oft nur deswegen in der Wirklichkeit einzuschränken meint, um ihn in eine idealische Welt zu treiben.

Existiert aber auch ein solcher Staat des schönen Scheins, und wo ist er zu finden? Dem Bedürfnis nach existiert er in jeder feingestimmten Seele, der Tat nach möchte man ihn wohl nur, wie die reine Kirche und die reine Republik in einigen wenigen auserlesenen Zirkeln finden[1], wo nicht die geistlose Nachahmung fremder Sitten, sondern eigne schöne Natur das Betragen lenkt, wo der Mensch durch die verwickelsten Verhältnisse mit kühner Einfalt und ruhiger Unschuld geht, und weder nötig hat, fremde Freiheit zu kränken, um die seinige zu behaupten, noch seine Würde wegzuwerfen, um Anmut zu zeigen.

(Friedrich Schiller: Über die ästhetische Erziehung des Menschengeschlechts in einer Reihe von Briefen. 27. Brief. In: Friedrich Schiller: Werke. Insel: Frankfurt/M. 1966, S. 284–286 [gek.])

---

[1] Schiller meint hier u. a. die Tafelrunde der Weimarer Herzogin Anna Amalia, zu der sich regelmäßig namhafte Künstler und Literaten trafen.

Im Folgenden unterscheidet Schiller mit dem *Schönen* und dem *Erhabenen* die beiden Prinzipien, auf denen seine Idee des ästhetischen Staats, mithin seine Vorstellung einer ästhetischen Erziehung basiert.

Zwei Genien sind es, die uns die Natur zu Begleitern durchs Leben gab. Der eine, gesellig und hold, verkürzt uns durch sein munteres Spiel die mühevolle Reise, macht uns die Fesseln der Notwendigkeit leicht und führt uns unter Freude und Scherz bis an die gefährlichsten Stellen, wo wir als reine Geister handeln und alles Körperliche ablegen müssen, bis zur Erkenntnis der Wahrheit und zur Ausübung der Pflicht. Hier verlässt er uns, denn nur die Sinnenwelt ist sein Gebiet, über diese hinaus kann ihn sein irdischer Flügel nicht tragen. Aber jetzt tritt der andere hinzu, ernst und schweigend, und mit starkem Arm trägt er uns über die schwindlichte Tiefe.

In dem ersten dieser Genien erkennt man das Gefühl des Schönen, in dem zweiten das Gefühl des Erhabenen. Zwar ist schon das Schöne ein Ausdruck der Freiheit, aber nicht derjenigen, welche uns über die Macht der Natur erhebt und von allem körperlichen Einflusse entbindet, sondern derjenigen, welche wir innerhalb der Natur als Menschen genießen. Wir fühlen uns frei bei der Schönheit, weil die sinnlichen Triebe mit dem Gesetz der Vernunft harmonieren; wir fühlen uns frei bei dem Erhabenen, weil die sinnlichen Triebe auf die Gesetzgebung der Vernunft keinen Einfluss haben, weil der Geist hier handelt, als ob er unter keinen andern als seinen eigenen Gesetzen stünde.

Das Gefühl des Erhabenen ist ein gemischtes Gefühl. Es ist eine Zusammensetzung von *Wehsein*, das sich in seinem höchsten Grad als ein Schauer äußert, und von *Frohsein*, das bis zum Entzücken steigen kann und, ob es gleich nicht eigentlich Lust ist, von feinen Seelen aller Lust doch weit vorgezogen wird. Diese Verbindung zweier widersprechender Empfindungen in einem einzigen Gefühl beweist unsere moralische Selbstständigkeit auf eine unwiderlegliche Weise. Denn da es absolut unmöglich ist, dass der nämliche Gegenstand in zwei entgegengesetzten Verhältnissen zu uns stehe, so folgt daraus, dass *wir selbst* in zwei verschiedenen Verhältnissen zu dem Gegenstand stehen, dass folglich zwei entgegengesetzte Naturen in uns vereinigt sein müssen, welche bei Vorstellung desselben auf ganz entgegengesetzte Art interessiert sind. Wir erfahren also durch das Gefühl des Erhabenen, dass sich der Zustand unseres Geistes nicht notwendig nach dem Zustand der Sinne richtet, dass die Gesetze der Natur nicht notwendig auch die unsrigen sind, und dass wir ein selbstständiges Prinzipium in uns haben, welches von allen sinnlichen Rührungen unabhängig ist. [...]

Das Schöne macht sich bloß verdient um den Menschen, das Erhabene um den „reinen Dämon in ihm", und weil es einmal unsere Bestimmung ist, auch bei allen sinnlichen Schranken uns nach dem Gesetzbuch reiner Geister zu richten, so muss das Erhabene zu dem Schönen hinzukommen, um die ästhetische Erziehung zu einem vollständigen Ganzen zu machen und die Empfindungsfähigkeit des menschlichen Herzens nach dem ganzen Umfang unserer Bestimmung, und also auch über die Sinnenwelt hinaus, zu erweitern.

Ohne das Schöne würde zwischen unsrer Naturbestimmung und unsrer Vernunftbestimmung ein immerwährender Streit sein. Über dem Bestreben, unserem *Geisterberuf* Genüge zu leisten, würden wir unsere *Menschheit* versäumen und, alle Augenblicke zum Aufbruch aus der Sinnenwelt gefasst, in dieser uns einmal angewiesenen Sphäre des Handelns beständig Fremdlinge bleiben. Ohne das Erhabene würde uns die Schönheit unserer Würde vergessen machen. In der Erschlaffung eines ununterbrochenen Genusses würden wir die Rüstigkeit des *Charakters* einbüßen und, an diese *zufäl*-

lige Form des Daseins unlösbar gefesselt unsere unveränderliche Bestimmung und unser wahres Vaterland aus den Augen verlieren. Nur wenn das Erhabene mit dem Schönen sich gattet und unsere Empfänglichkeit für beides in gleichem Maße ausgebildet worden ist, sind wir vollendete Bürger der Natur, ohne deswegen ihre Sklaven zu sein und ohne unser Bürgerrecht in der intelligiblen Welt zu verscherzen.

(F. Schiller: Über das Erhabene. In: Friedrich Schiller: Werke. Bd. 4. Insel: Frankfurt/M. 1966, S. 122–134, [gek.])

1 Worin besteht für Schiller die besondere Bedeutung des Schönen?

2 Beschreiben Sie die mit dem Gefühl des Schönen und die mit dem Gefühl des Erhabenen verbundene menschliche Selbsterfahrung z. B. bei der Betrachtung des tosenden Meeres, eines Vulkanausbruchs oder eines imposanten Wasserfalls.

3 Geht Schillers Konzept hier über Kants These von der Schönheit als Zweckmäßigkeit ohne Zweck hinaus?

4 Erläutern Sie Schillers Idee eines ästhetischen Staats und nehmen Sie dazu Stellung.

5 Steht Ihrer Meinung nach Schillers Konzept der ästhetischen Erziehung mit seinem Bekenntnis zur Kunstautonomie im Widerspruch?

6 Verdeutlichen Sie sich das Verhältnis von Kunstautonomie und künstlerischer Wirkungsabsicht ausgehend von folgender Interpretation von **Francisco Goyas** (1746–1828) Grafik „Kann niemand uns denn losbinden?"

Dargestellt ist ein mit dem Rücken aneinander gebundenes Paar, das verzweifelt versucht, voneinander loszukommen. Über den beiden hockt eine riesenhafte bebrillte Eule. Der Titel des Blattes lautet: „Kann niemand uns denn losbinden?" […]
Schauen wir die Darstellung für einen Moment konzentriert an. Wir werden uns seltsam verunsichert fühlen. Aber woran liegt das? Wir werden feststellen, dass die Darstellung räumlich-perspektivisch nicht eindeutig ist; wir können nicht sagen, wo die Personen stehen, wie die Standfläche zu denken ist, in welchem räumlichen Verhältnis die Personen sich etwa zu dem hinter ihnen sichtbaren Baum befinden. Das eine Bein der Eule steht offenbar relativ weit vorn auf dem Kopf der Frau, das andere offenbar relativ weit hinten auf dem sich zurückbeugenden Baumstamm. In der Realität wäre das nicht möglich. Die Frau, stellen wir uns das Körpervolumen des gebückten Mannes vor, scheint gar keinen Platz zu körperlicher Entfaltung zu haben, sie wirkt wie eine platte Attrappe. Den Verlauf des Baumstammes lesen wir im Bein des Mannes weiter. Wie der Arm des Mannes am Körper ansitzt, wie der Kopf der Frau zum Oberkörper passen soll, das ist nicht eindeutig zu sagen. Ohnehin scheint kein einziger Körperteil richtig gezeichnet zu sein. Perspektive und Anatomie sind also hochgradig unstimmig. Zudem: welchen Realitätscharakter hat die Eule? Sie ist nur schemenhaft angedeutet, wie ein Alp lastet sie auf dem Paar.

Nun sind diese Abweichungen, so unsere These, nicht auf Grund zeichnerischen Unvermögens zu erklären, sondern bewusst eingesetztes Stilmittel, sie sind Ausdrucksträger. Goya gibt uns einen Hinweis in diese Richtung. In einer Annonce zur Herausgabe seiner „Caprichos" heißt es:

„Und wenn die Nachahmung der Natur schon schwierig genug ist und bewundernswert, wenn sie gelingt, so wird doch auch derjenige einige Achtung verdienen, der, völlig von ihr abgekehrt, Formen und Gebärden vorzuführen genötigt war, die bisher nur im menschlichen Geist existierten […]".

Goya nimmt also für sich den bewussten Verzicht auf Naturnachahmung, auf Naturrichtigkeit in Anspruch zugunsten der Dar-

Francisco Goya: Kann niemand uns denn losbinden? (1799). Radierung und Aquatinta, 21,8 × 15,1 cm. Madrid, Fundación Juan March

stellung von nur im Geist Existierendem. Der Geist, von dem hier die Rede ist, ist nicht mehr der Geist der Ideen, sondern es ist die Psyche gemeint, die hier als eine Realität jenseits der Realität der Erscheinungstatsachen begriffen wird. Um diese Realität darzustellen, bedarf es der Formen und Gebärden, die so nicht in der Natur gesehen werden. Denn was bewirken die Abweichungen von den tradierten Perspektiv- und Anatomiedarstellungsformen bei Goya, wie sind sie eingesetzt? Das Thema, ohne dass wir es aus der Tradition erhellen müssten, wird in autonomen Kunstformen unmittelbar anschaulich. Es ist das Thema verzweifelter, unlösbarer Verstrickung; die wird auch formal verdeutlicht. Der Strick um die Leibesmitte von Mann und Frau ist der Dreh- und Angelpunkt der Komposition. Schwarze und weiße Partien im Wechsel streben von dieser Mitte weg, die größte Helligkeit und die tiefste Schwärze sammeln sich um das Zentrum. Je weiter vom Zentrum entfernt, desto unruhiger, kleinteiliger und unbestimmter werden die Formen. Schon das Flächenmuster erweckt den Eindruck von kreuzförmiger Verklammerung einerseits und irritierender Unruhe andererseits. Zusammengesehen mit dem gegenständlich Gezeigten wird der Eindruck einer psychischen Spannung, von Verzweiflung, deutlich.

Dieses unausweichliche Changieren zwischen Form- und Gegenstandssehen löst die beschriebene psychische Verunsicherung beim Betrachter aus. Die einzelne Linie hat Doppelfunktion, sie ist zugleich gegenstandsbezeichnend und autonomer Funktionsträger einer psychischen Gestimmtheit. Man kann sagen, die autonomen Formen haben auf der gestalteten Fläche Bedeutungsfunktion, werden zu Zeichen. Und es scheint so, als wäre nur die autonome Form in der Lage, Psychisches zu transportieren. Damit ist der Kunst ein gänzlich neuer Bereich zugewachsen, der sie in der Moderne auszeichnet: die Darstellung des Unanschaulichen, nichtsdestoweniger Realen. Die Darstellung der seelischen Dimension jenseits der körperlichen Erscheinung ist ihr neues Thema. Die Einsicht in die Autonomie der Kunstmittel und Kunstformen führt hier nicht zu völliger Sinnentleerung, sondern im Gegenteil zur Entdeckung neuer Sinnbereiche.

(Werner Busch: Die Autonomie der Kunst. In: Ders. [Hrsg.]: Funk-Kolleg Kunst. Bd. 1. Piper: München 1987, S. 252–255)

Bestimmen Sie das Verhältnis von Goyas Grafik (und ihrer Interpretation) zu Schillers Gedanken der Kunstautonomie und zu Kants Konzeption des an der Natur orientierten Kunstschönen.

7 Friedrich Nietzsche beschimpfte Schiller als „Moraltrompeter von Säckingen". Nietzsche sah Stärke und Überzeugungskraft der Kunst gerade in deren Freiheit vom Moralischen. Diskutieren Sie die Überzeugungskraft des Modells einer ästhetischen Erziehung. (Informieren Sie sich auch über Brechts Theorie des „epischen Theaters".)

4.4 Georg Wilhelm Friedrich Hegel: Die Unfähigkeit der Kunst zum Medium der Wahrheit

Neben Schillers Vorstellung von der ästhetischen Erziehung der Menschheit wurde Georg Wilhelm Friedrich Hegels (1770–1831) Ästhetik zum herausragenden Zeugnis der Einschätzung der Kunst im Deutschen Idealismus. Ebenso wie Schiller stellt Hegel die Kunst in den Dienst der Wahrheitsvermittlung. Hegel versteht Kunst als Weise der Welterkenntnis und Welterzeugung.

Am Beispiel der klassischen griechischen Kunst zeigt Hegel auf, dass Kunst ein Ausdruck der menschlichen Kultur ist. In der Betrachtung der Kunstwerke wird sich der rezipierende Mensch der seine Kultur bestimmenden Ideen bewusst, zugleich bringt der produzierende Künstler diese Ideen im Kunstwerk zur Anschauung, d. h. sie werden durch Kunst überhaupt erst manifest. Damit erhält Kunst für Hegel vom gesellschaftlichen Standpunkt identitätsschaffende Funktion.

Hegels kunstphilosophische Thesen müssen vor dem Hintergrund seiner *geschichtsphilosophischen Vorstellungen* verstanden werden. Für Hegel ist die Weltgeschichte die Selbstentwicklung des Weltgeistes von den verworrensten und undeutlichsten Erscheinungsformen zu einem immer klareren Bild und Bewusstsein seiner selbst. Auf diesem Weg stellt die Kunst eine wichtige Stufe dar. Während sich in frühen Formen der Kunst – Hegel spricht von der symbolischen Kunst – der Weltgeist allenfalls andeutungsweise und vage manifestiert, gelangt er in der Blütezeit der Kunst – in der griechischen Klassik – zu seiner vollendeten Anschauung. Kunst bestimmt sich als sinnlich scheinende Idee und wird damit zu einer Form der Wahrheitsvermittlung. Der Weltgeist bringt sich in seinen eigenen künstlerischen Produktionen als Weisen der Selbstmanifestation hervor und schafft sich in ihnen ein Bild seiner selbst. Daher der Vorrang des Kunstschönen vor dem Naturschönen bei Hegel.

Vor diesem geschichtsphilosophischen Hintergrund entwickelt Hegel in seinen „Vorlesungen über die Ästhetik" eine Geschichte der Künste und der Kunstformen, welche Ausdruck der Selbstfindung des Geistes sind. Daher ist die Geschichte der Künste und Kunstformen eigentlich eine Fortschrittsgeschichte des Weltgeistes.

Hierbei ist zu beachten, dass *Hegels Begriffsverwendung*, z. B. der Stilformen „klassisch" und „romantisch", nicht mit der gängigen kunsthistorischen Begrifflichkeit übereinstimmt. Als „klassisch" stuft Hegel das griechische Ideal der Übereinstimmung von innerer und äußerer Schönheit ein – als „romantisch" dagegen dessen Auflösung in der zunehmenden Verinnerlichung der mittelalterlichen christlichen Kunst.

Diese willkürliche Begrifflichkeit Hegels ist nur zu verstehen vor dem Hintergrund seiner geschichtsphilosophischen Vorstellung von dem sich in der Kunst und durch sie zeigenden fortschreitenden Weltgeist. Dass diesem die sinnliche Erscheinung weniger angemessen ist, steht sicher auch im Zusammenhang mit der Wortgläubigkeit und Bilderfeindlichkeit des Protestantismus, dem Hegel angehörte.

Die klassische Schönheit mit ihrem unendlichen Umfange des Gehalts, Stoffes und der Form ist das dem griechischen Volke zugeteilte Geschenk gewesen, und wir müssen dies Volk dafür ehren, dass es die Kunst in ihrer höchsten Lebendigkeit hervorgebracht hat. Die Griechen, ihrer unmittelbaren Wirklichkeit nach, lebten in der glücklichen Mitte der selbstbewussten subjektiven Freiheit und der sittlichen Substanz[1]. Sie beharrten weder in der unfreien morgenländischen Einheit, die einen religiösen und politischen Despotismus zur Folge hat, indem das Subjekt selbstlos in der einen allgemeinen Substanz oder in irgendeiner besonderen Seite derselben untergeht, weil es in sich als Person kein Recht und dadurch keinen Halt hat; noch gingen sie zu jener subjektiven Vertiefung fort, in welcher das einzelne Subjekt sich abtrennt von dem Ganzen und Allgemeinen, […] sondern im griechischen sittlichen Leben war das Individuum zwar selbstständig und frei in sich, ohne sich jedoch von den vorhandenen allgemeinen Interessen des wirklichen Staates und der affirmativen Immanenz der geistigen Freiheit in der zeitlichen Gegenwart loszulösen. Das Allgemeine der Sittlichkeit und die abstrakte Freiheit der Person im Inneren und Äußeren bleibt dem Prinzip des griechischen Lebens gemäß in ungetrübter Harmonie.

Die schöne Empfindung, der Sinn und Geist dieser glücklichen Harmonie durchzieht alle Produktionen, in welchen die griechische Freiheit sich bewusst geworden ist und ihr Wesen sich vorgestellt hat. Daher ist ihre Weltanschauung eben die Mitte, in welcher die Schönheit ihr wahres Leben beginnt und ihr heiteres Reich aufschlägt; die Mitte freier Lebendigkeit, die nicht nur unmittelbar und

Goldmaske Tut-Ench-Amuns (um 1330 v. Chr.). Kairo, Nationalmuseum

natürlich da ist, sondern aus der geistigen Anschauung erzeugt, durch die Kunst verklärt wird; [...].

In diesem Sinne hat sich das griechische Volk auch in den Göttern seinen Geist[2] zum sinnlichen, anschauenden, vorstellenden Bewusstsein gebracht und ihnen durch die Kunst ein Dasein gegeben, welches dem wahren Inhalte vollkommen gemäß ist. Dieses Entsprechens wegen, das sowohl im Begriff der griechischen Kunst als der griechischen Mythologie liegt, ist in Griechenland die Kunst der höchste Ausdruck für das Absolute gewesen.[3]

[...] die Vollendung der Kunst erreichte gerade dadurch ihren Gipfel, dass sich das Geistige vollständig durch seine äußere Erscheinung hindurchzog, das natürliche in dieser schönen Einigung idealisierte und zur gemäßen Realität des Geistes in seiner substantiellen Individualität selber machte. Dadurch ward die klassische Kunst [...] die Vollendung des Reichs der Schönheit. Schöneres kann nicht sein und werden.

Dennoch gibt es Höheres als die schöne Erscheinung des Geistes in seiner unmittelbaren, wenn auch vom Geist als ihm adäquat erschaffenen sinnlichen Gestalt. Denn diese Einigung, die sich im Elemente des Äußeren vollbringt und dadurch die sinnliche Realität zum angemessenen Dasein macht, widerstrebt ebensosehr wieder dem wahren Begriff des Geistes und drängt ihn aus seiner Versöhnung im Leiblichen auf sich selbst, zur Versöhnung seiner in sich selber zurück. [...] Der Geist [...] kann sein entsprechendes Dasein nur in seiner heimischen, eigenen geistigen Welt der Empfindung, des Gemüts, überhaupt der Innerlichkeit finden. Dadurch kommt der Geist zu dem Bewusstsein, sein Anderes, seine *Existenz*, als Geist an ihm und in ihm selber zu haben und damit erst seine Unendlichkeit und Freiheit zu genießen.

Diese Erhebung des Geistes *zu sich*, durch welche er seine Objektivität, welche er sonst im Äußerlichen und Sinnlichen des Daseins suchen musste, in sich selber gewinnt und

Apollon, sog. Kasseler Apoll (Kopf)

Coppo di Marcovaldo: Kruzifix (Ausschnitt), um 1255–1260(?). San Gimignano

sich in dieser Einigkeit mit sich selber empfindet und weiß, macht das Grundprinzip der romantischen Kunst aus. Hiermit ist nun sogleich die notwendige Bestimmung verbunden, dass für diese letzte Kunststufe die Schönheit des klassischen Ideals und deshalb die Schönheit in ihrer eigensten Gestalt und ihrem gemäßesten Inhalt kein Letztes mehr ist. Denn auf der Stufe der romantischen Kunst weiß der Geist, dass seine Wahrheit nicht darin besteht, sich in die Leiblichkeit zu versenken; im Gegenteil, er wird sich seiner Wahrheit nur dadurch gewiss, dass er sich aus dem Äußeren in seine Innigkeit mit sich zurückführt und die äußere Realität als ein ihm nicht adäquates Dasein setzt. Wenn daher auch dieser neue Gehalt die Aufgabe in sich fasst, sich *schön* zu machen, so bleibt ihm dennoch die Schönheit in dem bisherigen Sinne etwas Untergeordnetes und wird zur *geistigen* Schönheit des an und für sich Inneren als der in sich unendlichen geistigen Subjektivität. [...]

(Georg Wilhelm Friedrich Hegel: Vorlesungen über die Ästhetik. Bd. II. Werke in zwanzig Bänden. Bd. 14. Suhrkamp: Frankfurt/M. 1970, S. 25 f., 127 ff.)

Trotz der Tendenzen zur Verinnerlichung innerhalb der *Kunstgeschichte* bleibt sie sinnlich und der Äußerlichkeit verhaftet. Deshalb muss der *absolute Geist* andere Ausdrucksformen finden: in der Religion und schließlich im absoluten Wissen der Philosophie.

Wie nun aber die Kunst in der Natur und den endlichen Gebieten des Lebens ihr *Vor* hat, ebenso hat sie auch ein *Nach*, d. h. einen Kreis, der wiederum ihre Auffassungs- und Darstellungsweise des Absoluten überschreitet. Denn die Kunst hat noch in sich selbst eine Schranke und geht deshalb in höhere Formen des Bewusstseins über. Diese Beschränkung bestimmt denn auch die Stellung, welche wir jetzt in unserem heutigen Leben der Kunst anzuweisen gewohnt sind. Uns gilt die Kunst nicht mehr als die höchste Weise, in welcher die Wahrheit sich Existenz verschafft.

Bei fortgehender Bildung tritt überhaupt bei jedem Volke eine Zeit ein, in welcher die Kunst über sich selbst hinausweist. So haben z. B. die historischen Elemente des Christentums, Christi Erscheinen, sein Leben und Sterben, der Kunst als Malerei vornehmlich mannigfaltige Gelegenheit sich auszubilden gegeben, und die Kirche selbst hat die Kunst großgezogen oder gewähren lassen; als aber der Trieb des Wissens und Forschens und das Bedürfnis innerer Geistigkeit die Reformation hervortrieben, ward auch die religiöse Vorstellung von dem sinnlichen Elemente abgerufen und auf die Innerlichkeit des Gemüts und Denkens zurückgeführt. In dieser Weise besteht das *Nach* der Kunst darin, dass dem Geist das Bedürfnis einwohnt, sich nur in seinem eigenen Innern als der wahren Form für die Wahrheit zu befriedigen. Die Kunst in ihren Anfängen lässt noch Mysteriöses, ein geheimnisvolles Ahnen und eine Sehnsucht übrig, weil ihre Gebilde noch ihren vollen Gehalt nicht vollendet für die bildliche Anschauung herausgestellt haben. Ist aber der vollkommene Inhalt vollkommen in Kunstgestalten hervorgetreten, so wendet sich der weiterblickende Geist von dieser Objektivität in sein Inneres zurück und stößt sie von sich fort. Solch eine Zeit ist die unsrige. Man kann wohl hoffen, dass die Kunst immer mehr steigen und sich vollenden werde, aber ihre Form hat aufgehört, das höchste Bedürfnis des Geistes zu sein. Mögen wir die griechischen Götterbilder noch so vortrefflich finden und Gottvater, Christus, Maria noch so würdig und vollendet dargestellt sehen – es hilft nichts, unser Knie beugen wir doch nicht mehr.

(Georg Wilhelm Friedrich Hegel. Vorlesungen über die Ästhetik. Bd. I. A. a. O. Bd. 13, S. 141/142)

1 Substanz: Zwang der sittlichen Normen einer Gemeinschaft
2 vgl. Weltgeist (S. 373)
3 Für Hegel ist die höchste Entwicklungsform des Weltgeistes das Absolute oder der absolute Geist. Eine frühe Erscheinungsform des absoluten Geistes ist für Hegel die Kunst im klassischen Griechenland.

1. Verdeutlichen Sie am Beispiel der drei Darstellungen von Gesichtern – der Pharaonenmaske von Tut-Ench-Amun, dem Kopf des Kasseler Apoll und dem Antlitz Jesu auf dem Kruzifix von Marcovaldo –, was Hegel mit der Entwicklung von der „morgenländischen Einheit" über die „klassische Schönheit" zur „romantischen Innerlichkeit" verbindet.
2. An anderer Stelle charakterisiert Hegel die klassische griechische Kunst als das „sinnliche Scheinen der Idee". Erklären Sie ausgehend vom Text, was er darunter versteht.
3. Erklären Sie ausgehend von Hegels Gegenüberstellung der „klassischen" und der romantischen" Kunst seine These von den Grenzen der Kunst.
4. Verdeutlichen Sie sich in Form eines Referats die geschichtsphilosophischen Hintergründe von Hegels Einschätzung der Kunst und vergleichen Sie diese mit der Position Kants.
5. Identifizieren Sie auf dieser Grundlage die Einstellung der beiden Philosophen zur Forderung nach Kunstautonomie und setzen Sie sich kritisch mit deren unterschiedlicher Auslegung auseinander.
6. Diskutieren Sie Hegels These, das Sinnlich-Anschauliche sei der Form der Wahrheitsvermittlung nicht mehr angemessen und berücksichtigen Sie dabei die zunehmende Bedeutung der Bilder im Medienzeitalter. Welche Form der Bedeutungsvermittlung schätzen Sie persönlich höher ein: die durch das Bild oder die durch das sprachliche Zeichen? Begründen Sie Ihre Position.

Als Konsequenz dieser weltgeschichtlichen Entwicklung formuliert Hegel seine umstrittene These vom Ende der Kunst. Damit reagiert Hegel zum Einen auf die Abwendung von dem Ideal der Schönheit. Kunst wird im 19. Jahrhundert zunehmend dissonant, fragmentarisch, grell. Sie integriert bewusst auch Hässliches, arbeitet mit Schockeffekten, wird zunehmend auch abstrakt und gedanklich.
Damit eng verbunden resultiert die These vom Ende der Kunst aus der Ansicht, dass die der Kunst trotz aller Tendenz zur Vergeistigung sinnlich-anschauliche Ausdrucksform als Mittel der Wahrheitsfindung defizient ist.

7. Welche Funktion gesteht Hegel der zweifellos weiter existierenden künstlerischen Ausdrucksform allenfalls noch zu? Vergleichen Sie die zukünftige Bedeutung der Kunst bei Hegel und Schiller und erklären Sie deren Urteil als Konsequenz aus ihren Theorien.
8. Erläutern Sie ausgehend von folgender Reflexion **Walter Biemels** über die Wirkung der Pop-Kunst, die Alltagsgegenstände zu Kunst macht, die Bedeutsamkeit der künstlerischen Darstellung heute.

Wenn die Hinwendung zur Lebenswelt ein Grundzug der Pop-Kunst ist, wie wir das zu interpretieren versuchen, dann ist es geboten, das Präsentieren der Gegenstände zu analysieren.
Wir stoßen dabei auf Versuche, die Gegenstände in ihrer unmittelbaren Alltäglichkeit zu präsentieren, wie z. B. Wesselmann im „Interieur Nr. 4", und zwar nicht darstellend, sondern in ihrer unmittelbaren Dinghaftigkeit, durch Plastik-Collagen. Die Wiederholung des alltäglichen Lebens wirkt hier durch die Herauslösung eines Ensembles: Eisschranktür – Telephon – Blumenvase – Uhr – Coca-Cola-Flasche aus dem Raum, in den es gehört und der durch diese Gegenstände seinen besonderen Charakter erhält. [...]
Durch das Herauslösen gewisser Dinge aus diesem Kontext geschieht zweierlei: Distanz und Nähe. Im tagtäglichen Gebrauch sehen wir das, womit wir umgehen, gar nicht, wir

sehen es weder in seiner Hässlichkeit noch in seiner Hübschheit – in dem Augenblick, wo der Umgang unterbrochen ist, sind wir gezwungen, uns dem Ding als Sehobjekt zu stellen.

Wir können die Türe des Eisschranks in Wesselmanns Gebilde nicht öffnen, um aus dem Schrank etwas herauszunehmen – dabei achten wir nicht auf die Türe, sind nicht bei der Türe, sondern bei dem, was wir aus dem Eisschrank brauchen – in diesem Augenblick, wo die Eisschranktür keine Tür zum Öffnen ist, erscheint sie als eigenständiger Gegenstand. Jetzt, wo der Gebrauch unterbunden ist, erscheint sie als etwas Zubetrachtendes. Wir stellen fest, ob sie hübsch

Tom Wesselmann. Intérieur Nr. 4 (1964). Acryl, poliertes Metall und Montage auf dem Bord, 66 x 54 x 9 cm

aussieht, protzig, dürftig - wir achten auf ihre Maße, auf ihre Gestalt. Aus dem Umgang herausgelöst wird sie zum „ästhetischen Objekt" – also zu einem für die Sinne zugänglichen Gegenstand des bloßen Betrachtens. Heidegger hatte uns gezeigt, dass wir die Dinge unserer Umwelt im Umgang kennenlernen, deswegen gab er ihnen den Namen des „Zuhandenen". Jetzt wird einerseits dieser Umgang unmöglich gemacht, aber die Dinge sollen doch als Dinge, die für den Umgang bestimmt waren, präsentiert werden. Es geschieht also eine Wandlung im Hinblick auf die Verlagerung der Bedeutung.

Die Dinge sind nicht mehr verwendbar, sondern da, um betrachtet zu werden; zugleich sollen sie aber betrachtet werden als für den Umgang bestimmte Dinge und nicht etwa als Kunstwerke. Es geschieht also eine Distanzierung, die aber nicht zur Entfremdung führt.

Der Eisschrank erscheint als Eisschrank, den ich aber nun betrachte, über dessen Aussehen ich mir Rechenschaft gebe. Das danebenstehende Telefon wird auch zu einem Gegenstand des Betrachtens. Sonst bin ich doch immer bei der Person, mit der ich spreche und nicht beim Aussehen des Telephons, ja ich sehe es, betrachte es faktisch so gut wie gar nicht. Wenn ich es genau schildern müsste, käme ich in Verlegenheit. Das Gleiche gilt von den anderen Gegenständen dieses Bildes. Wir erfahren hier die Möglichkeit, Gegenstände aus unserer Umwelt möglichst unverändert zu übernehmen, wobei sie doch nicht als Gebrauchsgegenstände fungieren, weil das Gewicht vom Gebrauch auf das bloße Betrachten verlegt wurde.

Diese Weise des Sehens kann dazu führen, daß wir zu unserer Umgebung ein kritischeres Verhältnis bekommen, denn das gewöhnlich Nicht-gesehene wird nun zum Gegenstand des Sehens, es muß einem neuen Kriterium standhalten. Kitsch kann z. B. nicht mehr durch Übersehen entschuldigt werden, sondern wirkt jetzt, wo die unmittelbare Dienlichkeitsfunktion in Klammern gesetzt wurde, abstoßend oder lächerlich.

Bei dieser Art der Darstellung, durch die unmittelbare Präsenz der Dinge, ereignet sich also doch eine Wandlung im Bezug zu den Dingen: sie werden uns fern gerückt (Ausschalten des Gebrauchs) und zugleich besonders nahe gebracht, da wir uns ihnen nun aus der Perspektive des bloßen Betrachtens stellen müssen. Es ist also keine pure Repetition, die diese Art der Darstellung vollzieht, sondern sie fordert uns heraus, einmal auf unsere unmittelbare Umgebung eigens zu blicken und sie eitler Prüfung zu unterziehen. Wir sollen nicht nur in unserer Lebenswelt leben, wir sollen zu Gesicht bekommen, was sie ausfüllt, und wir sollen auf dies Aussehen reflektieren.

[…]

Wir verlassen bei dieser Darstellung unsere Lebenswelt nicht – entdecken aber neue Sichtweisen, die uns bis dahin verborgen geblieben waren. Wir entdecken, dass wir nicht in eine andere, künstliche Welt übersiedeln müssen, um Formen zu finden, die sich zu betrachten lohnen.

(Walter Biemel: Pop-Art und Lebenswelt. In: Ästhetik. Hrsg. v. Wolfhart Henckmann. Wissenschaftliche Buchgesellschaft: Darmstadt 1979, S. 178–181 [gekürzt])

1 Diskutieren Sie auf der Grundlage von Biemels Bestimmung der Wirkung der Pop-Kunst Hegels These vom Ende der Kunst und ihre Aktualität.

5 Die Schönheit des Hässlichen

Hegels kunstphilosophische Diagnosen markieren einen Einschnitt in der weiteren Entwicklung philosophischer Ästhetik. Seine Überlegungen zum „Ende der Kunst" werden Grundlage für die moderne Kunsttheorie bzw. berühren sich mit der Selbsteinschätzung von Künstlern oder Kunstrichtungen.

Im Hang zur Allegorie, zur Reflexivität, zur Ironie, zur Andeutung oder zum Symbol sah man nun gerade die Chancen des künstlerischen Ausdrucks. Zeitgenossen Hegels wie die Frühromantiker und später die Realisten im 19. Jahrhundert wendeten sich gezielt von der Verpflichtung der Kunst auf Schönheit ab. Diese Entwicklung führt über eine Ästhetik des Hässlichen zu einer Ästhetik des Erhabenen mit Versöhnungsanspruch in der Moderne bis hin zum symbolischen Kunstverständnis zeitgenössischer Künstler, z. B. Josef Beuys (1921–1986).

5.1 Die Abwendung vom Ideal des Schönen in Kunst und Ästhetik

Caravaggio: Madonna dei Pellegrini (Pilgermadonna), 1605. Rom, Sant Agostino

Gustave Courbet: Die Ringer (1853). Budapest, Nationalmuseum der bildenden Künste

Arman: Poubelle/ Mülleimer (1960). Krefeld, Kaiser Wilhelm Museum

Sandro Botticelli: *Die Geburt der Venus* (um 1485). Tempera auf Leinwand, 172,5 x 278,5 cm. Florenz, Uffizien

Arthur Rimbaud: Schaumgeborene Venus

Als ob in einem grünen Sarg aus Blech er läge.
Ein Frauenkopf, braunhaarig, stark pommadisiert,
Taucht auf aus alter Wanne, dumm und träge,
5 Geflickte Reste, die er zeigt, sind arg lädiert.

Dann fett und grau der Hals, die breiten Schulterblätter.
Vorspringend, kurzer Rücken in gekrümmtem Lauf.
Das Fett glänzt unterhalb der Haut wie platte Blätter.
Der Lenden Rundung blüht, so scheint's, sich mächtig auf.

10 Das Rückgrat etwas rot, und aus dem Ganzen zieht
Seltsam entsetzlicher Geruch. Vor allem sieht
Man sonderbares Zeug, doch braucht es eine Lupe.

Den Lenden sind graviert zwei Worte: Clara Venus.
– Der ganze Körper reckt und streckt die breite Kruppe.
15 Schön, schauderhaft durch ein Geschwür am Anus.

(Arthur Rimbaud: Sämtliche Dichtungen. Darmstadt 1982)

1 Alle der hier vorgestellten künstlerischen Ausdrucksformen – Caravaggios „Pilgermadonna", Courbets „Ringer", Rimbauds Gedicht und Armans Objekt „Poubelle" – kehren sich gegen das klassische Schönheitsideal in Hegels Sinn. Untersuchen Sie, in welcher Weise und in welchem Maß jedes einzelne Kunstwerk diese Abgrenzung vornimmt und vergleichen Sie in diesem Zusammenhang das Gedicht Rimbauds mit Botticellis Gemälde.

2 Obwohl die vier Kunstwerke nicht alle der künstlerischen Epoche des Realismus zuzuordnen sind, können alle vier für sich in Anspruch nehmen, sich eines realistischen Darstellungsprinzips zu bedienen. Erklären Sie, worin der Gestaltungsrealismus in jedem der vier Fälle besteht.

3 Zeitgenossen verurteilten die Darstellung der schmutzigen Füße des Pilgers in Caravaggios Gemälde als abstoßend und hässlich, Courbets „Ringer" wird von der zeitgenössischen Kritik als niveaulos gebrandmarkt; Die beiden Männer seien „verzeichnet" und „in ganz und gar falscher und abscheulicher Farbe" dargestellt (Busch, a. a. O., S. 748). Das Gemälde wirke, als habe der Künstler nach dem Grundsatz geschaffen: Nichts ist schöner als das Hässliche, nur das Hässliche ist liebenswert" (ebd., S. 747).
Sind diese Kunstwerke in Ihren Augen hässlich? Versuchen Sie zu definieren, was Sie im Einzelfall unter „Hässlichkeit" verstehen.

4 Was finden Sie schöner: Rimbauds Gedicht oder Botticellis Gemälde „Geburt der Venus", auf das dieses sich bezieht?

5.1.1 Friedrich Schlegel: Die Theorie des Hässlichen

Mit der Tendenz hin zu einer realistischen Kunst tritt die Kategorie des Hässlichen als zentrale ästhetische Kategorie neben die des Schönen. Die folgenden Textausschnitte gehen den Fragen nach: Warum und wozu gehört das Hässliche zur Kunst? Ist das Hässliche nur hässlich? Ist gelungene Kunst zwangsläufig schön und liegt hierin nicht ihre Schuld?
In seiner Theorie des Hässlichen verpflichtet der Schriftsteller, Philosoph und Programmatiker der Frühromantik Friedrich Schlegel (1772–1829), die Kunst nicht länger auf Schönheit und Erhabenes. Die gesellschaftlichen Widersprüche machen neue Gestaltungsformen notwendig. Das Hässliche etabliert sich in der Kunsttheorie als dem Schönen ebenbürtiges Gestaltungsprinzip.

Beinahe überall werdet ihr eher jedes andre Prinzip als höchstes Ziel und erstes Gesetz der Kunst, als letzten Maßstab für den Wert ihrer Werke stillschweigend vorausgesetzt oder ausdrücklich aufgestellt finden; nur nicht das Schöne. Dies ist so wenig das herrschende Prinzip der modernen Poesie, dass viele ihrer trefflichsten Werke ganz offenbar Darstellungen des Hässlichen sind, und man wird es wohl endlich, wenngleich ungern, eingestehen müssen, dass es eine Darstellung der Verwirrung in höchster Fülle, der Verzweiflung im Überfluss aller Kräfte gibt, welche eine gleiche, wo nicht eine höhere Schöpferkraft und künstlerische Weisheit erfordert, wie die Darstellung der Fülle und Kraft in vollständiger Übereinstimmung. Die gepriesensten modernen Gedichte scheinen mehr dem Grade als der Art nach von dieser Gattung verschieden zu sein, und findet sich ja eine leise Ahndung vollkommener Schönheit, so ist es nicht sowohl im ruhigen Genuss, als in unbefriedigter Sehnsucht. Ja nicht selten entfernte man sich von dem Schönen um so weiter, je heftiger man nach demselben strebte. So verwirrt sind die Grenzen der Wissenschaft und der Kunst, des Wahren und des Schönen, dass sogar die Überzeugung von der Unwandelbarkeit jener ewigen Grenzen fast allgemein wankend geworden ist. Die Philosophie poetisiert und die Poesie philosophiert: die Geschichte wird als Dichtung, diese aber als Geschichte behandelt. [...] Die Theorie selbst scheint an einem festen Punkt in dem endlosen Wechsel völlig zu verzweifeln. [...]
Wie unvollständig und lückenhaft unsre Philosophie des Geschmacks und der Kunst noch sei, kann man schon daraus abnehmen, dass es noch nicht einmal einen namhaften Versuch einer Theorie des Hässlichen gibt. Und doch sind das Schöne und das Hässliche unzertrennliche Korrelaten.
Wie das Schöne die angenehme Erscheinung des Guten, so ist das Hässliche die unangenehme Erscheinung des Schlechten. Wie das Schöne durch eine süße Lockung der Sinnlichkeit das Gemüt anregt, sich dem geisti-

383

gen Genusse hinzugeben: so ist hier ein feindseliger Angriff auf die Sinnlichkeit Veranlassung und Element des sittlichen Schmerzes. Dort erwärmt und erquickt uns reizendes Leben, und selbst Schrecken und Leiden ist mit Anmut verschmolzen; hier erfüllt uns das Ekelhafte, das Quälende, das Grässliche mit Widerwillen und Abscheu. Statt freier Leichtigkeit drückt uns schwerfällige Peinlichkeit, statt reger Kraft tote Masse. Statt einer gleichmäßigen Spannung in einem wohltätigen Wechsel von Bewegung und Ruhe wird die Teilnahme durch ein schmerzliches Zerren in widersprechenden Richtungen hin und her gerissen. Wo das Gemüt sich nach Ruhe sehnt, wird es durch zerrüttende Wut gefoltert, wo es Bewegung verlangt, durch schleppende Mattigkeit ermüdet. [...]

Erhabene Schönheit gewährt einen vollständigen Genuss. Das Resultat erhabener Hässlichkeit [...] hingegen ist Verzweiflung, gleichsam ein absoluter, vollständiger Schmerz. Ferner Unwillen, (eine Empfindung, welche im Reiche des Hässlichen eine sehr große Rolle spielt) oder der Schmerz, welcher die Wahrnehmung einzelner sittlicher Missverhältnisse begleitet; denn alle sittlichen Missverhältnisse veranlassen die Einbildungskraft, den gegebenen Stoff zur Vorstellung einer unbedingten Disharmonie zu ergänzen.

In strengstem Sinne des Worts ist ein höchstes Hässliches offenbar so wenig möglich wie ein höchstes Schönes. Ein unbedingtes Maximum der Negation, oder das absolute Nichts, kann so wenig wie ein unbedingtes Maximum der Position in irgendeiner Vorstellung gegeben werden; und in der höchsten Stufe der Hässlichkeit ist noch etwas Schönes enthalten. Ja sogar um das hässlich Erhabene darzustellen und den Schein unendlicher Leerheit und unendlicher Disharmonie zu erregen, wird das größte Maß von Fülle und Kraft erfordert. Die Bestandteile des Hässlichen streiten also untereinander selbst, und es kann in demselben nicht einmal, wie im Schönen, durch eine gleichmäßige, wenngleich beschränkte Kraft der einzelnen Bestandteile, und durch vollkommene Gesetzmäßigkeit der vollständig vereinigten, ein bedingtes Maximum (ein objektives unübertreffliches Proximum) erreicht werden, sondern nur ein subjektives.

(Friedrich Schlegel: Über das Studium der griechischen Poesie. In: Derselbe: Kritische Schriften. Hrsg. von Wolfdietrich Rasch. Hanser: München 1971, S. 122–123, 193–195)

1 Bestimmen Sie die unterschiedliche Wirkung von Schönheit und Hässlichkeit.

2 Leiten Sie daraus die neuartige Funktion von Kunst ab und erläutern Sie die emanzipatorischen Eigenschaften der Kunst, die Schlegel dieser durch den beim Rezipienten einsetzenden sittlichen Schmerz zuschreibt.

3 Vergleichen Sie Schlegels Theorie des Hässlichen mit Schillers Theorie des Erhabenen hinsichtlich der Wirkung.

5.1.2 Friedrich Nietzsche: Die Lust am Hässlichen

Den von Schlegel herausgestellten kritischen, u. U. sogar gesellschaftskritischen Aspekt des Hässlichen in der Kunst nimmt Friedrich Nietzsche teilweise wieder zurück. In provozierender Weise hebt er hervor, dass Kunst prinzipiell daseinsbejahend ist.

Pessimismus in der Kunst? – Der Künstler liebt allmählich die Mittel um ihrer selber willen, in denen sich der Rauschzustand zu erkennen gibt: die extreme Feinheit und Pracht der Farbe, die Deutlichkeit der Linie, die Nuance des Tons: das *Distinkte*, wo sonst, im Normalen, alle Distinktion fehlt. Alle distinkten Sachen, alle Nuancen, insofern sie an die extreme Kraftsteigerungen erinnern, welche der Rausch erzeugt, wecken rückwärts dieses Gefühl des Rausches; – die Wirkung der Kunstwerke ist *die Erregung des kunstschaffenden Zustands*, des Rausches.

Das Wesentliche an der Kunst bleibt ihre Daseins-*Vollendung*, ihr Hervorbringen der Vollkommenheit und Fülle; Kunst ist wesentlich *Bejahung, Segnung, Vergöttlichung des Daseins* … Was bedeutet eine *pessimistische Kunst*? Ist das nicht eine contradictio? – Ja. – Schopenhauer *irrt*, wenn er gewisse Werke der Kunst in den Dienst des Pessimismus stellt. Die Tragödie lehrt *nicht* „Resignation" … die furchtbaren und fragwürdigen Dinge darstellen ist selbst schon ein Instinkt der Macht und Herrlichkeit am Künstler: er fürchtet sie nicht … Es gibt keine pessimistische Kunst … Die Kunst bejaht. Hiob bejaht. – Aber Zola? Aber die Goncourts[1]? – Die Dinge sind hässlich, die sie zeigen; aber *dass* sie dieselben zeigen, ist aus *Lust an diesem Hässlichen* … Hilft nichts! Ihr betrügt euch, wenn ihr's anders behauptet. – Wie erlösend ist Dostojewskij!

(Friedrich Nietzsche: Nachlass d. Achtzigerjahre. In: Ders.: Werke in drei Bänden. Bd. III. Hrsg. v. Karl Schlechta. Hanser: München 1982, S. 784)

1 Die Brüder Goncourt (französische Schriftsteller) leiteten durch häufige Beschreibungen von Abstoßendem den literarischen Realismus in den Naturalismus über.

1 Was versteht Nietzsche unter der Lust am Hässlichen? Beschreibt dieses Phänomen eine der Kunst innewohnende Perversion oder sadistische Haltung?

5.2 Theodor W. Adorno: Kunst als Negation

Tief erschüttert und verletzt durch die Verbrechen während der nationalsozialistischen Herrschaft und durch die Tatsache, dass diese überhaupt möglich werden konnten, reflektiert der Philosoph und Musiktheoretiker **Theodor W. Adorno** (1903–1969) auch über den Anteil der Kunst daran. In seinem Aufsatz „Ist die Kunst heiter?" stellt er die Frage, ob man nach Auschwitz überhaupt noch Gedichte schreiben könne. Der mit Kunstwerken notwendig verbundene Scheincharakter und ihr unterhaltender Wert werden ihm angesichts einer Welt, die von Herrschaftsstrukturen und Schrecken bestimmt ist, verdächtig.

Den Satz, nach Auschwitz noch Lyrik zu schreiben, sei barbarisch, möchte ich nicht mildern; negativ ist darin der Impuls ausgesprochen, der die engagierte Dichtung beseelt. Die Frage einer Person aus „Morts sans sépulture": „Hat es einen Sinn zu leben, wenn es Menschen gibt, die schlagen, bis die Knochen im Leib zerbrechen?" ist auch die, ob Kunst überhaupt noch sein dürfe; […] Aber wahr bleibt auch Enzensbergers[1] Entgegnung, die Dichtung müsse eben diesem Verdikt standhalten, so also sein, dass sie nicht durch ihre bloße Existenz nach Auschwitz dem Zynismus sich überantworte. Ihre eigene Situation ist paradox, nicht erst, wie man zu ihr sich verhält. […] Aber jenes Leiden, nach Hegels Wort das Bewusstsein von Nöten, erheischt auch die Fortdauer von Kunst, die es verbietet; kaum wo anders findet das Leiden noch seine eigene Stimme, den Trost, der es nicht sogleich verriete. Die bedeutendsten Künstler der Epoche sind dem gefolgt. Der kompromisslose Radikalismus ihrer Werke, gerade die als formalistisch verfemten Momente, verleiht ihnen die schreckhafte Kraft, welche hilflosen Gedichten auf die Opfer abgeht. […] Ein Peinliches gesellt sich der Komposition Schönbergs[2]. Keineswegs das, woran man in Deutschland sich ärgert, weil es nicht zu verdrängen erlaubt, was man um jeden Preis verdrängen möchte. Aber indem es, trotz aller Härte und Unversöhnlichkeit, zum Bild gemacht wird, ist es doch, als ob die Scham vor den Opfern verletzt wäre. Aus diesen wird etwas bereitet, Kunstwerke, der Welt zum Fraß vorgeworfen, die sie umbrachte. Die sogenannte künstlerische Gestaltung des nackten körperlichen Schmerzes der mit Gewehrkolben Niedergeknüppelten enthält, sei's noch so entfernt, das Potential, Genuss herauszupressen. Die Moral, die der Kunst gebietet, es keine Sekunde zu vergessen, schlittert in den Abgrund ihres Gegenteils. Durchs ästhetische Stilisationsprinzip, und gar das feierliche Gebet des Chors, erscheint das unausdenkliche Schicksal doch, als hätte es irgend Sinn gehabt; es wird verklärt, etwas von dem Grauen weggenommen; damit allein schon widerfährt den Opfern Unrecht, während doch vor der Gerechtigkeit keine Kunst standhielte, die ihnen ausweicht. Noch der Laut der Verzweiflung entrichtet seinen Zoll an die verruchte Affirmation. Werke geringeren Ranges als jene obersten werden denn auch bereitwillig geschluckt, ein Stück Aufarbeitung der Vergangenheit. Indem noch der Völkermord in engagierter Literatur zum Kulturbesitz wird, fällt es leichter, weiter mitzuspielen in der Kultur, die den Mord gebar. Untrüglich fast ist ein Kennzeichen solcher Literatur: dass sie, absichtlich oder nicht, durch blicken lässt, selbst in den so genannten extremen Situationen, und gerade in ihnen, blühe das Menschliche; zuweilen wird daraus eine trübe Metaphysik, welche das zur Grenzsituation zurechtgestutzte Grauen womöglich insofern bejaht, als die Eigentlichkeit des Menschen dort erscheine.

(Theodor W. Adorno: Noten zur Literatur. Hrsg. v. Rolf Tiedemann. Suhrkamp: Frankfurt/M., S. 422–424)

1 Hans Magnus Enzensberger (geb. 1929), deutscher Schriftsteller
2 Arnold Schönberg (1874–1951), Komponist, Erfinder der Zwölftonmusik

1 Der französische Maler André Masson schrieb einmal: „Bei einem großen Maler endet es immer, was auch das Thema ist, mit einem Fest für die Augen. Ja, selbst ein Massaker." Diskutieren Sie Massons These unter besonderer Berücksichtigung der Frage: Nimmt das Kunstwerk seine kritischen Impulse zwangsläufig durch sich selbst zurück? Sollte die künstlerische Darstellung eines Massakers besser gar nicht erst geschaffen oder gar vernichtet werden?

Pablo Picasso: Guernica (1937). Öl auf Leinwand, 349,3 x 776,6 cm. Madrid, Museo del Prado

2 Picassos Gemälde stellt die Bombardierung der spanischen Stadt Guernica im Spanischen Bürgerkrieg durch die deutschen Luftwaffe dar. Warum hängen sich Leute dieses Bild auf?

3 Angenommen, nach Auschwitz wären wirklich keine Gedichte mehr geschrieben worden, wäre uns etwas verloren gegangen?

4 Erklären Sie die paradoxe Situation engagierter Kunst an konkreten Beispielen, z. B. anhand des Films „Schindlers Liste", ...

Trotz seiner Kritik am Scheincharakter der Kunst weist Adorno ihr eine bedeutende Stellung zu. Als autonomer, den Zwecksetzungen rationalisierter Wirklichkeit enthobener Seinsbereich ist Kunst Widerstand zur Realität – trotz des ihr wesenseigenen affirmativen Charakters. Damit erhält Kunst die Chance und Aufgabe, sich kritisch zur Wirklichkeit zu verhalten und eine mögliche Versöhnung* spürbar zu machen.

Dies kann sie jedoch aus Adornos Sicht nicht mit den traditionellen Mitteln, z. B. den Idealvorstellungen des Schönen und Erhabenen, da diese ihrerseits Ausdruck eines allgemein gewordenen Herrschaftsdenkens der Aufklärung seien, in dem Natur systematisch unterdrückt werde. Kunst, die wirklich Versöhnung anstrebt, muss neue, innovative Formen finden.

* Der Begriff der Versöhnung ist ein zentraler Begriff in Adornos ästhetischer Theorie: Er meint die Auflösung von Widersprüchen, die Abschaffung von Herrschaftsstrukturen, der Herrschaft von Menschen über Menschen oder von Menschen über die Natur. Im Grunde beinhaltet der von Adorno nicht genau definierte Begriff der Versöhnung diffus so etwas wie die Utopie einer allgemeinen Harmonisierung von Gegensätzen.

Ist die Kunst heiter?

Der Vers „Ernst ist das Leben, heiter ist die Kunst" beschließt den Prolog zu Schillers Wallenstein. [...] Seine Sentenz hebt zweckfrei den Zeigefinger. Dadurch wird sie vollends ideologisch, einverleibt dem bürgerlichen Hausschatz, bei passendem Anlass zitierfähig. Denn sie bestätigt die verfestigte und allbeliebte Zweiteilung zwischen Beruf und Freizeit. Was auf die Qual prosaisch unfreier Arbeit und den im übrigen keineswegs unberechtigten Abscheu vor ihr zurückgeht, sei ein ewiges Gesetz der beiden reinlich getrennten Sphären. Keine soll mit der anderen vermischt werden. Gerade durch ihre erbauliche Unverbindlichkeit wird die Kunst dem bürgerlichen Leben als dessen ihm widersprechende Ergänzung eingefügt und unterworfen. Schon ist die Freizeitgestaltung abzusehen, die einmal daraus wird. Sie ist der Garten Elysium, wo die himmlischen Rosen wachsen, welche die Frauen ins irdische Leben flechten sollen, das so abscheulich ist. Dem Idealisten verdeckt sich die Möglichkeit, es könne real einmal anders werden. Er hat dabei die Wirkung der Kunst im Auge. Bei aller Noblesse der Gebärde nimmt er insgeheim jenen Zustand vorweg, der in der Kulturindustrie Kunst als Vitaminspritze für müde Geschäftsleute verordnet. Hegel war, auf der Passhöhe des Idealismus, der erste, der wie gegen die auf das achtzehnte Jahrhundert, Kant eingeschlossen, zurückdatierende Wirkungsästhetik so auch gegen jene Ansicht von der Kunst Einspruch erhob mit dem Satz, diese sei kein horazisch angenehmes oder nützliches Spielwerk.

Dennoch kommt der Platitude von der Heiterkeit der Kunst ihr Maß an Wahrheit zu. Wäre sie nicht, wie immer auch vermittelt, für die Menschen eine Quelle von Lust, so hätte sie in dem bloßen Dasein, dem sie widerspricht und widersteht, nicht sich erhalten können. Das aber ist ihr nichts Äußerliches sondern ein Stück ihrer eigenen Bestimmung. Die Kantische Formel von der Zweckmäßigkeit ohne Zweck spielt, obgleich sie die Gesellschaft nicht nennt, darauf an. Das Ohne Zweck der Kunst ist ihr Entronnensein aus den Zwängen von Selbsterhaltung. Sie verkörpert etwas wie Freiheit inmitten der Unfreiheit. Dass sie, durch ihr bloßes Dasein, aus dem herrschenden Bann heraustritt, gesellt sie einem Glücksversprechen, das sie irgend selbst mit dem Ausdruck von Verzweiflung ausdrückt. Noch vor den Spielen Becketts hebt sich der Vorhang wie vor dem weihnachtlichen Zimmer. Vergebens arbeitet die Kunst, im Bestreben, ihres Scheinhaften sich zu entäußern, daran sich ab, jenes Restes von Beseligendem ledig zu werden, in dem sie den Verrat wittert an die Jasagerei. Die These von der Heiterkeit der Kunst ist indessen sehr genau zu nehmen. Sie gilt für die Kunst als ganze, nicht für die einzelnen Werke. Diesen mag Heiterkeit gründlich abgehen, nach dem Maß des Schrecken der Realität. Das Heitere an der Kunst ist, wenn man so will, das Gegenteil dessen, als was man es leicht vermutet, nicht ihr Gehalt sondern ihr Verhalten, das Abstrakte, dass sie überhaupt Kunst ist, aufgeht über dem, von dessen Gewalt sie zugleich zeugt. Darin bestätigt sich der Gedanke des Philosophen Schiller, der die Heiterkeit der Kunst in ihrem Wesen als Spiel erkannte und nicht in dem, was sie, auch jenseits des Idealismus, an Geistigem ausspricht. Kunst ist a priori, vor ihren Werken, Kritik des tierischen Ernstes, welchen die Realität über die Menschen verhängt. Indem sie das Verhängnis nennt, glaubt sie es zu lockern. Das ist ihr Heiteres; freilich ebenso, als Veränderung des jeweils bestehenden Bewusstseins, ihr Ernst.

Aber die Kunst, die gleich der Erkenntnis all ihr Material und am Ende ihre Formen von der Realität, und zwar der gesellschaftlichen, empfängt, um sie zu verwandeln, ist dadurch verstrickt in ihre unversöhnlichen Widersprüche. Ihre Tiefe misst sich danach, ob sie durch die Versöhnung, die ihr Formgesetz den Widersprüchen bereitet, deren reale Unversöhntheit erst recht hervorhebt. In ihren entlegensten Vermittlungen zittert der Widerspruch nach wie im äußersten Pianissimo der Musik das Dröhnen des Schrecklichen. Wo der Kulturglaube ihr eitel Harmonie nachrühmt, wie bei Mozart, bekundet diese die Dissonanz zum Dissonierenden[1] und hat es zur Substanz. Das ist Mozarts Trauer. Nur durch die Verwandlung des gleichwohl als negativ Erhaltenen, Widersprüchlichen vollbringt Kunst, was verleumdet wird, sobald man es zu einem Sein jenseits des Seienden verklärt, unabhängig von seinem Gegenteil. Pflegen die Versuche, Kitsch zu definieren, zu scheitern, so wäre jedenfalls der nicht der schlechteste, der zum Kriterium von Kitsch macht, ob ein Kunstprodukt, und wäre es durch den Nachdruck des Gegensatzes zur Realität, das Bewusstsein des Widerspruchs ausprägt oder darüber betrügt. Unter solchem Aspekt ist von jeglichem Kunstwerk sein Ernst zu fordern. Kunst vibriert zwischen ihm und der Heiterkeit als der Realität Entronnenes und gleichwohl von ihr Durchdrungenes. Allein solche Spannung macht Kunst aus. […] Seitdem die Kunst von der Kulturindustrie an die Kandare genommen wird und unter die Konsumgüter sich einreiht, ist ihre Heiterkeit synthetisch, falsch, verhext. […] Wo Heiterkeit heute auftritt, ist sie entstellt als anbefohlene, bis in das ominöse Jedennoch jener Tragik hinein, die damit sich tröstet, dass das Leben nun einmal so sei. Kunst, die anders als reflektiert gar nicht mehr möglich ist, muss von sich aus auf Heiterkeit verzichten. Dazu nötigt sie vor allem anderen, was jüngst geschah. Der Satz, nach Auschwitz lasse kein Gedicht mehr sich schreiben, gilt nicht blank, gewiss aber, dass danach, weil es möglich war und bis ins Unabsehbare möglich bleibt, keine heitere Kunst mehr vorgestellt werden kann. Objektiv artet sie in Zynismus aus, mag immer sie die Güte menschlichen Verstehens sich erborgen. Übrigens ist solche Unmöglichkeit von der großen Dichtung, zuerst wohl bei Baudelaire, fast ein Jahrhundert vor der europäischen Katastrophe gespürt worden, dann auch bei Nietzsche und in der Absage der George-Schule[2] an den Humor. Dieser ist übergegangen an die polemische Parodie. Dort findet er temporäre Zuflucht, solange, wie er unversöhnlich verharrt, ohne Rücksicht auf den Begriff der Versöhnung, der einst an den

Begriff Humor sich heftete. Nachgerade ist die polemische Gestalt des Humors ebenfalls fragwürdig geworden. Sie darf nicht mehr mit solchen rechnen, die sie verstünden, und wenn irgendeine künstlerische Form, vermag Polemik nicht ins Leere zu zielen. Vor einigen Jahren gab es eine Debatte darüber, ob der Faschismus komisch oder parodistisch dargestellt werden dürfe ohne Frevel an den Opfern. Unverkennbar das Läppische, Schmierenkomödiantische, Subalterne, die Wahlverwandtschaft Hitlers und der Seinen mit Revolverjournalismus und Spitzeltum. Lachen lässt darüber sich nicht. Die blutige Realität war nicht jener Geist oder Ungeist, dessen der Geist zu spotten vermöchte. Das waren noch gute Zeiten, mit Schlupfwinkeln und Schlamperei mitten im System des Grauens, als Hašek den Schwejk[3] schrieb. Komödien über den Faschismus aber machten sich zu Komplizen jener törichten Denkgewohnheit, die ihn vorweg für geschlagen hält, weil die stärkeren Bataillone der Weltgeschichte gegen ihn stünden. Die Stellung des Siegers zu beziehen, ziemt am letzten den Gegnern der Faschisten, welche die Pflicht haben, in nichts denen zu gleichen, die in jener Stellung sich verschanzen. Die geschichtlichen Kräfte, welche das Grauen hervorbrachten, stammen aus der Gesellschaftsstruktur an sich. Es sind keine der Oberfläche und viel zu mächtig, als dass es irgendeinem zustünde, sie zu behandeln, als hätte er die Weltgeschichte hinter sich, und die Führer wären tatsächlich die Clowns, deren Gealber ihre Mordreden nachträglich erst ähnlich wurden.

Weil indessen das Moment von Heiterkeit in der Freiheit der Kunst vom bloßen Dasein besteht, die noch die desperaten Werke, und sie erst recht, bewähren, wird das Moment von Heiterkeit oder Komik geschichtlich nicht einfach aus ihnen ausgetrieben. Es überlebt in ihrer Selbstkritik, als Komik der Komik. Die Züge des kunstvoll Sinnlosen und Albernen, die an den gegenwärtigen radikalen Kunstwerken den Positiven soviel Ärgernis geben, sind weniger Rückbildung der Kunst auf ein infantiles Stadium als ihr komisches Gericht über die Komik. Wedekinds[4] Schlüsselstück gegen den Verleger des Simplizissimus führt den Untertitel: Die Satire der Satire. Verwandtes enthält Kafka, dessen Schockprosa manche seiner Deuter, auch Thomas Mann, als Humor empfanden und dessen Verhältnis zu Hašek slowakische Autoren erforschen. Vollends vor Becketts Stücken überantwortet die Kategorie des Tragischen ebenso sich dem Gelächter, wie sie allen einverstandenen Humor abschneiden. Sie bezeugen einen Bewusstseinsstand, der die gesamte Alternative Ernst und Heiter nicht mehr zulässt und auch nicht das Gemisch Tragikomik. Tragik zergeht vermöge der offenbaren Nichtigkeit des Anspruchs der Subjektivität, die da tragisch sein sollte. Anstelle von Lachen tritt das tränenlose, verdorrte Weinen. Die Klage ist zu der von hohlen, leeren Augen geworden. Gerettet wird der Humor in Becketts Stücken, weil sie anstecken mit dem Lachen über die Lächerlichkeit des Lachens und über die Verzweiflung. Dieser Prozess verbindet sich mit dem der künstlerischen Reduktion, einer Bahn zum Existenzminimum als dem Minimum von Existenz, das übrig ist. Dies Minimum diskontiert[5], vielleicht um sie zu überleben, die geschichtliche Katastrophe.

In der zeitgenössischen Kunst zeichnet ein Abstreben der Alternative von Heiterkeit und Ernst, von Tragik und Komik, beinahe von Leben und Tod sich ab. Kunst verneint damit ihre gesamte Vergangenheit, darum wohl, weil die gewohnte Alternative einen zwischen dem Glück des fortdauernden Lebens und dem Unheil gespaltenen Zustand ausdrückt, welches das Medium seiner Fortdauer bildet. Kunst jenseits von Heiterkeit und Ernst mag ebenso Chiffre von Versöhnung wie von Entsetzen sein kraft der vollendeten Entzauberung der Welt. Solche Kunst entspricht sowohl dem Ekel vor der Allgegenwart offener und verkappter Reklame fürs Dasein wie dem Widerstreben gegen den Kothurn⁶, der durch die Überhöhung des Leidens abermals Partei für seine Unabänderlichkeit ergreift. So wenig Kunst mehr heiter ist, so wenig mehr ist sie, angesichts des Jüngstvergangenen, ganz ernst. Zweifel werden wach, ob sie je so ernst war, wie die Kultur den Menschen es einredet. Sie darf nicht mehr, wie Hölderlins Dichtung, die mit dem Weltgeist sich fühlte, das Sagen der Trauer dem Freudigsten gleichsetzen. Der Wahrheitsgehalt der Freude scheint unerreichbar geworden. Dass die Gattungen sich verfransen, dass die tragische Gebärde komisch dünkt und die Komik trübselig, hängt damit zusammen. Tragik verwest, weil sie Anspruch auf den positiven Sinn von Negativität erhebt, jenen, den die Philosophie positive Negation nannte. Er ist nicht einzulösen. Die Kunst ins Unbekannte hinein, die einzig noch mögliche, ist weder heiter noch ernst; das Dritte aber [ist, d. Verf.] zugehängt, so, als wäre es dem Nichts eingesenkt, dessen Figuren die fortgeschrittenen Kunstwerke beschreiben.

(Theodor W. Adorno: Noten zur Literatur. Hrsg. v. Rolf Tiedemann. Suhrkamp: Frankfurt/M. 1981, S. 599–606)

1 Mit „Dissonanz zum Dissonierenden" meint Adorno den Gegensatz zur oder die Auflehnung gegen die Widersprüchlichkeit der gesellschaftlichen Wirklichkeit.
2 Stefan George: deutscher Dichter (1868–1933)
3 Jaroslav Hašek: tschechischer Schriftsteller (1883–1923). Sein satirisches Werk „Die Abenteuer des braven Soldaten Schwejk im Weltkrieg" gehört zur Weltliteratur.
4 Frank Wedekind (1864–1918): deutscher Dramatiker
5 diskontieren: hier: vorwegnehmen
6 Kothurn: hoher Schuh der Schauspieler in der griechischen Tragödie

1 „Pflegen die Versuche, Kitsch zu definieren, zu scheitern, so wäre jedenfalls der nicht der schlechteste, der zum Kriterium von Kitsch macht, ob ein Kunstprodukt [...] das Bewusstsein des Widerspruchs ausprägt oder darüber betrügt. Unter solchem Aspekt ist von jeglichem Kunstwerk sein Ernst zu fordern."

– Sind diese Bilder Kitsch oder Kunst?
– Formulieren Sie, was sie persönlich unter Kitsch verstehen.
– Vergleichen Sie Ihre Vorstellung von Kitsch mit derjenigen Adornos. Welche Erwartung setzt Adorno in das wahre Kunstwerk?

2 Veranschaulichen Sie sich, was Adorno unter der „Selbstkritik" bzw. „Komik der Komik" zeitgenössischer Kunst versteht, indem Sie die Bedeutung der folgenden Szene aus **Becketts** „Warten auf Godot" untersuchen:
(Wladimir und Estragon warten zwei Akte lang, also während des gesamten Stücks auf Godot, der bis zum Schluss nicht erscheint und von dem sie nicht wissen, wer er ist und ob er überhaupt einmal kommen wird.)

Wladimir tritt mit flotten Schritten auf. Er bleibt stehen und betrachtet eine Zeitlang den Baum. Dann beginnt er plötzlich, nach allen Richtungen auf der Bühne hin- und herzulaufen. Er bleibt vor den Schuhen stehen, bückt sich, hebt einen auf, untersucht ihn, schnüffelt daran und stellt ihn behutsam wieder an seinen Platz. Er geht von neuem eilig hin und her. Er bleibt vor der rechten Kulisse stehen, blickt eine Weile in die Ferne, wobei er mit der Hand die Augen abschirmt. Er geht wieder hin und her, bleibt vor der linken Kulisse stehen und blickt in die Ferne.

Dann geht er von neuem auf und ab, bleibt plötzlich stehen, faltet die Hände vor der Brust, wirft den Kopf zurück und beginnt, aus voller Brust zu singen.

Wladimir:
Ein Hund kam in …
Da er zu tief einsetzt, hört er auf, hustet und fängt von neuem etwas höher an zu singen.
Ein Hund kam in die Küche
Und stahl dem Koch ein Ei.
Da nahm der Koch den Löffel
Und schlug den Hund zu Brei.
Da kamen die anderen Hunde
Und gruben ihm ein Grab …
Er hört auf, denkt nach und beginnt von neuem.
Da kamen die anderen Hunde
Und gruben ihm ein Grab.
Und setzten ihm ein'n Grabstein,
worauf geschrieben stand:
Ein Hund kam in die Küche
Und stahl dem Koch ein Ei.
Da nahm der Koch den Löffel
Und schlug den Hund zu Brei.
Da kamen die anderen Hunde
Und gruben ihm ein Grab …
Er hört auf, denkt nach und beginnt wieder.
Da kamen die anderen Hunde
Und gruben ihm ein Grab:
Er hört auf, denkt nach und singt dann, etwas leiser, weiter.
und gruben ihm ein Grab
Er schweigt, bleibt einen Augenblick stehen, ohne sich zu bewegen, geht dann wieder in fieberhafter Eile auf der Bühne hin und her und auf und ab. Er bleibt wieder vor dem Baum stehen, geht auf und ab und bleibt vor den Schuhen stehen, geht auf und ab und läuft zur linken Kulisse, blickt in die Ferne, läuft zur rechten Kulisse und hält wieder Ausschau. In diesem Augenblick tritt Estragon von links kommend auf, barfuß, mit hängendem Kopf, und geht langsam über die Bühne. Wladimir dreht sich um und sieht hin.

Wladimir:
Du, schon wieder!

(In: Samuel Beckett: Warten auf Godot. Suhrkamp: Frankfurt/M. 1979, S. 143–145)

Inwiefern kann man sagen, dass Becketts Stück sowohl Chiffre von Versöhnung ist wie auch Entsetzen „kraft der vollendeten Entzauberung von Welt" ausdrückt?

3 Halten Sie es für berechtigt, die Qualität eines Kunstwerks von dessen Widerstand gegen die Realität abhängig zu machen?

6 Die Befreiung der Kunst vom Wahrheitsanspruch

Hegels Satz vom Ende der Kunst impliziert, dass Kunst vom Anspruch auf Wahrheit grundsätzlich befreit wird. Dieser Gedanke wird prägend für das moderne Kunstverständnis: Zum Einen fühlen sich Künstler inspiriert, das Werk von seiner Funktion als Bedeutungsträger zu entlasten, wie beispielsweise die Op-Art (Richtung zeitgenössischer bildender Kunst, die optische Illusionen durch musterähnliche Wiederholung von geometrischen Motiven erzeugt. Hauptvertreter der Op-Art ist Victor Vasarely.). Der Sinn der Darstellung weist nicht über diese hinaus, sondern liegt im rein Visuellen, Sprachlichen (Konkrete Poesie) oder Tonalen. Zum Anderen führt der Abschied vom Wahrheitsanspruch zu einem ästhetischen Wertepluralismus, der in den theoretischen Grundsätzen der Postmoderne einen programmatischen Ausdruck findet. Es gibt nicht das schöne Kunstwerk oder den richtigen künstlerischen Ausdruck. Im Gegenteil: Vielfältige, diverse Kunstrichtungen existieren gleichberechtigt nebeneinander oder werden sogar – besonders in der Architektur – im einzelnen Werk eklektizistisch miteinander verbunden.

6.1 Friedrich Nietzsche: Kunst als Ausdruck des Lebens

Vor dem Hintergrund seines erkenntnistheoretischen und ethischen Relativismus entwickelt Friedrich Nietzsche seine These von der Kunst als Verführerin zum Leben. Anstelle der Wahrheit, die ihren Anspruch als oberstes Wertmaß verloren hat, gilt ihm der dem Künstlerischen wesentliche „Wille zum Schein, zur Illusion, zur Täuschung, zum Werden und Wechseln" (Nachlass der 80er-Jahre; III) als einzige Gegenkraft gegen den von ihm konstatierten nihilistischen Willen zur Verneinung des Lebens. Kunst kann für sich „Erlösungs"-charakter beanspruchen, sie ist „mehr wert ... als die Wahrheit".

Was ist also Wahrheit? Ein bewegliches Heer von Metaphern, Metonymien[1], Anthropomorphismen, kurz eine Summe von menschlichen Relationen, die, poetisch und rhetorisch gesteigert, übertragen, geschmückt wurden und die nach langem Gebrauch einem Volke fest, kanonisch und verbindlich dünken: die Wahrheiten sind Illusionen, von denen man vergessen hat, dass sie welche sind, Metaphern, die abgenutzt und sinnlich kraftlos geworden sind, Münzen, die ihr Bild verloren haben und nun als Metall, nicht mehr als Münzen, in Betracht kommen.

Wir wissen immer noch nicht, woher der Trieb zur Wahrheit stammt: denn bis jetzt haben wir nur von der Verpflichtung gehört, die die Gesellschaft, um zu existieren, stellt: wahrhaft zu sein, das heißt die usuellen[2] Metaphern zu brauchen, also moralisch ausgedrückt: von der Verpflichtung, nach einer festen Konvention zu lügen, herdenweise in einem für alle verbindlichen Stile zu lügen. Nun vergisst freilich der Mensch, dass es so mit ihm steht; er lügt also in der bezeichneten Weise unbewusst und nach hundertjährigen Gewöhnungen – und kommt eben *durch diese Unbewusstheit*, eben durch dies Vergessen zum Gefühl der Wahrheit. An dem Gefühl, verpflichtet zu sein, ein Ding als „rot", ein anders als „kalt", ein drittes als „stumm" zu bezeichnen, erwacht eine moralische, auf Wahrheit sich beziehende Regung: aus dem Gegensatz des Lügners, dem niemand traut, den alle ausschließen, demonstriert sich der Mensch das Ehrwürdige, Zutrauliche und Nützliche der Wahrheit. Er stellt jetzt sein Handeln als „*vernünftiges*" Wesen unter die Herrschaft der Abstraktionen; er leidet es nicht mehr, durch die plötzlichen Eindrücke, durch die Anschauungen fortgerissen zu werden, er verallgemeinert alle diese Eindrücke erst zu entfärbten, kühleren Begriffen, um an sie das Fahrzeug seines Lebens und Handelns anzuknüpfen. Alles, was den Menschen gegen das Tier abhebt, hängt von dieser Fähigkeit ab, die anschaulichen Metaphern zu einem Schema zu verflüchtigen, also ein Bild in einem Begriff aufzulösen. Im Bereich jener Schemata nämlich ist etwas möglich, was niemals unter den anschaulichen ersten Eindrücken gelingen möchte: eine pyramidale Ordnung nach Kasten und Graden aufzubauen, eine neue Welt von Gesetzen, Privilegien, Unterordnungen, Grenzbestimmungen zu schaffen, die nun der andern anschaulichen Welt der ersten Eindrücke gegenübertritt als das Festere, Allgemeinere, Bekanntere, Menschlichere und daher als das Regulierende und Imperativische. Während jede Anschauungsmetapher individuell und ohne ihresgleichen ist und deshalb allem Rubrizieren immer zu entfliehen weiß, zeigt der große Bau der Begriffe die starre Regelmäßigkeit eines römischen Kolumbariums[3] und atmet in der Logik jene Strenge und Kühle aus, die der Mathematik zu eigen ist. Wer von dieser Kühle angehaucht wird, wird es kaum glauben, dass auch der Begriff, knöchern und achteckig wie ein Würfel und versetzbar wie jener, doch nur als *Residuum einer Metapher* übrig bleibt, und dass die Illusion der künstlerischen Übertragung eines Nervenreizes in Bilder, wenn nicht die Mutter, so doch die Großmutter eines jeden Begriffs ist. Innerhalb dieses Würfelspiels der Begriffe heißt aber „Wahrheit", jeden Würfel so zu gebrauchen, wie er bezeichnet ist, genau seine Augen zu zählen, richtige Rubriken zu bilden und nie gegen die Kastenordnung und gegen die Reihenfolge der Rangklassen zu verstoßen. […]

Nur durch das Vergessen jener primitiven Metapherwelt, nur durch das Hart- und Starrwerden einer ursprünglichen, in hitziger Flüssigkeit aus dem Urvermögen menschlicher Phantasie hervorströmenden Bildermasse, nur durch den unbesiegbaren Glauben, *diese* Sonne, *dieses* Fenster, *dieser* Tisch sei eine Wahrheit an sich, kurz nur dadurch, dass der Mensch sich als Subjekt, und zwar als *künstlerisch schaffendes* Subjekt, vergisst, lebt er mit einiger Ruhe, Sicherheit und Konsequenz: wenn er einen Augenblick nur aus den Gefängniswänden dieses Glaubens herauskönnte, so wäre es sofort mit seinem „Selbstbewusstsein" vorbei. Schon dies kostet ihn Mühe, sich einzugestehen, wie das Insekt oder der Vogel eine ganz andere Welt perzipieren als der Mensch, und dass die Frage, welche von beiden Weltperzeptionen richtiger ist, eine ganz sinnlose ist, da hierzu bereits mit dem Maßstabe der *richtigen Perzeption*[4], das heißt mit einem *nicht vorhandenen* Maßstabe, gemessen werden müsste. Überhaupt aber scheint mir „die richtige Perzeption" das würde heißen: der adäquate Ausdruck eines Objekts im Subjekt – ein widerspruchsvolles Unding: denn zwischen zwei absolut verschiedenen Sphären, wie zwischen Subjekt und Objekt, gibt es keine Kausalität, keine Richtigkeit, keinen Ausdruck, sondern höchstens ein *ästhetisches* Verhalten, ich meine eine andeutende Übertragung, eine nachstammelnde Übersetzung in eine ganz fremde Sprache: wozu es aber jedenfalls einer frei dichtenden und frei erfindenden Mittelsphäre und Mittelkraft bedarf. […]

An dem Bau der Begriffe arbeitet ursprünglich, wie wir sahen, die *Sprache*, in späteren Zeiten die *Wissenschaft*. Wie die Biene zugleich an den Zellen baut und die Zellen mit Honig füllt, so arbeitet die Wissenschaft unaufhaltsam an jenem großen Kolumbarium der Begriffe, der Begräbnisstätte der Anschauungen, baut immer neue und höhere

Stockwerke, stützt, reinigt, erneut die alten Zellen und ist vor allem bemüht, jenes ins Ungeheure aufgetürmte Fachwerk zu füllen und die ganze empirische Welt, das heißt die anthropomorphische⁵ Welt, hineinzuordnen. Wenn schon der handelnde Mensch sein Leben an die Vernunft und ihre Begriffe bindet, um nicht fortgeschwemmt zu werden und sich nicht selbst zu verlieren, so baut der Forscher seine Hütte dicht an den Turmbau der Wissenschaft, um an ihm mithelfen zu können und selbst Schutz unter dem vorhandenen Bollwerk zu finden. Und Schutz braucht er: denn es gibt furchtbare Mächte, die fortwährend auf ihn eindringen und die der wissenschaftlichen „Wahrheit" ganz anders geartet „Wahrheiten" mit den verschiedenartigsten Schildzeichen entgegenhalten.

Jener Trieb zur Metapherbildung, jener Fundamentaltrieb des Menschen, den man keinen Augenblick wegrechnen kann, weil man damit den Menschen selbst wegrechnen würde, ist dadurch, dass aus seinen verflüchtigten Erzeugnissen, den Begriffen, eine reguläre und starre neue Welt als eine Zwingburg für ihn gebaut wird, in Wahrheit nicht bezwungen und kaum gebändigt. Er sucht sich einen neuen Bereich seines Wirkens und ein anderes Flussbett und findet es im *Mythus* und überhaupt in der *Kunst*. Fortwährend verwirrt er die Rubriken und Zellen der Begriffe dadurch, dass er neue Übertragungen, Metaphern, Metonymien hinstellt, fortwährend zeigt er die Begierde, die vorhandene Welt des wachen Menschen so bunt unregelmäßig, folgenlos zusammenhängend, reizvoll und ewig neu zu gestalten, wie es die Welt des Traumes ist.

(Friedrich Nietzsche: Über Wahrheit und Lüge im außermoralischen Sinn. In: Derselbe: Werke in drei Bänden. Hrsg. v. Karl Schlechta. Bd. III. Hanser: München 1982, S. 314–319 [gekürzt])

1 Metonymie: sprachliches Bild aus verwandtem Begriffsbereich (Stahl für Dolch)
2 usuell: gebräuchlich
3 Kolumbarium: Taubenhaus
4 Perzeption/perzipieren: sinnliches Wahrnehmen
5 anthropomorphisch: menschlich gestaltet

1 Wieso sind für Nietzsche Wahrheiten Illusionen?
2 Vollziehen Sie nach, in welch unterschiedlicher Weise für Nietzsche Sprache und Wissenschaft auf der einen Seite und Mythos und Kunst auf der anderen Seite auf das Leben reagieren? Welcher besondere Stellenwert kommt der Kunst hierbei zu? Inwiefern ist sie der Wissenschaft überlegen?
3 Vergleichen Sie Nietzsches Würdigung der Kunst mit Platons und Hegels Ansichten über das Verhältnis von Kunst und Wahrheit.

Das Leben bedarf für Nietzsche der Kunst, die es in eine schützende Hülle aus Nicht-Wissen und Illusion verwebt und lebbar macht. Die zentralen Merkmale der Kunst hat Nietzsche in Anlehnung an die griechischen Götter Apoll und Dionysos in das Gegensatzpaar des Apollinischen und Dionysischen gefasst:

Apoll, der Gott der Form und der Klarheit, steht für Individualität und Bewusstsein – Dionysos verkörpert Auflösung, Entgrenzung, Ekstase und Orgiasmus. Bildende Kust und Poesie haben weitgehend apollonischen, die Musik dagegen vorwiegend dionysischen Charakter. Das Dionysische begreift Nietzsche als primäre und elementare Lebensmacht, als Ausdruck des grausamen und triebhaften Willens zum Leben. Es steht für das von menschlicher Erkenntnis und vom Bewusstsein letztlich nicht erfassbare Sein. Dieses lässt sich für Nietzsche nur ertragen, wenn die Einsicht in die Sinn- und Orientierungslosigkeit des Seins sich mit der Bejahung des Seins und der bewussten Entscheidung zum Weiterleben verbindet. Dieses geschieht für Nietzsche vor allem durch die Kultur, insbesondere durch die Kunst.

1 Informieren Sie sich über Nietzsches Unterscheidung des Apollinischen und Dionysischen in seiner frühen Schrift „Die Geburt der Tragödie". Erläutern Sie, ausgehend von einer Analyse des Gedichts, die Verschränkung des Apollinischen und Dionysischen im Kunstwerk.

> In des Wonnemeeres
> wogendem Schwall
> in der Duft-Wellen
> tönendem Schall,
>
> in des Weltatems
> wehendem All –
> ertrinken – versinken –
> unbewusst – höchste Lust!

(Friedrich Nietzsche: Die Geburt der Tragödie. In: Werke in drei Bänden. Bd. I. A. a. O., S. 121)

2 Odysseus ist für Nietzsche die Symbolgestalt für die Verstrickung des Menschen in die widerstreitenden Kräfte des Apollinischen und Dionysischen: Er lässt sich an den Mastbaum fesseln, um dem Gesang der Sirenen zu lauschen, ohne seiner Verführungsgewalt zu erliegen. Informieren Sie sich über den Mythos der Sirenen und reflektieren Sie an diesem Beispiel die Ambivalenz von Kunst bzw. Kultur.

6.2 Wolfgang Welsch: Pluralismus und Stilvielfalt in der ästhetischen Postmoderne

Friedrich Nietzsche gilt als geistiger Vater der Postmoderne. Vertreter der philosophischen Postmoderne – besonders Jean-Francois Lyotard (1924–1998) – haben programmatisch vom Wahrheits- und Fortschrittsanspruch der Aufklärung Abschied genommen und propagieren statt dessen den Widerstreit des Verschiedenen als ein gegen jedes hegemoniale Einheitsstreben gerichtetes Prinzip. Ausgehend von den Erkenntnissen der Kulturanthropologie und reagierend auf die multikulturelle Lebenswelt sollen aus postmoderner Sicht unterschiedliche Wertvorstellungen, Lebenshaltungen und -formen gleichberechtigt nebeneinander existieren. Hierin sieht man die Voraussetzung für eine repressionsfreie Gesellschaft. Wahrheit als Leitidee verliert ihre Bedeutung,
Diese Ideen schlagen sich auf unterschiedlichste Weise nieder, sind aber besonders in der Architektur einflussreich geworden. Die ästhetische Postmoderne versteht sich als eine Bewegung, die ausgehend von der architektonischen Postmoderne unterschiedlichste Stilformen miteinander vermischt und gleichberechtigt nebeneinander existieren lässt. Gerade darin sieht die Postmoderne einen Weg zur Demokratisierung und Pluralisierung. Neben dem Wahren verliert auch das Schöne seinen normativen Geltungsanspruch, statt dessen rückt eine allgemeine Akzeptanz des Authentischen in den Blick.
Für einen der prominentesten deutschen Theoretiker der Postmoderne Wolfgang Welsch (geb. 1946) ist der Pluralismus von Formen und Stilen kein bloß kunstimmanentes Phänomen, sondern Ausdruck neuen Denkens: Das ästhetische Denken als neuer Denktypus bestimmt die heutigen Wahrnehmungsformen und Lebenswelten.

Wirklichkeitsbezogenes Denken muss sich heute einer Wirklichkeit stellen, die einschneidender, als wir das bislang kannten, und legitimer, als wir es bisher wussten, durch Pluralität gekennzeichnet ist. Dafür ist ein durch Kunsterfahrung inspiriertes aisthetisches Denken[1] in besonderer Weise kompetent. Denn die Kunst ist eine exemplarische Sphäre von Pluralität. Sie demonstriert deren Struktur im einzelnen wie im ganzen, und an ihr kann man den Normenkatalog einer solch pluralen Grundverfassung deutlicher ablesen und evidenter einüben als anderswo. An der Kunst vermag für jedermann deutlich zu werden, dass es für den jeweiligen Ansatz und dessen Gestal-

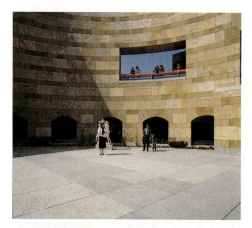

Staatsgalerie. In: James Stirling: Die neue Staatsgalerie Stuttgart. Gerd Hatje: Stuttgart 1984, S. 93, 582

1 Als typisches Beispiel der architektonischen Postmoderne gilt die Stuttgarter Neue Staatsgalerie, 1977–1984 konstruiert und gestaltet von James Stirling und Michael Wilford. Versuchen Sie die unterschiedlichen Stilrichtungen in diesem Gebäude zu identifizieren.

tungslogik ein spezifisches Sensorium braucht und dass nichts falscher wäre […], als sämtliche Ansätze nach einem einzigen Maß und mit einem einzigen Kriteriensatz zu beurteilen. Gegen diesen Elementarfehler in einer Situation der Pluralität, gegen diesen kleinen Anfang von Terror, dessen Ende unabsehbar groß werden kann, vermag Kunsterfahrung kritisch und aufklärend wirksam zu sein.

Wenn für uns heute zunehmend deutlich wird, dass jedes Sprachspiel, jede Lebensform und jedes Wissenskonzept im Grunde spezifisch und partikular ist, dann plaudert Kunsterfahrung […] aus der Schule dieser Einsicht und bietet ein Exerzitium unserer heutigen Situation und ihrer Verbindlichkeiten. Die Kunst hat – gegen Hegels Diktum vom Vergangenheitscharakter der Kunst – neue Bedeutung gewonnen, sofern sie unsere Grundverfassung – eben die der Pluralität – so nachhaltig zur Erfahrung bringt wie kein anderes Medium sonst. Von daher vermag einem ästhetisch geschulten aisthetischen Denken auch Orientierungs- und Handlungskompetenz für diese Welt zuzukommen. Denn wer mit der Verfassung und den Geboten der Pluralität von Grund auf vertraut ist, der vermag sich in einer Situation realer Pluralität angemessen zu bewegen; er muss sie nicht fürchten, sondern kann in ihr agieren. Aisthetisches, pluralitätsbewusstes Denken öffnet Achsen der Orientierung in der Gegenwart. Noch einmal: Seine Konjunktur ist nicht Effekt einer Mode, sondern Ausdruck der normativen Verfassung einer plural gewordenen Wirklichkeit.

Mit den letzten Überlegungen wollte ich deutlich machen, dass die ästhetische Inspiration des postmodernen Denkens als aisthetische Grundierung desselben wirksam bleibt, und dass dies zum Vorteil dieses Denkens geschieht, zum Vorteil seiner besonderen Erschließungskraft für heutige Wirklichkeit. – Die Geburt der postmodernen Philosophie aus dem Geist der modernen Kunst scheint mir keine Last dieses Denkens zu sein, sondern eher seine List auszumachen – und wohl auch die Lust von manchem, der sich damit befasst.

(Wolfgang Welsch: Ästhetisches Denken. Reclam: Stuttgart 1998, S. 110–113)

1 vgl. Aufgabe 1

1 Erklären Sie, wieso Welsch die alte, an den Wortursprung erinnernde Schreibweise „aisthetisch" (griech.: aisthesis = sinnliche Wahrnehmung) verwendet.

2 Trifft es angesichts des hier formulierten Anspruchs zu, dass Kunst heute vom Wahrheitsanspruch befreit ist? – Vergleichen Sie Welschs Vorstellungen mit denjenigen Schillers.

3 Diskutieren Sie, ob die hohen Erwartungen an Kunst und das Ästhetische berechtigt sind.

Weiterführende Literatur (Auswahl):

Hanskeller, Michael (Hrsg.): Was das Schöne sei. Klassische Texte von Platon bis Adorno. dtv: München 1994

Hess, Walter: Dokumente zum Verständnis der modernen Malerei. Rowohlt: Hamburg 1956

Müller, Armin (Hrsg.): Philosophische Ästhetik. Ausgewählt und kommentiert von Lambert Wilsing. Aschendorff: Münster 1992

Oelmüller, Willi/Dölle-Oelmüller, Ruth: Diskurs: Kunst und Schönes. Schöningh: Paderborn 1982

Systematische und historische Darstellungen:

Busch, Werner (Hrsg.): Funkkolleg Kunst. Eine Geschichte der Kunst im Wandel ihrer Funktionen. 2 Bde. Piper: München 1987

Gethmann-Siefert, Annemarie: Einführung in die Ästhetik. Fink: München 1995

Hanskeller, Michael: Was ist Kunst? Positionen der Ästhetik von Platon bis Danto. C. H. Beck: München 1999

Henckmann, Wolfhart: Ästhetik. In: Wege der Forschung. Bd. XXXI. Wissenschaftliche Buchgesellschaft: Darmstadt 1979

Panofsky, Erwin: Idea. Ein Beitrag zur Begriffsgeschichte der älteren Kunstgeschichte. Spiess: Berlin 1975

Schneider, Norbert: Geschichte der Ästhetik von der Aufklärung bis zur Postmoderne. Reclam Verlag: Stuttgart 1996

Register

Namen, die nur in Quellentexten vorkommen wurden nicht erfasst.
Fette Seitenzahlen verweisen auf biografische Hinweise zum betreffenden Autor,
ein ■ vor der Seitenzahl auf eine Biografie-Seite.

Adler, Alfred 110
Adorno, Theodor W. 107, 279–283, 342, **385**–390
Annunzio, Gabriele de **340**
Aristoteles 84, **180**–183, 187, 288, **317** f.
Arman 381 f.
Astel, Arnfried 342
Augustin 180

Baudelaire, Charles **340**
Baumgarten, Alexander Gottlieb **350**, 354
Beauvoir, Simone de **245**
Beckett, Samuel 390 f.
Benn, Gottfried **340**–342
Berkeley, Charles 58, **71**, 201
Beuys, Josef **380**
Biemel, Walter 377–379
Blake, William 183
Bloch, Ernst **322**–325, 327
Böhme, Gernot 139, 214
Bosch, Hieronymus 322, 327
Botticelli, Sandro 382
Braque, Georges 343
Brecht, Bertolt **327**, 329
Buddhismus 201 f.
Burke, Edmund 350 f., 354, 356
Bush, George W. 217

Caravaggio 380, 382 f.
Carnap, Rudolf **102**–106, 110, 114, 128
Christine, Königin von Schweden 33, 35
Coppo di Marconvaldo 375
Courbet, Gustave 381–383
Crick, Francis 217

D'Holbach 206, 217, 221, 247
Dahl, Roald 237
Dali, Salvador 367 f.
Damasio, Antonio 194, **231**–243, 245, 263, 270, 279, 283, 292
Damasio, Hannah **231**
Demokrit 184
Descartes, René 12, **33**, ■ 35, 36–47, 49, 55, 80, 87, 97, 99, 154, 156, 164, 188–197, 199, 201, 206, 214, 217, 221, 231, 237, 239, 270, 276, 279, 283 f., 292
Dörner, Dietrich **247**–249, 257, 263 f. 279, 283, 292
Dumesnil d. J., Pierre-Louis 33
Dürer, Albrecht 300

Eccles, John C. 279, 283 f. 287
Einstein, Albert 63, 83, 111
Enzensberger, Hans Magnus 295
Epikur **184**, 186 f., 288

Feininger, Lyonel 347
Feyerabend, Paul K. 114, 118, **122**–126, 148, 162

Fichte, Johann Gottlieb **94**, 97, **207**–211, 214, 237, 271, 289
Forster, Georg 329
Förster, Heinz von 134
Frege, Gottlob **30**, 100
Freud, Sigmund 101, 318
Friedrich II, König von Preußen 183

Galilei, Galileo 33, 110, 121 f.
Gassendi, Petrus 37, 39, 195
Gautier, Théophile **340**
Gazzangia, Michael 275
George, Stefan **340**
Gernhardt Robert 193 f., 221
Gillray, James 64
Glasersfeld, Ernst von 134, **136**, 138 f.
Glaukon 21, 330–333, 336 f.
Goethe, Johann Wolfgang von 210, 365 f.
Goleman, Daniel 239
Goltzius, Hendrik **319**
Goya, Francisco 371–373
Gropius, Walter 345 f.

Habermas, Jürgen 162, 292
Hegel, Georg Wilhelm Friedrich **94** f. 100, 183, 373–377, 379 f., 394
Heidegger, Martin 45, **95**–97, 284, 289
Heisenberg, Werner 111
Henke, Roland W. 288–292
Hippias 304–306, 336
Hitler, Adolf 337
Homer 330
Horkheimer, Max 107
Humboldt, Wilhelm von **143** f.
Hume, David 12, 47, **59**–71, 88, 100, 102, 164, **199**–201, 203 f., 289, 350–354, ■ 355, 356
Husserl, Edmund 45, 69 f.
Huxley, Thomas 178, 273

Janich, Peter 133
Jonas, Hans 271, 275

Kafka, Franz 263
Kähler, Gert 307–310
Kant, Immanuel 12, 60, **71**–95, 97 f. 100, 103,113, 149, **203**–207, 211, 214, 242, 271, 356–**365**, 367 f., 371, 377
Kekulé 109
Keller, Helen 86
Kepler, Johannes 33, 121
Kleist, Heinrich von 89 f.
Kolbe, Georg 338
Kopernikus, Nikolaus 71 f. 121
Kuchta, Johannes **221**
Kuhn, Thomas S. 114, **116**–118, 162
Kutschera, Franz von 132, **257**–260, 263, 276

398

La Mettrie, Julien Offray de 194, 206, **217**–221, 247, 279
Laib, Wolfgang 316
Le Corbusier, Charles-E. **346**–349
Le Notre 42
Lem, Stanislaw 167
Libet, Benjamin 274 f.
Locke, John 47–59, 61, 102, **197**–199
Lorenz, Konrad 111, 129
Lukrez **184**, 186 f.
Lyotard, Jean-Francois 395

Mach, Ernst 201
Magritte, René 10, 11, 22, 59, 141, 166, 335
Mann, Thomas 237
Marinetti, Filippo Tommaso **310** f.
Marx, Karl **95**, 113
Masson, André 386
Matisse, Henri **344**, 349
Maturana, Humberto **134**, 136
Mersenne, Martin 195
Metzinger, Thomas 194, 204, **264**–273, 275, 283, 292
Michelangelo Buonarotti 299, 365
Miereveld, P. M. van 187
Monet, Claude 57

Nagel, Thomas 163, 221, **260**–264, 270, **276**–279, 287
Napp-Zinn, Christoph 39
Nietzsche, Friedrich 40, 94, **97**–99, 142, **211**–216, 289, 313 f., 373, 384 f. 392–395
Nooteboom, Cees 178

O'Keefe, Georgia 91

Pasteur, Louis 110
Peters, Wilhelm 294
Picasso, Pablo 127, 329, 386
Pieper, Annemarie **246** f.
Platon 11, **15**–32, 40 f., 43, 53, 80, 97, 113 f., 163, 174, 178–180, 183, 187, 215, 270, 284, 289, **304**, 330–336, 339, 394
Pope, Alexander 166
Popowa, Ljubow Sergejewna 99
Popper, Karl R. 101, **108**–110, ■ 111, 112–115, 118, 122, 132, 279–293, 287
Protagoras 14, 16
Ptolemäus 110, 120
Putnam, Hilary 126, 148, 163, **188** f.

Quine, William Van Orman 114 f., **128**

Reichenbach, Hans 100 f., 102 f., 105
Rimbaud, Arthur 382
Riveira, Diego 328 f.
Rorty, Richard 118, 143, **159**–164
Russell, Bertrand 100, 151, 157
Ryle, Gilbert 194

Sapir, E. 145
Sartre, Jean Paul 325–327
Schank, Roger C. 252
Schiller, Friedrich **366**–371, 373, 377, 384, 397
Schlegel, Friedrich **383** f.
Schnädelbach, Herbert 126
Schopenhauer, Arthur 273
Schulte, Günther **284**–287
Searle, John R. **252**–257, 263
Seel, Martin 163
Signac, Paul 50
Simmias 18–20, 174–178, 187, 273
Sokrates **14**–16, 156, 163, **173**–178, 180, **304**–306, 330–333, 336 f.
Sömmering, Samuel Thomas 205 f., 242
Sophisten 14, 163, 306
Spinoza, Baruch 45, 276
Steen, Jan 321
Stirling, James 396
Swift, Jonathan 142

Theätet 16
Turing, Alan M. **252**

Varela, Francisco **134**
Vasarely, Victor 392
Vollmer, Gerhard 129, 133

Watzlawick, Paul 134
Weischedel, Wilhelm 159
Weizenbaum, Joseph 252
Welsch, Wolfgang 340, 395, 397
Wesselmann, Tom 377–379
Whorf, Benjamin L. 143, 144–148
Wiener Kreis **101** f., 111, 149
Wilde, Oscar **340**
Wilford, Michael 396
Wittgenstein, Ludwig 12, 101 f., 143, **149**–150, ■ 151, 152–159, 162, 163, 172, 243, 251, 288

Bildquellenverzeichnis

AKG, Berlin 78, 99, 151, 173, 322, 367 (© VG Bild-Kunst), 374, 390 r, 386 (© VG Bild-Kunst) – Archiv Gerstenberg 232 – Archäologisches Nationalmuseum, Neapel 15 – Artothek 56 (links: Peter Willi, rechts: Hans Hinz), 57 – Bauhaus-Archiv, Berlin 347 © VG Bild-Kunst, Bonn – Klaus Becker, Frankfurt/M. 188, 213, 270, 299 o. – Bildarchiv Preußischer Kulturbesitz (Jörg P. Anders) 319, (Ingrid von Kruse) 111, (Dietmar Katz) 120, 121 – © 2000 Britney Brands, INC. 320 r. – © Matthias Brusdehyns 258 – CCC (Erik Liebermann) München www.c5.net 259 – Cordon Art, Baarn (Holland) 132, 283 – Cornelsen Verlag 13, 157 – Hanna Damasio 233 – DPA, Frankfurt/M. 303 o. – Ralf Freyer, Freiburg 72 – Giraudon, Paris 22, 228 – © Rainer Goebel, Max-Planck-Institut, Frankfurt/M. 229 – Christel Gorys, Krefeld 73 – Claus Hausmann, München 334 – Historia Photo Hamburg 220 – Timothy Hursley 297 o. – © Kettenmann de Donic, Mexico City 328 – Barbara Klemm, Frankfurt/M. 309 – Johannes Muggenthaler: 82 – Christoph Napp-Zinn 39 – Okapia (J. Watney) 125 – Dorothee Pfeiffer, Göttingen 214 – Sammlung Reiner Specht 192, 193 – Stadtarchiv Dessau 346 – The Bridgeman Art Library: Private Collection 64; Scotish National Portrait Gallery 355 – The Garden Picture Library 42 – Ullstein Bilderdienst, Berlin 35, 310 – J. Vertut 315 – © VG Bildkunst, Bonn 10, 22, 50, 59, 127 (2), 141, 329, 335, 343, 344, 347, 368, 378, 386 – aus: art 8/2000, Gruner & Jahr: Hamburg, S. 72: 316 – aus: Bild der Wissenschaft 7/1997, © DVA, Stuttgart: 172 – aus Brockhaus, Ausgabe in 24 Bdn., 1971, Bd. 12, S. 677: 298 – aus: Bruno Ernst: Das verzauberte Auge. Benedict Taschen: Köln 1988: 134, 140 – aus: Christiaan Barnard: The body machine. Your Health in Perspective, London 1981, S. 237: 169 – aus: D. M. Marcovicz: Martin Heidegger. Fey: Stuttgart 1978: 96 – aus: Der Spiegel 29/1996: 244 – aus: dtv-Atlas zur Philosophie: München 1991, S. 42: 179 – aus: DuMont's Chronik der Kunst des 20. Jahrhunderts 338, 348 l. – aus: Erhard Oeser: Psychozoikum, © Paul Parey: Berlin: 235 – aus: e-comic 2/2000 (Titel): 312 – aus: Ein Haus für den Kubismus. Die Sammlung Raoul La Roche. Hrsg. v. Katharina Schmidt und Hartwig Fischer. Kunstmuseum Basel. Gerd Hatje: Ostfildern-Ruit 1998, S. 167: 348 r. – aus: Fledermäuse. Eine Bilderreise in die Nacht. Fotos von Dietmar Nill, Text von Björn Siemens. BLV: München 2001, S. 146: 261 – aus: Goya. Das druckgraphische Werk. Prestel: München, New York, 79 (© Fundación Juan March): 372 – aus: Grundzüge der Geschichte. Bd. 4, Diesterweg: Frankfurt/M. ^{5}1974: 101 – aus: Günter Schulte: Neuromythen. Das Gehirn als Mind Machine und Versteck des Geistes. Zweitausendeins: Frankfurt/M. 2000: 205, 286 – aus: H. R. Maturana, F. J. Varela: Der Baum der Erkenntnis. Goldmann 11460, S. 25 © 1987 by Scherz Verlag: 135 – aus: Hartmut Solbach (Hrsg.): vita nova. Biologie für die Sekundarstufe II. C. C. Buchner: Bamberg 2000, Abb. 221.1: 230 – aus: James Stirling: Die neue Staatsgalerie Stuttgart. Fotografien Waltraud Krase. Gerd Hatje: Stuttgart 1984 S. 58, 93: 396 ol., or., ul. – aus: Jean Clottes: Niaux. Jan Thorbecke: Sigmaringen 1997, S. 110: 316 o. – aus: Jeanine Auboyer, Jean-Louis Non: Buddha. Verlag Herder: Freiburg 1982: 202 – aus: Kuhn: Physik III A Mechanik, S. 23: 121 o. – aus: Kunst der Griechen. Von Walter-Herwig Schuchhardt. Sonderausgabe. Belser: Stuttgart, Zürich 1991, S. 156: 303 u. – aus: „Kunst was ist das?". Ausstellungskatalog. Hrsg. von Werner Hofmann. DuMont: Köln 1977: 294 – aus: Michèle Lemieux: Gewitternacht. Beltz & Gelberg; Weinheim, Basel ^{2}1997: 215 – aus: Otto Hagemaier: Der goldene Schnitt: Ein Harmoniegesetz und seine Anwendung. Augustus Verlag: Augsburg 1991. © Weltbild Verlag GmbH: Augsburg: 300 (2), 302 (2) – aus: Propyläen Kunstgeschichte. Bd. I, Bild Nr. 71: 375 l., Bd. II, Bild Nr. 384: 375 r., Bd. XI. Bild Nr. 438: 296 u. – aus: Richard Osborne: Philosophie. Eine Bildergeschichte für Einsteiger. Illustrationen von Ralph Edney. Wilhelm Fink: München ^{2}1997, S. 110, 155: 92, 152 – aus: Rita Carter: Atlas Gehirn. Entdeckungsreise durch unser Unterbewusstsein. Schneekluth 1999 (Design u. Layout © 1998 by Weidenfeld & Nicolson): 166, 223, 225, 226, 227, 228 – aus: Spektrum der Wissenschaft. Spezial: Forschung im 21. Jahrhundert: S. 236 (Slim Films), 249 (Peter Menzel) – aus: Thomas Metzinger: Subjekt und Selbstmodell. mentis: ^{2}1999, Titelbild (Grafikstudio Winkler, Stuttgart, unter Verwendung des Bildes „Die Bucht von Saint Tropez" von Jean Metzinger): 267 – aus: Treffpunkt Philosophie 2: Ansichten und Selbstbilder des Menschen von Martin Morgenstern, Robert Zimmer. Patmos: Düsseldorf 1999, S. 140: 183 – aus: Zeit-Magazin Nr. 2 v. 5.1.1996: 296 o. – aus: 10 000 Meisterwerke der Malerei von der Antike bis zum Beginn der Moderne. The York Project Gesellschaft für Bildarchivierung: Berlin 2001: 321, 382

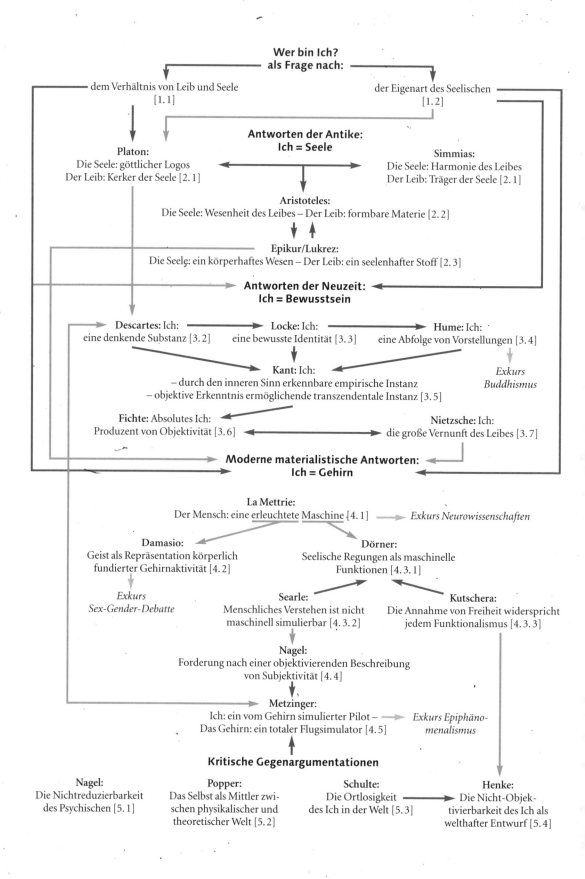